上海市志

大事记

1978—2010

上海市地方志编纂委员会　编

上海人民出版社

《上海市志·大事记(1978—2010)》编纂委员会

主　任　洪民荣

副主任　王依群(2019.7—2020.3)　生键红　姜复生(2020.9—　　)

委　员　(以姓氏笔画为序)

王继杰　过文瀚　唐长国　黄文雷　黄晓明

《上海市志·大事记(1978—2010)》编纂人员

主　编　熊月之

副主编　叶　舟

撰　稿　史　越　羊国荣　袁家刚　褚晓琦　薛雄戈

《上海市志·大事记(1978—2010)》评议专家名单

组　长　张广生

组　员　（以姓氏笔画为序）

王永鉴　巴兆祥　尼银良　权　衡　朱希尹　严爱云　苏智良　陈　东　莫建备　潘世伟

《上海市志·大事记(1978—2010)》审定专家名单

组　长　张广生

组　员　（以姓氏笔画为序）

王永鉴　巴兆祥　朱希尹　齐书深　严爱云　陈　东　莫建备　蔡海斌

《上海市志·大事记(1978—2010)》验收单位和人员名单

验收单位　上海市地方志办公室

验收人员　洪民荣　姜复生　黄晓明　过文瀚　杨军益

业务编辑　佘　璐

《上海市志(1978—2010)》凡例

一、本志坚持以马克思主义为指导，遵循辩证唯物主义和历史唯物主义原理，实事求是记述上海市自然、政治、经济、文化和社会的历史与现状。

二、本志为上海市首轮社会主义新方志中《上海通志》《上海市专志系列丛刊》之续，续义不续例，体例方面创新调整，并对首轮志书补缺正误。采用小篇平列体，分别编纂，陆续出版，汇为全志。

三、本志记述地域范围，以2010年底上海市行政区划为准。由上海市辐射至全国其他地区及国外事物，兼及记述。

四、本志记述内容的时限，上起1978年，下讫2010年，反映这一时期上海改革开放全貌。首轮《上海市专志系列丛刊》所缺或记述内容不够丰富的分志、分卷，上溯至事物发端。中国共产党分志、人民代表大会分志、人民政府分志、人民政协分志、民主党派分志，为保持同一届次内容记述的完整性，下延至2010年后的首个换届年份。

五、本志按自然、政治、经济、文化和社会为序设置分志、分卷，事以类从，类为一志，并兼顾当代社会分工的原则。全志除总述外，中国共产党分志、农业分志、工业分志、商业分志、服务业分志、城乡建设分志、金融分志、口岸分志设置综述卷，并设经济综述分志，加强全志整体性。各分志、分卷采用篇章节体，卷首设概述、大事记，以专记、附录、索引殿后。

六、本志体裁以述、记、志、传、图、表、录为主，力求内容与形式统一。

七、本志人物传遵循“生不立传”原则。入传人物排列先后以卒年为序，在世人物以人物简介(排列以生年为序)、人物表(人物录)记载。

八、本志采用规范的语体文、记述体，行文按《〈上海市志(1978—2010)〉编纂行文规范》，力求严谨、朴实、简洁、流畅，以第三人称记述。

九、本志纪年,凡1949年5月27日上海市解放以前的用历史纪年,一般标示朝代、年号、年份,括注公元纪年;1949年5月27日上海市解放后,一律采用公元纪年。

十、本志所记述的地名、机构名称、职称及币种、计量单位,一般按当时称谓。

十一、本志所用统计资料,原则上根据统计部门公布的材料;未列入统计部门统计的,根据部门统计的材料。

十二、本志资料来源于国家档案馆、上海市及有关省市档案馆、部门档案馆(室),以及历史文献、口碑资料、社会调查、部门提供的材料等,均经考证核实,一般不注明出处。

编纂说明

一、本大事记记述内容的时限，上起1978年，下讫2010年，个别内容为体现事物记述的完整性，将记述时限适当下延。

二、本大事记所记述的地域空间，涵盖截至2010年底的上海市行政区划范围。

三、本大事记记载内容涉及与上海有关的政治、经济、自然、科技、教育、文化、社会等各方面，重点记载带有全局性的、产生重大历史影响的事件。收录内容主要包括：

1. 行政区划的变动；

2. 主要机构的设置和体制改革；

3. 重大会议；

4. 重大工程、项目建设；

5. 重要法令、政策、文件的颁布；

6. 重要活动（含外事活动，如涉及外事访问，仅叙述外国元首、政府首脑、议会议长这一级别人物的访沪活动）；

7. 主要干部任免（仅限市委书记、市长、人大主任、政协主席）和著名人物活动；

8. 重大发明创造和重大科研成果；

9. 重大经济、文化、社会建设成就及其变化；

10. 严重自然灾害和重大事故；

11. 重要文物的收藏与发掘；

12. 市外大事在本地的独特反映（如上海合作组织的建立、APEC峰会等）。

四、本大事记为编年体，依年月日为序记事，部分事件为使前后呼应，采用纪事本末体，集中一条以见本末。凡多起事件发生于同一时期者系于一条，用“同日”“同月”等指称表述；属于年内发生而日期未详者，系于每年度末尾“同年”项下。

五、本大事记人名指称，中国人物用正名，外国人物除日本人用原名外，译名采用通行译名，如查无依据者，则用音译，第一次出现时，夹注外文。凡有官衔、职称者通常均予注明，如职务未变，一个年度内只具职务名称一次，此后直书人物姓名，换年相同。

六、本大事记所涉及相关党政机关、主要事业单位等专有名称首次出现时使用全称，并加括号注明简称，此后一律使用简称，另于附录中设置《党政机关、主要事业单位全称、简称对照表》。

七、公历世纪、年代、年、月、日、时刻用阿拉伯数字，不用中文数字。但为尊重历史，涉及相关历史文献时，数字表示一仍其旧文。人物称谓，除引用原文外，均直呼其姓名，不冠褒贬，不加“先生”“女士”“同志”等泛称。但为不遗漏重要信息，本大事记零星条目仍然保留“先生”“女士”的称谓。

八、本大事记的编制，参考上海历年的通志、专业志和市区县志、上海年鉴编纂委员会所编各版《上海年鉴》，同时根据《解放日报》《文汇报》、档案、外文资料及相关研究著述等予以修订、增补，严格标准，力求充分把握每一时期、每一年度的主题和特点，尽量将改革开放以来33年间上海发生的大事收罗齐全，做到“大事不漏、要事不缺、特事不遗、新事不丢、常事不书”。

目　　录

1978年

1月1日　经中国共产党中央委员会(以下简称中共中央)、中华人民共和国国务院(以下简称国务院)批准,中华人民共和国铁道部(以下简称铁道部)命名上海铁路局东风3型0058号机车为"周恩来号"机车。1月5日,命名大会在上海市革命委员会(以下简称市革委会)大礼堂举行。

同日　上海市出版局恢复建制,原有的8个专业出版社、1个编译所和1个出版文献资料的编辑所统一合并为"上海人民出版社"。

1月5日　上海制成袖珍计算机单片集成电路,填补了中国电子工业的一项空白。

1月15日　中国第一台自行设计制造的3.2万千克大型塑料成型注射机在上海塑料机械厂制造成功。

1月18—19日　根据中央领导提出的经济建设要"大干快上"精神,市革委会举行第一次全体会议,号召全市人民以揭批"四人帮"为纲,放开眼界,解放思想,打破常规,创出一个高速度来,为早日把上海建设成为社会主义的先进的工业和科技基地而奋斗。

1月23—24日　法兰西共和国总理雷蒙·巴尔和夫人访问上海。

1月27日　上海建成电信传输地震台网,进行地震预测预报。

1月28日　上海恢复在"文化大革命"中被撤销的食品、日用化学、钟表、制笔、文教、日用五金、自行车缝纫机、塑料制品、皮革、木材10个研究所(室)和市轻工业局科技情报站。

1月　经中国共产党上海市委员会(以下简称中共上海市委)批准,市、区、县的财政局与人民银行机构分开设置。

同月　上海市工商行政管理局(以下简称市工商局)革命委员会发布《关于加强市场管理取缔非法市场的通告》,规定取缔一切非法市场、非法买卖;严禁以粮票等计划票证非法交换农副产品;公社社员的农副产品只准在就近集市出售,不准进入市区出售。

同月　市郊各县开始恢复县图书馆的独立建制。

同月　中国科学院在上海召开第一届全国量子化学会议。

同月　中共上海市委统战部(以下简称市委统战部)会商有关部门决定恢复玉佛寺的宗教活动,将该寺作为市级重点涉外开放单位。

2月1日　上海恢复因"文化大革命"而被取消的重点学校制度,确定重点学校167所,其中中学68所、小学97所以及幼儿园2所。

2月4日　上海市科学技术工作大会召开,提出要抢时间、争速度,把上海建设成为具有世界先进水平的工业和科学技术基地。4月22日,市委召开党员干部会议,传达贯彻全国科学大会精神。

2月17日　国务院批转中华人民共和国教育部(以下简称教育部)关于恢复和办好全国重点高等学校的报告,决定恢复和办好一批全国重点高等学校。上海被列为第一批全国重点高等学校的有:复旦大学、同济大学、上海化工学院(及分院)、上海交通大学、上海纺织工学院、上海师范大学(现华东师范大学)、上海第一医学院、上海外国语学院。

2月21日　市哲学社会科学学会联合会(以下简称社联)举行委员扩大会议,宣布恢复社联和有关学会的活动。

同日　市文学艺术界联合会(以下简称文联)召开主席团扩大会议,由市文联主席巴金主持,会议宣布市文联和所属各协会正式恢复活动。

2月26日　中共上海市委批转市委统战部《关于贯彻中央对本市民族资产阶级分子被查抄财务处理意见批示精神的请示报告》。上海开始落实相关政策,归还原工商业者在"文化大革命"中被查抄的物资。

2月　上海烟糖公司职工试制成功一套自动售货机群,送到北京庆祝第五届全国人民代表大会的胜利召开。这套设备包括七台售货机、两台自动洗杯和洗碗机、三台半自动换硬币和售筹码机。售货机可以连续出售23个包装规格化的商品品种,顾客只要投入硬币或筹码,该机就自动收币、自动找零、自动供货。

3月4日　市科学技术协会(以下简称市科协)召开恢复各自然科学专门学会大会。

3月10日　市卫生战线举行揭批"四人帮"炮制"两个估计"的反革命罪行大会,各系统医务工作者代表共12 000余人参加大会。

3月11日　国务院批准上海从国外引进技术,在上海宝山县新建钢铁厂,建设规模为年产铁650万吨、钢670万吨。8月12日,国家计划委员会(以下简称国家计委)批准上海宝山钢铁总厂工程正式立项。12月21日,中国技术进出口总公司和日本新日本制铁公司关于订购上海宝山钢铁总厂成套设备的总协议书在上海签订。23日,上海宝山钢铁总厂举行动工典礼,这是中国第一个现代化的大型钢铁联合企业。

3月　上海16所高校开展职称确定和提升工作,319名教学和科研人员被提升为教授、副教授,年龄最大的为83岁,最小的为36岁。

同月　上海电视大学恢复办学,首届开设医学、数学、物理、化学等专业,招收学生7 000余人。

同月　上海市食品进出口公司于1977年6月—1978年3月,三次向加拿大出口梅林牌340克午餐肉罐头,共22 800箱,因焊接的开罐钥匙脱落和接缝硫化铁腐蚀,发生国外退货重大质量事故。

同月　上海各报恢复记者、作者、通讯员在报上发表稿件署名制度。

4月1日　法国海军"迪居埃·特鲁安"号驱逐舰抵沪访问,为中华人民共和国成立后首艘西欧国家军舰访华。

同日　国务院批准上海师范学院复校,5月13日正式复校,恢复教学和科研活动,招收4年制本科新生1 087名,2年制本科新生1 047名,共设10个专业。1984年10月,上海师范学院更名为上海师范大学。

同日　上海植物园局部开放。1984年、1987年一期、二期工程先后竣工。2009年11月1日—2010年1月31日,实施建园后首次大规模改建工程。2010年2月1日,重新开放。

4月1—2日　泰王国总理江萨·差玛南访问上海。

4月2日　经上海市革命委员会工业交通办公室(以下简称市工交办)、财政贸易办公室(以下简称市财贸办)批准,上海制线织带公司试行产销合一,将商业公司的销售业务划入线带公司,建立由工业部门为主管理经营的工商合一的公司,改变长期以来工商各自为政,产销不见面的状况。

4月13日　经国务院同意,上海从上缴中央的利税中留下1亿元作为集中治理"三废"的专用资金。1978年第一批94个处理"三废"项目,共投资2 125万元。

4月21日　中国首例心脏移植手术在上海瑞金医院获得成功。

4月23—29日　中共上海市委召开全市党员负责干部会议,传达贯彻全国科学大会精神。会议决定搞好十项重点科研任务的会战,即:大规模集成电路,计算机技术及应用,光纤通讯,超导电技术，环境保护，肿瘤防治，水稻良种选育，催化剂筛选技术，精密仪器和遥感科学及应用。

4 月 25 日　上海取消凭票购买皮鞋的供应办法，许多消费者彻夜排队争购，引起皮鞋店人员挤伤、玻璃柜台轧碎等事故。

同日　“法国十九世纪农村风景画展览”在上海展览馆展出，共有 86 幅油画，其中有莫奈、雷诺阿和库尔贝等人的珍贵手迹。展览为时 1 个月。

4 月 26 日　上海首次授予在高等医学院校中从事中医学研究和教学的中医师以教师职称，全市有 12 人被评为教授。

同日　上海医疗器械厂调试成功 XG1000 毫安医用诊断 X 线机。获 1978 年全国科学大会奖。

4 月 27 日　位于福州路的上海音乐书店恢复并开始营业。

4 月 27—28 日　也门民主人民共和国总理阿里·纳赛尔·穆罕默德访问上海。

4 月 28 日　中共中央批复中共上海市委报告，决定为上海市原市长曹荻秋平反昭雪，恢复名誉。6 月 23 日，上海隆重举行曹荻秋的骨灰安放仪式。

4 月 29 日　市科协在“文化大革命”中被解散的 40 多个自然科学学会全部恢复活动。市科协在科学会堂召开大会，号召各学会为赶超世界先进科学技术水平作出贡献。

4 月 30 日　上海第十钢铁厂制成中国第一台带钢生产作业线。

4 月　泖港大桥工程开工，主跨长 200 米，全长 391.8 米，1982 年 6 月竣工通车。这是上海第一座双塔双索面大型预应力混凝土斜拉桥。

5 月 1 日　中共上海市委同意《解放日报》《文汇报》恢复稿酬制度，即日起执行，并补发 1977 年 10 月 1 日—1978 年 4 月 30 日刊出的稿件稿酬。

同日　市革委会决定，即日起，南京东路（中山东一路至西藏中路）每天 8:30—18:30，试行禁止非机动车行驶。

同日　国家出版局为解决“文化大革命”造成的“书荒”，1978 年 3 月决定动用印制《毛泽东全集》的备用纸集中重印 35 种中外文学著作，即日起在上海、北京各城市门市部发行。两个月内，读者通宵达旦排队买书，上海各基层店发行 150 多万册，一时盛况空前。南京东路新华书店门市部排队买书最多的一天达 1.6 万人。上半年，上海发行所向全国发行沪版的中外文学名著 200 万册。

同日　上海在徐光启墓园基础上扩建的南丹公园开放。1983 年 11 月，为纪念徐光启逝世 350 周年，改名光启公园。2003 年 6 月 6 日，徐光启墓再次修缮，12 月 27 日竣工。

5 月 2—4 日　塞舌尔共和国总统弗朗斯·阿尔贝·勒内访问上海。

5 月 13 日　也门共和国总统穆夫蒂扎巴拉参观小桃园清真寺。

5 月 17 日　上海市举行农业学大寨先进集体、先进生产者代表大会，交流经验，推动郊区农业学大寨运动。

5 月 18 日　上海体育学院、上海教育学院复校；上海半工半读师范学院停办。

5 月 27 日—6 月 15 日　第八届“上海之春”举行，共演出 14 台节目，全国 23 个省、市，173 个单位，1 306 人前来观摩。

5 月 29—31 日　莫桑比克人民共和国总统萨莫拉·莫伊塞斯·马谢尔访问上海。

5 月 30 日　中共上海市委批准，重新成立市爱国卫生运动委员会。

6 月 1 日　市少先队组织恢复。

6 月 3 日　上海生物制品研究所科研人员研究成功用动物血制成标准抗 A 抗 B 诊断血清，经鉴定合格，推广应用。

6月12—14日　卢旺达共和国总统朱韦纳尔·哈比亚利马纳访问上海。

6月13日　上海市电子计算机工业公司成立。

6月14—15日　斐济共和国总理卡米塞塞·马拉访问上海。

6月16日　上海市教育局(以下简称市教育局)通知,从秋季起,各级各类职业学校恢复招生。

6月20—21日　西班牙王国国王胡安·卡洛斯和王后访问上海。

6月25日　中共上海市委、市革委会召开第二次工业学大庆会议,195个企业被命名为大庆式企业。

6月26—28日　利比利亚共和国总统威廉·理查德·托尔伯特访问上海。

6月30日　市社联召开座谈会,围绕《实践是检验真理的唯一标准》展开讨论。9月16日,《文汇报》发表蒋文杰以笔名"虞丹"撰写的有关真理标准的文章和复旦大学讨论真理标准的报道,冲破了当时上海对待这个问题采取的"不讨论、不发表、不登文章"的"三不"限制。

6月　上海清查同江青反革命集团篡党夺权阴谋活动有牵连的人和事,以及清查江青反革命集团在上海帮派体系,立案审查5 388人,定性处理1 072人,其中犯有罪行57人,严重政治错误227人,一般政治错误778人,其余为说错话、做错事。

同月　上海美术电影制片厂的水墨动画片《小蝌蚪找妈妈》在南斯拉夫第三届萨格勒布国际动画电影节上获一等奖。

7月1日　《上海市职工上下班交通费补贴办法》和《关于职工上下班交通补贴若干具体问题的暂行处理意见》开始实行,规定职工本人每月负担1.50元,超过部分给予补贴。

7月2日　中共上海市委、市革委会召开全市教育工作会议,部署进一步加强和改进教育工作。

7月5日　中共上海市委、市革委会决定建立上海市物价局(以下简称市物价局)。

7月7日　上海市中心血站成立,统一管理全市血源、采血和供血。1987年7月更名为上海市血液中心。

7月14日　上海市基本建设委员会召开全市住宅建设动员大会,要求各单位抓紧落实市第七届人民代表大会第一次会议提出的每年建造100万平方米住宅的任务,是年实际建成住宅199.61万平方米。

7月15—17日　市第七次妇女代表大会举行,关建当选为上海市妇女联合会(以下简称市妇联)主任。

7月19日　上海仪器仪表研究所总工程师支秉彝发明的"见字识码"汉字编码方法正式发表,为汉字进入电子计算机开拓了新途径。

7月24—26日　市委复查办公室召开复查工作座谈会。到6月底为止,全市已复查结案2.4万余人,"文化大革命"中的一部分冤假错案得到平反昭雪。

7月25日　市服装用品工业公司在全国服装质量评比鉴定会上获得服装质量总分第一名。

7月　上海第五钢铁厂与北京钢铁设计研究总院、航天部一院703所联合研制GH169高温合金新材料获得成功。1980年用此材料制成的涡轮转子的长程运载火箭向太平洋海域发射成功。1985年获国家科技成果特等奖。

同月　陈云写信给上海评弹演员,提出评弹艺术要坚持继承传统和改革的方向。

8月4日　市革委会批复市教育局,同意筹建上海师范学院分院,院址设在奉贤县,先招收两年制专科生,面向郊县招生,培养郊县师资。

8月11日　《文汇报》副刊发表复旦大学中文系一年级学生卢新华创作的短篇小说《伤痕》,反映在“文化大革命”期间，知识分子和青年学生遭受种种迫害、精神压抑、思想苦闷的状况。此后，人们将这类文学作品称之为“伤痕文学”。

8月16日　市革委会决定命名于漪等17人为特级教师，授予3名教师模范班主任称号。

同日　京剧表演艺术家周信芳骨灰安放仪式在上海举行，并平反昭雪，恢复名誉。

8月20日　上海市人民检察院重建成立。

8月22—25日　共产主义青年团（以下简称共青团）上海市第七次代表大会召开。汪明章当选为团市委书记。

8月24日　上海市委上报中央《关于落实党对民族资产阶级若干政策问题的请示报告》。《报告》对8个方面落实党对民族资产阶级政策的问题提出了建议。

8月　上海汽水厂试制成功口味与国际名牌“可口可乐”相近似的“幸福可乐”。

同月　松江县工艺品厂恢复顾绣生产。1980年10月，该厂顾绣产品参加日本横滨市国际绣品展览会，有8幅被该市博物馆珍藏。2006年6月，顾绣入选国务院公布的第一批国家非物质文化遗产名录。

9月3日—10月8日　上海市第六届运动会举行，7 000多名运动员参加比赛，4人、2队、7次破6项全国纪录和全国少年纪录。

9月4—6日　市工会第六次代表大会在市革委会大礼堂举行。大会闭幕后，代表们把陈毅题写的“上海市总工会”（以下简称市总工会）的会牌重新挂到市总工会的大门旁。六届一次全委会选举王林鹤任主席。

9月8日　市农学会正式成立，下设园艺、作物栽培、植物保护、植物病理、土壤肥料、畜牧兽医六个分科学会。

9月13日　国务院对一机部和上海关于上海轿车项目的联合报告作了批示，同意和外商接触。一机部随即向美国的通用、福特汽车公司，法国的雪铁龙、雷诺汽车公司，日本的日产汽车公司和联邦德国的大众汽车公司发出邀请。

同日　国务院批准上海市为第一批恢复红十字会工作的10个城市之一。是日，市红十字会举行复会后的第一次理事会议。

9月17日　市教育卫生办公室（以下简称教卫办）和农业委员会（以下简称市农委）在川沙县召开扫盲工作现场会，宣布川沙县基本扫除文盲，并要求全市郊区各县于1979年国庆节前基本完成郊区青壮年扫盲任务，1982年扫尾。

9月21日　市归国华侨联合会正式恢复活动。全市归侨、侨眷以及侨务干部1 900多人参加庆贺市侨联恢复活动的大会。

9月22日　“文化大革命”后，上海市各科研单位和高等学校的第一次研究生招生工作结束，各单位共录取1 200多名研究生；外省市的一些科研单位和高校也从上海市招收了一批研究生。这次为1977年、1978年合并招生。

9月23日　上海船舶修造厂为中波轮船公司建成1.4万载重吨远洋干货船“绍兴”号（含船舶主机6ESDZ76/160型柴油机）。这是中华人民共和国成立以来首建万吨级出口远洋货船。

同日　市工人文化宫话剧团演出工人作者宗福先创作的话剧《于无声处》。该剧冲破“两个凡是”的框框，以人民群众1976年4月5日在天安门广场掀起的反对江青反革命集团的斗争为主题。10月28日《文汇报》发表剧本。11月4日话剧团进北京演出，7日中央电视台向全国转播演出实况，在国内外引起轰动。

9月25—27日　乍得总统费得克斯・马卢姆・恩加库图・贝恩迪访问上海。

9月28日　上海北郊站正式投入使用，为当时全国铁路零担货物发送量最大的货运站。

9月29日　上海交通大学组团出访美国，历时48天，访问美国27所高校和14家科研单位，并与密执安大学(密歇根大学)结为姐妹学校。这是中华人民共和国成立后第一个高校访美代表团。

9月　上海美影厂摄制的动画片《大闹天宫》(上、下集)在英国第二十二届伦敦国际电影节获最佳影片奖。

同月　第二季度开始清查"文化大革命"中"打砸抢分子"，到1978年9月为止，审查5 703人，处理1 826人，其中依法判刑484人。

同月　载有162个集装箱的半集装箱船——"平乡轮"从上海港起航，驶往澳大利亚，标志着上海口岸第一条国际集装箱航线开通。

10月1日　上海市公安局(以下简称市公安局)交通管理部门试制成功第一台红绿灯自动控制信号机，在延安东路西藏路口试用。

10月5日　上海华侨商店正式对外营业，全面恢复侨汇物资供应。

同日　上海港务局将10万吨级远洋货轮"双峰海"号安全引进黄浦江。"双峰海"号总长度251.74米，宽38米，进港时载了51 300多吨矿砂，吃水深10.15米(满载时吃水深15.04米)。这是上海解放以来，进黄浦江最长、最宽、吨位最大的一艘货轮。

10月11日　中日海底电缆今晨被深海渔捞拖网破坏，造成中日间报、话电路全线中断，相关电路改由卫星传送。经一个多月的抢修，恢复使用。

10月21日　上海市第六人民医院骨科医师于仲嘉、王琰等为一位修水库时炸去双手的农民进行首例足趾移植再造手获得成功。

10月23日　上海建成全国最大的海洋调查船4 000吨"向阳红09号"轮，11月7日交付国家海洋局使用。

同日　在市高等教育局(以下简称市高教局)主持下，上海师范大学(1980年恢复华东师范大学名)、复旦大学、上海师范学院(1984年更名为上海师范大学)等校文科学生举行1949年以来第一次文科大学生学术报告会。报告内容包括文学、语言学、历史学、哲学、社会学、经济学6个学科。有师生700多人参加，有35名学生宣读论文或科研报告。

10月28—29日　墨西哥合众国总统何塞・洛佩斯・波蒂略访问上海。

10月30日　上海市房屋土地资源管理局(以下简称市房地局)向上海市建设和管理委员会(以下简称市建委)报告："文化大革命"期间全市有40 501户住房被冲击，使用面积132万平方米。遵照上海市委指示，首先对领导干部、高级知识分子、市统战对象1 807户调整落实，已解决798户。

10月　上海纺织院承担工艺设计、上海工业院承担土建及公用设计的上海石化总厂一期工程腈纶厂正式竣工验收，为中国自行设计、制造设备、规模最大(年产腈纶纤维4.7万吨)的腈纶厂。

同月　上海社会科学院在淮海中路622弄7号复院。

11月1日　中国科学院上海冶金研究所研制成功ECL256位高速随机存贮器和FAMOS2048位可改编程序只读存贮器两种大规模集成电路。经过专家鉴定，FAMOS2048位存贮器是国内首次研制成功的一种新型大规模集成电路，ECL256位存贮器则是目前国内集成度最大，速度最快的双极型大规模集成电路，在主要电学性能指标上，已分别接近和达到20世纪70年代初期国外同类产品的水平。

11 月 8 日　上海设计制成国内第一艘 32 吨高效率、大跨距的起重船“向阳五号”，填补了国内港口跨船装卸机械的空白。

11 月 11 日　中国第一台蒸汽汽动烫熨机在松江县城西公社农机厂试制成功，取名“飞跃”牌。

11 月 17 日　中共上海市委批转中共上海市委组织部(以下简称市委组织部)、统战部等 5 个部门关于贯彻中央 55 号文件的实施意见，要求做好摘掉右派分子帽子人员的安置工作，落实党的政策。全市各级单位设立右派摘帽办公室。对错划为右派分子的 16 297 人全部复查改正，恢复名誉，对原为中共党员的恢复党籍。1979 年 12 月 31 日开始，又对反右派斗争中未戴右派帽子，被定为“中右分子”“反社会主义分子”，或因“右派言论”而受处分的党员、干部进行复查，9 000 余人得到改正。

同日　上海炼油厂、上海炭黑厂、上海高桥化工厂、上海合成橡胶厂、上海第二毛纺厂 5 个单位被列入全国第一批 167 个严重污染环境限期治理的工矿企业。

11 月 26 日—12 月 1 日　中国对外友协、中日友协、中国影协联合举办“日本电影周”。上海 16 家影院放映《追捕》《望乡》《狐狸的故事》三部影片。

11 月 27 日　台湾民主同盟(以下简称台盟)上海市支部第四次盟员大会举行，许文思当选为主委。

11 月　上海选手张爱玲在第一届世界羽毛球锦标赛中连夺女子单打、女子双打冠军。

同月　因长江径流特枯，长江口发生严重的咸潮入侵。咸潮期延续至 1979 年 5 月，咸潮侵入长江口内达 110 公里，侵入黄浦江内达 63 公里，造成上海市区部分工厂停产或产品质量下降，直接经济损失 1 400 余万元。崇明岛被咸潮包围 2 个月。

同月　上海电视台举办“实践是检验真理的唯一标准”电视讲座，邀请理论工作者和文艺界人士夏征农、徐盼秋、王西彦、唐秋生、周抗等主讲。

12 月 4 日　市劳动局参照国家规定，对市区街道集体企事业单位职工的医疗、退休、退职人员待遇制订具体办法。同时对长期为社会服务的三轮车老工人、地区粮食系统饲料站年老人员、农贸系统送牛奶年老人员以及房管系统看弄堂的年老人员，也都实行发放养老生活补贴费的办法。

12 月 6 日　上海淀山湖风景区筹备处成立。1979 年开始施工，1984 年 5 月 27 日局部开放，1985 年 1 月更名为上海淀山湖大观园游览区，1988 年 10 月 20 日全部开放，1991 年改名为上海大观园。

12 月 14 日　中华人民共和国财政部(以下简称财政部)向上海市财政局(以下简称市财政局)下达上海市 1979 年地方财政收入暂定上解的比例，以 1978 年为基础，作适当调整，比例为 90%。

12 月 18—22 日　中共十一届三中全会在北京举行，会议作出把全党工作中心转移到社会主义现代化建设上来，实行改革开放的历史性决策。

12 月 23 日　南汇县邮电局 2 000 门自动电话交换机开通。至此，上海 10 个郊县的城乡电话全部实现自动化。

12 月 27 日　中科院上海生物化学研究所等用人工方法成功合成由 41 个核苷酸组成的核糖核酸半分子。

12 月 27 日—1979 年 1 月 2 日　中共中央副主席、全国人民代表大会常务委员会(以下简称全国人大常委会)委员会长叶剑英在沪视察。

12 月 28 日　经国务院批准，教育部同意恢复和增设高等学校一共 69 所，其中上海有 8 所：上海财经学院(恢复)、上海工学院(恢复)、上海冶金专科学校(冶金局“七二一”大学)、上海建筑材料专科学校(建工局"七二一"大学)、上海纺织工业专科学校(纺织局"七二一"大学)、上海电力工业专科学校(电管局"七二一"大学)、上海化学工业专科学校(化工局"七二一"大学)、上海轻工业专科学校(轻工业局"七二一"大学)。

12月29日　上海市委召开拉线广播大会,会上宣布中共上海市委《关于解决所谓"一月革命"问题的请示报告》已经中共中央批示同意。宣布"一月革命"完全是林彪、陈伯达和江青反革命集团精心策划的篡党夺权的反革命阴谋;对在"一月革命"中被公开点名批判的陈丕显、曹荻秋、魏文伯、杨西光等所有受迫害的干部、群众和群众组织,以及一切冤假错案,予以彻底平反;对参与策划"一月革命",并在以后继续进行篡党夺权阴谋活动的主要骨干分子予以逮捕法办。

同日　恢复上海人民艺术剧院和上海青年话剧团,撤销上海话剧团建制。

12月31日　上海市委召开全市党员干部会议,宣布上海市揭批"四人帮"的群众运动取得伟大胜利。市委要求抓紧在较短时间内顺利地完成工作中心的战略转移,把大家的智慧和力量集中到社会主义现代化建设上来。

12月　上海起重电器厂试制成功XKCI—200A快速可控硅充电机,填补国内空白。

同月　上海电焊机厂试制成功真空充氦焊机NZQ1—50,为国家填补了空白。

同月　市儿科研究所在上海第二医学院附属新华医院成立。

同年　上海逐步开设音乐茶座、音乐舞厅,并配套供应咖啡西点。

同年　上海师范大学(1980年恢复华东师范大学名)教育科学研究所率先提出"中小学教育整体改革"的概念。1981年,在刘佛年倡导下,华东师范大学小学综合实验组在华东师范大学附属小学开创全国最早的小学整体改革研究。

同年　《陈永康水稻高产栽培技术总结》获全国科学大会奖。

同年　开始实行中小学教师职务评审制度。

同年　嘉定、松江等县率先减少早稻种植面积,调整粮食三熟制。全郊区早稻种植面积比上年减少1万公顷。崇明县东平林场森林面积达到320公顷,成为郊区最大的平原人工森林。

同年　上海机床厂研制成功MK8532×1500数控曲轴磨床,填补国内空白。

同年　上海汽车运输六厂制成中国第一辆20吨自行平板车。

同年　市建设委员会批准对生活用水普遍推行节约用水措施,居民大楼和总表里弄分期分批地实行分层、分幢装表。

同年　根据《上海统计年鉴》,1978年上海户籍人口1 098.28万人,国民生产总值272.81亿元,全社会固定资产投资总额27.91亿元,全市财政收入190.67亿元,社会消费品零售总额54.1亿元,进出口总额30.26亿美元,城市居民人均可支配收入406元,城市居民人均消费支出357元,农村居民人均可支配281元,农村居民人均生活消费支出193元。

1979年

1月3日　中共上海市委召开干部大会，传达全国知青工作会议，提出具体措施：今后郊县城镇中学毕业生不再列入上山下乡范围，由各县自行安排；工人退休、退职后，可从其上山下乡子女中，招收1名符合招工条件的参加工作；集体所有制企业职工退休后，则由集体所有制企业招收其1名子女。当年市区中学毕业生的安排，尽量做到直接升学、就业，不再到农村插队。

1月4日　中共中央决定苏振华、倪志福不再兼任中共上海市委、市革委会职务，任命彭冲为中共上海市委第一书记、市革委会主任。

1月5日　上海市劳动局（以下简称市劳动局）发出《关于贯彻执行国务院关于安置老弱病残干部和工人退休、退职的两个"暂行办法"若干具体问题的处理意见》，职工退休子女顶替工作在全市范围内展开。

1月6日　市政府决定在国营企业试行企业基金制度。具体提取办法是：企业完成产量、利润两项指标，可按工资总额提取2%；另外6项指标每完成1项，可以增加0.5%，提取总量控制在5%。

1月6—16日、2月13—15日　中共上海市委分两段召开工作会议，传达和学习中共十一届三中全会精神，就善始善终结束揭批江青反革命集团，抓紧处理好历史遗留问题提出意见，对上海地下党等7个方面的问题作出结论。市委决定，从2月15日起，全市掀起一个向群众进行全党工作着重点转移的宣传教育活动。

1月10日、2月23日　柬埔寨国家元首诺罗敦·西哈努克亲王2次访问上海。

1月11日　根据中共中央决定，上海成立专门工作机构，对部分地主、富农、反革命分子、坏分子，进行摘帽、改变成分工作。截至是年12月底，上海原有地主、富农、反革命分子、坏分子46 002人，已摘帽38 041人，平反4 335人，死亡340人，迁往外地550人，有其他罪行不予摘帽2 562人，长期在外不归未予评审79人。另有地主、富农子女54 397人改变成分，一律定为农村人民公社社员，享有同其他社员同样的待遇。

1月13日　大治河开挖工程完工，全长39.5公里，是市郊最大的人工河，通航300吨级船队。其中南汇县境段长30.1公里，1977年动工，分三期开挖。上海县境段1978年4月动工。

1月15日　上海对外贸易学院在长宁区古北路复校。

1月16日　《解放日报》发表《人民在自己的法律面前人人平等》一文，引发关于"法律面前人人平等"的大讨论。

同日　经国务院批准，恢复上海工学院建制，改名上海工业大学。

1月18日　市财贸办同意市工商局《关于恢复设立市区边缘地段集市贸易的请示》。

1月22日　上海财经学院在中山北一路复校。

同日　上海饮食服务公司恢复国内旅行服务社，开始经营短途旅行服务。

1月23日　上海市内分泌研究所成立。

1月25日　大型文学刊物《收获》（双月刊）在上海复刊。

1月28日　上海电视台播出中国大陆地区电视史上第一条电视广告"参桂养荣酒"。同年3月

15日,《文汇报》刊出"文化大革命"后中国大陆地区第一条外商广告,上海电视台播出"文化大革命"后中国大陆地区第一条外商电视广告,均为"瑞士雷达表"。同日,上海人民广播电台在中国大陆地区广播电台中率先恢复广告节目。

1月　经中共中央批准,中共上海市委下发《关于落实党对民族资产阶级政策若干问题的请示报告》,市革委会采取措施贯彻落实。

同月　从1979年初开始,上海的部分基本建设项目试行由财政拨款改为建设银行贷款。上海开始采取通过向外国政府和国际金融组织等贷款发展经济和改善城市基础设施。

同月　根据中央关于统筹解决知青问题的指示精神,市革委会采取措施,统筹解决上海在外地插队知青问题。

同月　市社联主办的哲学社会科学综合性理论刊物《学术月刊》复刊。

同月　全市首家劳动服务公司徐汇区劳动服务公司建立。

2月2日—4月24日　中共上海市委召开理论工作务虚会,讨论社会主义时期的阶级斗争和主要矛盾等重大理论问题。

2月6日　市房地局召开各区房地局负责人会议,传达中共上海市委抓紧解决年大结婚无房户的指示。经过调查核实,女方30岁以上结婚无房户共7 017户。除已拨下的房源外,尚缺9万平方米。

2月12日　长宁区教育局在第二聋哑学校招收2个弱智辅读班,是全市首期智力低弱儿童辅读班。1981年迁入愚园路1112弄31号。1986年2月更名为长宁区辅读学校。1991年8月改称长宁区初级职业辅读学校。

2月18日　上海市血吸虫病防治研究所恢复成立。

2月24日　上海医疗器械研究所与上海注射器三厂等单位研制成功中国第一台医用激光肿瘤气化装置。

同日　华东计算技术研究所研制成功中国第一台每秒运算500万次大型集成电路电子计算机,并通过国家鉴定。

2月25日　市委召开工作会议,联系上海实际,学习和贯彻党的十一届三中全会和中央工作会议精神。

3月2日　中共上海市委批转《关于上海地下党案件的调查报告》,为"文化大革命"中遭受迫害的原中共地下党员复查平反。到4月"十大专案"全部复查平反,900余名原中共地下党员平反昭雪。

3月4日　长宁区中心医院制成中国第一台彩色电视纤维胃镜。

3月8日　市妇联在上海体育馆召开上海市妇女纪念三八国际劳动妇女节大会。会上有4 112名先进个人和484个先进集体,被分别评为上海市的"三八红旗手"和"三八红旗集体"。

3月9—16日　中共中央副主席、全国人大常委会委员长叶剑英在沪视察。

3月13日　上海根据中共中央决定,对"文化大革命"期间所谓"恶毒攻击无产阶级司令部"的案件,进行全面复查。

同日　联邦德国大众汽车公司代表团访问上海,参观上海汽车制造厂、上海汽车发动机厂等16家工厂,并就中德双方有关轿车合作问题举行会谈。

3月16日　上海港机厂钳工徐会仲在马耳他共和国援建30万吨级干船坞工程安装150吨门机时因公牺牲。20日,马耳他共和国为徐会仲举行骨灰落葬仪式,葬于马耳他共和国国家公墓。5

月 5 日，马中友好代表团来沪为徐会仲举行授勋仪式，并向其妻子颁发该国总统授予的“共和国荣誉勋章”一枚。1983 年 7 月 5 日，中华人民共和国民政部（以下简称民政部）批准徐会仲为革命烈士。

3 月 18 日　美国莱克斯兄弟轮船公司所属“利莱克斯”轮首航抵沪，为中华人民共和国与美国建交后第一艘来中国大陆地区船只。有关部门在码头举行隆重欢迎仪式。

3 月 25 日　中国远洋运输公司上海分公司“柳林海”号轮由上海启航，恢复中断 30 年的中国大陆地区与美国之间的海上航线。4 月 18 日抵美国西雅图港。5 月 15 日返抵上海港。

3 月 27 日　中共上海市委决定成立上海市环境保护局（以下简称市环保局）。

3 月　白鹤服装厂筹建，11 月份投产。1981 年与上海服装进出口公司合资联营，这是青浦县第一家补偿贸易企业，也是上海首家农贸结合的出口服装厂。

同月　上海先后提高粮、棉、油、猪、牛、羊、禽、蛋、水产品、蔬菜、牛奶等主要农副产品的收购价格。

同月　市公安机关依法逮捕以“民主”“自由”为旗号，在人民广场破坏社会治安的违法犯罪分子 13 人。

4 月 1 日　市革委会举行第四次全体会议。会议号召全市人民坚持四项基本原则，坚决维护社会秩序，开展增产节约运动。

4 月 2 日　市纺织局召开大会表彰巾被、毛麻公司为慰问对越自卫反击战中胜利归来的人民子弟兵，突击赶制 100 万余条腈纶慰问巾。纺织工业部发来贺电。

同日　上海针棉织品采购供应站线带科并入上海市制线织带工业公司，成为全市第一家工商合一的企业性公司，改变长期以来工商各自为政、产销不见面的状况。

4 月 4 日　市物价局发出《关于上海市工业协作价格管理的试行规定》，要求在计划指导下，自觉运用价值规律，合理定价。

4 月 9 日　中共上海市委批复同意建立经济审判庭。4 月 18 日，成立上海市高级人民法院经济审判庭。

4 月 19 日　中共上海市委决定成立中共上海市委纪律检查委员会（以下简称市纪委）筹备组。1984 年 4 月，市委决定将市委纪律检查委员会筹备组改为中共上海市纪律检查委员会，设书记 1 人，副书记 2 人，常委 5 人。

4 月 21 日　经对外贸易部报请国务院批准，上海海关学校改建为上海海关专科学校（大专），学制定为 3 年。

4 月 25 日　上海市地震办公室升建为上海市地震局。

同日　中共上海市委批准成立上海市医药管理局。

4 月　国家经委、财政部等 6 个部门在京、津、沪选择 8 家企业进行扩大企业自主权的试点，上海柴油机厂、上海汽轮机厂和彭浦机器厂成为试点单位。8 月，经国务院批准，上海工业系统又选择 76 家企业和自行车、缝纫机、拖拉机、汽车、玩具、标准件、线带 7 家工业公司开展第二批试点。扩权试点的主要内容是从扩大企业财权开始，实行利润分成，主要采取利润金额分成、基数利润留成加增长利润留成和增长利润分成三种形式。

同月　中共中央召开全国边防工作会议。会议确定，上海对口支援云南省、宁夏回族自治区。

同月　上海港务监督海图室根据中央军委指示，开始正式向外轮提供海图及航海资料。

同月　国营人民工具五厂与集体所有制企业新伟五金厂合并，成为全市第一家国集合营企业。

同月　市地名办在川沙县城镇公社和南市区周家渡街道进行上海第一次地名普查试点工作。

5月1日　中共中央副主席邓小平为上海电视台题写台名。

同日　上海市出租汽车公司成立。

同日　上海铁路局撤销革委会,恢复原行政建制。

同日　中国人民保险公司上海分公司恢复建制,并于1980年1月正式恢复国内保险业务,受保险总公司和中国人民银行上海市分行双重领导。

同日　中国远洋运输公司上海分公司更名为上海远洋运输公司。

5月3日　市政府批转教育卫生办公室关于1979年高校、中专、技校的招生工作请示。上海市当年有招生任务的57所中等专业学校招生约1万人,外省市到上海市招生约400人;上海市技工学校招收市区和郊县城镇户口的应届高中毕业生约3万人。

5月4日　虹口区幸福院在张家巷路185弄191号成立,有工作人员6人,收留孤老32人,是全市首家区办养老院。

5月6—7日　马来西亚联邦总理达图·侯赛因·奥恩访问上海。

5月7日　虹口区东长治路街道福利工场成立,招生产人员28人,其中残疾人员19人、知青7人、退休工人2人,年收入21 881元。是全市首家街道办的福利生产单位。

5月9日　中国棉花学会在上海成立。

5月13日　上海第三十棉纺织厂开始进行“四班三运转”工时制度的试点,后各行业陆续推开。

5月17日　教育部会同国家水产总局通知市政府:经报请国务院批准,恢复上海水产学院建制。1980年6月,上海水产学院正式在军工路334号原址复校。

5月20日　上海市电子计算机委员会成立,负责研究制定发展计算机技术的具体方针、政策,拟订规划和确定重大措施。

5月24—30日　中共中央副主席、国务院副总理李先念在沪视察。

5月25日　市财政局发布《上海市地方国营企业亏损管理试行办法》,除国家批准的政策性、计划性亏损外,对因经营不善而亏损的,财政不予补贴。

5月30日　市公安局在江苏吴县销毁废旧弹药时,现场突然发生爆炸,市公安局副处长卫淑海等13名干警牺牲,3人受伤。市革委会批准13名干警为烈士。

5月　上海东风农场无线电厂研制的“768”自动地震仪试制成功,填补国内空白。

6月1日　嘉定县中医医院成立,这是市郊第一家中医医院。

同日　中国农业银行上海分行正式恢复,开始对外办公,主要加强对农贸资金的管理,集中办理农村贷款。

同日　上海儿童食品商店在静安区南京西路980号开业,是全市首家经销儿童食品的专业商店。

6月7日　中共上海市委第一书记彭冲率上海市代表团访问德意志联邦共和国、西班牙王国和意大利共和国。

6月8日　市学生联合会召开各大专院校大学分校学生会主席联席会,宣布正式恢复活动。

6月16日　上海121名干部响应建设新西藏的号召,开赴西藏。这次干部进藏,实行轮换的办法,党政干部赴藏工作5年,技术干部工作3年左右。

6月22日　市教育局发出《关于一九七九年中小学招生工作的通知》。通知指出,上海市年度中小学招生工作,除小学继续贯彻就近入学的原则外,中学的初、高中均恢复升学考试制度。7月

16 日，全市中学恢复升学考试。

同日　中共上海市委、市革委会召开工交、基建系统万人大会，动员在全市掀起更大规模的增产节约运动新高潮。

6 月 23 日　中共上海市委、市革委会批准命名大庆式企业 919 个，学大庆先进企业 736 个。

6 月 25 日　中共上海市委第一书记彭冲率上海市代表团访问意大利米兰等地。上海市与米兰市结为友好城市。

6 月 27 日　国家重点工程上海石油化工总厂一期工程竣工，举行国家验收大会。据统计，该工程总概算为 21.87 亿元，试生产期为国家提供的积累达 9.2 亿元，超过了引进设备和技术的全部投资。1993 年 6 月 23 日，市工商局受理上海石油化工总厂变更登记、分立为上海石油化工股份有限公司和中国石化上海金山实业公司事宜。同年 6 月 29 日，上海石油化工股份有限公司、中国石化上海金山实业公司召开创立大会。上海石油化工总厂终止。2000 年 10 月，更名为中国石化上海石油化工股份有限公司。

6 月 30 日　上海市医药管理局成立，对上海中西药品和医疗器械的产、供、用实行工贸合一，统一规划，统一管理。

6 月　中国农业银行上海市分行、中国银行上海分行从中国人民银行上海市分行分设出来，成为专业银行。

同月　上海歌舞团在长宁区虹桥路 1650 号成立。

同月　上海少年儿童出版社与日本曙光出版社和贺尔布出版社合作出版儿童图画故事丛书《宝船》(日文版)，这是 1949 年后上海出版社首次与外国出版社合作出书。

7 月 1 日　杨浦区中医医院移交给上海市卫生局(以下简称市卫生局)，改名为上海市中医医院。

7 月 4 日　上海红十字会和上海海难救助打捞公司受中国红十字会和市政府委托，向由日本厚生大臣桥本龙太郎率领的“领取‘阿波丸’沉没者遗骨访华团”首次移交“阿波丸”沉船死难者遗骨和私人遗物。

7 月 12 日　市红十字会、市卫生局命名杨浦区控江街道医院为上海市控江红十字医院。是为“文化大革命”后上海命名的第一所红十字医院。

7 月 15 日　华东政法学院复校。2007 年 3 月，更名为华东政法大学。

同日　上海市生产资料交易市场成立。这是全国第一家以商品形式自由销售生产资料的交易场所。

7 月 16—25 日　邓小平视察上海。

7 月 25 日　市革委会召开干部会议，贯彻中共十一届三中全会和五届全国人大二次会议精神，明确工作着重点要转移到以经济建设为中心的轨道上来，并提出贯彻执行“调整、改革、整顿、提高”方针的措施。

同日　经市政府批准，市纺织局毛麻公司与南汇县黄路、三墩两个公社联合成立大治河毛纺厂和友谊毛纺厂，为全市第一个工农联营企业。

7 月 26 日　上海航天局研制生产的大型运载火箭，首次成功地把一颗重量超过 1 吨的重型卫星送上轨道。

同日　上海市伤骨科研究所与上海第二医学院附属瑞金医院骨科密切协作，成功施行中国首例异体手指移植。

7月27日—8月4日　中共上海市委召开宣传工作会议,为进一步把全市党员干部的思想统一到中共十一届三中全会精神上来,决定对真理标准问题继续展开讨论,认真补课。

7月　上海根据国务院下达改革企业管理体制的5个文件:《关于扩大国营工业企业经营管理自主权的若干规定》《关于国营企业实行利润留成的规定》《关于提高国营工业企业固定资产折旧率和改进折旧率使用办法的暂行规定》《关于开征国营工业企业固定资产税的暂行规定》《关于国营工业企业实行流动资金全额信贷的暂行规定》,在103个工业企业中实行基数留成加增长分成的利润留成办法,留成资金按四、三、三比例分别建立生产发展基金、职工福利基金和职工奖励基金。

8月6日　上海半导体器件研究所、中国科学院上海冶金研究所、南京集成电路研究所、上海计算技术研究所、常州市半导体厂等单位共同研制成功中国第一块8080A微处理器大规模集成电路。

8月12日　上海美术电影制片厂制作的水墨动画片《牧笛》,在丹麦第三届欧登塞国际童话电影节获金质奖。

8月15日　受10号强台风影响,日本渔轮186艘(船员2 231人)进上海港避风,为上海港接纳日本渔轮最高纪录。

8月17—19日　斯里兰卡民主社会主义共和国总理拉纳辛哈·普雷马达萨访问上海。

8月18日　经国务院批准,上海玩具公司率先打破行业界限,试行工贸合一体制,实行生产、出口经营一体化。

8月28日　市革委会发布《关于推行计划生育的若干规定》,进一步推行晚婚、晚育、少生,提倡一对夫妇只生一个孩子。

同日　共青团上海市委召开上海市第一次青年新长征突击手(队)大会,命名和表彰952名市"新长征突击手"和上棉二十厂八车间团总支等92个"新长征突击队"。此后,每两年评选1次。

8月29日　上海市业余大学和上海电视大学合并,两块牌子,一套班子。

8月　上海根据国务院批转国家计委、国家建委、财政部《关于基本建设投资试行贷款办法的报告》,实行基本建设投资由财政拨款改为银行贷款的办法。

同月　市地名办在市科学会堂召开地名普查会议,讨论通过《上海市地名普查工作规定(草案)》,决定在全市开展一次地名普查工作。1980年10月,上海第一次地名普查工作结束,共普查地名64 108条。

同月　曲阳新村一期工程动工。1989年9月建成。

同月　上海首次进行5年一次的林业资源普查。调查结果,全郊区森林覆盖率为2.7%。

9月2日　位于西藏中路的基督教沐恩堂恢复宗教活动。全市其他基督教堂也开始恢复活动。

9月3日　中共上海市委同意恢复建立上海市档案局(以下简称市档案局),恢复"上海市档案馆"名称,局、馆一个机构,两块牌子。

9月13日　市总工会、共青团上海市委、市妇联、市教育局等单位联合召开上海市先进家长代表大会,表彰1 000名教育子女工作有突出成绩的家长。这是中华人民共和国成立以来首次召开的全市性交流家庭教育工作经验的会议。

9月14日　上海钢锯厂、上海皮鞋厂、上海家具厂、上海纸品一厂、上海第一衬衫厂、上海塑料制品一厂、上海镀锌铁丝厂、上海徽章厂、上海燎原灯具厂和上海新兴锁厂10家企业开展扩大自主权试点。

同日　市工交办召开会议,部署扩大企业管理改革试点。扩大企业自主权范围包括产、供、销和人、财、物 6 个方面，重点放在利润提留权方面。

9 月 16 日　上海生资公司成立上海生产资料交易市场，对部分机电产品、化工原料和金属材料实行自由交易、自由选购，这是全国第一家综合性生产资料交易市场。

9 月 17 日　丹麦王国女王玛格丽特二世访问上海。

9 月 19 日　共青团中央举行第一次全国新长征突击手命名表彰大会，上海 8 人被命名为“全国新长征突击手标兵”。

9 月 20 日　中国邮票总公司上海市分公司在南京东路 224 号开业，恢复办理集邮业务，隶属市邮政局。

9 月 21 日　三卷本《辞海》由上海辞书出版社出版，这是中华人民共和国成立后第一部大型综合性辞典。1957 年，毛泽东将修订《辞海》的工作交给上海，1971 年，周恩来再次将修订《辞海》正式列入国家出版计划。经过 22 年努力，在中华人民共和国成立 30 周年前夕，正式出版。

同日　中华人民共和国交通部(以下简称交通部)批准上海海运局成立上海海兴轮船公司。

9 月 22 日　上海市工商界爱国建设公司成立，由原工商业者集资 5 700 万元创办，后更名为“上海爱建股份有限公司”。

9 月 24 日　市教育局和市广播事业局联合开办的全国第一所电视业余中学举行开学典礼，学员达 17 万人。

9 月 25 日　上海港与美国西雅图港建立友好关系。

9 月 28 日　全国工业、交通、基建战线先进企业和劳动模范大会召开，恢复评选劳动模范。12 月 28 日，全国农业、财贸、教育、卫生、科研战线先进单位和劳动模范大会召开，两次大会上，上海有 18 个单位获“全国先进企业”称号，28 人获“全国劳模”称号。

9 月 30 日　市冶金局和纺织局试行以局为单位的全行业利润留成办法。冶金局采取基数包干、增利分成和“定比”计算增利的办法；纺织局实行利润全额留成办法。1982 年，以局为单位的全行业利润留成办法扩展至全市 11 个工业局。

9 月　国内规模最大的阅读古籍的工具书《辞源》修订稿完成。

10 月 2 日　市市内电话局建成第一根试验阶段光缆，从海宁路分局至四川北路分局长 1.8 公里的 120 路光纤通信系统，接入市内电话网路开通试用。

10 月 5 日　市妇联在文化广场召开表彰全国“三八红旗手”“三八红旗集体”大会，受全国妇联的委托，向 392 位全国“三八红旗手”、44 个“三八红旗集体”代表授奖。

10 月 16 日　南市区工商局恢复关闭 16 年之久的十六铺农副产品市场。该市场占地面积 3 500 平方米。

10 月 20 日　市政府颁发《上海市拆迁房屋管理办法(试行)》。1981 年 9 月，上海市城市规划管理局(以下简称市规划局)拟订《上海市拆迁房屋管理办法(试行)实施细则》。

10 月 26 日　市公安局部署在全市开展“打现行、挖团伙、破大案”的破案战役，整顿城市治安秩序。

10 月　嘉定县供销社果品公司果品批发交易市场成立，这是市郊第一个农副产品批发交易市场。

同月　“向阳红 10 号”远洋调查船竣工，交付使用。该船由上海 708 研究所总体设计，江南造船厂总装建造，是中国第一艘远洋综合科学调查船，获国防科委科学技术研究成果一等奖，1986 年获国家科学技术进步特等奖。

11月2日　上海无线电仪器厂在中国计量科学研究所、上海无线电一厂的合作下，研制成功XO11型同轴热噪声计量标准装置，填补国内空白，获上海市重大科研成果一等奖。

11月2日—12月1日　市文物保管委员会对青浦县重固乡福泉山古文化遗址进行试掘，发现新石器时代至商周的古文化遗存。1982年9月起，再度对福泉山古文化遗址进行清理发掘，发现良渚文化时期墓葬，出土大量珍贵玉器。1988年10月上旬，又在此发现马家浜文化泥质红衣陶罐残片及两眼水井，把上海的历史推溯到6 000年前。

11月6日　中国园林建筑工程首次出口美国，园林明轩工程材料自上海港启运。

11月8日　上海天原化工厂与化工部上海化工研究院、锦西化工机械厂协作试制成功的中国第一台LLY3700氯气透平压缩机投产，并获国家科技进步奖。

11月9—14日　中共上海市委召开统战工作会议，要求全党做好统一战线工作，团结一切爱国力量，建设社会主义四个现代化。

11月13日　市机床制造公司首次举办华东地区机床、工具产品展览会，展出52家企业的360种产品。共接待7 100多个单位21 400余人次，成交机床设备4 150台，成交金额4 100多万元。

11月16日　市冶金工业局决定将上海电解锰厂、上海铅锡材料厂改为集体所有制企业，以安排上山下乡知识青年返沪工作。同时上海铜厂、上海有色金属压延厂、上海第二铜管厂、上海跃龙化工厂也扶持创办集体企业，安置返沪知青。

11月21日　邮电部第一研究所和上海无线电二厂在上海研制成功中国第一部汽车自动电话装置。

同日　《汉语大辞典》编纂处在上海成立。

11月23日　上海市与荷兰鹿特丹市结为友好城市。

同日　上海市重大科技项目直径60毫米三辊式行星轧机，由上海第一铜棒厂和上海冶金设计院共同设计研制成功，使中国压力加工装备达到20世纪70年代国际水平。

11月23—24日　巴勒斯坦全国委员会主席哈立德·法胡姆访问上海。

11月24日　中国科学院上海硅酸盐所研制的中国第一台电子计算机运控的激光热导仪在上海通过鉴定。

11月25日　上海录音器材厂试制成功国内第一台LX—20型二磁头彩色录像机。

11月26—30日　市革委会农业办公室党组召开县委书记会议，强调在经济调整过程中，进一步贯彻为城市服务的方针，把郊区建成高产稳产的粮、棉、油基地和提供大量副食品的基地。

11月　上海调整部分职工工资，有170万职工升级，升级面为58%；月人均增资4.2元。

同月　上海卷烟厂生产的熊猫、中华、牡丹牌滤嘴烟和大前门牌光嘴烟被轻工业部评为全国轻工业优质产品。

同月　上海起重运输机械厂试制成功用于飞机场的旅客登机和行李输送设备，填补国内空白。

12月5日—1980年1月4日　日本特立帕克电视节目公司摄影队来上海拍摄电视剧《望乡之星》。这是上海广播事业首次和外国电视机构合作拍摄电视剧。

12月9日　日本国首相大平正芳访问上海。

12月13—15日　吉布提共和国总统哈桑·古莱德·阿普蒂敦访问上海。

12月16日　上海机床厂制成第一台国产大型坐标测量机，精度达到20世纪70年代世界先进水平。

12月22日　708研究所设计的“远望1号”和“远望2号”测量船，在江南造船厂建成交船。

12 月 22—28 日　中国人民政治协商会议上海市委员会(以下简称市政协)举行五届二次全体会议,会议补选王一平为市政协主席。

12 月 23—29 日　市第七届人民代表大会第二次会议召开。会议根据五届全国人大二次会议关于修正《中华人民共和国宪法》若干规定的决议,设上海市人民代表大会常务委员会(以下简称市人大常委会),上海市革命委员会改称上海市人民政府(以下简称市政府)。大会选举严佑民为市人大常委会主任,彭冲为市长。

12 月 25 日　上海派出 26 名纺织女工和译员 1 人,赴阿拉伯也门共和国萨那纺织印染厂工作。这是改革开放后上海首次对外公派的劳务人员。

12 月 28 日　上海市对外贸易总公司成立,1980 年 1 月 1 日起正式营业。这是上海在全国率先建立的第一个地方外贸公司,集中经营进口业务,同时与国家各外贸专业总公司共同领导和管理在上海的 15 个专业进出口分公司及相关的外贸企事业单位。

12 月　上海吴泾化工厂建成中国第一套年产 30 万吨合成氨和 24 万吨尿素生产装置,并试生产出合格的合成氨和颗粒尿素。

同月　上海电焊厂试制成功中国第一台大型悬臂式自动埋焊机(MZG1000)。

同月　贯彻中共中央、国务院"调整、改革、整顿、提高"的方针,中共上海市委、市革会对国民经济进行全面整顿。提出全面规划,综合平衡,边调整边前进,在调整中改革,在调整中整顿,在调整中提高,既要逐步改善比例失调的状况,又要保持一定的增长速度,逐步改善人民生活。

同月　上海蕰藻浜大桥建成,蕰川公路改建拓宽竣工。

同月　上海第一条长途零担货运班车线上海——杭州线开通。

同年　上海市开始吸收国外投资。进行中小型补偿贸易,引进技术、设备。后吸收外商直接投资,举办合资、合作企业。

同年　奉贤县平安海水养殖场试养对虾 0.8 公顷,上海开始海水养殖。前于 1958 年 9 月始发展海水养殖,均未成功。

同年　全市工业第四次改组。改组特点,发展多种类型的经济联合,按专业化协作要求改善生产组织结构,组织军工企业转产民用产品。

同年　全市首次从统建公房中划出少量住房向社会公开出售,到 1987 年全市出售商品房 52.1 万平方米。

同年　上海延安机器厂试制成功 DFS—A 型电子分色机,填补国内空白。

同年　恢复"文化大革命"中被停止执行的企业奖励制度,允许企业根据各项经济指标的完成情况,按工资总额的 10%—20%提取奖励基金。

同年　上海南京路上"培罗蒙"等 67 家特色商店恢复老招牌。

同年　金山县三浜村 3 户农民购置 3 艘水泥船进行个体营运,为改革开放后上海个体水上运输户之始。

同年　"国际海协"第十届会议通过建立世界航行警告系统计划。中国划为 11 区,由天津、上海、黄埔 3 个港务监督的航行警告分台负责中国沿海分区的沿海航行警告及本港辖区的地方警告。上海港务监督负责发布中国沿海北纬 23.5—35 度间水域的沿海航行警告。

同年　奉贤县南桥镇光明乡开始种植黄桃,是市郊较早种植黄桃的地区。

1980年

1月1日　中共上海市委第一书记、市长彭冲在上海电视台和上海电台分别发表电视广播讲话，向全市人民祝贺新年。

同日　国家海关总署恢复，上海海关建制归国家海关总署。

同日　上海玩具进出口公司成立，这是改革开放后上海第一家工贸进出口公司，是工业企业参与外贸经营的初步尝试。

同日　上海对外经济联络局下设出国人员生活物资供应站，承担出国人员和驻外经商参（代）处机构的生活物资供应任务。这是上海最早成立的为出国人员服务的专业机构。

同日　上海文化用品采购供应站和上海市文化用品批发部合并，成立上海文化用品公司，这是全市第一个站部合并的商业企业。

同日　解放日报社创办的《报刊文摘》出版，是“文化大革命”后全国最早出现的文摘性报刊。

同日　市邮电管理局试行地区性的新装电话收取初装费办法，单位初装费按200至1 000元分等收取，住宅用户收60元保证金，拆机时可退回。

同日　西郊公园改名为上海动物园。

同日　汉语大词典编纂处和出版社在长宁区新华路200号成立。通过出版《汉语大词典》等，建立国内最大的汉语词汇数据库。

1月4日　市政府批转《上海高等学校校（院）长试行工作条例》，明确高等学校领导体制实行党委领导下的校（院）长分工负责制。

同日　上海柴油机厂、上海汽车配件厂与上海开关厂、上海革新电机厂联合会战，试制成功200千瓦柴油机发电机组，填补了国内电站技术的空白。

1月7日　上海——香港直达客货班轮复航。沪港客货班轮停航于1953年。

1月10日　市工商局、上海海关、市公安局发布联合通告，凡海关允许带进的物品不得私自出售，禁止贩卖进口物品，取缔非法交易。

1月11日　国家经委、财政部正式批准市冶金工业局、纺织工业局试行以局为单位的利润留成。冶金局实行利润增长分成，即以1978年上交利润为基数，增长部分上交国家60%，留给企业40%；纺织局实行全额利润分成，90.5%上交国家，9.5%留给企业，这一制度5年不变。

1月12—15日　九三学社上海市第四次代表大会举行，卢于道当选为主委。

1月12—16日　中国国民党革命委员会（以下简称民革）上海市第五次代表大会举行，赵祖康当选为主委。

1月12—16日　中国民主同盟（以下简称民盟）上海市第七次代表大会举行，谈家桢当选为主委。

1月12—16日　中国农工民主党（以下简称农工党）上海市第四次代表大会举行，周谷城当选为主委。

1月13—16日　市工商业联合会（以下简称市工商联）第六届会员代表大会举行，刘靖基当选为主委。

1 月 13—16 日　中国民主建国会(以下简称民建)上海市第五次代表大会举行,刘靖基当选为主委。

1 月 13—16 日　中国民主促进会(以下简称民进)上海市第四次代表大会举行,吴若安当选为主委。

1 月 20 日　中共上海市委、市政府发出《关于加强市场物价管理的通知》。

1 月 28 日　上海市与美国旧金山市结为友好城市。

1 月　上海科学研究所成立,出版刊物《世界科学》。

同月　中国世界经济学会在上海成立。

2 月 5 日　《人民日报》、中央人民广播电台报道上海长征医院外科主治军医吕士才抢救病人英勇献身的事迹。13 日,中央军委授予吕士才模范军医称号。

2 月 6 日　市房地局建立特种用房经理部,经营涉外房产。

2 月 11 日　市议价粮油经营部成立,统一经营粮油议购议销业务。

同日　上海市新华医院成功施行国内首例人工股骨置换手术。

2 月 23 日　市政府和江苏省政府联合向国务院上报《关于苏州河污水治理列入国家重点基本建设项目的报告》。9 月 1 日,国家计委函复同意,并要求共同保护淀山湖,确保上海市和苏州市用水需要。

同日　上海县马桥公社集体分享公社工业利润,公社党委决定全公社中小学生的全年学费由集体全部负担,本公社农民子女在公社外中小学读书的,也可享受免费待遇。

2 月 26 日　中共上海市委、市政府召开科研成果授奖大会,奖励上海市从全国科学大会召开以来的一大批科研成果,537 项科研成果获奖。

2 月　上海自行车三厂"凤凰青年服务队"诞生,成为上海青年志愿者行动的雏形。

3 月 3 日　中国第一次举办的家用电器和建筑材料出口交易会在上海开幕。

3 月 5—8 日　市政府召开农业科学大会,指出必须高度重视农业,重视科学,重视专家。

3 月 8 日　中共上海市委发出通知,彭冲不再担任中共上海市委第一书记职务,仍任上海市市长。陈国栋任中共上海市委第一书记。

3 月 18 日　上海杂技团作为中华人民共和国第一个商业性演出团体赴美利坚合众国演出,演出收入 22.6 万美元,美国总统卡特会见演出人员。

3 月 19 日　中国第一台 CCH—10 型袖珍式超声波测厚仪由上海超声波仪器厂试制成功,经过技术鉴定,主要技术性能达到国外 20 世纪 70 年代同类产品的水平。

3 月 19—26 日　中共中央副主席、国务院副总理李先念在沪视察。

3 月 24 日　市妇联邀请部分台湾省籍女同胞、归国侨胞、原国民党军政人员的亲属,举行关于台湾回归祖国、完成祖国统一大业座谈会。会上通过给台湾姐妹一封节日祝贺信,并通过电台向台湾广播。

同日　中国所购美国波音 747 飞机首航于京沪航线。

3 月 25 日—4 月 2 日　中共中央纪律检查委员会副书记章蕴在福州召开沪闽两省市中共纪委、政法、工商行政管理部门主要负责人会议,对上海市闸北、静安、徐汇、卢湾等区查获福建省内贸易公司违反国家政策,向上海和内地省市销售和倒卖大量进口化纤、汽车、有色金属等大案、要案进行协调处理。

3 月 28 日　中国防痨协会上海分会、中华医学会上海分会等 12 个单位联合发出劝阻吸烟倡议,开展“吸烟还是健康由你选择”的群众性戒烟活动。

3月31日　中华人民共和国第一艘直达美国的杂货班轮“荣诚号”,满载进口小麦17 450吨返回上海港,完成了开辟中美杂货班轮航线任务。“荣诚号”轮是1月28日装载中国出口杂货驰往美国的。

同日　上海召开环境保护工作先进表彰奖励大会,要求把治理工业“三废”作为环境保护的主要课题,力争在国民经济调整期间,达到“基本控制污染,力争有所改善”的目标。

3月　市社会科学联合会各学会理事联席会第二次会议为学术上的冤案、错案平反,为李平心、孙冶方、周谷城等恢复名誉。

4月1日　民航上海管理局青岛航站恢复停航20年的上海——青岛航线,每周暂定飞2班。

4月2日　为贯彻“调整、改革、整顿、提高”方针,市政府决定停建、缓建234个项目和86个单项工程,压缩投资256亿元,基本建设战线缩短1/3。

4月3日　市工商局发布《关于恢复个体户登记发证工作若干问题的意见》。

4月10日　最高人民法院撤销1965年对扬帆的判决,宣告无罪。中华人民共和国公安部(以下简称公安部)、中共上海市委相继为扬帆平反。受扬案株连的700多人随后也复查平反。

4月11日　嘉定县马陆人民公社被命名为上海大阪友好人民公社。

4月12日　上海市、大阪府促进友好交流协商会议议定书和上海市、大阪府进一步开展友好交流会谈纪要签字仪式在锦江小礼堂举行。双方协商决定举办上海市、大阪府促进友好交流协商会议。第一次会议于1980年11月举行。

4月15日　赞比亚共和国总统肯尼思・戴维・卡翁达访问上海。

同日　上海中华造船厂建造的出口万吨轮“海建”号下水,标志着中国船舶进入国际市场迈开可喜一步。

4月15日—5月15日　上海举行第一次春季物资交易会,采取双边协作等方法,达成交易额6 500多万元。

4月27日　金山县农民画首次在北京美术馆展出,反响强烈。

4月28日　美利坚合众国驻沪总领事馆在淮海中路1469号开馆。

同日　1979年度市劳动模范大会召开,劳动模范评选工作恢复。

4月　上海重型机器厂自行设计制造的世界上最大的200吨三相三摇臂双极串联抽锭式电渣重熔炉投产,并试炼出第一根89吨重的电渣钢锭。

同月　市服装公司与深圳市二轻局合办服装联营企业,深圳上海时装公司在深圳成立,这是上海手工业系统开设在经济特区的第一家联营企业。

5月8日　上海农学院在七宝镇南街复校。

5月13日　上海首次分配给教卫系统高级知识分子住房22套,通过套调,实际解决讲师、主治医师以上知识分子34户的住房困难。

5月15日　市政府对学徒和普通工转正定级工资待遇作了新规定。

5月16—18日　毛里塔尼亚伊斯兰共和国国家元首、政府首脑穆罕默德・库纳・乌尔德・海德拉中校访问上海。

5月17日　上海电台、电视台转播在北京举行的国家主席刘少奇追悼大会实况。

5月18日—6月2日　第九届“上海之春”举办,同时举行全国琵琶比赛和钢琴邀请赛。

5月19日　上海救捞局在日本建造的起吊能力为2 500吨的自航浮吊船“大力号”接收回国。

这是中国最大的海上浮吊船。

5 月 21 日　中共中央、国务院、中央军委发贺电给江南造船厂、沪东造船厂、中华造船厂、求新造船厂、七〇八所等单位，祝贺他们设计、建造的导弹驱逐舰和主测量船、海洋调查船、远洋打捞救生船、远洋拖船参加于 5 月 18 日进行的中国首次发射远程运载火箭飞行试验成功。6 月 6 日，六机部在江南造船厂召开“热烈欢迎在沪单位参试远程运载火箭发射任务人员凯旋大会”。

5 月 22 日—6 月 2 日　中国天主教第三届代表会议在北京举行，决定成立中国天主教主教团和中国天主教教务委员会。上海张家树主教当选为中国天主教主教团团长、中国天主教教务委员会主任、中国天主教爱国会副主席。

5 月 28 日—6 月 3 日　中共上海市委召开统筹安排知识青年工作会议。全市“文化大革命”中上山下乡知识青年开始陆续回沪。

5 月 30 日—6 月 2 日　国际乒乓球友好邀请赛在上海体育馆举行，有朝鲜、日本、联邦德国、瑞典等 9 个国家参赛，中国队囊括 5 项冠军。

5 月　市水利局首次开展上海市水利区划与地表水资源调查和评价，1984 年 5 月完成报告。

同月　市气象局数值天气预报业务自动化系统及模式输出统计预报，由国家气象中心以 A 模式向全国气象系统广播，为中国天气预报自动化、定量化、客观化迈出第一步。

同月　上海电缆厂试制成功国产第一根 35 万千伏铝芯交联聚乙烯绝缘电缆。

6 月 1 日　上海市批准 10 所区办业余大学。

6 月 1—2 日　中共中央主席、国务院总理、中央军委主席华国锋在上海接见市党政军领导和政协负责人，并视察宝山钢铁总厂工程建设。

6 月 4 日　中共上海市委、市政府批转上海市经济委员会（以下简称市经委）《关于搞好三废治理解决工厂与居民矛盾的报告》。报告对市区 300 多家工厂因“三废”（废水、废气、废渣）和噪声污染环境，提出治理和解决矛盾的措施。

6 月 5 日　《文汇报》举办的第一届“文汇电影奖”揭晓，上影故事片《啊，摇篮》获最佳影片奖，谢晋获最佳导演奖；故事片《从奴隶到将军》编剧梁信获最佳编剧奖；影片《小花》女主角陈冲获最佳女演员奖。

6 月 9—10 日　阿根廷共和国总统豪尔赫·拉斐尔·魏地拉将军和夫人访问上海。

6 月 11—12 日　中共中央总书记胡耀邦在沪视察。

6 月 13 日　上海中山医院首次临床输注全氟碳代血液成功，临床应用超过 350 例，居世界第三位。

同日　上海家用电器研究所正式成立，这是上海市第一个集体所有制研究所。

6 月 17 日　中科院上海生物化学研究所研究员、中科院新疆分院副院长彭加木在新疆罗布泊洼地进行科学考察时不幸失踪，后虽广泛搜救，仍无踪迹，被认定为遇难殉职。1982 年 9 月 17 日，被市政府授予“革命烈士”称号。

6 月 18 日　上海市与南斯拉夫萨格勒布市在上海签署结为友好城市协议书。

6 月 21 日　上海——香港直达定期航空班机开航。

6 月 22 日　西萨摩亚独立国总理图普奥拉·埃菲访问上海。

6 月　上海部分符合办学条件的“七二一”大学改名为职工大学。

7 月 1 日　国务院批准恢复上海铁道医学院，由铁道部和上海市双重领导，以铁道部领导为主。

同日　上海第一次向环卫工人发放环卫津贴，按照劳动强度、劳动条件和接触垃圾、粪便等有毒有害程度的不同,分别规定每人每天 0.20 元、0.30 元、0.40 元。

同日 上海邮政开办国际特快邮件专递业务。

同日 市建委批复:《上海市地图集》编纂工作由市规划局主持,市测绘处负责编制。

7 月 3 日 市政府转发《上海市工农教育委员会关于加强本市职工教育工作的意见》,提出要努力办好各种职工高等学校。

7 月 5 日 中国、瑞士、中国香港三方合资中国迅达电梯有限公司正式成立。8 日,中国迅达电梯有限公司上海电梯厂成立。该厂是中华人民共和国机械工业领域内第一家中外合资工厂,也是改革开放以后上海第一家中外合资工厂。

7 月 12 日 静安区待业知青陈贵根自筹资金,在华山路 504 号开办"味美馆"饭店。这是改革开放后上海出现的第一家私营饭店。后因故于 1983 年 5 月关闭。

7 月 24 日 崇明县法律顾问处成立,这是上海市第一个基层法律顾问处,解决远郊农民请律师难的问题。

7 月 25 日—9 月 2 日 市委召开座谈会,听取市经委等部门关于十年规划的设想,讨论研究上海今后发展方向、重点等问题。8 月 6 日,市建委提出《上海城市建设十年规划设想汇报提纲》,主要内容:扩大市区,改造旧区,控制近郊区,发展浦东,充实远郊卫星城镇,发展长江口和杭州湾两翼地区,搞好县属城镇建设等。

7 月 市政府向国务院上报《延安东路至陆家嘴路黄浦江越江隧道计划任务书》。11 月,国务院批准建设延安东路越江隧道。1982 年 9 月,3 号竖井(盾构拼装井)破土动工。1984 年 12 月,主体工程圆形隧道正式开工。1988 年 12 月 29 日,延安东路越江隧道(后改称"延安东路隧道北线")建成并举行试通车典礼。1989 年 5 月 1 日正式通车运营。该隧道东起浦东陆家嘴杨家宅路,西至延安东路福建路口,全长 2 261 米,隧道为双车道,宽 7.5 米,总投资为 2.97 亿元。1990 年 4 月 23 日,延安东路隧道通行电车隧道五线,这是国内首次过江隧道通行电车。

同月 上海宾馆在乌鲁木齐北路 505 号动工,主楼 30 层,高 91.5 米,建筑面积 44 555 平方米,拥有客房 600 间。1982 年 12 月竣工,1983 年 8 月 27 日正式落成,是中华人民共和国成立以后上海第一座超国际饭店高度的高层建筑。

同月 上海开始建设十六铺新客运站,共有 6 个泊位,全部建筑面积为 3.4 万平方米,包括客运大楼、办公指挥塔楼、售票房等工程。1982 年 1 月交付使用,建筑面积达 15 000 多平方米。

同月 上海市高校编写组编写新的《中国共产党历史讲义》(上海人民出版社出版),是中共十一届三中全会后全国第一部由国家教育部发文推荐的全国高校公共政治理论课教材。

同月 市教育局印发《关于试行小学升留级制度的几点意见》《上海市中学生升级、留级暂行办法(试行草案)》。《上海市中学生升级、留级暂行办法(试行草案)》自 1979 学年的初中一年级开始执行。

8 月 1—22 日 上海夏秋雨水特多,连续阴雨,22 天内有 10 次暴雨,3 次大暴雨,降雨量为常年同期的 4—5 倍。水位猛涨,市区积水严重,郊区农田受淹,禾苗大损,是年粮棉产量大幅度下降。

8 月 5 日 上海塑料凉鞋首次进入国际市场。

8 月 8 日 市经委召开扩大企业自主权试点大会,冶金、纺织 2 个工业局,自行车、缝纫机、制线织带、玩具、拖拉机汽车、标准件 6 个工业公司和 711 家工厂进行扩大企业自主权试点。

8 月 10 日 经中华人民共和国文化部(以下简称文化部)批准,上海音乐学院附属音乐小学生金力被派到英国伦敦梅纽因音乐学校学习。这是新中国首次派遣一个 10 岁的孩子出国学习。

8 月 13 日　闸北区烽火街道芷江旅社党支部成立，这是上海自负盈亏合作社中的第一个党支部。

8 月 15 日　经教育部批准，上海师范大学恢复华东师范大学校名。

8 月 16 日　上海开始对固定工制度进行改革尝试，改招用固定工为招用合同工。首先在上海元件五厂、中国纺织机械厂等部分全民所有制企业的熟练工和普通工岗位试行。

同日　上海玩具一厂招收 30 名合同工，合同期限一年，为全市第一次试行合同工。

同日　在全国首次小型计算机质量评比会上，上海电子计算机公司所属上海电子计算机厂生产的 DJS—131 小型电子计算机获得同系列产品质量第一名。

8 月 19 日　市规划局向市建委、市纪委上报《漕河泾地区规划》。9 月 29 日，市建委批复同意。

同日　《江南造船厂和日本三菱重工株式会社技术合作第一号合同》在北京人民大会堂签字，主要内容为日本方面帮助江南造船厂提高造船工艺技术，改进经营管理，提高民用产品质量和生产效率。

8 月 20 日　市七届人大常委会第七次会议听取、审议市高级人民法院院长关子展《关于上海市复查平反“文化大革命”期间判处的冤假错案的情况报告》。

8 月 26 日　市政府公布《上海市文物保护单位第二批调整补充名单》，《新青年》编辑部旧址等 10 处重新列为市文物保护单位。

8 月 29 日　市政府批转市教育局的《关于在二、三年内作好中小学教育调整工作的请示报告》，提出调整的主要任务是改革学制、改革中等教育结构和调整中小学布局。

8 月 30 日　上海机电系统企业参加国家物资部和第一机械工业部（一机部）在长沙举办的全国机电产品订货会议。这是中华人民共和国成立后上海机电产品第一次作为商品进入物资市场，产需双方直接见面。

8 月　历时 4 年的打捞“阿波丸”工程结束，海军负责打捞的沉船首段由“大力号”吊浮出水。

9 月 1—6 日　全国游泳锦标赛在上海举行，上海队获 3 项冠军。

9 月 4—7 日　由英国皇家海军舰队第一区舰队司令詹金海军少将率领的 3 艘英国军舰访问上海。这是 30 年来英国皇家海军军舰第一次到中国访问。

9 月 8 日　市环保局与市财政局发出《关于对企、事业单位排放污染物实行收费和罚款的办法（试行）实施细则》。1981 年 1 月 1 日在全市范围实施。

同日　上海工业优质产品授奖大会召开，对 185 项产品颁发市优质产品证书，并对其中 90 项同时颁发著名商标证书。

9 月 9—15 日　柬埔寨王国首相诺罗敦・西哈努克亲王访问上海。

9 月 16—23 日　中共上海市委、市政府召开全市劳动就业工作会议，贯彻中共中央全国劳动就业会议精神，制定上海劳动就业方案。

9 月 18—19 日　肯尼亚共和国总统丹尼尔・阿拉普・莫伊访问上海。

9 月 19 日　由中国大百科全书出版社上海分社负责编辑的中华人民共和国成立后第一部大型综合性年鉴《中国百科年鉴》印制完成，收有大约 1 700 个条目，100 万字左右。

同日　市电影局和中国电影资料馆在上海举行“伊文思 50 年电影回顾与上海艺术家和观众见面会”和“伊文思影片回顾与图片展览”，展出《桥》《雨》《博里纳杰》《西班牙的土地》《英雄之歌》等影片。

9 月 22 日　永久牌和凤凰牌自行车首次整批进入欧美市场。

9月23—25日　意大利共和国总统山德罗·佩尔蒂尼和夫人访问上海。

9月26日　中国自行设计、制造的“运10”型客机在上海试飞成功。“运10”是中国首次自行设计、自行制造的大型喷气客机,由上海飞机研究所设计,上海飞机制造厂(以下简称上飞厂)制造总装,上海航空电器厂承制起落架,并得到上海市和航空部内外300多个单位的协作支援。研制工作自1970年8月国家计委、军委国防工业领导小组向上海下达任务后开始,1972年中央军委审查通过飞机总体设计方案,1976年7月制造出第一架用于静力试验的飞机,于1978年11月全机静力试验一次成功。1979年12月制造出第二架用于飞行试验的飞机,首次试飞一次成功之后,陆续进行多次转场试飞,证明“运10”飞机性能良好,符合设计要求。“运10”飞机的试飞成功,在国内外引起强烈反响,认为是中国航空技术的重大发展。然而由于经费原因,20世纪80年代初开始,“运10”研制工作被迫停顿,第二架试飞机至1985年2月也告彻底停飞。

9月28—29日　挪威王国首相奥德瓦尔·努尔利和夫人访问上海。

9月　经中共上海市委批准,上海市司法局(以下简称市司法局)派韩学章等5人赴北京参加审理林彪、江青反革命集团案件的刑事辩护工作。

同月　中共中央下发《关于进一步加强和完善农业生产责任制的几个问题》后,鉴于上海特殊情况,中共上海市委提出不搞包产到户、不搞分田单干、不搞口粮田,提倡小段包工、定额计酬和专业队、专业组承包的生产责任制。实际上到1982年11月全市有622个生产队实行大包干,另有582个生产队分社员口粮田。

同月　上海执行国务院批转中华人民共和国卫生部(以下简称卫生部)《关于允许个体开业行医问题的请示报告》,正式恢复个体开业行医。

同月　市对外经济联络局以成套设备出口公司名义签约承接了港商投资的深圳华美钢铁有限公司建设项目,总投资1 000万美元,是改革开放后上海承接的第一个对外承包工程项目。

同月　金山农民画在比利时布鲁塞尔国际博览会展出。

10月1日　上海首条黄浦江隧道公共交通专线上南路——打浦路通车。

10月3日　《解放日报》头版发表沈峻坡的《十个第一和五个倒数第一说明了什么?——关于上海发展方向的探讨》,引起强烈反响。《解放日报》收到300多篇来稿并连续发表9期讨论文章。

10月9日　新华医院、市儿科研究所在市免疫学研究所、肿瘤医院、中心血站和六机部第九设计院等单位协助下,为一位重型再生障碍性贫血的男孩实施中国第一例骨髓移植治疗。

10月10日　中国第一株人体胃腺癌体外培养细胞株正式在上海通过鉴定。该株已稳定地传到七十九代,并在动物身上接种成功。这项成果由上海市第六人民医院、复旦大学遗传学研究所、中国科学院上海药物研究所、市肿瘤研究所、复旦大学生物系、市卫生局医学测试中心等单位共同协作完成。

10月12日　上海首次举行国际举重邀请赛,经过10个级别30个项目的比赛,中国队获团体总分第一名,共夺得15枚金牌、12枚银牌、3枚铜牌。

同日　中国科学院上海脑研究所在岳阳路建立,这是中国第一个从事脑结构和脑功能研究的专门机构。

10月13日　郊区第一个以县为单位的农工商联合企业在嘉定正式成立,设有工业、商业、进出口贸易、手工艺品、仓储和大蒜食用菌6个公司。

10月16日　市七届人大常委会举行第九次会议,决定汪道涵任代理市长。

10月18日　上海市劳动教养管理委员会成立。

10 月 20 日　市政府颁发《上海市基本建设征用土地管理办法(试行)》《上海市拆迁房屋管理办法(试行)》《上海市建筑管理办法(试行)》。

同日　上海电台新增 1 197 千赫发射频率，节目由 5 套增为 6 套，播出总时数平均每天 87 小时 32 分。

同日　上海恢复建立立信会计专科学校。1992 年 9 月 19 日，立信会计高等专科学校实行民办公助机制，成为上海高校中首家机制转换的试点单位。

10 月 20—21 日　法兰西共和国总统瓦莱里·吉斯卡尔·德斯坦和夫人访问上海。

10 月 21 日　法兰西共和国驻沪总领事馆在淮海中路 1431 号开馆。1990 年 7 月 1 日迁至淮海中路 1375 号启华大厦。

10 月 24 日　市政府批转市工商局等部门《关于贯彻国务院、中央军委批转工商行政管理总局等部门关于加强对华侨、港澳、台湾同胞进口物品管理和打击走私、投机倒把活动请示报告》，工商行政管理部门负责查处进口物品的非法买卖和投机倒把案件，在北火车站、吴淞口、十六铺码头、公平路码头和虹桥机场设立以工商行政管理部门为主的联合检查站。

10 月 24 日、25 日、28 日、30 日　市政府先后召开 4 次市长办公会议，讨论住宅建设问题，颁发了会议纪要，决定放宽住宅建设政策，鼓励单位自建住宅，可以自行分配，自行管理，允许个人在统一规划下自建住宅。

10 月 26 日　上海市对原划右派分子的复审工作全部结束，一大批同志重新获得了政治生命。全市原划为右派分子的共 16 328 人，经过复查，改正的人数占原划右派总人数的 98%。

10 月 28 日　市政府颁发《上海市基本建设征用土地管理办法(试行)》《上海市拆迁房屋管理办法(试行)》《上海市建筑管理办法(试行)》的通知。

10 月 30 日　国务院批复同意市政府设立吴淞区，将宝钢地区办事处管辖的行政区域和宝山县城厢，以及宝钢与吴淞之间的地区划归吴淞区管辖。1981 年 7 月 30 日中共吴淞区第一次代表大会召开，12 月 21—26 日区政协第一届第一次会议召开，12 月 22—25 日区第三届人大会第一次会议召开，分别选举产生区委、区人大、区政府、区政协领导班子。

同日　市政府批准市工商局《关于本市适当发展城镇个体经济的意见》，实施扶持城镇个体经济发展的政策，主要有：允许个体工商户带 1～2 个帮工；允许个体工商户自由结合、自订章程，实行联购联销、联购分销，自负盈亏；对待业知青经营的修理服务业、手工业等劳务收入较低的行业，给予免税、减税或暂不征税等优惠；允许个体工商户在银行开立账户和向银行申请小额贷款等。

同日　中国自行设计制造的第一条年产 10 万台 16 英寸黑白显像管生产流水线在上海电子管二厂建成。

10 月　市房地局对私人房屋核发产权证，在长宁区江苏街道 3 个里委进行试点。经过登记、测量、审查，核发产权证 100 多张。各区派员参加了试点工作。

同月　卢湾区在柳林路上设立柳林路小商品市场。至 1985 年成为全市首个具有活动摊房设施的专业服装市场。1990 年兴建柳林大厦，高 29 层。1995 年完工，实现引场进室。2000 年 10 月 15 日，上海国际服装中心在柳林大厦挂牌。

同月　华东师范大学第二附属中学接受联合国开发计划署援款 20 万美元，进行中学理科教学现代化建设试点，为第一个上海接受多边援助的项目。

11 月 5 日　中共上海市委办公厅转发市档案局《关于开放历史档案问题的请示报告》和市档案馆《关于历史档案、革命历史档案开放利用的两个试行办法》，规定除部分需要限制利用外，开放市档案馆保存的1949年以前的国民党政权、伪政治统治时期的历史档案，帝国主义侵华机构的历史档案，以及中国共产党及其领导下的工会、青年团、妇联等群众团体在1949年解放前工作活动中形成的革命历史文件、资料。

11月10—11日　市司法局与中共上海市委宣传部(以下简称市委宣传部)、市妇联、市高级人民法院在文化广场联合举办大型《婚姻法》宣传讲座，听众13 000多人。

11月13日　中华造船厂总装建造的大型登陆舰鉴定定型。

11月19日　上海服装公司表演队成立，模特儿从服装工人中挑选培训。这是中国大陆地区第一支时装表演专业队伍。1981年2月9日，表演队在上海友谊剧场举行第一场公开演出。1982年至北京中南海汇报演出达50场。1987年首次亮相巴黎国际时装节。

11月20日　市政府发布《上海市地名管理暂行办法》。

11月21日　上海市与日本大阪府结为友好城市。

11月27日　上海电台、电视台首次公开向社会招聘广播电视工作的编辑、记者，应聘者达4 000多人，录用31人。

同日　世界卫生组织命名中国上海市嘉定县、广东省从化县、山东省掖县为该组织的初级卫生保健合作中心。

11月29日—12月1日　罗马尼亚社会主义共和国总理伊利耶·维尔德茨访问上海。

11月　杨浦区辽源街道文化中心在鞍山二村46号(甲)成立，是全市首个街道文化中心。

12月1日　上海电影制片厂摄制完成故事片《天云山传奇》，在国内的文艺作品中首次正面触及反右派斗争，1981年11月上映后在全国引起强烈反响。影片获得1980年文化部优秀影片奖，首届中国电影金鸡奖最佳影片、最佳导演奖等4项奖，第四届百花奖最佳影片奖。

12月2日　市手工业局系统有258家全民所有制企业扩大经营自主权试点。

同日　上海通用文科学院举行开学典礼，这是上海第一所民间性质的业余大学，正式学员19名，旁听学员34名，大部分是待业青年，部分是工人和教师。学制为2年和4年。

12月4日　中国致公党上海市支部委员会成立，董寅初任主任委员。1984年3月改致公党上海市委员会。

同日　上海基督教青年会、上海基督教女青年会正式恢复活动。

12月16日　上海高等院校评定教授、副教授达1 464名。这是中华人民共和国成立以来上海高等院校评定职称人数最多、规模最大的一次。

12月20日　市政府结合上海具体情况，贯彻国务院《关于严格控制物价、整顿议价的通知》精神，就物价问题颁布相关规定。

同日　市区和郊区城镇居民实行"凭票、凭证、定点、记数，按当月定量计划数售粮食"的办法。

12月26日　中国第一辆彩电实况转播车在上海制成。

12月27日　经上级部门批准，上海第十二棉纺织厂进行企业领导制度改革，召开职工代表大会，民主选举厂长，进行职代会领导下的厂长负责制试点。

12月29日　上海博物馆收购胡云升收藏的东晋王羲之行书《上虞帖》(唐摹本)。

12月　经财政部批准，上海率先在国营企业进行"以税代利，自负盈亏"的"利改税"试点，试行企业为上海轻机公司、上海柴油机厂、彭浦机器厂。3家企业从1980年开始，以交纳"五税二费"(工商税、房地产税、车船使用牌照税、所得税、收入调节税和固定资产占用费、流动资金占用费)代替原来的上交利润。

同月　上海长江电子计算机厂与上海工业大学合作，研制成功上海地区第一台采用国产元器件的 DJS—051 型微型电子计算机。

同月　崇明县编史修志办公室成立，揭开上海首轮社会主义新方志编纂热潮。

同月　据统计，上海市郊 16—45 岁青壮年非文盲率达 91.5%。

同月　苏州河曹杨路木桥改建为钢筋混凝土桥。至此，苏州河上海段木桥全部改建为钢筋混凝土桥。

同年　上海共有 24 所高校试行收费走读大专班，毕业生不包分配。

同年　蒋学模主编的《政治经济学教材》由上海人民出版社出版，为大专院校非经济学专业教科书。该书至 2010 年共修订多版，发行超过 1 800 万余本，发行量在社会科学类理论书刊中独居榜首。

同年　上海共竣工交付新工房 304.32 万平方米，比 1979 年增长 40.9%。其中单位建房 159.57 平方米，比 1979 年增长 56.3%。

同年　益民食品四厂以补偿贸易方式引进中国大陆地区第一条方便面生产线。

同年　上海 708 研究所设计、江南造船厂建造成功“向阳红 10 号”，这是中国第一艘远洋综合科学调查船。船长 156.09 米，排水量 1.2 万多吨，航速 20.6 节。船上设有为科学工作者工作和生活的各种舱室；装备各种各样贵重调研设备和仪器；具有各种现代化的导航和无线电通信设备，如卫星定位仪和电传通信，现代化的实验仪器，可承担世界各大洋的水文物理、海洋气象、海洋生物、地质和地球物理、水声等科学的综合考察任务。

同年　中国科学院上海光学精密机械研究所著名光学专家王之江领导的研究组，开始研制国外长期对中国禁运的 1∶1 扫描式投影光刻机。这种机器是制造大规模集成电路的关键设备，集光、机、电、气动、计算机于一体，特别是光学系统设计巧妙，制造难度极高。1985 年 3 月，样机通过鉴定，宣告了国内第一台 1∶1 扫描式投影光刻机的诞生。

同年　上海按专业化协作原则进一步改善工业生产组织结构。全市共组建 15 个工业局、71 个专业公司，所属企业 2 256 家，占工业企业总数的 2/3，产值占全市工业总产值的 2/3。

同年　工商行政管理部门恢复个体工商户登记，全市有个体工商户 8 000 户。

同年　上海港务局对军工路杂货码头四、五泊位进行集装箱化改造。1983 年底基本完成，为上海第一个集装箱码头，设计年吞吐能力 12 万标准箱。

1981年

1月1日　市知识青年上山下乡办公室撤销，业务工作并入市劳动局。

同日　上海公正会计事务所成立，这是中华人民共和国成立后成立的第一家会计师事务所（后改为上海市会计师事务所）。

同日　上海中国画院恢复。

1月2日　《文汇报》报道，中国第一台装配式植物生态人工气候装置在上海植物生理研究所研制成功并经过测试，主要技术指标达到国外同类产品水平。

同日　市政府下发通知，决定成立市高级科技技术干部技术职称评定委员会。

1月7日　中国民航开辟北京——上海——旧金山——纽约航线，为中华人民共和国第一条飞越太平洋的远程国际航空线。

1月23日　国家财政部、工商行政管理局批准美国柯柏斯·赖布兰会计公司在上海设立常驻代表处。

1月25日　经审理，最高人民法院特别法庭宣布：判处张春桥死刑，缓期2年执行，剥夺政治权利终身；判处王洪文无期徒刑，剥夺政治权利终身；判处姚文元有期徒刑20年，剥夺政治权利5年。

1月26日　上海电视台播出《最高人民法院特别法庭对林彪、江青反革命集团10名主犯进行宣判》实况录像。

1月31日　上海市郊区县属50家国营小型企业进行以税代利的试验，按照集体所有制企业的八级累进计征办法向国家缴纳所得税，并缴纳资金占用费。

1月　上海基本建设投资全部由拨款改为银行贷款。

同月　春节期间上海大米供应发生困难，从辽宁紧急调运2 500万千克，向武汉市借用1 000万千克，向湖南借用500万千克。

2月1日　福民街小商品市场在人民路、福民街路口正式挂牌，近400户个体工商户在场内设摊。当年成交额达1 221万元。这是上海开放的第一个个体小商品市场。1983年发展至600余个摊位，是市中心著名的小商品市场。1998年迁入福佑路225号上海福佑商厦。

2月9日　由上海工业合作联社投资，用市手工业局留成外汇投资120万港元，收购香港培罗蒙公司，是年4月8日重新注册开业，作为上海服装行业在境外的“窗口”。这是改革开放后，上海第一个海外投资项目。

2月10日　中美集装箱运输班轮航线首航轮张家口号从上海出发，前往美国旧金山。该航线的开辟，改变了过去中美集装箱货运全部要经日本、香港地区转运的做法，缩短了运输周期，提高了运输质量，降低了运输费用。

2月22日　国务院批准上海市恢复闵行区，将徐汇区的闵行、吴泾地区和上海县的15个大队划归闵行区管辖。12月22日经中共上海市委批准重新建立区委，1982年4月20日召开成立大会。1982年12月20—25日区政协第二届第一次会议召开，12月21—24日区第三届人大会第一次会议召开，分别选举产生区人大、区政府、区政协领导班子。

2 月 24 日　上海第五钢铁厂二车间技术改造竣工，改建成具有电磁搅拌先进技术的 2 座 30 吨全液压电炉，并配有多功能 50/30 吨钢包精炼炉。投产后冶炼的轴承钢质量优于日本同类产品，主要技术指标居于全国同行业之冠。

2 月 25 日　市政府召开基本建设全面推行拨款改贷款动员大会。

2 月 26 日　上海在海外的第一个合资企业上海工艺品股份有限公司在瑞士日内瓦开业。

2 月　中国人民银行上海市分行杨浦、黄浦两个区办事处之间，试办上海第一笔同城票据承兑与贴现业务。

同月　上海龙柏饭店在长宁区虹桥路 2419 号开工建设。1982 年 4 月竣工，1982 年 6 月 11 日正式开业，为中华人民共和国成立后上海自行投资兴建的第一座宾馆。

同月　上海潍坊新村开工建设。1987 年 12 月竣工，为当时浦东地区最大的新建住宅小区。

3 月 12 日　根据教育部《关于在城市试行 6 年制小学问题》的通知，市政府批准将上海的小学现行学制由 5 年改为 6 年。

3 月 13 日　全市蔬菜工作会议召开，会上成立市蔬菜领导小组。近郊 4 县也相应成立蔬菜办公室。

同日　上海第一医学院核医学研究所成立，这是中国第一个核医学研究所。

3 月 18 日　彭浦机器厂试制成功国内第一台 D155A 型 320 马力推土机。

3 月 18—21 日　市政府召开城市规划工作会议，讨论《上海市城市总体规划方案纲要(草案)》。1983 年 10 月，市长办公扩大会议审查并原则同意《上海市城市总体规划方案(送审稿)》。12 月，方案获市八届人大常委会第六次会议通过。1984 年 2 月 9 日，市政府将《上海市城市总体规划方案》报国务院。1986 年 4 月，以中共上海市委、市政府名义向中共中央、国务院上报《上海市城市总体规划方案的汇报提纲》，中共中央书记处原则同意《上海市城市总体规划方案的汇报提纲》和《上海市城市总体规划方案》。10 月 13 日，国务院批复原则同意《上海市城市总体规划方案》，指出这个方案和批复可作为指导今后上海城市发展与建设的依据。11 月 15 日，中共上海市委、市政府召开干部大会，号召全市人民为把上海的美好蓝图逐步变为现实而奋斗。

3 月 23 日　国务院批准新增补 283 位学部委员名单，上海有 11 名科学家当选。

3 月 27 日　全球天花灭绝，上海市即日起停种牛痘。

3 月　受卫生部委托，全国结核病防治研究上海分中心成立，负责南方几省的结防协调工作。

4 月 1 日　1981 年全国马拉松和第一届上海杯马拉松比赛同时在嘉定进行，上海选手王雅声获女子冠军。

4 月 2 日　大型文学报纸《文学报》创刊，报头由茅盾生前题写。

4 月 2—12 日　中共中央副主席、中央纪律检查委员会第一书记陈云在沪视察。

4 月 3 日　中共上海市委、市政府召开全市增产节约、增收节支动员大会。

4 月 9—16 日　市第七届人大会第三次会议召开。会议选举胡立教为市七届人大常委会主任、汪道涵为市长。

4 月 9—17 日　市政协举行五届三次全体会议。会议第一次印发大会简报，共 60 期。

4 月 13—14 日　瑞典王国首相图尔比耶恩·费尔丁和夫人访问上海。

4 月 15 日—5 月 15 日　上海组团参加第四十九届广交会。成交额下滑至 2.76 亿美元，占广交会总成交额 13%，1980—1989 年，共举行 20 届广交会(第四十七至六十六届)。由于外贸体制改革，上海出口货源骤减，20 届广交会中上海成交额除第五十六届成交 4.26 亿美元外，大多在 2 亿—

3亿美元之间,占交易会总成交额15%左右。

4月22日　上海电视台以电视教育为主的20频道开播。这是中国第一个用分米波大功率发射的电视频道。

4月25日—5月6日　中国红十字会和中国上海海难救助打捞公司第三次向访华的日本政府代表团移交"阿波丸"沉船死难者遗骨和私人遗物。至此,中方全部移交打捞起来的遗骨共370具、私人遗物218项1 683件。

4月26日—5月16日　中共中央副主席、全国人大常委会委员长叶剑英在沪视察。4月30日,参加庆祝五一文艺晚会。

4月　联合国教科文组织以书面形式向发展中国家介绍市教育局与金山县教育局联合编写的《山阳公社的业余教育》,将作为第三世界如何开展成人教育的经验提供给各国。

5月1日　佘山天主堂修复开堂。1982年秋,华东六省一市天主教教务委员会在佘山创办中国天主教佘山修院。

5月12日　市轻工业局系统打破地域界限,建立3项跨省联营项目:上海缝纫机三厂与江苏省吴江县合办缝纫机制造厂,上海益民食品一厂与江苏省常熟县联办冷饮糖果厂,上海益民食品五厂与黑龙江省明水县联营糖果食品厂。

同日　大中华橡胶厂产品首家获得美国交通部认可,正式进入美国市场。

5月16日　津巴布韦共和国总理罗伯特·穆加贝访问上海。

5月17—28日　市广播事业管理局与日本广播协会(NHK)合作在上海拍摄电视剧《真理子》。

5月22日　儿童文学作家陈伯吹倡议的"儿童文学园丁奖"在上海正式设立,以表彰在儿童文学事业中作出卓著成绩的儿童文学工作者。

5月23日　上影故事片《巴山夜雨》《天云山传奇》同获第一届中国电影"金鸡奖"最佳故事片奖;美影动画片《三个和尚》获"金鸡奖"最佳美术片奖。上影故事片《庐山恋》《天云山传奇》同获第四届《大众电影》"百花奖"最佳故事片奖。

5月29日　国家名誉主席宋庆龄在北京逝世。6月4日,宋庆龄骨灰安葬仪式在上海西郊万国公墓宋氏墓地举行。1982年2月23日,国务院公布宋庆龄墓为全国重点文物保护单位。1984年1月10日,万国公墓被命名为宋庆龄陵园,保留万国公墓名称。

5月　天主教上海教区决定恢复佘山朝圣活动,上海及苏、浙等地区教徒数万人参加朝圣。

6月1日　根据国务院的指示精神,上海对农副产品贸易市场和无证个体户开始征税。

6月1—2日　比利时王国国王博杜安一世和王后访问上海。

6月6日　上海印发《上海市高等教育自学考试暂行办法》,成立市高等教育自学考试委员会。

6月7日　在日本东京举行的亚洲田径比赛中,19岁的上海运动员朱建华跃过2.30米,打破了中国运动员倪志钦保持11年之久2.29米的全国纪录和亚洲纪录。

6月9—12日　中共上海市委召开整顿社会治安大会。会议决定,认真贯彻中央治安座谈会精神,依法从重从快打击刑事犯罪,整顿社会治安。

6月13日　市政府同意撤销上海自然博物馆筹备委员会,并正式以上海自然博物馆命名。

6月25—29日　全国首次医学伦理道德学术讨论会在中华医学会上海分会举行。

6月27日　上海灯泡厂从日本引进的黑白显像管生产线建成,是当时中国大陆地区最大的显像管生产线。

6月30日　市工交、基建、财贸系统在部分全民所有制企业50万职工中,实行联产计酬生产责任制。

6 月　上海电影制片厂摄制成故事片《喜盈门》。该片获 1981 年文化部优秀故事片奖和农村题材优秀创作奖，第二届“金鸡奖”荣誉奖、最佳音乐奖，第五届“百花奖”最佳故事片奖。1981 年放映后，发行拷贝 4 212 个，创当时国产故事片拷贝发行数最高纪录。两年内全国观众达 7 亿人次，创国产故事片上座率最高。

同月　上海街头恢复出现近 500 辆人力三轮车，为南来北往的旅客和老弱病残居民服务。这些人力三轮车经工商部门批准，由区或街道劳动服务部门负责管理，统一收费标准，统一发票，统一车辆标志，并经公安部门发放牌照。

同月　上海选手史美琴在第二届世界杯跳水赛中，获女子跳板跳水冠军。

7 月 2—6 日　市委常委会举行学习会，学习党的十一届六中全会公报、《关于建国以来党的若干历史问题的决议》和胡耀邦“七一”讲话。

7 月 4 日　上海电视台组织译制的日本电视连续剧《姿三四郎》开始播映，共 26 集。这是该台译制播出的第一部外国电视连续剧。

7 月 9 日　上海石油化工总厂上缴国家利润和税金达 21.8 亿余元，使国家比原计划提前 2 年收回了 21.79 亿元的投资。

7 月 14 日　市教育局通知各区、县教育局，要求在录取新生时，对归侨青年和归侨子女在与其他考生同等条件下，优先录取。

7 月 25 日　中共上海市委发出关于传达、学习中共十一届六中全会精神的通知，8 月 3—22 日，市委举办第一期党员领导干部学习班，学习、贯彻《关于建国以来党的若干历史问题的决议》，要求把上海全党的思想认识统一到六中全会《决议》上来。

7 月 27 日　上海与香港合资经营的上海联合毛纺织有限公司在黄浦区烟台路成立。8 月 4 日，上海联合毛纺织有限公司举行开工典礼，这是中华人民共和国成立后大陆地区纺织行业第一家合资企业，也是在上海建立的第一家沪港合资企业。1987 年，该公司发展成为上海联合纺织(集团)公司，拥有 10 家企业，成为上海第一个沪港合资集团性公司。1992 年又成为中外合资第一个股份制上市公司。

7 月 30 日　上海市抗菌素药品进入国际市场。

7 月　根据国务院同意的卫生部《关于解决医院赔本问题的报告》，经市政府批准，在虹口区、川沙县开展医院实行两种收费标准的试点工作，即对劳保、公费医疗病人实行不包括职工工资在内的按成本收费，自费病人仍按原收费标准收费。一年后在全市范围内推开。

同月　该月起上海取消电视机凭票供应，敞开供应电视机，各电视机厂纷纷在全国各地设立特约技术服务部。

同月　上海市投资信托公司成立。

同月　上海电信大楼开工建设，这是当时上海最大的通信枢纽，1987 年 5 月竣工。

同月　中共上海市委党史资料征集调查委员会成立。1990 年 4 月改为中共上海市委党史研究室。

8 月 1 日　人民解放军驻沪陆、海、空三军在上海人民广场举行盛大阅兵式、分列式，庆祝建军 54 周年。

8 月 3 日　上海市服装公司在文艺会堂举办“上海服装选样定产会”。这是 1949 年以来上海服装工业第一次面向全国选样定产。

8月4日　市政府颁布《上海市推行计划生育的若干规定》，普遍提倡一对夫妇只生一个孩子，对晚婚、晚育、少生、优生等作具体规定。

8月8日　上海召开化工科研成果转让交易会，这是以交易会形式将科研成果商品化的一种尝试，在上海尚属首创。

8月10日　市政府就与外商合资改造上海轿车厂事宜请示国务院。8月31日，国务院同意市政府的意见。9月26日，国务院授权国家外国投资管理委员会批复上海市和第一机械工业部，同意与联邦德国大众公司合资改造上海轿车厂的项目。

8月25—29日　市委召开党员干部会议，传达和学习全国思想战线问题座谈会精神，学习邓小平《关于思想战线上的问题的谈话》。

8月28日　经国务院批准，按照中央对机械工业实行按行业联合的方针组织起来的企业性公司——上海船舶工业公司正式成立。它是全国第一个打破部门和地区界限，实行工贸结合、军民结合、造修结合、科研与生产结合的新型公司。

8月31日—9月2日　上海遭受十四号强台风和特大潮汛袭击。9月1日凌晨，黄浦江苏州河口黄浦公园站水位达5.22米，创历史最高值。市政府决定打开浦东地区沿江水闸纳潮，川沙7座水闸纳潮600多万立方米。崇明县新村公社新城大队的大队长顾思礼、副大队长张林生在带领群众抗台抢险时不幸牺牲，是年被市政府追认为革命烈士。

9月3日　市手工业联社出资与香港招商局所属海通公司在香港合办申海船舶用品供应有限公司，总投资200万港元，是上海手工业系统首家在境外开办的贸易性合资企业，1983年1月4日开业。

9月7日　国务院批复同意上海炼油厂、上海高桥化工厂、上海高桥热电厂、上海石油化学研究所、上海农药厂、上海染化十五厂、上海第二化学纤维厂、上海合成洗涤剂二厂合并，组建上海高桥石油化工公司。11月6日，上海高桥石油化工公司成立，为中国大陆地区第一个跨行业、跨部门的大型企业联合体。

9月9日　上海橡胶制品研究所向长宁区人民检察院提出控告，指控该所助理工程师韩琨收受乡镇企业贿赂。1979年10月起，韩琨利用业余时间，为奉贤县钱桥橡塑厂研制产品，并收受酬金(其中部分为韩妻挂名工资)。1981年11月25日，长宁区检察院以受贿罪向法院提起公诉。法院裁决罪名“不能成立”。但检察院在免诉书中依然认为韩琨有罪。此事于1982年12月经《光明日报》报道后，在全市甚至全国引起很大反响，称为“韩琨事件”。1983年3月8日，上海市科学技术委员会调查研究“韩琨事件”后指出：科技人员利用业余时间从事科技服务活动，是有利于四化建设的好事，各级领导要热情支持。3月9日，中共上海市委批复同意市化工局党委报告：补发所扣的奖金，晋升工程师，钱桥橡塑厂所付报酬归韩本人(韩妻挂名工资退还该厂)。长宁区检察院最终撤销免予起诉决定，改作无罪处理。

9月19—29日　中共中央副主席、国务院副总理李先念在沪视察。

9月20日　由上海和第七机械工业部共同研制的新“长征1号”运载火箭成功首次发射“实践2号”一组3颗空间物理探测卫星，使中国成为世界上少数掌握“一箭多星”技术的国家之一。

9月20—24日　上海文化广场举行日本“佐田雅志音乐会”，共演出4场，这是上海广播事业局第一次邀请外国大型音乐团体来沪演出。

9月21—23日　瑞典王国国王卡安十六世·古斯塔夫和王后访问上海。

9月22日　多哥共和国总统纳辛贝·埃亚德马访问上海。

9 月 26 日　市委召开郊区县委书记和市农口各局、院负责人座谈会，市委批准市农委党组提出的《关于加强和完善郊区农业生产责任制的意见》。

10 月 4 日　国务院批准成立中国上海对外经济技术合作公司。开展对外承包工程、劳务输出、海外投资业务，系当时上海唯一的外经窗口。

10 月 5 日　市政府发布《关于取缔非法刊物和非法组织的决定》。

10 月 8 日　市教育局发出《关于市区设置中心小学的通知》，决定在市区按学区块设置中心小学 75 所，不再设置重点小学。

10 月 9 日　上海宋庆龄故居揭幕仪式在徐汇区淮海中路 1843 号举行。1994 年 10 月 25 日举行宋庆龄雕像揭幕仪式。

10 月 10 日　市政府召开市长办公会议，讨论加快工业技术改造问题，汪道涵在会上提出了技术改造的目标、重点和措施，要求各工业局采取措施，贯彻落实。

同日　中共上海市委、市政府在市政府礼堂举行纪念辛亥革命 70 周年大会。

10 月 14 日　上海施贵宝制药有限公司成立，这是全国第一家中美合资西药制剂企业。

10 月 16 日　中共上海市委同意总编辑赵超构提出的《新民晚报》复刊后的 16 字编辑方针：宣传政策、传播知识、移风易俗、丰富生活。

10 月 18 日　汪道涵应邀访问英国，回沪途中访问香港。

10 月 21 日　上海服装首次赴美国纽约展销，为期一个半月。

10 月 25 日　丹麦王国首相安高・约恩森和夫人访问上海。

10 月 27—28 日　委内瑞拉共和国总统路易斯・埃雷拉・坎平斯访问上海。

10 月 30 日　上海港与日本大阪港建立友好港关系并在上海举行签字仪式。

10 月　市政府对小三线 17 家工厂进行调整，撤销 5 家军工厂建制，在保留的 12 家军工厂中，3 家厂保留军品生产任务，其余均转产民品。

11 月 4 日　市公安局召开平反大会，对林彪、江青反革命集团在“文化大革命”中制造的“侦控无产阶级司令部”“潘汉年、扬帆黑班底”“伪警察局地下党”“苏修特务集团”“反革命黑调查”五大冤案宣布彻底平反。

同日　上海教育书店在卢湾区淮海中路 717 号开业，是全市首家教育专业书店。

11 月 10 日　中国钟厂星火分厂正式成立，这是上海市第一家由市区与国营农场联营的企业，性质、职工福利待遇都与市属工厂相同，职工户口作为郊区市属厂职工户口。

11 月 12 日　上海市完成工业企业普查登记工作。共登记 11 999 户，其中全民所有制企业 4 187 户，集体所有制企业 7 772 户，其他企业 40 户。这是中华人民共和国成立以来规模最大、范围最广的一次全面登记。

11 月 18 日　上海京剧院恢复建制并举行庆祝大会，京昆剧表演艺术家俞振飞任院长。

11 月 20 日　中科院上海生物化学研究所、上海细胞生物学研究所、上海有机化学研究所等单位经过 13 年的努力，完成酵母丙氨酸转移核糖核酸的人工全合成。这是世界上首次用有机化学和生物化学的方法合成的具有与天然转移核糖核酸相同的化学结构和生物活性的转移核糖核酸。

11 月 21 日—12 月 26 日　首届上海戏剧节举行。

11 月 25 日　国务院学位委员会下达全国首批博士和硕士学位授予单位 151 个，指导教师 1 155 人和学科专业点 812 个的名单。其中上海有博士学位授予单位 25 个，硕士学位授予单位 44 个。

12月1日　上海市中共党史学会成立。

12月12日　上海天文台和联邦德国马普射电天文研究所联合进行横跨欧亚大陆的甚长基线射电干涉实验获得成功。

12月15日　上海铁路运输中级法院设立。

12月15—21日　华东六省一市杂技优秀节目会演在上海举行。

12月16日　上海市部分电话开始敞开登记个人用户。

12月23日　经验收抽查，卫生部认为上海10个县都达到基本消灭丝虫病的标准，并向上海、金山两县颁发基本消灭丝虫病的证书。

12月31日　中共上海市委向全市独立基层党支部发出关于坚决稳住物价的通知，规定烟酒提价后，凡由国务院及其所属各部门和上海管理的与人民生活有关的市场商品零售价不能提价；要加强对议价商品的管理，坚决打击投机倒把活动。

12月　上海救捞局"德大"轮经2个多月从日本拖带8.8万吨大油驳"伊拉万"号安全抵达泰国，开创该局远洋拖航最大物件纪录，创外汇65万美元。

同月　市司法局成立律师资格审批小组，负责对全市律师进行资格审批。1983年3月，46名律师获第一批律师资格证书。

同月　曲阳知青菜场在曲阳路街道西南小区开张营业，是全市首家由待业青年办的菜场。

同月　上海游泳馆开工建设。1983年4月建成。这是当时国内最大的游泳馆。

同年　普陀区在全市首建"鸳鸯楼"，专供无婚房新婚人员住用，每套房间建筑面积不到24平方米。

同年　上海开展对外承包工程和劳务合作业务，开始在海外投资办企业。

同年　上海商业收购方式改为统购包销、计划收购、订购、选购4种。凡商业收购有余的，工业可以自销，打破原来非商业部门不能经商的规定。

同年　全市逐步恢复初高中"三三"学制。

1982年

1月1日　《新民晚报》正式复刊，刊号续前。

同日　由市妇联主办的旨在促进婴、幼、儿童、少年茁壮成长的综合性教育月刊《为了孩子》创刊。

同日　沪皖纺织联合开发公司正式对外办公，这是全国纺织工业第一家跨省市的联营企业。

1月2日　中共中央、国务院发布《关于国营工业企业进行全面整顿的决定》和《国营工厂厂长工作暂行条例》。根据《决定》精神，上海国营工业企业分期分批整顿。

1月7日　上海港十六铺客运站第一期工程竣工。1月11日，十六铺客运站启用，从新客运站发出的第一艘客轮为"东方红17"号，第一天接送旅客总计9 000余人次。12月22日，全部工程竣工投入使用，这是当时中国最大的水上客运站。

1月8日　中国大百科全书出版社上海分社迁入长宁区古北路650号。通过总、分社的努力，1993年《中国大百科全书》(第一版)74卷出齐，是中国首部百科全书，被誉为"中华文化的丰碑"。

1月9日　中共上海市委、市政府发出通知，要求认真贯彻国务院发布的《关于坚决稳定市场物价的通知》，加强对市场零售价格的管理，加强对议价商品的管理，严格制止部分企业擅自涨价或变相涨价等行为。

同日　上海铁路运输法院成立。隶属上海铁路运输中级法院。

1月11日　市基本建设委员会决定，对南市区蓬莱路303弄旧式里弄住宅进行成套改造试点，由市房屋科学研究所设计，于1982年11月开工，1989年竣工。经过改造，既保持原石库门住宅的里弄建筑风格和居住环境，又合理利用平面，调整空间布局，增添厨房、卫生等设施，使之独立成套，改善使用功能，受到居民的好评。1989年获得"利吉里亚"国际荣誉奖。

1月19日　上海第三制药厂制成第三代半合成青霉素，填补国内抗菌素工业空白。

1月20日　沪宁铁路双线贯通。

1月21日　上海市拖拉机汽车工业公司与联邦德国大众汽车公司举行上海轿车合资经营备忘录签字仪式。

1月22日　市政府批复市规划建筑管理局《关于"六五"期间住宅建设基地问题的报告》，同意"六五"期间第一批在市区边缘新辟兰花(一期)、长白(控江)、曲阳、彭浦、沪太、泰山、长风、仙霞、虹桥、田林、宛平、上钢、潍坊(乳山)13个居住区。第二批在市区边缘新辟工农、民星、管弄、长桥、临沂、梅园、泾西、运光、彭浦(东块)、仙霞(南块)、德州、上南、雪野13个居住区。

同日　上海市第六人民医院骨科主任陈中伟和其他医师一起，运用显微外科技术为4例病人成功施行皮肤和肋骨的移植手术。这在国际医学界尚属首创。

1月　国家计划委员会批准上海铝材厂利用世界银行贷款引进阔幅铝箔生产线项目建议书。1984年4月，批准可行性报告。该项目为国家"七五"计划重点建设项目，总投资1.8亿元，年生产规模6 000吨。

2月2日　上海水上运动场竞赛场在青浦县淀山湖游览区开工建造。这是第五届全国运动会重点基建工程，是中国第一个按照国际标准设计的现代化船艇比赛场所。一期工程于1983年9月竣工。二期工程于1986年开始,至1989年3月竣工。

2月6日　市政府决定在全市11个主要工业局所属1 839家工厂企业实行全行业利润全额留成,平均留利率为12%。

2月8—17日　中共上海市委、市政府召开市农业工作会议,要求切实贯彻"以农业为主,农副工协调发展"的方针。

2月9日　中共上海市委组成30个党风调查组,有重点有目标地进行党风党纪检查。

2月12日　市政府发出《关于本市开展全民义务植树运动的通知》,第一年开展全民义务植树活动。

同日　上海宝山钢铁总厂电厂灰坝合龙,这是长江口第一大坝,全长2 335米。

2月20日　市政府印发《上海市农村改水十年规划(1981—1990)》。

2月22日　上海机电产品对外咨询服务公司开业,这是中国第一家民间外贸咨询企业,经济上自负盈亏,业务上可以灵活、主动、多样、创新。

同日　中国第一艘出口的多用途集装箱货轮在上海船厂下水。该货轮由上海船厂和西德马尤福姆设计公司合作设计,属于国际上最先进的集装箱船。

2月23日　市政府印发《关于严格控制征用郊县土地的紧急通知》,明确有关审批权限收归市政府。

同日　上海宋庆龄墓、豫园列入国务院第二批全国重点文物保护单位名单。

2月23—25日　上海第四制药厂通过FDA检查,这是中国氨基糖苷类产品第一次通过美国FDA验收。

2月24日—3月2日　中共上海市委召开统战工作会议,传达全国统战工作会议精神,提出要进一步搞好新时期党的统一战线工作。

2月26日　市政府召开全民义务植树运动大会,中共上海市委第一书记陈国栋、市长汪道涵出席,9 000多人参加大会。

同日　上海市爱国卫生运动委员会公布《上海市民卫生须知》,要求全体市民认真执行。

2月27日　中共上海市委召开会议,讨论通过市委宣传部提出的《关于深入开展"五讲四美"活动的意见》,部署"文明礼貌月"工作。3月1日起,上海开展第一个"文明礼貌月"活动。

2月27—28日　摩洛哥王国政府首相马蒂·布阿比德访问上海。

2月　中共上海市委、市政府决定菜区继续实行"统一经营、联产到劳"的生产责任制,以保护集体生产设施和保障城市蔬菜供应。

同月　主要由复旦大学历史地理研究所承编《中国历史地图集》编竣,年内开始由地图出版社陆续出版。

同月　《上海画报》(双月刊)正式出版,这是中华人民共和国成立后上海第一本综合性画报。

同月　上海共青森林公园破土动工,西沿军工路,东临黄浦江,分为南、北两园,总面积115公顷,是当时全市最大的公园。1986年10月1日,共青森林公园开放。

3月5日　南京路第一医药商店、第一百货商店、武警上海总队一支队十中队等单位民兵、团员青年在南京路设"为民服务台",开展"学雷锋做好事"活动。之后,南京路一条街逐渐形成每月20日"为民服务日"制度,从未间断。

3月7日　《文汇报》报道,上海第一部国际电话半自动拨号设备正式投入使用。

3月12日　市政府发布《上海市水产养殖保护暂行规定》,支持和保护水产品生产。

3 月 15 日　勘探二号钻井平台在东海浙东坳陷西湖凹陷龙井构造带钻探龙井二井，日产天然气 1.4 万余立方米。

3 月 19 日　中共上海市纪律检查委员会筹备组、上海市侨务办公室党组转发《关于严格制止向华侨、外籍华人和港澳同胞伸手要钱、要物的紧急通知》。

3 月 20 日　中共上海市委、市政府批转市工商局《关于整顿市场秩序、取缔无证经营的意见》。自 4 月 1 日起全市开展取缔无证经营活动。

3 月 21 日　宝山钢铁总厂自备电厂第一台 35 万千瓦发电机组建成投入运营，4 月 30 日并网发电，这是全国最大容量火力发电机组。

3 月 22 日　天主教上海教区和上海市天主教爱国会举行会议，支持中国天主教主教团、中国天主教爱国会发言人就罗马教皇"为中国教难祈祷"发表声明，抗议罗马教皇对中国教会的诽谤。

3 月 24 日　上海市委、市政府召开全市表彰优秀里弄工作者和先进居民委员会大会。

3 月 29 日—4 月 4 日　市七届人大会第四次会议在上海体育馆举行。汪道涵作《政府工作报告》。会议通过《关于深入持久地开展"五讲四美"活动的决议》。

3 月 29 日—4 月 4 日　市政协举行五届四次全体会议。会议期间，组织 300 多名委员分组视察全市开展"文明礼貌月"活动的情况。

4 月 1 日　中国投资银行上海市分行成立。

4 月 3 日　嘉定县曹王人民公社进行政社分设工作，是市委、市政府确定的唯一试点单位。

4 月 4—10 日　上海市开展第一个爱鸟周活动。国务院批转的林业部等部门《关于加强鸟类保护执行中日候鸟保护协定的请示》中，决定从 1982 年起，在每年春季由各省、市、自治区人民政府根据本地区实际情况，确定一周的时间为爱鸟周。

4 月 5 日　全市第一座生活垃圾处理场在安亭开始建设。1983 年底建成。

4 月 9 日　市政府印发胡耀邦对上海运动鞋总厂出口的训练鞋质量事故提出严肃批评的批示，同月 22 日，汪道涵到运动鞋总厂调查。市经委、市手工业局和皮革公司组成联合蹲点调查组，对运动鞋的产品质量及有关问题进行全面整顿。经过整顿，1983 年底恢复出口。

4 月 13 日　上海新华医院成功施行双胎联体女婴分离手术。

4 月 14 日　延安东路外滩人行立交桥开工，6 月 30 日竣工。这是上海市区第一座人行立交桥，1996 年全部拆除。

4 月 14 日、18 日　上海市中级人民法院分别召开宽大释放和安置就业大会，对在押的 30 名原国民党县团以下党政军特人员宣布宽大释放，宣读《裁定书》，发给《转业证书》和《释放证书》。

4 月 15 日　中共上海市委发出关于认真学习、贯彻《中共中央、国务院关于打击经济领域中严重犯罪活动的决定》的通知。

4 月 16 日　经对外经济贸易部批准，上海纺织经营公司与香港上海实业公司、香港溢达有限公司共同投资，在香港开办申达制衣厂。这是中华人民共和国成立后在境外开办的第一家纺织合资企业。

4 月 16 日—5 月 10 日　市委宣传部召开大型理论工作座谈会，讨论从"以阶级斗争为纲"转变到"以经济建设为中心"。

4 月 17—18 日　几内亚比绍共和国国家元首若奥・贝尔纳多・维埃拉访问上海。

4 月 20—28 日　首届华东六省一市舞蹈会演在上海举行。

4 月 21 日　中共上海市委、市政府召开市劳动就业工作会议，要求实行劳动部门介绍就业、自愿组织起来就业和自谋职业相结合的“三结合”就业方针。

4月26日　市政府召开上海市劳动模范大会,1 000多名劳动模范获奖。

4月29日　阿尔及利亚民主人民共和国总统沙德利・本・杰迪德访问上海。

4月30日　市总工会、解放日报社等联合发起振兴中华职工读书活动。是年有20余万人参加,至1984年增至90余万人。1984年3月17日,经中共上海市委批准,成立上海市振兴中华读书指导委员会,统一领导、统一规划、统一部署全市的“振兴中华”读书活动。

5月1日　位于松江县中山东路235号的方塔园一期建成开放,占地12.13公顷。1978年,上海市基本建设委员会批准以宋代兴圣教寺方塔为中心,建一个历史文物公园。这是一座以观赏历史文物为主题的园林。

5月2—20日　第十届“上海之春”举行,共演出19台320多个音乐、舞蹈节(剧)目。

5月3日　上海医用光学仪器厂和上海医疗器械五厂研制成功中国第一台手术显微镜联彩色电视装置,并通过技术鉴定。

同日　市政府协作办公室成立。

5月4日　上海电子计算机厂试制成功运算速度为350万次/秒的905乙大型电子计算机。1984年4月,该大型电子计算机获上海市重大科技成果奖。

5月6日　经市政府批准,由上海市人事局(以下简称市人事局)、市劳动局、市高教局制定的《高等学校收费走读毕业生录用暂行办法》开始执行。办法规定,学校可向有关部门推荐合格收费走读毕业生,由其择优录用;经推荐而未被录用者,毕业生本人可以自行联系接受单位,经上级主管部门在劳动计划内批准录用。同时规定,收费走读毕业生实行一年的试用期。

5月6—8日　利比里亚共和国国家元首塞缪尔・卡尼翁・多伊访问上海。

5月7日　市政府召开蔬菜工作会议,中心议题是继续研究贯彻落实菜区“以菜为主”方针以及讨论《上海市关于蔬菜保护区若干问题的暂行规定》,要求走“菜、副、工、商”联合经营的道路。汪道涵强调,凡是划为蔬菜保护区的土地,任何单位、任何个人都不得征用、占用。

同日　市政府召开工业技术改造工作经验交流会议,汪道涵强调指出技术改造必须有计划有步骤地进行,要同城市改造有机结合起来,保证基建项目和技术改造项目建成后达到预期的效果。

5月8日　在上海劳改单位服刑和留场就业的1 633名原国民党团以下党政军特人员,全部予以释放、安置。

5月9日　上海市长途汽车运输公司成立,统一经营跨省市长途客货运输业务。

5月10日　市七届人大常委会第二十一次会议通过决议,组织全市讨论宪法修改草案,并同意审查起诉江青反革命集团在上海重要骨干的情况报告。

5月12—22日　中共上海市委召开常委扩大会议,听取有关部门关于当前工业生产、市场工作、对外贸易和财政收入的情况汇报,分析上海经济形势,研究和提出完成当年各项任务的意见和建议。

5月18日　由上海无线电二十一厂为主建设的援助朝鲜的无线电仪器厂完成,并移交生产。

5月　《上海市革命烈士英名录》印制发行,收录自辛亥革命至1982年期间牺牲的9 293名烈士的英名以及有关事迹。

6月1日　上海19所高等学校首批硕士学位审定工作完成。各校经过学位评定委员会审查批准,分别授予1 219名毕业研究生以哲学、法学、经济学、教育学、文学、历史学、理学、工学和医学硕士学位。

6 月 15—18 日　汪道涵率上海市友好代表团应邀访问朝鲜咸兴市。18 日，上海市与咸兴市签署协议，结为友好城市。

6 月 16 日　泖港大桥建成。该桥是上海黄浦江上第一座斜拉桥，全长 391.8 米，主跨径长 200 米，由上海市政设计院设计，主体工程由上海市基础工程公司承建。

6 月 18 日　中共上海市委召开党员干部会议，就进一步开展打击严重经济犯罪活动的斗争作了动员和部署。

6 月 22 日　国内第一株高毒力甲型肝炎病毒通过专家鉴定。该病毒由市卫生防疫站肝炎病毒研究室在市卫生局测试中心等单位协作下分离成功，并传至第六代。

6 月 24 日　复旦大学学位评定委员会经审查、批准，决定授予该校数学研究所基础数学专业 78 级研究生洪家兴、张荫南、李绍宽、童裕孙理学博士学位。这是中国大陆地区教育系统的首批理学博士学位获得者，也是上海地区的第一批博士。

6 月 26 日　上海梅山冶金基地第一期工程竣工投产。1969 年 3 月，为解决炼钢所需生铁资源，经国务院批准，上海市在江苏省南京市郊梅山铁矿附近建设年产 100 万吨生铁的炼铁基地。1984 年 12 月 25 日，上海市人民政府同意将梅山工程指挥部改名为上海梅山冶金公司。

7 月 1 日　市无线电管理处装置 150 兆赫单站式移动通信设备投入使用，上海开放移动电话业务，容量 20 门。

7 月 2 日　曲阳污水处理厂动工建设，1984 年 12 月 26 日建成，这是当时上海最大的污水处理厂。

7 月 7 日　上海第五钢铁厂、上海第十七棉纺织、上海内燃机厂、上海手表厂、上海无线电十八厂等 11 个工厂，推行首都钢铁公司的经验，实行经济责任制。

7 月 9 日　上海仪器仪表研究所、上海仪表厂和联邦德国奥林匹亚公司合作研制汉字电脑打字机获得成功。

7 月 12 日　中共上海市代表会议举行。会议选举产生上海市出席中共十二大的代表 60 人，候补代表 6 人。

7 月 13 日　上海市高级人民法院对林彪、江青反革命集团在上海的骨干分子徐景贤、王秀珍等人的法庭调查和审讯工作，历时 22 天。7 月 23 日—8 月 23 日，市高级人民法院、市中级人民法院对江青反革命集团在上海的重要骨干依法进行审理。8 月 21 日和 23 日对徐景贤、王秀珍、陈阿大、马振龙、叶昌明、黄金海、戴立清、朱永嘉 8 人作出判决，分别判处 18 至 14 年有期徒刑。马天水因患反应性精神病中止审理。

7 月 13—18 日　全国自然科学评奖会议在北京召开，授予 120 项重要成果以国家自然科学奖。上海有 20 项获奖项目，其中人工全合成牛胰岛素研究获得一等奖，8 项成果获二等奖。

7 月 14 日　华东化工学院与嘉定县签订科技协作协议，规定学院为县里提供技术咨询服务、技术成果转让、技术信息交流以及人才培训、技术管理等，县里为学院提供新产品、新工艺试验场所，提供劳动力及必要的经费和学生相对固定的实习基地。这是上海高校和一个县实行全面科技协作的第一个固定联合体，也是 7 月 1 日《中华人民共和国经济合同法》正式实施后市郊第一个用合同形式签订的科技协作协议。

7 月 15 日　市政府在市体育馆召开科技成果授奖大会，给上海市 540 项科技成果授奖，其中一等奖 11 项，二等奖 96 项，三等奖 433 项。会上，李国豪、冯德培、王应睐、谈家桢、赵祖康等 106 位科学家和科技工作者，向全市科技工作者提出《科学道德规范倡议书》。

7月22日　中共上海市委印发《善始善终做好检查知识分子工作的通知》,根据中共中央《关于检查一次知识分子工作的通知》的精神,市委于4月中旬对检查知识分子工作作出了部署。

7月24日　由上海中华造船厂建造的货轮"卡塔尼亚"号下水,该轮为上海首次出口联邦德国的沪产船舶。

7月25日　西安飞往上海的2505航班B220号飞机在上海地区上空被5名歹徒劫持未遂。8月11日,5名罪犯均被判处死刑。

8月1日　中国人民解放军上海警备区警备师奉命改称"中国人民武装警察部队上海市总队",隶属武警总部领导建制,1983年1月14日举行成立大会。

8月7日　上海求新造船厂建造的中国第一艘5 000吨级破冰船下水。

8月10日—10月21日　上海市第七届运动会举行。共有28个单位5 948名运动员参加比赛,有4人5次破4项全国纪录。

8月19日　上海美术电影制片厂制作的剪纸片《猴子捞月》在加拿大第二届渥太华国际电影节参赛中,获儿童片一等奖。

8月21—28日　市政府、水电部、交通部在上海联合召开上海水利座谈会。会议议题为保证上海市区防洪安全和宝钢码头前沿水深。

8月23日　中共中央发出通知,为中共上海市委原第三书记、上海市原副市长潘汉年平反昭雪,恢复名誉、恢复党籍。

8月下旬　经实勘,崇明岛面积由解放初期的608平方公里,增至1 083平方公里。

8月26日　中共上海市委、市政府召开区、县、局干部会议,宣布《关于加快住宅建设若干问题的决定(草案)》。中共上海市委第一书记陈国栋,第二书记胡立教、市长汪道涵到会讲话。

8月30日　上海市首届专科收费走读生的推荐录用工作在复旦大学分校、上海教育学院等7所高校进行。这批毕业生共856人,分属中文、英语、数学、计算机软件等16个专业,全市有60多个市级党政机关和区县局一级人事部门向学校要求录用这批毕业生,总数达2 400人。出现毕业生不够分配的情况。

9月3日　中共上海市委发出关于学习党的十二大文件的通知。9月22—23日,中共上海市委举行常委扩大会,传达、学习党的十二大精神。

9月10日　美利坚合众国前总统尼克松在中美《上海公报》发表10周年之际再次抵沪访问。

9月11日　市政府决定建立以吸引外商工商业性投资为主的闵行开发区和以发展第三产业为主的虹桥新区。

同日　市政府宣布治理黄浦江污染近远期规划。

9月22日　上海洗衣机总厂一期工程开工。1983年6月竣工。

9月25—26日　大不列颠及北爱尔兰联合王国首相玛格丽特·撒切尔夫人访问上海。

9月30日—10月1日　日本国内阁总理大臣铃木善幸访问上海。

9月　上海家用化学品厂生产的露美牌化妆品在上海第一百货商店面市,深受消费者青睐。这是国内第一套高级成套美容化妆品,先后获得全国优秀新产品奖、优秀包装印刷奖,轻工业部重大科研成果奖。

10月1日　市人民银行在市区重新开办已经停止20多年的"定活两便定额储蓄"。

10月4日　中国上海对外经济技术合作公司成立。

10月12日　《上海市环境质量报告书(1981年度)》出版,这是上海市第一部全面反映全市环境质量状况的报告。

10 月 13 日　市政府颁布施行《上海市古树名木保护管理规定》。

10 月 14 日　市政府发布《上海市蔬菜生产保护区暂行期规定》，限制乱用菜地，并对必须征用菜地的单位征收新菜地建设费，用于菜地建设。

10 月 14—16 日　德意志联邦共和国总统卡尔·卡斯滕斯访问上海。

10 月 15 日　市经委系统工业企业实行生产经营责任制，共分 5 批推开，主要是实行利润留成制度，有 1 个公司 2 家工厂试行“以税代利，自负盈亏”。至此，参加试点的单位共有冶金、纺织、轻工 3 个局，22 个公司和其他局的 28 家工厂，共计 1 434 家工厂，占 11 个地方工业局所属企业总数的 74%，总产值占 87%，利润总额占 84%，职工总人数占 75%。

同日　德意志联邦共和国驻上海总领事馆在徐汇区永福路 181 号开馆。

同日　上海施贵宝制药有限公司成立，为中国首家中美合资西药制剂企业。1985 年 10 月 18 日工厂竣工投产。

10 月 20 日　市七届人大常委会举行第二十三次会议，同意市政府提出的《关于加快本市住宅建设若干问题的决定》，批准《上海市拆迁房屋管理办法》。

10 月 22—23 日　巴基斯坦伊斯兰共和国总统齐亚·哈克上将和夫人访问上海。

10 月 29 日　上海统计局公布第三次全国人口普查结果：截至 1982 年 7 月 1 日零时，上海常住总人口为 11 859 748 人，其中市区人口为 6 320 872 人，郊县人口为 5 538 876 人；男性有 5 909 965 人，占 49.8%；女性为 5 949 783 人，占 50.2%。

同日　上海电视一厂彩电项目投产，新增 35.6 厘米、55.9 厘米彩色电视机生产能力 20 万台。该工程于 1980 年 10 月动工。

10 月 31 日　汪道涵在上海电视台就《进一步发挥上海经济骨干城市的作用，为开创社会主义建设新局面》为题，发表电视讲话。

同日　国内最大的集装箱船汾河轮首航，开辟上海和美国东南海岸集装箱班轮航线。

10 月　市房地局结合上海市第三次人口普查开展市区住房普查工作结束。对 12 个区、160 多万户、586 万多人的居住情况作了调查，共计居住面积 2 860 万平方米，人均居住水平 4.88 平方米。

同月　杨浦建筑工程队和位于杨浦区境内的上海机修总厂、上海胶鞋厂、上海家具机械厂等 10 余家单位“破墙开店”，率全市之先。

11 月 7 日　上海市首次举行高等教育自学考试，开考中文、英语、会计、法律 4 门课程，有 6 000 多人参加考试。同日，明确从 1983 年起每年春、秋两季各举行 1 次考试。

同日　崇明县电话号码由四位制改为六位制，全市实现六位数拨号。

11 月 8 日　中共上海市委召开党员干部会议，要求全党动员，各方配合，坚决贯彻综合治理的方针，力争在 5 年内实现上海社会治安的根本好转。

同日　金山农民画《瓜果之乡》等 58 幅作品为国家博物馆收藏。

11 月 12 日　市卫生局、市红十字会联合发出《上海市接受志愿捐献遗体暂行办法》，并于 1983 年 1 月 1 日起试行。

11 月 14 日　上海科学技术出版社与德意志联邦共和国斯普林格出版社首次合作出版由中国医学家撰著的《烧伤治疗》《显微外科》英文版，在联邦德国和美国同时向全世界发行。

11 月 19 日　中共上海市委、市政府发布《关于加快住宅建设若干问题的决定》。规定住房困难的企业职工由所在单位解决，实行多渠道筹资、多层次建房办法，改变职工住房由国家完全包下来的做法。

11月20日　宝钢电厂一号机组举行交工验收仪式。这是宝钢建设中第一个投产项目。

11月22日　上海市计划生育委员会(以下简称市计生委)成立。

11月29日—12月24日　汪道涵率领上海市友好代表团一行应邀访问日本大阪府、大阪市和横滨市。

11月　市政府原则同意虹桥新区规划方案,决定采用以合资企业统一开发经营模式具体实施。1983年4月,开始征地动迁和开发建设,6月,成立闵行虹桥开发公司。1984年5月,市政府正式批准虹桥新区规划,新区占地0.652平方公里,集中建设外国驻沪领事馆、外商办公综合楼、公寓、旅馆、商业文娱及其他公共建筑、辅助设施,以适应外事、旅游、对外经贸、技术引进等方面的需要。10月19日,香港中资银行集团、中国银行上海分行和闵行虹桥开发公司成立上海市闵行联合发展公司。12月31日,虹桥联合发展有限公司由国家对外经济贸易部批准建立。1985年2月14日,国家工商行政管理总局批准登记注册。1986年9月,国务院将上海虹桥新区列为首批14个国家级经济技术开发区,并更名为上海虹桥经济技术开发区,是当时所有开发区里面积最小,唯一建有领事馆的开发区。1994年,上海虹桥联合发展有限公司更名为上海虹桥经济技术开发区发展有限公司。

12月2日　陈云就上海工作和国家经济建设发表意见,指出搞活经济,市场调节只能在计划许可的范围内发挥作用,好比鸟只能在笼子里飞一样。

12月6日　上海肿瘤医院等首创采用ABC免疫组织化学法确诊恶性淋巴瘤和颈部转移性癌肿获得成功。

12月11日　市政府发出《关于在独立核算自负盈亏的集体企业职工中实行养老、医疗两项保险的批复》,规定由市人民保险公司承办集体企业为职工投保的定额养老保险业务。

12月13日　长宁区江苏路街道首次举办上海市第一个法制宣传日活动。

12月14日　中共上海市委、市政府在莘庄召开郊区党员干部会议,会上宣布取消于1981年春提出的不搞包产到户、不搞分田单干、不分口粮田等限制,推广家庭联产承包责任制。

12月15—23日　中共上海市委召开党员干部会议,就贯彻全国党员教育工作会议、全国农村思想政治工作会议精神作部署。

12月16日　市委组织部、市政府教卫办批转市卫生局《关于加强卫生队伍管理的意见》,强调抓好区、县卫生局领导班子的调整充实;恢复卫生技术干部分级管理体制;恢复"文化大革命"前分配毕业生的办法;严格控制非卫生技术人员涌进卫生系统。

12月16—17日　土耳其共和国总统凯南·埃夫伦访问上海。

12月22日　上海经济区正式成立,这是国内第一个跨省市的综合性经济区,包括江苏省常州、无锡、苏州、南通4个市和18个县;浙江省杭州、嘉兴、湖州、宁波、绍兴5个市和27个县。1984年12月,经国务院批准,上海经济区的范围由上海市及江浙两省9个市扩大为江苏、浙江、安徽、江西4省全部及上海市。1986年3月,国务院批准福建省加入上海经济区。1988年6月1日,国家计委撤销国务院上海经济区规划办公室。

12月23—31日　市政协举行五届五次全体会议。会议期间,政协委员分5路视察全市开展"五讲四美"活动的情况。

12月25—30日　市七届人大会第五次会议在上海体育馆举行。汪道涵作《关于当前上海经济和社会发展中几项主要工作的报告》,经会议审议通过相应决议。会议批准市政府提交审议的《关于 1983 年国民经济和社会发展计划》，通过《关于继续深入开展“五讲四美”活动的决议》。

12 月 31 日　中共中央政治局常委李先念会见上海市党政军负责人和各界知名人士，并参加迎新晚会。

12 月　全市古树名木普查开展，百年以上的古树名木共 1 157 株，并逐株建立档案资料。1984 年 7 月后，逐株挂上“上海古树名木保护牌”。

同月　普陀区新俪公寓在志丹路 104 号竣工，是全市第一幢“鸳鸯楼”(即结婚过渡房)，132 对大龄结婚青年喜迁新居。

同月　上海曙光机械制造厂制造出国产第一套超高真空 KFT 同步卫星试验装置。

同年　上海动物园首次成功繁殖大熊猫。

同年　上海市消灭白喉。

1983年

1月1日　根据国务院批转财政部《关于国营企业利改税试行办法》，上海对国营企业实行第一步"利改税"。根据1984年9月1日国务院批准的财政部《关于在国营企业推行利改税第二步改革报告》和《国营企业第二步利改税试行办法》，1984年10月1日起，上海在全市范围试行第二步利改税。实行第二步利改税后，规定企业奖励在按人均三个半月标准工资核定基数后，再按企业增长留用利润中提取30%用于奖励基金，在税利增长的前提下，奖金发放实行"上不封顶，下不保底"，奖金税则按累进办法计征。

同日　国务院副总理万里在《经济日报》发表《赞"扁担电机"精神》文章，高度赞扬上海的"扁担电机"精神。1月10日，市政府发出通知，要求全市各行业学习和发扬"扁担电机"精神，充分发挥科学技术人员的作用，加强技术改造，改善企业管理，提高经济效益。

同日　上海电视台动画制片厂成立开业，这是当时全国唯一的电视动画制片厂。

1月11日　上海东风机器厂试制成功国产第一台具有国际先进水平的LHV802型大型联合打包机组。

1月13日　市政府决定开发淀山湖地区，使之成为风景游览区。1984年5月27日，淀山湖风景区局部开放，1985年1月更名上海淀山湖大观园游览区，1988年10月20日全部开放。1991年更名上海大观园。

同日　全市集体饮食业全面实行营业定额包干经营责任制。

1月15日　市政府批准松江县城作为全市卫星城镇的总体规划、城区用地规划。城区用地规划从6.3平方公里扩大到2000年的12平方公里。

1月20日　沪宁铁路复线全线贯通使用。

1月25—27日　连续3天大雾，尤以26日出现能见度仅5米的罕见大雾。轮船、飞机推迟航行，18 000多名旅客滞留沪上；浦江两岸渡船停航，数万名乘客受阻于各渡口，市区公交车停驶，数十万人破雾步行上班。

1月28日　中国科学院上海有机化学研究所实现中国首次人工合成青蒿素。

1月　中共上海市委派出党风调查组300多人，陆续进入工业、交通、基建、财贸、宣传、教育、科技、地区等34个局级部门和单位进行调查。

同月　上海硅酸盐研究所研制的大型正负电子对撞机电磁量能器用的大尺寸、高质量BGO晶体，经测试评定，在质量和尺寸上超过美、日、法等国，居世界领先。该晶体1985年荣获国际技术进步一等奖，1986年获中国第一个亿利达科技奖，1988年获国家发明创造一等奖。

同月　上海医用核子仪器厂、上海光辉客车厂等单位联合试制成功中国第一辆医用X线诊断车。

同月　上海长城电梯厂生产的12台自动扶梯出口泰国，这是国内自动扶梯第一次大规模出口。

同月　普陀区烟糖果品公司所属友谊、安联2家烟杂店实行承包经营责任制，率全市之先。

2月3日　上海市市长办公会议原则通过《关于改革商业体制的若干规定》，上海商业体制先行全面改革。

2 月 4 日　上海电影制片厂拍摄的影片《城南旧事》获菲律宾马尼拉第二届国际电影节金鹰奖。

2 月 6 日　汪道涵出席上海市财贸系统干部大会并讲话，他要求把改革作为当前的一项中心工作，搞好以承包为中心的商业经营体制改革。

同日　上海市锦江航运有限公司成立。由上海市投资信托公司、上海海运局、上海锦江饭店和上海市爱国建设公司合资组建。

同日　《解放日报》头版刊登《"包"字跨进市百一店》的新闻，上海零售商业推行经营承包责任制。

2 月 7 日　中共中央和国务院决定在上海成立国务院上海经济区规划办公室，并组织大批专业人员对区域内的经济状况进行全面调查，在此基础上编制经济区的"七五"发展规划和远景规划设想。

2 月 8 日　上海石油化工总厂、上海铁路局、上海标准件公司、上海广播器材厂等 9 个企业开始实行上交利润递增包干的经济责任制。

2 月 9 日　静安寺(华山路)人行地道工程竣工。该工程于 1982 年 11 月 17 日开工，全长 27.05 米，是市区最早建造的过街人行地道。

2 月 10 日　上海科学教育电影制片厂研制成功 35 毫米内窥镜增距镜，能使科教片的摄影镜头延伸到人体内部，填补了中国医学影片拍摄技术的一项空白。此项成果获 1983 年上海市重大科技成果奖。

2 月 12 日　上海出现第一批乘客招手即停的出租汽车。

2 月 18—26 日　中共中央政治局委员、中共中央军委主席、中共中央顾问委员会主任邓小平视察上海。21 日上午在胡立教、汪道涵等陪同下，到胶州路农贸市场、曲阳新村等处观察。

2 月 24 日　中国工艺品交易会首次在上海举办。

2 月　中共上海市委、市政府决定菜区继续实行"统一经营、联产到劳"的生产责任制，以保护集体生产设施和保障城市蔬菜供应。

同月　宝钢总厂在宝山县罗泾建长江口边滩的避盐蓄淡水库，于 1985 年 8 月建成，库容 1 084 万立方米。

3 月 1 日　长宁区在全市率先建立婚前健康检查制度。

同日　虹口区公证处在海南路 40 号挂牌办公，是全市首家区公证处。

同日　上海辞书出版社率先成立发行所，成为全国第一家创办本版图书发行业务的出版社。

3 月 7 日　经中共中央批准，中共上海市委组成新的领导班子，陈国栋任市委第一书记。3 月 12 日，市委召开会议，传达中共中央关于上海市委领导班子配备的通知。

3 月 10 日　市农场局发出《国营农场农业联产承包责任制的试行方案》，全市 15 个市郊农场全面试行基本工资加联产工资的联产承包制。

3 月 12—13 日　刚果人民共和国总统德尼・萨苏—恩格索访问上海。

3 月 14 日　国务院原则同意国家经委、上海市政府《关于引进技术改造中小企业在上海进行扩权试点的报告》。上海规划利用外资引进技术对 300 多个工厂进行技术改进。3 月 17 日，市政府召开引进技术改造中小企业会议。上海在"六五"后三年利用外资、引进技术 500 多个项目，重点对 300 多家工厂进行技术改造，其中年内引进技术 250 项。

3 月 17 日　上海电讯器材厂生产的 HZ—1 型自动电话机首批进入美国市场和电信网络。

同日　中共上海市委发出通知,要求各级党委坚决制止党员、干部在建房分房中的歪风。

3月21日　市高级社会科学研究职称评定委员会正式评定上海首批社会科学研究人员的高级职称,其中哲学、经济学、历史学等研究员12名,副研究员36名。

3月21—24日　中共上海市委、市政府召开地区工作会议,明确地区工作方向是以经济建设为中心,两个文明一起抓,带动各项工作。

3月26日　国务院批准宝山钢铁总厂二期工程继续建设。

3月28日　市政府批准上海市税务局提出的统一发票管理试行办法,对使用范围、印刷管理、处理罚则等作了规定。

3月29日　上海市人民政府办公厅转发市工商局《关于进一步搞活管好小商品市场的报告》,要求继续巩固和发展小商品市场,放宽上市商品范围和入场对象,允许批量销售,允许个体商贩按规定的经营范围从事贩运。

3月　国家教育部和市政府通知,凡经市政府或国家主管部门批准,教育部同意备案的市业余工业大学、区业余大学、电视大学,高等学校举办的函授教育、夜大学,职工大学,以及已经市政府批准的大学分校举办的夜大等学校的学生,按有关规定取得毕业证书者,承认其高等学校的学历,并对毕业生的使用和待遇也分别作了规定。

同月　国务院批准上海《关于引进技术改造中小企业扩权试点的报告》。上海逐步扩展引进技术,推进工业技术改造的工作。

同月　上海同济大学留学生楼竣工。施工中首次采用带框无砂大孔陶粒混凝土新结构,填补国内结构体系一大空白。

4月2日　又一批江青反革命集团在上海案犯游雪涛等32人分别被判处2年至14年有期徒刑。

4月3日　根据中共中央、国务院关于改革人民公社体制的指示,中共上海市委、市政府决定在嘉定县曹王公社进行改革人民公社体制试点,实行政社分开,建立乡政权,人民公社改为合作经济组织。至1984年6月,郊县全部改变了“政社合一”的体制,建立乡(镇)人民政府。

4月4日　国务院批转市政府《关于上海发展对外经济贸易工作几个问题的请示》,同意在利用外资、引进技术、对外贸易、劳务输出等方面给予上海较多的自主权。

4月11日　第一辆上海桑塔纳轿车在上海汽车厂组装成功。4月20日,首批上海桑塔纳轿车出厂。

4月13日　市仪器仪表工业公司与美国福克斯波罗公司合资开办上海·福克斯波罗有限公司。这是中国大陆地区仪器仪表工业的首家中外合资企业。

4月18—27日　上海市八届人大一次会议召开。会议批准上海“六五”计划,提出“外挤、内联、改造、开发”是上海经济进一步发展的方向,选举胡立教为市八届人大常委会主任,汪道涵为市长。

4月20—28日　市政协举行六届一次全体会议,会议选举李国豪为市政协主席。

4月27日　市标准件公司作为改革试点,由行政性公司改为企业性公司。

4月28日　市政府同意市基本建设委员会《关于加快本市污水治理意见》,要求各有关部门根据“谁污染、谁治理”的原则和综合治理、管治并举的方针,统一规划,分期实施。

4月30日　同济大学研制成功交通噪声大屏幕数字显示器,安装在外滩东风饭店前马路中央安全道上,填补国内环境噪声自动监测空白。

4月30日—5月21日　上海市长汪道涵率团访问美国。

5 月 2 日　国务院批准《关于上海市发展对外经济贸易工作几个问题的请示》,决定给上海引进和消化技术、利用外资、改造企业和开拓国际市场等方面更多的自主权,为“外挤、内联、改造、开发”创造条件。

5 月 4—7 日　共青团上海市第八次代表大会召开,李源潮当选为团市委书记。

5 月 7 日　法兰西共和国总统弗郎索瓦·密特朗访问上海,授予巴金法国荣誉勋位三级勋章。

5 月 8 日　武警上海总队在上海龙华机场举行首次阅兵,来自边防、消防和内卫部队的 2 512 名受阅指战员组成 26 个方队接受检阅。

同日　上海废旧物资回收利用的经验引起国际重视,联合国开发计划署决定在上海投资成立资源回收研究网点。

同日　第十八届国际自行车标准会在上海举办。

5 月 10 日　市委组织党风调查组进驻 29 个局级单位,为机构改革打基础,为整党作准备。

5 月 11—14 日　中共上海市委召开负责干部会议,提出端正党风的四项要求。

5 月 14 日　中共上海市委发出通知,要求广大干部群众,特别是青少年广泛、深入、持久地开展学习张海迪活动,与“五讲四美三热爱”和“学雷锋、树新风”等活动密切联系起来,促进全市精神文明建设。张海迪是山东青岛身患残疾的青年,自学大学课程并创作、翻译大量作品,获颁共青团中央“优秀共青团员”称号。

5 月 15 日　国务院正式批准复旦大学、华东师范大学、上海科技大学、上海机械学院、上海外国语学院的 5 所分校组成上海大学。

5 月 15—24 日　中共中央政治局常委、中纪委第一书记陈云在沪视察。

5 月 16—17 日　莱索托王国政府首相莱布阿·乔纳森访问上海。

5 月 19 日　市政府同意《沪嘉高速公路计划任务书》,并正式立项。1984 年 12 月 21 日,沪嘉(上海——嘉定)高速公路动工兴建,这是中国大陆第一条高速公路。1988 年 10 月 31 日,沪嘉高速公路建成并全线通车,总长 20.5 公里。1990 年起续建延伸工程,完善入城道路系统。延伸工程分东、西两端的两段:东段包括 S5(沪嘉高速公路)延长线(祁连山路至汶水路)2.45 公里,汶水路(真北路至沪太路)1.76 公里,真北路(真南路至汶水路)2.32 公里,共计道路长度 6.53 公里。东段延伸工程 1992 年 10 月开工。同年 12 月 18 日竣工通车。延伸段西段中,嘉定南门——嘉西段 2000 年通车、嘉西——太仓浏河段 2001 年通车。全线改称为沪嘉浏高速公路。2006 年,确定沪嘉浏高速公路的嘉西——太仓浏河段是嘉金高速公路的一部分,嘉定南门——嘉西段是 G1501(上海绕城高速公路)的一部分。沪嘉浏高速公路重新改称沪嘉高速公路。

5 月 20 日　市农委针对郊区广泛推行联产家庭承包责任制后出现的新情况、新问题,提出进一步完善联产家庭承包制的 8 项要求。

5 月 23—25 日　毛里求斯共和国总理阿内罗德·贾格纳特访问上海。

5 月 27 日　上海医疗器械研究所研制成功首台国产 X 线电子计算机断层颅脑扫描装置(简称颅脑 CT)。

6 月 1 日　市政府批准成立与外商合作经营的“上海海上石油工程联营公司”。这是上海扩大对外经济贸易自主权后的第一个中外合资企业。

同日　上海 5 600 余家国营工交、财贸企业实行第一步利改税。

同日　全国第一座核电站秦山核电站动工。1991 年 12 月 15 日一次并网发电成功,结束了中国大陆无核电的历史。上海为核电站承担 50%的设备研制。

6月8日　汪道涵率上海市代表团应邀访问菲律宾大马尼拉市。15日,上海市与大马尼拉市签署协议,结为友好城市。

6月11日　上海运动员朱建华在第五届全国运动会田径预赛中越过2.37米,打破跳高世界纪录。9月23日在五届全运会田径决赛中,越过2.38米,再破世界纪录。1984年6月10日,朱建华在德意志联邦共和国埃伯斯塔特国际跳高比赛中,以2.39米的成绩第三次打破世界纪录。1984年9月,代表中国参加在洛杉矶举行的第二十三届夏季奥运会,以2.31米的成绩获得男子跳高项目铜牌,成为中国大陆第一位获得奥运会田径奖牌的选手。

6月21—30日　首届上海对外贸易洽谈会(简称上交会)在上海展览馆举行。这次洽谈会由上海市对外贸易总公司主办,所属各进出口分公司以及各工贸公司18家单位联合举办。有来自5大洲38个国家和地区的客商929家共1 511人参加,展览谈判面积达3 810平方米,出口成交额为1.67亿美元,出口成交涉及38个国家和地区。此后,至1990年,上海连续8年举办对外贸易洽谈会(1989年第七届起,改称"上海对外经济贸易洽谈会")。1991年起,上海对外贸易洽谈会改为每年一届的中国华东出口商品交易会(简称华交会),由上海、江苏、浙江、安徽、江西、南京、宁波等省市联合主办,每年3月在上海举行。

6月22日—7月31日　由上海民族乐团和上海歌剧院组成的中国上海艺术团赴瑞士、波兰和捷克斯洛伐克访问。这是在中国与东欧各国改善关系后对外派出的第一个艺术团。

6月　市政府批准成立闵行开发区,依托闵行原有的工业基础,重点发展出口创汇工业。这是上海最早的开发区,占地3.5平方公里。

7月1日　经国家财政部同意,上海市把全市固定资产均折旧率由4.55%提高到5.55%。估计全市工厂企业因此每年可增加1亿元用于固定资产的改造和更新。

7月5日　上海市成立接受志愿捐献遗体工作委员会,开展遗体捐献工作。

7月7—9日　市第八次妇女代表大会召开。谭茀芸当选为市妇联主任。

7月13—14日　市教卫党委、市教卫办召开高等学校毕业分配调配工作会议,提出扩大学校分配自主权,实行学校分配负责制等大学毕业生分配工作改革的主要措施。

7月15日　长宁区少年宫创办《小主人报》,编辑、记者均由15岁以下少年担任。

7月16—17日　巴基斯坦伊斯兰共和国总统齐亚·哈克访问上海。

7月20日　上海市少年儿童活动中心佘山营地在佘山南麓建成开营,这是全国第一家少年儿童野外教育基地,由市妇女儿童工作委员会主办、市妇联主管,建成面积2.2公顷。

7月20—22日　上海召开首次土地管理会议,针对上海解放以来耕地面积减少,从1949年郊区农业人口人均占有耕地2.06亩(1亩合666.7平方米)减少至1982年人均1.05亩的情况,要求有关区、县、局正视非法租地问题,决定社员建房不准再占耕地,严禁非法出让郊区土地,并讨论《上海市村镇建房用地管理实施细则》。

7月22日　中共上海市委举行党风调查组总结会。

7月26日　雁荡公寓在复兴公园工地举行开工典礼,这是上海利用外资兴建的第一幢高级公寓,1985年4月竣工。楼高28层,84米,建筑面积20 308平方米。该工程先后获市优质工程奖和国家建筑工程"鲁班奖"。

同日　上海市哲学社会科学"六五"规划会议召开,这是中华人民共和国建立以来第一个市哲学社会科学的五年规划。10月28日,最终确定市哲学社会科学"六五"规划重点项目48项。

7月26—28日　安提瓜和巴布达总理维尔·康沃尔·伯德访问上海。

7 月 27—30 日　国务院上海经济区规划办公室在浙江省绍兴市召开上海经济区局长联席会议，决定由上海、常州、苏州、无锡、南通、杭州、嘉兴、湖州、绍兴、宁波 10 个城市的统计局联合组成上海经济区统计信息网络。这是上海经济区成立以来建立的第一个综合性经济网络。

8 月 1 日　上海远洋运输总公司所属的集装箱船“潍河号”离开上海港前往西欧。这是中国新辟的第一条中国——西欧集装箱班轮航线。

8 月 3 日　上海市名牌产品评选委员会举行会议，评选首批 18 个产品为“上海市名牌产品”。分别是（以笔画为序）：家用洗衣机：上海牌（上海新江机器厂）、水仙牌（上海洗衣机总厂）、海豚牌（上海微型电机厂）；台式电风扇：华生牌（华生电扇总厂）、荷花牌（上海崇明电扇厂）、旋风牌（上海电机厂）、象牌（上海奉贤万象电扇厂）；香皂：上海（中档香皂）、四合一（低档香皂）、绿化（低档香皂）海鸥硫磺（中档香皂）、裕华（中档香皂）、蜂花（高档香皂），以上均上海制皂厂生产；牙膏：上海防酸（中档牙膏）、中华（中档牙膏）、白玉（中档牙膏）、庆丰（低档牙膏）、美加净（高档牙膏），以上均上海牙膏厂生产。1984 年 7 月 20 日又评出第二批上海名牌产品 46 种。

同日　上海市制笔工业公司和上海文化用品采购供应站签署协议，成立联合经营管理委员会。这是上海工商部门改革经济管理体制、实行联合经营的一种新形式。

8 月 8 日　市公安局决定：凡符合出国规定的一律予以发证。截至 1983 年底，申请出国的批准数占申请数的 91.5%，比 1982 年增加了 19.4%。

8 月 10—13 日　市工会第七次代表大会召开。在七届一次委员会上，袁张度当选为市总工会主席。

8 月 11 日　中国政府与联合国世界粮食计划署签署执行计划，由世界粮食计划署向中国无偿提供脱脂奶粉 4 万吨，无水黄油 1.33 万吨，价值 6 000 多万美元。其中上海分配到总量的 19%。上海规定，按 30%的比例与鲜奶复合成商品牛奶出售，对解决上海“吃奶难”起了一定的作用。

8 月 18—19 日　津巴布韦共和国总统卡南·巴纳纳访问上海。

8 月 18—27 日　上海经济区规划工作会议第一次会议在上海召开，进一步明确经济管理体制改革的方向是以大中城市为依托，形成各类经济中心，通过经济中心组织和管理组织，形成合理的经济网络，并决定建立经济区省市长会议制度。这标志着上海经济区的工作转入抓区域规划和跨地区、分行业的经济区规划。

8 月 19 日　全市统一行动，开展为期 3 年的严厉打击严重刑事犯罪斗争（简称“严打”）。到 1986 年 10 月结束。

同日　市政府批准上海市计划委员会（以下简称市计委）上报的《关于建设本市南北快速有轨交通项目建议书》，并成立上海市南北快速有轨交通线项目筹备组，组织有关单位和国内外专家开展南北快速有轨交通线项目的可行性研究。

8 月 20 日　中国第一台自行设计、自行制造高频高压大功率电子辐照加速器在上海先锋电机厂研制成功。

8 月 24 日　教育部决定先在同济大学、华东师范大学和东北师范大学、哈尔滨工业大学 4 校进行函授、夜大学本科毕业生授予学士学位的试点。

8 月 31 日　市政府同意，自 1983 年起对各县财政收入实行“定额留成，增收分成”办法。

8 月　华亭宾馆开工建设。1986 年 6 月 30 日竣工，1986 年 11 月 29 日开业，为上海当时规模最大的涉外现代化宾馆，共 29 层，高 90 米，建筑面积为 86 000 平方米。

9 月 6 日　上海游泳馆在徐汇区中山南二路 1500 号建成，占地 8 公顷，建筑面积 1.58 万平方米,观众席位4 099个。

9月8—10日　约旦哈希姆王国国王侯赛因·伊本·塔拉勒和王后访问上海。

9月9日　即日起,上海对因病提前退休的工人或不具备条件的退职工人以及退休退职干部,不再实行其子女顶替参加工作的办法。

9月18日—10月1日　第五届全国运动会在上海江湾体育场举行。国家副主席乌兰夫,国务院副总理、第五届全运会主席万里,国际奥委会主席萨马兰奇,中共上海市委第一书记陈国栋和汪道涵等出席开幕式。上海选手所获奖牌总数和总分均名列全国第一。

9月26日　经国务院批准,由水电部、交通部、江苏省、上海市负责人共同组成长江口开发整治领导小组,在上海市召开第一次会议。

9月　上海历史文物陈列馆建立。临时馆址在虹桥路2270号上海农业展览馆内。1988年10月隶属关系改变,由上海市文化局领导,划归市文物管理委员会领导。1991年7月24日更名为上海市历史博物馆,1992年9月迁入虹桥路1286号新馆舍。2016年迁至上海美术馆原址,2018年正式对公众开放。

10月1日　上海市开始征收建筑税。

10月6日　轻工业部召开表彰大会,上海有201项科研成果获奖。

10月12日　中共上海市委、市政府在嘉定县进行的政社分设试点的基础上,在郊区全面开展政社分设工作。

同日　上海港与日本横滨港结为友好港。

同日　上海市第一个大规模科研、生产联合体——光纤通信科研生产联合体建立,联合体包括中科院上海硅酸盐研究所与上海新沪玻璃厂、中科院上海冶金研究所与通信设备厂、上海交通大学与电信设备六厂、中科院上海光机研究所与通信设备厂等,厂所结合,促使试验成果迅速投产。

10月19日　市政府召开干部会议,宣布成立上海市住宅建设指挥部,加强对住宅建设的领导,要求全市各条战线为解决住宅建设这一第一号问题出力,确保1983年交付350万平方米的住宅。

10月20日—11月10日　上海、江苏、浙江、安徽三省一市太湖流域规划综合治理查勘团一行65人,对全流域进行综合考察。

10月28日　上海老城隍庙小商品经营部开业,经营小商品收购、批发和零售业务。此后福民街形成上海第一个有多种经济成分的小商品市场,是全市15个小商品市场中最大的一个。

10月　复旦大学历史地理研究所博士研究生周振鹤、葛剑雄取得博士学位,为中国大陆地区自1981年实施国务院颁发的《学位条例》以来培养的首批文科博士。

11月1日　上海重型机器厂冶炼成功203吨的大型电渣重熔钢锭,为世界之冠。

11月2日　市公安局、市民政局联合发出《关于中国公民同外国人办理婚姻登记审查工作的通知》。12月7日,市民政局又转发民政部《关于颁布(中国公民同外国人办理婚姻登记的几项规定)的通知》,使上海的涉外婚姻登记工作走上正规。

11月19—21日　博茨瓦纳共和国总统奎特·马西雷访问上海。

11月20—24日　中共中央政治局常委、国家主席李先念在上海考察,其间,考察上海石油化工总厂和宝山钢铁总厂工地等。

11月22日　中央电视台发布国务院决定,12月1日起取消布票、絮棉券,同时提高絮棉价格。市民上街排队抢购被单布。为稳定市场秩序,经请示市政府和商业部同意,棉布提前敞开供应,市场迅即恢复平静。

11 月 23—24 日　罗马尼亚社会主义共和国总理康斯坦丁·德斯克列斯库访问上海。

11 月 30 日　中国最长的沿海客运航线沪穗线开通。

同日　台盟上海市支部改名为台盟上海市分部。

11 月　中共上海市委根据《中共中央关于整党的决定》，部署全市整党工作。整党分 2 期共 7 批进行，到 1987 年 5 月结束。同时，全面展开核查“三种人”，即追随林彪、江青反革命集团造反起家的人，帮派思想严重的人和打砸抢分子。

12 月 1 日　根据国务院决定，上海即日起棉布免票敞开供应。1984 年停发布票。

12 月 8—10 日　市人大常委会召开大型座谈会，讨论市政府编制的《上海市城市总体规划方案（草案）》。中共上海市委、市人大常委会、市政府、市政协、各区县人大常委会和有关方面负责人、部分市人大代表和在上海全国人大代表和专家、学者近 200 人参加会议。

12 月 15 日　上海耀华皮尔金顿玻璃有限公司成立，该公司由中国建筑材料贸易总公司、上海耀华玻璃厂、中国银行上海分行、英国皮尔金顿股份有限公司和奥地利联合发展公司（香港）联合投资，是中华人民共和国成立后第一个中外合资的建材企业，也是当时中国最大的一个中外合资经营项目。

同日　上海浦东煤气厂在浦东东沟朱家浜工地举行开工典礼，总投资 5.5 亿元。这是中国自行设计、自行建造、自行安装施工的规模最大的城市煤气气源企业。1987 年 12 月 15 日，浦东煤气厂一期工程建成投产，日产煤气 100 万立方米，新增煤气用户 20 万户。1991 年 6 月 27 日，浦东煤气厂二期工程建成投产，总生产能力日产煤气 200 万立方米。

12 月 19 日　国家科学技术委员会发明评选委员会在北京举行会议。上海有 17 项科研成果获奖，其中二等奖 3 项，三等奖 8 项，四等奖 6 项。

12 月 26 日　上海电子计算机厂试制成功并投产国内第一台采用微处理机技术的汉字自动译报机。

12 月 28 日　上海市集成电路和计算技术小组成立。

同日　上海无线电十四厂建成中国大陆第一条硅片直径 75 毫米的集成电路生产线并通过技术鉴定，标志着中国中、小规模集成电路的生产技术向前迈进了一大步。

12 月 31 日　上海无线电一厂制造出用微型计算机控制的快速自动电阻基体渗碳炉，投入试生产，填补国内空白。

12 月　上海对集体所有制单位不再下达指令性的劳动计划，各单位只要生产需要，经主管部门同意，就可以进行招工。

同年　第四季度起，企业单位根据国务院的决定，调整职工工资。全民所有制企业结合调整工资，简化归并工资标准，全市 333 种工资标准归并简化为 7 种。并把调整工资同企业的经济效益和职工个人的劳动成果挂钩，改固定升级为浮动升级。

同年　上海在高考招生时进行了第一批录取高校采取“按比例投档”的改革试验。

同年　社会上出现西装热和滑雪衫热，羽纱、美丽绸和尼丝纺等绸缎品种销售量激增。

1984年

1月1日　市政府决定，全市各区的街道工业划归新建立的上海市集体事业办公室管理。

同日　中国和比利时合资的上海贝尔电话设备制造有限公司成立，合作生产经营具有国际先进水平的数字程控交换机。

同日　市无线电管理处在锦江饭店设置音响式寻呼台，向公众开放无线寻呼业务。上海开始发展无线寻呼业。

同日　中国人民银行上海市分行根据总行制定的金融方针、政策和信贷计划，在辖区内履行中央银行职责，领导和管理金融事业。中国工商银行上海市分行从中国人民银行上海市分行分设出来，成为专业银行。

1月5日　中共上海市委印发《关于加强领导把整党学习引向深入的通知》。

1月7日　上海计算机软件技术开发中心成立。

同日　中科院上海天文台科研人员，在佘山观测站应用中国自行研制的光电测光仪器，首次成功地观测、记录到哈雷彗星回归。

1月12日　中共上海市委、市政府召开干部大会，提出1984年经济工作任务。

1月13日　上海铁路分局真如客站场站工程竣工，投入使用。

1月24日　上海第一个国际情报检索终端开始启用。

1月29日　国务院批准，建立由上海港、宁波港、南通港、张家港组成的四港联合委员会，逐步形成以上海港为中心枢纽的长江三角洲港口联合体。

1月31日　长江口北槽航道开挖工程动工，全长15.7公里。3月5日挖通，4月25日对国内轮船开放通航。

2月1日　长江航运管理局上海分局改上海长江轮船公司。

2月4日　上海市实行电视机预售供应。首批预售10万台(其中彩电4万台)，在市区71家零售商店和郊县各供销社办理付款预购。

2月8日　上海地区最后一个盐场奉贤县盐场撤销。上海停止晒盐生产。

2月8—15日　上海市长汪道涵率团访问巴基斯坦。15日，上海市与卡拉奇市结为友好城市。

2月11—12日　中共中央总书记胡耀邦在上海会见澳大利亚联邦总理罗伯特·霍克。

2月11—16日　中共中央政治局常委、中央军委主席、中央顾问委员会主任邓小平在上海视察。15日视察宝山钢铁总厂工地，并为宝钢题词“掌握新技术，要善于学习，更要善于创新”。16日参观上海市微电子技术及其应用汇报展览，指出计算机的普及要从娃娃抓起；提出上海思想还不够解放，利用外资不够，希望上海对外开放要胆大一些。

2月13—20日　中共上海市委召开农村工作会议，部署稳定和完善农业生产责任制，提高生产水平，疏理流通渠道，发展商品生产。

2月21日　经市政府批准，市纺织工业局实行行业改组，组成上海棉纺公司、第一纺织印染公司、第二纺织印染公司，逐步由“生产型”转向“生产经营型”。

2月22日　中共中央政治局委员、全国人大常委会委员长彭真在沪视察。

3 月 1 日　市政府发布《上海市市容环境卫生管理规定(试行)》,有近 10 万人上街宣传这一规定。

3 月 1—10 日　第二届上海对外贸易洽谈会在上海展览馆举行。江苏、浙江经贸厅均派代表参加。展览谈判面积达 3 800 平方米,国内参展单位有 41 家,到会客商 2 022 人;有 52 个国家及地区代表参加洽谈。成交总额为 1.48 亿美元。

3 月 11 日　中共上海市委同意恢复上海市社会主义学院。

同日　中国第一例人工授精的男婴在上海出生。

3 月 14 日　国家经济委员会、中国企业管理协会确定上海第十七棉纺织厂、上海机床厂和上海无线电二厂为全国管理现代化重点试点单位。

3 月 15 日　《解放日报》刊登启事,招聘编辑、记者 30 名,经营管理工作人员 10 名。上海新闻界刊登启事公开招聘人员在国内尚属首次。

3 月 19—22 日　致公党上海市支部举行党员大会,成立致公党市委,董寅初当选为主委。

3 月 20 日　虹桥机场国际候机楼扩建工程开工建造。9 月 22 日投入试运营,11 月 5 日,举行竣工剪彩仪式。扩建前候机楼的面积为 9 300 平方米,扩建后候机楼的面积为 20 100 平方米。

3 月 23—30 日　市政协举行六届二次全体会议。

3 月 24—30 日　市八届人大举行第二次会议。会议听取、审议市长汪道涵的《政府工作报告》等,并通过相应决议。

3 月 26 日　中共上海市委根据中共中央部署,召开第三梯队建设工作会议,要求各级党委重视选拔优秀中青年干部的工作。

3 月 26 日—4 月 6 日　国务院召开沿海部分城市座谈会,会议确定进一步开放自北至南的大连、上海、福州、广州等 14 个港口城市,作为中国大陆地区对外开放的一个新的步骤。到 1985 年底,全市共有中外合资企业 97 个,中外合资经营项目 61 个,外资独资企业 6 个。

3 月 27 日　中国最大的海洋平台井架在上海船厂吊装成功,总高度为 56.2 米,自重 105 吨。

3 月　上海联谊大厦开工,1985 年 4 月竣工,5 月 8 日,举行落成典礼,这是上海首幢沪港合建的涉外商务办公楼,也是上海地区首次采用大面积玻璃幕墙的高层建筑,施工速度达 5 天 1 层,被誉为"建优质工程,创上海速度"工程。

同月　上海开始每年举行一次对外贸易洽谈会。1991 年起改为华东出口商品交易会。

同月　静安区的延中复印技术研究所成立,是全市地区集体工业中首家技术研究机构。

4 月 1 日　上海将主要农副产品的统购派购改为合同定购,实行价格"双轨制",对完成定购任务外的多余部分,除棉花外都可以进入市场。

4 月 3—6 日　九三学社上海市第五次代表大会举行,卢于道当选为主委。

4 月 3—7 日　农工党上海市第五次代表大会举行,周谷城当选为主委。

4 月 3—7 日　民盟上海市第八次代表大会举行,谈家桢当选为主委。

4 月 8 日　上海研制的"长征三号"运载火箭成功发射中国第一颗地球静止轨道试验通信卫星——"东方红二号"。

4 月 9 日　中共上海市委召开党员负责干部会议,总结、交流整党工作的情况,就下一步有计划、有步骤地进行对照检查作部署。

同日　市郊农村出现第一个专业户经济联合体嘉定县新陆禽蛋生产合作社,合作社由 31 户社员组成。

4月9—12日　民进上海市第五次代表大会举行,吴若安当选为主委。

4月10—13日　民建上海市第六次代表大会举行,刘靖基当选为主委。

4月10—14日　市工商联第七届会员代表大会举行,刘靖基当选为主委。

4月12日　台盟上海市分部第五次盟员大会举行,林田烈当选为主委。

4月14日　由市海岸带和海涂综合调查领导小组组织的,上海历史上规模最大、内容最广泛的海岸带资源综合调查,基本完成长江口和杭州湾约7 000平方公里水域面积和460公里海岸线,包括水文、气象、地质、地貌、生物、土地利用、环境保护、海岸工程等12个方面的外海调查工作。

4月16—22日　民革上海市第六次代表大会举行,赵祖康当选为主委。

4月27日　市政府批转市建委《关于加强城市土地管理工作的请示》。明确规定:自宪法公布之日起,上海城市土地已全部归国家所有;私有土地产权证件一律作废;原私地租赁关系自然终止。7月24日,市房地局制订《关于处理本市市区原私有土地收归国有问题的实施意见》。市区于年底完成,郊县城镇于1985年第一季度完成。

4月29日　全市有3.64万户个体工商户,从业人员3.9万余人。

4月30日—5月1日　美利坚合众国总统罗纳德·里根访问上海,参观中美合资上海福克斯波罗有限公司,到复旦大学发表演讲,并访问虹桥乡农民家庭。

4月　上海社会科学院、市计委、市经济研究中心联合召开上海经济发展战略讨论会,300余人与会。中心议题是在新的经济形势下,上海经济发展面临的新问题。

同月　市文管会对松江区佘山镇上的护珠塔(又称宝光塔)进行维修,1987年12月7日竣工。该塔建于南宋绍兴二十七年(1157年),原为砖木结构楼阁式塔,七级八面。清乾隆五十三年(1788年)因火灾焚毁。后有人发现砖缝中有唐宋钱币,挖砖取钱,塔身底层被拆去四分之一。残塔高18.81米,塔身轴心线向东南偏出2.27米,倾斜度6°52′52″,斜而不倒,为古建筑中罕见。

5月2—5日　市政府在上海体育馆召开全市科技工作会议。汪道涵作总结讲话时指出,上海经济要发展,城市要改造,生活要改善,必须依靠科学技术。他强调,要有领导、有步骤地进行科技体制改革。会议向1982年249项重大科技成果授奖,其中一等先进奖5项,二等奖29项,三等奖215项。

5月3日　中共上海市委、市政府批转市建设工作党委、市建设委员会《关于进一步完善住宅建设管理体制的报告》。

5月4日　中共中央、国务院批转《沿海部分城市座谈会纪要》,决定进一步开放上海等14个沿海港口城市,并提出逐步兴办经济技术开发区。

同日　市政府公布上海市第三批市级文物保护单位和保护地点名单,共11处。

5月11日　市政府颁发《上海市排污收费和罚款管理办法》,自6月1日起实行。

5月14日　中国预防医学科学院寄生虫病研究所所长毛守白在日内瓦第三十七届世界卫生大会上被世界卫生组织授予1984年里昂·伯尔纳基金奖,为中国和西太平洋地区获此奖的第一人。

5月14—28日　第十一届“上海之春”举行,演出新创作的现代题材作品占90%以上,观众约6万人次。

5月16日　上海建筑业实行重大改革,允准外地省市建筑业到沪投标施工和承包市政设计。

5月18—19日　厄瓜多尔共和国总统奥斯瓦尔多·乌尔塔多和夫人访问上海。

5月22日　上海远洋公司辟中国至地中海定期轮班航线,以及至西欧全集装箱班轮。

5月23—25日　斯里兰卡民主社会主义共和国总统朱尼厄斯·理查德·贾亚瓦德纳和夫人访

问上海。

5 月 26 日　市政府宣布国务院授权上海市可签订 3 000 万元以下合同。

5 月 27 日　比利时王国安特卫普市市长柯尔斯率团访问上海，上海市与安特卫普市在上海签署协议，结为友好城市。

5 月 28 日　市政府批转市建委《上海市出售商品住宅管理办法》，规定凡以自住为目的、有上海常住户口的职工，均可申请购买商品住宅。一般标准的商品住宅，不分高层或多层，每平方米的建筑面积出售价格为 360 元。个人购买全价出售或补贴出售的商品住宅，在取得房屋所有权证书后，所有权归购买者所有，可以继承，受国家法律保护。职工购买单位补贴出售住宅，个人承付不少于 1/3。6 月 1 日，该办法实行。

5 月　上海 58 家企业按照市政府的要求进行"三配套"改革试点，即在贯彻落实国务院扩权决定的同时，试行厂长负责制和实行奖金"上不封顶，下不保底"的办法。同时决定上棉十七厂、上海机床厂、上海无线电二厂、上海照相机总厂 4 个单位在试行"三配套"的改革的同时，进行工资总额承包以及工资与企业利税挂钩的试点(简称"四配套"改革)；决定轻机公司、自行车公司、标准件公司 3 个企业性公司试行经理负责制，上海电视一厂、南洋电机厂、上海牙膏厂、上海皮鞋厂、上海第一印染厂、上海第四制药厂、上海天原化工厂等 61 家企业试行厂长负责制。

同月　陈国栋、胡立教和汪道涵率团赴江西省学习考察，两地签署经济技术协作会议纪要。

同月　上海全市郊县以原有生产大队为基础，通过民主协商和群众选举，建立农村基层群众性自治组织村民委员会。1985 年 1 月工作结束，共建立村民委员会 3 028 个。

同月　黄浦区南京东路全路商店开放夜市，营业时间延长至晚上 9 点，是新中国建立后全市首次开放夜市。至 6 月 1 日，市级商业中心黄浦区南京东路、卢湾区淮海中路、虹口区四川北路等 5 条主要马路 773 家商店开设夜市，营业时间延长到晚上 9 点。

同月　市政府发布《关于华侨捐资举办公益事业的若干规定》。

同月　西郊宾馆开工建设。1985 年 5 月竣工。为接待国家元首的花园式高级宾馆。

6 月 1 日　上海海事法院成立。

6 月 4 日　上海举行中华人民共和国成立以来高校文科科研成果首次评奖大会，168 项优秀成果获奖，复旦大学谭其骧教授主编的《中国历史地图集》被授予特别奖。

6 月 8 日　市政府宣布，上海在对外开放的同时，决定对全国开放。10 月 4 日，市政府批转《关于兄弟地区来本市开店办厂的暂行办法》，规定各地的企业事业单位和个人可以来上海开设商店、货栈或贸易公司，批发、零售各地的土特产品、原材料、工业品；可以新建、改建、扩建大楼，开办各种旅馆、旅游、饮食、娱乐等服务业；也可以按照上海工业发展方向和城市规划布局开办工厂。来上海举办的项目，可以独资经营，也可以合资或合作经营。7 月 13 日，江西省木器经销部和黑龙江产品上海销售中心分别在上海开业，这是首批外省市在上海开办的商店。

6 月 9 日　国务院批转教育部《关于在部分全国重点高等院校试办研究生院的请示报告》，决定在复旦大学、上海交通大学、上海第一医学院等 22 所全国重点高等院校试办研究生院。

同日　市建设委员会颁布《上海市建设工程招标投标办法》。

6 月 13 日　国务院批准上海从国外引进 30 万吨乙烯技术设备，发展乙烯生产，市政府成立工程领导小组进行筹建。1986 年 6 月，国务院正式批准建设上海 30 万吨乙烯第一阶段工程，这是继宝钢之后在上海建设的又一个大型重点工程。整个工程由 14 套大型现代化生产装置组成，分别建设在上海石油化工总厂、吴泾化工联合公司和高桥石油化工公司三地，以充分发挥上海现有石油化工基地的作用。上海30万吨乙烯吴泾工程于1985年11月启动建设,1987年5月正式全面开工建设。1987年5月22日,经市政府批准,上海电化厂和30万吨乙烯吴泾工程指挥部合并成立上海氯碱总厂。1989年12月,30万吨乙烯吴泾工程基本建成。12月11日,30万吨乙烯金山工程按计划正式建成。1990年3月,上海30万吨乙烯金山工程和吴泾工程全流程打通,产出合格产品。1990年4月16日,上海30万吨乙烯金山部分投产庆典在上海石油化工总厂举行,国务院总理李鹏、国务委员邹家华、全国人民代表大会常务委员会副委员长彭冲、中国人民政治协商会议(以下简称全国政协)副主席谷牧、中共中央顾问委员会(以下简称中顾委)常务委员康世恩、中共上海市委书记、市长朱镕基等出席。1992年6月20日,上海30万吨乙烯工程全面建成投产,并举行庆典仪式,国务院来电祝贺。

6月15日　中国自行设计建造的第一座半潜式海洋石油钻井平台"勘探三号"在上海船厂建成,钻井深度可达6 000米。

6月16日　市政府批准《上海市高等学校试行浮动岗位津贴办法》,改变了发放综合奖和科技服务津贴中吃大锅饭现象。

6月18日　中共上海市委、市政府批转市农村党委、市农委《关于进一步放宽农村经济政策的若干规定(试行)》。

6月19日　上海港与美国新奥尔良港结为友好港。

6月20日　汪道涵接见不久前在德国第三次打破世界纪录的跳高运动员朱建华及其教练胡鸿飞。

6月22日　市电子计算机工业公司生产的普及型家用计算器供应市场,每台售价300元,为中国大陆地区最早生产该类产品。

6月23日　中国比利时合资上海贝尔电话设备有限公司成立。这是中国大陆地区第一家制造程控数字电话交换机企业,1985年起开始生产世界领先的91240数字程控电话交换机。

6月24日　上海大学改变过去对学生包学费、包学习、包医疗、包住宿、包分配的"五包"办法,开始试行走读、奖学金、医疗补贴、缴纳少量学费、不包分配等一系列改革措施。对毕业学生采取择优向用人单位推荐的制度,允许品学兼优的毕业生在一定范围内选择工作岗位。

6月27日　市妇女教养所建立。

6月29—30日　塞浦路斯共和国总统斯皮罗斯・基普里亚努访问上海。

6月30日　中国共产党第一次全国代表大会会址纪念馆在卢湾区兴业路76号揭幕,邓小平题写馆牌。

6月　上海61家大中型企业列为中共中央、国务院在全国100家企业中实行厂长负责制的试点企业,实行厂长负责制,奖金发放上不封顶、下不保底,征收奖金税等"三配套"改革。7月9日上海机床厂、上海第十七棉纺厂、上海无线电二厂等4家企业以此为基础,加上工资总额包干与经济效益挂钩浮动的配套,实行"四配套"改革,9月扩大至61家企业。上海工业系统改革启动。到1988年全市96.7%的全民所有制企业实行厂长(经理)负责制。

同月　民爱门诊所在厦门路成立,这是改革开放后上海开办的第一家民办诊所。

7月1日　市政协机关报《上海政协报》创刊。

7月2日　澳大利亚联邦驻沪总领事馆在复兴西路17号正式开馆。后迁至南京西路1168号中信泰富广场。

7月17日　上海市城乡抽样调查队成立,主要业务在全市进行农产品产量、农村住户、农村社会经济、城镇住户、零售物价指数和职工生活费用价格指数 6 项调查。

7 月 19 日　市总工会、市劳动局发出《关于进一步做好少数生活困难退休职工补助工作》的通知，对全民企业退休职工中收入低、需供养一个老伴生活的进行适当补助，退休金不足 60 元的补助到 60 元（包括副食品价格补贴）。

同日　上海市业余工业大学改名为上海第二工业大学。

7 月 20 日　中共上海市委办公厅、市政府办公厅发出《关于党政机关在职干部不要与群众合办企业的通知》，要求坚持“政企分开，官商、官工分开”的原则，停止党政机关的在职党政干部与群众合伙兴办经营企业。

7 月 23 日　上海汽车拖拉机工业联营公司成立，这是上海当时最大的经济联合体。

7 月 28 日　国务院批准上海调整扩大市区行政区划，将川沙县的洋泾镇和张桥、洋泾、严桥、六里、杨思 5 个乡的 116 个生产队；上海县的漕河泾镇、龙华镇、北新泾镇和龙华、梅陇、虹桥、新泾 4 个乡的 177 个生产队；嘉定县的真如镇和长征、桃浦 2 个乡的 47 个生产队；宝山县的江湾镇、五角场镇和彭浦、庙行、江湾、五角场 4 个乡的 129 个生产队，将分别划归徐汇、杨浦、黄浦、虹口、长宁、普陀、闸北、南市 8 个区管辖。调整后的上海市区总面积从 230 平方公里扩大到 349 平方公里。

7 月 30 日　市政府成立市城乡工业协调小组，要求把工厂从市区扩展到市郊，促进上海城乡经济联成一体。

7 月　市教育局要求郊县农村青年普及初中教育，凡 16—18 岁的未达到初中毕业水平的农村青年要到各业余学校初中教学班学习，争取在两年内学完初中 4 门基础课，其中语文、数学为必修课。

同月　中国银行上海分行首先开办国内居民外币存款，并在国内率先试办出口押汇业务。

同月　长宁区建青实验学校在虹桥路 1161 弄 20 号成立，由建青中学、虹桥路第二小学及幼儿园合并，是全市唯一一所 15 年一贯制教育的学校，探索幼、小、中“三段一体”改革。

8 月 1 日　上海长江客货轮公司成立。

8 月 2 日　市政府批准上海激光研究所、上海计算机技术研究所等 24 个单位试行有偿合同制的改革试点。

8 月 8 日　市政府在上海市微型电子计算机应用工作会议上宣布，将以信息技术为主导，把微型电子计算机作为改造机电、化工、轻工、纺织等传统工艺的突破口。

同日　上海市对外服务公司成立。

8 月 8—10 日　朝鲜民主主义人民共和国总理姜成山访问上海。

8 月 10 日　市政府批准颁发《关于发行股票的暂行办法》，承认股票在社会主义经济体系中的地位，并对股票发行和交易进行严格规范。9 月，上海第一家股份制企业华宁实业公司定向募集股本金 300 万元。11 月 14 日，中国人民银行上海分行正式批复成立上海飞乐音响股份有限公司成立，发行“飞乐音响”股票，这是中华人民共和国成立后上海第一家向社会公开发行股票的股份制试点企业，共筹集资金 50 万元，每股面值 50 元。社会主义制度下的上海股票市场宣告诞生。1986 年 9 月 26 日，“飞乐音响”股票在中国工商银行上海静安信托业务部首家柜台上市。1990 年 12 月 19 日，“飞乐音响”股票在上海证券交易所上市交易。

8 月 17 日　市政府批准上海市机床公司改为企业性的上海机床公司，是全市第一家由行政性改革为企业性的工业公司。

8 月 18—21 日　赤道几内亚共和国总统奥比昂 · 圭马 · 姆巴索戈上校访问上海。

8月22日　全国第二个涉外专利代理机构上海专利事务所成立。

8月27日　市政府批转市劳动局制订的《上海市国营企业实行劳动合同制的暂行规定》，规定自1984年9月1日起，凡国营企业常年性生产或工作岗位需要，从城镇待业人员中招用的新工人，实行劳动合同制；终止、解除劳动合同的工人，待业期间可按规定领取生活补助费。

8月　中共中央财经领导小组会议确定，由国家计委牵头与上海一起调查研究，提出改造振兴上海的战略方案。9月，国务院调查组抵沪。9月22—26日，中共上海市委、市政府与国务院改造振兴上海调研组主持召开上海经济发展战略战役研讨会，提出改造上海、振兴上海并立足上海，联合经济区，依靠和服务全国，面对太平洋，通向全世界，走外扩、内联、改造、开发的路子，逐步把上海建设成为一个产业结构合理、开放型的、多功能的社会主义现代化中心城市。10月，中共上海市委、市政府和国务院调研组草拟《关于上海经济发展战略的汇报提纲》(《汇报提纲》)，提出上海的发展方向、战略目标及方针政策和措施。12月26日，市政府和国务院改造振兴上海调研组联合向国务院、中央财经领导小组上报《关于上海经济发展战略的汇报提纲》。1985年2月8日，国务院批准《关于上海经济发展战略的汇报提纲》，指出“上海在我国经济建设中占有举足轻重的地位。它是我国最重要的工业基地之一，也是全国最大的港口、贸易中心、科技中心和重要的金融中心、信息中心”，要求“力争到本世纪末把上海建设成为开放型、多功能、产业结构合理、科学技术先进、具有高度文明的社会主义现代化城市”。

同月　中共上海市委作出调整上海“小三线”的重大决策，决定将“小三线”企业的财产无偿移交安徽省，企业职工逐步回沪参加联营建设。

9月1日　市政府发出通知，对在上海开办中外合资企业，或接受外商投资开设自营企业的洽谈工作和审批程序作出暂行规定。

9月3日　市欧美同学会举行成立大会，选举冯德培为会长。汪道涵到会祝贺。

9月14日　市公安局召开颁发居民身份证工作会议，部署在全市进行户口派普查、登记、复核、发证工作。

9月15日　市政府转批《关于本市改革试点企业贯彻进一步扩大国营工业企业自主权的暂行规定的若干实施意见》(即扩权十二条)，主要内容是放宽企业自销产品范围，除国家有特殊规定的以外，其他产品在完成国家计划外，企业有权自销，并可享有不低于60%的分成额度。

9月18日　上海人事局举行首次人才交流会。

9月19日　市政协落实政策办公室首次组织市政协委员，赴市文物图书清理小组大场仓库，认领“文化大革命”中被查抄的文物、图书。

同日　市市内电话局在金陵东路设置7座投币式电话亭。

9月20日　上海铁路新客站建设工程举行开工典礼。1985年，市政府成立上海铁路新客站工程领导小组，江泽民任组长，并将该工程列为市政府1986年实事工程。1987年12月28日，当时中国最大的火车站上海铁路新客站建成，开始正式投入使用。

9月21日　中共上海市委召开党员负责干部会议，贯彻中共中央整党工作指导委员会第9号通知的精神，交流第一批整党单位的经验，并对全市下一步的整党工作做部署。

9月22日　市长江口开发整治局成立。

9月24日—10月8日　日本青年3 000余人、记者100余人分两批应邀到上海，同上海青年举行中日青年联欢活动。上海前后共接待日方212个代表团，上海青年和各界人士约12万人直接参加中日青年联欢活动。这是中华人民共和国成立后上海最大规模的一次群众性外事活动。

9 月 26 日　沪港经济界协会筹备委员会成立，以加强沪港两地的经济合作，振兴上海，繁荣香港。后沪港经济发展协会于 11 月 16 日正式成立。

9 月 28 日　市园林管理局、上海自然博物馆共同兴办的当时国内规模最大的植物陈列馆，在上海植物园建成并举行开馆典礼。

同日　在上海成立的中国船舶工业总公司应用软件开发中心研制成功"中文信息综合处理软件系统"并通过技术评审。

9 月　国家水电部确定上海城市防洪按"千年一遇"潮位标准（黄浦江吴淞口为 6.27 米，黄浦公园处为 5.86 米）加高加固市区防汛墙。

10 月 1 日　上海市遵照国务院发布的《中华人民共和国产品税条例（草案）》和《中华人民共和国增值税条例（草案）》，开征产品税和增值税。

同日　市政府试行"联建公助"建设住宅办法。用联建公助的办法改造棚户区住宅，利用原有私房的基地，由企业单位集资，私房住户出部分资金，改建多层住房，解决市民住房困难。

10 月 3 日　上海市日用工业品贸易中心在外滩中山东二路正式开张营业，这是当时上海规模最大的商品流通经济联合体。

10 月 4 日　商业部决定上海经营日用工业品的百货、文化用品等 6 个一级批发站下放上海市，与市公司合并成立 6 个公司。

10 月 6 日　国内第一个肺癌研究中心在上海市肺科医院成立。

10 月 9 日　中共上海市委召开党员负责干部会议，传达全国企业领导班子建设座谈会精神并提出，要进一步加快大中型骨干企业领导班子"四化"建设的步伐，并把这作为加速我国经济发展，推动经济改革的一个重要组织保证。

10 月 10 日　由中国汽车工业公司、上海汽车拖拉机公司、中国银行上海信托咨询公司和德意志联邦共和国大众汽车公司共同投资兴办的上海大众汽车有限公司项目在北京签约。这是中国机械工业最大的一个中外合资项目。国务院总理赵紫阳和德意志联邦共和国总理赫尔穆特·科尔出席签字仪式。10 月 12—13 日，德意志联邦共和国总理赫尔穆特·科尔访问上海。12 日，中国和联邦德国合资的上海大众汽车厂工程在安亭举行奠基典礼，国务院副总理李鹏和科尔参加典礼并先后讲话。

10 月 12 日　上海市城乡建设规划委员会成立，汪道涵任主任。

同日　上海海运局决定更改部分轮船船名。以"战斗"当首命名的货轮恢复"文化大革命"前以"和平"当首的名称，以"工农兵"当首命名的客货轮改为"贺新""庆新"等船名。

10 月 13—24 日　第十届亚洲女篮锦标赛在上海体育馆举行，为中华人民共和国成立后上海首次承办由国际体育组织设立的洲际体育比赛。

10 月 17 日　上海无线电二厂把现行员工的等级工资改为结构工资。

10 月 19 日　市政府召开住宅建设工作会议，为缓解市民"住房难"的矛盾，汪道涵提出住宅建设的步子要迈得再大一些，并就有关工作作了部署，要求 20 世纪 80 年代上海平均每年要完成 400 多万平方米（建筑面积）的住宅建设。

同日　全国最长的江底电缆上海崇明岛至长兴岛电缆投入使用，全长 9.45 公里。

10 月 30 日　静安区的上海延中复印工业公司、中国银行信托咨询公司与美国莎士比亚有限公司香港分公司三方合资成立沪港实业有限公司，是全市首家由地区工业与银行、港商合资的企业。

10 月　市政府规定，上海中外合资经营企业可在上海自行招用职工，并就此颁发《上海外商投资企业劳动管理的实施办法(试行)》,对外商投资企业用工、劳动合同、工资、保险、福利等各个方面作了较全面的规定。

同月　长宁区人民法院建立全国第一个审理未成年人刑事案件合议庭。

同月　江南造船厂制成直径11.3米盾构隧道掘进机。

同月　位于徐汇区的华亭路小商品市场开业,以经营款式新颖的服装为主。1985年改名华亭路服装市场。2000年11月25日迁入襄阳服饰礼品市场。

11月1日　缅甸联邦社会主义共和国总统吴山友访问上海。

同日　零时起,长江口北槽航道竣工,正式通航。

同日　上海首次开办与北京、广州等17个城市之间的国内特快专递邮件业务。

11月5日　经国务院批准,上海交通大学研究生院成立,这是上海高校中的第一个研究生院。11月6日,复旦大学研究生院正式成立。

同日　上海铁路局实现连续365天无行车重大、大事故,取得中华人民共和国成立35年来第一个行车"安全年"。

11月9日　美国明尼苏达矿业制造公司(简称"3M公司")在上海注册成立3M中国有限公司,首期投资1 546万美元,建厂生产销售电工粘带。是为上海改革开放后第一家外商独资企业。1985年3月7日,公司通讯器材厂投产。

11月15日　国务院发布《关于经济特区和沿海十四个港口城市减征免征企业所得税和工商统一税的暂行规定》,上海市列为沿海开放城市之一,有关技术引进项目和利用外资建设的生产项目,在税收上享受减、免优惠待遇。

同日　上海市残疾人福利基金会成立。

11月16日　沪港经济发展协会成立。

11月18日　汪道涵率上海市友好代表团应邀访问南斯拉夫萨格勒布、荷兰鹿特丹、比利时安特卫普三个友好城市。

11月19日　国家海洋局、国家南极考察委员会在上海举行大会,欢送中国首次赴南大洋和南极洲考察队出发。1985年4月14日完成任务后回到上海。

11月21—22日　挪威王国首相科勒·维洛克访问上海。

11月28日　市政府成立经济体制改革领导小组,汪道涵任组长。

11月30日　中国最长的沿海客运航线——沪穗线开通。

11月　市政府批准长宁区开发古北新区规划方案。1986年12月12日,上海古北新区联合发展公司成立,开始兴建。2005年12月基本建成,建筑面积300万平方米,是全市首个大型高标准国际居住区。

12月1—25日　上海电影制片厂拍摄的故事片《高山下的花环》连映,观众达549万人次,创中华人民共和国成立以来上海放映中外影片各项指标的最高纪录。

12月8日　上海旅游系统第一家沪港合资企业上海旅游服务开发公司成立。

12月16日　上海企业家俱乐部成立。

12月20日　市政府批准《关于进一步扩大本市国营工业企业自主权的若干规定》。

同日　全国高校思想政治教育研究会在同济大学成立。

12月22日　上海与国内外的电报通信全部实现自动化,改变沿用半个世纪的手工操作和陈旧设备,使电报通信跨入世界现代化通信技术行列。

12 月 25 日　普陀区内 35 户“老虎灶”(即熟水店)全部实行租赁承包,率全市改革之先。

12 月 29 日　上海港务局召开大会,庆祝上海港年吞吐量突破 1 亿吨大关,跻身世界亿吨大港行列。汪道涵到会祝贺。

12 月　全市各法律顾问处均改为律师事务所。

同月　露美美容厅在卢湾区淮海中路、茂名路路口开业,是全市首家专业美容厅。

同年　上海部分企业实行多种形式工效挂钩试点。上海机床厂、上海第十七棉纺织厂、上海无线电二厂、上海照相机总厂试行工资与课税所得额挂钩浮动;建筑施工企业试行百元产值工资含量包干浮动;梅山冶金公司、建材行业和上海显像管玻璃厂试行工资同最终产品销售量挂钩浮动;新亚饭店、华山饭店等 15 户企业试行工资总额同初级利润挂钩浮动(全浮动拆账工资制);服装行业来料加工的前店后工场试行工缴费收入工资奖金含量包干浮动等办法。

同年　上海在工业、交通、基建、财贸等系统 80 多个企业、4 万多名职工中,试行医疗费用“定额包干、定期结算、超支实报、结余归己”办法。

同年　上海建立对外通报上海国民经济发展情况和改革、建设重大决策、举措的新闻发布会制度。主管经济、贸易、科技、文教、政法、工商行政管理、民政、劳动等 40 多个部门和单位设立对外介绍情况发言人。

同年　上海出版工作者协会组织了 1982—1984 年上海市优秀图书评奖,共评出特别奖 1 个,优秀奖 24 个。1989 年开始改由上海市新闻出版局和上海出版工作者协会联合举办,作为上海地区的正式图书奖,每两年举办 1 次,后改名为上海图书奖。

同年　南浦大桥的配套项目,陆家浜排水系统开工建设,1993 年 4 月建成。

同年　为扩大市场调节,搞活物资流通,上海市化工商品贸易中心、上海市金属材料贸易中心、上海市木材交易市场、上海市建材贸易中心、上海市机电产品贸易中心、上海市汽车配件贸易中心、上海市农机产品贸易中心和上海物资交易所先后成立开业。

同年　市政府决定农村民办小学教师全部转为公办小学教师,全市有 5 014 名民办教师转为公办教师。

同年　中国科学院上海生理研究所建成多功能低压舱。

同年　上海第一石油机械厂研制成功国产第一只人造聚晶金刚石钻头(PDC)。上海人造板机器厂研制成功国产第一台年产 1.5 万立方米中密度纤维板成套设备。上海木工机械厂研制成功 MJ104 手动进料圆锯机,获 1984 年国家银质奖,是国内木工机械行业中第一块国家级奖牌。

同年　上海中国旅行社首家获准承办市民赴港澳旅游业务。

1985 年

1月1日　上海进一步扩大国营工业企业自主权,全面推开"四配套"改革。

同日　上海对外经济贸易实行政企职责分开,市对外经济贸易委员会(以下简称市外经贸委)为市政府归口管理全市对外经济贸易的工作部门,市对外贸易总公司改为地方性外贸企业。

同日　上海电气联合公司成立。这是上海突破行业和部门进行改革的一个试点。

同日　《上海工人报》恢复原名《劳动报》。陈云为该报题写报名,并为之题词:"当好工人的朋友"。

同日　市红领巾理事会的机关刊物——《小伙伴报》创刊,编辑、记者均为9—14岁的少年儿童。

同日　上海远东金银饰品厂位于南京东路432号的门市部恢复老凤祥银楼店名,并推出"凤祥牌"金银饰品。

1月3—4日　中共上海市委、市政府召开干部会议,传达国务院对上海工作的要求。国务院提出上海的发展战略,必须在加快传统工业的改造和新兴工业开发的同时,大力发展第三产业,加强城市基础设施,充分发挥开放型的、多功能的中心城市的作用。

1月5日　市政府决定加快计划管理体制改革,包括缩小指令性计划范围,改进固定资产、信贷资金管理及物资分配办法等。

1月9日　市委组织部提出国营企业逐步实行管理干部聘任制的意见,凡经过整顿验收合格的国营企业,经上级主管部门批准,可实行聘任制;事业单位和集体所有制企业,经上级组织批准后,也可参照试行干部聘任制。

1月13日　上海国际问题研究中心成立。

1月14日　上海延中实业有限公司发行股票500万元,为中华人民共和国成立后上海区县工业企业首次向社会发行股票。

1月16日　根据市政府从1985年起上海常住户口居民凭街道办事处出示的个人有停放汽车地方的证明均可申请购买个人小汽车的规定,上海交电批发公司自行车批发部将20辆日本产的"大发"牌小货车出售给上海县的农民。这是在汽车作为商品进入市场后,上海第一次将汽车直接销售给个人。

1月17日　沪港合作静安希尔顿酒店在市工商局登记注册,这是上海改革开放以来建设的第一个全外资工程,总投资1.02亿美元。1985年2月,酒店在华山路250号开工建设,1987年12月11日竣工,1988年6月28日正式开业,酒店共有客房800间,是上海第一家五星级豪华宾馆。

1月19日　为实现"供应充沛、质量鲜嫩、品种多样、群众满意"的目标,上海蔬菜流通体制开始全面改革,对占总上市量80%的22个品种实行派购计划价格,其余20%自由种植品种则实行议购议销。

1月19日—2月6日　市长汪道涵率领市政府代表团前往江苏、安徽、江西、浙江省进行工作访问。并与安徽、江西省政府分别签署了加强经济技术协作意向协议和商谈纪要。

1月21日　市委宣传部召开会议,对外地小报大量流入上海市街头一事进行研究,提出制止外地小报流入的措施。

1 月 23 日　中国科学院上海生物化学研究所成功构建含有乙型肝炎表面抗原基因的重组牛痘病毒并通过专家鉴定，该成果赶上国际先进水平。

1 月 27 日　市郊农村在饲料配方设计、化肥用量测算、奶牛畜种管理、作物病虫害预测报等 70 个项目中应用电脑技术。

1 月 29 日　上海海洋地质调查局在东海陆架盆地发现工业油气流，同日获得国家地矿部颁发的地质找矿特等奖。

1 月　上海光学仪器研究所、上海师范大学、中科院上海冶金研究所和上海无线电二十六厂研制成功中国第一台新型光谱仪器——等离子体光电直读光谱仪。

同月　上海电机厂试制成功国内第一台全氢冷 30 万千瓦发电机。

同月　《上海中医药报》创刊，这是当时中国唯一的中医药专业报刊。

同月　市拖拉机汽车公司与泰国合资经营的上海易初摩托车有限公司成立。

2 月 1 日　教育部学生管理司函复市高校招生委员会，同意上海地区从 1985 年起实行高校招生单独命题考试，仍按教育部规定分文、理两类，考试科目不变。在 1984 年考试与推荐的基础上，推荐特别优秀的高中毕业生，免试直升高校；学生填报志愿放在高考以后公布成绩之前进行。上海市在全国率先实行了普通高校招生考试单独命题。

同日　全市零售业、饮食服务中心的 4 700 余家独立核算的基层商店实行全面改革。改革的内容有打破行业批零界限；财务权下放企业；实行工资总额包干，饮食服务业可采取拆账制；小型国营企业一部分改为国家所有，集体经营，一部分直接转为集体所有制，一部分租赁给个人经营，逐步实行经理负责制。

同日　锦江乐园开放，占地 10 公顷，这是上海第一个大型现代化游乐场，从日本引进 18 项游乐设施。

2 月 3 日　市政府提出加强市场管理 6 条意见。规定所有零售单位必须坚持零售经营，严禁无证商贩套购倒卖；企事业单位不准争购紧俏商品，滥发实物等。

2 月 4—13 日　中共中央政治局常委、中央军委主席、中央顾问委员会主任邓小平在上海视察。

2 月 8 日　国务院批转了《上海经济发展战略汇报提纲》，同意《关于上海经济发展战略的汇报提纲》，要求“力争到本世纪末把上海建设成为开放型、多功能、产业结构合理、科学技术先进、具有高度文明的社会主义现代化城市”。3 月 2 日，市政府印发《国务院批转关于上海经济发展战略汇报提纲的通知》，号召“动员全市人民，同心同德，奋发图强，为实现这一发展战略而奋斗”。

同日　国务院批准上海市从 1985 年起实行“核定基数，总额分成”的财政管理体制。在 1983 年财政收支的基础上，增加 15 亿元的支出基数，上海市财政收入总额分成比例定为 23.54%。

同日　市政府发布通知：从 1985 年开始，上海市全日制普通高校招生由上海市单独命题，并注重知识和能力的考核。在 1984 年考试与推荐的基础上，推荐特别优秀的高中毕业生，免试直升高校；学生填报志愿放在高考以后公布成绩之前进行。

2 月 11 日　大不列颠及北爱尔兰联合王国驻沪总领事馆在上海永福路 244 号开馆，1996 年 5 月迁南京西路 1376 号上海商城。

同日　市政府原则同意市政府教卫办《关于进一步改革中等教育结构，发展职业技术教育的报告》。报告要求统一认识，加快职业技术教育的发展，逐步形成同普通教育并行的职业技术教育体系。要求各区、县改办 3—5 所普通中学为中级职业技术学校；争取在 1985 年全市不能升入高中的七八万初中毕业生都能接受职业技术教育或短期培训;郊县初中毕业生争取到1990年有三四万人接受中等职业技术教育。

2月13日　中共上海市委办公厅、市政府办公厅转发市委血防领导小组《一九八五年血吸虫病防治工作计划》的通知,提出在上海、嘉定、宝山、金山、青浦、川沙、松江7个县消灭血吸虫的基础上,1985年要在南汇、奉贤两县全面消灭血吸虫,确保全市实现消灭血吸虫。

2月16日　新华通讯社报道,国务院就上海经济发展发出通知,指出改造、振兴上海是关系中国"四化"建设的大事。

2月27日　市八届人大常委会第十三次会议通过《上海市保护妇女、儿童合法权益的若干规定》。

同日　黄浦江上游引水一期工程在上港八区和杨思水厂正式破土动工,这是中华人民共和国成立以后上海最大的市政工程设施,总投资9.9亿元,分引水工程部分、扩建和新建水厂部分和保护黄浦江上游水源水质的环保部分,全长69.9公里,日总引水量430万吨。

2月28日　市工商联和民建上海市委创办的上海工商学院成立,为中华人民共和国成立后上海建立的第一所民办成人高校。

3月1—10日　第三届上海对外贸易洽谈会在上海展览馆举行。展览谈判面积扩至6 000平方米,比第二届增加58%。国内参展地区人数均显著增加。参展的有江苏、浙江、安徽、江西、四川等省以及杭州、嘉兴、湖州、苏州、无锡、常州、南通、宁波、绍兴、蚌埠10个市共172名代表。参展企业增到56家,到会客商有2 000多人,涉及46个国家及地区,成交金额为1.34亿美元。

3月6日　中共上海市委印发贯彻执行中纪委《令必行,禁必止》文件精神的通知,要求迅速果断地刹住党政机关和党政干部以权经商办企业,并重申党政机关一律不得经商办经济实体,党政干部一律不得在经济实体中兼职。

3月8日　国务院批复同意市政府《关于上海进一步开放初步方案的请示》。方案提出上海市进一步对外开放的范围除老市区外还包括10个县的县政府所在镇,市政府批准的集中安排工业、科研项目的重点卫星城镇,市政府批准的所辖农村中利用外资建设的以发展出口为目标的农、林、牧养殖业生产项目及其加工项目。

同日　中共上海市委发出通知,规定市委、市政府领导一律不接受各种经济实体聘任的职务,凡已受聘的一律取消。

3月14日　国务院批复同意国家经委、市政府关于引进技术改造中小企业和在上海扩大试点的报告。

同日　上海郊县"赤脚医生"改名为"卫生保健员"。凡经过考核达到医士水平者,称"乡村医生",发给"乡村医生"证书。

3月15日　上海市召开市长办公会议,讨论市环卫工作,研究抓紧解决全市垃圾、粪便出路难,改善环卫水运通讯联络等问题,决定对原定分配给苏、浙农村的垃圾、粪便比例停止执行。

同日　上海科技大学与上海第二医学院联合成立上海生物医学工程研究所。这是上海高教系统第一个跨校建立的新兴学科研究机构。

同日　上海新亚(集团)联营公司成立。

3月16日　市政府批准成立上海地铁公司,筹建上海地铁工程。

同日　海洋地质调查局完成长江口南水道外高桥危险区外业调查,按照调查结果,删除数十年来海图上外高桥危险区的标记。

3 月 20 日　上海经济区首次省、市长会议在南京召开。

3 月 21 日　中德合资经营的上海大众汽车有限公司正式宣告成立。上海大众汽车有限公司总投资额为人民币 9.05 亿元(5 亿联邦德国马克),注册资本为人民币 3.5 亿元,中德各占 50%。是年 9 月 1 日,上海大众汽车有限公司正式开业。

3 月 25 日　市委宣传部、中共上海市委政法委员会(以下简称市委政法委)联合召开全市法制宣传教育工作会议,在全市公民中普及法律常识。上海第一个"五年普法"正式开始,此后持续进行。

同日　市高教局在市府礼堂举行上海市高等教育自学考试首届毕业典礼大会,向 338 名首届自学考试专科毕业生颁发了毕业证书。

3 月 28 日　市政府提出,以后用国民生产总值作为考核全市工作的首要指标,以全面反映第一、二、三产业。

3 月　市委宣传部组织上海文化发展战略的研讨活动,拟定《上海文化现状调查和对策研究》《上海文化发展预测和远景规划》《上海文化发展的历史回顾》《文化交流和文化比较》《文化基础理论研究》5 个方面、119 个研究课题,组成由高等院校、理论研究单位、政府实际工作部门以及宣传文化系统的专家、学者 400 余人参加的研究队伍。

同月　位于卢湾区长乐路 161 号的新锦江大酒店开工建设。1989 年 12 月竣工。1990 年 10 月 8 日开业。1991 年 10 月被评为五星级宾馆,是上海首家由中国人自己管理的五星级酒店。

3—5 月　《社会》杂志编辑部举办由刘达临主讲的"现代社会中的性问题"讲座,每周 1 次,共 10 讲。这是中国大陆地区有史以来第一次在社会上公开地、有组织地开展性研究活动,也是中国性社会学研究的起始。

4 月 2 日　中国自行设计、制造的第一艘双体客轮"瑞昌号"开始试航。这是当时世界上最大的一艘双体客轮,由上海交通大学设计,中国船舶工业总公司制造。

同日　市政府召开全市干部大会,决定有步骤地开展上海科技体制改革,并提出了进一步开拓技术市场等具体措施。

4 月 2—8 日　文化部、全国文联、全国剧协、市文化局、市文联、上海京剧院等 10 个单位联合举办纪念京剧表演艺术大师周信芳诞辰 90 周年活动,在上海文艺会堂隆重举行纪念大会,来自全国的文艺界 600 余人参加。

4 月 3 日　中共中央、国务院批准中共上海市委、市政府《关于在龙华建造烈士陵园的请示报告》。

4 月 4 日　中国德意志联邦共和国生物学客座实验室在上海细胞学生物研究所落成,这是中科院第一个中外合作的研究机构。

4 月 5 日　市政府召开会议,部署颁发居民身份证工作。11 月,全市实行居民身份证制度,向年满 16 周岁以上居民颁发居民身份证。至 1986 年底,全市完成发证工作。

同日　中日合资上海太平洋大饭店有限公司成立。

4 月 12 日　市政府发布经市八届人大常委会第十三次会议通过的《上海市严禁赌博条例》,于 1985 年 5 月 1 日起施行。

同日　上海航空工业公司、中国航空器材公司与美国麦克唐纳・道格拉斯公司签署《合作生产 MD-82 及其派生型飞机、联合研制先进技术支线飞机和补偿贸易总协议》和其 5 个分协议。1987 年 7 月 2 日,首架 MD-82 飞机,在上海大场机场进行首次试飞。这是在美国本土之外起飞试航的第一架 MD－82。7 月 20 日,中美合作生产的首架 MD－82 飞机取得美国联邦航空局(FAA)颁发的适航证,这是在美国本土之外颁发的第一张 MD－82 飞机适航证。11 月 7 日,美国联邦航空局(FAA)在上海正式向麦道公司签发延伸的生产许可证,认可上航工业公司组装生产 MD－82 飞机,这是该局首次同意向没有同美国签订双边适航协定的国家延伸美国航空工厂的生产许可证。1994 年 10 月 18 日,第 35 架 MD－82 飞机交付中国北方航空公司使用,历时 10 年的中美合作生产 MD－82/83 飞机项目全部完成。这项合作是当时中美两国之间规模最大、内容最为广泛、技术最先进、有效期最长的一个合作项目。

同日　市学生联合会召开上海市首届研究生代表大会。会议决定成立上海市学生联合会研究生委员会。

4 月 13 日　取消生猪、家禽、鲜蛋的派购政策,实行合同定购和市场收购相结合的办法。同时,放开副食品购销价格,对城镇居民每人每月发给副食品补贴 8 元。

4 月 15 日　市政协六届十一次常委会决定,设立提案工作委员会。

4 月 19 日　市八届人大常委会举行第十四次会议,讨论通过《上海市黄浦江上游水源保护条例》。

同日　太湖流域管理局在上海成立。

4 月 19—20 日　中共上海市委、市政府召开农村工作会议,研究确定按"贸工农"方针逐步调整产业结构,提出郊区经济发展方针和若干政策,部署调整农业结构,减少棉花生产、扩大粮田和鲜活商品生产等。

4 月 20 日　革命烈士王若飞塑像在南市区云南南路、人民路交界处揭幕,这是上海第一座街心烈士纪念雕塑像。

4 月 20—22 日　比利时王国首相维尔弗里德·马尔滕斯和夫人访问上海。

4 月 20—26 日　市政协举行六届三次全体会议。

4 月 22 日　上海电影制片厂所拍摄的故事片《童年的朋友》首映权出售给中央电视台。这是中华人民共和国成立以来第一次出售影片首映权。

4 月 22—29 日　市八届人大会第三次会议举行。汪道涵作《上海当前的经济工作》的报告。

4 月 25—28 日　第四届世界杯跳水赛在上海游泳馆举行。来自 14 个国家和地区共 67 名选手参赛,汪道涵出席开幕式,这是中华人民共和国成立后上海首次承办世界级运动比赛。

4 月 26 日　市政府批转市外经贸委《关于扩大出口、多创外汇的几点意见》,提出扩大出口、多创外汇是必须长期贯彻的战略方针,也是全国和上海当前经济发展中的紧迫问题,上海应积极推行狠抓成交、加速出口商品的更新换代、加强内联和发挥口岸作用、落实鼓励出口的经济政策、围绕适应国际市场的竞争和增强企业的活力来推进外贸体制改革、抓紧改善外贸运输条件等 10 项措施。

4 月 30 日　首届"上海国际书展"在上海展览馆开幕。欧、美、亚洲 16 个国家和地区的 117 个出版社参展。

同日　市总工会召开先进人物座谈会,受中华全国总工会(以下简称全国总工会)委托向全国"五一劳动奖章"(奖状)获得者颁奖。1985 年 2 月,全国总工会作出决定,为及时奖励在四化建设中有突出贡献的先进职工和先进集体,对先进个人颁发"五一劳动奖章",授予荣誉称号;对先进集体颁发"五一劳动奖状",授予全国先进集体称号。上海共有 54 人获得全国"五一劳动奖章"。自本年起,全国"五一劳动奖章"(奖状)每年颁发 1 次。

4 月　上海轻工业局在安徽绩溪县"小三线"的 7 847.8 万元固定资产(原值)和 1 339.2 万元流

动资金，全部无偿移交给安徽省。7 229 名职工分批回沪。

5 月 1 日　上海开放用户传真（FAX）新业务，用户在其单位安装传真设备通过市话网可自行收发传真文件。翌年 11 月开放国内公众用户传真业务。

同日　全市市场蔬菜供应开始实行大管小活，大宗蔬菜实行计划价格，花色细菜随行就市。

同日　全市烟草物品实行凭许可证经营。

5 月 7 日　由香港永兴企业有限公司、香港上海实业公司和中国建筑工程公司上海分公司建造的位于雁荡路的雁荡大厦落成，该大厦是上海第一幢合资大厦，主要供回沪定居的港、澳、台同胞和海外侨胞以及华侨外籍人士居住。

5 月 9 日　上海机器人研究所在上海工业大学成立，这是中国第一个机器人研究所。

5 月 11 日　中国大陆第一套国产高炉煤气顶压发电装置在上海梅山冶金公司建成并网发电，一年可发电 1 200 万度。

5 月 14 日　加拿大蒙特利尔市市长德拉波应邀访问上海，上海市和蒙特利尔市在上海签署协议，结为友好城市。

同日　上海第一医学院改名为上海医科大学。

5 月 15 日　为纪念顾正红烈士殉难 60 周年，顾正红烈士塑像揭幕仪式在上海第二棉纺织厂举行。

5 月 21 日　中国第一台空中电映新闻报道机在上海北火车站试播成功。

5 月 22 日　市政府决定上海、宝山、嘉定、川沙 4 县临时提供 13.33 公顷土地作垃圾堆地。

同日　上海电视台播出法制宣传节目。

5 月 23 日　上海莘松高速公路在松江城北奠基动工，自沪闵公路至松江县城，主线全长 20.6 公里。

5 月 24 日　市政府召开 1984 年上海市基本无黑烟区暨环保先进表彰大会，授予静安、南市、徐汇、卢湾、普陀、黄浦 6 个区基本无黑烟区锦旗。

5 月 24—25 日　葡萄牙共和国总统安东尼奥・多斯桑托斯・拉马略・埃亚内斯和夫人访问上海。

5 月 27 日　市政府批转市财政局《关于改进区财政体制报告》，向市区下放部分财权。

5 月　应朝鲜劳动党邀请，以市委第一书记陈国栋为团长的中共上海市委代表团对朝鲜民主主义人民共和国进行友好访问。

同月　上海市老年大学创建。

6 月 1 日　中日合资经营的中日国际轮渡有限公司在上海成立。

同日　上海电视台小荧星艺术团成立，最初名为小荧星合唱团。

6 月 4 日　市政府批转市经济体制改革领导小组办公室等联合制定的《关于上海当前企业经济体制改革若干问题的意见》，指出要继续围绕增强企业活力，特别是增强国营大中型企业活力的基本要求，继续做好简政放权、扩大推行厂长负责制、扩大实行工资总额随同经济效益浮动的范围、扩大推行原材料节约奖的范围、试行工业企业计划体制“小配套”改革等 8 项改革工作，推动上海经济体制改革的进一步开展。

同日　全市撤销日用工业品一级站和市公司一级站的批发机构。

6 月 5 日　上海首次开展“世界环境日”宣传活动，从此每年举行一次“六五”世界环境日宣传活动。

同日　日本长期信用银行驻沪办事处成立。

6月11日　市政府批转市计委、财政局、物资局、劳动局、人事局《关于计划、财政、物资、人事方面市、区分工意见》,进一步向区、县下放事权。

6月12日　上海解放日报社和上海外语教育出版社联合主办的一份英文报纸——《上海学生英文报》(Shanghai Students' Post)创刊并正式发行。这是中华人民共和国成立后上海出版的第一份英文报纸。

6月14日　中共上海市委、市政府召开党员干部会议,号召创建文明城市,公布《上海市民文明公约》。

同日　中国福利会妇幼事业樟树奖首届颁奖大会举行,王淑贞、苏祖斐、陈伯吹、张乐平、袁瑢获奖。这是中国第一个以发展妇女儿童事业为宗旨的专项奖,每年评定颁发1次。

6月15日　上海友谊商店扩建新大楼落成开业,建筑面积17 000余平方米,营业面积7 000余平方米。

6月19日　恒丰路立交桥工程开工。1987年9月30日竣工,12月23日通车,这是国内第一座独塔单索面竖琴式斜拉桥。

6月20日　中共中央决定,芮杏文任中共上海市委书记,江泽民任中共上海市委副书记。

6月21日　意大利共和国驻沪总领事馆在上海武夷路127号开馆,1986年迁淮海中路1375号启华大厦。

6月23日　华东计算技术研究所研制的中国第一台与世界主流计算机系统兼容的8030大中型通用计算机系统通过专家技术鉴定。

6月24日　中共上海市委召开"双月座谈会",由市委书记芮杏文,副书记、市长江泽民会见各民主党派、有关团体的负责人和各界人士。芮杏文在会上强调了新时期统战工作的重要性,要开阔眼界、走向世界、广交朋友、联络友谊,为统一祖国、振兴中华作出更大贡献;要继续发扬党的统一战线工作的优良传统,坚持"长期共存、互相监督、肝胆相照、荣辱与共"的方针,与各界人士搞好合作共事关系。

同日　上海市与希腊比雷埃夫斯市结为友好城市。

同日　中日国际轮渡有限公司所属的"鉴真号"从上海启程,首航日本神户、大阪港。中断40年的上海——日本海上客运恢复。

6月25日　上海市医疗事故鉴定委员会成立。

6月28日　市科委首次为个人科研项目进行技术鉴定。川沙县合庆乡农民徐林福、徐学明父子研制的不锈钢制品抛光用"弹性抛轮"通过鉴定。

6月30日　上海市第六人民医院于仲嘉发明的"手或全手指缺失再造技术"经国家科委发明评选委员会第17次会议审定,获一等奖。

6月　中国科学院上海光学精密机械研究所建成激光十二号实验装置。1987年定名神光装置。

7月1日　全市出租汽车实行统一收费标准。

同日　上海开办国际特快专递业务。

同日　药水弄改建工程开工。1995年12月竣工,改为长寿新村。药水弄是上海大型的棚户区之一。

7月1—2日　基里巴斯共和国总统耶雷米亚・塔巴伊和夫人访问上海。

7 月 2 日　上海市土地管理局成立。

7 月 3—4 日　土耳其共和国总理图尔古特·厄扎尔和夫人访问上海。

7 月 3—9 日　首届上海国际汽车工业展览会在上海工业展览馆举办，22 个国家和地区的 300 多家厂商参展。这是中华人民共和国成立以来中国举办的规模最大的国际性汽车工业博览会，也是中国生产的汽车首次参加国际性汽车工业博览会。此后每两年举办 1 次。

7 月 4 日　上海市与波兰格但斯克省结为友好省市。这是中国与东欧社会主义国家之间正式缔结友好关系的第一对友好省市。

同日　市政府批转《上海市工商企业登记管理的若干规定》，除已办理企业登记的 10 个行业外，保险业、咨询服务业、出版业、文化艺术业、交通运输业、邮电业、服务业等也应依法办理企业登记。

同日　《中国城市导报》在上海创刊，这是中国第一份专门反映城市建设风貌的大型周报。

7 月 5 日　市八届人大常委会第十五次会议听取市中级人民法院对《关于对上海市中级人民法院在审理“鱼鹰案件”中所作的判决提出的质询案》的答复，决定由市高级人民法院对“鱼鹰案件”进行复审。此案后来由市中级人民法院重审纠正。

7 月 6 日　国际房产有限公司成立，为上海首家中外合资房地产公司。

7 月 9 日　由松江县畜禽、饲料 2 家公司与泰国正大集团合资组建的上海大江有限公司举行合同签字仪式。8 月 10 日，上海大江有限公司正式成立，注册资金为 2.6 亿元。这是上海市郊第一家中外合资经营饲料和畜禽饲养的生产贸易的大型企业，也是当时全国最大的农牧业中外合资企业。

7 月 10 日　中共上海市委、市政府召开全市干部工作会议，贯彻全国教育工作会议精神，动员进一步学习、贯彻《中共中央关于教育体制改革的决定》，并对发展本市教育、搞好教育体制改革提出设想和措施。

同日　全市冶金、纺织、仪表、一机、轻工、医药和化工 7 个工业局的 30 家试点工厂在工人中评定工人技师。

7 月 17 日　上海新沪玻璃厂光纤光缆中试车间建成，并与有关单位合作研制成光导纤维，用于生产全国第一批国产光缆。

7 月 21 日　上海市一家民办公共交通服务公司成立。次日 4 辆客车投入东闵线运营。

7 月 23 日　市政协举行六届四次全体会议。

7 月 23—28 日　市八届人大会第四次会议举行。审议通过《上海市普及义务教育条例》《上海市人民代表大会关于设立四个专门委员会的决定》，决定市人大设立法制、财政经济、教育科学文化卫生、市政建设 4 个专门委员会。接受汪道涵辞去上海市长职务的请求，补选江泽民为上海市长。

7 月 27 日　上海石洞口电厂一期工程动工。该工程为“七五”期间国家重点工程建设项目，规划安装 4 台国产 30 万千瓦亚临界燃煤机组。1990 年 5 月 30 日，石洞口发电厂建成投产，发电设备总容量 120 万千瓦，上海第一座超百万千瓦现代化火力发电厂建成。

7 月 31 日—8 月 9 日　首届 16 岁以下柯达杯世界足球锦标赛(上海赛区)举行。

7 月　《上海市普及义务教育条例》颁布，全市开始实施小学至初中九年制义务教育。

8 月 1 日　全市台风暴雨成灾，市郊菜区损失严重，虹口、杨浦、闸北、卢湾等 3 个区近 5 万户居民家中进水，一批工厂受淹停产。

8 月 1—6 日　中共中央政治局常委、国家主席李先念在沪视察。

8 月 5 日　国务院批准上海扩大利用外资方案。

同日　中共上海市委、市政府在复兴公园内举行马克思、恩格斯塑像揭幕典礼，这是中国第一座大型的无产阶级革命导师的纪念像。

8月7日　全市第一次大规模普查。普查结果显示，上海市人均国民生产总值3 259元，就业人数767.3万人。

8月8日　上海探矿机械厂制造出中国第一台地热钻机，为开发西藏地热作出贡献。

8月9日　市政府通知，中央决定汪道涵任上海市政府顾问。

同日　华东纺织工学院决定改名为中国纺织大学。中共中央总书记胡耀邦亲笔题写新校名。

8月12—13日　中共上海市委召开整党工作会议，部署第二期整党工作。

8月15日　全市村镇进行规划，完成164个乡镇控制性总体规划，近3 000个行政村编制现状图和规划图。

8月21日　市政府批转市工商局的通知，自8月起清理整顿新办的各类公司、商务中心，保障合法经营，取缔非法活动。

同日　上海港因装卸能力不足，大量物资压港，7月20日起集中疏运压港物资，至8月21日共疏运物资292.7万吨、煤炭204.8万吨，有320艘外贸运输船只离港。8月25日—9月30日第二次集中疏运，疏运物资360万吨，离港外贸船只399艘，在港船只127艘。

8月21—22日　澳大利亚联邦总督尼尼安·马丁·斯蒂芬爵士和夫人访问上海。

8月27日　日本独资企业上海日航龙柏饭店开设。

8月28日　马耳他共和国总统阿加塔·巴巴拉女士访问上海。

8月31日—9月3日　特大暴雨袭沪。高桥水文站日降雨量达459.6毫米，川沙县气象站1小时雨量108.8毫米。上海市区及市郊大面积积水，市区最深处达70厘米～80厘米，许多居民家、工厂、商店进水，电器设备受潮漏电，触电死亡4人，124辆电车因漏电停驶，上海生物制品研究所几十万支防疫苗受潮，损失100多万元，有483家企业由保险公司赔偿损失547万元；郊区农田受淹，其中蔬菜影响最大。

8月　该月起清理整顿新办的各类公司、商务中心。

9月1日　市第八届人大会第四次会议审议通过的《上海市普及义务教育条例》正式施行。条例规定，上海市每一个适龄公民都有接受九年义务教育的权利，国家、社会和家长必须予以保证。到达入学年龄的儿童，不分性别和民族，均应于新学年开始时入学。

9月2日　上海市幼儿师范专科学校在闸北区宝山路584号举行揭牌仪式和建校庆祝会，这是全国第一所高等幼儿师范学院。1991年改名上海市幼儿师范高等专科学校。

9月4日　市建设委员会决定，在全市住宅建设中全面推行总承包制，确保新住宅区水、电、煤气与住宅建设同步。

9月4—5日　莱索托王国国王康斯坦丁·贝伦·塞伊索·莫舒舒二世访问上海。

9月5日　上海市与美国芝加哥市建立友好交流关系。

同日　市妇联八届七次执委会举行，选举邢至康为市妇联主任。

9月8—10日　西班牙王国首相费利佩·冈萨雷斯·马克斯和夫人访问上海。

9月9日　上海市举行首届教师节大会，260位教师获市政府授予的“优秀教育工作者”称号。

9月13—14日　新加坡共和国总理李光耀和夫人访问上海。

9月15日　宝山钢铁总厂一号高炉点火投产，这是全国第一座万吨级高炉，标志着宝山钢铁总厂一期工程进入全面试生产阶段。9月16日，一号高炉开始出铁。11月25日，中共中央、国务院致电祝贺上海宝山钢铁总厂一期工程建成投产。11 月 26 日，宝山钢铁总厂第一期工程竣工并举行投产仪式。市长江泽民宣读中共中央、国务院的贺电。一期工程生产规模为年产铁 300 万吨、钢 312 万吨、钢管 50 万吨。

9 月 27 日　比利时王国驻沪总领事馆在华山路 370 号静安宾馆开馆，1988 年 2 月迁淮海中路 1375 号启华大厦，1990 年 7 月 31 日闭馆，1996 年 10 月 1 日重新开馆。

9 月　根据国务院批转民政部《关于调整建镇标准的报告》精神，上海各县开始进行撤乡建镇、由镇管村的试点工作。

同月　喇曼自由电子激光器在上海光学精密研究所诞生，这是国内第一台自由电子激光器，标志着中国激光事业发展到了一个新阶段。

同月　上海市奉贤医学专科学校在南桥镇开学，是全国第一所县办全日制高等医学专科学校。

10 月 1 日　市工商局决定，禁止在市场上销售使用未注册商标而不标明企业名称或地址的高档耐用的商品。

10 月 3 日　市政府批准颁布《上海市植物检疫实施办法》，防止危险性病、虫、杂草的传播蔓延。

10 月 5 日　市第一商业局发出通知：元钉、铅丝、彩电、冰箱、自行车、棉毛衫裤、呢绒、肥皂、铝锅、课业簿册等 46 种商品不准“卖大户”，违者将受处理和经济制裁。

10 月 7 日　中国首次公布国家级科技进步奖，由中国船舶工业总公司 708 研究所等单位参与的“远望号”综合测量船和由中国船舶工业总公司 436 厂等单位参与的“向阳红 10 号”船等项目获特等奖。此外获一等奖 8 项，二等奖 56 项，三等奖 92 项。同时获国家发明奖 22 项。1986 年 5 月 15 日，全国科学技术奖励大会在北京人民大会堂隆重召开。

同日　上海纺织原料交易所开业，棉花购销双方直接见面。

10 月 12 日　上海世界贸易中心协会成立。

10 月 15 日　国家商业部批准在上海建立“全国工业品贸易中心商情中心站”，并在国内公开发行《商情报》。

10 月 17 日　上海港与比利时安特卫普港结为友好港。

10 月 25 日　葛洲坝至上海正负 50 万伏直流输电工程正式开工兴建。1987 年 9 月 27 日全线竣工并通过验收。这是中国第一项直流高压输电工程。它与核电工程、60 万千瓦火电机组建设并称为电力现代化建设的三大标志。

10 月 27 日　中国第一台光盘录放系统在上海激光技术研究所研制成功。

10 月 28 日　中国科学院上海昆虫研究所在国内首先建立昆虫细胞——杆状病毒体系，在茶尺蠖、棉铃虫和粘虫 3 种重要农业害虫中，建立 6 株连续传代细胞系。

10 月　美籍华人林同炎向市政府递交《实现现代化的大上海“全面开发可能性”研究》报告。1986 年经修改充实后提出《开发浦东——建设现代化大上海》报告。1987 年 4 月，市政府设立开发浦东中美联合研究小组，林同炎被聘为高级顾问。

同月　上海第二制药厂向瑞士罗氏公司出口独创的维生素 C 二步发酵法技术，为上海市第一个贸易性技术出口项目，出口额 550 万美元。

同月　《上海市地图集》出版。该图集是在上海市地图集编纂委员会领导下，由上海市测绘处主持，上海市测绘处与华东师范大学地理系共同合编而成。

同月　上海港与荷兰鹿特丹港结为友好港。

11 月 2 日　中共上海市委印发《关于开展向杨怀远同志学习活动的通知》，要求全市党员干部和群众把学习上海海运局“长柳轮”服务员、共产党员杨怀远用小扁担为乘客们挑行李,进行服务的“小扁担精神”贯彻到两个文明建设的实践中去。11月5日,国务院和中共上海市委决定授予杨怀远“全国劳动模范”和“上海市优秀共产党员”称号。杨怀远曾先后担任原交通部上海海运局和平14号轮、大庆11号轮的生火工、服务员、副政委、政委。1980年他主动辞去政委职务,到长柳等轮继续担任服务员,直到1997年11月退休。38年中,他始终以雷锋为榜样,肩挑小扁担,甘当人民的“挑夫”,始终不计报酬,全心全意为旅客服务。

11月4日　由上海电影制片厂摄制的《高山下的花环》在香港举行首映式。该片在香港上映2周,创内地影片在港30多年来票房最高纪录。

11月5日　市政府颁发《上海市工人合理流动试行办法》。

11月16日　市政府召开干部大会,部署进一步清理整顿各类公司工作。

同日　静安区学校卫生保健所成立,这是上海第一家中小学生卫生保健机构。

11月17日　国务院学位委员会批准同济大学、华东化工学院等5所工科院校试行在职人员申请硕士、博士学位。

11月21日　市劳动局发出《关于本市全名所有制企业学徒、熟练工、普通工工资待遇问题的意见》,规定学徒学习期间第一年工资33元,第二年35元,第三年38元;转正工资为45元。熟练工、普通工6个月内为38元,转正工资为42元,转正满1年后,定级工资一般为49元。

11月21—23日　巴基斯坦伊斯兰共和国总理穆罕默德·汗·居内久访问上海。

11月23—25日　马来西亚联邦总理达图·斯里·马哈蒂尔·穆罕默德访问上海。

11月28日　市政府召开振兴中医大会,165名老中医获奖。

11月29日　39 000吨散装货轮“安平一号”在江南造船厂下水,这是上海当时建造的最大的船舶。

12月3日　美国通用电气公司上海办事处开业。

12月5日　中共上海市委办公厅、市政府办公厅印发《关于贯彻执行〈中共中央办公厅、国务院办公厅关于解决当前机关作风中几个严重问题的通知〉的通知》。

12月6日　市政府召开市环境保护工作会议,宣布全市12个行政区全部实现基本无黑烟要求。

12月9日　国务院学位委员会、国家教育委员会批准上海第二工业大学为成人高校授予本科毕业生学士学位试点单位。

12月10日　中共上海市委、市政府召开上海市消灭血吸虫病庆功表彰大会,宣布经过反复防治,上海已消灭血吸虫病。

同日　中共上海市委办公厅和市政府办公厅发出通知,要求各级党政组织刹住6种不正之风,调查“争相购买和更换进口小轿车”“挥霍公款到处旅游,铺张浪费”等情况。

12月16日　上海市首次科学技术进步奖评审工作正式开始。26日,市政府公布《上海市科学技术进步奖励规定》,对申请科技进步奖的条件和奖励等级、奖金等作了具体规定。此后,每年举行1次评奖。

12月24日　全国第一套1.5万吨涤纶短纤维成套设备在上海通过国家级鉴定,并达到世界水平。

同日　上海海外联谊会成立,江泽民任首任会长,并设理事会、总干事、副总干事等。

12月25日　50万伏南桥变电站正式开工建设。1988年5月7日,南桥变电站正式启动运行。

这是国内第一座交、直流汇集的变电站，也是当时全国规模最大的变电站。

同日　中山医院泌尿外科与上海交通大学电机系合作，研制成功体外震动粉碎肾结石装置并应用于临床，为泌尿结石患者的治疗开辟新途径。

12 月 28 日　始建于 1980 年 9 月的张华浜集装箱装卸公司 1 号、2 号泊位码头工程竣工投产。

12 月 30 日　上海航空公司成立。1986 年 1 月 11 日飞机试航，12 月 31 日开航。这是全国第一家自主经营客货运输的地方民用航空公司。

12 月　上海市区专业电影院实现放映自动化、光源氙气化、座椅软席化和空调冷气化。

同年　上海国营企业开始实行工资包干使用办法。

同年　上海市户籍人口 1 216.99 万人，从业人员 775.53 万人。上海市国内生产总值 466.75 亿元，其中第一、二、三产业分别占 16.6%、57.9% 和 25.5%。财政收入 263.86 亿元，其中地方财政收入 184.23 亿元。工业总产值 862.73 亿元。社会消费品零售总额 173.39 亿元。外贸出口 33.61 亿美元。固定资产投资完成 118.56 亿元。批准外商投资企业 94 家，利用外资签订合同金额 7.59 亿美元，实际利用外资 1.48 亿美元。上海港集装箱吞吐量超过 20 万标准箱，港口货物吞吐量 1.13 亿吨。

同年　中共上海市委、市政府提出市郊农民口粮立足于自给、城市主要副食品供应立足于郊区、农副工三业协调发展的方针。全市发展淡水鱼生产，产量达 4 万吨，市场销售比重从 9% 提高到 24%。全市水果市场放开经营。

同年　上海公共交通客运量达 50.102 8 亿余人次，超过了全世界总人口数，是当时世界上唯一仅靠地面交通每天平均运送 1 370 多万乘客的城市公共交通。

同年　市星火农场与市友谊汽车服务公司、汽车运输服务公司在星火农场境内联合组建市内第一家机动车驾驶员培训中心。

同年　位于金山县朱泾镇万安街的中国人民保险公司金山支公司在全国首办生猪、西瓜、水稻、对虾、海堤险。1987 年在全国首先试办农村合作医疗健康险。1988 年在全国首办三麦、油菜、棉花等农业险种。

同年　中科院上海天文台对激光地球动力学卫星（LAGEOS）的观测精度提高到 5 厘米，达到国际先进水平。

同年　市卫生防疫站研究摸索培养标准抗菌株，完善副溶血弧菌病原学鉴定，填补国内副溶血弧菌血清学诊断的空白，卫生部医学菌种保藏管理委员会批准该站设立国家副溶血弧菌专业实验室。

1986 年

1月1日　上海市承建埃及开罗国际会议中心工程开工。1989 年 6 月竣工。

同日　市经委、市财政局批准北京皮鞋厂、上海轻机模具厂、上海第十三丝织厂 3 家国营小企业实行租赁经营试点，为期 2 年。租赁期间，这 3 家企业的全民所有制性质不变，享有自主经营管理权限；改缴纳所得税为上缴租赁费；职工的劳保待遇不变。至此，实租赁经营的范围从小型商业、饮食服务业扩展到国营小型企业。

1月2日　松江电视台开播，这是上海市郊区第一个电视台。

1月3日　市输血研究所应用血清中的 GM 血型技术，首次揭示以北纬 35°左右为分界线，中华民族分为南北两大发源地。

同日　市政府召开市外贸工作会议，要求逐步建立一批出口农副产品的生产基地和出口工业品的生产专厂。

1月8日　上海市工业管理体制进行改革。市政府将上海市机电一局改为上海市机电工业管理局，从主管归口企业的部门过渡到市政府统一管理全市机械行业的职能部门。

1月8—25日　中共上海市委、市政府召开农村工作会议，市委书记芮杏文、市长江泽民出席并讲话。会议提出“城乡一体化，两个立足点，农副工三业协调发展”的郊区工作方针以及“稳粮、调棉、保菜、发展饲料和城市需要的经济作物”的种植结构调整原则。

1月9日　市工商局公告，治理整顿以“公司”“中心”名义的机构，注销 72 家企业的营业执照。

1月11日　文化部保护和振兴昆剧会议在上海工业大学召开，成立文化部振兴昆剧指导委员会，并在上海设立办公室。周巍峙任名誉主任，俞振飞任主任委员。

1月12—25日　中共中央政治局常委、国家主席李先念在沪视察。

1月15日　市政府召开上海市 1986 年污染源调查工作部署暨全市实现基本无黑烟区总结大会。大会宣布全市 13 个区已全部建成基本无黑烟区。

同日　1986 年上海国际肝癌与肝炎防治会议在上海开幕，来自世界五大洲 15 个国家、地区的近 500 名专家赴会，为中华人民共和国成立以后肝病研究领域规模最大的一次国际学术会议。江泽民出席开幕式并讲话。

1月16日　市政府召开建设系统干部大会，提出要大幅增加建设投资，加强基础建设，改善投资环境。1986 年的基础设施建设重点要放在黄浦江上游引水工程、浦东煤气厂、延安东路越江隧道、交通路车行立交桥、虹桥路拓宽等大中型骨干工程上。

同日　上海章华毛纺织公司成立，为全市首家由工厂升为公司的企业。

1月21日　津巴布韦参议院主席诺兰・马孔贝抵沪访问，李先念在上海会见。

1月26日　中共上海市委、市政府提出实现住宅商品化，建议试行开征土地使用费，筹措建设资金。

1月29日　中华人民共和国国务院办公厅(以下简称国务院办公厅)转发《关于上海港下放问题的会议纪要》，决定上海港务局由交通部与市政府双重领导，以上海市为主的管理体制。5 月 8 日，交通部长钱永昌和上海市长江泽民分别在交接议定书上签字。

1 月 30 日　上海在日本东京大仑饭店举行发行债券签字仪式。这是上海首次在国外发行债券，共发行 250 亿日元债券，期限为 10 年，用于上海工业技术改造和城市建设。

1 月　全市首先在市机电工业管理局、医药工业局所属公司开始进行行政性公司的改革，简政放权。8 月全市全面开展。到 1987 年第二季度，市经委系统 68 个行政性公司，市建委、财贸办系统的 9 个行政性公司，撤销或解体 60 个，改为企业性公司 8 个，批准试办企业性公司 9 个。至年底，全市工业系统建立 100 多个企业集团。

同月　上海港下放上海市，实行国家交通部和上海市双重领导，以上海市为主的管理体制，同时实行"以港养港"的财务体制。5 月 6 日上海港务局成立。

同月　《法学》第一期发表张宗厚的《对法的三个基本概念的质疑》，文章对"法律是阶级社会特有的现象、法律是统治阶级意志的体现、阶级性是法的唯一属性"提出质疑。由此引发全国范围内关于法的本质的又一次大讨论，也引起胡耀邦、胡启立、万里等中央领导的关注，并先后作了批示。

同月　39 岁的洪志良成为复旦大学固体物理博士后流动站科研人员，成为中华人民共和国正式建立博士后流动站后第一位进站人员。

2 月 2 日　上海医科大学附属中山医院培养成功国内第一株，同时具有分泌、产生甲胎蛋白和乙肝病毒表面抗原功能的人体肝癌细胞株。这是世界上人工培养的第三株具有双标志的人体肝癌细胞株，前两株分别由美国、日本培养成功，均早已失去分泌产生甲胎蛋白的功能作用。

同日　上海航天局参加研制的"长征三号"第三发运载火箭发射成功。

2 月 4 日　上海商城兴建。为当时中国大陆地区最大的中外合作项目，由美国国际保险公司、乔治亚州亚特兰大波特曼公司、日本鹿岛公司 3 家兴办。总投资 1.75 亿美元。1990 年 10 月 14 日全面开业。经营客房 700 间，公寓 500 套，办公楼 5 万平方米。地址是南京西路 1376 号。

2 月 5 日　19 家世界著名大银行组成的国际银团为上海展览中心北馆（地处南京西路）建设提供 1.45 亿美元贷款的签字仪式在上海举行。这是当时上海最大的引进外资项目。

2 月 15 日　上海市消费者协会成立，宗旨是对商品和服务进行社会监督，反映消费者的需求，促进商品和服务质量的提高。

2 月 19 日　上海市法院判决强奸、流氓犯陈小蒙、胡晓阳、葛志文死刑，引起全国震动，《人民日报》发表社论《在法律面前人人平等》。

2 月 24—26 日　毛里塔尼亚伊斯兰共和国国家元首马维亚·乌尔德·西德·艾哈迈德·塔亚上校访问上海。

2 月　上海邮政储蓄业务恢复办理。

同月　杨浦区沪东康复医院与中科院生理研究所协作，为特等残废军人张国华成功安装假肢，是全国首只可作手指张握、手腕旋转等 6 种动作的肌电手。

3 月 1 日　德意志联邦共和国驻沪总领事馆重新开馆。

3 月 1—10 日　第四届上海对外贸易洽谈会在上海锦江饭店举行。展览谈判面积达 6 500 平方米。国内参展企业为 57 家，到会客商增至 2 500 人，涉及 45 个国家和地区，成交金额为 1.72 亿美元。这届上交会除了各专业进出口公司、工贸公司参加外，中外合资企业亦首次应邀参加。

3 月 2 日　上海卫星通信地面站第六次获世界卫星通信质量并列第一。

3 月 3—6 日　中共上海市第五次代表大会召开。大会选举产生中共上海市第五届委员会。选举产生中共上海市纪律检查委员会委员 50 人，顾问委员会委员 33 名，中共上海市委顾问委员会设立。1992 年 12 月，中共上海市第六次代表大会决定不再设立顾问委员会。

3月4日　跨越沪宁、沪杭铁路的中山北路交通路立交桥开工。西起铁路街,东迄骊山路,主桥3孔,每孔46.6米,全长541.24米,是上海简支梁跨度最大的车行立交桥,是年12月30日竣工通车。

3月7日　市政府召开市长办公会议,讨论通过1986年要办成与人民生活密切相关的15件实事。江泽民提出各级政府每年都要扎扎实实地为人民办几件看得见、摸得着的实事,全心全意为人民服务。

3月7—8日　中共上海市第五届委员会第一次全体会议举行,选举芮杏文为市委书记。

3月8日　国务院就上海市进一步对外开放作出批复,同意上海市郊10县列入经济开发区。

同日　市政府决定对年创汇500万元以上或有发展前途的重要出口产品,实行出口质量许可证制度。

3月15日　根据国务院办公厅的批示,国家经委正式批准上海市与新疆维吾尔自治区建立对口支援关系。

同日　九三学社上海市委会举行十届三次全体委员扩大会议,选举杨槱为主委。

3月18日　复旦大学遗传研究所在国际上首次研究成功水稻单细胞培养和植株再生。

3月20日　20万市民上街宣传市政府颁发的《关于禁止随地吐痰、禁止乱扔杂物的通知》。该通知于4月1日起实施。

3月21—24日　中共上海市委、市政府召开地区工作会议,明确地区工作方向是以经济建设为中心,两个文明一起抓,带动各项工作。

3月23日　上海电视台抽调近300名电视工作者转播在上海举行的国际女子马拉松比赛实况,并驾直升机拍摄全景。

3月25日　市政府在上海展览中心召开上海市首次科学技术进步奖授奖大会,有关方面代表900余人参加大会。488个项目获奖。

3月25—26日　新西兰总理戴维·拉塞尔·朗伊和夫人到沪访问。

3月28—30日　丹麦王国首相保罗·施吕特和夫人一行访沪。

3月31日　上海第一家招标公司上海机电设备招标公司成立。

3月　上海市工人交流服务所建立。

同月　上海市农科院园艺研究所培育出优质抗病青菜品种"矮抗青",成为上海当家品种。

4月1日　上海市个体劳动者第一次代表大会召开,上海市个体劳动者协会成立。

同日　上海至北京13/14次火车改直达特别快车,沿途不上下旅客。

同日　上海市粮油商品流转统计报表计量单位一律改"公制"。

4月3日　在市工会七届七次委员(扩大)会议上,江荣当选为市总工会主席。

4月5日　中国大陆地区第一个生命科学院在复旦大学成立。

4月8日　天厨味精厂地层深处首次发现地下矿泉水。

4月10日　首届中国莎士比亚戏剧节在上海、北京同时举行。

4月15日　市爱国卫生运动委员会、市总工会、中华医学会上海分会、市红十字会、解放日报社等6个单位共同发起召开各界人士劝阻吸烟大会。大会确定每年4月15日为全市劝阻吸烟日。

4月16日　上海市经济体制改革工作会议召开,强调在进行经济体制改革时要重视发展横向经济联合。

4月18日　国内第一条市内电话光纤通信线路在上海市通过鉴定验收。这条光纤通信线路长

1.8 公里,连结四川路和海宁路电话分局,经过长期试用考验,通话效果良好。

4 月 22—29 日　市政协举行六届五次全体会议。

4 月 24 日　上海缝纫机厂、上海益民食品四厂等 15 个企业被首批批准利用国外商业贷款或债券引进国外先进技术。

4 月 24 日—5 月 3 日　上海市八届人大五次会议举行。江泽民作《关于上海市国民经济和社会发展第七个五年计划(草案)的报告》。

4 月 25 日　上海高桥宝兰山有限公司成立,这是中国与加拿大在上海的第一家合资企业。

4 月 26 日　市红十字血液中心首次开展无偿献血活动,向 36 名无偿献血者颁发荣誉证书。此后每月最后一个星期六为无偿献血日。

4 月 27 日　市政府发布《上海市技术转让实施办法》。

4 月 28 日　自 1983 年至该日,上海每年使用 3 亿美元外汇资金用于引进技术和设备改造,成交金额 8.9 亿美元。

4 月 29 日　上海市与瑞典哥德堡市建立友好交流关系。

4 月 30 日　加拿大驻沪总领事馆开馆,馆址在虹梅北路 386 号,1987 年 7 月 21 日迁延安东路 100 号联谊大厦,1991 年 11 月 16 日迁南京西路 1376 号上海商城。

同日　加拿大温哥华——中国上海航线开航。

同日　市政府发布《上海市扩大地方独立科研机构自主权的暂行规定》。

4 月　中共上海市委、市政府组织 3 个经济技术贸易代表团,分赴中央有关部委及安徽、山东、四川、云南、贵州、内蒙古、广西等省、自治区进行访问。访问期间,上海分别与所到省、自治区形成经济技术合作纪要,共商定 154 个意向性项目。

同月　宝山县长兴岛建成全市最大的柑橘生产基地万亩橘园。

同月　市劳动局制定全市统一的洗澡费补贴办法。提出凡有条件的企业,都应积极采取措施建立浴室或合办浴室,或搞简易的洗澡设施;无条件提供职工洗澡的企业,发给职工适当的洗澡费补贴。

5 月 3 日　江泽民倡导从 1986 年开始,上海"每年办几件与群众利益密切相关、为群众所欢迎的事情"的"为民办实事"工程。据此,市政府发布《关于落实市政府今年要完成与人民生活密切相关的 15 件实事》的通知。

5 月 5—25 日　中共中央政治局常委、中纪委第一书记陈云在沪视察。

5 月 8 日　上海港务局成立,受交通部和上海市双重领导。

5 月 10 日　上海城市文化发展战略研讨会举办。会后形成《关于上海文化发展战略的汇报提纲》。提纲提出上海文化发展远期战略目标是将上海建成亚太地区最大的文化中心之一,近期目标是创建一个开放的、多样化的、鼓励创新的文化环境,于 1987 年 2 月 13 日正式印发。是月,中共中央书记处审议提纲,同意上海先行文化发展战略的试点。

5 月 12 日　上海举行纪念"五一二"国际护士节大会,江泽民到会讲话。会议向 3 664 位护龄在 30 年以上的护士和 119 位青年护士标兵与能手颁发荣誉证书和证章。

5 月 13—14 日　上海召开经济体制改革工作会议,重点讨论发展横向经济联合。6 月 10 日,市政府发布《上海市进一步推动横向经济联合的试行办法》。提出上海与各省市发展经济联合,建跨行业、跨部门、跨地区的企业群体;加快技术转移,发展经济联合,推动资源开发,促进商品、资金等生产要素流动。外省市竞相到上海开店办厂。

5月14日　上海首次举行人口和计划生育信息发布会。全市已基本杜绝多胎,独生子女领证率超过98%。

5月15日　国家审计署在上海派驻特派员。

5月17日　市政府发布《上海市中外合资经营企业中国职工养老保险办法(试行)》规定外商投资企业按月向中国人民保险公司缴纳养老保险基金,职工退休后的养老金、医疗费、丧葬费和抚恤金等由保险公司支付。6月1日起施行。

5月17—30日　第十二届"上海之春"举行,其间共演出21台音乐舞蹈节(剧)目。

5月18日　市建设委员会、市农业委员会、市城乡建设规划委员会召开上海市集镇试点建设经验交流会,宣布上海县虹桥、嘉定县娄塘、宝山县杨行、川沙县王港、南汇县瓦屑、奉贤县泰日、柘林、松江县佘山、九亭、金山县吕巷、青浦县赵巷和崇明县庙镇12个镇为市郊集镇建设试点。

5月24日　由香港亿利达公司刘永龄先生设立的首届"亿利达青少年发明奖"颁奖仪式在上海交通大学举行,物理学家杨振宁主持授奖仪式。

5月27日　江泽民率上海市友好代表团应邀赴德意志联邦共和国汉堡进行友好访问,29日与汉堡州州长签署了《上海・汉堡建立友好合作关系声明》,上海市与汉堡州(市)结为友好城市。

同日　上海市纪念宋庆龄国家名誉主席基金会(以下简称上海宋庆龄基金会)成立。汪道涵任主席。29日,宋庆龄纪念碑在上海落成。

5月29日　全市110家菜场实行部分蔬菜净菜上市供应。

5月　江泽民出席在西班牙巴塞罗那召开的联合国人口与城市未来国际会议。

同月　市政府在上海电视台召开第一次街道工作会议。

同月　日本共同通讯社、《朝日新闻》《经济新闻》在上海设常驻记者。

同月　花园饭店开工建造。1989年11月竣工。

6月2日　为缓和全市做衣难、修配难、买小商品难"三难",市召开缓和三难工作会议。市财办、商业一局决定对经营户予以政策上放宽,税收上优惠,物资分配上照顾。

6月5日　中共上海市委书记芮杏文以《为把上海建设成为一个清洁、优美、文明的城市而努力》为题,向全市人民作电视讲话。

6月7日　市政府颁布《上海市全民所有制企业退休费统筹的暂行办法》,规定从下半年起全民所有制企业职工退休费实行社会统筹。10月28日全市实行。

6月8日　上海实行以镇管村新体制,市郊10乡撤乡建镇。

6月13日　全市落实干部政策工作会议召开,宣布"文化大革命"中的错案基本得到平反纠正。

6月15日　即日起,上海电视台播出上海市和江苏、浙江两省邻近地区(南京、扬州、镇江、常州、无锡、苏州、南通、杭州、宁波、舟山、温州等城市)的天气预报。

6月20日　市八届人大常委会第二十二次会议审议通过《上海市滩涂管理暂行规定》,规定滩涂的开发利用、促淤圈围等办法。

6月23日　上海金星牌彩电产量超过100万台。

6月25日　中国港湾工程公司上海筑港公司中标哥伦比亚圣玛尔塔港码头改建修复工程。这是中国在南美地区第一个码头工程总承包项目。

6月26日　经中央军委批准,人民解放军空军政治学校更名为"空军政治学院"。

6月27日　上海市食品进出口分公司首次与中国台湾渔民委托的港商接触,签订30吨鲜鲳鱼销售合同。

6 月 30 日　市政府发布《关于加强对港口工作领导和扩大港口自主权的决定》。

6 月　上海古华中药材农商股份集团在奉贤县南桥镇开业经营。这是全国首家由国营、集体、个体自愿入股的跨地区、跨部门、跨所有制的新型经济组织。

7 月 1 日　江镇垃圾处置场一期工程竣工投产，日处理生活垃圾 550 吨。

7 月 3 日　世界首例异体胎脑移植手术在上海华山医院获得成功。

7 月 4 日　市政府向国务院上报《上海市人民政府建设新龙华至新客站地下铁道工程项目建议书》；8 月 14 日，国务院批准该建议书。1988 年 2 月，国务院批准该项目立项；是年 2 月 12 日，上海市地铁工程指挥部成立。1990 年 1 月 19 日，国务院批准上海地铁一号线工程动工(由新龙华至上海铁路新客站)。1990 年 3 月 7 日，市建委和上海地铁工程建设指挥部宣布上海市轨道交通 1 号线正式开工建设，工程总投资额 25.43 亿元，南起锦江乐园，北至上海火车站，长 16.21 公里。1993 年 1 月 10 日，轨道交通一号线南段(徐家汇—锦江乐园)6.6 公里率先试通车，作为观光段来试运营。5 月 28 日，轨道交通一号线南段(徐家汇—锦江乐园)双线试运行庆典仪式举行，副市长黄菊出席仪式并讲话。1994 年 11 月 17 日，轨道交通一号线锦江乐园至上海火车站上、下行铺设无缝线路公车全线贯通。1995 年 4 月 10 日，轨道交通一号线(上海火车站—锦江乐园)全线试运营通车。

7 月 5 日　上海交通大学、华东纺织工学院、华东化工学院的 3 所分校组成上海工程技术大学。

7 月 11 日　下午 1 时 45 分至 3 时许，龙卷风伴随暴风雨袭击上海市南汇、川沙、奉贤 3 个县的 20 余个乡镇，死亡 24 人，受伤 554 人，房屋被摧毁 4 800 余间，直接经济损失 1 800 余万元。这是上海自 1959 年以来最大的一次龙卷风。

7 月 13 日　首次采用世界先进的钢珠下水新工艺的中国最大远洋货轮“泰安海”号在上海下水。

7 月 16 日　市政府发布《关于划定上海市对外开放享受优惠待遇地区范围的通知》，确定上海对外开放享受优惠待遇的地区是：市区和 10 个县的城关区；卫星城和工业小城镇；此外，凡经市政府批准的在所辖农村中利用外资建设的以发展出口为目的的农、林、牧、养殖业生产项目及其产品加工项目，也享受同等优惠待遇。

同日　上海首家重点面向国外营业，为国家创汇的上海兴冶基础有限公司成立。

7 月 17 日—10 月 21 日　上海市第八届体育运动会举行。共有 36 个单位，5 608 名运动员参加比赛，有 1 人 2 次破 1 项全国纪录，1 人创 3 项全国最新成绩，2 人 2 次超 1 项世界少年纪录。

7 月 22 日　为减少中间层次，扩大企业自主权，上海揭开工业公司改革序幕，行政性的市医药工业公司和医疗器械工业公司率先撤销。

7 月 24 日　国务院发出《关于重新组建交通银行的通知》，确定交通银行是全国性综合银行，为国务院直属局级经济实体，总管理处设在上海，受中国人民银行领导。

7 月 26 日　市委办公厅、市政府办公厅转发《关于本市行政性工业公司体制改革方案》，加快行政性工业公司改革工作。1986 年 8 月—1987 年 6 月，上海工业公司改革全面展开。77 个行政性工业公司中，撤销或解体的有 60 个，改建为企业性公司的有 17 个。另组建企业集团公司 100 个。行政性公司的改革是中华人民共和国成立以来上海工业管理体制组织方式最大的一次变革，为 20 世纪 90 年代工业管理体制改革奠定基础。

8 月 5 日　国务院以国函 94 号文，批复同意上海扩大利用外资规模，在“七五”期间(1986—1990)可在国际金融市场直接筹措资金，自借自还，用于加强城市基础设施、加快工业技术改造、增加出口创汇能力、发展第三产业。该方案被称为“九四专项”。

8月8日　市政府决定,在广州、武汉、重庆、西安、哈尔滨等城市设立上海办事处,以加强与兄弟地区横向经济联系。

8月9日　诺贝尔和平奖获得者、南非约翰内斯堡圣公会主教德斯蒙德·图图访问上海。

8月13日　上海市决定全市绝大部分国营小商店改为国家所有集体经营。

同日　集体企业威海储运中心试行股份制,200多名职工全部成为股东。

8月17日　由上海市工商界爱国建设公司投资创办的上海爱建金融信托投资公司成立。这是中华人民共和国成立后上海的第一家民间金融企业,也是全国首家民营金融企业。

8月19日　上海市轮渡公司恢复营业。

8月22日　上海利用外资和地方集资新建石洞口第二电厂,工程装机总容量为120万千瓦,建成后可为上海供电70亿度。这是中国利用外资、地方集资办电规模最大、投资最大、单机容量最大的一个项目。1988年6月29日开工兴建。1992年1月16日,首台60万千瓦超临界机组并网发电。该厂由华能国际电力开发公司和市政府共同集资建设,总投资约33亿元。12月,石洞口第二电厂一期工程建成投产。1994年11月12日,两台60万千瓦临界机组通过国家竣工验收。

8月27日　由上海市和江苏、浙江两省的10家纺织厂参加的上海康达纺织联合公司(又称"卡其集团")成立,是为上海第一个实行统一经营、独立核算、共负盈亏的紧密型经济联合体。

8月31日　中国工商银行上海市分行短期资金市场成立,这是改革开放后上海最早有固定场所和成交日期的短期资金市场。

8月　静园书场舞厅试办营业性舞厅,是改革开放后首先恢复的营业性舞厅。

9月1日　上海放开自行车、黑白电视机、电冰箱、洗衣机、收录机、80支以上纯棉纱及其织物、中长纤维布7种工业品价格,适当拉开质量、档次差异。

9月5日　经国务院批准,上海闵行、虹桥为经济技术开发区,执行沿海开放城市经济技术开发的各项政策。

同日　日本大和证券株式会社驻沪办事处成立,这是解放后上海设立的第一家外国证券公司。

同日　中华职业学校复校。

9月8日　摩洛哥王国卡萨布兰卡联合市政委员会主席穆罕默德·阿卜易德访问上海,上海市与卡萨布兰卡市在上海签署结为友好城市协议书。

9月9日　上海舞剧院成立。

9月10日　中共上海市委、市政府召开庆祝教师节大型座谈会,江泽民向优秀教师代表致节日祝贺,并为在静安公园内落成的教师雕像《我的老师》揭幕。

9月14日　上海真空电子器件公司发行股票4 000万元。这是改革开放后上海第一家实行股份制的国营企业。

同日　应意大利共产党邀请,芮杏文赴意大利访问。

9月17日　中共上海市委召开各工作党委、区委书记和纪委书记会议,传达中共中央有关端正党风的指示精神,指出要充分认识端正党风工作的长期性、艰巨性和紧迫性,按照端正党风与改革、经济建设两手抓和严肃认真抓两年的方针,扎扎实实地把端正党风工作引向深入。

9月18日　位于南京东路四川中路口的市二轻局贸易中心大楼发生特大火灾,整个大楼全部被烧毁,造成经济损失达300余万元,是中华人民共和国成立以来南京路上最严重的一次火灾。江泽民赴现场指挥灭火,对加强消防工作作重要指示。

9月19日　上海市举行第一次哲学社会科学成果(1979—1985)颁奖大会,共有345项成果获奖。

9 月 20 日　市政府举行记者招待会，江泽民就上海扩大开放、利用外资问题回答记者提问。

9 月 25 日　市政府批转市劳动局、财政局《上海市全民所有制企业退休费统筹的暂行办法》。

同日　上海市静安区老年医院正式成立，这是上海第一家专为老年人治病的医院。

9 月 26 日　中国工商银行上海信托投资公司静安区分公司正式挂牌代理个人股票买卖业务，为全国第一家从事个人股票买卖业务的金融机构。

同日　漕河泾微电子工业区举行开工典礼，这是“七五”期间上海利用外资引进技术的重点建设项目。1984 年 7 月 2 日，市长办公会议决定筹建上海漕河泾微电子工业区。1986 年 9 月 26 日，漕河泾微电子工业区市政工程开工建设。1988 年 6 月 7 日，国务院批复同意上海将漕河泾微电子工业区扩建漕河泾新兴技术开发区，列为上海经济技术开发区，执行中央、国务院关于沿海经济技术开发区的各项政策规定。1988 年 7 月 23 日，市政府举行新闻发布会，宣布建立上海漕河泾新兴技术开发区。1991 年 3 月 6 日，国务院批准上海漕河泾新兴技术开发区为全国首批 26 个国家高新技术产业开发区之一，并享受国家高新技术产业开发区的有关政策规定。

9 月 27 日　亚洲田径教练协会委员会宣布，上海跳高运动员朱建华当选为亚洲最佳田径赛男运动员，上海跳高运动员选手杨文琴当选为亚洲最佳田径赛女运动员。朱建华的教练胡鸿飞被评选为最佳田径教练。

9 月 28 日　有关部门宣布，1981—1986 年全市建房 2 329 万平方米，相当于解放初期上海市区住宅面积总和。

9 月 29 日　位于南京西路上新建的上海美术馆正式落成。

9 月 30 日　上海电台与德意志联邦共和国北德意志广播电台联合举办“上海—汉堡港口音乐会”。这是上海市与汉堡市结为友好城市以来首次在上海举办的文化交流活动，也是解放后上海电台与外国电台首次携手合办节目。

9 月　市政府颁布《上海市国有企业职工待业保险实施办法》。10 月 1 日起实行全市待业保险制度。

同月　市经委牵头组成上海市桑塔纳轿车横向国产化领导小组，下设协调办公室，主管配套国产化工作。这是上海对外合资方面采取的一项重大改革措施。

同月　按国务院有关改革劳动制度的 4 个文件，上海国营企业开始实行职工劳动合同制。到 1991 年全市有劳动合同制工人 41.5 万人。

10 月 1 日　上海废除原来实行的职工退休子女顶替制度。工人退休后不再实行子女顶替的办法，但对 1957 年以前参加工作、家居农村的老工人，退休后迁回农村的，可以招收 1 名符合招工条件的子女参加工作。

同日　上海经济区各省（市）工商银行相互间开展商业汇票的承兑、贴现业务。中国银行上海分行正式开办代客远期外汇买卖业务。

同日　上海电视台开设《英语新闻》。江泽民当晚在节目中用英语致词，祝贺节目的诞生和首次播出。

10 月 3 日　市政府印发《上海市税收管理暂行条例实施办法》。

同日　静安区大东实业公司所属的两家集体企业——上海新艺美术装潢厂和上海新华拉链厂公开招标租赁经营。这是上海集体工业企业首次开展公开招标租赁经营。

同日　市郊 3 万农民进城开店设摊。

10月4日　江春合作油酱店租卖给个人经营,为上海市第一个集体合作商店首次出租给个人经营、固定资产出卖给个人经营。

10月5日　上海市举办首届老年人运动会,运动员近4 000名,比赛项目有拳操、足球、篮球、门球、游泳、桥牌、围棋等14个项目。

10月6日　上海市郊第一条"农民街"在南汇县黄路乡基本建成,有51户农民投资162万元,建造了1.2万平方米的楼房。

同日　有关统计表明,上海市财政困难,地方国营工业企业成本超支,利润下降。

10月9日　市政协市政建设研究委员会举行开发浦东报告会,介绍开发浦东的方案。

10月11日　上海王安电脑发展公司举行开业仪式。这是美国王安电脑公司在中国大陆的第一个合资企业,也是上海第一家生产电脑的中外高科技合资企业,也是世界计算机大公司在中国大陆投资的第一个项目。

10月12日　农历重阳节,第一届上海市百岁寿星健康长寿聚会,9名百岁健康老人欢聚一堂。

10月13日　国务院批复原则同意上海报送的《上海市城市总体规划方案》,批复指出:"要面向世界,面向21世纪,面向现代化。通过几十年的努力,把上海建设成为经济繁荣、科技先进、文化发达、布局合理、交通便捷、信息灵敏、环境整洁的社会主义现代化城市"。中共上海市委、市政府于11月5日召开干部大会,传达国务院对《上海市城市总体规划方案》的批复和中央领导同志的有关讲话精神,号召全市人民为把上海的美好蓝图逐步变为现实而奋斗。

同日　中共上海市委召开各民主党派和有关团体负责人座谈会,通报市委、市政府关于贯彻《中共中央关于社会主义精神文明建设指导方针的决议》的意见。

同日　上海市消防工作会议召开,江泽民作重要讲话,指出"隐患险于明火""防范胜于救灾""责任重于泰山"。

10月13—19日　上海市首届特殊奥林匹克运动会在沪南体育场举行,全市16个区和直属单位组团选派305名弱智运动员参加田径、足球比赛。

10月15—16日　英国女王伊丽莎白二世访问上海。

10月20日　上海锅炉厂试制成功改进型30万千瓦电站单炉膛直流锅炉,标志着上海锅炉制造达到国际水准。

同日　国家核安全局上海监督站成立。

10月23日　中共上海市第五届委员会第二次全体会议举行。全会原则通过《中共上海市委关于"七五"期间社会主义精神文明建设的实施规划》,通过《中共上海市第五届委员会第二次全体会议关于召开上海市党的代表会议的决定》。

同日　市政府颁布《上海市关于鼓励外商投资的若干规定》。自1986年11月1日起施行。

10月24日　沪杭铁路上海武夷路铁道口发生列车颠覆特大事故。撞倒路旁民房,压死11人,伤10人。

同日　勒哈佛、墨尔本、大阪、旧金山、上海5个友好港会议在锦江小礼堂举行。这是中华人民共和国成立后上海港第一次举行国际港口会议。

10月25日　市八届人大常委会举行第二十四次会议,审议、通过《关于以白玉兰为上海市市花的决定》等。

10月25—26日　德意志民主共和国国务委员会主席埃里希·昂纳克访问上海。

10月28日　上海市第一条光纤电缆正式启用。

10 月 30 日　市政府发布《上海市中外合资经营企业土地使用管理办法》。

同日　中共上海市委召开落实知识分子政策工作会议，决定开展以“解决历史遗留问题、落实知识分子政策”为主的检查工作。

同日　中共上海市委制订“七五”计划期间精神文明建设实施规划，提出为推进上海的经济建设和改革开放，必须加强精神文明建设，为物质文明的发展提供精神动力、智力支持和思想保证。

10 月 31 日　市劳动局发出《关于待业人员和合同制工人管理暂行办法》的通知，建立统一的《社会劳动力登记表》《劳动手册》《社会劳动力情况卡》和《合同制工人管理卡》，即“一表、一册、两卡”制度。

10 月　上海开始放开外汇调剂价格。

同月　国务院批准上海市黄浦江及支流 208 公里防汛墙加高加固工程计划任务书。这项工程包括在苏州河口建造开敞式挡潮闸。

同月　上海港与荷兰鹿特丹港结为友好港。

同月　上海机电实业公司(原上海长城电梯厂)与日本三菱公司合资成立上海三菱电梯有限公司并签约。上海长城电梯厂于 1987 年 1 月正式改为上海三菱电梯有限公司。

同月　在“对内搞活，对外开放”“全民、集体、个体一起上”的精神指引下，市区旅馆增至 2 968 户，铺位增至 159 210 只，基本上缓解了社会上“住宿难”的矛盾。饮食业网点已达 11 885 户，“吃饭难”也得以缓解。市区理发业个体经营的“发廊”“发屋”迅速发展到 641 户。

11 月 1 日　上海放宽零售商店租赁范围，规定凡营业额、利润、营业面积、职工人数均在行业平均水平以下的商店均可租赁。

同日　上海与北京、广州等 10 个城市开放相互间公众快速传真业务。

11 月 2 日　上海房地产市场开业，同日预售 10 套商品房。

11 月 6 日　上海公共关系协会成立，这是中国大陆第一家公共关系协会。

11 月 7 日　上海重型机器厂生产的电渣重熔 30 万千瓦电机转子锻件通过国家鉴定，标志着中国电渣重熔技术跨入世界先进行列。

11 月 11 日　上海市各界举行纪念孙中山诞辰 120 周年大会，各民主党派负责人参加。

11 月 11—30 日　上海举行第一届国际摄影展。

11 月 14 日　中共中央政治局常委、中央军委主席、中央顾问委员会主任邓小平在北京人民大会堂接见美国纽约证券交易所代表时，国务委员兼中国人民银行行长陈慕华将一张上海飞乐音响公司的股票赠给纽约证券交易所董事长约翰·凡尔森。

11 月 15 日　市政府批准，上海文化发展基金会成立。它是应上海文化事业发展战略的需要而建立的国内首家地区性(市级)文化类基金组织，也是中华人民共和国成立后上海地区成立最早、规模及影响最大的几家基金组织之一。

11 月 16 日　法兰西共和国罗纳·阿尔卑斯大区主席贝鲁蒂埃率领代表团访问上海。20 日，上海市和罗纳·阿尔卑斯大区签署开展实质性交流的协议书。

11 月 17—27 日　中共中央总书记胡耀邦视察上海市区和 10 个郊县，上海石油化工厂、宝山钢铁厂、大众汽车有限公司、飞机制造厂、耀华皮尔金顿玻璃有限公司 5 家大型企业，上海新客站、浦东煤气厂、临江泵站 3 大基础设施，上海光机所和硅盐酸所 2 家研究所以及华亭、瑞金和联谊大厦 3 家旅游宾馆，并同党外人士进行座谈，还在干部会议上作“希望上海有更大作为”的重要讲话。

11 月 19 日　市市内电话局泰兴路分局安装 4000 门 S－1240 型程控电话交换机，纳入市内电话网,开放部分用户试用,这是全市第一个使用程控电话系统。

11月20日　上海石化总厂委托建设银行上海分行代理发行总额为5.14亿元的30万吨乙烯工程企业债券,首批发行企业债券9 000万元。这是当时中国规模最大的一个集资项目,为全国大型重点工程解决资金问题开创了先例。

同日　上海与法国罗纳·阿尔卑斯大区建立友好交流关系。

11月25日　上海辞书出版社和汉语大词典编纂处举行《汉语大词典》(第一卷)出版发行新闻发布会。《汉语大词典》是周恩来批准编写的国家重点科研项目,是中国第一部古今兼收、源流并重的大词汇量的汉语词典,共12卷,收词约37万条,5 000万余字。该书后获第一届国家图书奖。

11月28日　上海棚户区朱家湾改造工程动工。

11月　上海市开征土地使用费。

同月　上海开办全国第一家外商投资企业外汇调剂中心,建立外汇调剂初级市场。

同月　中科院上海生物化学研究所首次将外源DNA(脱氧核糖核酸)导入技术应用于植物育种,育出抗枯萎病的陆地棉和成熟期显著提早的水稻。

11—12月　上海部分高校发生学潮。上海市委坚持对学生做耐心说明工作,对稳定大局作出部署。

12月1日　永久自行车集团成立。这是全国第一个自行车生产集团,包括江苏、安徽、山东、陕西、湖北和上海5省1市的14家企业。

同日　工商银行上海市分行发行该行金融债券,这是上海首次发行地方金融债券。

12月8日　国务院批准上海列入第二批国家历史文化名城。

12月8—9日　墨西哥合众国总统米格尔·德拉马德里·乌尔塔多访问上海。

12月9日　川南城市信用合作社在江西南路开业,这是上海第一家城市信用合作社。

12月10日　中共上海市委办公厅和市政府办公厅发出通知,要求各级党政组织刹住6种不正之风,调查"争相购买和更换进口小轿车""挥霍公款到处旅游,铺张浪费"等情况。

同日　位于长宁路1971号的永红百货店,经拍卖归职工个人经营,是全市首起拍卖的集体所有制企业。

12月10—16日　中国第一个国际性电视节上海国际友好城市电视节(后被定为第一届上海电视节)举办。16个国家、18个城市的23家电视台、制片公司以及国内各电视台参加。

12月13日　上海石油化工总厂二期工程通过国家验收。

同日　上海重型机床厂研制成功中国第一台带凹凸磨削功能的大型精密龙门导轨磨床,达到世界先进水平。

12月15日　贝宁人民共和国总统马蒂厄·克雷库访问上海。

同日　苏维埃社会主义共和国联盟驻沪总领事馆在黄浦路20号重新开馆。1991年12月28日,改为俄罗斯联邦驻沪总领事馆。

同日　第一条穿越黄浦江底的浦东煤气厂北线过江煤气管道建成,东起浦东东葛路、西至浦西嫩江路,直径2.4米,长694米。浦西与浦东构成上海管道煤气统一管网供应系统。

12月23日　上海橡胶同业公会在市委统战部海外联谊会俱乐部召开成立大会,这是中华人民共和国成立后上海第一个同业公会。

同日　广南油酱店租赁给个人经营,这是上海市商贸系统首次将国营商店由个人租赁经营。

12月24日　该日至1987年1月2日,华东首届商品交易会在上海展览中心广场举行,来自江苏、浙江、安徽、江西、福建、山东和上海的近千家企业参展。这是中华人民共和国成立以来在上海举办的规模最大的一次交易会。

12 月 25 日　市政府发布《上海市科学技术进步奖励规定》，于 1986 年 1 月 1 日起施行。

12 月 27 日　位于龙漕路的龙华污水处理厂建成通水，设计日处理污水能力 10.5 万立方米，是当时上海最大的污水处理厂。

12 月 29 日　沪杭铁路外环线一期工程竣工。1987 年 1 月 14 日通车。

12 月 30 日　卫生部在上海召开上海市基本消灭疟疾总结表彰会，宣布上海成为中国第一个在全市范围内实现基本消灭疟疾的城市。

12 月 31 日　上海市中山北路交通路跨铁路车行立交桥竣工通车，江泽民出席通车典礼并讲话。

12 月　闸北区劳动局举办全市第一个劳动力流动洽谈会，待业者和用人单位直接见面，双方选择，开始出现有形的劳务市场。

年底　长宁区永红百货商店等 3 家集体小企业在全市首先拍卖。

年底　全市市、区县、街道乡镇三级全部建立社会综合治理联席会议制度。

同年　上海城市文化发展战略规划正式启动。规划主要有两方面的内容：一是适应改革开放的需要；二是文化发展如何适应政治、经济和社会的改革。

同年　全市 58 万职工提出合理化建议 50 万条，其中实施 21 万条，取得经济价值近 7 亿元。上海开始实施国家星火计划，旨在乡镇企业中进行科技推广，到 1990 年全市共列项 769 项，总投资 5.72 亿元。全市专利申请 1 830 项，居全国第二。

同年　国务院确定旅游业为国家重点发展事业之一，正式纳入国民经济计划，并将上海列为全国优先发展的 7 个重点旅游省市和地区之一。

同年　全市免疫接种“四苗”（卡介苗，麻疹疫苗，灰髓糖丸疫苗和百日咳、白喉、破伤风混合疫苗），覆盖率达到 97%以上，提前实现并超过世界卫生组织规定的 1990 年以县为单位，1 岁内儿童“四苗”覆盖率达到 85%的指标。

同年　市长途电信局引进 S－1240 国际程控交换机投入使用，上海对美、日等 9 个国家和地区先后开放自动直拨国际电话业务。

同年　中国科学院上海药物研究所取得“人工全合成美登素”重大成果，对于寻找抗肿瘤新药具有重要意义，标志中国精细有机合成研究进入世界先进行列。

1987 年

1 月 1 日　市政府贯彻国务院发布的《中华人民共和国房产税暂行条例》，并制订《上海市房产税实施细则》。

同日　上海市全面开征公路运输管理费。

同日　上海市外国投资事务办公室成立。

同日　上海婚姻登记机关开展离婚登记法律咨询服务。凡男女双方自愿离婚，在申请离婚登记前须经过法律咨询。

同日　市纺织工业局获准全行业试行单项承包，即工资总额与经济效益挂钩浮动，期限 2 年。这是上海第一个全行业承包试点。

同日　上海保险投资公司成立。

1 月 2 日　工商银行上海市分行在部分储蓄所开办居民外币存款业务。

1 月 5 日　上海等 7 个城市被国家有关部门允准开办钢铁市场。1988 年 3 月 29 日，上海市金属材料公司在上海金属材料贸易中心基础上，在黄浦区南苏州路 325 号建立上海市钢材市场，这是当时全国最大的钢材市场。

同日　大世界复业，由上海青年宫更名为大世界游乐中心。2003 年因 SARS（非典型肺炎）事件停业，2008 年为修缮建筑闭门谢客。

同日　上海市贯彻中共中央、国务院《全民所有制企业厂长工作条例》等 3 个条例，开始在全民所有制企业中全面实行厂长负责制。

1 月 5—8 日　市八届人大常委会第二十五次会议审议修改《上海市拆迁房屋管理办法》等 5 项法规，通过《关于修改〈上海市拆迁房屋管理办法〉的决定》。1988 年 3 月 21 日，市政府发布《上海市拆迁房屋管理若干问题的规定》。

1 月 8 日　静安区大东实业公司在全市区、街道集体事业系统中第一家实行股份制。企业资产分为公股和集体股、职工个人股，个人股占 5%。

1 月 11 日　上海市首届消费品博览会在上海展览中心开幕，上海和外地 300 余家工商企业参加展销。

1 月 14 日　中共上海市纪委作出关于开除中国作家协会理事、上海作协理事王若望党籍的决定。

1 月 16 日　中国人民银行上海市分行颁布《证券柜台交易规定》，为中华人民共和国成立后全国第一个交易条例。

同日　中日合资上海三菱电梯有限公司成立。

1 月 18 日　上海首次举行专职律师专业知识考试。全市 209 名律师参加，170 人及格，占总数的 81.3%。

1 月 20 日　农工党市委举行六届九次全体委员扩大会议，同意周谷城辞去农工党市委主任委员，选举黄器周为主任委员。

1 月 21 日　市政府决定在长江南岸和杭州湾北岸建设新港区。

1 月 22 日　上海真空电子器件股份有限公司成立，这是上海首家试行股份制的国营工业企业。24 日，委托上海市工商银行信托投资公司静安分公司证券营业部首批上市。发行 1 000 万元股票，每股 100 元，共 10 万股，年股息利率 6%（实得）。这是上海第一家试行股份制的国营大型企业公开向社会发行股票。

1 月 23 日　中英合作红宝石食品厂在静安区华山路 375 号建成投产，是全市粮食系统首家与外商合作的企业。

1 月 27 日　上海市经济信息中心成立。

1 月 28 日　工商企业实行租赁经营取得试点经验。全市有 528 家工商企业试行租赁经营，其中商业 523 家、工业 5 家，集体所有制 426 家、全民所有制 102 家。

1 月下旬　上海航空公司正式开航，这是中国首家地方航空公司。

1 月　市政府接受世界银行淡水养鱼贷款项目 743 万个（SDR）特别提款权。由市水产局将贷款转贷给崇明、青浦、松江、南汇、奉贤等县。

2 月 3 日　部分企业以资带劳、发行债券和股票等集资方式，筹集社会资金。全市有近 1 500 户企业发行债券、股金券和股票，集资 3 亿元，大多是小企业。

2 月 6—9 日　中共上海市委、市政府召开农村工作会议，市委书记芮杏文、市长江泽民在会上发表讲话。会上宣布增加对农业的投入，进一步搞活农村金融，大力扶持郊区发展外贸出口等 10 项新的政策措施。

2 月 7 日　由电子工业部华东计算技术研究所研制成功的 8060 计算机系统通过国家级鉴定。这是中国首次研制出具备商品化能力的百万次中型通用计算机优选机型。

同日　天宝变电站在新港路建成投入运行，这是上海重点建设工程之一，也是首座 22 万伏超高压大型变电站。

2 月 10 日　大中华橡胶联合公司（双钱集团）成立，这是当时全国最大的橡胶工业企业集团。

2 月 14 日　以上海电视机一厂为主体，由全国 38 家单位组成的上海金星电器（集团）公司正式成立。这是当时中国规模最大的电子企业集团。

2 月 16 日　普陀区曹杨新村街道曹杨一村第一、第二居委会和五村第六居委会居民开始实行生活垃圾袋装化，率全市之先。

2 月 17 日　中国人民银行全国分行长会议在南宁召开，决定上海等 14 个城市进入金融体制改革试点城市行列。至此，中国的金融体制改革试点城市由原来的 13 个增至 27 个。

2 月 18—19 日　加蓬共和国总统哈吉·奥马尔·邦戈访问上海。

2 月 22 日　上海成立科技联合开发公司，进一步扶植和发展民办科技企业。

2 月 23—25 日　密克罗尼西亚联邦总统托西沃·纳卡亚马访问上海。

2 月 24—25 日　中共上海市委召开党员负责干部会议，部署工作。一是坚持四项基本原则，反对资产阶级自由化；二是扎扎实实地开展增产节约、增收节支运动；三是继续贯彻"巩固、消化、补充、改善"的方针，抓好经济体制改革工作；四是进一步加强党的建设。

2 月 25 日　中共上海市委、市政府召开万人干部大会，市委副书记、副市长黄菊作《全市人民动员起来，扎扎实实地开展增产节约、增收节支运动》的报告。

2 月 26 日　上海市第六人民医院新院工程开工。1991 年 3 月建成。

2 月 27 日—3 月 18 日　第五届上海对外贸易洽谈会在上海展览中心举行。展览谈判面积达 6 500 平方米。有 61 家外贸企业参与联合举办。上海轻工、纺织、仪表、医药、机电、化工、冶金等 10

多个工业部门均派员参加。国家经贸部、专业进出口总公司,上海经济区的江苏、浙江、安徽、江西4省,苏州、无锡、常州、南通、宁波、杭州、嘉兴、湖州等开放地区的地方性进出口公司,以及中外合资企业均有代表参加。来自49个国家和地区的2 446位客商到会。进出口成交总额为2.32亿美元。该届上海外贸洽谈会首次设立“技术出口角”,向国际市场推出先进技术300项。

2月　市政府批准成立九四公司。3月6日改称为上海久事公司。为市政府所属的国有独资的综合性投资企业,主要职能是负责国务院1986年国函94号文批准同意上海市的以自借自还形式扩大利用外资32亿美元方案(简称“九四专项”)的具体实施,旨在利用外资加强城市基础设施建设、工业技术改造和发展第三产业。

3月1日　上海选手何智丽在新德里举行的第三十九届世界乒乓球锦标赛中获得女子单打冠军,市政府致电祝贺。

3月8日　上海12家出版社与美、英等8个国家的12家出版社签约113份,合作出版外文及海外中文版图书200余种。自此之后,中国图书进入国外图书市场。

3月10日　由市文联主办的上海文学艺术奖(1984—1986年)颁奖。

3月11日　市第八届人大常委会第二十七次会议通过《上海市劳动保护监察暂行条例》。21日正式颁布,5月1日起施行,全市劳动保护工作进入法制化轨道。

3月13日　由中国工艺美术学会玩具专业委员会主办、上海市玩具研究所编辑的季刊《玩具世界》在上海创刊,这是中国第一本玩具刊物。

3月17日　上海市首届科技进步奖、科技战线先进人物授奖大会召开。360项成果获科技进步奖,14名科技人员获市优秀科技工作者称号,118名科技人员受表彰。

3月20日　上海首起侵害公民名誉权案在黄浦区人民法院开庭审理。最后双方达成谅解协议。

同日　上海市保安服务公司成立。

3月21日　上海灯泡厂工程师王菊珍发明的“钨铈电极材料及其设备工艺和用途”,获美国专利权。这是中国实施专利法以来,上海获得的第一件美国专利。12月6日,该发明获得1987年度国家发明奖唯一的一等奖。

3月23日　市政府第十三次常务会议讨论通过《上海市闵行、虹桥经济开发区外商投资优惠规定》,并于4月3日公布施行。

同日　长江计算机(集团)联合公司成立。这是以上海经济区为依托的跨地区、跨行业的科研与生产、应用与服务相结合的高技术经济联合体,标志着中国计算机工业南方基地正式形成。

3月23—25日　加拿大总督让娜·索维夫人访问上海。

3月26—31日　民主柬埔寨主席诺罗敦·西哈努克亲王和夫人访问上海。

3月27—29日　由国家专利局上海分局、文汇报社和上海经济信息报社等20多个单位联合主办的专利技术交易会暨许可证贸易研究会在上海举行,展出项目1 700多项。这是中国大陆地区首次举行专利技术大型交易会。

3月28—29日　喀麦隆共和国总统保罗·比亚和夫人访问上海。

4月1日　交通银行总行由北京迁上海。这是改革开放后中国第一家实行股份制的金融企业。交通银行上海分行同时营业。这是交通银行重组后在国内设立的第一家分行,也是改革开放后上海第一家股份制商业银行。

4月2日　国际流行色应用展览会在上海举行。

4 月 7—9 日　瑞典王国政府首相英瓦尔·卡尔松和夫人访问上海。

4 月 9 日、10 日、23 日　中国人民银行上海分行先后函复市科协，同意建立上海市科协促进学术繁荣和科学普及奖励基金会、上海国际会议基金会和上海科学技术馆建设基金会。

4 月 10—13 日　伯利兹总理曼努埃尔·埃斯基韦尔访问上海。

4 月 15 日　市政府与黑龙江省政府代表团举行关于进一步加强横向经济联合会谈纪要签字仪式，双方达成 66 项横向经济技术协议，上海向黑龙江支援日用轻工业品，黑龙江向上海提供大豆、木材、纸浆、酒精、蜜糖及化工等原材料。同时加强双方在科技人才和对口县的交流，共同搞好边境贸易。

同日　市房产管理局开设房产交易所，负责房产市场的管理和办理房产买卖、交换业务，统一承办单位和涉外房产的租购业务，并对区、县房产交易所的业务进行指导。

4 月 15—16 日　葡萄牙共和国总理卡瓦科·席尔瓦访问上海。

4 月 16 日　世界银行向上海市提供 1.45 亿美元贷款，用于上海建造废水污染处理设施。

4 月 17—18 日　中共上海市委、市政府召开市区工作会议，提出加强城建和商业、服务业、工业工作，适应经济发展需要。

4 月 18 日　中山北路曹杨路铁道口发生 4952 次火车机头与 63 路公共汽车相撞事故。死 4 人，伤 40 人。

4 月 19—20 日　刚果人民共和国总统、政府首脑德尼·萨苏—恩格索和夫人访问上海。

4 月 20—27 日　市政协举行六届六次全体会议。会议首次由市政府领导和市政府有关委办局的负责人到会参加讨论，同委员们进行协商对话。

4 月 21—29 日　市第八届人大第六次会议举行。江泽民作题为《坚持四项基本原则，坚持改革开放，为推进上海经济和社会的稳定发展而奋斗》的报告，大会通过相应的决议。

4 月 24 日　上海旧城旧房改造展开。市区已拆除 200 万平方米旧宅，在旧址建 600 万平方米新宅。

4 月 26—27 日　捷克斯洛伐克社会主义共和国总理卢博米尔·什特劳加尔访问上海。

4 月 30 日　中共上海市第五届委员会第三次全体(扩大)会议举行。全会听取并通过中共上海市委副书记吴邦国作《上海出席党的十三大代表候选人预备名单酝酿经过》的报告。

同日　市政府发布《上海市统一发票管理实施办法》，由市税务局统一管理，统一监督，统一发放，自 1987 年 5 月 1 日起实行。

同日　中国最大的超导体在上海研制成功。

4 月　市政府首先在彭浦机器厂、上海第二纺织机械厂、上海第十七棉纺厂、上海照相机总厂等 5 家工厂试行承包责任制。到 9 月全市有 465 家企业实行“三保一挂”(保上缴利润、保技术改造、保资产增值和工资总额与经济效益挂钩)为主要内容的综合承包。

同月　市高教局在郊县首次试行电视、函授、自学考试三结合开放性教育，凡乡镇企业事业单位职工、农民、专业户和务农知识青年不受年龄、工龄、学历限制，均可参加这种形式的教育。

5 月 2 日　区域性的金融市场雏形已在上海形成。市场包括同业拆借市场、贴现市场、证券市场和外汇市场。

同日　中共上海市委批转市委宣传部《关于在全市干部中开展坚持四项基本原则、反对资产阶级自由化和建设有中国特色的社会主义的教育的意见》，要求在全市干部中开展坚持四项基本原则、反对资产阶级自由化和建设有中国特色的社会主义的教育。

5月3日　国家计划委员会批准,上海电气联合公司从1988年起实行计划单列。这是上海实行计划单列的第一个大型企业集团。

5月4日　瑞士泛亚非拉国际货运集团上海办事处成立。

5月7日　市建委、总工会、市房管局印发《关于解决人均居住面积2平方米以下特困户的若干具体规定》。此项工作列入1988年市政府实事,于当年9月30日提前完成,15 221特困户居住条件改善。

5月8日　全市扩大试行工资总额与效益挂钩浮动的企业承包经营制的企业。400多家试行企业经济效益显著。

5月8—10日　保加利亚共和国国务委员会主席托·日夫科夫访问上海。

5月11日　上海人民广播电台文艺台的《滑稽王小毛》节目于17时10分第一次播出。

5月15—16日　荷兰王国首相鲁道夫斯·弗兰西斯克斯·马里亚·吕贝尔斯访问上海。

5月17日　市农委决定,上海市乡镇体制实行重大改革,全市乡镇经济联合社取代人民公社管理委员会,成为乡镇政权机构领导管理下的经济组织。

同日　上海研制出“上海1号”机器人和“上海2号”机器人。机器人高1.8米,重270千克,能代替人在危险和恶劣环境下从事焊接、搬运等工作。

5月23日　市政府发布《上海市企业债券管理暂行办法》和《上海市股票管理暂行办法》,自7月1日起施行。

5月25日　办理金融机构之间短期资金融通的横向联合体——上海经济区资金市场在交通银行上海分行成立。

5月26日　上海市地方志编纂委员会成立大会召开。上海第一轮社会主义新方志编纂工作全面启动。

5月29日　全市国有企业实行职工待业保险制度。

5月31日—6月17日　首届上海国际艺术节在上海体育馆举行,1 600多名中外艺术家演出25台节目。

6月2日　上海出现以开发、经营商品住宅为主的专业公司,至同日全市有50多家,自有资金61亿多元。

6月3—25日　江泽民率团访问澳大利亚和美国。

6月4日　上海全市性资金市场开业,由70家银行和其他金融机构联合组成。

6月5日　全市集市蔬菜和海水产品实行限价。

6月6日　6.4万吨“祥瑞号”在江南造船厂建成,这是当时中国最大的出口货轮。

6月9日　上海对外贸易协会成立。这是全国建立的第一个地方外贸行业协会。

6月12日　上海工业企业首次举行承包经营合同签字仪式,首批119家全民大中型企业签约。

6月13日　市公安局给予中国福利会顾问、美国籍专家耿丽淑女士在中国永久居留资格,并向其颁发永久居留证书。这是中华人民共和国成立后上海首次批准外国人在中国永久居留资格。

6月15日　上海建设银行与由41家国外银行组成的国际银团举行了3项借款合同的签字仪式。这3项借款总额折合美元2.42亿美元,将全部用于上海30万吨乙烯一期工程建设。这是上海改革开放以来规模最大的一次对外金融活动。

6月17日　上海锻压机床厂设计制造的4 000吨超重型机械压力机在重庆汽车制造厂正式投产,是当时国内生产的最大机械压力机。

6月19日　中共上海市委、市政府召开区、县、局党政负责干部会议，针对上海物价迅速上涨，宣布6条措施，以保持物价稳定。

6月20日　市人大常委会批准《上海市青少年保护条例》，并于10月1日起施行。为全国第一部保护青少年的地方专门法规。

6月23日　市政府发布《上海市企业债券管理暂行办法》和《上海市股票管理暂行办法》，于7月1日起施行，规定各级党组织和国家机关、机关干部、现役军人不得购买股票。

6月23—24日　中共上海市第五届委员会第四次全体(扩大)会议举行。原则通过《中共上海市委关于上海市整党工作的总结》和市委在党代表会议上的工作报告，决定把这两个报告提交市党的代表会议审议。

6月25—27日　中共上海市代表会议举行。会议听取芮杏文关于上海1987年上半年的形势和下半年工作安排的报告，听取吴邦国关于上海市整党工作的总结报告。会议选举产生上海出席中共十三大的代表73人。

6月27日　中国激光核聚变研究的大型工程——高功率激光实验装置在中国科学院上海光学精密机械研究所建成，使中国成为当时世界上极少数拥有这项技术的国家之一。

同日　中国人民银行上海市分行制定《关于有奖储蓄管理的若干规定》，于7月1日起施行。

6月29日　上海自行车进出口有限公司和钟表进出口有限公司成立，通过工贸企业投资合股经营的方式扩大出口。这是上海在外贸体制上的首次改革尝试。

6月30日　市政府召开政府法制工作会议，宣布成立市人民政府法制办公室(以下简称市法制办)。

6月　市政府成立有中外双方专家参加的开发浦东联合研究咨询小组，汪道涵任联合咨询组总顾问，进行开发浦东前期准备工作。

同月　市委宣传部等11个单位联合发起召开"社会主义初级阶段理论讨论会"，研究当前急需解决的重大理论问题。

同月　市教育局发出《关于组织本市中学生参加社会实践活动的意见》，要求将中学生参加社会实践的时间正式纳入教学计划，同时充分利用假期和一部分课余时间，让学生了解国情，了解国家建设的现状，增强社会责任感。

7月1日　上海凯乐无线电厂与香港新铮恒电子有限公司合资的上海凯丰电子有限公司开业，成为上海集体所有制电子工业企业中首家合资企业。

同日　宝山钢铁总厂二号高炉破土动工。这座容积为4 063立方米的现代化高炉，是中国第一座国内主体设计建造、日产生铁1万吨的现代化高炉，80%以上的设备由国内自行制造。

7月3日　市政府在东北、西北、西南、华北、华中、华南六大地区设立上海市政府办事处。

7月6日　市政府常务会议在听取技术论证情况汇报后，决定将黄浦江大桥(后名南浦大桥)列为上海重大市政工程之一，着手筹建。

7月11日　上海第一家国营和集体联营组建的上海飞乐股份有限公司成立。该公司由上海飞乐电声总厂一、二、四分厂和电声器件研究所等单位组成，实行"上不封顶、下不保底"的分配方法，股东只分红利，不分股息，企业与股东共担风险。

7月12日　上海无线电二十三厂通过全行业公开招标，由厂长周允芳等5人合伙租赁承包，为全市首家通过招标实行租赁以及抵押承包的国有工业企业。

同日　德意志联邦共和国总理赫尔穆特·科尔访问上海。

7月15日　上海第二纺织机械厂在黄浦区体育馆召开“全员经营承包责任制签约仪式暨誓师大会”，在全国第一个实施全员综合承包改革。

7月18日　上海首批13家储蓄所与管辖工商银行上海市分行各区办事处正式办理签约仪式，推行集体承包经营责任制。

7月18日—8月18日　上海市首届“科普之夏”隆重举行。这是当时上海规模最大、收效最高的一次综合性的科学普及活动。

7月22日　奉贤县洪庙集镇首期工程完工，160户农民进集镇落户，是全市首个农民集资兴建的集镇。

7月27日　虹口区欧阳街道优抚园在天宝西路241弄27号建成开放。园内布置街道范围内为国捐躯的32位烈士英名和李白烈士事迹展览，为烈士家属、革命伤残军人提供紧俏商品的优惠服务，以及学习、娱乐服务。这是全国首个街道优抚园。

7月28日　中共上海市委印发颁布《上海市党和国家机关工作人员守则》。

同日　市政府成立上海市安全工作委员会。

同日　上海市社会福利有奖募捐委员会成立大会暨募捐券首次发行仪式举行，本次共发行400万元，每1元为一张奖券。

7月　中共上海市委在闵行区试行区域内市属企业中共党组织属地领导。1988年5月17日试点结束，共试行3批。

同月　全市实施高中会考与高考结合的招生改革，高校招生考试科目减为3门。

同月　黄楼卡拉OK厅在延安西路国际俱乐部内开业，是全市最早开设的卡拉OK厅。1989年，因原址改建为国际贵都大酒店而停办。

8月1日　上海市和各区、县劳动仲裁委员会全部建立。

8月3日　上海服装公司改为工贸企业型公司，成为全国最大的出口服装生产企业。

8月4日　上海重型机床厂开发的中国第一台M52100A型大型龙门凹凸导轨磨床通过鉴定，使中国成为继西德、日本之后第三个生产这种精密机床的国家，标志着中国机械工业三大基础件之一的数控导轨磨床已跻身于20世纪80年代世界先进行列。

8月10日　上海市快递服务公司成立。经营范围包括快递、电子信函、代办报关、代发广告、代客包装、上门揽收等。其中特快专递可直接通达40个国家和地区，国内50个大城市。

8月12日　全市干部大会召开，江泽民指出物资工作指导思想上要实行两个转变：一要从过去靠国家指令性计划分配物资的观念，转变到指令性计划、指导性计划和市场调节相结合的轨道上来；二是把单纯向上要的依赖思想，转变到多渠道、多层次筹措和开发原材料的轨道上来。

8月13日　停泊在宝山钢铁总厂主原料码头内侧的巴拿马籍货轮“大鹰海号”，因缆绳断裂，撞断码头引桥160米长，造成整个原料码头停产。8月20日，国务院副总理李鹏专程到宝钢检查事故处理情况。9月28日引桥修复接通。10月30日，主原料码头皮带输送机完成负荷试车。

8月23日　市八届人大常委会第三十次会议通过《上海市发展新兴技术和新兴工业暂行条例》。

同日　日本电视网(NTV)与上海电台、上海电视台联合在上海体育馆举办“亚洲和平音乐大会”，并通过卫星向全日本进行了实况转播。

8月29日　交通银行上海分行正式发行1亿元股票(单位股)。这是中华人民共和国成立以后中国大陆地区首次由银行向社会发行的股票。

同日　市政府发布《上海市黄浦江上游水源保护条例实施细则》。

8 月　“文化大革命”中全市被立案审查的 9.77 万名干部，至该月 92%得到平反纠正。

同月　上海卷烟厂生产的 84 毫米中华牌、84 毫米牡丹牌、光嘴大前门牌卷烟，被评为 1987 年度全国卷烟行业优质产品。其中，中华牌卷烟被推荐为国家优质产品。

9 月 1 日　中国银行上海分行发行“长城信用卡”。

9 月 4 日　市政府批准市卫生局、财政局《关于全市推行公费医疗管理改革办法的请示》，并决定从 1988 年元旦起在全市推行。

同日　上海友谊激光医院成立，为全国首家激光医院。

9 月 13 日　全市出版印刷电脑照排进入应用阶段，采用电脑照排图书占全部出版量的 1/4。

9 月 16 日　上海市青少年保护委员会成立。

9 月 18 日　上海康达纺织联合公司与市纺织工业局、市财政局签订承包经营责任制合同，成为上海第一家试行承包经营责任制的企业集团。

同日　中共上海市委、市政府召开区县局以上负责干部会议，要求全面推行厂长负责制，对企业的生产指挥、经营思想和思想政治工作等负责。

同日　上海申贝办公机械公司、交通银行上海分行和美国施乐公司正式签订复印机合资经营合同，成立上海施乐复印机有限公司，投资总额 300 万美元。这是当时美商在上海合营的最大的工业项目。

9 月 19 日　中国首届大型国际港口博览会在上海展览中心开幕。

9 月 21 日　上海百货、文化、服装商品交易会开幕。有上海经济区及山东省共 140 个地区的工商企业参加，5 天内成交 13 亿元。

9 月 23 日　市八届人大常委会第三十一次会议审议通过《上海市公民游行示威暂行条例》。

9 月 26 日　中国工商银行上海市信托公司静安证券业务部成立，这是中华人民共和国成立后全国第一个股票交易柜台。

9 月 27 日　上海首次承办“世界旅游日”庆祝活动。

9 月 30 日—10 月 9 日　首届中国艺术节(华东・上海)在上海举行，来自华东 6 省 1 市和南京军区的 8 个代表队，共演出 10 台音乐会。此后，艺术节每两年举办 1 届。

10 月 6 日　美国全明星职业篮球队与上海篮球队作首场比赛，客队以 120∶74 胜。

10 月 7 日　上海市儿童保健所成立，负责全市儿童保健业务技术指导。

10 月 12 日　长白居住小区全面建成，是上海 8 年来全面建成交付使用的首个 50 万平方米大型住宅区。

同日　上海市大规模集成电路设计中心成立。

10 月 14 日　南京东路王星记扇庄等 10 家名特商店店面出租经营。

10 月 15 日　市政府发布《上海市制止不正当竞争暂行规定》。

10 月 16—17 日　台盟上海市分部第六次全体盟员大会举行，郑励志当选为主委。

10 月 17—21 日　中国福利会国际和平妇幼保健院附设的上海计划生育技术指导中心在上海召开部分省市计划生育技术指导工作研讨会。国家卫生部代表宣布上海市计划生育技术指导中心为全国计划生育技术指导中心，承担全国的计划生育技术指导工作。

10 月 19 日　市环卫局决定外国驻沪领事机构产生的生活垃圾、废弃物品、树枝落叶、渣土、建筑废料和化粪池粪便均需向所在区的环卫管理部门办理委托清运服务手续，并交付服务费。

10月20日　上海首次举办“国内外日用工业品借鉴、招标会”，展出国外和中国港澳地区新品2 000余种，供工业部门选择投标、定向生产。

10月26日　上海市与法国马赛市结为友好城市。

同日　市财政局成立上海市投资管理公司。12月14日改为上海振兴投资服务公司。

10月31日　东风饭店发生重大食物中毒事故，中毒人数达700余人。

10月　市卫生防疫站对来沪外籍人员实施检疫监测，发现一例联邦德国艾滋病病毒感染者，依法在检疫人员监护下离境。

同月　上海个体经济大发展，至该月有个体户94 740户、从业人员138 527人。

同月　中国大陆第一本音像娱乐大型月刊《音像世界》在上海创刊。

11月4日　中美合资上海施乐复印机有限公司开业。

11月6日　《上海文化年鉴》正式出版发行，这是中国第一部大型地方文化年鉴。

11月10日　上海中侨外汇免税商场开业，这是上海首家经营对华侨、华人、台湾同胞供应国家海关监管进口的免税商品的特种商场。

11月11日　中共上海市第五届委员会第五次全体(扩大)会议举行，江泽民传达中共十三大精神。

11月13日　国务院批准上海、天津、深圳、广州和海南岛进行土地使用权的有偿转让试点。11月29日，市政府发布《上海市土地使用权有偿转让办法》，自1988年1月1日起施行。《办法》的公布，标志着上海在全国率先试行土地使用权有偿转让制度。

同日　1.56米天体测量望远镜和25米射电望远镜在佘山天文台安装完毕，这是中国自制口径最大的天文观测设备。

11月16日　上海发生中华人民共和国成立后首宗银行抢劫案，罪犯于双戈盗枪抢劫西体育会路工商银行储蓄所，并开枪打死一名营业员。23日于犯在浙江宁波被捕获，12月4日被判处死刑。

11月17日　市政府公布上海市第四批文物保护单位和革命纪念地名单，共17处。

同日　上海电视台二台制作的《学点聋哑人手语》节目在日本举行的第十六届国际广播电视教育节目评比中获得第二名。这是中国唯一的获奖节目，也是上海电视台教育节目首次在国际上获奖。

11月20日　上海商品住宅基金会首次发行住宅建设基金，共发行1 000万张，每张面额1元，采取自愿认购方式，以低息或无息方式贷款支持中小企业解决建房资金不足的问题。

11月22日　上海真空电子器件股份有限公司成立，这是上海第一家由国有大中型工业企业改制的股份制企业，股金总额2亿元，首次公开发行股票1 400万元。

11月23日　上海电视台与南斯拉夫萨格勒布电视台共同举办的南斯拉夫电视周在上海举行。这是国外电视台首次在上海举办电视周。

11月23—30日　台盟第四次全国代表大会召开，根据大会通过的修改后盟章规定，台盟上海市分部改为台盟上海市委员会。

11月24日　上海市国家预算内的1 732家全民所有制工业企业，全部实行了不同形式的承包经营，其中465家实行了保上缴利润、保技术改造、保固定资产增值、工资总额或增长留利同经济效益挂钩的“三保一挂”综合承包；394家实行了目标承包；其他企业实行工资总额同经济效益挂钩的单位承包。

同日　上海自1988年起实行普通高中会考和高考制度改革方案。在全面会考的基础上，上海普通高校招生考试科目定为 4 门。

11 月 27 日　中共中央决定由江泽民任中共上海市委书记，芮杏文不再担任中共上海市委书记。

11 月 28 日　中国建筑业联合会在第一届年会上颁布首次建筑工程“鲁班奖”获奖工程，上海的华亭宾馆、南桥高压输变电站获奖。

11 月　市基层党组织属地管理改革试点起步，上海水泵厂等 4 家企业党组织领导关系由市机电局移交闵行区。

12 月 1 日　上海长途汽车新客站建成启用。

12 月 3 日　市政府批准市卫生局、市民政局制订的《上海市婚前健康检查暂行办法》，规定在全市普遍实行婚前健康检查，婚前体检将作为申请结婚登记的法定程序。1988 年 4 月 1 日起实行。

12 月 10 日　浦东陆家嘴黄浦江轮渡码头因大雾停航，复航后数万乘客蜂拥争先，发生挤踩死 16 人、伤 60 多人的重大事故。事故发生后，市政府发出《关于加强轮渡管理、保障乘客安全的通告》。

同日　上海豫园商场股份有限公司成立，由上海豫园商场改制而成，成为中华人民共和国成立后上海第一家商业股份制企业。1992 年 5 月 16 日吸收上海豫园旅游服务公司、南市区饮食公司等 15 个单位，采用募集方式，共同发起成立上海豫园旅游商城股份有限公司。1993 年，豫园商城在方浜中路 269 号建成开业，投资近亿元，建筑面积 7 740 平方米。1994 年 12 月 28 日，商业旅游区一期工程全面建成，商业面积增至 10 万平方米，形成外古内洋的建筑群落，集园林、道观、商场为一体的旅游购物中心。

12 月 14 日　上海石油化工总厂实行工资上缴利税挂钩浮动制度。

同日　上海中山环路全线辟通。

同日　中国民航局批准组建民航华东管理局、中国东方航空公司及上海虹桥国际机场。

12 月 15—29 日　中共中央政治局常委、国务院副总理姚依林在沪视察。

12 月 18—19 日　市八届人大常委会第三十三次会议通过《上海市中外合资经营企业劳动人事管理条例》。

12 月 19 日　上海石洞口发电厂第一台 30 万千瓦机组并网发电。至 1990 年 5 月，发电设备总容量 120 万千瓦，成为上海最大的火力发电厂。

12 月 20 日　于 3 月 20 日开工建设的横跨沪宁、沪杭铁路的上海岚皋路立交桥工程竣工。该工程北起新村路，南迄铜川路。

12 月 22 日　外虹桥客运站改建完工，这是当时上海唯一的国际客运码头。

12 月 22—24 日　中共中央决定，朱镕基任中共上海市委副书记，并提名为上海市市长人选。

12 月 22—24 日　瓦努阿图共和国总统阿蒂・乔治・索科马努访问上海。

12 月 24 日　“上海—桑塔纳”轿车国产化工作会议在上海举行，国务院副总理姚依林、江泽民等出席会议并讲话。

同日　上海高校软科学联合研究中心成立，为国内教委系统的第一个软科学研究中心。

12 月 25 日　浦东煤气厂一期工程建成投产，这是中国自行设计、制造、施工的最大的城市煤气厂，可日产煤气 100 万立方米，由此上海新增煤气用户 20 万户。

同日　南桥换流变电站一期工程完成，为世界六大换流变电站之一。

同日　上海石油化工总厂二期工程建设项目 1.5 万吨涤纶短纤维成套装置获国务院国家重大

技术装备嘉奖。

12月26—27日　上海召开科技、环境和土地租赁座谈会。

12月28—30日　国家主席李先念在沪视察,12月30日视察宝山钢铁总厂。

12月29日　上海造船厂建造的加泥式土压平衡盾构掘进机竣工,这是国内首台具有20世纪80年代先进水平的隧道施工机械。

12月31日　上海市档案馆即日起,陆续向社会开放自形成之日起满30年的档案,首批开放近10万卷(册)历史档案。

12月　上海火车站南、北广场道路改造工程竣工,拓宽改建新一路、新二路、梅园路、民立路、孔家木桥路、潘家湾路等道路856米。

同月　上海进行规模最大一次劳动卫生调查,上海市建立工业企业劳动卫生职业病档案。全市17 449家工厂企业、职工436.4万人建档。

同月　普陀区三官堂桥禽蛋市场在曹杨路60号落成营业,占地1 800平方米,是当时全市最大的禽蛋交易市场。1994年11月上旬在曹杨路1481号易址重建,1995年10月15日建成启用,新建市场面积扩大7倍。

同年　全国生育节育抽样调查,上海市出生率居全国各省、市、自治区末位。

同年　全国第一座35千伏地下变电站在茂名南路58号的花园饭店内建成。

同年　上海电机厂为秦山核电站试制成功30万千瓦双水内冷核能汽轮发电机。

同年　以上海图书馆收藏的全套《申报》为底本的400册《申报》缩印本全部完成。

1988 年

1月1日　上海市对外贸易总公司分立为上海市对外贸易公司、上海市对外经济贸易实业公司和上海海外公司。

同日　浦江之声广播电台开播。

1月2日　中共上海市委召开区、县、局主要负责干部会议，市委书记江泽民号召全市干部解放思想，振奋精神，扬长避短，克服困难，发挥上海的优势和潜力，迅速把上海的经济搞上去。

1月4日　市政府发布《上海建设项目环境保护管理办法》和《上海市烟尘排放管理办法》。

同日　加拿大著名外科医生、国际和平战士夏理逊纪念碑和铜像在上海国际和平妇幼保健院建成揭幕。

1月5日　国内规模最大的健康人血清尿液库在上海市肿瘤研究所建成。

同日　全国推行法定计量单位，使用符合法定计量单位的粮、油票证。上海成为中国第一个全面废除市制的大城市。

同日　上海首次办理高级商品住宅购房贷款，预售上海爱建公司和香港艳阳投资公司合资经营的爱建大厦4号楼。

1月7—16日　江泽民率考察团赴广东考察。23日，江泽民在全市干部大会上作加快上海经济向外向型转变、学习广东经验的报告。

1月9日　"沃尔夫斯堡"号在江南造船厂下水，这是国内第一艘排水量2.4万吨、可装4 000辆轿车的汽车滚装船。

同日　上海房产开始挂牌卖房。此前售出商品房50万平方米。

同日　上海久事公司和海港实业有限公司联合投资上海久联贸易公司，在上海首家由国营、集体企业联营内外贸易业务。

1月12日　全市有60多家企业拥有出口经营权。

1月13日　上海龙华革命烈士纪念地、松江唐经幢和徐光启墓列入国务院公布第三批全国重点文物保护单位名单。

1月15日　国家土地管理局和市政府召开上海市颁发中华人民共和国土地证大会，全国土地登记和土地证颁发工作开始启动。这在全国大城市中属首次。

1月18—23日　市八届人大常委会第七次会议举行。会议审议并通过《上海市人民代表大会关于代表议案的规定》和《上海市人民代表大会关于代表书面意见的规定》。

1月19日　《文汇报》报道，金山县亭新乡试行农村合作医疗保险制度，此举得到了卫生部的肯定，认为这项制度属国内首创，为解决中国农民的医疗保障提供了一个切实可行的新形式。

1月21日　国务院批复市政府，同意撤销宝山县和吴淞区，设立宝山区，以原宝山县和吴淞区的行政区域为宝山区的行政区域。6月16日，中共上海市委、市政府在宝山召开"撤二建一"干部大会，宣布宝山区委常委会组成名单。9月5—8日，区政协第一届第一次会议召开。9月13—18日，区第一届人大会召开，分别选举产生区人大、区政府、区政协领导班子。

同日　市经委召开干部大会，在所管理的1 700多家全民所有制工业企业中根据不同情况，采取"上缴利润基数包干,增长分成""上缴利润定额包干""上缴利润递增包干"和"减亏包干"4种形式,全面推行承包经营责任制。

1月23日　静安区正章洗染公司新建现代化的正章染厂,占地3 500平方米。生产去锈灵、干洗剂、皮件光亮剂等洗涤系列产品。

1月26日　蕰藻浜大桥建成通车,这是当时上海最长的公路桥。

同日　上海重型货车制造厂设计制造的"大通"牌15吨自卸车首批30辆发往朝鲜,为中国首次出口重型货车。

1月28日　上海首次举行房产交易会。

同日　上海微电子研究开发基地建成。

同日　上海市锦江集团财务公司正式成立,这是全市第一家企业集团金融机构。

1月30日　中共上海市委召开全市各大口党委书记、部分区委书记以及市人大、市政协、工青妇负责人会议,传达全国宣传部长会议的精神;讨论、通过市委宣传部起草的《1988年本市宣传工作的安排》和《关于在全市进行党在社会主义初级阶段基本路线教育的意见》。

1月　上海出现甲型肝炎的暴发流行。1月3日、4日起,部分市民因食用来自江苏启东毛蚶染上甲型肝炎病毒,患病者人数骤增。市政府立即决定禁止市场出售毛蚶,并于1月25日发出《关于制止急性肝炎进一步蔓延的紧急通知》。至2月8日全市累计开设隔离点1 254个,肝炎病床11.8万余张、家庭病床2.9万余张。3月21日市卫生局通告,1月19日—3月18日,全市甲肝发病292 301例,直接死于急性、亚急性黄色肝萎缩11人。

2月1日　中共上海市委召开全市党员负责干部会议,要求政法部门树立商品经济和发展生产力的观念,树立支持和保护改革、开放、搞活的观念,切实做到"支持改革者,鼓励探索者,帮助失足者,查处违法者"。

同日　市政府发布《关于控制销售燃放烟花爆竹的通知》。

2月3日　第一艘经济型快速双体客轮"沪航1号"试航成功。

2月8日　由总工会牵头成立的待业职工救急济难基金会成立,筹集的基金总额为1 000万元,救济对象为:企业宣告破产,企业濒临破产,正在法定整顿期间,单位终止和解除劳动合同,被单位辞退等待业职工。这是全国第一家待业职工救急济难基金会。

2月9日　金山县被国家文化部命名为中国现代民间绘画之乡。

2月10—23日　中共中央军委主席邓小平视察上海。16日,出席上海市1988年各界春节联欢晚会,与上海人民共迎新春。

2月16日　市政府批准市经委、财政局、劳动局提出的《关于完善全民所有制工业企业承包经营责任制的意见》,决定在全民所有制工业企业中普遍推行综合承包。

2月21日　国务院原则批准市政府《关于深化改革,扩大开放,加快上海经济向外向型转变的报告》。同意上海实行财政基数包干,一定5年(1988—1992年)不变。包干基数定为105亿元,实行包干后,从1990年起,如果地方财政收入超过165亿元,超收部分实行对半分成,中央得五成,地方得五成。

2月22日　市外经贸委批复市广电局,同意上海电视台与《美洲华侨日报》所属苹果电视有限公司在纽约合资建立华申国际事业有限公司的项目建议书,项目的注册资金双方共5万美元,经营年限暂定10年。这是市广电局第一个与海外合作经营的公司。

2月25日　上海多特纸品有限公司成立,为上海首家由外商全权经营的中外合资企业。

2 月 27 日　圣马力诺共和国执政官吉安·佛朗哥·泰伦齐和罗萨诺·扎费拉尼访问上海。

同日　市政府召开全民工业企业承包工作会议，由主管局和市财政局正式向年上缴税利 1 000 万元以上的 645 户企业发承包书，明确承包形式和承包基数。江泽民在会议上讲话，要求全市年内全面推行承包经营责任制，引进竞争机制，进一步理顺企业和国家之间的关系。

同日　市政府召开绿化工作会议。江泽民提出要持之以恒搞好城市绿化，形成保护绿化，爱护园林和草木的好风气。

同日　上海纺织系统的 6 家企业、集团首先进行外贸放开经营的试点，可以自营出口产品。

2 月 28 日　市经委系统 8 个工业局和市财政局分别向 645 家工业利税大户发放承包书。

2 月　上海社会科学院创办的上海远东资信评估公司成立，此系中国大陆第一家地方的资信评估机构。

3 月 1 日　市八届人大常委会第三十五次会议通过《关于本市乡、镇人民代表大会设主席团常务主席的决定》。全市各乡、镇人大会始设主席团常务主席。

同日　举办全市地区集体企业租赁市场，66 家微利、亏损企业被争购一空。

3 月 1—10 日　第六届上海对外贸易洽谈会在上海展览中心举行。由市外经贸委主办。展览谈判面积达 1.05 万平方米。该届上交会技术出口首次单独设馆，郊区外贸企业首次参会，三资企业也首次单独设馆。

3 月 4—8 日　市仪表局、市财政局组成的上海 101 厂承包经营招标发包委员会在上海电子行业内对 101 厂进行公开招标承包。101 厂进行招标的承包经营形式采取法人承包、个人与合伙抵押承包。这是上海首次对全民所有制大型企业进行的公开招标。

3 月 7 日　根据国务院批复市政府《关于深化改革扩大开放加快上海经济向外向型转变的报告》的精神，国家物价局同意下放一批价格管理权限给上海，共 95 种，其中纺织品 10 种，轻工业品 14 种，药品 15 种，医疗器械 6 种，塑料制品 3 种，合成材料 2 种，化工产品 7 种，钢铁产品 38 种。

同日　由上海航天基地独立研制的第一枚完整运载火箭“长征三号”将一颗实用通信卫星送入 36 000 公里的赤道上空。

3 月 8 日　上海自中华人民共和国成立以来的第一次房屋公开拍卖在文艺会堂举行，敲定 2 笔共计 21.9 万元的房屋拍卖交易。

3 月 9 日　市公安局与美国、香港地区警方联合，88 小时破获毒贩利用空运锦鲤鱼藏匿海洛因到美国的国际贩毒案。拘捕毒犯 15 人，查获毒品 4 684.5 克。

3 月 10 日　上海电影制片厂故事片《芙蓉镇》在香港上映 15 天，票房达 511 万港元，创内地影片在港最高票房纪录。是年 7 月 18 日，此片在捷克斯洛伐克获二十六届卡罗维·发利国际电影节(Karlovy Vary International Film Festival)大奖水晶球奖。7 月 23 日，广电部电影局和中国影协在京举办庆功会；29 日，市委宣传部在上海召开庆功会。市政府向《芙蓉镇》摄制组颁发奖金。

同日　市长途电信局从美国引进 900 兆赫模拟蜂窝式移动电话系统(A 网)，并投入使用。

3 月 10—12 日　中共上海市委、市政府召开农村工作会议，江泽民出席会议并讲话。会议明确郊区在坚持城乡一体化、两个立足点、三业协调发展的方针同时，要进一步发挥城市副食品生产基地、工业扩散基地、出口创汇基地、科研中试开发基地的作用，并提出要实施“菜篮子工程”。

3 月 13—15 日　民盟上海市第九次代表大会举行，谈家桢当选为主委。

3 月 13 日—4 月 3 日　江泽民应邀率团访问瑞典哥德堡、荷兰鹿特丹、比利时安特卫普和英国。

3月14日　位于卢湾区香山路7号的孙中山故居对外开放。1994年7月26日,孙中山的新铜像在上海香山路孙中山故居庭院内揭幕,以纪念辛亥革命90周年、孙中山诞辰135周年。

3月15日　由上海市计划经济研究所和上海嘉丰棉纺织厂联合创办的上海嘉丰发展研究所成立。这种以企业为依托办软科学研究机构的做法,在国内尚属首次。

3月16日　上海第一家"厂内银行"在上海无线电四厂设立。这是该厂为完善企业内部经营机制,打破企业内部各部门吃资金"大锅饭"而采取的一项改革措施。

同日　上海杨树浦发电厂采用国产第一台六氟化硫户内组合电器的220千伏升压站竣工投运。

3月19日　世界第一台细胞式计算机在上海诞生,由中美专家共同研制。

3月20日　市政府印发《上海市外商投资房产企业商品住宅出售管理办法》。

3月22日　在上海市土地使用权有偿转让发标会上,上海第一块有偿转让使用权的土地发标,推出面积1.29公顷的上海虹桥经济技术开发区26号地块。7月8日,土地由日本孙氏企业有限公司以10 416万元人民币的出让金获得这幅地块50年使用权,用来建造2幢高层外汇商品住宅——太阳公寓,这是中国大陆地区第一次采用国际公开招标方式出让土地使用权。9月1日,孙氏企业公司以28 055 054美元付诸受让金,获得《上海市国有土地使用证》,为中华人民共和国成立后第一个在中国内地获得土地使用权的外国公司。1995年8月,29层双塔型太阳广场大厦建成,总建筑面积7.2万平方米。

3月24日　下午2时20分,从南京开往杭州的311次客车与从长沙开往上海的208次客车,在嘉定县铁路外环线匡巷站和封浜站之间路段行驶时发生正面相撞,造成死28人,伤111人。

3月27日　位于延安西路2201号的上海国际贸易中心大厦开工,这是当时上海利用外资的最大项目之一,也是当时中日在上海最大的合资项目。由上海外贸总公司、上海虹桥联合发展有限公司等单位以及日本兴和不动产株式会社和日本兴业银行共同投资近1亿美元建设。1991年1月12日,上海国际贸易中心大厦正式开业。

3月28日　上海电台开办的107.7兆赫调频英语广播正式播出,每天播出6小时新闻、文学、音乐、专题节目,这是全国第一家地方英语广播电台。

3月29日　市政府批转市财政局《关于对县实行包干上缴财政管理体制的请示》,对全市财政体制作调整,从1988年起将区县财政体制改为财政包干制,发挥区县一级政府部门的积极性。

3月　国际贵都大酒店开工建造。1991年5月竣工。

4月1日　市政府向国务院作出《关于1987年上海市扩大利用外资工作情况报告》。报告说,自1986年8月国务院批准上海扩大利用外资规模的方案后,工作进展较快。1987年第一批扩大利用外资总规模达32亿美元。

4月2日　上海老城隍庙特色小商品首次到日本大阪等地参加龙华上海特色商品展。

4月4日　市房管局、房产登记发证办公室发布《关于本市开展城镇房屋产权总登记的通告》。5月12日发布《上海市城镇房屋产权登记暂行办法》,分期分批开展房产总登记,至1992年7月基本结束。

4月7日　上海首次举行"世界无烟日"活动。

4月7—9日　中共上海市第五届委员会第六次全体会议举行,通过《关于市委常委会向市人大、市政协推荐的领导人选名单的决定》。

4月10日　全市百货、文化用品、纺织品、针织品、果品、日用杂品、面粉等行业57家企业实行上缴利润基数包干，2 家企业实行上缴利润递增包干，28 家企业实行上缴利润定额包干。

4 月 11 日　上海运动员杨文意在第三届亚洲游泳锦标赛上破女子 50 米自由泳世界纪录，结束了中国泳坛 28 年未破世界纪录的历史。

同日　复旦大学队获得在新加坡举行的亚洲大专辩论会冠军。

4 月 12 日　市政府批转市计委《关于进一步扩大区、县固定资产投资审批权限的请示》逐步向区、县下放一部分事权。

4 月 15 日　上海港张华浜集装箱装卸公司安达路保税仓库正式开业，这是中华人民共和国成立后上海第一个保税仓库。

4 月 18 日　上海国际人才交流协会成立。

同日　上海市公房资产经营公司以交通银行上海分行大楼，作价 2 000 万元，入股于交行上海分行，为全国首例以公房入股案。

4 月 18—26 日　市政协举行七届一次全体会议，会议选举谢希德为市政协主席。

4 月 19—30 日　市九届人大第一次会议举行。江泽民作《政府工作报告》。会议选举叶公琦为市人大常委会主任，决定接受江泽民辞去上海市长职务的请求，选举朱镕基为上海市长。日本 6 家新闻机构驻沪记者被邀参加上海市第九届人大第一次会议的开幕、闭幕大会，为市人大常委会首次邀请外国媒体参加上海市人代会。

4 月 20 日　上海市国库券交易市场在 8 家证券业务点同时开市。

同日　上海浦东外高桥救助码头建成验收并启用，这是中国最大的海上救助专用码头。

4 月 22 日　市政府颁布《上海市外商投资企业享受技术密集型、知识密集型项目优惠待遇的办法》，鼓励外商投资技术密集型和知识密集型项目。

同日　上海第一批副食品生产基地动工兴建，包括 212 个肉猪生产基地和 13 个蛋鸡生产基地。

4 月 22—24 日　希腊共和国总统赫里斯托斯·安·萨采塔基斯和夫人访问上海。

4 月　上海主人印刷厂获准登记，这是全市首家股份合作制企业，注册资金 5 万元，员工 21 人。

5 月 1 日　全市实行蔬菜购销站和副食品交易市场双轨分流经营新体制。市内和外省国营、集体和个体商贩均可到上海交易农副食品。

同日　上海对猪肉、蔬菜、鲜蛋和白糖 4 种主要副食品进行价格体制改革，由“暗补”改为“明补”。

5 月 2—4 日　市政府举行浦东开发国际研讨会，江泽民、朱镕基、国务院上海经济区规划办主任汪道涵等出席并先后讲话。

5 月 3 日　市委研究室和上海社会科学院对 1979 年起上海工业经济效益连续下降提出不同看法。市委研究室认为经济工作中存在诸多问题是主要原因，社科院认为原材料涨价是主要原因。

5 月 4—11 日　上海开展首次无偿献血周活动，1 754 人无偿献血。

5 月 7 日　上海第一条 500 千伏输电线路(瓶)窑—南(桥)线建成，500 千伏南桥交直流变电站 75 万千伏安主变压器同时投运。这一工程于 1985 年 11 月 25 日动工，是亚洲最大的换流变电站，结束上海电网 30 年 22 万伏最高输电电压等级的历史。

5 月 7—17 日　第十三届“上海之春”举行，共演出音乐、舞蹈、歌剧、音乐剧等节(剧)目 12 台。

5 月 8 日　上海市星期日工程师联谊会成立，1 700 多名工程技术人员和能工巧匠参加了这个组织，其中高级职称者占 8.6%。

5月10日　朱镕基主持召开新一届市政府第一次常务会议，讨论、通过《关于政府机关局以上领导干部发扬艰苦朴素作风的若干规定》等5个工作规范文件，强调要把新一届政府建成“廉洁、高效、全心全意为人民服务”的政府。

5月11日　根据国务院统一部署，全市调整猪肉、大宗蔬菜、鲜蛋、食糖及有关商品的零售价格。定量供应部分改“暗补”为“明补”，每个职工每月发放副食品补贴10元。定量供应以外的部分实行市场调节价。

5月12日　市政府召开全市民族团结进步表彰大会。

5月13—15日　爱尔兰共和国总统帕特里克·希勒里访问上海。

5月14日　市政府下放权限，总投资在1 000万元以下的技术改造和技术引进项目，立项均由市各工业局审批。

5月16日　为加强“菜篮子工程”建设，搞好副食品供应，市政府印发《关于建设郊区主要副食品生产基地、改革产销管理体制的若干意见》。

5月17日　美国驻沪总领事馆盗窃案破获。窃犯张平4次潜入美领馆盗窃大量财物，1990年底依法被判处死刑。

5月19日　民建上海市第七次代表大会举行，陈铭珊当选为主委。

5月20日　上海区域气象中心成立，是为全国第一个地方性区域气象中心。

同日　农工党上海市委举行六届十四次扩大会议，同意黄器周辞去农工党主任委员，陈灏珠当选为主委。

5月20—24日　民革上海市第七次代表大会举行，徐以枋当选为主委。

5月21日　上海第一个私营科技机构八达贸易公司开业。

同日　市政府提出实施经济发展战略的第一项战役计划，优先发展汽车、电话、机床、彩色显像管、计算机、发电机、光纤通信照相机、模具、感光材料等14类产品。

5月28—30日　民进上海市第六次代表大会举行，赵宪初当选为主委。

5月28日—6月12日　第一届国际音乐节目展播举行。1993年第四届起改名为上海国际广播音乐节。

5月30日　上海仪表电子系统57家合作企业联合集资成立上海新联仪表电子公司，是为上海首家合作企业集团。

5月　上海市城镇待业青年开始实行《待业证》办法，凭《待业证》即可在全市企业招工时报名应招。

同月　市政府为推进上海市中小学课程教材改革，成立专门的中小学课程教材改革委员会。

6月1日　上海第一条年产100万只47厘米彩色显像管生产线动工，由上海电真空电子器件股份有限公司和香港永新技术开发公司合资的上海永新彩色显像管厂直接投资。至1989年12月28日，一期工程竣工投产。

6月2日　中信实业银行上海分行开业。

6月5日　上海第一个由上海丝绸进出口公司、上海第十七棉纺织厂等组成的“多厂加工保税工厂”问世。这是上海海关为适应外向型经济发展首创的一项改革措施。

6月5—8日　九三学社上海市第六次代表大会举行，杨槱当选为主委。

6月5—13日　上海首届曲艺艺术节举行。

6月7日　上海90多家国有企业试行部分固定职工离岗待工制。

6 月 7—11 日　共青团上海市第九次代表大会召开，黄跃金当选为团市委书记。

6 月 8 日　市政府发布《上海市票据暂行规定》，这是当时国内第一部较完备的票据法规。

同日　中国第一颗气象卫星在上海制造成功。

同日　上海市机电工业局联营公司成立，为上海第一家以跨局承包经营的企业。

6 月 9 日　波兰人民共和国部长会议主席兹比格涅夫·梅斯内尔访问上海。

6 月 10 日　上海市外国投资工作委员会成立(以下简称市外资委)，负责审批投资额在 500 万美元以上、3 000 万美元以下(包括 500 万美元以下的限制性项目)的外商投资项目；推进、督促和协调解决外商投资企业在筹建和生产经营过程中的问题，并做好服务工作。朱镕基兼主任，黄菊兼第一副主任。

同日　市政府办公会议决定印发《关于发挥科技优势，组织重点工业项目攻关会战的通知》，选择和组织桑塔纳轿车、S1240 程控电话交换机、数控精密组合机床、彩色显像管、多功能涂层及复合织物、小型微型计算机、超临界电站设备、光纤通信、DF300 电子单镜头反光照相机、彩色感光材料和原材料、60 万千瓦核电设备、30 万吨乙烯设备等 14 个重点工业项目，进行“一条龙”攻关会战。1988—1995 年，共完成 914 项，其中有 50 项达到当时国际先进水平，76 项达到国际水平，94 项为国内首创。

6 月 14 日　上海市投资信托公司在英国伦敦资金市场成功发行 150 亿欧洲日元债券，用于上海工业改造和市政建设。

同日　上海市广播电视剧增设 14 频道，此频道用于转播中央电视台第二套节目，项目总投资 380 万元。

6 月 18 日　加拿大政府保健局(HPB)正式批准中美上海施贵宝制药有限公司向加拿大出口西药制剂。这是中国第一个打开北美市场大门的西药制剂企业。

同日　上海航天基地研制出用于发射气象卫星的新型运载火箭。

6 月下旬　上海红眼病(流行性急性结膜炎)流行，经及时采取措施，疫情得到控制。到 9 月底，累计初诊病人 12.5 万余例。

6 月 25 日　中国民航上海管理局改制，分别组建民航华东管理局、中国东方航空公司和上海虹桥国际机场。

6 月 25—26 日　埃塞俄比亚人民共和国总统门格斯图·海尔·马利亚姆访问上海。

6 月 28 日　上海特需商场在日月工业品贸易中心开业，按特需价(高于国家计划价)敞开供应彩电、冰箱、名烟、自行车等紧俏商品。

同日　上海电视电子集团公司成立，为全国最大的电视机出口集团，也是国家确定的实行出口外汇全留、自负盈亏的试点单位。

6 月 29 日　市工商局发出《关于开展企业法人登记工作的通知》，自 7 月 1 日起办理登记。

6 月 30 日　市市内电话局闵行分局安装 F-150 型程控机 5 000 门纳入市话网使用，原 47 式步进制停用。至此市区步进制电话交换机全部淘汰。

6 月　市政府颁布《上海市暂住人口管理规定》，进一步规范暂(寄)住人口的户口登记。1989 年市公安局颁布《私房租赁治安管理》。

同月　1988 年度上海一号重点工程上海永新彩色显像管厂开工，1989 年 12 月竣工，为沪港合资项目。共计 65 项单体工程，总建筑面积 8.2 万平方米。

同月　全市普查结果共有古树名木 1 367 株，其中 300 年以上的古树 209 棵，1 000 年以上的古树6株。

同月　上海女围棋选手芮乃伟升至九段,成为全世界围棋历史上第一个也是当时唯一的女九段。

7月1日　全国最大的商业集团公司上海交电家电商业(集团)公司成立。

同日　南京东路80余家商店率先响应恢复夜上海的社会呼声,延长夜市。

同日　上海桑塔纳轿车国产化共同体成立,有全国各地相关企业和科研单位、大专院校成员120个。

7月5日　上海108家工业企业列入全国第一批大型企业名单,宝山钢铁总厂、上海石油化工总厂、上海高桥石油化工总厂为特大企业。

7月7—8日　巴西联邦共和国总统若泽·萨内尔访问上海。7日,上海市与巴西圣保罗市结为友好城市。

7月18日　市政府召开市长办公会议,朱镕基要求采取有力措施整顿上海出租汽车行业,会议决定成立整顿出租汽车管理领导小组。

同日　市九届人大常委会第二次会议通过《上海市老年人保护条例》。

同日　上海第一家股份制商业企业豫园商场股份有限公司发行股票。

同日　上海万国证券公司开业,这是上海第一家以证券为主的股份制金融企业。

7月22日　市政府旅游管理委员会成立。

7月26—28日　中共上海市第五届委员会第七次全体会议(扩大)举行。会议通过《中共上海市委关于当前改造和加强思想政治工作的几点意见》。

8月2—5日　市第九次妇女代表大会举行,邢至康当选市妇联主任。

8月3日　市政府作出《关于近期改善市内道路交通的决定》,建设一批骨干工程,逐步解决市内交通拥挤的矛盾。

8月4日　市计委与市财政局联名向市政府办公厅提出《关于对土地实行有偿批租收入管理的意见》。

同日　上海市人民政府外事办公室(以下简称市政府外办)宣布:外国常驻上海记者凡涉及上海市区范围内的采访内容,可直接与各区外事主管部门联系,在取得其同意后进行,各区也可直接向外国常驻上海记者推荐采访项目。是年11月13日又宣布,上述办法同样适用于全市各县范围。

8月5日　市政府批准同意市劳动局《关于搞活固定工制度的意见》。意见规定凡实行承包经营制的全民所有制企业,都可开展搞活固定工制度的工作。

8月6日　华光Ⅳ型计算机激光精密照排系统安装成功,为全国第一套国产电脑照排系统。

8月8日　宝山钢铁联合(集团)公司成立,由上海宝山钢铁总厂为主体改组而成。集团成员单位共51个,分布在全国16个省市、15个行业,是国内规模空前的特大型企业集团。成员单位全部固定资产净值170多亿元。

8月8—12日　市工会第八次代表大会召开。八届一次全委会选举江荣为市总工会主席。

8月10日　中共上海市委、市政府召开"开展公开办事制度、廉洁为民教育活动"动员大会。

8月11日　中共上海市委、市政府召开副食品工作会议,宣布上海实施"菜篮子工程"。

8月15日　市政府决定聘请19位在市政府工作退下来的老同志组成市政工作咨询小组,为政府工作提供咨询,由汪道涵、李储文、裴先白担任召集人。

同日　申银证券公司开业。

8 月 19 日　市政府召开“改善市内交通，整顿出租汽车管理，加强交通安全”会议，朱镕基出席会议并讲话，强调要下决心把出租汽车行业整顿好。全市出租汽车于 10 月 1 日起明码标价，张挂服务卡。

8 月 25 日　上海合流污水治理一期工程正式开工，这是上海利用外资进行城市基础设施建设的第一个大工程。江泽民、朱镕基参加开工典礼。一期工程西起普陀区丹巴路，东至浦东竹园长江口，截流总管全长 33.39 公里，总管输送能力为日排 140 万立方米污水。投资 16 亿元，1993 年 12 月 29 日，主体工程建成，1995 年全面竣工。

8 月 27 日　市政府同意市文物管理委员会实行独立建制。

8 月 29 日　上海手表厂实行外贸出口代理制，成为中国钟表行业第一家实行出口代理制的企业。

8 月 30 日—9 月 1 日　农工党上海市第七次代表大会举行，陈灏珠当选为主委。

8 月 31 日　香港廖创兴银行上海办事处开业，这是中华人民共和国成立后上海第一家侨资银行办事处。

8 月　市委宣传部建立理论工作者双月座谈会制度。由市委主要领导邀请一些理论工作者，围绕一个时期的中心工作，结合改革开放的实际，就领导和群众共同关心的问题进行定期讨论。每次讨论一个问题。1988 年先后举办 3 次，先后讨论“社会主义商品经济”“治理经济环境”“整顿经济秩序”“股份制的理论和实践”“中国教育的形势与改革”等专题。

同月　中、下旬上海市场出现抢购风潮，对市场商品供应造成极大冲击，银行也出现市民排队取款的少见现象。8 月 26 日，因市场物资供应紧张，市政府办公厅通知暂停审批 19 种专项控制商品，彩电、冰箱、空调等已批未购的一律缓购。同时，中共上海市委、市政府召开负责干部会议，号召全市党员、干部努力解决价格和工资改革难关，维护上海市场稳定。8 月 28 日，上海市区居民食盐临时实行凭票定量供应。30 日市商业局通告，下月每户居民增加供应火柴一小盒，8 月份肥皂票可在 9 月继续通用。市经委要求有关工业局增产 21 种适销日用消费品，保证上海市场供应。

9 月 2 日　全市已有 4 200 余家小型商业企业实行租赁经营，占全市同类企业 52%。

9 月 6—12 日　朱镕基率上海市友好代表团应邀赴朝鲜咸兴市访问。

9 月 7 日　上海航天基地首次用所研制的“长征四号”运载火箭成功地发射中国第一颗“风云一号”气象卫星。该卫星由上海航天基地独立设计、自行制造。

同日　上海兴业房产股份有限公司建立，这是全国第一家房地产上市公司。

9 月 8 日　上海市一条越江（黄浦江）电缆隧道贯通，长 535 米，直径 4.2 米，可敷设 14 根电缆。

9 月 12 日　中国台湾客船“昌瑞轮”首靠上海港，为中华人民共和国成立后首艘台湾抵沪客轮。

9 月 13 日　上海 45 家集体企业发行内部股票，集资近 400 万元。

9 月 14—16 日　市工商联第八届会员代表大会举行，在八届一次执委全体会议上，刘靖基当选为主委。

9 月 15 日　上海恒源当铺开张营业，这是中华人民共和国成立后第一家当铺。主要业务对象是个体户。国家允许这家当铺典当贵重日用品、汽车、摩托车、不动产和房产等。

9 月 16 日　市政府选定 18 家重点企业试行放开经营，包括上海第二纺织机械厂、上海照相机总厂、上海汽车厂、上海手表厂、康达纺织联合公司（集团）、上海衬衫二厂、上海针织九厂、彭浦机器厂、上海微型轴承厂、正泰橡胶厂、上海无线电二厂、嘉丰棉纺织厂、上海第二毛纺织厂、沪光灯具厂、上海冰箱厂（集团）、上海建设机器厂、信谊药厂等。

9月17日　上海石化工程建设总公司(集团)成立。

9月19日　上海16岁的运动员庄泳在第二十四届夏季奥运会(汉城奥运会)女子100米自由泳决赛中以55秒47的成绩夺得银牌。这是中国夺得的第一枚奥运会游泳奖牌,实现了中国在奥运游泳项目中奖牌"零的突破"。

同日　上海第一家农民办大型市区菜场桃浦新村副食品商场开业。

9月21日　市政府决定暂时禁止在全市销售蚶类生食水产品。

9月26日　上海开始向居民出售公有旧住房,建筑面积共990平方米,有旧式里弄旧房,也有1984年建造的新公房,平均出售单价179元,扣除一次付款优惠因素后,实际平均单价为170元,最高单价为226元。黄浦区首先试点。

9月27日　上海外汇调剂中心成立,次日正式开盘交易,基准价为1美元6.86元人民币。这是中华人民共和国成立后的第一个公开的外汇调剂市场。

9月28日　中共上海市委印发《关于各级党组织和党员在稳定经济,深化改革中要严守纪律的通知》,要求各级党委和纪委在深化改革过程中加强监督检查。

9月　上海对外劳务合作公司成立。

同月　上海汽轮机厂成功研制中国自行设计制造的首台核电30万千瓦汽轮机。

10月1日　上海开征印花税。

同日　上海集体企业职工退休费实行社会统筹。

10月5日　上海市与西班牙巴塞罗那市建立友好交流关系。

同日　上海投资信托公司东京办事处成立。6日,上海投资信托公司联邦德国汉堡办事处成立。

10月6日　中共上海市委召开党员负责干部会议,对全市党员负责干部学习贯彻党的十三届三中全会精神作部署。

10月10日　上海首次发行保值债券——上海石油化工总厂三期企业保值债券。

10月11日　市高级人民法院终审一起中国最大的涉外侵权损害赔偿案。判决瑞士工业资源公司赔偿中国技术进出口总公司530万美元。

10月15日　黄浦区服务公司所属3家小型商业集体企业云中理发店、为民洗染店、浦南理发店(都是亏损、微利企业),经过拍卖,分别由上海、武汉和温州的买主收购。这是上海第一次向全国公开拍卖小型企业。

同日　中国大陆第一个介入性放射学治疗中心在上海中山医院挂牌。

10月18日　世界上第一株可用来研制避孕疫苗的单克隆抗体、杂交瘤细胞在上海医科大学诞生。

同日　上海召开各委办和区县局干部大会,动员、部署清理固定资产投资项目、压缩投资规模、调整投资结构工作。

10月19日　虹口公园改名鲁迅公园。

10月20日　第四次上海市流动人口抽样调查结果公布,全市流动人口209.1万人。

10月22—29日　第二届上海电视节举行,由国际电视节目的"白玉兰"奖评选、国际电视节目交易会、国际广播电视设备展览会3项活动组成,评出最佳故事片、最佳纪录片、最佳男、女主角"白玉兰"大奖各1个,"上海城市奖"6个,这是中国第一次举办完全意义上的国际电视节,也是当时亚洲规模最大的一次国际电视文化交流活动,中国也结束了没有国际性电视节目交易市场的历史。

10 月 26 日　中共上海市委、市政府召开干部会议，部署下一步清理整顿公司工作，以党政机关办企业和经营性公司为重点。11 月 22 日，市委办公厅、市政府办公厅发出《关于清理整顿党政机关和党政干部经商办企业问题的若干意见》。

同日　中央灭臭虫考核鉴定组宣布：上海市通过国家级鉴定，成为首批无臭虫城市。

10 月 27 日　经国务院批准建设的上海市防汛墙加固、吴淞路苏州河闸桥工程开工。1991 年 4 月 30 日，苏州河闸桥工程竣工通车，主桥长 142.67 米，宽 18.5 米，双向 4 车道，闸门宽 60 米，是全国最大的防汛潮闸。

10 月 28 日　上海大众汽车有限公司的轿车生产流水线建成投产，每天可装配桑塔纳轿车 200 辆。

10 月 29 日　松江邮电局 4 000 门自动电话交换机开通使用。至此市郊电话全部实现自动拨号。

11 月 1 日　市政府发布《上海市土地使用权有偿转让房地产经营管理实施细则》《上海土地使用权有偿转让房地产登记实施细则》《上海土地使用权有偿转让房地产公证实施细则》《上海土地使用权有偿转让委托律师代理的若干规定》。

11 月 5 日　川沙县在国家教委召开的全国扫盲工作会议上被评为全国扫盲先进县。

11 月 7—10 日　市九届人大常委会第四次会议审议通过《上海市经济技术开发区条例》。

11 月 10—13 日　上海市政协首次组织在港澳地区的市政协委员来沪视察，以后基本每年组织 1 次。

11 月 10—14 日　1988 上海国际动画电影节举办。这是中国举办的第一个国际竞赛性电影节，中国、加拿大、苏联等 28 个国家和地区的 386 部作品参赛。中国水墨动画片《山水情》获得大奖。

11 月 17 日　台属许松林获中国台湾地区第一号“入台旅行证”，赴台奔父丧。

11 月 18 日　《文汇报》头版头条刊发复兴中学“破墙开店”的报道，成为全市教育界及社会各界的热门话题，引起了激烈争论。

11 月 22 日　中共上海市委、市政府召开街道工作会议，宣布各区可将财权对街道实行财政包干、街道的人事管理权、部分市政建设管理权和经济管理权“四权”授予街道办事处。

11 月 23 日　长江沿岸 23 个中心城市在上海召开经济调查会，商讨长江流域经济发展。

12 月 1 日　全市首次举行“世界艾滋病日”宣传活动，12 个区均设宣传咨询点。

12 月 5 日　匈牙利人民共和国驻沪总领事馆开馆。馆址在延安东路 100 号联谊大厦 18 楼 10 室，迁至延安西路 2000 号虹桥宾馆 28 楼，1990 年 12 月 15 日起暂时闭馆，后改为匈牙利共和国驻沪总领事馆。

12 月 9 日　国家发明奖授奖大会在北京举行，市科委申报的 14 项发明技术成果获奖，其中二等奖 2 项，三等奖 6 项，四等奖 6 项，获奖数占各省市首位。

12 月 15 日　苏联列宁格勒市代表团访问上海。上海市与苏联列宁格勒市重新确立为友好城市。

同日　南浦大桥破土动工，全长 8 346 米，是一座双塔双索面钢筋混凝土叠合梁结构斜拉桥，也是上海市区第一座跨越黄浦江的大桥。

12 月 16 日　中国进出口消费品质检中心在上海成立。这是中华人民共和国成立后国内第一家中外合作的商品检测机构。

12 月 19 日　市九届人大常委会第五次会议通过《上海市保护消费者合法权益条例》《上海市环境卫生管理条例》。

12 月 21 日　市政府发布《上海市烟花爆竹安全管理规定》,禁止在中山环路范围内燃放烟花爆竹。

同日　人民广场地下变电站动工兴建,这是上海第一座 220 千伏地下变电站,也是全国第一座超高压、大容量城市型地下变电站。1993 年 7 月 31 日,人民广场 220 千伏地下变电站建成送电。

同日　中共上海市委、市政府在上海展览中心召开政法工作会议。会议动员全党全社会力量,狠狠打击犯罪活动,从严整顿治安秩序,维护社会安定,保障上海治理经济环境、整顿经济秩序、全面深化改革的顺利进行。

同日　市政府批准发布《上海市艾滋病监测管理实施办法》,自 1989 年 1 月 1 日起实施。

同日　上海航天基地制造的又一颗实用通信卫星发射成功。该基地一年内成功发射 3 颗人造卫星。

12 月 23 日　印度共和国总理拉吉夫・甘地访问上海。

12 月 25 日　上海大众出租汽车公司开业。

12 月 25 日—1989 年 1 月 24 日　全国政协主席李先念在沪视察。

12 月 26 日　上海第一台 ATM 自动取款机在工商银行启用。

12 月 27 日　上海 244 家企业命名为国家二级企业。

12 月 29 日　市科委发布统计结果,从 1986 年以来的三年中,上海郊区先后安排了国家、市、县三级"星火计划"项目 331 项,总投资 2.9 亿元。这些项目的实施,新增年产值 11.2 亿元,新创年税利 2.2 亿元,创汇节汇 9 000 万美元。

同日　上海自行车三厂兼并昆山自行车厂的协议签字。这是上海第一家跨省市的兼并企业。

12 月 30 日　虹桥机场国际候机楼扩建工程开工。1990 年 1 月 3 日,上海市人民政府决定成立虹桥机场候机楼工程建设领导小组。1991 年 12 月 10 日,虹桥机场国际候机楼扩建工程竣工验收,旅客接待能力由平均每小时 1 000 人次提高到 4 000 人次左右。

12 月　上海国际电话设备有限公司成立。该公司被国家统计局等 4 家单位列为中国 300 家最大规模三资企业之一。1993 年获得国际 BI 的认证。成为中国首家获得国际 BI 认证的通信企业。

同月　中山南路辟通工程(多稼路至海潮路)竣工,至此中山环路全线贯通。

同年　上海市出现了一批不要国家编制,在社会上筹集资金的民办科研机构:国际合作与中小型企业振兴研究所、和平与发展研究所、国际科技进步研究所、上海经济发展研究所、中国管理科学研究院上海分院、亚洲研究所、上海浦东开发研究所、台湾研究所。

同年　全市大多数高校在毕业生分配上开始实行用人单位和毕业生"双向选择"的办法。

同年　上海工业总产值首次超 1 000 亿元。

1989年

1月1日　铁路真如站改名上海西站，原上海西站改名长宁站。

同日　上海出租车全面启用计价器。

1月8日　黄浦区作出规定，南京东路区属商店不准出租柜台，23家名特商店出租柜台全部收回。市商业一局同时决定，直属零售企业停止出租柜台。

1月10日　国际上精度最高的天文学和测地学观察系统、中国第一条甚长基线射电干涉测量观测站（VLB1观测站）在佘山建成并启用。

1月14日　市政府提出对居民定量供应的粮、油、肉、蛋和大路蔬菜指导性零售价维持上年水平，不扩大放开价格的商品品种。

1月16日　上海市党政机关经商办企业的清查工作结束，有394家企业经清理整顿后停办88户，与机关实行"人、财、物"脱钩187户。

1月18日　上海市锦江航运有限公司通顺轮首次由上海经香港驶往中国台湾基隆、南雄两港。

1月20日　市政府决定在全市纺织行业推行外贸代理制和"双线"承包（即外贸企业向市政府承包出口创汇指标，生产部门和企业向市政府承包出口交货指标）。

1月22日—2月16日　中共中央军委主席邓小平在上海视察。2月5日与上海市党、政、军领导人共度农历除夕。2月4日在上海会见苏联外长谢瓦尔德纳泽。在此前后又在上海会见马里共和国总统、非洲统一组织执行主席穆萨·特拉奥雷，巴基斯坦伊斯兰共和国总理穆塔尔玛·贝娜齐尔·布托。

1月24日　上海市蔬菜工作会议在上海县莘庄镇召开。朱镕基在会上提出建设一个以"菜篮子工程"为主要内容的现代化农业系统工程。

1月25日　市九届人大常委会第六次会议通过《上海市公民义务献血条例》，为中国第一部献血工作地方性法规。7月1日起正式实施。

1月26—27日　马里共和国总统穆萨·特拉奥雷访问上海。

1月　中国科学院上海药物所研究项目"青霉素酰化霉基因工程菌"获第二届亿利达奖，中共上海市委书记江泽民、市长朱镕基在上海药物所参加了授奖仪式。

2月1日　市卫生局、公安局颁发婴儿《出生证明》，当日零时起在全市试行。

2月9—14日　中共中央政治局委员、国家主席杨尚昆在上海视察工作。

2月12—13日　巴基斯坦伊斯兰共和国总理穆塔尔玛·贝娜齐尔·布托访问上海。

2月15日　江泽民出席第四次理论工作者双月座谈会，讨论中国教育现状与改革。

2月16—18日　中共上海市委、市政府召开农村工作会议。江泽民、朱镕基出席会议并讲话。

2月20日　伊朗伊斯兰共和国驻沪总领事馆在茂名南路205号瑞金大厦2307室开馆，1995年6月迁吴兴路277号锦都大厦1110室，1997年6月又迁新华路296号，后迁至复兴西路17号。

2月21日　捷克斯洛伐克社会主义共和国驻沪总领事馆在娄山关路55号新虹桥大厦重新开馆。1992年6月改名捷克和斯洛伐克驻沪总领事馆，馆址迁淮海中路1375号启华大厦，12月4日关闭。

2 月 22 日　中共上海市委首次召开市政协工作会议。江泽民在会上作题为《全党重视政协工作,进一步发挥各级政协政治协商、民主监督的作用》的报告。

2 月 22—23 日　多哥共和国总统纳辛贝・埃亚德马访问上海。

2 月 24 日　全市彩电销售实行专营管理,非专营商店一律停止销售彩电。

2 月 27 日　上海京剧院编导演出的《曹操与杨修》获"中国戏曲学会奖"的第一个金盾奖,这是中国戏曲界最高规格的专家奖。

3 月 1—10 日　第七届上交会在上海展览中心举行,由市外经贸委暨所属参展单位联合主办,展会名称由上海对外贸易洽谈会更名为上海对外经济贸易洽谈会。展览谈判面积达 1.2 万平方米,国内参展企业有 217 家,到会客商有 2 600 人次,涉及 50 个国家和地区,出口成交总额 2.65 亿美元。

3 月 3 日　以上海手表厂为龙头,吸收江苏、广东等地的 17 家手表企业参加的上海手表(集团)公司成立,这是国内第一家跨省市的手表集团,以出口创汇为主要目标,采取自愿互利、合同制约的组合方式。

3 月 4 日　中共上海市委常委会决定采用华东建筑设计院设计的建造上海东方明珠电视塔的方案。该方案将 11 个大小不一、高低错落的球体通过 3 根直径 9 米的擎天立柱串连起来,表现了"大珠小珠落玉盘"的诗情画意。东方明珠广播电视塔于 1991 年 12 月 3 日动工,1994 年 9 月 30 日建成。10 月 1 日,登塔观光设施和主体照明系统投入运转,1995 年 5 月 1 日开播,总高度 468 米,为当时亚洲第一、世界第三高塔。

3 月 7 日　上海举报中心已受理群众举报线索 10 362 件,破贪污、受贿案件 582 件。

同日　中共上海市委宣传工作会议举行。会议要求用中共十三届三中全会确定的方针、政策,动员全市人民尤其是党员干部认清形势,振奋精神,保证和促进上海的两个文明建设。

3 月 10—12 日　太平洋区域城市研讨会在上海举行,19 个国家、地区的 210 多名市长、专家和企业家参加。

3 月 13 日　市政府召开市长办公会议,讨论产业结构调整问题。朱镕基在讲话中强调调整产业结构的迫切性,要求进一步制订政策措施,搞好工业结构调整。

3 月 19 日　上海电影制片厂故事片《人・鬼・情》获第十一届国际妇女电影节公众大奖。

3 月 21 日　市劳动局、教育局、公安局、上海市粮食局(以下简称市粮食局)联合发出《关于允许在外省区工作的原上海城镇上山下乡知识青年子女来上海就读入户问题的通知》,规定仍在外省区工作的每户知青允许 1 名年满 16 周岁或初中毕业以上未婚、未就业的子女来上海就读入户;来上海就读入户的知青子女必须有知青在上海的父母、兄弟姐妹做"监护人",并自行解决住房问题。至 1995 年,全市累计批准来上海入户的知青子女有 168 459 人。

3 月 22 日　中共上海市委召开党员负责干部会议,江泽民作题为《全党动员,为加强上海党的建设而努力》的报告。

同日　上海市首届"星火奖"评审揭晓,共评出星火科技奖 26 项,星火示范企业奖 3 项,星火管理奖 5 项,星火优秀青年奖 1 项。

同日　上海针织品进出口公司与上海针织联合公司及所属的 40 家工厂签订"代理出口协议书",这是上海第一家实行双线承包的企业。

3 月 28 日　市政府发布《上海市城镇土地使用税实施办法》,在市区、县城、建制镇、金山石化地区和高桥、安亭、桃浦工业区范围内,使用土地的单位和个人,为城镇土地使用税的纳税义务人,缴纳土地使用税。

3 月　联合国儿童基金会、世界卫生组织、卫生部联合检查审评：上海市计划免疫工作达到世界发达国家水平，儿童四苗接种覆盖率为 99.4%，名列全国第一。

同月　法国第一家在沪独资企业液化空气上海有限公司近日成立。1990 年 5 月 24 日开业。

同月　市供销合作社正式退出政府序列，成为集体经济联合体，继续受国家委托，承担重要的商品购销任务，努力安排好农村市场，在农村商业中发挥主渠道作用。

4 月 3 日　反映上海 1979—1988 年城市建设发展的“上海城市建设十年成就展览”开幕。江泽民、吴邦国、曾庆红等出席开幕式。江泽民作了报告。

4 月 5 日　普陀区集体事业管理局和浙江铝业股份有限公司签订有偿转让友谊电讯厂产权合同，是全市首例跨省市企业产权有偿转让。

4 月 6 日　市政协七届五次常委会会议审议并通过了参加政治协商的界别调整，决定增设港澳同胞的界别，将“归国华侨”界别改名为“上海市侨联”。

4 月 10 日　全市公安机关对外来人口进行集中普查。查明是日来沪外来人口 1 265 945 人。

4 月 11 日　上海美国学校开学，该学校设在市第三女子中学，这是第一所由外国人登记注册的学校。

4 月 12 日　上海确定年内出租汽车从严管理目标。

同日　市精神文明活动委员会举行新闻发布会，宣布中共上海市委、市政府命名 431 个单位为上海市 1987—1988 年度文明单位，103 个集体为军民共建共育先进集体。

4 月 13 日　上海市成立重大建设工程办公室。“重大办”的职责是对上海 44 项重点工程（其中工业项目 21 项、交通邮电 4 项、市政建设 7 项、其他 6 项、前期 6 项）的建设资金、年度计划、物资、施工力量进行综合平衡，并向有关单位下达指令性计划，检查、督促工程建设进度和工程质量，加强横向协调，促进市政配套设施同步建成。

4 月 14 日　朱镕基主持召开市长办公会议，提出将发展轿车工业作为调整上海产业结构、摆脱困境的带头产业来抓。

同日　中国残疾人康复协会在上海医科大学成立，卫生部长陈敏章任名誉理事长。

4 月 15—22 日　市政协举行七届二次全体会议。

4 月 16 日　由上海核工程研究设计院设计，上海第一机床厂制造的秦山 30 万千瓦核电站核岛主设备“反应堆堆内构件”正式通过国家级验收。

4 月 16—24 日　市第九届人大第二次会议举行。朱镕基作《政府工作报告》。经会议审议通过相应决议。

4 月 21 日　市政府发布《上海市民办科技经营机构管理办法》。

同日　朱镕基以市政府第 5 号令发布《上海市环境卫生管理条例实施细则》，5 月 1 日起施行。

4 月 23 日—5 月 4 日　朱镕基应邀率上海市代表团访问日本大阪府、大阪市、横滨市。

4 月 26 日　中共上海市委召开党员干部大会，江泽民讲话，要求认真组织学习《人民日报》当日发表的《必须旗帜鲜明地反对动乱》的社论，动员全市人民行动起来，同一切制造动乱、反对四项基本原则的言行作坚决的斗争，自觉维护安定团结、改革开放和“四化”建设的大局，并宣布市委决定：整顿《世界经济导报》，停止钦本立的《世界经济导报》总编辑、党组成员的职务。

4 月 27—28 日　市科委和中国农业银行上海分行联合召开 1989 年上海市星火计划协调会议。这是上海科技界和金融界首次联合以星火计划的形式推进地方经济发展的会议。

4月28日　每小时2 400吨蒸发量除氧器在上海制成，这是中国第一台60万千瓦超临界火电机组主要辅机设备，长15米，直径2.5米，自重56吨。

4月29日　中共上海市委通知撤销上海市打击严重经济犯罪活动办公室，在市人民检察院设立查处贪污、受贿罪案协调办公室，负责全市贪污、受贿罪案的协调工作。

5月8日　1980年6月19日创刊的《世界经济导报》因犯有严重错误而停刊。8月18日，新华社播发《世界经济导报》事件真相。

5月9日　首届中国国际机床博览会在上海展览中心开幕。有美、英、法、德、日等18个国家和地区200余家工厂参加，成交额超过3 000万美元。上海机床公司的32家工厂49种产品参加展出，并签订出口合同188万美元。

同日　上海第一个具有先进生产水平的集成电路制造厂——上海贝岭微电子制造有限公司建成。该公司是由上海无线电十四厂和中比合资上海贝尔电话设备制造有限公司共同创办的一家高技术合资企业，生产车间的净化级别为100级到1万级，温度、湿度均严格控制。

5月12日　市物资局走访河南、山西煤矿路局，为上海增订到计划外煤炭78万吨，以缓解上海用煤紧张。

5月18日　苏维埃社会主义共和国联盟最高苏维埃主席团主席、苏共中央总书记米·谢·戈尔巴乔夫访问上海。

5月21日　市政府发出《告上海人民书》，希望全市人民立即行动起来，和衷共济，团结一致，坚守岗位，坚持生产，为稳定大局、稳定上海，制止动乱作出贡献。希望全市广大青年学生以大局为重，立即停止一切游行、示威、罢课、请愿活动，回到学校去，恢复正常的教学秩序。

5月22日　朱镕基发表题为《稳定上海、稳定大局》的电视讲话，号召全市人民要为稳定上海、稳定大局，共同负起历史的责任。

5月24日　上海市和澳大利亚联邦昆士兰州在上海签署结为友好市州协议书。

5月30日　中共上海市委、市政府规定全市所有党政机关和企事业单位的收入均应按照财务规定入账，不准在账外设置小金库。

6月2日　复旦大学名誉校长苏步青、同济大学名誉校长李国豪、复旦大学顾问谢希德、复旦大学顾问谈家桢、上海科技大学名誉校长严东生、上海交通大学教授杨槱、上海南洋模范中学名誉校长赵宪初、上海医科大学教授陈灏珠公开发表《致上海高校学生和家长的公开信》，希望同学们尽快复课，坚持上课。

6月3日　至晚上9时，全市始用于20世纪30年代的旋转制电话交换机设备已全部拆除，换装程控新设备。

6月4日　中共上海市委、市政府致电中共中央、国务院、中央军委，对北京戒严部队进驻天安门广场，采取果断措施平息暴乱，表示坚决拥护。当天还发出《告全市共产党员、市民书》，号召全市共产党员和广大市民紧急行动起来，为维护上海的稳定，向各种破坏活动作坚决的斗争。

6月5日　沪东船厂制造成功国内首台单机功率3万马力的船用柴油机。

6月6—7日　不法分子利用161次列车驶入上海沪杭铁路光新路铁路道口发生的交通事故，放火焚烧列车和警用摩托车，制造骚乱。近600名武警、铁路警察和9辆消防车现场抢救，制止骚乱，当场抓获11名犯罪嫌疑人。6月15日，市中级人民法院对在光新路铁路道口制造骚乱、放火烧毁161次列车和警用摩托车的3名罪犯依法判处死刑，剥夺政治权利终身。

6月7日　《解放日报》《文汇报》《新民晚报》、上海人民广播电台、上海电视台联合发表致全市读者、听众、观众的公开信，指出维护上海的稳定，关系全市人民的切身利益，号召读者、听众、观众开展一场“上海不能乱，我们怎么办？”的大讨论。

6 月 8 日　晚上，朱镕基发表电视讲话，号召全市人民动员起来，稳定上海，稳定大局，坚持生产，保障生活，向各种破坏活动作坚决斗争。6 月 9 日凌晨，全市约 10 万名工人纠察队队员和部分机关干部、公安干警拆除路障，维持交通秩序，市内交通迅速恢复正常。

6 月 10 日　国务院学位委员会批准上海第二工业大学为成人高等教育学士学位授予单位。除师范性成人高等学校外，该校是全国第一所有权授予学士学位的独立建制的成人高等学校。

同日　上海 130 条公交线路全部恢复通车。

6 月 19 日　上海远洋运输公司正式开辟中国第一条至南美洲的定期杂货班轮航线。

6 月 21 日　上海人才开发调节中心成立。

6 月 23—24 日　中共十三届四中全会举行，会议对春夏之交的政治风波作出总结，调整中央领导机构的部分成员，选举江泽民为中共中央总书记。26 日，中共上海市委召开会议传达中共十三届四中全会精神，会议一致拥护四中全会通过的各项决定。

6 月 26 日　晚上 11 时 13 分，由杭州发往上海的 364 次列车在松江县华阳桥发生车厢爆炸，受伤 54 人，死亡 24 人。

6 月　在美国和一些西方国家干涉中国平息国内政治风波的内政，对中国无理实行“制裁”时，因受本国政府、公司总部的压力，或因担心不安全，有 1 100 多名外国在上海投资企业的管理人员和经济技术专家撤离上海。从当月下旬起至 7 月，陆续返沪。

同月　按照朱镕基“让上海的夜晚亮起来”的要求，外滩 14 幢建筑泛光照明和南京东路灯光一期工程开工。9 月 20 日，完成了第一次试灯。

7 月 1 日　上海开始实行邮政编码。

7 月 3 日　朱镕基主持召开市长办公会议。会议强调，当前要重点抓好对中共十三届四中全会文件精神的学习，统一思想，提高认识；要扎扎实实地抓好几件群众普遍关心的实事；要进一步抓好经济工作，确保完成今年的各项经济指标；同时要严格控制消费基金的增长。

7 月 4 日　上海第一个出口代理中心上海市纺织品进出口公司代理服务中心成立。

7 月 10 日　国际上最先进的电子分色和整拼版系统设备在上海凹凸彩印厂通过投产验收，标志着上海彩色印刷进入国际先进行列。

7 月 11—13 日　中共上海市第五届委员会第八次全体会议举行，会议原则通过《中共上海市委关于贯彻党的十三届四中全会精神的意见》。全会闭幕时，中共上海市委副书记朱镕基作《动员起来，坚决贯彻十三届四中全会精神》的讲话，指出对当前的严峻形势要有清醒的估计，全党必须动员起来，艰苦奋斗，共渡难关。

7 月 12 日　上海工业系统首次在企业性公司引入竞争机制，公开招聘经理。

7 月 26 日　黄浦江上游水源保护现场会在吴泾化工厂召开。朱镕基讲话强调一定要治理好黄浦江，并当场落实治污项目。

7 月 28 日　虹口区法院开庭公开审理并宣告上海新光五金厂破产，是全市首家集体企业破产案。9 月 16 日，公开拍卖了依法破产的上海新光五金厂全部遗留动产。

8 月 1 日　中共中央决定，江泽民不再担任中共上海市委书记；朱镕基任中共上海市委书记。

8 月 2 日　上海航空公司引进首架波音 757 客机。

8 月 2—6 日　中共中央总书记江泽民来沪视察，与各界人士见面谈话，并出席市公安局召开的制止动乱表彰大会,向广大公安干警表示慰问。

8月11日　朱镕基在上海工业技术改造十年总结研讨会上强调,上海技术改造要搞出口型、集约型、集团型和知识型,以进一步增强上海工业发展的后劲。

8月13日　上海电力部门出现40年来首次亏损,全市企业拖欠电费款7 200万元。

8月14日　朱镕基主持召开上海市市长办公会议,认为轿车工业将发展成为今后上海的第一大产业,应将发展轿车工业作为调整上海产业结构、摆脱困境的带头产业来抓。

同日　《文汇报》报道,上海人的生育观念已发生了深刻的变化,人口发展模式已接近发达国家水平。1988年郊县出生的61 382人中,第一胎占92.72%,规划外二胎仅1%不到,多胎生育自20世纪70年代起就已基本绝迹。由于人口模式的迅速转变,上海在全国率先出现了年龄结构老化等问题。

8月15日　由上海飞往南昌的5510航班在虹桥机场起飞时发生故障,冲出跑道,坠入河内,死亡36人。

8月18日　石洞口电厂发生特大火灾,消防总队出动29辆消防车,520多名指战员参加扑救。

8月29日　上海译文出版社历时15年编纂而成的《英汉大词典(上卷)》举行出版发行仪式。《英汉大词典》是1975年国家中外语文辞典编写出版规划内最大的一种英汉词典,1987年被列为国家哲学社会科学"七五"规划重点项目。全书分上下两卷,收词20万条,共200万字,约5 000页,下卷于1991年9月出版。

9月1日　上海市开办居民个人外汇调剂业务。

9月4日　1981—1989年9月,上海航天工业参与和独立发射9颗卫星,成功率100%。

9月5日　中共上海市委、市政府召开农村工作会议,朱镕基在会上强调当前农村工作一要稳定、二要鼓劲,并对郊区工作提出具体要求。

9月7日　上海市首届家庭文化节揭幕,主题为"爱我上海,爱我家"。

9月8日　上海破获100多人非法出境案。

9月8—16日　朱镕基率团访问山西省和内蒙古自治区。

9月9日　申屠新林、曾乐、顾玉东、黄培忠、包起帆、王承德、吴汝平、郭亚军、席裕庚、惠永正获上海市首届科技精英奖。

9月11—12日　布基纳法索国家元首、政府首脑布莱斯·孔波雷访问上海。

9月11—14日　致公党上海市第二次代表大会举行,吴肇光当选为主委。

9月12日　1989年版《辞海》由上海辞书出版社出版,共收词12万条,约1 600万字,比1979年版分别增加了1.8万条和260万字。

9月13日　上海港货物吞吐量跃居世界第四大港。

9月14日　苏联国家模范大剧院芭蕾舞团140位艺术家访问上海,举行了3场演出。这是相隔30年之后,苏联芭蕾舞蹈家的首次访问。

9月15日　中共上海市委、市政府召开全市整顿清理图书报刊及音像市场动员大会,部署在全市开展整顿清理图书报刊及音像制品的工作。

同日　上海益昌薄板有限公司成立。该公司由中国物资开发投资公司、上钢一厂、上海久事公司与美国上海太平洋合股公司等联合投资经营,是开发、生产、销售冷轧薄板和镀锡原板的中外合资企业,后被列入上海1990年头号重点工程。1990年12月18日,公司冷轧薄板工程试车成功,轧出酸洗板卷。

9 月 16 日—11 月 3 日　1989 年上海文化艺术节举行。

9 月 22 日　上海开展清理整顿公司工作。中共上海市委、市政府召开会议，宣布决定撤销上海振兴投资服务公司、上海立信实业股份公司，合并久事、实事两家公司，保留上海投资信托公司。

9 月 23 日　在市九届人大常委会第十一次扩大会议上，副市长黄菊等分别汇报《关于 1989 年国民经济和社会发展计划执行情况报告》《上海市 1989 年 1—8 月财政收支情况的报告》和《关于进一步清理整顿公司和查处单位投机倒把的情况汇报》。此后，每年年中都举行一次市人大常委会扩大会议（又称"小人大会"），邀请在沪全国人大代表和全体市人大代表列席，听取市政府上半年工作汇报，并逐步扩大到邀请在沪全国政协委员和市政协委员列席。

同日　打浦桥街道社区服务中心举行落成典礼暨成立大会，这是上海市第一个街道社区服务中心。

9 月 25 日　市政府公布第五批市级文物保护单位名单，沙逊别墅、汇丰银行大楼、和平饭店等 59 处建筑被列为上海市首批优秀近代建筑。

9 月　由胡焕庸、伍理合作完成的《中华人民共和国人口分布图、等值线人口密度图》由中国地图出版社出版。两图对中国人口地区分布情况、原理及其规律性作了解释和分析，极大地提高了地图的科学价值和使用价值，填补国内空白。

10 月 4 日　中共上海市委召开常委扩大会议，座谈学习江泽民在庆祝中华人民共和国成立四十周年大会上的讲话的体会。

10 月 7 日　上海医学卫生发展基金会成立。市政府经济顾问汪道涵任理事长。

10 月 8—9 日　老挝人民民主共和国部长会议主席凯山・丰威汉访问上海。

10 月 9 日　在朱镕基倡议下，经中央领导同意，上海召开"上海市市长国际企业家咨询会议"预备会（后改为第一次会议）。首次会议通过咨询会议章程，与会的 11 个国家的 21 位国际知名大公司的董事长、总裁、总经理成为咨询会议成员，美国国际集团公司董事长格林伯格被推选为第一届主席。咨询会议每年召开 1 次。

同日　朱镕基会见美国民间霍普健康基金会威廉・华而许博士夫妇等人。该会捐赠 2 500 万美元，同第二医科大学合作，在浦东新区建立一所现代化的上海儿童医学中心，1991 年 11 月 5 日正式签订合作原则协议。

同日　上海市振兴律师事务所卫生医事法律事务部在上海医科大学成立。这是国内第一家办理卫生医事法律纠纷的机构。

10 月 10 日　中共上海市委办公厅、市政府办公厅转发市清理整顿公司和查处单位投机倒把领导小组《关于进一步清理整顿公司的实施意见》，坚决撤并流通领域中过多过滥、没有存在必要的批发公司；长期经营不善，严重亏损，已经资不抵债的公司立即停办；严禁党政干部经商办企业；严肃查处重大投机倒把案件。

同日　世界上最大的 200 吨电渣重熔炉防氢装置在上海重型机器厂研制成功。

10 月 12 日　曲阳新村住宅小区一期工程建成交付使用。小区总建筑面积 78 万平方米，可居住 5 万人，为全市配套齐全的最大居住新区。

10 月 12—14 日　加纳共和国部长委员会主席保罗・维克托・奥斌访问上海。

10 月 13 日　上海输美的蘑菇罐头受阻。从 5 月 19 日起，美国开始扣押从中国进口的梅林牌蘑菇罐头，并抽查了在美市场上及库存的中国产蘑菇罐头。美国食品药品管理局于 10 月 13 日登报宣布，中国进入美国海关的蘑菇罐头将全部实行"自动扣留"。

10月17日　上海市决定从1989年入学新生起，每学年向高校学生收取200元学杂费。

10月18日　上海市精神疾病司法鉴定委员会成立。

10月21日　唐振常主编的《上海史》由上海人民出版社出版，为第一部上海全史著作。

10月23日　上海市与土耳其伊斯坦布尔市结为友好城市。

10月23—28日　1989年国际科教电影协会年会和国际科教电影节(又为中国第二届国际科教电影节)在上海举行。

10月24日　中国极地研究所在上海成立。

10月24—26日　中共上海市委、市政府召开工业企业思想政治工作会议，贯彻中共中央关于加强党的建设的通知，决定从明确企业党组织的核心地位，领导企业的思想政治工作和精神文明建设等6个方面，发挥企业党组织的政治核心作用。

10月　上海选手樊迪在第二十五届世界体操锦标赛中获高低杠金牌。

11月1日　市政府集体事业管理办公室宣布，首次向全国公开出售上海地区集体工业和商业企业的产权，其中有8家工厂。这些企业大多是长期微利、亏损或濒临破产边缘。

11月2日　亚太地区城市技术合作网在上海成立。

11月10—14日　中共上海市第五届委员会第九次全体(扩大)会议举行。朱镕基在全会闭幕会上就学习贯彻十三届五中全会精神作讲话。

11月12日　上海全市自动电话拨号由六位码升为七位码的改建工程割接成功，江泽民来信祝贺。

11月14日　中国独立设计研制的世界上第一台2 000吨力双向测力机，在闵行工业区完成安装，并通过带负荷试验和整机试运转等测试和考核。

11月16日　市卫生局、工商局、公安局联合行动，分23路检查取缔非法行医的江湖郎中近百人，多为外地流窜来沪者。

11月17日　新亚集团公司与美国肯德基国际公司合资成立上海肯德基有限公司，连锁快餐第一家店“肯德基家乡鸡”在外滩东风饭店底楼开业。

11月20日　石洞口到崇明县新开河码头开通，渡轮航程65分钟，为上海市区到崇明最便捷的航线。

11月29日　由上海服装公司和墨西哥墨中进出口有限公司合资共办的上海墨西哥服装有限公司在墨西哥城正式开工，这是中国在墨西哥的第一家合资企业，总投资120万美元，中方占49%，以美国和墨西哥为主要销售市场。

11月30日　由上海和北京11个研究单位在上海建成传感技术联合重点实验室。

11月30日—12月2日　中共上海市委、市政府举行学校思想工作会议，研究如何坚持正确的政治方向，切实加强和改进学校思想政治工作，把学校真正办成培养社会主义事业接班人的坚强阵地。

11月　1949—1989年上海十佳建筑评选揭晓，曲阳新村、上海体育馆、上海游泳馆、上海展览馆、淀山湖大观园、华亭宾馆、静安希尔顿酒店、上海铁路新客站、华东电力大楼、延安东路隧道(后改称“延安东路隧道北线”)被评为十佳建筑。

同月　上海选手韩长美在第三届世界女子举重锦标赛中破两项世界纪录。

12月1日　朱镕基邀请武汉柴油机厂原“洋”厂长格里希来沪，给全市1 200多位厂长、经理上质量管理课。朱镕基在厂长大会上讲话，提出“质量是上海的生命”。

12 月 5 日　《上海市查禁有害出版物暂行规定》正式开始实施。该规定是全国第一个由地方政府制定的专门查禁有害出版物的规章，也是上海市的第一个“扫黄”立法。

12 月 7 日　朱镕基等中共上海市委、市人大、市政府领导带领千余名机关干部到奉贤县泰青港工地与群众一起参加挖河劳动，在全市掀起冬春水利高潮。

12 月 11 日　上海首届农民电影节开幕，为全国首个农民电影节，1990 年 1 月 10 日电影节闭幕。

12 月 12 日　朱镕基出席第九次理论工作者双月座谈会，讨论学习马克思主义哲学问题。

12 月 15 日　市委宣传部建立上海市马克思主义学术著作出版基金。

同日　上海市肿瘤医院建立国内第一株人鼻咽癌瘤株。

12 月 18 日　列为 1989 年度全市一号重点工程的上海永新彩色显像管有限公司彩管工程建成，实现全线联动，生产出第一批合格的彩色显像管。

12 月 19 日　国家科技奖励大会在北京举行，在本次国家科技奖励评选中，上海有 16 项获国家发明奖，占全部 152 项国家发明奖的 10.5%，居全国之首；54 项获国家科技进步奖，占全国 504 项的 10.7%；国家星火奖，上海限额申报 8 项，有 7 项获国家星火奖。

同日　日本国政府无偿援助价值 16.08 亿日元的医疗器材，包括核磁共振、直线加速器、体外震波碎石机、数字减影血管造影机等一批具有 20 世纪 80 年代国际先进水平的医疗仪器，装备中国自行建造的一所现代化医院——上海市第六人民医院新院。

12 月 20 日　上海光学仪器研究所采用粘结法接长技术连接复制光栅尺，制成国内第一根 4 米超长度光栅尺，使计量光栅制造技术得到突破。

12 月 23 日　由《解放日报》《文汇报》、上海人民广播电台等 5 家新闻单位资料研究人员编写的《上海全书》出版，这是全面介绍上海基本情况的大型工具书。

12 月 27 日　上海仪器仪表研究所研制成功 YJ98 型可程控交直流标准电源和 WGY10 型高稳定稳压管，填补国内空白。

12 月　废弃物老港处置场建成进入试运转垃圾消纳处置阶段。这是历时 4 年建成的上海市重大工程，位于南汇老港海边，总投资为 1 亿多元，可日处理近万吨上海市区产生的垃圾。

同月　长宁区程家桥地段医院专设老年痴呆病房。1993 年 7 月 1 日改建为长宁区老年痴呆专科医院，是国内首家收治老年痴呆专科医院和红十字老年护理医院。

同月　位于宝山区的罗泾放射性实验处理基地通过验收。占地 3.86 公顷，总投资 1 200 余万元，部分处理设备达到国际先进水平，是国内首个综合处理放射线三废实验处理站。

同月　第七届世界杯技巧赛在莫斯科举行，上海虞玮、陆美娟获女子双人第一套冠军，成为上海技巧史上第一个世界冠军。

同月　印度新德里举行第十四届亚洲自行车锦标赛，中国运动员用永久牌 SC 赛车夺得男子 4 人组 100 公里计时赛冠军，打破了国产自行车参加国际性重大比赛零的纪录。

同年　上海食品机械厂试制成功 1000 型滚切式饼干机，达到 20 世纪 80 年代国际先进水平。上海市农科院畜牧兽医研究所在国内首次引进法国比特兰、比利时长白种猪。

同年　郊区棉花种植面积降为 16.01 万亩，是明、清以后至 20 世纪 80 年代棉花种植面积最少的一年。

同年　崇明东平国家森林公园对外开放。前身是 1959 年开始围垦建设的崇明东平林场，面积 353 公顷，是华东地区最大的平原人工森林。

1990年

1月1日　上海市长朱镕基发表元旦献辞，零点在上海电台、上海电视台播出。

1月3日　全国优秀新产品展评会揭晓，上海有157种轻工产品获奖，其中49种获国家质量奖，获金质奖、管理奖数量均居全国第一。

1月5日　国务院出口办公室给上海电线电缆公司发来传真电报，祝贺该公司1989年出口创汇达到1 120万美元。

1月9日　市九届人大常委会举行第十四次会议，审议通过《上海市实施〈中华人民共和国集会游行示威法〉办法》。

1月12日　上海柴油机厂等16家企业被国务院企业管理指导委员会批准为国家一级企业，占总数的35.6%。

1月19日　中共中央总书记江泽民委托朱镕基和副市长谢丽娟，将其翻译的《机器制造厂电能的合理使用》的稿费1 500元捐赠给市儿童福利院的婴幼儿童。

1月21日—2月13日　邓小平在沪视察。1月26日，邓小平与上海市党政军负责人共迎新春。邓小平对浦东开发的准备工作表示了极大的关怀。回到北京后，他对中央领导说："我已经退下来了，但还有几件事，我还要说一下，那就是浦东开发，你们要多关心。"

1月23日—2月3日　中共中央政治局委员、国家主席杨尚昆在沪视察。1月26日，杨尚昆与上海市党政军负责人共庆新春。

1月28日　晚9时许，一场罕见大雾使黄浦江轮渡全面停航。市政府决定向行人开放隧道，阻隔在浦江两岸的20万市民分别从延安东路隧道（后改称"延安东路隧道北线"）和打浦路隧道步行安全通过。

1月　市土地局制定《上海农村宅基地有偿使用收费办法（试行）》，选择宝山区、嘉定县、南汇县的部分乡村开展农村宅基地有偿使用试点。

同月　经市政府批准，黄浦江、苏州河客渡运价调整。黄浦江渡运每人每次（往返）票价调整为2角，苏州河渡运每人每次（单程）票价调整为5分。

1—3月　根据江泽民的要求，市社联和上海经济学会连续召开18次讨论会，对中国经济发展与经济体制改革的重大问题展开系列研讨。

2月4日　上海航天基地研制的"长征三号"运载火箭成功将一颗实用通信卫星送上天空。

2月5日　上海吴泾化工厂挂牌成立，这是中国最大的化工塑料生产基地。

2月6日　邓小平视察上海大众汽车有限公司。

2月7—8日　中共上海市委书记朱镕基、市委副书记吴邦国及市委统战部负责人分别邀请全市民主党派和工商联负责人进行谈心活动，就贯彻《中共中央关于坚持和完善中国共产党领导的多党合作和政治协商制度的意见》，进行自由交谈、沟通思想、征求意见。

2月9日　市政府召开监察工作会议，宣布1990年廉政建设要从抓506名局级干部延伸到包括大中型企事业单位的2 000名局级干部，并延伸到2万名处级干部以及事业单位的领导干部。

2月10日　江苏太仓地震，波及上海。

2月16日　市教卫办、市高教局召开上海解放以来首次普通高校优秀教学成果奖励大会，全市高校共有182项优秀教学成果获奖。

2月23日　市工商局发出《关于私营企业公告的通知》，规定凡在上海注册登记的私营企业，其开业、变更、歇业均需进行公告。

同日　上海市建五公司等10家施工企业获上海市首届(1989年度)"白玉兰"优质建筑施工工程优胜奖杯，这是首届"白玉兰"奖评选，系上海建筑施工工程最高荣誉称号。

2月23—26日　中共中央政治局常委、书记处书记、中纪委书记乔石在沪视察。

2月26日　中共上海市委、市政府上报《关于开发浦东的请示》。3月28日—4月7日，中共中央政治局常委、国务院副总理姚依林受中共中央总书记江泽民，中共中央政治局常委、国务院总理李鹏委托，带领国务院有关部门负责人来上海，对开发和开放浦东问题作专题研究。4月14—18日，国务院总理李鹏视察上海工作。18日，李鹏在上海宣布中共中央、国务院同意上海开发浦东、开放浦东，原则批准在浦东新区实行经济技术开发区和某些经济特区的政策。上海浦东新区成为中国首个国家级新区。

2月27日　市政府召开蔬菜工作会议，明确"菜篮子工程"建设的最终目标是：生产现代化，销售超市化，产供销一体化。

3月1—10日　1990年上海对外经济贸易洽谈会(第八届上交会)在上海展览中心举行。来自世界各地52个国家和地区的3 109位客商参加了洽谈会。展览谈判面积达1.25万平方米，出口成交金额3.37亿美元。1991年起，上交会改为中国华东出口商品交易会(简称华交会)。

3月3日　邓小平在北京同几位中央负责同志谈话时指出："上海是我们的王牌，把上海搞起来是一条捷径。"

同日　市政府举行"1990年上海市利用外资信息发布会"，会议宣布，上海市将在漕河泾经济技术开发区试办土地批租，并提出鼓励外商投资五项原则。

3月6日　上海市成立妇女儿童保护委员会。

3月9日　国家环保局公布上海市1989年城市环境综合整治定量考核总分为55.9分，位列全国37个城市第32名。

3月15日　中共上海市委、市政府发布并施行《关于党、政机关工作人员保持廉洁的规定》和《上海市企业事业单位领导干部保持廉洁的若干规定》。

3月16日　上海市市长国际企业家咨询会议第一次会议(后改为第二次会议)在新锦江大酒店白玉兰厅举行。美国国际集团公司董事长格林柏格任会议主席。朱镕基致欢迎词。来自美国、英国、日本、法国等10个国家的18位世界知名企业家与市政府领导共同商讨振兴和发展上海经济的大计，主要议题为浦东开发、金融改革和产业结构调整。

3月28日　上海有偿出让第一块工业用地50年的土地使用权，由香港齐来贸易有限公司以1 088万美元的协议受让金获得。这块土地位于漕河泾新兴技术开发区的中部，编号为漕河泾新兴技术开发区D7、B8、B9、B10，总面积42 724平方米。

3月　川沙县在全国率先实现灌溉输水地下化。1988—1990年全县投资1 400多万元，建成地下渠道412公里。

4月3日　市政府办公厅发文，通知成立市住房问题研究小组，负责拟订上海市住房制度改革方案。

4月4日　市卫生防疫站公布：1979—1989年的10年间，上海市青少年体质明显增强，身高、体重分别超过国外同期增长水平。

4月13日　市政府召开清理"三角债"动员大会,并成立市清理"三角债"领导小组及办公室,具体组织领导清理企业间相互拖欠"三角债"的工作。市人民银行投入10多亿元启动资金,配合清欠。

4月16日　全国人大常委会副委员长、民建中央委员会主席、著名工商界人士胡厥文在北京逝世,享年94岁。

4月17—20日　中非共和国总统、国家元首、中非民主联盟主席安德烈·科林巴上将和夫人访问上海。

4月19—26日　市政协举行七届三次全体会议。会议期间,首次举办现场协商咨询活动。

4月20—30日　上海市九届人大三次会议举行。朱镕基作《政府工作报告》,常务副市长黄菊作《关于上海市1990年国民经济和社会发展计划(草案)的报告》,黄菊还就浦东开发开放问题作了专题报告。经审议,会议通过相应决议。

4月23日　中共上海市委、市政府下发《关于进一步加强和改进中小学德育工作的意见》。

同日　江南造船厂为美国福茂航运公司建造的"心梅号"6.5万吨货轮下水。

4月26日　自行车敞开供应,是为上海最后取消凭证供应的日用工业品。

同日　市政府印发《上海市带征土地管理暂行办法》。1997年12月14日,市政府第53号令修正该办法并重新发布。2001年1月9日,市政府第95号令将该办法废止。

4月30日　市政府新闻处举行开发开放浦东新闻发布会,常务副市长黄菊介绍浦东开发的规划、实施步骤和政策措施。朱镕基宣布成立市浦东开发领导小组,下设办公室,并回答了中外记者的提问。

4月　上海建立地区集体企业退休职工大病医疗费调剂基金,开始试行地区集体企业退休职工大病医疗费统筹,以减轻部分地区集体企业因退休职工多或经济效益差导致的医疗费负担。

5月3日　市政府浦东开发办公室和浦东开发规划研究院开始办公。

5月3—5日　中共上海市第五届委员会第十次全体会议举行。全会讨论中共上海市委《关于加强农村党的建设,稳定发展农村经济的若干意见》和《全党重视、抓好质量的意见》。

5月4日　中共上海市委、市政府向中共中央、国务院呈报《关于开发浦东、开放浦东的请示》,对开发开放浦东的方针、政策、措施提出具体意见。6月2日,中共中央、国务院批复中共上海市委、市政府,原则同意上海报送的《关于开发浦东、开放浦东的请示》。批复指出:开发和开放浦东是深化改革、进一步实行对外开放的重大部署,是一件关系全局的大事,一定要切实办好。

同日　中共上海市委召开各界知识分子座谈会,认真学习江泽民在首都青年纪念五四报告会上《爱国主义和我国知识分子的使命》的讲话。

同日　国家计划委员会批准兴建上海外高桥电厂项目建议书。1995年4月25日,1号机组正式投产。1995年12月28日,2号机组投产。1996年12月21日,3号机组投产。1997年9月19日,4号机组投产。该工程总投资54亿多元。1997年11月10日,外高桥发电厂一期工程全面建成。

5月6—26日　上海市第九届体育运动会举行,有10 767名运动员参加比赛,有1人1次破1项全国纪录并超世界纪录。

5月9—12日　第一次促进海内外经济交流活动和上海市海外交流协会成立大会举行。朱镕基出席大会并讲话。

5 月 10—13 日　阿拉伯联合酋长国总统扎耶德·本·苏尔坦·阿勒纳哈扬访问上海。

同日　由世界银行贷款的上海铝材厂闵行分厂阔幅铝箔生产线，调试生产出 204 吨合格铝箔，中国的铝箔加工跨入世界先进水平。

5 月 12—22 日　举行上海艺术节。

5 月 15—17 日　第五届环太平洋港口讨论会在上海举行，21 个中外港口派代表与会。

5 月 17 日　上海性社会学研究中心主持进行的全国性文明调查获得成功。

5 月 18 日　上海市投资信托公司被联合国跨国公司中心列为跨国公司，为中国大陆首家跨国公司。

5 月 19 日　上海市地铁公司更名为上海市地铁工程建设处。

5 月 21 日　农村宅基地普查、登记、发证和有偿使用工作在上海县颛桥镇集体村进行试点，之后在市郊逐步推广。

5 月 29 日　当时上海最大的火力发电厂石洞口电厂 4 台 30 万千瓦机组全部建成，总容量 120 万千瓦，占全市发电装机容量近 30%。

同日　五卅运动纪念碑在人民公园落成。

5 月 30 日　市政府浦东开发办公室举行挂牌仪式。

6 月 1 日　市政府决定以中山环路为基础，修筑内环线。是日，国家计划委员会批准内环线一期工程立项，1994 年定名为内环高架路。内环高架路工程（包括对有关地面道路的拓宽改建）为中华人民共和国成立以后上海最大的市区道路建设项目，总投资（不含大桥投资）30.23 亿元。1992 年 9 月 25 日，内环线一期高架主体工程开工。1993 年 11 月 20 日，内环线浦东段通车。1994 年 12 月 7 日，上海市内环线工程全线建成通车，全长 48 公里，由浦西段、浦东段和南浦、杨浦二座黄浦江大桥组成。设计车速每小时 80 公里，为全国首条城市高架快速干道，也是中国当时规模最大、设施最齐全、功能最完善的城市高架快速干道系统。

同日　上海静安股票指数突破基准线 100 点，达到 100.69 点，上市的各种股票交易价格全部突破票面值。

同日　由上海焦化总厂和美国卡博特公司合资兴建的中美合资卡博特化工有限公司在上海吴泾开工，1993 年 7 月建成投产，这是当时国内最大的炭黑生产企业。

6 月 5 日　全市商业企业清除假冒伪劣商品大会召开。460 家大中型企业签订责任书，保证年内清除假冒伪劣商品。

6 月 8 日　朱镕基、市政府顾问汪道涵率上海经济代表团抵香港访问，并出席“九十年代上海经济发展——沪港合作展望研讨会”。

同日　上海轻工业系统在市工业企业技术进步展评会期间举行的“上海人民最喜爱的 10 件轻工产品”评选揭晓：“飞人牌”电子多能缝纫机、“凤凰牌”902 型自行车、“永久牌”67 型多速自行车、“飞达牌”内燃机助动车、“美加净”系列化妆品、“英雄牌”高级铱金笔系列、“如意牌”高保温矿化净化气压瓶、“上海牌”指针式石英表系列、“上儿牌”朱古力系列、“上玻牌”蒙莎玻璃器皿系列。

6 月 11 日　国家卫生部确认上海市在全国省、市、自治区中第一个基本消灭麻风病。11 月 4 日，在全国第四次麻风病防治工作会议上正式宣布上海市基本消灭麻风病。

6 月 15—20 日　朱镕基率上海经济代表团访问新加坡。

6 月 17 日　上海飞机制造厂和上海广播器材厂联合研制成功 6 讯道彩色电视转播车。

6 月 18 日　虹桥经济技术开发区第一家中外合资企业扬子江大酒店开业。

6月19日　上海市计划经济部门和江苏、浙江有关部门,及大学科研单位受国家计划委员会委托编制的《长江三角洲90年代产业结构布局调整研究报告》,通过评审。

同日　大中华橡胶厂和正泰橡胶厂组建为上海轮胎橡胶(集团)公司。

6月22—27日　以江苏省长陈焕友为团长的江苏省政府代表团访问上海。朱镕基在会见时指出,上海开放浦东、开发浦东绝不搞“上海牌”,要搞“中华牌”。

6月23日　上海海洋地质调查局在东海油气勘查中,发现1个油气田和4个含油气构造,打出高产井。

6月25日　民进市委举行十届九次全会扩大会议,赵宪初辞去主委,刘恒椽当选为主委。

6月29日　上海医疗器械厂与上海核工程研究设计院等50多家单位合作,研制成功国内第一台JD31型(中华Ⅰ型)全身CT。

6月30日—7月1日　乍得共和国总统哈吉·侯赛因·哈布雷和夫人访问上海。

6月　国务院批准在浦东设立外高桥保税区。是年7月27日外高桥保税区开发公司成立。这是中华人民共和国成立以后设立的第一个保税区。1992年2月28日,该公司与中国银行上海信托投资公司、中国建设投资(香港)有限公司招商局集团(香港)有限公司四方组成中外合资外高桥保税区联合发展有限公司。总投资2亿美元,注册资金8 000万美元。1993年4月18日,外高桥保税区封关运营。

同月　上海海监局绘制的《上海港航行图集》正式对外发行。这是上海港开港以来第一部综合性航海资料。

同月　上海重型机床厂制造的国内第一台超重型精密200吨双向基准测力机通过国家级技术鉴定。

7月1日　市政府决定,向市内居民煤气新用户发行煤气建设债券和收取初装费,多渠道筹集煤气建设资金,加快上海煤气建设。

7月2日　孟加拉人民共和国总统侯赛因·穆罕默德·艾尔沙德和夫人访问上海。

7月4日　普陀区药水弄清真寺在常德路1328弄3号开工重建,是上海解放后首座重建的清真寺。1992年4月4日开斋节建成开放,更名为沪西清真寺。

7月7日　应美中全国关系委员会邀请,朱镕基、汪道涵率中国市长代表团到美国访问。

7月10—11日　塞拉利昂共和国总统约瑟夫·赛义杜·莫莫访问上海。

7月12日　上海自行车(集团)公司成立,由13家自行车专业厂及有关厂组成。

7月16日　国内第一台60万千瓦超临界机组高压给水加热器在上海试制成功,质量达到世界先进水平。

7月24日　古巴共和国驻沪总领事馆在娄山关路55号新虹桥大厦开馆。

7月26日　60万千瓦超临界冷凝器在上海制成,为中国火电设备制造技术实现一大突破。

7月28日　中共中央、国务院决定给科研、高等教育、卫生、生产及社会科学等领域作出突出贡献的专家、学者、技术人员享受政府特殊津贴。上海市首批有25名专家享受政府特殊津贴。

7月　上海市中共党员进行重新登记工作,年底全部结束。

8月2日　市政府决定下年起市郊农村宅基地开始全部实行有偿使用,宅基地费用主要用于村内基础设施和公益事业建设。

8月5日　市政府发布《上海市外债管理规定》,自当年9月1日起施行。

同日　全国第一台无水冷陶瓷发动机在上海制成。

8 月 9 日　上海被列入全国缺水城市之一(水质型缺水),日供应量每年以 20 万吨递增,自然水资源跟不上需求。

同日　上海制成全国第一台国产直角平面大屏幕彩色电视墙,提供在北京举办的亚洲运动会使用。

8 月 10 日　虹口区被世界卫生组织列为世界第一个城市初级卫生保健发展合作中心。

8 月 11 日　市政府决定,年内 1/3 的统配房源用于解决中小学教师住房困难。

8 月 15 日　上海市清理整顿公司领导小组决定,撤销中信公司上海市公司。中信公司上海市公司非法经营,贪污受贿,投机倒把,偷漏税巨大。

8 月 21—22 日　上海经济研究中心、市计划委员会、市体改办、市人民政府研究室(以下简称市政府研究室)、上海社会科学院联合举办"90 年代振兴上海、开发浦东研讨会",就如何发挥上海的多功能经济中心的作用,如何在 20 世纪 90 年代基本实现外向型经济格局,积极参与国际分工和国际竞争等问题进行讨论。朱镕基和黄菊到会并讲话。

8 月 22—28 日　第十一届世界女子排球锦标赛(上海赛区)在上海体育馆举行。

8 月 24 日　中国农业银行上海市浦东分行开业。这是国内金融业在浦东设立的第一个分支机构。

同日　1990 年上海商品交易会举行,为中华人民共和国成立后上海最大的一次为贸商品交易会。全国 5 000 多家批发企业和近万名客户进场交易,展出商品 3.5 万多种。

8 月 25 日　法国马赛市长罗伯特·维古鲁率代表团访沪。27 日,市政府和马赛市政府签署《上海市和马赛市合作协议书》。

8 月 26 日　杨浦区采用新办法改造旧区,从"就地平衡,自行过渡"改为"先建新区,后改旧区,一次安置"的新、旧区结合,综合开发办法。

8 月 27 日　美国休斯公司测试数据标明,上海航天局生产的"长征三号"火箭飞行速度达到国际先进水平。

8 月 30 日—9 月 12 日　第三届全国书市在上海展览中心举行。全国 400 家出版社的 4 万种图书,分别按专业在 12 个展览馆内展出。共接待读者 22 万人次,销售图书 140 万册,销售额 500 万元。个人读者购书额占总营业额的 52%,超过团体购书。这是上海第一次举办全国性书市。

8 月　上海白玉兰戏剧表演艺术奖创设,此后每年颁奖。

9 月 3 日　上海航天基地独立设计制造的第二颗"风云一号"气象卫星发射成功。

9 月 6 日　纪念张闻天诞生 90 周年大会在川沙县举行。

9 月 7 日　财政部颁发《关于上海浦东新区鼓励外商投资减征税、免征企业所得税和工商统一税的规定》。自 1990 年 10 月 1 日起施行。

同日　中国人民银行发布《上海外资金融机构、中外合资金融机构管理办法》。

同日　亚运会火炬交接仪式在上海展览中心举行,朱镕基从浙江省副省长李德葆手中接过火炬,交由运动员朱建华跑向外滩,数十万居民观看。

9 月 10 日　市政府举行新闻发布会。会上,中国人民银行总行、财政部、国家海关总署和市政府发布浦东新区开发开放的 9 个法规文件。主要有:中国人民银行总行颁布的《上海外资金融机构、中外合资金融机构管理办法》,财政部颁布的《关于上海浦东新区鼓励外商投资减征、免征企业所得税和工商统一税的规定》,国家海关总署颁布的《中华人民共和国海关对进出上海外高桥保税区货物、运输工具和个人携带物品的管理办法》;市政府颁布《上海市鼓励外商投资浦东新区的若干规定》《上海市外高桥保税区管理办法》《上海市浦东新区土地管理若干规定》等。

9月11日　经市政府批准,浦东外高桥保税区开发公司、金桥出口加工区开发公司和陆家嘴金融贸易区开发公司在浦东新区塘桥由由饭店同时成立,注册资本都是1亿元,为国营企业,标志着浦东开发开放进入实质性启动阶段。

9月13日　市建委颁发《关于认真落实住宅建设区中小学配建项目的通知》,要求"新村中、小学建设项目应与住宅建设统一规划,同时安排计划,同时组织实施,同时交付使用"。

同日　因海湾战争,上海在伊拉克的487名劳务人员由专机接回上海。

9月18日　市政府召开法制工作会议,部署贯彻实施《行政诉讼法》工作。

9月21日　市政府发布《上海市女职工劳动保护办法》,自当年11月1日起施行。

同日　全国最大的计算机合资企业华普公司在上海成立。

同日　上海重型机器厂制成国内第一台大型加氢反应器锻件,标志着上海制造大型化工高温高压容器技术达到新水平。

9月25—28日　市九届人大常委会举行第二十一次(扩大)会议。会议听取朱镕基《关于当前上海经济形势和住房制度改革方案(草案)的报告》;通过《关于同意市人民政府〈上海市住房制度改革实施方案(草案)〉交市民广泛讨论听取意见的决定》;审议、通过《关于修改〈上海市黄浦江上游水源保护条例〉的决定》,决定以市花白玉兰、沙船、螺旋桨组成的三角形图案为上海市市标。

9月29日　上海国际友好城市交流事业发展基金会举行成立大会。大阪府、大阪市、横滨、旧金山、昆士兰、哥德堡、安特卫普、汉堡、鹿特丹、蒙特利尔等友好城市的代表到会祝贺。

9月　上海颁布《上海市外资、中外合资金融机构管理办法》,欢迎外国以及港澳地区金融机构来沪设置独资或中外合资金融机构。

同月　上海私营企业已有注册企业1 319家,资本5 874万元。

10月1日　经国务院批准,上海正式实施《关于上海浦东新区鼓励外商投资减征、免征企业所得税和工商统一税的规定》。

同日　经美国食品和药物管理局检查通过,上海第一制药厂等6家药厂的产品进入美国市场。

10月3日　德意志民主共和国驻沪总领事馆闭馆,领事业务并入联邦德国驻沪总领事馆。

10月6—7日　马来西亚联邦最高元首苏丹·阿兹兰·沙阿访问上海。

10月6—12日　首届上海黄浦旅游节举行,以后每年举行1届。1996年起,黄浦旅游节升级更名为"上海旅游节"。

10月7日　中国旅游交易会在上海举行。

10月7日—1991年5月17日　中顾委主任陈云在沪视察。

10月8日　上海仁济医院在世界上首次揭示"冰冻肩"病因。

10月8—12日　世界卫生组织在上海召开初级卫生保健质量保障会议。虹口区被该组织确认为全球第一个城市初级卫生保健研究合作中心。

10月9日—1991年3月15日　全国政协主席李先念在沪视察。

10月11日　市政府颁布《上海市计划生育条例实施细则》(后于1996年10月作了修订)。

10月14日　市仪表电讯工业局在第六次彩色电视机国产化工作会议上宣布,彩色电视机单机国产化率已达到100%。

10月17日　中共上海市委、市政府召开"加强廉政建设、纠正行业不正之风动员大会",朱镕基主持大会并讲话。

10 月 18 日　全国城市卫生检查团宣布在上海检查结果：上海城市卫生达到先进水平。12 月 22 日，全国检查评比揭晓，上海获“全国十佳卫生城市”称号。

10 月 21 日　宝钢集团对日出口白云石，为解放后中国矿石首次进入日本冶金原料市场。

10 月 23—25 日　瓦努阿图共和国总统弗雷德里克·卡罗穆阿纳·蒂马卡塔和夫人访问上海。

10 月 24 日　上海国际财务有限公司成立。1991 年 1 月 10 日开业。注册资本 2 000 万元，由中国银行上海分行、交通银行上海分行、日本株式会社三和银行和香港东亚银行共同投资。

10 月 25 日　嘉定县桃浦乡一块面积为 1.614 公顷地块的 70 年使用权，以 88.77 万美元的出让金出让给美国帝国建设公司，为上海市郊首块土地出让使用权。出让土地用于建造别墅。

10 月 27 日　市政府决定在崇明东滩围垦 9.5 万亩滩涂，11 月 22 日，近万名民工和解放军战士及机关干部赴崇明东滩参加劳动，揭开了围垦的序幕。

10 月 29 日　上海手表厂宣布：从投产以来累计生产手表 1 亿只，为国家积累资金 50 亿元，创汇 5 000 万美元，人均创利达 100 多万元。

10 月 30 日　上海自行车厂宣布：建厂以来累计生产自行车 5 000 万辆，出口 466 万辆，创汇 2 亿美元，创利税 26 亿元。

10 月　上海废弃物老港处置场一期工程建成投入使用，开始改变上海垃圾以分散处置为主改变为以集中处理为主。占地 3 900 亩，日处理垃圾能力 3 000 吨。1992 年续建二期，1994 年完成。1996—1999 年进行三期工程，日处理能力 7 500 吨。

同月　市电力工业局与中国工商银行上海市分行试行居民用户交纳电费新办法，由电子计算机按月在存款中结算，划入电力工业局电费账户。

同月　市农科院培育出的上海第一个低芥酸油菜品种“申优青”开始在郊区推广。

11 月 1 日　市精神卫生中心开设“心理健康热线”，首创通过电话进行精神卫生咨询服务。

11 月 3 日　上海斯埃尔添加剂公司在南汇成立，这是当时中国大陆唯一生产咖啡因的中外合资企业。

11 月 4 日　嘉定县以年财政收入超过 4 亿元名列全国百名财政收入大县第一。

11 月 6 日　上海大众汽车有限公司全面建成，这是国内最大的轿车生产基地。

11 月 7 日　密克罗尼西亚联邦总统约翰·哈格莱尔加姆访问上海。

11 月 8 日　上海市统计局发布第四次人口普查的主要数据公报，截至 1990 年 7 月 1 日零时，上海市常住人口为 1 334.189 6 人，超出公安部门统计的上海户籍人口数近 60 万人。同 1982 年第三次人口普查 1 185.970 0 万人相比，8 年间共增加 148.219 6 万人。其中户口在外地而常住在上海的人口从原来的 20.6 万人上升到 54.3 万，增加 1.63 倍，占总人口比重由 1.74%上升到 4.08%。原住上海、现在国外工作或学习暂无户口的有 6.6 万多人，占普查时大陆在国外工作或学习人数的 27.9%。同时上海的人口出生率是中国大陆 30 个省、自治区、直辖市中最低的一个。统计表明上海人口自然增长率为 0.496%，比 1982 年普查时下降 0.474%。

11 月 10—15 日　第三届上海电视节举办。35 个国家和地区的 350 家电视制作公司参加。

11 月 12 日　中国第二代氟碳人造血在上海有机化学研究所研制成功。

11 月 13 日　苏丹共和国救国革命指挥委员会主席、政府总理奥马尔·哈桑·艾哈迈德·巴希尔中将访问上海。

11 月 15 日　上海光学仪器研究所等单位首次研制开发成功被列为世界十大科技贡献之一的光学仪器计算机辅助设计系统（即 CAD 系统）。

11 月 20 日　市长途电信局引进瑞典爱立信公司 ETACS900 兆赫蜂窝式移动电话(B 网)投入使用。

11 月 22 日　崇明东滩围垦第一期工程动工,1991 年秋完成,围得团结沙滩地 2.8 万亩。第二期工程 1991 年冬动工,1992 年底完成,围得东旺沙滩地 6.6 万亩。

11 月 24 日　连接上海、浙江陆上交通的"咽喉"金山大桥提前一年建成通车,全长 376.5 米,其中主桥长 152.8 米,桥面宽 22.5 米。

11 月 26 日　经国务院授权,中国人民银行批准,上海证券交易所在虹口区黄浦路 15 号浦江饭店成立,为改革开放以来大陆开业的首家证券交易所。12 月 19 日,上海证券交易所正式开业。

11 月 27 日　朱镕基签署市政府第 40 号令,发布《上海市证券交易管理办法》,于 12 月 1 日起施行,这是中华人民共和国成立后颁布的第一部证券交易法规。原《上海市企业债券管理暂行办法》和《上海市股票管理暂行办法》同时废止。

11 月 30 日　中共上海市委、市政府召开住房制度改革动员大会,提出房改的具体方案是:推行公积金,提租发补贴,配套买债券,买房给优惠,建立房委会。

12 月 3 日　《90 年代上海社会经济发展与土地供求平衡研究》课题组宣布,上海市耕地面积 40 年来实际锐减 159.5 万亩,相当于上海、川沙、宝山 3 个县区的行政区面积的总和。报告认为,1976—1989 年,耕地非农化锐减的主要原因是工业征地、农民建房以及其他一些政策性因素致使耕地面积被盲目征用滥用。报告从社会经济发展高度较为全面系统地研究土地问题,在上海尚属首次。

12 月 4 日　国家"七五"重大项目"生物固氮的分子基础及其化学模拟"的研究,在上海通过国家验收,整体研究水平已跨入国际先进行列。

12 月 6 日　上海市从当日零点始,启用"120"急救电话号码。

12 月 7 日　中共上海市委、市政府召开住房制度改革动员大会,朱镕基在会上作报告时强调指出:住房制度改革是上海深化改革的一个重要内容。当日,《上海市住房制度改革实施方案》(讨论稿)正式公布,市民讨论热烈。

同日　上海在 1990 年度国家科学技术奖励大会上,有 69 项优秀科技成果获奖,获奖总数继续居全国各省市首位。

12 月 10 日　上海市成立上海市社会治安见义勇为奖评定委员会,设立上海市"社会治安见义勇为奖"。12 月 28 日,召开首次社会治安见义勇为先进分子表彰大会,16 人被授予市"社会治安见义勇为先进分子"荣誉称号。此后,表彰大会每年举行 1 次。1994 年又经市政府批准,成立上海市社会治安见义勇为基金会。

12 月 18 日　上海重型汽车厂生产的最后一辆 1082 型交通牌载重汽车下线。自 1958 年 5 月 22 日开始生产,共生产 38 769 辆车,交通牌载重车成为上海主要的货运汽车。

12 月 21 日　上海莘松高速公路建成,是上海经杭州抵昆明的 320 国道的起始段,主要从莘庄以东 1.4 公里处,经新桥到松江,全长 20.59 公里,道路路基总宽度 28.5 米。始建于 1985 年 5 月 23 日。

12 月 22 日　由交通部投资兴建的上海地区水运通信网工程动工,这是浦东新区陆家嘴金融贸易区第一幢高层建筑,后于 1995 年 11 月全面竣工,交付使用。

同日　吴淞化肥厂在吴淞工业园区建成投产,配有万吨级过氧化氢生产装置,为国内同类装置中生产能力最大。

12 月 23 日　上海远洋运输公司成功建成中国航运史上第一个环太平洋集装箱运输网络。

同日　上海被评为全国“十佳”卫生城市之一，市政府召开“创建国家卫生城市座谈会”，研究如何在今后的三至五年时间内把上海建设成为“国家卫生城市”。

12 月 25 日　上海人民广场地下停车场、地下商场动工，这是当时全国最大的“平战结合”人防工程。1992 年 9 月 9 日，人民广场综合改造工程启动。1994 年 9 月 21 日，上海“三年大变样”的重要标志之一的人民广场改造工程竣工开放，市政府召开工程竣工庆典和总结表彰大会。10 月 1 日，“申城第一屏”LED 显示屏幕在人民广场东南侧装置，试播成功。屏幕高 14.95 米，宽 20.7 米，可视距离为 1 公里。

同日　中共上海市委印发《关于加强统一战线工作，坚持和完善中国共产党领导的多党合作和政治协商制度的实施意见》。

同日　上海制成国内第一台大型智能压力机。这台自重达 140 吨、压力达 800 吨的大型智能压力机价格仅为进口货的三分之一，而性能、质量可与世界名牌产品媲美，替代进口产品。

12 月 28 日　长桥水厂历经 4 次扩建，供水能力达 140 万立方米，为当时全市最大的水厂。

12 月 31 日　上海电视一厂 1990 年的产品销售额达到 11.61 亿元，连续 5 年居全国电子工业企业产品销售额的首位。

同年　上海市国民生产总值达到 737 亿元，与 1980 年同比增长 1.03 倍，实现十年翻一番的战略目标。

同年　上海市国内生产总值 756.45 亿元，其中第一、二、三次产业分别占 11.4%、60.2%和 28.4%。财政收入 284.36 亿元，其中地方财政收入 170.03 亿元。工业总产值 1 642.75 亿元。社会消费品零售总额 333.86 亿元。外贸出口 53.31 亿美元。固定资产投资完成 227.08 亿元。利用外资签订合同金额 5.88 亿美元，实际利用外资 7.8 亿美元。港口货物吞吐量 1.4 亿吨。

同年　据年底统计，1981—1990 年，全市投入住宅建设的资金共 131.63 亿元，相当于 1980 年以前 31 年住宅建设总投资的 7.6 倍；共建成住宅 4 000 多万平方米，相当于 31 年建房总数的 1.8 倍。这 10 年中，有 85 万户、280 万居民迁入了新居，市区人均居住面积从 4.4 平方米提高到 6.6 平方米。

同年　根据《上海统计年鉴》，上海户籍人口 1 334.00 万人，国民生产总值 781.66 亿元，全社会固定资产投资总额 227.08 亿元，全市财政收入 166.99 亿元，社会消费品零售总额 333.86 亿元，进出口总额 172.89 亿美元，外商直接投资合同金额 2.14 亿美元，城市居民人均可支配收入 2 183 元，城市居民人均消费支出 1 937 元，农村居民人均可支配 1 665 元，农村居民人均生活消费支出 1 262 元，储蓄存款 252.16 亿元。

1991 年

1月1日　世界最大高炉，由中国自行设计、自行安装，容积为4 350立方米，年产生铁325万吨的宝山钢铁总厂三号高炉工程打桩。4月13日，工程破土动工。1994年6月18日建成，9月20日点火投产，9月21日出铁。

同日　宝山气象台代表上海气象系统，即日起与世界各地交换高空、地面、热解等气象情报。

1月2日　市建委、市文管委联合上报《关于申报上海市级历史文化名镇的报告》，提出嘉定镇、松江镇、南翔镇、朱家角镇为上海市第一批市级历史文化名镇。3月15日，市政府批复同意。

1月3日　中共上海市委书记、市长朱镕基察看中原住宅区建设情况，并慰问建设者，他强调只有实行住房制度改革，才能加快上海住宅建设，解决市民住房难的问题。

1月3—13日　在第六届世界游泳锦标赛上，上海运动员庄泳获女子50米自由泳金牌、杨文意获50米仰泳金牌。

1月4日　市政府设立上海文艺界的最高荣誉奖上海文学艺术奖，从本年开始评选，每两年1届，每届设“杰出贡献奖”1—3名，“优秀成果奖”5—10项。5月2日，第一届上海文学艺术奖评奖揭晓，朱践耳、朱屺瞻、蒋孔阳获“杰出贡献奖”，京剧《曹操与杨修》、电视剧《围城》、话剧《魂系何方》以及一批绘画、雕塑和文艺理论作品等获“优秀成果奖”。

同日　市公安局颁布《关于公安局派出所24小时受理户口的若干规定(试行)》。

1月7—11日　中共上海市第五届委员会第十一次全体会议举行。会议传达中共十三届七中全会精神，原则同意《上海市国民经济和社会发展十年规划和“八五”计划纲要(草案)》的基本思路和基本内容，建议市政府进行修改补充，提交市人大审议。全会指出，今后10年，要围绕“振兴上海、开发浦东、服务全国、面向世界”的战略思想，通过“八五”“九五”2个五年计划的实施，力争为把上海建设成为开放型、多功能、产业结构合理、科学技术先进、具有高度文明的社会主义现代化城市打下坚实的基础。

1月10日　由中国人民银行上海分行、交通银行上海分行、日本三和银行和香港东亚银行4家银行合资建立的上海国际财务有限公司在浦东开业，这是中华人民共和国成立以来上海首家中外合资金融机构。

1月26日　《文汇报》发表经济学家刘国光访谈录《九十年代深化改革的理论思考》，提出“社会主义市场经济”新概念，引起广泛关注。

1月28日　市房改办提出到20世纪末，市区人均面积8平方米以上，住房成套率60%以上，人均3.5平方米以下居住困难户问题得到解决，人均3.5平方米～4平方米的居住困难户问题大部分得到解决。

1月28日—2月20日　邓小平在沪视察上海飞机制造厂大场分厂、中美合作MD－82飞机总装车间、上海大众汽车有限公司等地方，明确提出“不要以为一说市场经济就是资本主义，不是那么回事，两者都是手段，市场也可以为社会主义服务”。2月14日，邓小平、杨尚昆、李先念等党和国家领导人在上海与上海人民欢度春节，分别接见上海市党政军负责人、部分老同志和各界人士。2月

18 日，邓小平视察建设中的南浦大桥工地，登上新锦江大楼顶层，俯览上海市容，听取关于浦东开发工作的汇报，希望上海人民思想更解放一些，胆子更大一点，步子更快一点。

2 月 4 日　中国最大的化妆品生产企业上海家用化学品厂以其大部分资产、人员和“露美”“美加净”两个商标与美国庄臣父子有限公司共同投资 4 500 万美元兴办的上海露美庄臣化妆品有限公司宣告成立。中美出资比为 4∶6，部分产品供出口。

同日　上海教育体制改革的一个重要单项——高中会考和普通高校招生考试制度改革方案出台。

2 月 4—7 日　世界银行和市政府在上海联合举办上海经济发展国际研讨会，着重讨论上海经济发展战略问题。联合国开发计划署、世界银行的高级官员出席会议。

2 月 5 日　全国电子行业百家企业评选在京揭晓，上海 8 家企业榜上有名，上海电视机一厂产品销售额连续 5 年位居全国同行第一。

2 月 6 日　崇明县团结沙 13 公里长的大堤修建工程竣工并通过验收，共围地 1 800 公顷，完成筑堤土方 132 万方。

2 月 8 日　市九届人大常委会第二十四次会议原则批准《上海市住房制度改革实施方案》。3 月初，方案被国务院批准。4 月 29 日，市政府颁发《上海市住房制度改革实施方案》实施细则，包括《上海市公积金暂行办法》《上海市公房提租和补贴实施办法》《上海市住宅建设债券发行和认购办法》《上海市优惠价房出售管理办法》《上海市住房委员会章程》《关于本市单位和职工缴交公积金和发放住房提租补贴的暂行办法》等。5 月 1 日起方案正式开始实施，全市实行公积金制度，提租发补贴，配房买债券，买房给优惠，建立房委会，其中发补贴自 5 月起，提租自 6 月 1 日起。上海的住房分配由福利向商品化过渡。1994 年 5 月，市政府颁布《关于出售公有住房的暂行办法》，规定职工个人可购买成套独用公有住房。

2 月 10—23 日　中共中央政治局委员、国家主席杨尚昆在沪视察。

2 月 15 日　《解放日报》发表署名“皇甫平”的文章《做改革开放的带头羊》；此后，3 月 2 日、3 月 22 日《解放日报》又分别发表“皇甫平”的两篇文章：《改革开放要有新思路》《扩大开放的意识要更强些》。这 3 篇文章强调要进一步解放思想，指出“计划和市场只是资源配置的两种手段和形式，而不是划分社会主义和资本主义的标志”。

2 月 20—23 日　市政府召开市商业工作会议，强调振兴上海必须大力发展商业，并明确建设交易中心、物流中心、信息中心和购物中心为上海商业发展的目标。

2 月 22 日　江南造船厂为广东省建造的中国第一艘 3 000 立方米液化石油气运输船在上海下水。

2 月 23 日　中国第一台四足步行机器人在上海交通大学诞生。

2 月 28 日　朱镕基在振兴上海汽车工业誓师大会上宣布，“八五”计划期间投入近 50 亿元发展轿车工业，汽车工业将成为上海第一支柱产业。

3 月 1 日　上海房改方案模拟运行首先在黄浦区、杨浦区的 20 个企事业单位约 7 万在职职工、离退休职工中进行，内容为“推行公积金”“提租发补贴”“配房买债券”。

3 月 2 日　中共上海市委、市政府召开市住宅建设工作会议。会上宣布，上海住房制度改革方案已经国务院批准。方案提出推行公积金，提租发补贴，配房买债券，买房给优惠，建立住房委员会等办法，逐步实现住房制度改革的目标。

3 月 5—14 日　上海、江苏、浙江、安徽、江西、南京、宁波 7 省市联合在上海举行 1991 年中国华东出口商品交易会。参加首届华交会的有7省市的外贸(工贸)公司、自营出口生产企业和部分三资企业共607家,展览谈判面积达1.2万平方米。实到客商6 012人,来自5大洲71个国家与地区,成交10.23亿美元。华交会前身为上海对外贸易洽谈会和上海对外经济贸易洽谈会。1990年8月,市外经贸委牵头商议,苏、浙、徽、赣4省及沪、宁、甬3市一致同意自1991年起联合举办出口商品交易会,每年3月在上海举办。1999年起更名为"中国华东进出口商品交易会"。2010年3月1—5日,第二十届华交会在上海新国际博览中心举行,参展企业3 300余家。境外展商分别来自丹麦、印度、尼泊尔、蒙古、日本、韩国等9个国家和地区。全世界123个国家和地区的近2万名客商和2.5万名国内专业客户到会洽谈,出口成交总额达27.33亿美元。

3月6日　根据国务院《关于批准国家高新技术产业开发区和有关政策规定的通知》要求,上海实行对高新技术企业所得税减按15%的税率征收等优惠政策。

3月6—8日　上海市农村工作会议召开,提出"加强农业、提高工业、开拓第三产业"的工作目标。

3月9日　市中级人民法院对上海市首起因利用病例照片而引起的肖像权纠纷案作出判决。

3月11日　上海123个街道成为安静小区(固定源低噪声控制区),占市区街道总署的85%,受益市民630万人。其中,徐汇、黄浦、闵行、静安、闸北5个区的街道全部建成安静小区。

3月12日　中科院上海生物化学研究所和中科院发育生物学研究所在世界上率先成功地用人工方法合成牛生长激素基因和牛生长激素工程菌。

3月14日　市教育局成立中小学课程教材改革试点小组,并于4月12日召开试点工作动员大会,决定自1991年秋起开始试点,为1993年新教材在全市推广作准备。

3月15日　市政府公布嘉定镇、松江镇、南翔镇、朱家角镇为上海市首批市级历史文化名镇。

3月19日　上海市举行首次骨灰撒海活动。134名死者骨灰撒向长兴岛与横沙岛之间的海面。

3月19—20日　帕劳共和国总统恩基拉特凯尔·埃特皮森访问上海。

3月19—21日　马绍尔群岛共和国总统阿马塔·卡布阿访问上海。

3月20日　中共中央决定,吴邦国任中共上海市委书记。朱镕基不再担任中共上海市委书记。

同日　中共上海市委、市政府召开街道工作会议,市委决定将全市街道党委改为区委的派出机构——党的街道工作委员会,以加强党对街道工作的指导,确保党和政府各项重要决策在本地区的顺利实施。

3月22日　全国人大常委会委员长彭真在上海考察浦东新区和正在建设中的南浦大桥。

同日　上海冶金系统第一座年产50万吨的高炉在上海第一钢铁厂投产。

3月25日　市农委、财政、粮食、物价、土地局联合下发《关于国家建设征用耕地实行粮油差价一次性补偿的通知》,规定蔬菜地每亩补偿2 500元,其他耕地每亩补贴1 800元。

3月28日　首台560吨加氢反应器在上海制成,代表当时世界压力容器制造的最高水平。

4月1日　上海取消居民卷烟凭证供应,部分牌号卷烟放开零售价,由国家定价改为市场调节。

4月2—28日　朱镕基率上海市代表团应邀赴欧洲访问,先后访问了上海友好城市——米兰、鹿特丹、安特卫普、马赛、巴塞罗那、汉堡等市。在荷兰阿姆斯特丹,朱镕基出席了由"欧洲研究中心"举办的第四届"世界论坛"讨论会,并作题为《中国的改革开放和发展》的演讲。

4月3日　中共上海市委、市政府召开加强廉政建设、纠正行业不正之风工作会议,部署下一步廉政建设和纠风工作。

同日　市政府发布《关于本市重大市政工程建设拆迁房屋若干问题的规定》。

4 月 6 日　上海文化界举行庆祝京昆艺术大师俞振飞舞台演出 70 周年及 90 寿辰庆祝大会。

同日　第一届上海南汇桃花节开幕式在南汇县周浦乡文化中心举办。之后每年三四月举办。2002 年经上海市政府批准，上海南汇桃花节升格为上海桃花节。

4 月 10 日　市社会团体管理处举行首批社会团体发证仪式。会上共有 94 个全市性社会团体核准登记，取得登记证。

4 月 13 日　《新民晚报》报道，上海批准外商来沪投资项目总数超过 1 000 项，累计吸收外商协议投资近 20 亿美元。外商投资企业的成功率达 98%，居全国之首。

4 月 16 日　上海牛羊肉公司成立，这是当时上海最大的清真副食品生产企业。

4 月 18 日　上海锦沧文华大酒店开业，由上海、新加坡和香港合资兴建。

4 月 20—26 日　市政协举行七届四次全体会议。

4 月 21—29 日　市九届人大四次会议举行，通过《关于上海市国民经济和社会发展十年规划和第八个五年计划》等 6 项决议和《关于接受朱镕基辞去上海市市长职务的请求的决定》，并补选黄菊为市长。

4 月 23 日　市物价局、上海市粮食局联合发文，调整粮油统销价格，取消地区差价，实行市县同价。食油实行购销同价。

4 月 24—26 日　斐济共和国总统佩纳亚・卡纳坦巴图・加尼劳和夫人访问上海。

4 月 26 日　中国太平洋保险公司在上海开业。

4 月 28 日　突尼斯共和国总统宰因・阿比丁・本・阿里访问上海。

5 月 2 日　市长黄菊现场办公，提出把淮海中路建成高雅特色的商业街。1992—2003 年实施“西段改造，东段重建”，共建设项目 51 个，建筑总面积 129.1 万平方米。2008—2010 年逐步形成陕西南路至瑞金路段“百年经典”、瑞金路至重庆南路段“活力创新”、淮海中路至上海新天地段“时尚互动”、重庆南路至西藏南路段“高雅精致”4 个主题商圈。

5 月 3 日　东方航空公司新辟上海——美国洛杉矶航线。

5 月 6 日　市政府召开新一届市政府第一次全体(扩大)会议，黄菊要求全体政府工作人员切实转变工作作风，改进工作方法。各位副市长就分管的工作发表了意见。

5 月 7—17 日　第十四届“上海之春”举行，其间共演出 15 台、27 场音乐会。

5 月 14 日　中美合资上海杜邦农化有限公司在浦东新区奠基。这是国务院宣布开发开放浦东之后成立的第一家大型合资企业，也是杜邦公司在中国投资建立的第一家合资企业。

5 月 16 日　涉嫌人王玮利用电脑进行贪污，被判处 4 年徒刑，为上海首例利用电脑进行贪污的案例。

同日　中顾委主任陈云在沪视察。

5 月 20 日　首届精神文明建设“五个一工程”颁奖大会在北京人民大会堂举行，上海有电影《开天辟地》、电视剧《女人们》、话剧《大桥》、理论文章《邓小平的“中国特色社会主义”》、图书《中国共产党建党七十年图集》获奖，上海市委宣传部获得组织工作奖。6 月 30 日，上海举行表彰大会，表彰获奖作品。

5 月 21 日　市劳动局宣布：自该年起，各企业在确保完成工作和生产任务、不增加人员编制的前提下，可以安排职工年休假。

同日　上海国际乡村俱乐部开业，这是上海首家高尔夫球场。

5月27日　日本三和银行在上海设立分行，这是中华人民共和国成立后上海首家被批准开业的外国银行。

同日　上海血液制剂生产线在上海生物制品研究所建成，这是亚洲规模最大的血液制剂生产线之一，也是上海市重大建设工程项目。

5月29日　上海市第六人民医院新院正式对外开诊，这是中华人民共和国成立后上海投资最大的现代化综合性医院，总投资1.1亿元，拥有各科病房床位1 000张，每天可接待3 000人次就诊。

5月31日　市政府召开环境保护工作会议，确定上海今后10年环境保护的总目标是：大力削减污染物排放量，水、大气、噪声等环境质量有明显改善，为城市生态环境走上良性循环打下基础。

5月　陈云在上海听取市党政领导关于上海改革开放等工作的汇报，书写“不唯上，不唯书，只唯实”“交换、比较、反复”等条幅，赠予朱镕基、吴邦国和黄菊。

同月　上海联华超市商业公司建立，这是上海第一家连锁超市。

6月1日　物资部华东钢材市场在江西中路开业，这是中国物资系统第一家政企分开的大区钢材市场。

6月3日　中日合资上海龙樱彩色制版有限公司正式签约，这是当时中国印刷行业最大的合资项目。

6月3日—7月15日　上海地区持续梅雨43天，全市平均降雨474.4毫米，为常年降雨量的2.3倍，城乡大部分地区受淹，青浦、松江、金山3县涝情更重。同时，形成太湖流域洪灾。根据国家防汛抗旱总指挥部指示，并应江苏省长请求，上海于6月18日打开蕰藻浜和淀浦河水闸，7月5日和8日又分别炸开红旗塘和钱盛荡坝基排水，承泄上游洪水41.72亿立方米，为苏浙灾区泄洪。7月9日，中共中央总书记、中央军委主席江泽民来上海视察防洪抗灾情况，肯定上海市顾全大局，牺牲局部，炸坝决堤，为江苏、浙江两省提供泄洪通道的壮举，并慰问抗灾第一线军民，嘱咐当地政府要做好善后工作，赞扬上海人民“做了一件大好事”。

6月5日　花旗银行上海分行开业，这是上海第一家美资银行，依法办理外币存款、外币放款、外币投资、外汇担保、外币有价证券买卖等业务。

6月6日　市政府决定组织大规模调查研究，商量对策，坚决制止上海工业企业效益下降。

6月11日　15万吨级船坞在上海建成。

6月13日　国内第一个大规模集成液压工程在上海建成。

6月22—23日　第一届亚洲青年赛艇锦标赛在上海水上运动场举办，由日本、朝鲜、韩国、中国、中国台北、中国香港6个代表队的41名18岁以下青年选手参赛。上海青年队代表中国出赛，获女子单人双桨，双人双桨、双人单桨、四人单桨4项冠军。

6月24日　安徽裕安实业总公司开业，裕安大厦在浦东新区陆家嘴地区奠基。1990年8月5日，安徽裕安实业总公司与浦东开发办公室签订第一块土地批租合同，开始筹划建造，是首家进入浦东开发的省级公司。1995年6月26日竣工。

6月26日　龙华烈士陵园一期工程在徐汇区龙华西路180号竣工，陵园纪念馆和纪念碑揭幕仪式举行。1994年5月8日，上海市烈士陵园迁到龙华烈士陵园与该园合并，改名为上海市龙华烈士陵园。同时陵园二期工程开工。1995年4月5日，新落成的龙华烈士陵园纪念碑揭碑，并举行“上海市龙华烈士陵园主体工程落成暨清明祭扫革命烈士墓活动仪式”和瞻仰祭扫活动。7月1日，上海龙华烈士陵园整体建成并对外开放。邓小平题写“龙华烈士陵园”园名，陈云题写“龙华烈士纪念馆”馆名，江泽民题写“丹心碧血为人民”碑词。

7月1日　上海港浦东外高桥港区一期工程正式开工兴建，这是国家“八五”重点项目。1993年10月30日，外高桥港区一期工程建成投产，共有4个万吨级泊位、1个长江泊位，年货物吞吐量可达240万吨。1994年10月11日，上海港外高桥港区正式通过国家验收。

7月2日　华山医院举行中国红十字会华山医院命名揭牌仪式。

7月3日　周振鹤在《文汇报》撰文《明年是上海建城700周年》，认为上海设县的年代实际上就是上海建城的标志，并提出应以至元二十八年七月己未（1291年8月19日）中央政府批准的日期为准。为此，市地方志办公室、上海研究中心举行有关专题讨论会。

7月8日　国家中医药管理局批准嘉定县为全国农村中医工作试点县，川沙县中医医院为全国县级示范中医医院建设单位。9月1日，又批准上海中医学院附属曙光医院、龙华医院为全国省级示范中医医院建设单位。

7月19日　市政府发布《上海市城市房屋拆迁管理实施细则》，规定拆迁人必须对被拆迁人给予补偿和安置；被拆迁人必须服从城市建设需要，在规定的搬迁期内完成搬迁。

7月20日　上海肉类食品总厂成立，这是上海市熟肉制品行业最大的企业，下设3家分厂，拥有职工1 100多人。

7月22日　国务院总理李鹏在上海主持召开上海和江苏、浙江、安徽3省1市负责人会议，贯彻7月16日中共中央政治局会议精神，研究做好苏浙沪救灾工作和进一步治理淮河、太湖等问题。

7月23—27日　中共中央政治局常委、书记处书记乔石在沪考察社会治安综合治理工作。

7月25日　上海新沪面粉厂建成，这是亚洲规模最大的面粉专业生产厂，总投资1.37亿元。

7月26日　上海市社会治安综合治理委员会召开第一次全体会议，指出上海已经形成三级社会治安综合治理网络。

7月27日　《新民晚报》报道，上海累计批准建立的“三资”企业（中外合资经营企业、中外合作经营企业、外商独资经营企业）已有1 094个，成功率为98%，其中近500家企业投产开业，75%进入盈利阶段。上海“三资”企业的成功率和盈利率居全国之首。

7月29日　上海证券交易所调整过户费收取办法，由原单向收取买方的2‰改为向买卖双方各收1‰。

8月1日　上海航空集团公司建立，这是国内第一个以航空公司为核心，集航空、旅客、宾馆服务、贸易、工业、科技、广告、房产开发于一体的航空企业联合体。

8月7日　全市遭特大暴雨袭击。市区严重积水，近10万户居民家和400多家企业进水，保险公司赔款达1.4亿元。部分交通中断，农田普遍受淹。松江、金山、青浦3县部分地区遭龙卷风袭击。全市死亡14人，受伤近200人。市领导分赴各处察看灾情，组织抗灾，并慰问受灾群众和坚持生产的职工。

8月12日　市劳动工资委员会下发《关于企业劳动人事制度配套改革试点工作的若干意见》，并选定上海第三钢铁厂、上海柴油机厂、上海工业缝纫机厂、上海第十印染厂等13家企业（职工3.86万人）为第一批实行全员劳动合同制的试点单位。

同日　上海召开颁发首批“有线电视站许可证”会议，有166家单位成为上海第一批有线电视站。

8月13日　首批30辆上海桑塔纳轿车出口日本。

8月14日　日本兴业银行上海分行开业。

8月16日　卢湾区房地局向丽园路815弄旧区改建及室内集贸市场工程工地颁发001号房屋拆迁许可证。表明上海城市房屋拆迁工作进入法制轨道。

8月18日　上海精品商厦在黄浦区南京西路1号开业,率全市企业自筹资金、自行还贷发展商业之先。

8月25日　上海德勤会计事务所成立,为中华人民共和国成立后上海第一家中外合资会计师事务所。

8月28日　外籍人员走私毒品大案结案,走私犯马克・贝伯被判处有期徒刑4年,处罚金人民币4万元。这是中华人民共和国成立后上海查处的首例外籍人员走私案。

8月　《上海历史文化名城保护规划》编制完成,规定对上海古代优秀建筑原则上按文物保护单位和文物保护法进行保护;对上海近代优秀建筑按其历史、艺术、科学价值分别确定后,按全国级、市级文物保护单位和市级建筑保护单位3种级别,并综合其建筑质量、风貌质量、历史价值等因素分为4个大类进行保护。

9月1日　《上海市市区初中招生办法改革方案》实施,开始把重点中学初中部的招生名额分配给块内的各种小学,小学不举行全区统考,部分学校可自行命题并组织考试;学校按德、智、体、美、劳的发展情况综合评定,按切块指标择优推荐(选择)学生升入重点中学初中部,其余学生划块就近分配入学。

9月4日　市劳动局发出《关于转发劳动部〈关于扩大试行劳动仲裁员、仲裁庭制度的意见的通知〉及本市试行仲裁员、仲裁庭制度的通知》,在处理劳动争议中,开始试行仲裁员、仲裁庭制度。

9月6日　上海举行传达全国计划生育科技工作会议精神,暨"七五"科技成果颁奖大会。"七五"重点科技攻关的25项国家级计划生育获奖成果中,上海占13项。上海研制成功的长效避孕埋植剂、米非司酮口服催经止孕药,作为全国计划生育系统仅有的2个重大科研成果,受到国家表彰。

9月6—7日　纳米比亚共和国总理哈格・根哥布访问上海。

9月9日　市劳动工资委员会、市劳动局、总工会、税务局等9个部门联合发出通知,强调全民所有制和集体所有制企业在进行内部工资、奖金分配时,必须坚决贯彻按劳分配原则。在进行工资奖金分配时,要同职工劳动实绩紧密联系,合理拉开由于职工劳动差别而应该体现的收入差别,逐步克服平均主义。

同日　由市人才调节开发中心漕河泾分部建立的漕河泾开发区人才招聘固定市场开业。这在国内尚属首例。

9月9—15日　1991年度中国对外技术交易会在上海举行,上海成交额名列第一。

9月12日　马来西亚最高元首苏丹・阿兹兰・沙阿访问上海。

9月14日　市政府召开清理"三角债"工作会议,提出要从清理固定资产投资缺口这一源头抓起,从大中型项目清起,顺次解决"三角债"债务链,努力防止前清后欠,扭转越欠越多的局面,使"三角债"现状切实得到缓解。

9月17日　上海嘉丰棉纺织厂获得国家进出口商品检验局颁发的01号出口商品免验证书,成为中国第一家出口商品免验企业。

9月17—18日　意大利共和国总理朱利奥・安德烈奥蒂访问上海。

9月18日　市政府新闻处举行新闻发布会,公布浦东开发开放3个新的政策文件:《上海市鼓励外地投资浦东新区的暂行办法》《中华人民共和国上海海关对进出上海外高桥保税区货物、运输工具和个人携带物品的监管和征免税实施细则》和《上海浦东外高桥保税区外汇管理实施细则》。

9 月 22 日　海峡两岸经济洽谈会在上海开幕。上海推出 1 000 多个项目供台商洽谈合作。

9 月 23 日　世界气象组织第二区协(亚洲区协)气象工作管理技术会议在上海召开。

9 月 24—25 日　泰王国总理阿南・班耶拉春访问上海。

9 月 25 日　美国美洲银行上海分行开业。

9 月 26 日　黄菊代表上海在中央工作会议上讨论如何搞活国营大中型企业时向国家提出的请求得到中央首肯,即在保证社会主义方向、保证服务国家宏观调控、保证完成财政上缴任务的前提下,允许上海实行自费改革、自主改革、率先改革,从而使上海的改革开放得以在 20 世纪 90 年代比全国脱开一步、先行一步、领先一步。

9 月 29 日　英汉双语词典《英汉大词典》由上海译文出版社出版。全书分上下两卷,收词 20 万条,总字数 1 660 万,为全国首种最大的双语辞书。

同日　上海市外商投资服务中心成立。

9 月　市红十字会、中国人民保险公司上海市分公司率先联合在国内实施《上海市中小学生、幼儿园儿童住院医疗保险办法》。1993 年 4 月 1 日又联合推出《上海市婴幼儿住院医疗保险办法》。

10 月 5 日　市政府批准建立金山岛海洋生态自然保护区,这是上海第一个市级自然保护区,面积 45 公顷。

同日　中共上海市委召开党员负责干部会议,传达贯彻中共中央工作会议精神,提出搞好上海市大中型国有企业的设想。

同日　首届上海科技节暨上海科技大会在上海友谊会堂开幕。

10 月 5—25 日　主题为"把科学技术的恩惠洒向浦江两岸"的上海首届科技节暨上海科技大会举行,展示了上海各高校、科研院所、工矿企业的高新技术、实用技术成果数千项,并召开"科技进步与经济体制改革"理论讨论会等。

10 月 8 日　中美合作生产第 25 架 MD－82 制成,上海成为大型民用客机制造基地。

同日　工商银行上海市分行宣布向首批开展"转换机制,放开经营"改革试点的上海工业缝纫机厂提供从信贷、结算到信托、信息的"一条龙"金融配套服务。

同日　全国首家专业性蔬菜陈列馆在上海农业展览馆对外开放,以蔬菜品种陈列为主,同时有蔬菜生产成就展览、蔬菜种子和加工产品陈列及蔬菜生长电视录像。

10 月 10 日　上海市各界人士纪念辛亥革命 80 周年大会在上海展览中心友谊会堂召开,吴邦国出席会议并讲话,全国政协副主席苏步青,市党政领导、在沪全国政协委员、市政协委员、各民主党派和工商联负责人,部分港澳同胞约 1 000 人参加。

10 月 10—13 日　中共中央政治局常委宋平在沪视察。

10 月 14 日　人口普查数据库在上海建成,为全国第一个快速查询人口信息资料系统。

10 月 14—15 日　上海市市长国际企业家咨询会议第三次会议在上海举行,主要议题是探讨如何恢复和发展上海对外贸易和集散中心的地位问题。

10 月 15 日　上海首家 360 度电影(又称全周环幕电影)放映厅在燎原电影院落成开业。

10 月 16 日　上海邮电通信开发总公司开发研制的中文寻呼台在南星大楼开通,直接在寻呼机上显示汉字。

10 月 19—25 日　中共中央政治局常委、书记处书记李瑞环在沪视察。

10 月 21 日　外滩防汛墙外移工程开工。至 1993 年 12 月 25 日全线竣工。工程自黄浦公园至新开河段,全长 1 356 米,岸线分别外移 6—43 米。

同日　太平洋经济合作会议科技工业园区研讨会在上海举行。

10月25日　新加坡共和国驻上海领事馆开馆，原为1986年3月设立的新加坡驻华商务代表处上海分处，处址乌鲁木齐中路400号，1996年1月1日升格为总领事馆，馆址在万山路89号。

10月26日　上海市档案馆自黄浦区四川中路220号迁至长宁区古北路684号，新馆开放。2004年5月，设立于黄浦区中山东路9号的上海档案馆新馆对社会开放。

10月31日　中共上海市委、市政府召开太浦河施工动员大会。太浦河治理为“八五”计划期间太湖流域兴建的10项骨干水利工程之一，全长57.4公里，上海境内长15.24公里。12月1日上海段工程全线开工，至22日完成，筑堤160万立方米。

10月　中国第一个电子付款业务(EPS)系统在上海市第一百货商店投入使用，凡持有工商银行浦江卡和牡丹卡的上海储户都可以使用。

10月下旬　上海启动以岗位工资制为主要形式的企业内部分配制度改革试点，首批开展试点的有45家企业约12万职工。

11月1日　上海取消计划价格管理，放开豆制品价格。同时给城镇职工以适当的价格补贴。

11月1—3日　上海亚洲音乐节举行。

11月2日　中共上海市委、市政府召开专题会议，决定将通信产业列为上海市重点支柱产业，并成立上海市通信产业发展领导小组。

11月5日　宝山区境内的吴淞蕰藻浜大桥改建工程开工。1992年9月改名为吴淞大桥，是上海首座由社会集资建设的大桥，1993年12月10日全线建成通车。

11月6日　中国科学最高奖——1991年度陈嘉庚奖在上海颁发。

11月7日　浦东新区出让第一块商业用地，面积8116平方米。由美国99集团、上海申大公司和黄浦区房屋开发经营公司联合，以每平方米900美元获得50年使用权。

11月8日　中国科学院上海生物工程研究中心在漕河泾新兴技术开发区建成，这是中国第一个国家级生物技术中试研究基地。

11月9日　全市举办首届“119”消防日活动，广泛开展防火宣传和向市民提供消防咨询。

11月10日　世界中国烹饪联合会与新亚集团联营公司在上海承办第一届中国烹饪世界大赛。

11月11—14日　大都市城市与地区规划国际研讨会在上海举行。

11月17—22日　中共中央政治局常委、国务院总理李鹏在沪视察工作。

11月19日　南浦大桥建成通车，邓小平为大桥题写桥名，国务院总理李鹏参加通车典礼并剪彩。大桥总投资8.2亿元，全长8346米、宽30.35米、通航净高46米，为世界第二大叠合梁斜拉桥。该工程自1988年12月15日开工，1991年6月20日全线贯通。

11月20日　吴泾电厂扩建工程第一台30万千瓦机组并网发电，这是上海首次利用世界银行贷款建设的电力项目，总投资约12亿元。

11月20—22日　中共中央政治局常委、全国人大常委会委员长万里在沪视察。

11月24日　中国大陆第一家自行开发、实行条形码管理的自选商场在上海食品一店正式营业。

同日　中国第一条国产大屏幕彩电生产装配流水线在上海电视机一厂投产，生产出上海第一批28英寸彩电。

同日　泾东新村全面建成交付使用，这是上海第一个市政动迁用房居住区。

11月25日　上海吴淞污水处理厂在宝杨路南长江边建成，日处理污水能力为8万立方米。

同日　上海汽车厂最后一辆上海牌轿车下线仪式在总装车间举行。这是该厂从1958年9月28日诞生第一辆凤凰牌轿车以来生产的第77 041辆车。

11月26—30日　由四川、湖北、江西、浙江、上海等七省一市近200名专家、学者参加的“浦东开发开放与长江流域协调发展系列研讨会”首次会议召开。

11月27日　浦东新区签订第一个土地使用权转让合同，金桥出口加工区开发公司和日商独资爱丽丝公司签署为期30年的土地使用权转让合同。

11月28日　上海职工住宅合作社成立，采取“入社”办法，把居住困难户较多的单位和居住困难职工组织起来，走出一条“个人出一点，单位帮一点，国家扶植一点”的合作建房道路，并享受买房给优惠的政策。

11月29日　上海举行中外记者新闻发布会，宣布上海真空电子器件股份有限公司向海外发行中华人民共和国成立后第一批总额1亿元、共100万股的人民币特种股票(B种股票)。30日晚举行发行签约仪式。

11月　首届上海节能宣传周举办，此后每年举办1次。2004年起，改为每年6月举行。

12月1日　行驶于上海南浦大桥的公交大桥一线、二线2条公交汽车线路通车。大桥一线自浦西重庆南路至浦东临沂路；大桥二线自浦西徽宁路至浦东文登路(今东方路)。

同日　市长途电信局开放国际直拨受话人付费业务。

12月2日　日本东京银行上海分行开业。

12月3日　国际海事会议和展览会在上海举行，22个国家和地区的900多人参加。

12月4—7日　中共上海市第五届委员会第十二次全体会议举行。会议通过《中共上海市委关于贯彻党的十三届八中全会精神，加强农业和农村工作的若干意见》和《中共上海市委关于当前加强社会主义精神文明建设的若干实施意见》。

12月5日　市政府印发《上海市优秀建筑保护管理方法》。1992年1月起执行。

同日　由上海百货公司和上海缝纫机三厂投资组建的上海蜜蜂缝纫机工商联销公司挂牌成立。这是上海首家工商联销实体，标志着上海在探索适应市场竞争的企业组织形式方面迈出了实质性步伐。

12月5—6日　捷克和斯洛伐克联邦共和国政府总理马里安·恰尔法和夫人访问上海。

12月10日　以上海航天局为主研制的“长征四号A型”运载火箭获国家级科学技术进步特等奖。

12月10—12日　马耳他共和国总统文森特·塔博恩访问上海。

12月11日　《解放日报》头版头条刊登《本报读者魏澜来信建议开展“九十年代上海人”的讨论》的报道，提出要围绕“九十年代上海人应该具备什么样风貌与精神”的问题，引起一场全民大讨论活动。经过讨论，最终对“九十年代上海人”的形象归纳为：“文明礼貌、勤奋高效、胸怀大志、开拓创新”。

12月12日　1991年度国家科学技术奖励大会颁奖，上海有84个项目获得国家级科技奖励，其中自然科学奖6项，发明奖18项，科技进步奖43项，星火奖17项。上海航天局为主研制生产的“长征四号A型”运载火箭，获得本年国家级科学技术进步特等奖。

12月18日　上海广播电视国际新闻交流中心(广电大厦)主楼破土动工。该工程高123米，主楼17层，总建筑面积2.4万平方米。

12月20日　上海影城落成，这是中华人民共和国成立以来上海投资最多、规模最大、设备最先进的文化基础设施,于1987年12月开工建设,以大小5个电影厅为主体,拥有展览厅、影视图书馆、录像演播厅等影视设施。1999年2月14日被国家广播电视局评定为全市首家五星级影院。是历届上海国际电影节的主会场。

同日　上海卷烟批发零售价全面放开。

12月22日　上海物资贸易信息系统通过国家鉴定,这是全国第一个多功能的大型物资贸易信息系统。

12月23日　上海召开计划工作会议,黄菊出席并讲话,提出要调整一、二、三产业之间的比例关系,产业结构实现从适应性调整转向战略性调整。

12月24日　上海浦东大众出租汽车股份有限公司成立,这是中华人民共和国成立后首家股份制出租汽车企业。

同日　上海市地铁运营公司成立。

12月26日　沪杭铁路复线全线竣工通车,使上海至杭州的客车行驶时间缩短了2个多小时,货运量增加近1倍。

同日　上海体育馆立交桥和徐家汇立交桥建成通车。2座立交桥采取立交桥与地铁车站组合式施工法,在国内尚属首创。

12月27日　上海第八机床厂与德国H·华尔特公司合作开发成功中国第一台高精度、高效率四轴数控电火花成型机床,标志着中国成型加工机床的制造技术达到国际先进水平。

同年　上海私营企业突破4 000户,首次超过广州而跃居中国大陆各大城市之首。

同年　上海口岸进口船舶3 432艘,出口船舶4 009艘。上海进出口贸易额80.44亿美元,占全国总额8%,其中进口23.04亿美元,出口57.40亿美元。

1992年

1月2日　因连续出现零下6.6摄氏度和连续冰冻，上海1万多个屋顶水箱受冻，大面积水管冻裂，5.4万居民断水。

1月3日　上海28名科学家新入选为中国科学院学部委员。这是中国科学院学部建立以来的第一次增选，也是1980年以来的第一次增选。经国务院批准，此后的增选每两年举行1次。

1月4日　上海真空电子器件股份有限公司开业，这是国内首家向境外发行人民币特种股票(B股)的中外合资企业。

1月7—10日　中共上海市委书记吴邦国、市长黄菊率团访问浙江省北仑港和舟山，并签署《关于上海、浙江两省市进一步加强合作的会谈纪要》。

1月11日　中德合资创办的上海爱德华造船公司成立，这是中国造船行业第一家大型合资企业，由中华造船厂、江南造船厂和德国希拉克公司共同投资1 250万美元，主要生产液化石油气船和化学品船。

1月12日　上海评出旅游涉外星级宾馆。至此全市90家宾馆中，已有48家获星级宾馆，客房1 500间。

1月15—18日　中共中央总书记、中央军委主席江泽民在上海考察工作，视察浦东新区、闵行经济技术开发区和漕河泾新兴技术开发区以及上海证券交易所等。强调全党要始终不渝地全面贯彻执行党的基本路线，进一步解放思想，加快改革开放的步伐，转变作风，狠抓落实，一心一意把经济建设搞上去。

1月18日　上海汽车行业举行万人誓师大会。市政府提出汽车作为上海第一支柱产业，要抓紧时间大力发展，年内生产轿车6万辆，摩托车20万辆。

1月19日　市政府印发《上海市建设用地管理办法》。

1月19日—2月1日　上海在全国首次发行股票认购证，采用凭"股票认购证"摇号中签认股的方式，共售出207.6万份认购证。3月2日股票认购证首次摇号揭晓，全市中签21.4万张。

1月23日　上海土地工作会议召开，提出年内扩大有偿使用土地改革。

1月24日　国务院发出关于上海市进一步开发开放浦东的通知，给予浦东5项新的优惠政策。

1月25日　上海首个利用级差地租改造旧区的卢湾区打浦桥斜三地块正式签约启动，建造住宅7.2万平方米。卢湾区打浦桥斜三基地地块第一期19 790平方米，被上海市海华有限公司以100万美元取得70年使用权。10月30日举行海华花园开工典礼，1995年5月9日建成。

同日　浦东地区主干道之一杨高路拓宽改建工程开工。12月8日竣工通车。

1月28日　市政府决定，即日起对食糖、鲜蛋和食盐取消票证，敞开供应。

1月29日　黄菊发表电视讲话，指出上海加快住宅建设，出路在于深化改革，扩大开放。

1月31日—2月20日　邓小平视察南浦大桥和建设中的杨浦大桥、贝岭微电子制造有限公司、闵行区经济联合开发总公司、上海市第一百货商店等处。在上海期间发表一系列重要谈话，与在武昌、深圳、珠海等地的谈话一起，组成著名的南方谈话。

2月1日　由上海市建一公司施工总承包的上海虹桥国际展览中心全面竣工，建筑总面积

18 400 平方米。该工程于 1991 年 7 月 2 日开工。

同日　中国第一台加工精度误差不到一根头发丝四分之一(2 微米)的立式加工中心在上海第三机床厂研制成功,可广泛应用于航天、航空、兵器、汽车、造船等行业的精密模具制造,填补国内空白。

2 月 1—14 日　国家主席杨尚昆在沪视察。

2 月 2 日　上海联合纺织实业有限公司转制为股份有限公司,委托上海申银证券公司向社会公开募股赠资,成为上海首家中外合资股份有限公司。

2 月 10 日　外滩交通综合改造工程开工。1993 年 12 月 25 日竣工。

2 月 18 日　市政府办公厅下发《关于完善商业企业经营机制,推进"六自主"改革问题的通知》("六自主"即经营活动、商品定价、劳动用工、工资分配、投资发展、机构设置自主)。同日,市政府召开商业系统改革试点动员大会。

2 月 21 日　中华人民共和国首次向境外发行的上海电真空电子器件股份有限公司人民币特种股票(B 股)在上海证券交易所上市买卖。

2 月 25 日　全国第一套亚临界大型火电设备吴泾工程首台 30 万千瓦机组投产发电。

2 月 29 日　深圳市宝安企业(集团)股份有限公司与上海陆家嘴金融贸易联合发展有限公司签约,投资 3 亿元,受让一块土地 50 年的使用权,成为深圳第一家到浦东参加投资开发的企业。

同日　上海市农村工作会议召开,会议提出要加快改革开放步伐,向城郊型农业和农村经济新目标迈进。

3 月 2 日　市政府教卫办、市建委、市政府交通办联合发出文件,决定自 1992 年 4 月 1 日起对上海市普通高校学生参加校外实习和学农劳动所需团体使用公交车船等交通工具实行半价优惠收费。

3 月 10 日　市政府举行 1992 年上海对外开放和浦东开发新闻发布会,黄菊宣布国务院给予浦东新区新增加 5 项优惠政策和 5 项配套资金的筹措权,提出开发浦东要打好"中华牌""世界牌"。

3 月 11 日　中共上海市委、市政府召开加强廉政建设、纠正不正之风工作会议,黄菊出席并讲话。

3 月 14 日　中共上海市第五届委员会第十三次全体(扩大)会议举行。会议讨论并通过《关于召开中国共产党上海市代表会议的决议》和《关于召开中国共产党上海市第六次代表大会的决议》,决定在当年 6 月召开市党的代表会议,选举上海市出席中共十四大代表,决定在当年 12 月召开市第六次党代表大会。

同日　乌兹别克斯坦共和国总统伊・卡里莫夫访问上海。

3 月 15 日　上海市百一店和华联商厦分别组成企业集团市百一店(集团)公司、上海华联商厦(集团)公司。

3 月 16 日　友谊羊毛衫厂厂长梅存福致信黄菊,主动要求自费改革,给国营中小型企业放权转换经营机制。黄菊在信上批示:"企业放开经营的试点宜多渠道、多层次、多形式、不要拘泥于按部就班,要结合小平同志讲话精神,凡是有条件试点的,应该创造条件积极扶持,让企业去探索一条改革的路子,各部门要主动配合试点"。

同日　南京西路商业街改造工程动工。

3 月 18 日　上海浦东强生出租汽车股份有限公司成立。除发起单位入股资金外,还向社会发行股票 720 万元,投入车辆 100 辆。

同日　上海出租汽车调度中心启用，这是当时世界上容量最大、技术先进的出租汽车电话调度中心。

3 月 20 日　国务院总理李鹏在全国第七届人大第五次会议上作《政府工作报告》指出：上海浦东新区是今后 10 年开发开放的重点，要进一步加强基础设施建设，创造良好的投资环境，建设一些投资效益好的项目，通过上海浦东的开发开放，带动长江三角洲地区乃至整个长江流域经济的发展，逐步使上海发展成为远东地区经济、金融、贸易中心之一。

同日　市政府发行 5 亿元浦东债券。

3 月 25 日　全球最大的银行，日本第一劝业银行在上海设立分行。

3 月 26 日　黄菊视察崇明岛，指出开发崇明是浦东开发的延伸，崇明岛要起好浦东开发辐射长江三角洲的“跳板”作用。

同日　由上海工业大学与上海市科技创业中心联合创办的上海工业大学科技园区成立，这是全国高校首家科技成果“孵化”基地。

3 月 27 日　上海异形钢管厂改制为上海异型钢管股份有限公司，为国内冶金行业首家上市公司。

3 月 28 日　《文汇报》在第一版及时转载《深圳特区报》3 月 26 日发表的长篇通讯《东方风来满眼春》，向上海和全国读者报道了邓小平南方谈话精神，成为全国第一张转载这篇重要通讯的日报。28 日上午《文汇报》送到全国人大和政协两个会场，受到与会者的称赞和欢迎。

3 月 30 日　上海举行首次电话号码拍卖，10 个号码拍得 32 万元。上海五星公司以 4.6 万元买下以 4 个“8”为尾数的号码，创上海首次电话号码拍卖的最高价。

3 月　上海日用工业品全部敞开供应，取消凭票供应。

4 月 1 日　继 1985 年和 1988 年两次进行市、区、县明责分权以后，市政府第三次进行明责分权。这次分权涉及财政税务、外资引进、城建管理、劳动管理、人事管理、商业管理、基建项目管理、价格管理 8 个方面，在利用外资和旧区改造方面取得了突破。

4 月 3 日　俄罗斯上海国际贸易公司在圣彼得堡成立。

4 月 6 日　静安区人民法院公开审理上海市首起股票诈骗案，诈骗犯王惠医被判有期徒刑 4 年。

4 月 7 日　上海石油化工总厂第三期工程建成。一、二、三期工程共建成 58 套生产装置，14 个分厂及相配套工程和生活设施，形成年加工原油 530 万吨、合成纤维 53 万吨、塑料 50 万吨、油品 100 余万吨的生产能力，成为国内现阶段最大的油、化、纤、塑并举的石油化工生产企业。

4 月 8—9 日　柬埔寨王国总理洪森访问上海。

4 月 10 日　市浦东开发办、市税务局发出通知，对 1990 年 4 月 18 日以后在浦东新区内新建、迁建的企业，凡符合浦东开发形态规划产业政策要求的，给予减免一定幅度所得税的优惠。

同日　市劳动局宣布：企业在计划指标范围内可自主招工；可制定厂纪厂规，明确开除、除名、辞退职工的具体条件；可进一步落实企业内部分配自主权。

4 月 11 日　新加坡长立国际开发股份有限公司和黄埔区房产经营公司联手以近 5 800 万美元的总价获得北京东路 71 号街坊土地使用权，这是上海在旧城改造中首次运用土地批租方式。

4 月 13 日　市政府下放技术改造项目审批权，千万元以下项目由区、县政府自行审批。

4 月 16 日　正大集团泰国高泰（上海）有限公司和陆家嘴金融贸易区开发公司联合投资兴办上海富都世界有限公司举行合同签字仪式。该项目占地 40 公顷，投资 20 多亿美元。

同日　上海召开房改工作会议,宣布从7月1日起,调整计算公积金缴额方法;职工买房建房可申请抵押低息贷款;已租住公房的出售工作起步试点。

4月17日　李鹏视察浦东新区。

同日　宝山钢铁厂二期工程全部建成并举行投产仪式,工程总投资172亿元。

同日　27名上海首批个人合同劳工参与了市总工会举办的欢送会。这批在4月底赴新加坡的劳工是"上海境外就业职业介绍所"尝试引进海外劳工市场模式以来,首批赴海外的上海产业工人。

同日　投资10亿元的上海焦化总厂"三联供"煤气化工程全面开工,这是上海"八五"期间重大项目,上海市重大实事工程之一。1994年12月29日,"三联供"煤气一期工程煤气化装置建成,提前实现日增产130万立方米煤气的目标。

4月18日　上海石油化工总厂30万吨乙烯工程建成投产。工程始建于1985年5月。

4月19—26日　市政协举行七届五次全体会议。

4月20—28日　市九届人大第五次会议举行。黄菊作《政府工作报告》。

4月23日　国家教委在上海召开学习和推广青浦县教改经验现场研讨会。1977年起,青浦县进行数学教学研究与改革,教学质量与科研水平取得突破。1989年教改10年总结《大面积提高数学教学质量的改革实践与理论探讨》获全国首届教育科学优秀成果一等奖。

4月24日　上海东方明珠股份有限公司成立,这是全国文化系统首家股份有限公司,由上海广播电视发展总公司、上海电视台、上海人民广播电台和《每周广播电视》报社发起组建,下设房地产、出租汽车、娱乐、国际旅游等8个子公司。

4月27日　应美中协会邀请,以黄菊为团长的中国代表团一行前往美国,参加纪念中美《上海公报》发表20周年活动,并访问旧金山市。还应邀访问日本大阪府、大阪市,顺访横滨和东京。

同日　长江三角洲14个城市协作办(委)主任会议在上海召开,确定在浦东筹建14个城市"经济技术协作中心"。

4月30日　当时上海最大的支柱产业集团上海汽车工业总公司,和上海最大的地方金融机构上海市投资信托公司,首次以大规模参股的形式实现全面合作,上海汽车工业总公司的注册资本由原来的21亿元增至28亿元。

4月　上海嘉宝实业股份有限公司被市经委列为上海市股份制试点单位。5月经中国人民银行上海市分行批准,向社会公开发行股票2 500万元,12月2日在上海证券交易所上市交易。是全国乡镇企业中首家实行股份制的企业。

5月1日　中共中央顾问委员会主任陈云在上海肯定中共上海市委、市政府工作,表示"上海大有希望""非常赞成开发浦东,开放浦东"。

5月3日　市劳动局选择与市民日常生活较为密切的餐饮、家电、钟表3个专业,试行上岗证书,即由劳动局命题进行统考,合格者发给上岗合格证,凭证向地区工商行政部门登记开业。

5月4日　市政府召开新闻发布会,宣布浦东新区10项特优政策。

5月5日　建设银行上海市分行受上海市公积金管理中心委托,首次运用房改资金,向上海4名职工个人发放第一笔10.7万元住房抵押贷款。

5月8日　金辉工业房地产公司成立,这是上海工业系统第一家房地产公司。

5月10日　蒙古国总理达希·宾巴苏伦访问上海。

同日　江苏路拓宽工程开工。1993年9月25日通车。

5月11日　中共上海市委、市政府决定,全市对猪肉取消凭票定量供应办法,实行敞开供应,并适当提高销售价格。

5 月 15 日　国务院批复上海，同意举办中日合资商业零售企业上海第一八佰伴有限公司。9 月 28 日，上海第一八佰伴有限公司正式成立，总投资 1.2 亿美元，外国投资 6 600 万美元，为中国大陆第一家中外合资大型商业零售企业。9 月 29 日，中日邦交正常化 20 周年纪念日之际，上海第一八佰伴的营业大厦新世纪商厦在浦东新区举行奠基仪式，地址为张扬路 1 号。1995 年 12 月 20 日，商厦落成试营业，当天共有 107 万消费者进入新世纪商厦参观购物，创造了吉尼斯世界纪录。

同日　上海市和埃及亚历山大省结为友好省市。

5 月 15—25 日　1992 年上海市艺术节举行。

5 月 18 日　市政府发布《上海市股份有限公司暂行规定》，6 月 1 日起施行。

同日　全国工具行业出口大户上海工具公司获得产品自营进出口权，成为中国最大的集生产、内外贸、科研为一体的大型企业。

5 月 18 日—6 月 2 日　吴邦国率考察团到广东、海南两省学习考察。

5 月 22—24 日　印度共和国总统拉马斯瓦米·文卡塔拉曼及其夫人访问上海。

5 月 23 日　上海枫泾粮油交易市场在金山县枫泾镇新泾路 70 号开业，是全市首家粮油交易市场。1993 年 4 月敞开粮油供应，1995 年 5 月停市。

5 月 24—25 日　第二届精神文明建设“五个一工程”颁奖大会在北京举行，上海有电影《走出地平线》等 4 项作品获奖，上海市委宣传部获得组织工作奖。6 月 8 日，上海第二届“五个一工程”表彰大会举行，为上海入选作品颁奖。

5 月 26 日　市政府批准《关于国营大中型商业企业扩大试行“利税分流，税后还贷，税后承包”的实施意见》，从 1992 年起，分 3 年实施。

5 月 28 日　上海金属交易市场开业，这是中国第一个国家级期货市场，当日完成第一笔 1.6 万吨铜的期货交易。铜、铝、铅、锌、镍和生铁获准上市，每周一、三、五开市，以期货方式进行有色金属交易，实行公开竞价。

同日　市政府就旧城改造，提出放权给区，用多种形式加快旧城改造。

5 月 28—30 日　台盟上海市第七次盟员大会举行，郑励志当选为主委。

5 月 29 日　浙江省证券公司上海营业部开张，这是上海第一家外地证券机构。

同日　市外经贸委和市经委召开新闻发布会，宣布上海造纸公司、上海八达纺织印染服装公司、上海第一锁厂、上海丰华圆珠笔厂、上海圆珠笔厂为上海第一批自营出口企业，享受浦东新区优惠政策。

5 月 30—31 日　贝宁共和国总统尼塞福尔·索格洛访问上海。

5 月 31 日　上海市证券管理委员会成立。

同日　标志着中国白血病基础理论研究已进入国际先进行列的“急性早幼粒细胞白血病中 t(15∶17)染色体易位的分子生物学研究”取得重要成果，通过了市科委主持的鉴定。医学专家鉴定这项由瑞金医院等单位完成的成果属国际先进，其中部分研究为国际首创。

5 月　受市公积金管理中心委托，中国建设银行上海分行向 4 名缴住房公积金的职工发放全国第一批政策性个人住房公积金贷款。

6 月 1 日　外汇期货交易在上海外汇调剂中心试办成功。

同日　南京路等闹市区商店营业时间开始延至晚上 10 时。

6 月 2 日　上海电气联合公司等中标菲律宾匹那英根 30 万千瓦燃煤发电机组工程项目，为上海首次承建国外电站。

6月3—8日　民进上海市第七次代表大会举行,刘恒椽当选为主委。

6月6日　在上海绝迹40年的工艺品拍卖重新开拍。

6月9日　市财办提出对小型商业企业采取改、转、租、包、卖、连、股份制7种改革方法。

6月9—11日　中共上海市委、市政府举办干部学习班,要求上海各级干部认真学习邓小平视察南方的重要谈话,进一步解放思想,振奋精神,使上海经济更好更快地上一个台阶。

6月10日　根据中共上海市委、市政府意见,市劳动局召开全市各委办局有关部门负责人会议,布置在全市具备条件的全民所有制企业,进行每周5天半工作制(即平均每周44小时工作制度)的试点工作。

同日　上海至西欧之间的第一座空中桥梁,上海——布鲁塞尔航线开通。

6月10—12日　民革上海市第八次代表大会举行,徐以枋当选为主委。

6月20日　上海30万吨乙烯工程全面建成投产,并举行庆典仪式,国务院来电祝贺。

6月22—24日　农工党上海市第八次代表大会举行,陈灏珠当选为主委。

6月24—27日　国务院在北京召开长江三角洲及沿江地区经济规划座谈会,主要内容为集中力量先搞好浦东开发开放,分层次推进长江沿江地区发展。江泽民、李鹏出席会议,并就如何贯彻邓小平南方谈话及党中央关于"以上海浦东为龙头、进一步开放长江沿岸城市"的决策发表重要讲话。黄菊作了"找准位置、转换机制、探索路子——以浦东开发开放为龙头,加快上海振兴,更好地为建设繁荣富庶的长江经济走廊服务"的发言,提出20世纪90年代的"城市定位",开始打造全新的都市品牌:世界牌、中华牌、上海牌。

6月25日　上海两大钢铁生产基地宝山钢铁总厂与上钢实现大联合,组建成新的宝山钢铁总厂集团,并确定了双方逐步走向联合的6项具体措施,成为国内最大、国际著名的钢铁联合企业。

同日　位于联水路167号的月浦水厂一期工程投入运行,并网通水,这是上海第一座利用长江水源的水厂,日供水能力10万立方米。

同日　铁路上海站不夜城项目启动。港沪发展有限公司以1.31亿美元取得面积5.7万平方米的50年土地使用权,建造建筑面积总面积32.4平方米的楼宇。

6月26日　汤臣集团所属恒艺发展有限公司以3 090万美元获得浦东新区高尔夫球场及附属建筑物的土地使用权。这是上海首次通过国际招标出让文体娱乐设施用地。

6月26—28日　九三学社上海市第七次代表大会举行,杨槱当选为主委。

6月27日　上海第一家科技人员自筹资金创办的科技经济机构上科实验研究所成立。

6月29日　中共上海市代表会议举行,选举产生上海出席党的十四大的代表73名。

同日　奉贤畜牧水产总公司在南桥镇成立,是全市首家集畜禽品和渔产品于一体的产、供、销、加工一条龙的副食品企业集团。

6月30日　曹安路市场开始营业。这是当时上海最大的农副品批发市场,一天参加交易者逾3 000多人次,成交金额达31万元。

同日　中美合作上海好来喜食品公司成立,这是上海第一家私营对外合作企业。

6月　市政府公布第六批市级文物保护单位和纪念地名单,共14处。

7月1日　市邮政局开办国内邮政电子信函业务和国际汇兑业务。

同日　黄浦区区属商业企业成立三联集团公司、万象集团公司、南洋百货总公司、新世界贸易股份有限公司和小绍兴饮食总公司,在全市率先撤销行政性公司,成立集团公司。

7 月 2—4 日　民建上海市第八次代表大会举行，陈铭珊当选为主委。

7 月 7 日　市政府决定，长江三角洲及沿海地区省市参与浦东开发可获 8 方面优惠。

同日　位于莘庄的上海印度洋卫星地球站建成，可开通国际卫星电路 600 条，提供电话、电报、传真、数据传送等业务，结束了上海与欧洲通信需经北京转接的历史。

7 月 7—9 日　致公党上海市第三次代表大会举行，吴肇光当选为主委。

7 月 10 日　上海上菱电冰箱总厂与香港天安中国工业投资有限公司共同投资成立上海上菱天安电冰箱有限公司，主要生产 208 升、234 升和 418 升的“上菱牌”电冰箱。

7 月 10—13 日　民盟上海市第十次代表大会举行，谈家桢当选为主委。

7 月 14 日　市政府颁布《上海市企业临时工管理实施办法》。规定企业应与临时工本人签订劳动合同。临时工的工资、奖金、津贴、劳动保护用品等待遇，参照所在企业同工种、同岗位、同等工作条件的职工待遇确定。从具有上海城镇户口的人员中招用的临时工，企业应按月向退休费统筹机构缴纳养老保险费。

同日　中外合资股份制上海氯碱化工股份有限公司成立。

同日　上海第一百货商店以 9.5 亿元年销售额，名列 1991 年度全国百家最大零售店之首。

7 月 17 日　新西兰驻上海总领事馆开馆，馆址在淮海中路 1 375 号启华大厦。

7 月 18 日　上海最大的棚户危房基地静安永源浜地块由沪港合作开发，举行签约仪式。

7 月 21 日　新世纪中小学成立。这是上海市第一所民办中小学，是一所由社会集资、民间创办、实行自费的学校。

7 月 22 日　上海第一家区级外贸公司——上海黄浦对外贸易公司在浦东新区成立。它由黄浦区经济发展总公司与市对外贸易公司合营建成，注册资金 1 000 万元。

同日　上海市城市建设投资开发总公司成立，其主要职责是受市政府委托，多渠道筹措和管理城市建设资金。

7 月 23 日　富民私营经济开发区在青浦县蒸淀乡创建，这是上海第一个私营经济开发区。

7 月 25 日　经国家教委批准，民办高校杉达大学成立，由上海交通大学、北京大学、清华大学 3 校教师联办。

7 月 26 日　日本伊藤忠商事有限公司在外高桥保税区设立外贸公司，是中华人民共和国首次批准外商在国内设立独资外贸公司。

7 月 27 日　市政府发布《上海市鼓励出国留学人员来上海工作的若干规定》，对出国留学人员来沪工作，确保来去自由，并给予科研经费、住房、随归家属子女安置等多方面的优惠。

7 月 28 日　国家级高新技术园区上海市张江高科技园区在浦东新区峨山路 95 号 4 区开业，规划占地 17 平方公里。

同日　内外联集团和内外联综合商社，经市政府批准在浦东新区成立，这是上海首家打破行政隶属关系和行业分工界限的跨国集团(综合商社)。

7 月 29 日　上海运动员庄泳在第二十五届夏季奥运会(巴塞罗那奥运会)上获得 100 米自由泳金牌，并打破奥运会纪录，为中国游泳项目首次在奥运会获金牌。31 日，上海运动员杨文意获奥运会女子 50 米自由泳金牌，并打破其保持的世界纪录。

7 月 30 日　上海—巴黎国际银行签约，这是上海首家中外合资银行。

7 月 31 日　白桦国际招商市场在黄浦区中央商场开业，这是上海首家面向独立国家联合体和东欧客商的商场，专门经销各类轻纺商品，可零售可批发，也可加工订货，代理买卖，还可以物换货。

同日　由上海永红机器厂和上海市激光技术研究所携手合作、设计制造的中国第一台激光游标卡尺精密刻线机和激光加工用精密坐标工作台在上海诞生。

7月　上海润丰商品期货有限公司在浦东外高桥保税区注册成立,这是中华人民共和国成立后首家国际期货商品交易中心,标志着中国大陆期货交易市场开始与国际市场接轨。

8月1日　上海改变1982年起实行的按公费、劳保和按自费两种收费标准收费的制度,实行按公费、劳保医疗一种收费制度;对60岁以上无正常收入的老人以及18岁以下的青少年儿童实行减半收费。

8月5日　中国科学院上海原子核研究所宣布在世界上首次发现新核素铂-202。

8月8日　谢晋—恒通影视有限公司成立,这是全国第一家以个人名字命名的文化企业。

8月9日　下午4时,由航空航天部、上海航天局等单位共同研制的"长征二号丁"火箭首发成功,准确地把中国第二代新型科学探测和技术试验卫星送入预定轨道。

8月11日　上海土地估价所成立,这是中国大陆首家土地估价所。

8月14日　徐汇区牙病防治所改制成立,这是上海出现首家股份合作制医疗单位。改制后牙防所设置初始股金总额为24万元,每10元为一股,由职工执现金购股投入。国家每年只给专项补贴2.4万元。

8月18日　联合国亚太地区裁军与安全问题上海研讨会在上海召开。

同日　世界广场大厦在浦东奠基。为上海第一幢全钢骨架结构的高层建筑,高199米。

8月20日　上海"长征二号丁"火箭首发成功。

8月23日　全国城市卫生、环境综合整治检查团第一团在上海对上海市创建国家卫生城市活动进行全面检查,总评价为上海城市整体卫生质量达到历史最高水平。

8月25日　上海德勤会计事务所成立,为上海第一家中外合资会计师事务所。

8月26—27日　坦桑尼亚联合共和国总统阿里·哈桑·姆维尼访问上海。

8月27日　基里巴斯共和国总统阿陶·蒂安纳吉访问上海。

8月28日　中共上海市委、市政府发出《关于发展科学技术,依靠科技进步,振兴上海经济的决定》。中共上海市委和市政府提出上海科技工作的重点是高新技术产业化,大力发展高新技术支柱产业,确定计算机及其应用、生物工程与医药产业为上海重点培育的高新技术产业。

同日　由上海贸易信托公司兴办的上海典当行开业,这是上海兴办的第一家新型典当行。

同日　虹口区工商行政管理咨询事务所成立,是全市工商行政管理系统首个具有法人资格的咨询机构。

8月　国务院召开三峡工程库区移民对口支援工作会议,明确由上海对口支援四川省万县地区(今重庆市万州区)和湖北省宜昌市宜昌县(2001年更名为夷陵区)。当年,上海启动成立对口支援三峡工程库区移民工作。

9月1日　上海市新编课程教材分别在60所中小学作整体改革的试验,在10个区作单科教材的试验,涉及学生近14万人。

同日　市税务局对全市个体、私营经济税收政策实行重大调整,暂停所得税加成征收,对企业富余人员从事个体经营免征一年所得税。

9月2日　韩国最大的企业三星集团在上海开设办事处。这是经批准开设的首家韩国公司驻沪办事机构。

9月4—27日　应印度国民大会党邀请，吴邦国率中国共产党代表团访问印度，并顺访新加坡和泰国。

9月6日　中山医院成功施行成人肾脏移植到儿童身上的肾移植手术，为全国首例。

9月7日　市政府召开第25次常务会议，黄菊指出上海1992年经济体制改革在转换企业经营机制、培育和发展市场体系、转变政府职能等3个方面全面推进，上海改革正从全国的“后卫”走向“前沿”。

9月8日　上海广电股份有限公司成立，这是当时中国电子行业最大的股份制企业，由上海电视一厂、上海无线电四厂、上海录音器材厂等组成，拥有“金星”“凯歌”“飞跃”“上海”四大国内著名商标。

同日　上海石油天然气公司成立，经营东海平湖油气田开发。

9月9—10日　纳米比亚共和国总统萨姆·努乔马访问上海。

9月11日　上海市试行上海质量标志制度。

9月12日　上海人民出版社授予《政治经济学教材》主编蒋学模特别奖励2万元。该书自1980年出版以来，发行1 557万册，创造社会科学读物的最高纪录。

9月14日　杉达大学在浦东正式开学。

同日　经国家科委批准，自即日起上海张江高科技园区和上海漕河泾新兴技术开发区统称为上海市高新技术产业开发区。位于浦东新区南部、规划总面积达17平方公里的张江高科技园区，将同时享受高新技术产业开发区和浦东新区的优惠政策。这是推进上海市高新技术产业化的一项重要改革措施。

9月17日　上海体育界欢迎海峡两岸长跑团，在外滩举行大陆段长跑开跑仪式，海协会会长汪道涵为起跑鸣枪发令。

同日　文汇报社顾问、《新闻报》总编辑张煦棠赴中国台湾探亲，回沪后发表《台湾探亲记》等文章。这是中华人民共和国成立以来上海第一个进入台湾的新闻界人士。

9月26日　国务院批复同意市政府撤销上海县和闵行区，设立新的闵行区，区政府驻莘庄镇，以原上海县和闵行区的行政区域为新的闵行区的行政区域。11月4日，中共上海市委、市政府在上海县召开“撤二建一”干部大会，宣布区委常委会成员名单和相关决定。1993年3月2—6日区政协第一届第一次会议召开，3月24—30日区第一届人大会第一次会议召开，分别选举产生区人大、区政府、区政协领导班子。

同日　被列为上海“八五”重点工程的外滩交通综合改造一期工程建成通车。该工程起北京东路，南至延安东路，全长826米。1992年2月10日开工。

同日　上海商务中心在曲阳路动工兴建，这是上海当时最大的工业品集散中心、中央级工业品批发交易市场。

9月30日　大韩民国总统卢泰愚和夫人访问上海。

同日　上海首批街头磁卡电话亭在浦东新区开通使用。11月22日，浦西装用首批19部磁卡话机。

9月　浦东罗山路立交桥开工建设，这是上海第一座大型5层互通式城市立交桥，1993年9月30日竣工通车。

10月3日　市政府印发《上海市农村个人住宅建设管理办法》。

10月5日　美国友邦保险公司上海分公司成立，这是全国第一家外资保险公司，从事外币和人民币、人身和非人身保险业务,12 月 11 日正式开业。

10 月 5—6 日　上海市市长国际企业家咨询会议举行第四次会议。重点研讨国营企业改革等问题,有 110 多名外宾出席会议。

10 月 8 日　上海港与法国马赛港结为友好港口的签字仪式在上海举行。

同日　上海商品交易所在漕宝路开业,这是中华人民共和国第一家国际期货商品交易市场。

10 月 8—10 日　南非非洲人国民大会主席纳尔逊·曼德拉访问上海。

10 月 11 日　国务院批复同意市政府设立上海市浦东新区,撤销川沙县,浦东新区的行政区域包括原川沙县,上海县的三林乡、黄浦区、南市区、杨浦区的浦东部分。11 月 19 日,市委、市政府在浦东召开新区干部大会,宣布相关决定。1993 年 1 月 1 日,浦东新区党工委和浦东新区管委会在浦东大道 141 号挂牌成立。

同日　国务院批复同意市政府撤销嘉定县,设立嘉定区,以原嘉定县的行政区域为嘉定区的行政区域,区政府驻嘉定镇。1993 年 1 月 8 日,中共上海市委、市政府在嘉定召开撤县设区干部大会,宣布相关决定。2 月 10—13 日中共嘉定区第一次代表大会召开,4 月 5—9 日区政协第一届第一次会议召开,4 月 6—10 日区第一届人大第一次会议召开,分别选举产生区委、区人大、区政府、区政协领导班子。

10 月 12 日　中国共产党第十四次全国代表大会在北京举行。江泽民作题为《加快改革开放和现代化建设步伐,夺取有中国特色社会主义事业的更大胜利》的报告。

同日　上海市地铁总公司成立。

10 月 13—17 日　市九届人大常委会举行第三十七次会议。副市长徐匡迪受市长黄菊委托,汇报上海经济建设和改革开放的情况。

10 月 15 日　市政府发布《上海市待业保险暂行规定》,11 月 1 日起施行。

同日　沪青平公路西段改建工程竣工。1993 年 4 月 22 日东、中段扩建工程竣工。公路全长 53.2 公里,为上海首条一级国家公路。

10 月 20 日　以巴黎凯旋门形状设计的凯旋门大厦在铁路上海站附近奠基动工,这是上海利用外资改造旧区第一个开工的工程。

10 月 23 日　上海房产开发经营股份有限公司成立,这是上海第一家中外合资房地产股份制企业。

10 月 27 日　上海大型艺术团首次赴中国台湾交流演出。

10 月 27—28 日　日本国天皇明仁和皇后美智子访问上海。

10 月 28 日　上海东方广播电台开播,结束了上海只有一个广播电台的历史。江泽民为东方电台题写台名。

10 月 29 日　中国规模最大、技术最先进的"三米三"中厚板生产线在上钢三厂通过竣工验收、正式投入生产。

10 月 31 日—11 月 6 日　首届上海全国商品交易会在上海国际展览中心举行,此后每年举行 1 次,2001 年更名为上海全国消费品交易会。

10 月　全国第二次城市卫生和环境综合整治检查团对上海进行检查评比,一致认为:"上海城市整体卫生质量达到历史最好水平",上海再次被评为全国十佳卫生城市。

同月　日晖港综合治理工程启动。日晖港被称为 20 世纪上海的"龙须沟",这次工程在河道铺设地下钢筋混凝土双涵箱污水排放管道,上辟道路。1993 年 12 月填浜工程竣工。1994 年 5 月,日晖东路、日晖西路合并工程动工，12 月 23 日建成通车，长 1 100 米。1996 年 5 月 22 日命名为瑞金南路。

11 月 1 日　市公安局建中华人民共和国首支公安巡警队，在街上执勤。

11 月 2—3 日　乌克兰总统列昂尼德·马卡罗维奇·克拉夫丘克访问上海。

11 月 4 日　上海医科大学在国内外首次确立乙肝病毒免疫耐受动物模型。

11 月 5 日　静安区张家宅旧房改建样板房工程实施，这是由荷兰鹿特丹市住宅局和市房管局合作的上海首项中外合作进行旧房改造项目。

同日　经中国人民银行总行批准，由中国工商银行上海市分行和法国巴黎国民银行共同组建的上海巴黎国际银行成立并开业，这是中华人民共和国成立后上海首家合资银行。

11 月 6 日　中国国际信托投资(香港集团)有限公司投资上海延安东路隧道复线(即后来的延安东路隧道南线)、房地产开发、交通运输、120 万千瓦电站的签字仪式在上海举行。

11 月 7—9 日　摩尔多瓦共和国总统米尔恰·斯涅古尔访问上海。

11 月 7—12 日　第四届上海电视节举办，35 个国家和地区的近 400 家电视台、制片公司等参加。

11 月 10 日　上海巴士实业股份公司成立，上海公交客运开始多家经营。

11 月 15—22 日　江泽民在上海考察工作。18 日，听取上海金融、证券、物资工作汇报。20 日，出席上海精神文明建设座谈会。江泽民指出：中共十四大把开发开放浦东列为中国 90 年代经济建设的重点，这是中国扩大对外开放的重要标志。党中央、国务院和邓小平同志都对此寄予厚望，希望大家继续努力，不断使浦东开发开放工作跃上新高度。

11 月 18 日　上海颁布新的户口政策，规定凡持有工作寄住证人员可办理暂住户口并享受常住户口人员有关待遇。

同日　上海时装集团挂牌成立，这是当时全国服装业中规模最大的集团。

11 月 19 日　中共上海市委、市政府召开浦东新区干部大会，会议宣布，中共上海市浦东新区(筹)工作委员会和上海市浦东新区管理委员会(筹)将作为上海市委、市政府的派出机构，行使相应的职权，以新的管理机构和管理方式，适应浦东加快开发开放，发挥龙头作用的需要。

11 月 20 日　《上海英文星报》(*Shanghai Star*)创刊。这是改革开放以来中国大陆出版的第一份综合性地方英文报。

同日　国家计划委员会批准宝山钢铁总厂从 1993 年起实行计划单列。

11 月 21 日　黄菊率上海市代表团应邀前往英国、中国香港进行友好访问。

11 月 21—23 日　土库曼斯坦共和国总统萨·阿·尼亚佐夫访问上海。22 日，江泽民在上海会见来访的土库曼斯坦共和国总统尼亚佐夫一行。

11 月 22 日　凌晨 0 点 07 分上海市电话交换机容量突破 100 万门，割接开通获圆满成功，为中国第一个电话交换机容量突破 100 万门的城市。

11 月 24 日　连接上海、江苏、浙江、福建、广东四省一市的 72 个城市的南沿海光缆干线开通，这是当时中国距离最长、容量最大、技术领先的光缆干线，使四省一市的长途通讯能力增强 10 倍以上。

同日　在市工会第八届委员会第十次全体会议上，滕一龙当选为市总工会主席。

11 月 26 日　市九届人大常委会第三十二次会议，审议通过《上海市浦东新区总体规划方案》《浦东新区国民经济和社会发展十年规划和"八五"计划纲要》。

同日　上海永新彩管二期工程提前建成试生产，这是国家“八五”重点项目、1993 年上海工业战线重点工程。

同日　上海市人才服务中心成立，下设交流、国际、培训、考试测评、信息、保障、档案、实业等部门以及浦东分部和漕河泾分部。

11 月　中共上海市委、市政府决定进一步深化蔬菜产销改革，所有蔬菜品种放开经营，在菜场自由选购，自主定价，同时，放开豆制品价格，整顿和改进饮食业的点心经营。

同月　瑞金医院应用内窥镜手术，不打开胸腔为一病人成功地切除后纵膈肿瘤，属国内首例。

12 月 1 日　上海港务局和香港和记黄埔有限公司合资经营集装箱码头签字仪式在中国香港举行，香港和记黄埔有限公司主席李嘉诚及正在香港访问的上海市长黄菊出席签字仪式。这是中国交通行业和沿海港口最大的合资项目，总投资约 56 亿元。

12 月 3 日　全国最大的有限电视光缆传输网在上海徐汇区建成开通。

12 月 4 日　经过 3 年努力建成的上海技术物理所红外物理国家重点实验室在国家计委主持下通过验收。这是国内唯一从事红外光电子物理及外辐射与物质作用规律的基础研究基地。

12 月 5—10 日　第二届上海国际动画电影节举行。

12 月 6 日　上海煤炭交易所成立开业。这是当时世界上唯一以煤炭为对象的交易所，也是中国第一家规范化的煤炭市场。

12 月 8 日　被列为 1992 年第 1 号重大工程的杨高路扩建工程竣工。该工程 1992 年 1 月 25 日开工，南起上南路，北迄江海路，长 24.5 公里，水泥混凝土路面，路幅由 12 米拓宽至 50 米。

12 月 10—12 日　中共上海市第五届委员会第十四次全体会议举行。全会讨论并通过中共上海市第五届委员会向中共上海市第六次代表大会的报告，决定将这个报告提请中共上海市第六次代表大会审议。全会决定于 1992 年 12 月 15 日举行中国共产党上海市第六次代表大会。

12 月 11 日　1992 年度国家科学技术奖励大会举行，上海共获得国家级科技奖励 69 项，其中国家科技进步奖 41 项，国家发明奖 10 项，星火奖 18 项，中国科学院上海天文台等单位研制的“1.56 米天体测量望远镜”、国家医药管理局上海医药设计院、上海高桥化工厂研制的“SH - 1 型裂解炉技术开发”获得国家科技进步一等奖。

12 月 15—20 日　中共上海市第六次代表大会举行。吴邦国作《解放思想，把握机遇，为把上海建设成为社会主义现代化国际城市而奋斗》的报告，确定上海实行产业结构战略性调整，将原来上海经济发展的顺序从“二、三、一”调整为“三、二、一”，优先发展第三产业，积极调整第二产业，稳定提高第一产业。提出全市工业重点发展轿车、电子和通信(后改通信信息设备)、电站(后改电站成套设备及大型机电设备)、钢铁、石化和精细化工六大支柱产业。选出第六届中共上海市委员会和新一届上海市纪律检查委员会。选举吴邦国为市委书记。

12 月 17 日　亚洲开发银行向上海杨浦大桥工程贷款 8 500 万美元。1993 年 2 月 26 日合同生效。规定偿还期 20 年，另有 3—5 年宽限期。

12 月 18 日　中房上海总公司中标获得浦东塘桥东住宅区 10 号地块 70 年土地使用权。这是上海首次向内资招标出让土地。

12 月 22 日　汤臣金融大厦和汤臣国贸大厦在上海浦东新区开工，这是当时台商在大陆最大投资项目，后分别于 1995 年和 1994 年竣工。

同日　在上海 28 家中资、外资和中外合资金融机构组成上海市银行(外汇)同业协会。

12 月 26 日　上海举行首次人民警察警衔授予仪式。吴邦国、黄菊等市领导向 140 名警官代表分别颁发三级警监和一级、二级、三级警督警衔命令证书。

同日　上海有线电视台正式建台开播，共播出 10 个频道。

12 月 27—29 日　以色列国总统哈伊姆·赫尔佐克访问上海。

12 月 28 日　投资 4.5 亿元、实行跨行业组建的中国上产规模最大的传真机公司——上海传真机公司在浦东金桥出口加工区开业。

同日　上海联通科技发展公司在长宁区延安西路 2200 号的国贸中心大厦楼顶设立无线寻呼东方台，是全市最早获得电信业务经营许可证单位。

12 月 29 日　上海大众汽车公司创年产 10 万辆轿车新纪录。

同日　上海科技投资公司成立，这是国内第一家探索科技风险投资机制的公司。

12 月 31 日　大光明电影院修建工竣恢复营业，在全市第一家达到四星级影院标准。

12 月　上海杰伟世电器有限公司建成投产，这是上海浦东新区外高桥保税区第一个中外合资企业。

同年　市政府开始实施全市旧房改造。2 月，中共上海市第六次党代会确定到 20 世纪末完成 365 万平方米的改造，全市人均居住面积达到 10 平方米，住宅成套率达到 70%。1998 年起又采取里弄住宅更新改造、拆落地改造，旧工房扩建改造和花园住宅置换改造等旧房成套改造的主要方式，推进全市旧房改造。

同年　随着产业结构调整和劳动制度改革深化，企业下岗职工增加。1991—1992 年共下岗 20.7 万人，经企业采取培训转岗、兴办第三产业、组织劳务输出、企业内待退休等多种措施分流了 11 万人，到年底下岗待工 9.7 万人。与此同时，失业人员也在增加，至年底共积存 9.4 万人。

同年　上海市郊共有 2 920 个村实行合作医疗，覆盖率占 98%。

同年　江南造船厂为比利时太平洋湾油轮公司建成首艘 6.85 万吨双底双壳油船，为当时世界上最先进的油船船型。

1993年

1月1日　中共上海市委书记吴邦国、市长黄菊为中共上海市浦东新区工作委员会、上海市浦东新区管理委员会揭牌，要求能够真正形成高效、精干、廉洁的党政机构格局。

同日　上海华联超市公司首批6家超市开业。

1月4日　中共上海市委、市政府召开市党政负责干部会议，提出通过走“产、加、销一体化”路子和提高农业等9条政策措施。

同日　上海市民即日起可凭本人身份证，前往市档案馆免费查阅已对外开放的档案。

1月4日—2月8日　邓小平在上海视察。1月22日，农历除夕之夜，邓小平与上海市党、政、军负责人及各界人士共迎新春佳节。

1月8日　第一次全国汽车订货会在上海举行。

同日　沪港合作上海先施有限公司开业。

1月9日　上海浦东发展银行举行开业仪式，这是中华人民共和国成立后上海首家区域性、综合性、股份制商业银行，注册资本金10亿元，结束了上海40年来没有地方性银行的历史。

1月10日　由上海和香港合资建立的上海东方商厦开业。

1月16日　印度共和国驻沪总领事馆重新开馆，馆址在延安西路2200号国际贸易中心。

同日　黄浦区耀华装潢美术厂原厂长出资购得企业所有权，由集体企业转为私营企业，这在上海尚属首例。

1月18日　上海东方电视台正式开播，使用20频道每天播出16小时以上，其中自制节目约4小时。

同日　沪宁高速公路上海段全面动工兴建，全长25.89公里，东起普陀区长征乡，西至江苏省昆山市花桥乡，双向4车道。

同日　中日合资企业上海日立电器有限公司成立。

1月24日　南京路第二期改造工程开工，投资30亿元，改造5个街坊、10个商业单位。

1月27日　由上海证券交易所和上海浦利房地产有限公司共同投资1.48亿美元建造的上海证券大厦举行奠基仪式。

1月28—29日　上海浦东新区探索人才流通新路，率先向全国公开招考局处级干部。首批40个名额中有局级干部2名、处级干部8名。

1月30日　由日本太平洋投资株式会社和深圳物业发展(集团)股份有限公司与上海县颛桥城乡建设发展公司共同投资的“田园都市”在上海奠基，总投资15亿元，总占地面积超过100万平方米、这是上海首次引入外资建造民用住宅。

同日　上海港集装箱综合发展公司成立，这是全国最大的集装箱运输公司。

1月31日　上海市高校毕业生就业指导中心在上海展览中心首次组织高校毕业生就业市场。160个企业与5 000多名应届毕业生参加“双向选择”。

同日　上海纺织业提出战略大转移的目标，百家企业关停并转，腾出空间发展三产业。

1月　市政府首次向在上海经济、文化建设和社会发展事业中作出突出贡献的外国专家授白玉兰奖章、颁发荣誉证书。

2 月 1 日　市政府发布《上海市全民所有制工业企业转换经营机制实施办法》。

2 月 3 日　春节后 10 万名外地民工进入上海，上海铁路局增开临时客车。

2 月 5 日　市九届人大常委会第四十一次会议审议批准《上海市城镇职工养老保险制度改革实施方案》，并决定从 1994 年 1 月起施行，率先在全国省一级改革养老保险制度。《方案》的主要内容有，拓宽筹资渠道，实行个人缴费；按照个人储存与统筹互济相结合的原则，建立个人养老保险账户；兼顾公平与效率的原则，对不同类型的人员，实行不同的养老金计发办法。

2 月 6 日　上海气温达到 25.7℃（龙华），打破自 1873 年上海有气象记录以来 2 月上旬日最高气温纪录。

2 月 11 日　上海召开工业企业工作会议，黄菊要求重点发展一批新的支柱产业，进一步合理调整工业布局。

2 月 12 日　上海向日本出口的第一艘油轮移交日方。

2 月 13 日　中共上海市委、市政府办公厅通知各级党政机关，不得收受、购买、发放礼券。

同日　上海社会科学院在全国率先建立邓小平理论研究中心，后被中共中央宣传部确定为全国邓小平理论研究五大基地之一。

2 月 14—21 日　市政协举行八届一次全体会议，会议选举陈铁迪为市政协主席。

2 月 15—24 日　市十届人大第一次会议举行。黄菊作《政府工作报告》，会议选举叶公琦为市人大常委会主任，黄菊为上海市长。黄菊代表新一届市政府领导讲话。

2 月 20 日　市政府办公厅转发市政府协作办《关于上海对口支援三峡工程库区移民工作的意见》，安排成立市对口支援工程库区移民工作领导小组，下设办公室负责日常工作。

2 月 26 日　上海市与孟加拉国吉大港市结为友好城市。

同日　国家级农资现货、期货市场上海农业生产资料交易所开业。同日交易额 7 000 万元。

2 月 27 日　中共上海市委、市政府召开农村工作会议，部署郊区经济、社会发展等各项工作，并重申进一步完善对郊县（区）简政放权的政策措施。吴邦国、黄菊出席并讲话。

2 月　上海技术交易所成立。由市政府和国家科学技术委员会联合组建。是年技术合同成交额 1.8 亿元，1999 年达 36.63 亿元。

3 月 1 日　新建黄浦江金陵路轮渡站通航，延安东路轮渡站停航。

3 月 2 日　市政府召开利用外资工作会议，会议宣布自 4 月 1 日起进一步明责放权，区县局审批外商投资项目权限由总投资 500 万美元以下，扩大到 1 000 万美元以下，进一步扩大投资领域，吸收更多跨国公司来沪投资。市规划、土地、工商等部门同步下放有关权限。

3 月 6 日　正大国际财务有限公司在上海成立，为中国大陆首家外商独资财务公司。

3 月 9 日　火电机组和核电机组超临界技术研讨会在上海召开。

3 月 10—11 日　塔吉克斯坦共和国最高苏维埃主席埃莫·马利·拉赫莫诺夫访问上海。

3 月 11 日　上海召开养老保险制度改革动员大会，发布实施九届人大常委会第四十一次会议审议并原则批准的《上海市城镇职工养老保险制度改革实施方案》。9 月 1 日起，在机关事业单位全面试行养老保险制度改革。10 月 29 日，市政府批准《上海市机关事业单位基本养老保险费统筹暂行办法》。

3 月 12 日　市政府发出《关于放开粮油购销和价格的通知》，决定从当年 4 月 1 日起在全市范围内放开粮油购销和价格。当月 15 日，上海召开党政负责干部会议，要求各单位和部门认真贯彻国务院放开粮油购销和价格的决定,保持市场稳定。

同日　物资部投资20.6亿元,在浦东建生产资料市场、机电市场和汽车贸易等专业市场。

3月15日　加拿大最大的金融机构——加拿大皇家银行首家中国银行分行在上海设立。这是加拿大银行界首次在中国大陆设立的分行。

3月16日　市劳动局发出《关于九三年本市企业实行全员劳动合同制的意见》,明确凡具备条件的企业都可自主实行全员劳动合同制改革。至此,上海全员劳动合同制改革由试点转向全面铺开。截至1993年底,全市有6 200家全民所有制企业,职工164万人实行全员劳动合同制。此外,还有1 811家企业,职工86.6万人实行上岗合同。

3月17日　吴邦国率团访问日本。

3月17—19日　瓦努阿图共和国总理卡洛特·科尔曼访问上海。

3月18日　改革开放后上海首家影业股份制企业——上海永乐股份公司成立。

同日　由上海检验公司与上海保险公司合资的上海东方公估行开业,这是中华人民共和国成立以来首家获中国人民银行上海分行批准成立的公证中介服务机构。

3月19日　上海第二医科大学附属瑞金医院、上海血液学研究所分子生物学实验室陈竺、陈赛娟在急性早幼粒细胞白血病研究中发现了一个新的人类疾病基因。这一发现实现中国生命科学领域中人类新基因克隆零的突破,表明中国血液分子生物学研究跻身国际先进水平。

3月20日　市政府召开工业系统工作会议,动员和部署贯彻国务院制订的《全民所有制工业企业转换经营机制条例》和《上海市全民所有制工业企业转换经营机制实施办法》。

3月25—28日　共青团上海市第十次代表大会召开,钟燕群当选为团市委书记。

3月26日　世界最大的股票与债券包销集团——美林集团在上海设立代表处,这是中国大陆第一家来自纽约华尔街的外资常设金融机构。

3月29日　海华轮由上海外虹桥码头直抵中国香港,为中华人民共和国成立后上海首次开通直达香港海路。

3月30日　上海浦东软件园启动,这是中国第一个国家级软件产业基地。1998年6月12日,浦东软件园区开工建设,至1999年下半年一期工程完成。到1999年底,有111家企业注册,33家企业正式入驻。2000年3月18日,浦东软件园在张江高科技园区正式开园。7月20日,浦东软件园仪式举行揭牌,并由信息产业部和市政府签订协议,启动浦东软件园二期工程建设。2001年5月31日,总投资2.73亿元的上海浦东软件园二期工程开工,至2002年9月18日投入使用。2004年12月28日,总投资20亿元、占地58.8万平方米的上海国家软件出口基地项目,即浦东软件园三期在浦东张江高科技园区内奠基开工,后于2007年竣工。

同日　上海外滩经纪人市场在黄浦区中山东二路25号开业,是全市首家中介人市场。

3月　上海柴油机厂、上海汽轮机厂等230家企业试点模拟运行《上海市城镇职工养老保险制度改革实施方案》。

同月　张汝伦、王晓明、朱学勤、陈思和联合在《读书》杂志第三期上发表题为《人文精神:是否可能和如何可能》的座谈纪要,针对知识界人文精神失落的现状,提出重建人文精神的口号。随后,《读书》杂志又连续发表4篇座谈纪要。同时,《上海文学》杂志社从下半年起就"文学和人文精神的危机"这一专题组织了一系列讨论。这场讨论很快从文学领域扩展到文史哲诸多领域,从上海扩展到全国。

4月1日　上海取消粮油票证,开放粮油购销和价格,沿用39年的上海粮票、油票退出流通领域。同时建立起商品储备制度和粮油、蔬菜、副食品生产风险基金制度。至此，所有的副食品供应票证全部取消。

同日　东方航空公司班机抵达西班牙马德里，上海——马德里开航。

同日　全市实施统一代码标识制度，18 万家企事业单位和社会团体逐步有国际通行的标识。

4 月 2—4 日　奥地利共和国总理弗朗茨・弗拉尼茨基偕夫人访问上海。

4 月 6 日　上海市政府驻海南省办事处成立。

4 月 8 日　经司法部、国家教委和市司法局的特别批准，段祺华和夫人段周琪合办的段和段律师事务所在浦东正式挂牌，这是中华人民共和国成立后第一家私人合伙制律师事务所，也是第一个由归国留学人员创办的律师事务所。1994 年，段和段律师事务所在美国西雅图的分所开业。

4 月 10 日　在长江沿岸 31 个城市政府支持下，交通银行总行和沿江 28 家支行、366 家企业联手组建成立长江经济联合发展股份有限公司，决定把开发浦东作为长江开发的重头戏，把浦东建成中国对外开放的窗口。

4 月 13—18 日　国务院总理李鹏在上海进行考察，李鹏在考察中指出：上海要抓住机遇，加快改革开放和现代化建设步伐，特别是要加快建立社会主义市场经济体制的步伐，下大力气解决制约经济发展的一些薄弱环节，要在调整产业结构和提高经济效益方面有较快的进步。

4 月 17 日　上海市外高桥保税区 2 平方公里区域的隔离设施，通过了海关总署的验收，保税区封关运营。李鹏为保税区运营剪彩。

4 月 22 日　由上海城建院为主设计的沪青平一级公路，全线建成通车，实现了上海一级公路"零的突破"。

4 月 24 日—5 月 3 日　中共中央政治局常委、中央军委副主席刘华清在沪视察。

4 月 25 日　南京军区、中共上海市委在沪召开"南京路上好八连"命名 30 周年纪念大会。

4 月 27 日　中国科学院上海原子核研究所承担的中国第一台自行设计制造的串列加速器质谱计(AMS)正式投入运行，并已成功获得碳-14、铍-10、铝-26 等同位素质谱。这一成果达到国际先进水平，使中国超微量分析技术跨上一个新台阶。

同日　上海市与俄罗斯符拉迪沃斯托克市(海参崴)建立友好交流关系。

4 月 27—29 日　菲律宾共和国总统菲德尔・拉莫斯访问上海。

4 月　位于卢湾区马当路 306 弄 4 号的大韩民国临时政府旧址对外开放。1992 年，中韩正式建交后，韩国五任总统都在任期内莅临参观。

5 月 1 日　市公安局"110"报警服务台正式向社会开通。

5 月 3 日　中国人民解放军第二军医大学东方肝胆外科研究所和东方肝胆外科医院诞生。这是中国第一家融临床治疗和实验研究于一体的肝胆外科研究和肝胆专科医院。

同日　韩国最大的银行韩国商业银行驻上海办事处开业。这是中韩建交后第一家在上海设立代表处的韩国金融机构，也是在上海开业的第四十家外资金融机构代表处。

5 月 8 日　上海汽轮机厂等制造 60 万千瓦发电机组。

5 月 9—11 日　中共中央总书记、国家主席、中共中央军委主席江泽民在上海主持召开华东六省一市负责人经济工作座谈会。18 日，中共上海市委召开工作会议，传达江泽民同志讲话精神，部署全市当前工作。

5 月 9—18 日　第一届东亚运动会在上海虹口体育场举行，东亚国家和地区的中国、中国台北、中国香港、中国澳门、日本、朝鲜、韩国、蒙古、关岛 9 个代表团 1 200 余名运动员参加运动会。中国国家主席江泽民出席开幕式并宣布运动会开幕。这次运动会的经费全部由上海市通过集资解决，预算 8 500 万元。

5 月 11 日　江泽民由吴邦国、黄菊陪同视察浦东新区，并慰问了杨浦大桥的建设者。江泽民说，上海在贯彻执行中央关于开发浦东、加快发展的一系列方针政策方面所做的工作是卓有成效的，并重申中央有关开发、开放浦东的政策坚定不移不会变。

5 月 13—14 日　中共中央政治局常委、国务院副总理朱镕基考察上海工作时，要求上海在浦东这块新开发的土地上创造出新的管理体制，实施适应现代化建设的新型、高效的管理方法。

5 月 13—16 日　由多国前国家元首和政府首脑组成的非政府国际组织——国际行动理事会第十一届会议在上海新锦江饭店召开，朱镕基出席会议。

5 月 17 日　新西兰总理吉姆·博尔格访问上海。

5 月 22 日　益兴食品厂工会委员会成立，这是上海改革开放后第一个私营企业的工会组织。

5 月 26 日　上海石油交易所开业。

5 月 26—27 日　中共上海市委、市政府召开教育工作会议。黄菊作题为《积极探索，深化改革，推动上海教育事业的新发展》的报告。

5 月 26—27 日　吉尔吉斯斯坦共和国最高苏维埃主席梅尔特汗·舍利姆库洛夫访问上海。

5 月 27 日　市政府下发《关于组织实施〈上海市城镇企业最低工资收入试行办法〉的通知》和《关于本市城镇居民最低生活保障线的通知》，并于 6 月 1 日正式实施，以保障职工的基本生活。规定职工最低工资标准为 210 元，凡市内城镇居民家庭月平均收入低于 120 元的有权申请救助。此后逐年上调，至于 2010 年，职工最低工资标准调整为 1 120 元，城镇居民最低生活保障标准为每人每月 450 元。

5 月 31 日　位于黄浦区南京路西藏路口，建于 1915 年的新世界商场 4 层钢筋混凝土大楼，于凌晨采用定向倾覆爆破拆除，是全市首次在繁华商业中心爆破建筑物。

6 月 3 日　市政府召开决策咨询研究工作会议，宣布建立市政府决策咨询特聘专家制度，成立上海市发展研究基金会，聘请 43 名专家为市政府决策咨询人员，并设立决策咨询研究优秀成果奖。1994 年 4 月 1 日，市政府发布《上海市决策咨询研究成果奖励规定》。

同日　首批印有“台北”标志的直封航空邮包飞越台湾海峡到达上海，宣告两岸通过第三地——中国香港转邮历史的结束。印有“上海邮件处理中心”标志的航空邮袋从 6 月 1 日起直封寄发中国台湾。

同日　上海国际茶叶商品拍卖中心建立，这是全国第一个国家级茶叶交易市场。

6 月 5 日　经市政府批准，上海第一个自然保护区——金山三岛海洋生态自然保护区建立，由核心区和缓冲区组成。1997 年，市政府发布《上海市金山三岛海洋生态自然保护区管理办法》。

6 月 5—8 日　市工会第九次代表大会召开。在九届一次全委会上，滕一龙当选为市总工会主席。

6 月 7 日　上海市实施市区货运机动车夜间行驶。

6 月 11 日　大韩民国驻沪总领事馆开馆，馆址在延安西路 2200 号国际贸易中心 4 楼，后迁万山路 60 号。

同日　市政府发布提高粮油收购最低保护价政策。

6 月 12 日　市第十次妇女代表大会举行，章博华当选为市妇联主席。

6 月 13 日　中国科学院上海原子核研究所研制成功世界上第一台超灵敏小型回旋加速器质

谱计。

6 月 15—19 日　中宣部在上海组织召开第一次全国性关于邓小平理论的研讨会——建设有中国特色社会主义理论研讨会。吴邦国在开幕式上作题为《以建设有中国特色社会主义理论指导上海工作》的讲话。

6 月 18 日　中外合资上海联合钢业有限公司在浦东成立，这是当时中国最大钢材加工企业。

6 月 18—28 日　第十五届“上海之春”举行，共演出音乐舞蹈节目 25 台 41 场次，观众达 32 000 余人次。

6 月 21 日　上海市与以色列海法市结为友好城市。

6 月 25—27 日　澳大利亚联邦总理保罗·基廷和夫人等访问上海。

6 月 26 日　上海市精神文明建设命名大会召开，652 家单位被命名为 1991 年度、1992 年度市文明单位，143 家单位为军民共建先进单位，10 个小区为市文明小区。

6 月 29 日—7 月 1 日　市政府召开城市规划工作会议。

6 月　国家林业部批准建立佘山国家森林公园。西佘山园占地 60 公顷，率先建成开放。1994 年 9 月，东佘山园建成对外开放，山地面积 57 公顷。

7 月 1 日　市劳动局办法《上海市私营企业管理办法》。这标志着上海开始将私营企业的管理纳入政府劳动管理部门统一管理的轨道。

同日　市政府批准颁布的《上海市地铁管理办法》实施。

同日　全市开始实行租赁成套公房出售，租赁者可向房管部门购买租赁的成套公房。

同日　上海公交调整票价，普通客票由原来 0.10—0.50 元调整为 0.20—0.80 元；月票每张由 12 元调整为 20 元，学生月票半价，每张 10 元；郊县、长途、专线车的票价均作相应调整。

7 月 5 日　中国第一条连接世界光缆通信网络的中日海底光缆工程，由中国负责的 90 公里光缆在上海地区敷设完工。12 月 15 日开通使用。该光缆连接上海市和日本宫崎市，长达 1 252 公里，可提供 7 560 条通信电路。

7 月 8 日　第三届精神文明建设“五个一工程”颁奖礼在北京举行，上海有 4 部作品获奖，上海市委宣传部获得一等组织工作奖。8 月 7 日，上海第三届“五个一工程”表彰大会举行。

7 月 9 日　国内第一个人类基因治疗研究中心在上海第二医科大学成立。

7 月 10 日　中国科学院上海生物化学研究所使用基因工程菌发酵生产出人胰岛素，被认定为达到国际先进水平。

7 月 15 日　上海宝山钢铁总厂改宝山钢铁(集团)公司，简称宝钢(集团)公司。

7 月 16 日　上海市国有资产管理委员会成立并举行第一次全体会议。吴邦国任市国有资产管理委员会主任，黄菊等任副主任。

7 月 20 日　上海市卷烟交易市场开业。

7 月 23 日　上海第六人民医院完成首例双下肢再植术，填补了世界医学史上的一项空白。

7 月 26 日　上海石油化工股份有限公司股票同时在上海、美国和中国香港挂牌交易，上市 H 股 16.8 亿元、A 股 10 亿元。

7 月 26 日—8 月 4 日　首届上海啤酒节举行。

7 月 29 日　上海中西药业公司科研人员经过 5 年努力，研制成功用于防治棉花、果树、粮食、蔬菜等各种作物上害虫的溴氰菊酯。经国际权威机构联机检索证明，属中西药业公司首创。

7 月 30 日　上海电力局光纤通信系统完成光缆铺设。这是上海第一条数字光纤通信系统，具有国际先进水平,总投资 1 500 万元,横跨浦西与浦东,从闵行发电厂至浦东杨高路 50 万千瓦变电站。沿路覆盖 66 公里。

同日　为稳定市郊蔬菜生产,市政府决定增加近 2 万亩市郊菜田。

8 月 8 日　卢湾区淮海中路东段危棚简屋改造 152 基地 5 幢大楼竣工并举行仪式。该工程于 1985 年 8 月开工,是全市首个整街坊危棚简屋改造项目。

8 月 12 日　上海集装箱码头公司成立。

8 月中旬　上海汽轮机厂获得中国大陆第一张 ISO9001 质量体系认证证书。上海实行产品质量管理与国际接轨,全市工业系统开始实施 ISO9000 国际标准认证。除了第一家获得认证证书企业之外,上海在产品质量管理领域,还实现多个中国大陆地区"第一家":取得国务院质量监督管理部门授权的第一家质量体系认证机构——上海质量体系审核中心;取得中国大陆地区认证机构认证的第一家中外合资企业——上海国际数字电话设备有限公司;按照外方要求获得国外有关认证机构认证的中国大陆地区首家企业——上海福克斯波罗有限公司。

8 月 24 日　上海市和韩国釜山市结为友好城市。

同日　中共上海市委、市政府印发《关于深化上海教育改革的若干意见》。

8 月 27 日　上海市召开"深入开展反腐败斗争,推进党风廉政建设"大会,进一步动员和部署反腐败斗争,贯彻落实中央提出的党政领导干部廉洁自律、查办大案要案和纠正行业不正之风三项工作。

8 月 28—30 日　泰王国总理川·立派访问上海。

8 月 28 日—9 月 11 日　黄菊率团访问比利时安特卫普、荷兰鹿特丹和瑞典哥德堡。

8 月 30 日　上海博物馆新馆举行开工典礼。1996 年 10 月 12 日,上海博物馆新馆全面竣工,举行开馆仪式。新馆占地面积 1.1 万平方米,建筑面积 3.8 万平方米,地下二层,地上五层,高 29.5 米,总投资 5.7 亿元。

同日　黄浦江吴泾万吨级航道通航,全长 6.4 公里。

同日　1993 年上海商展在美国纽约举行,展出上海商品 3 000 余种。

8 月　经中国人民银行批准,美国花旗银行在上海建立中国区总部。

同月　上海申广房地产交易市场在静安区延安中路 632 弄 50 号成立,在全国率先实行房地产商直接进场设点销售模式。是通过计算机网络开展中介咨询,信息发布,房地产价格评估,产权证变更、转移、发放一条龙服务的房地产交易市场。

9 月 15 日　杨浦大桥建成。这是当时世界第一斜拉桥,大桥全长 7 658 米,主桥长 1 176 米,跨径 602 米,桥面宽 30 米,设 6 车道,时速为 60 公里,桥下净空高 48 米,可通行 5 万吨级轮船。是当时世界上跨径最大的斜拉桥,10 月 23 日通车。

9 月 21 日　1993 年亚洲首席执行官研讨会在上海召开。

9 月 22 日　始建于 1868 年、占地 31 亩的黄浦公园免费开放,成为上海市中心第一个免费开放的公园。

9 月 23 日　上海第一座多功能公用电话亭在上海铁路新客站广场开设,拥有直拨长途、磁卡电话、传真机等设施,日夜对外服务。

9 月 23—29 日　中共中央政治局常委、全国人大常委会委员长乔石在沪视察。

9 月 24 日　中共上海市委召开基层党建工作会议,要求进一步加强党的基层组织建设,形成强有力的思想政治工作队伍。

9 月 28 日　中华人民共和国成立后上海首任市长陈毅的塑像在南京东路外滩落成。

9 月　崇明县东平森林公园经国家林业部批准，被列为国家级森林公园。

10 月 6 日　中国东方航空集团在上海成立。

10 月 7—14 日　经国务院批准，首届上海国际电影节举行。来自亚、非、美、欧、澳五大洲的 33 个国家和地区的 164 部影片参展、参赛。中国台湾影片《无言的山丘》获最佳影片奖“金爵奖”。中国香港影片《笼民》获评委会特别奖。这是中国电影史上第一个国际电影节。

10 月 8 日　上海市文体进出口公司更名为兰生股份有限公司，成为中国第一家以个人名字命名的国有企业。

同日　市政府发布《上海市地名管理办法》。

10 月 9 日　经市政府批准，对从事基础研究的科技人员从 1993 年起开始实施特殊津贴，首批共有 100 名科技人员每人每月可获得 300—400 元的特殊津贴。

10 月 13—14 日　以色列国总理伊扎克・拉宾访问上海。

10 月 18 日　墨西哥合众国驻沪总领事馆在淮海中路 1375 号启华大厦开馆。

10 月 18—30 日　第二届上海科技节举行。

10 月 20—21 日　哈萨克斯坦共和国总统努尔苏丹・阿比舍维奇・纳扎尔巴耶夫访问上海。

10 月 21 日　中共中央政治局常委、国务院副总理朱镕基和国务委员李铁映率中央工作组来沪，研究分税制方案。

10 月 23 日　上海举行杨浦大桥通车典礼。邓小平为大桥题写桥名。朱镕基参加庆典并发表讲话。

10 月 25 日　上海全面实行《上海市城镇职工养老保险制度改革实施方案》。

10 月 26 日　中央工作组与上海市党政领导座谈，宣布了中央工作组与上海市领导共同商定的分税制方案，以及中央支持浦东开发的有关政策。

同日　中共上海市委、市政府决定，把计算机产业、医药产业列为市重点发展的支柱产业。

10 月 28 日　上海巴黎国际银行开业，注册资本 6 000 万美元。

同日　上海最大的棚户区杨浦区蕃白园棚户区动工改造。

同日　卫生部在上海举行中国卫生检疫 120 周年国际学术交流会。

10 月 29 日　瑞士银行上海代表处成立。

11 月 1 日　中国银行上海分行开办个人外汇买卖业务。

11 月 6 日　上海建成安全海上遇险和安全系统海岸电台，停用莫尔斯系统。

11 月 7—8 日　文莱达鲁萨兰国苏丹哈吉・哈桑纳尔・博尔基亚访问上海。

11 月 7—11 日　上海国际广播音乐节举行。

11 月 9 日　上海港与纽约新泽西港结为友好港。

同日　全国首家技术交易所——上海技术交易所成立。

同日　瑞士银行与上海申银证券公司主承销的中国纺织机械股份有限公司可转换债券在瑞士金融中心苏黎世签约。中国纺织机械股份有限公司成为中国大陆地区第一家在境外发行可转换债券的企业。

11 月 11—13 日　越南社会主义共和国主席黎德英访问上海。

11 月 13 日　上海市市长国际企业家咨询会议第五次会议在美国纽约举行。

11 月 17—19 日　德意志联邦共和国总理赫尔穆特・科尔访问上海。

11月18日　上海建筑材料期货交易所开业,为全国第一家国家级建材期货交易所。

同日　第二届国际水都会议在上海召开。

同日　上海——广州(佛山)全集装箱运输航线开通,为全国第一条沿海全集装箱运输航线。

11月25日　市中级人民法院对原告上海国际贵都大饭店有限公司工会诉被告上海国际贵都大饭店有限公司拖欠工会经费案,作出一审判决。法院确认,外商投资企业应依法按企业全部职工工资总额的2%向工会拨缴经费。

11月26日　上海烟草集团、上海烟草(集团)公司成立。

11月27日　美国最大的国际性投资银行摩根·斯坦利的中国总部由中国香港移至上海,这是中华人民共和国成立40多年来中国大陆吸纳的第一家外资银行总部。

11月30日　沪光国际上海发展投资有限公司在中国香港挂牌上市。

同日　市政府召开乡镇工业大会,要求乡镇企业成为上海经济新增长点,下年总产值力争达到千亿元。

同日　市政府立法专家咨询委员会成立。

11月30日—12月2日　市工商联第九届会员代表大会举行。经中共上海市委批准,上海市工商业联合会同时称上海市商会,主任委员、副主任委员改称会长、副会长。在九届一次执委会上,刘靖基当选为会长。

12月1—2日　乌拉圭东岸共和国总统路易斯·阿尔韦托·拉卡列·埃雷拉访问上海。

12月7日　金山——闵行液化气输液管道竣工运行,为首条穿越黄浦江的液化气输液管道。

同日　中共上海市委印发《关于当前加强和改进企业党的建设的若干意见》。《意见》指出:上海是企业特别是国有大中型企业最集中的地区之一,努力把企业党组织建设成为团结和带领职工群众执行党的政治路线、完成党的中心任务、实现党的奋斗目标的战斗堡垒,是加强党的建设的一项重要任务。

12月10日　申花集团公司组建上海申花足球俱乐部。

同日　上海市进行第五次流动人口调查。经抽样调查数据推算,上海流动人口331万人,比1988年209万人增加58.4%。

12月10日—1994年2月19日　邓小平在沪视察,12月13日视察浦东,并登上杨浦大桥。

12月13日　市政府发布《关于公布〈上海市重点保护野生动物名录〉的通知》。

12月17日　上海首期利用房改公积金启动3.4万平方米经济适用房在彭浦新村附近"三泉住宅基地"开工,专售人均4平方米以下的居住困难户,1995年底竣工。

12月18—19日　墨西哥合众国总统卡洛斯·萨利纳斯·德戈塔里访问上海。

12月20日　罗泾港区煤码头一期工程正式开工,1996年12月20日完工,建成泊位9个,工程采用当时最先进的分布式控制系统,对码头卸船、装船、堆场作业和装车进行自动化控制。

12月20—22日　中共上海市第六届委员会第二次全体会议举行。

12月21日　上海274家老字号店获国家商业部中华老字号铜牌和证书。

同日　"八五"期间国家科技攻关重大技术装备项目30万千瓦火电机组锅炉给水装置由上海电力维修总厂开发成功,通过电力工业部主持的产品鉴定,并在常熟电厂、石洞口电厂投入运行。

12月22日　列为1993年重大工程之一的上海第三制药厂浦东新厂一期工程建成,这是国内规模最大的头孢类抗生素生产基地。项目总投资5.03亿元,设计能力为年产头孢类抗生素100吨。

12 月 23 日　为吸引外来资金和人才，市政府发布《上海市蓝印户口管理暂行规定》，1994 年 2 月 1 日起实施，1998 年进行修改。蓝印户口是指对上海市投资或被市内单位聘用的境外及外省市来沪人员，具备规定的条件，经公安机关批准登记，并在户口凭证上加盖蓝色印章表示的户籍关系。2002 年 3 月 25 日，市政府下发《关于本市停止受理蓝印户口的通知》，自 4 月 1 日起，上海市蓝印户口停止申办，并妥善处理有关遗留问题。

12 月 25 日　外滩交通综合改造工程全面竣工。

12 月 26 日　全市 11 个区、1 个县、70 万用户实现有线电视联网。

12 月 27 日　上海召开现代生物与医药产业发展动员大会，中共上海市委、市政府宣布把现代生物与医药产业列为上海支柱产业之一。

12 月 28 日　市政府发布《上海市利用外资开发经营内销商品住宅暂行规定》。

12 月 29 日　上海大众汽车有限公司第 10 万辆桑塔纳轿车下线，创造中国轿车工业第一个年产 10 万辆的纪录。破纪录前夕的 12 月 22 日，朱镕基为上海大众汽车有限公司年产量达 10 万辆、国产化率突破 80％提前表示祝贺。

同日　中国科学院增选学部委员 59 人，其中上海地区 7 人。1994 年 1 月 21 日，国务院决定将中国科学院学部委员改称为中国科学院院士。

12 月 31 日　上海钢铁产量超 1 300 万吨，创历史新高，居全国第一。

12 月　上海成立市计算机应用与产业发展领导小组，负责推进上海“金卡工程”。

同年　继证券交易所、金属交易所之后，上海又相继建立了 8 家以会员制为基本组织形式的国家级交易所，上海十大生产要素已全部市场化，要素市场全年交易额达 1 万亿元以上，上海市场配置资源的中心作用初步发挥。

同年　上海港吞吐量达 1.76 亿吨，成为世界第三大港。

同年　上海口岸进口船舶 4 940 艘，出口船舶 5 544 艘。上海进出口贸易额超百亿，达 127.32 亿美元，占全国总额 6.51％，其中进口 53.5 亿美元，出口 73.82 亿美元。12 月 29 日报载，上海外贸出口 1—11 月增长 11.65％，扭转了连续 2 年外贸出口增幅低于全国平均水平的局面。

同年　上海市吸收外商投资项目 3 650 个，协议投资总额 70.16 亿美元。其中合资项目 2 445 个，投资额 44.51 亿美元；合作项目 691 个，投资额 13.32 亿美元；独资项目 511 个，投资额 12.15 亿美元；股份制项目 3 个，投资额 1 777.8 万美元。当年，浦东外高桥保税区吸收外资高达 23 亿美元。

1994 年

1 月 1 日　根据国务院《关于实行分税制财政管理体制的决定》，对上海市实行按税种划分收入的财政管理体制，由原来实行财政包干的体制改为分税制。

同日　上海城乡产权交易所成立，4 月 20 日试运作，6 月 20 日正式运营，这是上海首家规范运作并实现全国联网的产权交易市场，也是全国首家以企业产权转让交易为主要业务的交易市场。当年上市企业 1 010 家，上市资产 56.6 亿元，成交企业 229 家，成交额 5.7 亿元。

1 月 9—14 日　18 225 名上海人参加上海市计算机应用能力首次考试。这在中国大陆首次举行政府认定的计算机应用能力考试。

1 月 12 日　市委组织部在全市组织部长会议上提出开展"凝聚力工程"试点意见，并发出《关于开展"凝聚力工程"试点工作的宣传提纲》，号召在全市开展建设"凝聚力工程"活动。

同日　经市政府批准，"上海市自然科学牡丹奖"正式设立。这是全市第一个由企业资助设立的科技奖励基金，由上海市克勤工业总公司和上海克勤油墨化工有限总公司资助 300 万元设立，用于奖励从事自然科学研究成绩突出的中青年科技人员。"牡丹奖"的设立，改变了过去市级奖励由政府单一出资的状况，从 1994 年开始，"牡丹奖"两年评选 1 次。

1 月 18 日　黄浦江隧道建设公司与香港晶立有限公司共同投资组建上海中信隧道发展有限公司。

1 月 19 日　市政府批准上海物资局改建为上海物资(集团)总公司，改建后的物资(集团)总公司年销售额达 400 亿元以上，是中国物资流通行业中规模最大、经济实力最强的集团。

1 月 22 日　市政府发布《关于上海市人民政府规章制定程序规定》。

1 月 24 日　市长途电信局在上海七宝地区修建的华东地区首座国内卫星地球站通过验收，陆续开通国内边远地区 11 个方向 1 134 条电路。

1 月 28 日　国务院发布《中华人民共和国个人所得税法实施条例》，从 1994 年纳税年度起施行，上海市按照执行。

1 月 31 日　市政府发布《上海市个体工商户管理规定》。

同日　市政府召开区、县分税制工作会议，会上宣布市与区、县实行财政分税制的原则与实施办法。3 月 5 日，市政府发布《关于市与区、县实行分税制财政管理体制的决定》。

1 月　上海建工(集团)总公司和上海建筑材料(集团)总公司成立，其前身分别为上海市建筑工程管理局和上海市建筑材料工业管理局。

2 月 1 日　中共上海市委、市政府在上海展览中心召开"上海市计算机应用与产业发展动员大会"，明确提出把计算机产业化列为全市起带头作用的新一代支柱产业，以推进信息化进程。

2 月 2 日　首届宝钢高雅艺术奖励基金会颁奖仪式在市政府大礼堂举行，对近 5 年来在国际国内重大艺术比赛中获奖的 49 名艺术家和 6 部优秀作品给予奖励。黄佐临等 16 名长期从事高雅艺术并作出重大贡献的老艺术家获"特别荣誉奖"。

2 月 9 日　邓小平与上海市党政军委负责同志和部分老同志共度除夕。从 1988—1994 年，邓小平连续 7 年在上海过春节。

同日　上海召开宣传工作会议，宣布中共上海市委决定建立对外宣传办公室，市府决定建立上海市人民政府新闻办公室(以下简称市新闻办)。

2 月 15 日　市政府批准将市工人文化宫等 175 处建筑列为优秀近代建筑保护单位。

同日　市高级人民法院和市中级人民法院正式成立知识产权审判庭，并启动对外工作。

2 月 17—22 日　市政协举行八届二次全体会议。

2 月 17—23 日　市十届人大举行第二次会议。会议听取、审议市长黄菊《政府工作报告》，黄菊在作政府工作报告时提出，上海要走出一条具有中国特色、时代特征、上海特点的发展新路，为中国社会主义现代化建设作出新的贡献。

2 月 20 日　市政府办公厅通知，要求全市各单位实行每周 44 小时工作制。

2 月 22 日　经国家科委批准，中国国际纺织科技产业城在上海青浦县兴建，成为中国大陆第一个行业性高科技园区。

2 月 22—24 日　斯洛伐克共和国总理弗拉基米尔・麦恰尔访问上海。

2 月 27 日　上海教育电视台正式开播，使用 26 频道，全天播出 15 小时。

3 月 3 日　市政府召开绿化工作总结动员大会，提出城市绿化大发展，规划高起点，建设新机制，绿化意识大提高，把上海建成生态城市。

同日　在市工会九届三次全委扩大会议上，包信宝当选为市总工会主席。

3 月 8 日　上海汽车交易市场正式成立，这是上海第一家经登记设立的商品交易市场。

3 月 9 日　市政府发布《关于加强政府立法工作的决定》。

3 月 9—10 日　阿塞拜疆共和国总统盖达尔・阿利耶夫访问上海。

3 月 12 日　上海市制定出 ATM/POS 联网信息系统的技术方案，通过专家评审，标志着上海的“金卡工程”开始启动。

3 月 18 日　1993 年度国家科学技术奖励大会举行，上海共获得国家级科技奖励 55 项，其中国家科技进步奖励 36 项，自然科学奖 5 项，发明奖 10 项，星火奖 4 项。

3 月 18—19 日　厄瓜多尔共和国总统西斯托・杜兰—巴连访问上海。

3 月 21 日　上海市希望工程办公室成立，开始救助外地贫困地区失学儿童。到 1999 年接受捐款 1.2 亿元，在外省贫困地区建希望小学 550 所，结对资助失学儿童 3.8 余万人，捐赠希望图书库 500 个；资助市内大中小学生 5 000 人。

同日　日本国内阁总理大臣细川护熙访问上海。

同日　上海市首次表彰私营企业纳税大户，18 名业主获奖。

3 月 23 日　市政府发布《上海市外滩地区公有房屋置换暂行规定》。

3 月 24 日　中共上海市委书记吴邦国、市长黄菊率团赴山东省学习考察。

3 月 25 日　1994 年上海国际时装展览会开幕。

3 月 26—27 日　大韩民国总统金泳三和夫人访问上海。

3 月　上海启动“优化资本结构，增强企业实力”试点，采取“六个一块”(主体多元吸一块、存量盘活调一块、债权转股权换一块、兼并破产活一块、企业发展增一块、政府扶持补一块)措施，推动国有企业加速增资减债。

4 月 1—5 日　1994 年上海商品博览会暨经济技术协作洽谈会在成都举办，共签订协议意向 150 项，总成交额达 61.16 亿元。这是上海第一次在外地举行博览会。

4 月 4 日　中国外汇交易中心总部及上海外汇交易中心在上海成立，4 月 18 日在外滩正式开业。

4月4—17日 黄菊率团访问意大利和德国。

4月6日 市政府召开推进首批11户困难企业落实解困措施协调会,要求完善14条解困措施,推动解困工作取得实质性成效。

4月6—8日 厄立特里亚国总统伊萨亚斯·阿费沃基访问上海。

4月7日 市政府提出把上海建成国家级卫生城市。

4月7—8日 芬兰共和国总理埃斯科·阿霍访问上海。

4月8日 上海市市内电话局和市邮电管理局浦东新区电信业务部、运行部合并成立上海市电话局。

同日 上海中药研究所与山东济南中药厂,经18年联合攻关研究,人工合成麝香获得成功,获卫生部新药证书,开始试生产。从而使中成药行业多年的珍贵药材麝香奇缺难题得到缓解。

4月9—10日 法兰西共和国总理爱德华·巴拉迪尔访问上海。

4月10日 中华造船厂为上海煤气公司真如煤气储配站建造的容积为30万立方米的一号煤气柜顶升成功,这是亚洲最大的干式稀油密封煤气柜。

4月12日 上海港与韩国釜山港结为友好港。

4月13—14日 葡萄牙共和国总理卡瓦科·席尔瓦访问上海。

4月14日 上海灯具厂全体职工出资100万元一次性买断国有资产,将原有小企业改制成股份合作制企业。这在上海国有企业中尚属首家。

同日 市新闻办发布消息:上海在全国率先出现人口负增长,1993年自然增长率为负0.78%,全市总人口为1 294.7万人,计划生育率已达99.78%。

4月17日 由闸北区政府、上海敦煌国际文化艺术公司、上海茶叶学会联合举办的首届上海国际茶文化节在闸北公园开幕。此后每年举办1次。

同日 《解放日报》在头版刊登了一篇长篇通讯《春风日丽暖华阳》和评论员文章《了解人、关心人、凝聚人》。此后,“凝心聚力工程”这个基层党建品牌从长宁区华阳街道起步影响至全市。

4月20日 市政府作出《关于加强农业和发展农村经济的决定》。

4月22日 上海图书馆新馆工程在淮海中路(高安路口)开工兴建,总建筑面积80 576平方米。1996年12月20日,上海图书馆新馆开馆。

同日 市政府发布《上海市住宅建设征用集体所有土地人口安置办法》。

4月24日 共青团上海市委、市青联和8家新闻单位联合举行首届十大“上海杰出青年”评选活动,10位在社会主义现代化建设和改革开放中取得突出成就的优秀青年代表当选。此后,“十大杰出青年”评选每年举办1次。

4月25日 经国家教委批准,原上海工业大学、上海科技大学、上海大学、上海科技专科学校合并组建为上海大学。5月28日,新上海大学成立大会在友谊会堂举行,中共中央总书记、国家主席、中央军委主席江泽民题写校名,黄菊出席大会并揭牌。市政府任命钱伟长为上海大学校长。

4月26日—5月6日 江泽民在上海视察工作。他充分肯定上海的工作,要求上海积极进行社会主义市场经济运行机制的探索和试点,要求上海率先建立现代企业制度;坚定不移地加快浦东的建设;坚持“两手抓,两手都要硬”,加强社会主义精神文明建设。

4 月 27 日　上海与德国巴登—符腾堡州的科技合作协议签字仪式在上海举行。

同日　市政府发布《上海市城镇职工养老保险办法》，此后又多次修改并重新发布。

同日　加拿大总督雷蒙・约翰・纳蒂辛访问上海。

4 月 28 日　市政府与国家教育委员会签署共建复旦大学、上海交通大学、上海外国语大学协议。此后又签署共建同济大学（与国家教委签约）、华东师范大学（与国家教委签约）、华东理工大学（与国家教委签约）、中国纺织大学（与纺织工业部签约）、上海财经大学（与财政部签约）、上海医科大学（与卫生部签约）协议。

同日　长宁区人民法院下达民事裁定书，裁定上海第二织带厂破产。这是上海国有企业首例破产案。

4 月 30 日　《毛泽东邓小平理论研究》（双月刊）创刊。这是中国第一份以邓小平名字命名的，以宣传和研究毛泽东思想和邓小平建设有中国特色社会主义理论为宗旨的专业性理论刊物。

5 月 3 日　市政府发布《上海市劳动就业服务企业管理实施办法》。

5 月 7 日　上海市慈善基金会成立，市政协主席陈铁迪当选为会长。这是对国内外社会团体、基金组织以及个人自愿捐赠资金进行管理的民间非营利性慈善性社会组织。

5 月 8—10 日　中共中央政治局常委、中央军委副主席刘华清在沪视察。

5 月 10 日　国务院批复，同意以中国工程院的名义聘任 96 名首批中国工程院院士，上海谷超豪、严东升、阮雪榆 3 人成为中国首批工程院院士。

5 月 14 日　上海市与越南胡志明市结为友好城市。

5 月 14—24 日　举行上海艺术节。

5 月 16 日　市委、市政府在友谊会堂召开街道工作会议。会上表彰了从事地区工作 30 年以上的街道、居委会干部。同日，在国务院召开的第十次全国民政会议上，民政部命名上海市黄浦区、虹口区、嘉定区为全国民政工作先进区，南市区小东门街道、杨浦区江浦路街道、宝山区罗南镇、青浦县徐泾镇为全国民政全优街道（乡镇）。

5 月 17 日　闵行区马桥园艺场建成，占地 37.5 公顷，为亚洲最大的园艺场。

5 月 18—19 日　苏里南共和国总统鲁纳多・费内希恩访问上海。

5 月 19 日　上海召开对台经济工作会议，提出要按照“同等优先、适当放宽”的原则，做好吸引台商投资，办好现有台资企业，改善投资环境。

5 月 20 日　市政府办公厅转发市经委关于上海国有工业企业解困试点工作若干意见的通知，将华生电器总厂、上海塑料制品四厂、上海制革总厂、上海塑料薄膜厂、上海制伞公司、上海地毯总厂、上海桅灯厂和上海汇明电筒厂 8 家企业列为首批解困试点企业。6 月下旬至 7 月下旬，上海塑料制品四厂、上海制革总厂、上海制伞公司和上海塑料薄膜厂分别由所在区法院宣布破产。

同日　市公安局和市环保局联合通告，规定在内环线以内道路上行驶的机动车辆自 1994 年 7 月 1 日起全天禁鸣喇叭。

同日　松江工业区被批准为上海首家市级工业区。

5 月 23 日　上海纺织行业评出 20 个著名品牌，分别为三枪、海螺、凤凰（毛毯）、民光、凤凰（羊毛衫）、钟牌 414、春竹、鹅牌、大地、司麦脱、金钟、飞轮、飞马、皇后、三蝶、双羽、船牌、曼丽尔、章华、菊花。

同日　上海长江引水二期工程开工，长江引水工程是上海市增加供水能力、改善水质的骨干项目之一。二期工程由长江取水泵站扩建、陈行水库扩容、新建陈行水泵站和泰和路增泵站以及敷设全长40公里的泵水输送管道系统等4大部分组成,工程总投资达7.2亿元。1995年5月18日,长江引水二期工程陈行水库至月浦水厂的原水输送管道开通。陈行水库的长江原水通过新敷设的大口径输水管道,开始向月浦水厂新扩建日供水20万立方米工程供水。1996年6月5日,长江引水二期工程全线建成通水。上海"九五"期间自来水供应量日均增加50万立方米,水质进一步改善。

5月23—25日　中共中央政治局常委、国务院总理李鹏在上海视察工作。李鹏指出,开发开放浦东是中央的重大决策,是国家整体发展的需要,全国要支持浦东的开发开放,浦东要为全国的改革开放和经济发展服务,并指出要充分利用有利条件,把上海建设成国际经济、金融、贸易中心之一。

5月26日　上海广电股份有限公司与美国休斯公司合资组建上海休斯网络系统有限公司。这是中国第一家生产卫星通信设备的企业。

5月27日　人民英雄纪念塔建成。在黄浦公园内正式开放,塔名由江泽民题写。

5月28—29日　俄罗斯联邦政府主席维·斯·切尔诺梅尔金和夫人访问上海。

5月31日　漕宝路沿线12家中外企业出资4 000多万元拓建漕宝路。

5月　上海私营企业超过1万户(其中注册资本50万元以上的1 868户,1 000万元以上的5户,最高达1 500万元)。

同月　吴邦国率团访问加拿大,并应古巴共产党邀请,率团对古巴进行访问。

6月1日　巴西联邦共和国驻上海总领事馆在淮海中路1375号启华大厦开馆。后闭馆,于1999年11月16日重新开馆。

6月2日　上海市"菜篮子工程"领导小组成立,黄菊任组长。

同日　上海市首次市区河道工作会议在浦东新区召开,标志着市区河道管理和浚治进入实质性启动阶段。

6月6日　市总工会、华东师范大学、上海纺织公会共同创办的首家"上海市民工学校"正式成立。

6月7—10日　瓦努阿图共和国总理马克西姆·卡洛特·科尔曼偕维拉港市市长诺埃尔访问上海。上海市与瓦努阿图共和国维拉港市结为友好城市。

6月8日　荷兰银行上海分行挂牌,这是解放后首家重返外滩的外资银行,提供贸易融资、贷款、外币存款及国际付款等业务。

6月9日　市建委根据中华人民共和国建设部颁发的《城市生活垃圾管理办法》,制定、印发了《上海市生活垃圾管理实施细则》。1994年10月1日起施行。

6月10日　金茂大厦于浦东陆家嘴地区正式开工。1997年8月28日,金茂大厦结构封顶。1998年8月28日,大厦正式落成。1999年8月28日开业迎客。金茂大厦楼高420.5米,主体建筑地上88层、地下3层,建成时为国内第一、世界第三高楼,是国内首座超高层大厦。

6月11—12日　秘鲁共和国总统阿尔韦托·藤森访问上海。

6月15日　上海第二医科大学附属瑞金医院内科教授、上海血液学研究所所长王振义获得国际上最有权威的癌症研究大奖——凯特林医学奖。他是中国获得此奖的第一位医生,也是人类抗癌史上发现并使用无毒自然物质把人体内的癌细胞改造成正常细胞的第一人。

6月15—16日　爱沙尼亚共和国总统伦纳特·梅里访问上海。

6月16日　欧盟委员会主席泽·曼努埃尔·巴罗佐访问上海。

6 月 18 日　上海市食品集团和上海市食品(集团)公司成立,这是上海最大的副食品经营实体,总资产达 14.5 亿元。

同日　中国第一个骨库在上海第二医科大学上海市伤骨科研究所建立,并开始向全国医院供骨。这标志着中国在人的大块同种异体骨的保存及临床应用方面已跻身世界先进行列。

6 月 20 日　丹麦王国驻沪总领事馆在延安西路 2200 号国际贸易中心重新开馆。

6 月 21 日　市政府发布《上海市财产拍卖规定》。

6 月 24 日　哥士摩乐园在嘉定区兴建,为上海首座大型主题公园。

6 月 27 日　中共上海市委、市政府召开上海市加强党风廉政建设大会。

同日　团市委等 7 家单位联合下发的《关于上海青工中开展岗位能手活动的通知》,上海青年岗位能手活动启动。

6 月 28—29 日　毛里求斯共和国总统卡萨姆・乌蒂姆访问上海。

6 月 30 日　杨浦区测得当日最高温度 39.2℃,创上海百年历史同期最高。

7 月 4 日　市政府宣布把汽车工业建成上海工业第一支柱产业。

7 月 7—8 日　吉布提共和国总统哈桑・古莱德・阿普蒂敦访问上海。

7 月 9 日　《续修四库全书》工作委员会和编纂委员会在上海成立。《续修四库全书》为中华人民共和国成立以来规模最大的古籍整理项目,囊括了乾隆中期至 1911 年间出现的重要古籍以及《四库全书》失收的前代善本,共计 5 200 余种。该项出版工程全部由上海古籍出版社一家单位自筹资金,集合全国古籍研究专家合作完成。至 2002 年 4 月,《续修四库全书》全套 1 800 册终于编成出版。2003 年,《续修四库全书》获得第六届国家图书奖荣誉奖。

7 月 13 日　上海市规划委员会成立,黄菊任主任。

同日　市政府发布《上海市职业介绍管理规定》,进一步规范劳务市场。

7 月 14 日　市政府举办"迈向 21 世纪的上海"发展战略研讨会,国务院有关部委领导和全国各地的专家、学者 200 余人出席会议。1993 年 9 月,市委、市政府成立了"迈向 21 世纪的上海"课题研究组,集中精力开展 21 世纪上海发展战略的研究,并召开"迈向 21 世纪的上海"课题研究动员会。11 月 11—12 日,又召开了"迈向 21 世纪的上海"发展战略国际研讨会在上海召开。与会专家认为,上海应该坚持以人为中心的发展观,服务全国,面向世界,尽快把上海建成国际经济、金融、贸易中心之一,这是关系到中国改革开放和发展全局跨世纪的战略举措。同中央的总体战略部署相适应,课题总报告《迈向 21 世纪的上海经济社会发展战略研究报告》提出了上海到 2010 年战略发展总目标:基本建成国际经济、金融、贸易中心之一,浦东基本建成具有世界一流水平的外向型、多功能、现代化的新区,实现崛起成为又一国际经济中心城市的战略目标。

7 月 15 日　奥地利共和国驻沪总领事馆在淮海中路 1375 号启华大厦开馆。

7 月 17 日　上海佘山天文台观测到木星与彗星相撞。

7 月 18 日　上海针织九厂兼并上海百达针织厂。这是上海首例运用破产机制实行企业兼并的案例。

7 月 20 日　上海市社会帮困基金会成立,旨在依靠政府和社会的力量,在企业经营机制转换和产业结构调整过程中对上海市部分困难企业的困难职工提供一些帮助。

7 月 20—23 日　中共中央、国务院在京召开第三次西藏工作座谈会。会议确定"分片负责,对口支援,定期轮换"的援藏方针,明确上海市和山东省对口支援日喀则地区。援藏干部三年轮换一批,截至 2010 年底,上海共对日喀则派出 6 批援藏干部。

7月21日　上海研制的"长征三号"运载火箭成功把香港亚洲太平洋通信卫星有限公司第一颗"亚太一号"通信卫星送入预定轨道。

7月24日　上海航空公司引进的首架波音767－300型飞机安全抵达虹桥机场。这是在华东地区落户的第一架波音767客机。7月27日,该机正式飞行上海至深圳航线。

7月26日　上海召开国有工业企业破产试点工作专题会议。

7月　用以改善部分地区居民用水供应能力,保证夏季高峰供水的市政府重点实事项目"二厂三站二条线"建设和1994年老式里弄用水改困计划全部完成,从而使上海城市供水历史上首次实现了全市供水管线联网供水的目标。

8月1日　上海市调整部分公用事业收费价格,市区公交客运普票实行5角的单一票价,月票每张由20元提高到25元;石油液化气价格由每千克1.30元提高到每千克1.70元,工业用自来水价格由每立方米0.51元提高到0.70元,工业用煤气价格由每立方米0.80元提高到1.10元,工业用液化气价格由每千克2.30元提高到3元。9月1日,民用管道煤气价格由每立方米0.45元提高到0.60元,民用自来水价格由每立方米0.40元提高到0.50元。

同日　中国科学院院士、上海硅酸盐研究所名誉所长严冬生,获得美国陶瓷学会"杰出终生会员"最高荣誉称号,成为第一个获此荣誉的中国科学家。

8月11日　宝钢钢铁(集团)公司设立宝钢教育基金,投入5 000万元。

8月16日—9月15日　市文管委对马桥古文化遗址进行第三次考古发掘,发现夏商时代马桥文化水井与墓葬等,出土了印纹红陶、泥质黑陶等文物。11月1日—1995年1月18日,又再次对该遗址进行发掘,出土铜斤等物。

8月22日　家乐福超市在曲阳路888号开设,为上海首家中外合资国际型超市。

同日　飞利浦电子集团公司中国总部设于上海。

8月23日　市政府发布《流动人口卫生防疫管理暂行规定》。

8月25—30日　上海商品博览会暨经济技术协作洽谈会在哈尔滨市举行。1 100家企业参展,成交额81.63亿元。

8月29—30日　马里共和国总理易卜拉欣·凯塔和夫人访问上海。

9月1日　上海贸易效率协会暨联合国贸易网络上海中心成立。

同日　新建上海清真女寺落成。

9月4日　日、美两家公司签约联合投资在陆家嘴兴建90层摩天大楼。

9月6日　上海孙桥现代农业开发区暨上海浦东现代农业开发有限公司在浦东新区孙桥农场揭牌成立,规划面积400公顷,是国内首家综合性现代农业开发区。

9月6—7日　中共上海市委、市政府召开上海市教育工作会议动员和组织实施《中国教育改革和发展纲要》,明确教育改革和发展的基本任务,并提出了要实施的八大重点工程和改革举措。

9月8日　以色列国驻上海总领事馆在河南路16号中汇大厦6楼开馆,1995年9月迁娄山关路55号新虹桥大厦703室。

9月9—11日　加蓬共和国总理卡西米尔·奥耶—姆巴和夫人访问上海。

9月12日　荷兰王国驻上海总领事馆在仙霞路88号太阳广场开馆。

9月15日　中国联合通信有限公司上海分部成立,建成GSM数字移动通信网,1995年5月开始接纳用户,标志着由国家邮电垄断的上海通信产业格局被打破。

9月16日　市政府发布《上海市社会团体管理规定》。

同日　联合国秘书长布特罗斯·加利和夫人访问上海。17 日，加利向上海市社会科学界人士发表题为《联合国的维和行动》的演讲。

9 月 19 日　市政府公布《上海市公共场所禁止吸烟暂行规定》。12 月 1 日起，上海公共场所全面禁止吸烟。

9 月 22 日　市政府下发《关于与人事部共同组建中国上海人才市场的通知》，并于 10 月 20 日举行中国上海人才市场开业典礼。

9 月 27 日　浦东金桥电话局万门程控电话割接入网成功。至此，上海电话装机容量达 200 万门。

9 月 28 日　在中共十四届四中全会上，吴邦国增补为中央书记处书记，不再担任中共上海市委书记、常委、委员职务；黄菊增补为中共中央政治局委员。9 月 30 日，黄菊任中共上海市委书记。

9 月 29 日　市政府批准建立上海市知识产权联席会议。

10 月 9—10 日　捷克共和国政府总理瓦茨拉夫·克劳斯和夫人访问上海。

10 月 10—14 日　塞拉利昂共和国国家元首瓦伦丁·斯特拉瑟主席和夫人访问上海。

10 月 12 日　上海远东船务市场开业，这是中国大陆首家船务交易市场，实行会员制组织形式。

同日　市政府发布《上海市引进国外专家暂行办法》。

10 月 15 日　上海公交发售、使用预售车票，预售车票 50 张 1 本，每张面值 0.50 元，1 本起购，通用于市公交总公司所属的市区、郊区线路和各类专线。

10 月 15—19 日　中共中央政治局常委、书记处书记胡锦涛在沪视察。

10 月 17—19 日　市政府召开第四次城市规划工作会议，部署编制新一轮上海市城市总体规划。

10 月 18 日—11 月 1 日　黄菊率团访问新西兰、澳大利亚。10 月 21 日上海市与新西兰达尼丁市结为友好城市。

10 月 19 日　市体改委、市经委、市国资办、市法制办、市经济研究中心联合颁发《本市进行现代企业制度试点若干问题的意见》，标志着上海现代企业制度试点开始启动。

10 月 20 日　市政府与国家人事部共同组建的中国上海人才市场开业。

同日　公交 127 路等 3 条线路客车在全市最早试行无人售票。

同日　市十届人大常委会第十三次会议通过《上海市烟花爆竹安全管理条例》。

10 月 21 日　位于虹桥路 1286 号的上海市历史博物馆"近代上海城市发展历史陈列"正式对外开放。该陈列分为 6 个部分，配有音响、多媒体电脑检索图像装置及多媒体影视模型合成装置等较先进的展示手段，反映上海开埠以来城市发展的历史，展出文物、文献、照片 1 500 多件。下午，上海国际友好城市纪念碑在市历史博物馆广场上举行落成揭牌仪式。

10 月 23—24 日　扎伊尔共和国总统蒙博托·塞塞·塞科·库库·恩关杜·瓦·扎·邦加访问上海。

10 月 25—26 日　乌兹别克斯坦共和国总统伊斯拉姆·阿布加尼耶维奇·卡里莫夫和夫人访问上海。

10 月 26 日　市工商联在市政协江海厅召开上海市首届优秀民营企业家表彰大会。

10 月 28 日　"雪龙"号破冰船在上海民生港务公司码头启航，踏上首航南极的征途。

同日　由上海有线电视台和上海东方广播电台联合创办的有线音乐台正式开播。这是中国大陆地区第一个音乐电视专用频道。

同日　宝钢博士后科研工作站成立，这是国内第一家由政府与企业联合培养博士后人才的基地。

10月29日　首届中国国际风筝会上海赛区在奉贤县举行。

10月30日　中共中央决定，徐匡迪任中共上海市委副书记，并提名为上海市长候选人；黄菊不再兼任上海市长职务。

同日　上海市青少年发展基金会成立，其宗旨是：争取海内外尤其是上海地区关心青少年事业的团体、人士的支持和赞助，促进上海青少年工作和青少年教育、科技、文化、福利事业的发展。上海市青少年发展基金会和上海市希望工程办公室实行两块牌子、一套班子的管理模式。

10月　市规划、土地、园林等部门合作编制《上海市城市环城绿带》。市城市环城绿带由100米林带、400米绿带和主题公园组成。全长97公里，总面积7 241公顷，总投资139亿元。1995年12月12日开工，到1999年完成绿地354公顷。

11月1日　金山农民画明信片由邮电部发行，一套6枚。

11月2日　美国商务部公布对来自中国的铅笔反倾销税率的终裁结果，上海外贸公司和兰生公司分别为8.31%和17.45%的较低税率，不构成倾销。

11月4日　全国农村改水考核检查组在“上海市实现农村自来水化考核检查情况通报会”上宣布：上海市农村在全国率先实现了自来水化，农村水厂的建设与管理达到了国内先进水平。市郊有2 972个村完成改水工程，受益人口551.34万人。建造164个乡水厂、245个村水厂。农村使用自来水普及率达99.1%。

同日　崇明岛东滩湿地列入国家重点保护湿地名录。

同日　上海浦东首次举行土地出租招标，仁恒公司获得张杨路一块土地70年的使用权。

同日　国务院决定在100家大中型企业进行现代企业制度试点。上海三维制药公司、上海汽车工业总公司、上海针织内衣集团公司、上海无线电三厂、上海一百(集团)有限公司和江南造船厂6家企业列入试点企业。

11月6—8日　第六次上海市市长国际企业家咨询会议举行。中心议题为城市发展和人才资源开发。

11月9日　市劳动局、市经委、市财政局、市社保局、市工商局、市总工会联合发布《关于企业下岗待工人员再就业和保障基本生活问题的若干意见》，鼓励下岗待工人员自谋职业，用人单位吸纳下岗待工人员，规定优惠政策及下岗待工人员的生活补贴。11月23日，又联合召开了“企业下岗待工人员再就业工程动员大会”，将再就业工程实施范围由区扩大到全市企业。至1994年底，全年下岗19.1万人，分流11.8万人，积存下岗待工人员19.4万人。

11月9—10日　加拿大总理让·克雷蒂安访问上海。上海港与加拿大温哥华港结为友好港。

11月10—20日　中共中央政治局常委、国务院副总理朱镕基在沪考察工作，强调指出，明年要继续完善和深化宏观改革，加强和改善宏观调控，同时把改革重点放到搞好国有大中型企业，建立现代企业制度上来。

11月12—17日　第五届上海电视节举行。

11月12—22日　上海商品交易会在上海商务中心举行，总成交额74.58亿元。

11月18日　上海丝绸、服装、纺织、针织、家用纺织品5家专业外贸公司联合组建东方国际(集团)有限公司，这是国内首家跨地区、跨行业、综合商社型的出口企业集团。

同日　上海第一家以品牌和现代企业制度运行模式组建的上海三枪集团成立。

11 月 23 日　上海市现代企业制度试点工作会议召开。中共上海市委、市政府决定把建立现代企业制度作为新三年改革的中心环节。

同日　市政府召开农田水利基本建设会议，决定投入 5 亿元资金，为建设“高产、优质、高效”农业生产基地提供良好的水利条件。

11 月　上海养老保险制度改革取得重大进展，已有 23 800 多个单位、412 万名职工和 170 万名离退休人员实行新的养老保险制度。对个体工商户从业人员和私营企业职工的养老保险也已在 20 个区县进行试点。

12 月 1—3 日　冰岛共和国总理大卫·奥德松访问上海。

12 月 3 日　上海运动员乐靖宜在首届世界短池游泳锦标赛上，打破女子 50 米、100 米自由泳世界纪录，获得 5 枚金牌。

12 月 5 日　市政府发布《上海市企业职工最低工资规定》，1997 年 12 月修正并重新发布。

同日　市政府发布《上海市期货市场管理规定》《上海市建设工程质量监督管理办法》《上海市粉煤灰综合利用管理规定》。

12 月 5—6 日　巴基斯坦伊斯兰共和国总统法鲁克·艾哈迈德·汗·莱加利访问上海。

12 月 7 日　市政府颁布《上海市外滩地区公有房屋置换暂行规定》，开始对外滩楼宇进行置换。中山东一路 29 号、76 号 2 幢楼签订转让意向书和合同，23 号楼签订置换协议。

12 月 8 日　上海首批街道青年志愿者联络站在上海 8 个街道举行挂牌仪式。

同日　中共上海市委召开会议，传达贯彻全国组织工作会议精神，要求不拘一格培养选拔年轻干部，造就一大批跨世纪领导人才。

12 月 15 日　上海市与乌兹别克斯坦共和国塔什干市结为友好城市。

12 月 17 日　市政府印发《上海市公有住宅售后管理暂行办法》。

12 月 20 日　沪杭铁路光新路铁路立交桥建成。

12 月 21—23 日　拉脱维亚共和国总统贡季斯·乌尔马尼斯和夫人访问上海。

12 月 23 日　市政府发布《上海市律师管理办法》。

12 月 24—25 日　市委宣传部、上海社会科学院邓小平理论研究中心、上海邓小平理论研究会、解放日报社、文汇报社联合召开“邓小平建设有中国特色社会主义理论与上海改革开放”理论研讨会。

12 月 26 日　浦东新区“五路一桥”(即张杨路扩建、沪南公路扩建、同高路二期、延安东路隧道浦东段配套、世纪大道样板段和金桥立交桥工程)竣工通车。

同日　第二批市级优秀近代建筑保护单位名单公布。

同日　虹桥国际机场由国家民航总局移交市政府管理。

12 月 26—28 日　中共上海市第六届委员会第三次全体会议举行。黄菊作《在建设有中国特色社会主义理论指引下，迎接新三年，开创新局面》讲话。

12 月 27 日　上海市工业系统 1 号工程，上海大众汽车有限公司二期工程竣工，该公司年生产能力提高到 20 万辆。

12 月 28 日　上海——青岛的首条公路客运专线开通，16 小时可抵达对方目的地。

同日　南京路塔式停车库建设工程在黄浦区浙江路九江路口竣工。是年 8 月开工。占地 120 平方米，可同时停泊轿车 48 辆、中型面包车 24 辆，是国内首座全自动塔式停车库。

12 月 30 日　集储蓄、消费转账、ATM 服务、工资转存、异地通兑、电子钱包、公用事业费转账等多项代收、代扣服务一体的多功能金融服务的银行卡在上海首次发行。

12月31日　上海实装无线寻呼达1 067 159户,在全国单一城市中首先突破100万户。

12月　上海首次科学评估无形资产,“上海大众出租车股份有限公司”这块牌子价值7 388万元。上海针织九厂扩大“三枪”名牌效应,销售收入达到3.6亿元,利润达到1 500万元。国务院发展研究中心、管理世界中国企业评价中心、国家统计局联合对1994年度中国500家最大工业企业进行评价,上海烟草(集团)公司上海卷烟厂位居上海最佳经济效益工业企业第一位。

同年　上海通过多种形式和渠道,不断完善社会保障体系。一是建立“城镇居民最低生活保障线”“职工最低月工资总收入线”“待工人员最低收入线”。上半年给未达到三线的近17万人发放了生活补助。二是实行离退休人员养老金与物价指数挂钩。三是拨出专款对大专院校困难学生实施补助。四是对各类社会救济对象实施实物补助,5月起给各类特困人员每人每月发送大米、食油、食糖。五是开展多层次、多形式的“送温暖”活动等。为便于失业保险和职业介绍紧密结合,在卢湾、静安、南市、闸北4个区试行失业救济金个人申领制度,1995年在全市普遍推行。

同年　上海开始实施薄弱学校更新工程。到1998年完成,投入资金6亿元,改造薄弱学校230所。

同年　上海口岸进口船舶6 129艘,出口船舶6 391艘。进出口贸易额158.67亿美元,占全国总额6.68‰,其中进口额67.9亿美元,出口额90.77亿美元。

同年　上海市邓小平建设有中国特色社会主义理论研究基金成立,由市外经贸委所属单位出资300万元建立。上海市哲学社会科学研究基金成立,由上海证券交易所出资500万元建立。

同年　上海市吸收外商投资项目3 802个,协议投资总额100.26亿美元。其中合资项目2 067个,投资额58.32亿美元,合作项目961个,投资额21.68亿美元;独资项目750个,投资额18.83亿美元;股份制14个,投资额1.43亿美元。

1995 年

1月1日　上海市实施内资6类用地并轨。1996年内销土地面积超过外销地块的出让面积，形成内销地块出让以住宅为主，外销地块出让以工业为主的格局。

同日　即日起施行市人事局印发的《关于印发〈上海市国家公务员录用实施细则〉的通知》，上海各级国家行政机关今后录用担任主任科员以下非领导职务的公务员，都须进行考试。细则规定录用公务员的基本程序是：编制录用计划与招考方案，经市人事局批准后发布招考公告；组织报名、进行资格审查，笔试与面试，经考试合格后进行考核与体检；最后由用人单位确定录用人选上报市人事局批准录用。

同日　上海移动电话自动漫游业务向用户开放。

同日　沪港合作上海浦东隧道发展有限公司成立，经营、管理、维护打浦路隧道和南浦、杨浦大桥。

1月3日　上海市纪念梅兰芳、周信芳诞辰100周年系列活动隆重举行。上海纪念活动内容包括剧目演出、学术研讨、图片展览、举办梅周电影周、举行周信芳塑像落成揭幕式五部分，并于1月10日在上海闭幕。

1月6日　市教育局决定取消小学生升初中统考，就近入学。

同日　市政府印发《上海市城镇私营企业职工养老保险办法》和《上海市城镇个体工商户及其帮工养老保险办法》。

1月7日　中国科学院上海生物工程研究中心和中国人民解放军第四军医大学的科技人员，应用基因工程技术，制备成功人白细胞介素-3，这项成果达国际先进水平，是中国基因工程药物研究开发的一个重大进展。

1月11日　捷克共和国驻沪总领事馆在淮海中路1375号启华大厦开馆。

1月14日　上海交通大学中欧国际工商学院建立中方和欧方的双院长制，德国人富劳恩为首届执行院长。这是中国大陆高校首次由外籍人士担任院长。

1月16日　经国务院批准，上海石油交易所、上海建筑材料交易所、上海农业生产资料交易所和上海化工商品交易所4家合并，联合组建综合性的上海商品交易所。

1月17日　上海人民艺术剧院和上海青年话剧团组建为上海话剧艺术中心。

1月18—19日　白俄罗斯共和国总统亚历山大·卢卡申科访问上海。

1月19—22日　中共中央政治局委员、国务院副总理李岚清在上海考察工作。

1月19—25日　中共中央政治局常委、全国人大常委会委员长乔石在上海考察工作。

1月20日　中共上海市委、市政府召开农村工作会议。

1月21日　上海交通大学先进制造技术研究院成立。

1月24日　国家"863计划"自动化领域CIMS主题应用在上海第二纺织机械厂通过验收。

同日　市科委和同济大学共同组建的上海市建设机器人工程技术研究中心成立。

1月25日　市政府召开体制改革工作会议，提出3年内全市企业基本建立现代企业制度；部署推进以建立现代企业制度为目标的国有企业改革；进行国有资产管理体制和社会保障体制的配套改革;继续培育建立现代流通体系和实行政企分开、转变政府职能等为重点的经济体制改革。

同日　由上海人民艺术剧院和上海青年话剧团改组而成的上海话剧艺术中心成立。

1月26日　上海立美清洁用品有限公司党支部,经中共虹口区工商管理局党委批准,正式宣告成立,这是上海市第一家私营企业独立党支部。

1月28日　台湾海峡交流基金会副董事长兼秘书长焦仁和访问上海。

1月　静安区44万居民告别煤球炉,用上了管道煤气、液化气,占全区居民总户数的99.7%,在上海市率先实现全气化。

同月　上海有线电视联网市区居民入网率已达55%,用户数已达120万户。

同月　上海航空公司在全市1 698名下岗纺织女工中招用空中乘务员,最终录用18人。3月8日,市纺织工业局举行仪式,欢送18位下岗纺织女工加盟上海民航事业。

2月1日　4家非公交专业客运企业中标,获得市内4组共12条公交客运专线的经营权,上海市公交公司不再独家垄断全市公交经营。

2月8日　中共上海市委、市政府决定,撤销原上海市土地管理局、上海市房产管理局和上海市住房制度改革办公室的建制,组建上海市房屋土地管理局。

2月9—23日　以反映上海"三年大变样"为主题的《上海风采——三年大变样》摄影展在上海展览中心举办,共展出图片200多幅。

2月10日　上海地铁1号线延伸至莘庄段工程动工。12月28日,基本建成并试通车。1997年7月1日,地铁1号线及南延伸段全线联通试运营。

2月13—14日　中共上海市委召开贯彻落实中共十四届四中全会精神,加强党的建设工作会议,研究部署新三年党建工作。会议讨论制定《中共上海市委关于贯彻落实党的十四届四中全会决定,加强党的建设(1995—1997)规划》,并于20日印发。

2月14日　中华人民共和国高校第一位民主推举的校长在上海产生,国家教委宣布,47岁的博士生导师、智能控制女专家吴启迪教授出任同济大学校长。

同日　上海市首家房地产审判庭在徐汇区法院成立。

2月15日　由市纪委、市委组织部、市委宣传部、市农村工作党委、市民政局、团市委和市妇联等有关负责人组成的上海市基层组织建设联席会议建立,并举行第一次会议。

2月15—22日　市政协举行八届三次全体会议。

2月16—24日　市第十届人大第三次会议召开,会议决定接受黄菊辞去上海市长职务的请求,补选徐匡迪为上海市长。

2月17日　西藏明珠股份有限公司在上海证交所挂牌上市,是为西藏首只股票。

2月21日　四川北路改建工程开工。9月29日竣工。

2月22日　上海虹桥园艺场以无土营养液栽培的"虹园"牌新鲜蔬菜注册,这是上海第一个"商标菜"。

2月27日　上海市城市建设综合开发办公室建制撤销,上海市住宅发展局成立。

2月28日　上海市教育委员会成立,市政府教育卫生办公室、市高教局和市教育局撤销。

2月　上海市花卉良种试验厂主持的香石竹优质高产栽培技术项目,被列为国家科技成果重点推广项目。

3月1日　市政府召开工业企业工作会议,市长徐匡迪要求上海工业以实施名牌发展战略为重点,以大力发展支柱产业为突破口,以加快组建大集团为动力,以建立现代企业制度为中心环节,以提高企业整体素质为目标，采取新措施，寻求新发展。

3 月 4 日　大型纪录片《都市千日》在大光明电影院举行首映活动。本片为中国大陆电影史上首部立体声短片，也是中国大陆首部由影院投资拍摄的影片。

3 月 5—14 日　中国华东出口商品交易会在上海举行。来自 100 个国家和地区的 7 906 位外商参会，总成交额达 21.41 亿美元。

3 月 7 日　上海港与新西兰奥克兰港结为友好港。

3 月 8 日　市委组织部、宣传部下发《关于在党员中开展建设有中国特色社会主义理论和党章学习活动的实施意见》和《关于开展"争当敬业创业的先锋，争当关心群众的模范"活动的实施办法》，在全市党员中开展"双学""双争"主题活动。

3 月 9 日　上海话剧艺术中心正式揭牌成立。

3 月 13—14 日　中共上海市委、市政府召开上海市社会主义精神文明建设大会，总结过去三年上海精神文明建设的成绩和经验，讨论贯彻落实《上海市 1995—1997 社会主义精神文明建设规划》，部署新三年精神文明建设任务。

3 月 14 日　西藏南路辟通工程开工。12 月 5 日竣工。

3 月 16 日　由中共中央总书记、国家主席、中央军委主席江泽民题写馆名的刘海粟美术馆正式开馆。

同日　总投资 7 000 万元、山高 74.4 米、占地 800 余亩的国家森林公园——东佘山园，修复和重建 20 多处名胜古迹的首期工程竣工。

3 月 20 日　上海市与新西兰达尼丁市友好交流项目备忘录（1995—1996）举行签署仪式。

3 月 21—28 日　首届上海国际服装文化节在上海举行。

3 月 25 日　上海电视大学和上海市残疾人联合会（以下简称市残联）共同组建的残疾人学院成立。该学院以电教、函授、面授相结合的方式，为全市 50 万残疾人提供成人高教、职教和计算机应用能力考核等方面的学历与非学历教育。

3 月 26 日　国内贸易部和市政府联办的上海国际商品拍卖中心揭牌成立，这是全国首家国家级拍卖市场。

3 月 28 日　"远望 3"号航天测量船在江南造船厂建成交船。该船入中国船级社（ZC）级，是中国新一代航天测量船。

3 月 30 日　上海市钢铁冶金新技术开发应用重点实验室通过验收，徐匡迪任该重点实验室主任。

3 月 31 日　市政府办公厅印发《关于实施国务院关于职工工作时间规定的通知》，规定从 5 月 1 日起，全市职工实行每日 8 小时，每周工作 40 小时的标准工作制度。

3 月　上海市儿童福利院被民政部命名为首批国家二级福利事业单位。

同月　当时上海最大的私营企业上海品杰海产有限公司发行 3 500 万元为期 5 个月的债券，这是改革开放后上海市私营企业首次发行债券。

同月　上海静安区率先试行中小学校长职级制，待遇与实绩挂钩，与行政级别脱钩。

4 月 2 日　上海电视台电视剧制作二公司摄制的电视剧《逆火》，参加德国柏林未来奖广播电视大赛，夺得唯一的"柏林亚洲未来奖"，这是上海电视台的电视剧（除儿童电视外）首次获得国际大奖。

4 月 5 日　新落成的龙华烈士陵园纪念碑揭碑，并举行上海市龙华烈士陵园主体工程落成暨清明祭扫革命烈士墓活动仪式和瞻仰祭扫活动。

4月6日　中国科学院副院长路甬祥向在上海的71位中国科学院新老院士颁发参照国际惯例制作的《中国科学院院士证书》。这是中国首次颁发科学院院士证书。

4月6—13日　中共中央政治局常委、国务院副总理朱镕基率领国务院有关部委负责同志,在上海就经济建设和浦东开发开放等问题进行调查研究和考察。

4月8—10日　科威特国王储兼首相谢赫·萨阿德·阿卜杜拉·萨利姆·萨巴赫访问上海。

4月11日　上海第三条城市高架道路延安高架路(西段)工程启动,11月28日动工建设。1996年8月22日,延安高架路(西段)工程结构全线贯通,并于12月2日正式通车。工程全长6.2公里,东起中山西路、延安西路口,西至虹桥机场,高架道路宽25.5米,设计车速每小时80公里。

4月12日　由文化部委托上海图书馆研制并由该馆文达信息公司数据中心承建的《中文社科报刊篇名数据库》通过专家鉴定。该数据库为当时中国最大的哲学社会科学文献题录库,至1994年底,已收录哲学、社会科学期刊3 724种,报纸154种,数据累积已达30万条。

4月13日　上海农场14.5万亩江苏苏北海丰滩涂综合开发启动。

4月14—17日　葡萄牙共和国总统马里奥·阿尔贝托·诺博雷·洛佩斯·苏亚雷斯访问上海。15日,上海市同葡萄牙波尔图市结为友好城市。

4月17日　部分市政协委员、在上海台湾同胞及台湾问题研究学者和专家50余人汇聚市政协檀山厅,就《马关条约》签订100周年举行座谈。

4月18日　经中华人民共和国海关总署批准,上海浦东海关和外高桥保税区海关同时开关。

4月18—21日　中共中央政治局常委、国务院总理李鹏考察上海浦东新区、蔬菜基地和副食品商场,同国有企业负责人进行座谈,并听取中共上海市委、市政府的工作汇报。他指出,浦东开发5年来,取得很大成绩,影响遍及全国乃至世界,成为外商投资集中的一个地区。

4月19—20日　尼泊尔王国首相曼·莫汉·阿迪卡里访问上海。

4月21日　上海东方电视台和日本广播协会(NHK)于北京时间19:00—20:00联合举办“亚洲歌坛实况传送”获得成功,这在全国尚属首次。

4月21—22日　马绍尔群岛共和国总统阿马塔·卡布阿访问上海。

4月22日　“程十发画展”在上海美术馆举行。展出了程十发近半个世纪创作的79件、96幅作品。

4月26日　上海海军军地两用人才学校在海军上海基地成立。

同日　瑞士联邦恢复在上海设立总领事馆,馆址在仙霞路88号太阳广场西楼302室,后迁仙霞路319号远东国际广场。

4月27日　经最高人民法院、最高人民检察院决定,中共上海市委同意,上海市撤销市中级人民法院、市人民检察院分院;设立上海市第一中级人民法院、上海市第二中级人民法院、上海市人民检察院第一分院、上海市人民检察院第二分院。

4月30日　上海十大新景观评选结果揭晓。评选以20世纪90年代上海落成的新建筑景观为对象,采用专家初评和市民投票相结合的方法。这十大景观按选票依次是:浦江双桥(南浦大桥、杨浦大桥)、内环高架路、人民广场、新外滩、东方明珠广播电视塔、地铁1号线12个车站、豫园商城、新锦江大酒店、虹桥经济技术开发区、古北新区。

4月　虹口区被评为“全国文化模范城区”。

同月　学林出版社出版了由戴家祥主编的《金文大字典》。全书约300多万字,共收可释金文单字 2 661 个。

5 月 2 日　徐浦大桥工程工地发生重大事故，造成现场施工人员 12 名死亡、2 名受伤。5 月 5 日，市政府决定全市所有建筑工地停工 1 天，进行安全教育。

5 月 3 日　经国家经济体制改革委员会批准，金山县被列为 18 个全国县级综合改革试点县之一，是全市唯一。

5 月 4 日　上海电影评论学会评出中国电影 90 年十大名片，次序为《神女》《马路天使》《一江春水向东流》《万家灯火》《小城之春》《祝福》《早春二月》《天云山传奇》《城南旧事》《黄土地》。

5 月 5 日　上海青年志愿者协会成立。

同日　朱屺瞻艺术馆落成典礼在鲁迅公园举行。

5 月 5—6 日　日本国内阁总理大臣村山富市访问上海。

5 月 6—16 日　第十六届"上海之春"举行。其间演出各类节目 14 台，展示新人新作 27 部。

5 月 8 日　中国第一台高精度、高速度的智能装配机器人"精密一号"，在上海交通大学诞生，并通过国家"863"计划专家组的验收。该机器人性能达到 20 世纪 90 年代中期国际同类产品的先进水平。

同日　上海有线电视戏剧台揭牌，这是中国大陆第一家专业戏剧电视台。

5 月 11 日　上海港与瑞典哥德堡港成为友好港。

5 月 14—15 日　大韩民国国务总理李洪九访问上海。

5 月 14 日—6 月 13 日　上海市第十届体育运动会举行，有 7 973 名运动员参加角逐，4 人 13 次打破 7 项全国年龄组纪录。

5 月 16 日　共和新路立交竣工，率先与南北高架路贯通。共和新路立交建设工程历时一年零四个月，建成后南北长 1 549 米，东西长 845.6 米，占地面积 8.9 公顷，立交总高度 24 米，桥面面积 66 000 平方米，道路面积 91 000 平方米，排水管道长 793.5 米，其工作量居当时国内同类立交之首。

同日　上海信息高速公路系统工程启动，投资 1 亿元。

5 月 16—23 日　江泽民在上海考察工作，实地考察了一批国有企业和现代企业制度试点单位，三次召开企业负责人座谈会。此次考察的重点是关于建立现代企业制度和深化国有企业改革。

5 月 17 日　上海先进制造工程技术研究中心在上海交通大学成立。该中心主要开展装配机器人、焊接机器人应用推广的研究，并对桑塔纳轿车的模具国产化进行开发。

5 月 18 日　上海铁道学院和上海铁道医学院合并，成立上海铁道大学，并举行成立庆典暨揭牌仪式。

同日　由市科委组织有关机械制造、自动化、信息、材料等技术领域的研究院所、大学和企业共同建立的"上海先进制造工程技术研究中心"在上海交通大学成立。

5 月 19 日　市政府公布《上海市宗教活动场所管理规定》。

5 月 19—21 日　新加坡共和国总理吴作栋访问上海。

5 月 20 日　上海商业会计学校获"国家级重点中专"并举行挂牌仪式。

5 月 24 日　上海市机电工业管理局、上海市纺织工业局和上海市仪表电讯工业局建制撤销，分别成立上海机电、上海纺织和上海仪电控股(集团)公司。

5 月 25 日　上海市名牌产品推荐委员会成立。此后，每年发布《上海名牌产品推荐名单》。

5 月 25—27 日　土耳其共和国总统苏莱曼・德米莱尔访问上海。

5 月 26 日—6 月 8 日　上海芭蕾舞团应中国台湾《民生报》社和华信集团邀请赴台演出。

5月27日　复旦大学举行建校90周年系列纪念活动。同日,复旦大学校董会成立。诺贝尔物理学奖得主、著名华裔科学家李政道博士任校董会名誉主席,复旦大学校长杨福家兼任校董会主席。

5月29—30日　纪念江南造船厂暨中国民族工业诞生130周年工业发展战略研讨会在上海举行,研讨会提出:在社会主义市场经济条件下,振兴和发展中国民族工业,要弘扬"江南精神",继续坚持和推进改革开放,切实加强企业经营管理,重视技术进步,努力在提高企业经济效益和工业整体素质上下功夫。

5月29—30日　塞舌尔共和国总统弗朗斯・阿尔贝・勒内访问上海。

5月　中国电视家协会第五届全国戏曲电视剧评选,上海京剧院方小亚获优秀演员奖,沪剧院余雍和获最佳编剧奖,京剧院尚长荣、越剧院单仰萍获最佳演员奖。京剧院演出的《盘丝洞》获戏曲电视剧三等奖。

同月　上海财经大学与上海粮油商品交易所、上海商品交易所合作建立的上海财大期货研究中心成立。

同月　上海光通信公司、上海电缆厂与法国阿尔卡特公司共同投资组建的上海阿尔卡特光缆有限公司在上海成立,这是国内第一家生产海底光缆、电力复合光缆(OPGW)的企业。

同月　全市开始实行每周5天工作制。

6月1日　市重大工程上海虹桥国际机场国内候机楼改扩建工程开工,1996年11月21日,该工程全面竣工启用。

6月3日　中共上海市委印发深入学习《邓小平文选》的通知。

6月6—9日　国务院召开全国扶贫开发工作会议,明确上海与云南建立对口帮扶关系。1996年,中央确定上海对口帮扶云南省,重点帮扶红河、文山、思茅(普洱)3个地州国家级贫困县。

6月11日　全市开展"大家从我做起,遵守'七不'规范"活动。"七不",即市民应做到"不随地吐痰、不乱扔垃圾、不损坏公物、不破坏绿化、不乱穿马路、不在公共场所吸烟、不说粗话脏话"。

6月12日　上海市大学生研究中心在上海大学挂牌成立,这是全国第一个以当代大学生为研究对象的专业研究机构。

6月13日　国务院批复同意在佘山风景区建上海佘山国家旅游度假区。同年11月24日,上海佘山国家旅游度假区正式挂牌,上海佘山国家旅游度假区管委会、开发有限公司同时成立。度假区规划控制面积64.08平方公里,规划用地面积45.99平方公里。1999年8月8日举行佘山人工湖开工典礼,2000年8月18日竣工放水,命名为"月湖"。2007年4月10日上海欢乐谷一期项目动工,2009年9月12日建成开业。

同日　中国第一个设在海外的远距离教育点上海电视大学悉尼分校成立。

6月13—16日　市九届人大常委会第十九次会议审议通过《上海市档案条例》,为全国第一部档案工作地方性法规。

6月15日　上海教育科学研究院和上海教育考试院挂牌成立。上海市教科院是从事教育科学研究和决策咨询的科研机构。教育考试院则将主要承担全市高等、中等学校的统一考试、招生及高等教育(含中等专业教育)自学考试工作。

6月15—20日　中华实业股份有限公司发行2 500万元短期融资券,这是改革开放后上海首次向社会个人公开发行企业短期债券。

6月17—18日　荷兰王国首相维姆・科克访问上海。

6 月 19 日　杨浦区法院判决撤销被告浙江省浦江县公安局对原告钟蕾作出的收审决定，并赔偿原告经济损失 1 791 元。这是上海市审理的首例行政赔偿案件。

6 月 21 日　上海浦东国际机场建设领导小组和上海浦东国际机场建设指挥部成立。上海浦东国际机场公司同时成立。1996 年 8 月 24 日，国务院、中央军委正式批准浦东国际机场工程立项。1997 年 10 月 15 日，浦东国际机场一期工程开工，江泽民等党和国家领导人出席，并亲自为机场奠基。一项工程建设 1 座航站楼、1 条飞行跑道及配套附属设施，占地 32 平方公里，总投资 130 亿元，设计通航保障能力为年 2 000 万人次旅客出入港、75 万吨货邮吞吐量。1999 年 9 月 16 日，建成通航。2004 年 1 月 30 日，浦东国际机场二期工程启动。2005 年 3 月 17 日，第二条飞行跑道启用，成为国内首个 2 条飞行跑道均可独立运行的机场。12 月 22 日，总投资 197 亿元的浦东国际机场扩建工程开工仪式举行。扩建工程包括第二座航站楼、第三条跑道和西区货运物流园区及相应的配套设施。2007 年 12 月 20 日，上海浦东国际机场第二航站楼工程通过竣工验收，年设计旅客吞吐量 4 000 万人次。2008 年 3 月 26 日，第三条飞行跑道及第二航站楼启动。自此，浦东国际机场成为与北京首都国际机场、中国香港国际机场并列的中国三大国际机场。

6 月 23 日　由市政府专门拨款 300 万元改建的上海市戒毒康复中心正式挂牌。

6 月 26 日　上海市农场管理局改制为上海市农工商(集团)总公司。

6 月 29 日　中共上海市委、市政府召开上海市加强党风廉政建设大会。

6 月 30 日　中共一大会址纪念馆被团中央命名为全国青少年教育基地，举行揭幕挂牌仪式，江泽民为基地题名。

6 月　应巴西自由阵线党和乌拉圭红党的邀请，中共中央政治局委员、中共上海市委书记黄菊率中共代表团赴巴西联邦共和国和乌拉圭东岸共和国进行正式友好访问。

7 月 1 日　市政府机关从外滩中山东一路 12 号迁入人民大道 200 号市政大厦(今人民大厦)办公。15 日，市人大常委会从仙霞路 18 号迁入。大厦始建于 1993 年 3 月 28 日。

同日　撤销上海市第一商业局，所属企业分别组建为上海一百集团、上海华联集团和上海友谊集团。

7 月 3 日　《上海大典》光盘编纂工作启动，这是全面反映上海风貌的多媒体百科大典。1997 年 5 月 16 日，《上海大典》编纂完成，并举行首发式，为中国大陆首张城市综合信息光盘。

7 月 4 日　市政府批转市劳动局《关于本市企业 1995 年年底前全面实行劳动合同制的若干意见》

7 月 5—7 日　罗马尼亚共和国总理尼古拉·沃克罗尤访问上海。

7 月 7 日　中国工程院宣布增选院士 216 名，上海有 29 人，徐匡迪榜上有名。

7 月 8—16 日　“徐悲鸿诞辰 100 周年纪念画展”在上海美术馆举办，展出的 120 幅作品包括中国画、油画和素描，其中部分作品是首次展出。其间还举办了徐悲鸿美学思想研讨会、《徐悲鸿画集》首发式。

7 月 10 日　上海精品商厦进行店名及商誉评估，评估价值 5 356.64 万元，为沪上第一家商业企业无形资产评估。

7 月 15 日　南京东路首次试行周末步行街，是日起河南路至西藏中路每周六 14:00—20:00 试行步行街管理。

7 月 16—28 日　为庆祝上海——旧金山缔结友好城市 15 周年，上海市长徐匡迪率团前往参加在美国旧金山市举行的“上海周”活动。

7月18日　上海文化实业有限公司成立。

7月19日　联通上海、北京、天津、广州4城市的数字式移动电话网络建成开通，同时，中国联合通信公司上海数字移动电话网与邮电系统上海电话本地网也正式接通。

7月20日　国家环保局公布1994年度全国城市环境综合整治定量考核结果，20项综合指标上海总得分80.98分，列全国第十位。

7月25日　上海实施安居工程，55万平方米安居房全面开工。

同日　宝钢承建在嵊泗县马迹山岛的当时中国最大的货运码头，建成后年吞吐量2 000万吨。

7月28日　上海市计算机应用与产业发展工作会议召开，要求到1997年全市计算机产销规模达到80亿元。

7月29日　中国东方航空公司成为洲际性航空公司，销售收入和利润分列世界百大航空公司第60位和第11位。

7月　上海在宝山、闵行、金山、青浦、崇明、南汇等9个区县28个乡镇进行农村城镇化的小城镇改革。1998年7月，经市政府同意，市公安局根据《关于上海市小城镇户籍管理制度改革试点工作的实施意见》，继续在上述范围内进行户籍制度改革的试点。

8月3日　由中国科学院院士、上海天文台教授叶叔华倡议的一项跨世纪国际合作研究计划——亚太地区空间地球动力学研究，在美国举行的国际大地测量和地球物理联合会议上得到了各国科学家的热烈响应。有关国际学术组织通过决议，确定由叶叔华领衔组织实施这项规模宏大的国际合作研究计划。

8月8日　市总工会创办的“上海市涉外婚姻咨询服务中心”正式成立，这是上海市第一家涉外婚姻咨询机构。

8月9日　市政府发布《关于修改〈上海市待业保险暂行规定〉的决定》。

8月10日　上海市冶金工业局建制撤销，组建上海冶金控股(集团)公司。

8月11日　上海香山钢材市场成功引进开发计算机管理信息网络，成为全国首家智能型交易市场。

8月11—16日　上海举行以“抗日战争与上海”为主题的纪念抗战胜利50周年系列活动。

8月14日　市政府发布《全民健身运动实施计划》。

同日　上海机械进出口(集团)有限公司成立。

8月18日　上海首例试管婴儿在上海医科大学附属妇产科医院降生，从而结束了华东地区试管婴儿技术空白的历史，新生女婴出生体重3 815克。

8月24日　经中共上海市委和市政府批准，决定撤销上海市广播电视局、上海市电影局建制，同时撤销中共上海市广播电视局委员会、中共上海市电影局委员会，组建上海市广播电影电视局(以下简称市广电局)和中共上海市广播电影电视局委员会。新组建的上海市广播电影电视局为局级建制，是市政府主管全市广播电视宣传和广播电影电视的职能部门，党的工作和业务工作归口市委宣传部。

同日　市政府印发《上海市爱国卫生工作管理规定》。

8月26—27日　新加坡共和国总统王鼎昌访问上海。

8月28日　市政府发布《上海市利用外资开发经营内销商品住宅的规定》。

8月30日　市政府和中国科学院合作协议签约仪式在市政府举行。

8月30—31日　上海市科学技术大会举行，开始实施科教兴市战略。中共上海市委书记黄菊作题为《加速科技进步，促进经济发展和社会全面进步》的报告，市长徐匡迪主持大会。

8月　上海市各界举行多项活动纪念抗日战争和世界反法西斯战争胜利50周年。8月7日，在铁路上海站南出口处的不夜城广场隆重举行“为了和平”广场演唱会。8月11—16日，举行以“抗日战争与上海”为主题的纪念抗日战争胜利50周年系列活动。11日，纪念抗日战争胜利50周年学术讨论会在当年淞沪抗战的主战场——宝山开幕。12日，四行仓库“八百壮士”英勇抗日事迹陈列室在“八一三”淞沪抗战历史遗址揭牌。13日，由市委办公厅等主办，市文化局承办的上海市纪念中国人民抗日战争胜利50周年文艺晚会，在中共市委党校大礼堂举行。15日，《抗日战争与上海——纪念抗日战争胜利50周年图片史料展》在上海美术馆开幕。

同月　市政府制定《上海市城镇职工医疗保险办法(草案)》。1996年5月起逐步实施职工医疗制度改革，基本建立覆盖不同所有制企业职工统一的医疗保险制度。

9月1日　市政府首次对全市决策咨询研究成果颁发奖项。

同日　上海汽车工业(集团)总公司、上海汽车有限公司成立。

9月2—3日　冰岛共和国总统维格迪丝·芬博阿多蒂尔访问上海。

9月6日　中共上海市委召开“深入开展‘让人民高兴，使人民放心’主题活动，切实加强干部队伍思想作风建设”会议。

9月7日　当日最高气温达38.2℃，是上海有气象记载的123年来9月份气温的最高纪录。

9月9日　上海第一座尊师重教纪念碑在静安公园落成。

9月10日　10万吨级“华东”号船坞在崇明张网港滩涂上改建获得成功后胜利下滩，结束了上海地区不能进坞修造10万吨级船舶的历史。

9月11日　上海在全国举办上海产品名牌大联销，是日，首先在陕西省西安市举办。此后在郑州、重庆、北京、济南等地陆续举行。

同日　中华人民共和国成立后，第一家落户浦东的外资银行——日本富士银行上海分行在陆家嘴金融贸易区开业。

同日　《古本小说集成》由上海古籍出版社历时7年全部影印出齐。共5辑428种693册，这是展示中国古代小说璀璨风貌的大型丛书，以收白话小说为主，兼及部分文言小说，囊括明代和清代康熙、乾隆年间的历史、言情、侠义、神魔等各类小说的精华。

9月12日　中国电子工业“八五”期间一号工程集成电路封装和测试基地在浦东张江高科技园区落成，这是当时中国大陆规模最大、生产能力强且技术先进的集成电路国家重点专项工程，项目总投资7 500万美元，占地50 000平方米。

9月13日　黄菊主持召开三区六县负责人座谈会，结合学习张家港市经济发展、城市建设的管理经验，研究如何进一步完善“两级政府、两级管理”体制问题。

9月14日　上海市与也门共和国亚丁省缔结友好省市。

9月15日　法国兴业银行在上海设分支机构。

同日　上海市轻纺市场在嘉定区曹安公路1618号建成开张。1994年12月1日动工兴建。建筑面积6万平方米，设摊位3 000家。是上海首家以专业经营中外轻纺原料、面料和服装为主的全国性大型批发市场。

9月16日　15点40分，青浦县白鹤乡邮电支局最后1 000门纵横制交换机换用2 000门S—1240程控交换机，全市城乡电话全部实现程控化。上海在全国率先完成邮电通信城乡一体化、电话交换程控化、传输数字化。

9月18日　上海举行浦东开发情况介绍会。徐匡迪在会上宣布,在保持原有政策不变的前提下,中央决定在“九五”期间赋予浦东新区一系列新的功能性政策;允许外省市在上海浦东地区开设外贸子公司。

同日　上海市仲裁委员会成立。

同日　一年一度的“中国十大杰出青年”评选揭晓,上海华东政法学院国际法系主任曹建明名列其中。

9月19日　上海金卡工程ATM(自动柜员机)联网开通,初步实现“一卡在手,全市通兑”的目标。

同日　中澳经济论坛在上海举行,来自澳大利亚和中国各地近千位经贸人士共同研讨建立更深入更全面的中澳经济合作。

9月19—21日　奥地利共和国总统托马斯·克莱斯蒂尔访问上海。

9月20日　国家监察部、中国证监会等公布对上海证券所“327”国债期货事件的调查和处理。对上海万国、辽宁国发等有关责任人员分别作出纪律处分和组织处理,涉嫌触犯刑律的送司法机关处理。上海万国证券的负责人管金生后被捕入狱,被判处有期徒刑17年。

9月29日　上海人民广场地下停车场、商场工程和地下街商业工程开工。工程于同年12月22日竣工并向市民开放,是为全市最大的民防工程。

9月30日　上海城区家庭燃气率达到85.98%,提前并超额实现“八五”期间上海城区基本实现煤气化的目标。江泽民在上海市煤气公司上报材料上表示祝贺。

同日　外滩灯光监控中心建成,夜间外滩建筑灯光实行统一管理。

9月　市政府颁布《上海失业保险办法》,把“待业保险”改为“失业保险”。是年全市参加保险的单位3万多家,覆盖400余万名职工,累计发放失业救济基金300余万人次,当年有17万人领取失业保险金。

三季度　中共上海市委开展关系上海改革与发展全局的10个重大课题的调研,为制订上海“九五”计划和2010年远景规划提供依据。

10月2日　上海市解决居住特困户项目获1995年度联合国“人居奖”。

10月2—4日　阿根廷共和国总统卡洛斯·萨乌尔·梅内姆访问上海。

10月5日　上海华商投资恳谈会举行。

10月5—7日　中共上海市委召开“深入学习《邓小平文选》,贯彻党的十四届五中全会精神学习讨论会”,黄菊在总结时提出上海“九五”计划和2010年规划的主要奋斗目标、指导方针,以及进一步拓宽改革开放和经济发展的思路方面要做好的工作。

10月7—14日　上海国际芭蕾舞比赛举行。

10月9日　1995年市政府实事项目之一的劳动力市场信息网络建成,市和区县劳动部门23个职业介绍机构的供需信息实现联网。

10月12日　上海远东女子足球队夺得全国女子足球锦标赛冠军。11月10日,夺得全国女子足球甲级联赛冠军。

10月13日　中共上海市委印发《中共上海市委、市政府关于加速上海科技进步的若干意见》。

10月13—14日　澳大利亚总督威廉·乔治·海登访问上海。

10月15日　市政府扩大街道办事处管理权限,开始实施“两级政府、三级管理”。10个区10个街道试点工作获得进展。

10 月 18 日　由市教委直接领导的国有独资公司上海市教育发展有限公司成立，为高等教育办学体制改革和高校布局、资源调整提供了基本条件。

10 月 19—26 日　第三届上海科技节举行，签技术合同、意向书 3 000 多份，金额 1 亿多元。上海科技节期间，举办了科技成果展示、系列科普讲座、科教影视汇映、科技知识竞赛、青少年科普活动和表彰、慰问优秀科技工作者等活动 300 多项，有数百万人参加。科技博览城接纳了 50 多万名参观者。

10 月 20 日　全国政协副主席、中国工程院院长朱光亚在上海市政大厦向在上海的 34 名中国工程院院士颁发院士证书。

10 月 23 日　第九届全国"星火杯"发明竞赛授奖大会在上海科学会堂举行。其中上海参展的 35 项发明成果中有 27 项获奖。在获奖项目中，获金奖的有 4 项。

10 月 24 日　中宣部在上海举行 1994 年度第四届精神文明建设"五个一工程"奖励大会。上海有 5 部作品获奖。

10 月 25—27 日　吉尔吉斯共和国总理阿帕斯·朱马古洛夫访问上海。

10 月 26 日　奉浦大桥通车。江泽民为大桥题写桥名。该桥是上海首座由县里筹资兴建的黄浦江大桥，始建于 1994 年 3 月 18 日，为黄浦江上第四座大桥。

10 月 26—28 日　江泽民在沪视察。

10 月 28 日—11 月 6 日　第二届上海国际电影节举行，纪念世界电影诞生 100 周年、中国电影诞生 90 周年。是年，国际电影制片人协会认可上海国际电影节为国际 A 级电影节，每两年举办 1 次。

10 月 29—31 日　以"回顾金融业发展状况"为主题的第七次上海市市长国际企业家咨询会议召开。

10 月 29 日—11 月 6 日　第一届上海宝山国际民间艺术节在宝山区举办，有 10 个国家的 12 个表演团体参加表演。1998 年、2000 年、2004 年、2006 年、2008 年连续举办。

11 月 1 日　上海市同纳米比亚共和国温得和克市结为友好城市。

11 月 2 日　芬兰共和国驻沪总领事馆在淮海中路 1375 号启华大厦开馆，后迁南京西路 1168 号中信泰富广场。

11 月 2—3 日　埃塞俄比亚联邦民主共和国总理梅莱斯·泽纳维访问上海。

11 月 6 日　上海——澳门航空通航。

11 月 6—11 日　各民主党派中央、全国工商联领导人和无党派代表人士考察团在上海考察。

11 月 8—10 日　挪威王国首相格罗·哈莱姆·布伦特兰访问上海。

11 月 9 日　上海图书馆与上海科技情报研究所合并，合并后作为市政府直属事业单位，归口市委宣传部，这是国内出现的第一个省市级图书情报联合体。

11 月 14 日　上海现代生物与医药产业的重点项目——上海新药研究开发中心的总部在张江高科技园区内正式揭幕。

11 月 15 日　经中央编制委员会、国家新闻出版署批准，东方出版中心成立并举行揭牌仪式。东方出版中心是在原中国大百科全书出版社上海分社、上海知识出版社、海峰印刷厂的基础上，重新组建的国家级综合性出版事业单位，隶属国家新闻出版署。

11 月 18 日　上海野生动物园正式对外开放。该园是国内规模最大、动物最多的国家级野生动物园，位于南汇三灶乡，始建于 1994 年 4 月 14 日。

11月19日　上海申花足球队获1995万宝路全国足球甲A联赛冠军。

11月20日　上海美术馆主办"上海油画史回顾展",同时举行《上海油画史》一书首发式。

11月24日　上海京剧院演出的《曹操与杨修》获文化部"首届中国京剧艺术节"程长庚金奖;《狸猫换太子》获文化部"首届中国京剧艺术节"演出奖第一名。

11月25日　上海电话网于零点开始正式启用8位号码,成为中国大陆第一个电话8位号码制城市。

11月26—27日　智利共和国总统爱德华多·弗雷·鲁伊斯—塔格莱访问上海。

11月26—31日　第五届上海国际广播音乐节举行。

11月28日　上海大众汽车有限公司第50万辆桑塔纳轿车下线。

同日　上海航运交易所成立。1996年11月28日开市。

11月30日—12月2日　越共中央总书记杜梅访问上海。

12月1日　中国佛教协会副会长、上海市佛教协会会长真禅法师因心脏病突发在上海玉佛寺圆寂。

12月3—5日　古巴共和国国务委员会主席兼部长会议主席菲德尔·卡斯特罗访问上海。

12月4日　中国首家国家级中药制药工程技术研究中心在浦东新区成立。

12月7日　由市政府、市科委和有关企业资助、银行融资建立的上海技术市场基金正式启动,到位资金5 000万元,业已向3个新技术项目的产业化提供首批270万元的贷款。

12月13—15日　全国住房制度改革经验交流会在上海召开。

12月14日　经国务院批准,由日本索尼株式会社、上海广电股份有限公司、上海真空电子股份有限公司三方合资组建的上海索广映像有限公司合资项目签约仪式在上海举行。1996年1月29日开工,为当时全国最大家电工业项目。

同日　旨在培养高校跨世纪学术、学科带头人的"曙光计划"正式启动,首批入选的为上海市15所高校的19名中青年骨干教师和科研人员。

12月14—20日　朱镕基在上海考察工作。12月15日,朱镕基考察浦东和上海证券交易所,提出证券市场要坚持"法制、监管、自律、规范"。

12月15—17日　巴西联邦共和国总统费尔南多·恩里克·卡多佐访问上海。

12月16日　全市对粮食流通体制实行重大改革,政策性业务和经营性业务分开运行。

12月19日　市财办提出超市要卖菜,菜柜经营面积占10%以上,零售价不高于集市,新鲜规格化净菜日均上市15种以上。

同日　市政府批转市建委等5部门制定的关于深化上海公交改革方案。1996年1月1日,上海市公交事业改革方案正式实施。市内公交客运取消月票,全部实行普通客票。

12月20—21日　南斯拉夫联盟共和国总统佐兰·利利奇访问上海。

12月20—22日　中共上海市第六届委员会第四次全体会议举行。徐匡迪对提交全会审议的《上海市国民经济和社会发展"九五"计划与2010年远景目标纲要(草案)》作说明。黄菊作《迎接新世纪,开创新局面》的讲话。

12月21日　上海第五钢铁厂改制成为上海沪昌钢铁有限公司,成为上海国有特大型企业中首家实行现代企业制度的企业。

12月25日　上海市现代企业制度试点工作经验交流会召开。

12月28日　上海市检察院反贪污贿赂局成立。

12 月 29 日　经中国人民银行批准，上海城市合作银行成立。由上海市、区两级财政、2 100 余家企业和 4 万余名个人股东共同投资组建，资产 300 亿元。这是中华人民共和国成立后，上海第一家拥有个人股东的地方股份制商业银行。1998 年，上海城市合作银行更名为上海银行。

同日　上海市医药公司改制为上海市医药有限责任公司，成为医药行业中第一家产权重组的企业。

同年　上海撤销 8 个工业局中的机电、纺织、仪表、冶金、一轻、二轻、化工 7 个局，并组建相应控股集团公司。

同年　上海民用燃气普及率超过 80%，基本实现城市燃气化。

1996 年

1 月 2—7 日　中共中央政治局常委、全国人大常委会委员长乔石在上海考察工作。

1 月 3 日　全国银行间同业拆借中心开始在上海运行。

1 月 5 日　上海地铁 1 号线供电数据采集和监控系统（SCADA）通过竣工验收，使供电系统由人工控制转为计算机集中监控。

1 月 9 日　由中宣部、团中央、中国残疾人联合会（以下简称中国残联）共同组织的“热爱祖国、自强不息”巡回报告演出团在上海举行第一百场报告演出。

同日　首架 MD－90 飞机水平安定面在上海飞机制造厂完工并交付美国麦道飞机公司，标志着上海飞机大型部件制造跨上新台阶。

同日　由宝钢集团（公司）捐赠的上海首辆无偿献血流动采血车第一次出现在街头。

1 月 9—11 日　缅甸联邦国家恢复法律和秩序委员会主席兼政府总理和三军总司令丹瑞大将访问上海。

1 月 10 日　中共上海市委、市政府召开党政负责干部会议，贯彻落实六届市委四次全会精神，全面部署 1996 年的工作。市委书记黄菊作《抓住重点，求真务实，努力做好今年的各项工作》的讲话。

1 月 11 日　茅以升科技教育基金委员会 1994 年和 1995 年评出 82 名获奖者。曾经主持设计上海南浦大桥、杨浦大桥，并享有“中国设计大师”称誉的上海市政工程设计研究院总工程师林元培获得“茅以升桥梁大奖”。

1 月 12 日　九三学社市委举行十二届五次（扩大）全会，同意杨槱辞去主委职务，选举谢丽娟为主委。

1 月 15 日　市政府发布《上海市农村社会养老保险办法》施行，自 2 月 1 日起施行，规定个人以上一年度月平均工资收入为缴费基数，按照 5％的比例缴纳养老保险费；单位按照工资总额 15％的比例缴纳养老保险费。

1 月 15—17 日　中共中央政治局常委、国务院总理李鹏在上海考察工作，主持召开苏、浙、沪和国务院有关部门负责人会议，讨论把上海建成国际航运中心的问题。

1 月 17 日　上海爱梯恩梯（AT&T）光纤有限公司正式投产，这是当时中国最大光纤基地，年产可达 50 万公里光纤。

1 月 17—19 日　阿尔巴尼亚共和国总统萨利・贝里沙访问上海。

1 月 18 日　经中国航天工业总公司批准，上海航天工业总公司在上海成立。

1 月 18—19 日　沪港经济发展与合作会议在上海召开。

1 月 20 日　总投资 12.2 亿元的市重点工程、浦东新区最大的工业工程、年产 3 万吨丙烯酸酯工程项目在高桥石化丙烯酸厂竣工验收。

1 月 23 日　市政府召开创建国家卫生城市表彰动员大会。会议宣布：上海市在 1995 年全国直辖市、省会市、计划单列市城市卫生检查评比中名列第三，获“国家卫生城市”称号。

同日　市政府印发《关于进一步完善市与区“两级政府、两级管理”体制政策的意见》，进一步向区明责放权。

1月29日　1995年度国家科学技术奖励大会在北京举行，上海宝山钢铁(集团)公司等7个单位共同完成的“宝钢生产系统优化技术”被授予特等奖；市建委和市政工程设计研究院的“上海南浦大桥”被授予一等奖，上海还获得国家自然科学奖二等奖4个，国家发明奖二等奖1个。

同日　中央军委在上海举行命名大会，授予第二军医大学一级教授、东方肝胆外科研究所所长吴孟超“模范医学专家”称号。

1月30日　市政府办公厅转发市工商局等七部门《关于加强本市私营经济开发区规范管理若干意见》。

1月31日—2月1日　乌干达共和国总统约韦里·卡古塔·穆塞韦尼访问上海。

1月31日—2月7日　市政协举行八届四次全体会议。

2月1—9日　市十届人大四次会议召开。市长徐匡迪作《关于上海市国民经济和社会发展“九五”计划与2010年远景目标纲要》的报告。

2月5—6日　云南省丽江、中甸两县发生强烈地震后，黄菊、徐匡迪联名打电报表示慰问。市委、市政府立即成立支援云南灾区工作领导小组，并向云南灾区提供应急援助款项和物品。

2月11日　上海市慈善基金会组织“万人上街慈善募捐”活动，当天共募到捐款59万余元。

2月16日　上海电影电视(集团)公司成立，实行影视合流。

2月18日　市政府成立上海市苏州河环境综合整治领导小组。4月11日，苏州河环境综合治理领导小组成立并召开第一次全体成员会议，制定《苏州河环境综合整治方案》。4月16日，徐匡迪乘交通艇巡视苏州河，提出要把苏州河治理作为重要内容列入重新修订的《上海城区总体规划》，要求有关各方加强整治和管理，努力把苏州河建成上海的一个旅游景点。6月5日，苏州河综合整治全面启动，目标是5年消除黑臭，15年建成观光河道。6月22日，市政府发文，由徐匡迪任领导小组组长。1998年5月14日，经国家发展计划委员会批准，苏州河整治一期工程正式启动。1998年8月17日，市政府发布《上海市苏州河环境综合整治管理办法》，并于11月1日起开始正式实施。总投资200亿元的苏州河治理，是上海历史上最大的一项环境整治工程。1999年12月25日，苏州河治理一期工程开工，总投资85.5亿元。2003年1月8日，苏州河环境综合整治一期工程建成仪式举行。

2月26日　被列为国家“八五”期间重大工程项目的沪宁高速公路全线贯通，全长274公里，其中上海段长25.89公里，同年9月15日正式投入运营。11月28日正式通车。2006—2008年，上海市境段拓宽为8车道。道路红线宽度分别按70米(江桥—安亭段)和80米(安亭—花桥段)设双向8车道。设计时速为120公里。设花桥、同三安亭、安亭国际汽车城、嘉松和嘉金5座互通式立交。2009年10月12日，改称G2(京沪高速公路)上海市境段，同时为G42(沪蓉高速公路)上海市境段。

2月27日　由市教委和闸北区教育局共同投资700多万元建造的上海市第一聋哑学校正式挂牌并开学。

2月28日　南京军区学雷锋先进事迹报告会上，“南京路上好八连”三班班长公举东被树为学雷锋先进个人。

2月28—29日　卢森堡大公国首相兼国务、劳动、就业和财政大臣让-克洛德·容克访问上海。

2月29日　中共上海市委、市政府召开上海市传达贯彻中纪委六次全会精神干部大会堂，强调要全面认识和把握上海面临的形势和党风廉政建设现状，健全监督体系，加大监督力度，再接再厉，把反腐败斗争和党风廉政建设不断引向深入。

3月1日　由电子工业部华东计算技术研究所和国防科技大学计算机研究所共同研发的中国第一台小型超级计算机——MSC小巨型计算机在上海通过国家级技术鉴定。

3月4日　经市政府批准,上海经济研究中心正式更名为上海市人民政府发展研究中心(以下简称市政府发展研究中心),同时公布了1996年上海十大决策咨询研究课题,并公开向全社会招标。

3月4—7日　长江沿岸中心城市经济协调会第八次会议暨"迈向21世纪的长江"研讨会在上海召开。

3月19日　第二届亚欧大陆桥经济合作国际研讨会在上海举行。

3月20—22日　中国工程院院士团在上海作高技术科普系列报告。

3月21日　上海新材料研究中心成立,这是中国科学院与上海市全面合作首批项目之一。

3月21—22日　黄菊、徐匡迪率团考察浙江。

3月23日　市教委、市人事局联合召开国家公费出国留学工作会议,明确上海公费出国学习选拔实行"个人申请、专家评议、平等竞争、择优录取、签约派出、违约赔偿"的新政策。

3月23—25日　春季全国针棉织品交易会在上海举行,交易会共成交50亿元,创历届"全针会"交易之最。

3月26日　东海台风监测预报系统通过鉴定,并正式建立。该系统将使市气象局在收悉各种气象数据信息后,10分钟内完成东海台风的监测和预报处理工作。

3月27日　上海市城区工作会议召开,市委、市政府下发决定全市城市管理在市区实施"两级政府、三级管理",在各县实施"三级政府、三级管理"的新体制。

同日　上海市1996年精神文明建设工作会议召开,会上命名96个文明小区,表彰"十佳"好事和优秀组织者。

同日　由国务院新闻办公室主办、解放日报社承办的第一届"中国国际新闻奖"颁奖大会在上海举行。

3月27—28日　市城区工作会议召开。黄菊在会上作题为《加强社区建设和管理,不断提高城市现代化管理水平》的重要讲话。

3月27—28日　泰王国总理班汉·西巴阿差访问上海。

3月28日　经国家经贸委、船舶工业总公司批准,沪东造船集团成立,这是国内的首家造船集团。

3月29日　以南京军区上海7424厂为龙头,由7426厂、7315厂、上海浦江锁厂和上海新庆气体有限公司等实体组成的上海沪陵集团正式揭牌成立,为全军首家区域联合企业集团。

3月29日—4月3日　中共中央政治局常委、全国政协主席李瑞环在上海考察工作。

3月30日　年产1 650万只钟表的上海钟表公司改制成上海钟表有限公司,成为中国集科、工、贸于一体的最大钟表制作及商贸企业。

3月　第一本以介绍上海为主要内容的新闻性、综合性月刊《今日上海》问世。刊物以"立足上海、反映上海,让世界了解上海,让上海走向世界"为宗旨,及时刊登上海和长江三角洲、沿江经济带情况。

4月1日　中美合作生产的20架具有国际先进水平的干线飞机MD90-30飞机项目在上海开始实施。1992年3月,中国航空技术进出口总公司与美国麦道飞机公司签署中美合作生产40架

(后修改为 20 架)干线飞机项目协议,旨在实现中国批量制造和总装国产干线飞机(俗称"大飞机")的宏图。经国家批准,在中国航空工业总公司组织指挥下,以上海飞机制造厂为主制造商,和西飞、成飞、沈飞四大航空工业企业一起承担飞机机体 70% 国产化的制造和装配工作。1995 年 8 月,MD90 - 30 干线飞机零件生产开工。1998 年 8 月,受波音兼并麦道、MD90 - 30 飞机同步停产的影响,中国航空工业总公司报请国务院批准,合同再次修改为制造 2 架。2000 年 9 月,2 架 MD90 - 30 飞机交付中国北方航空公司,中美合作组装生产干线飞机历史由此终结,继"运 10"项目于 20 世纪 80 年代下马后,中国国产"大飞机"梦想第二次搁浅。

同日　中国首列快速列车"先行"号在沪宁铁路线投入运营,其最高时速为 140 公里,全程只需 2 小时 41 分。

同日　经过 1 年零 3 个月的施工,黄浦江上第三条道路隧道——延安东路越江隧道复线(后改称"延安东路隧道南线")贯通。始建于 1994 年 1 月 18 日。11 月 29 日,延安东路隧道南线建成通车。延安东路隧道南线与原来的北线形成了两来两去 4 个车道的越江交通枢纽。

4 月 2 日　中国首例胸骨裂畸形修复术,在上海第二医科大学附属第九人民医院获得成功。

4 月 3 日　中共上海市委、市政府召开推进现代企业制度试点工作会议,明确工作重点,今年新增加 60 家试点企业,全市试点企业由 140 家扩大到 200 家;推进面上企业改革;确保增资减债达到预期目标。

4 月 8 日　上海交通大学建校 100 周年庆祝大会在上海体育馆举行。

同日　唯实希望小学在青浦小蒸镇正式落成,由上海农业生产资料公司出资 60 万元兴建,是全市首所希望小学。

4 月 9 日　市政府印发《上海市城镇企业职工住院医疗保险暂行办法》,从 5 月 1 日正式实施,7 月 1 日覆盖到外商投资企业中方职工。

4 月 10 日　市交通运输局撤销,改制为上海交运(集团)公司。

4 月 13 日　首届上海市大众科学奖昨天揭晓。上海科教电影制片厂国家一级导演夏振亚、上海第二军医大学数理教研室教授谈祥柏获奖。大众科学奖由市科协与大众保险有限公司联合设立,旨在表彰长期从事科普创作、科普宣传以及支持科普事业发展的各界人士,每两年颁奖 1 次。

4 月 15 日　上海电视台推出改版的《时代》专栏,尝试把该专栏办成电视理论杂志性节目。上海电视台还拍摄与播放理论宣传专题片,运用电视宣传邓小平理论。

同日　上海举行盘活工商企业国有房地产试点签字仪式,一百、华联、建材等工商企业集团与市房地局、市财政局、市国资办签署了国有土地出让和国有房产授权经营试点合同。

同日　上海近百万女职工每人捐款 1 元,设立"姐妹帮姐妹"专项基金,筹集近百万元帮助下岗女职工再就业。

4 月 16 日　由上海市国际文化传播协会与日本巴娜友慈株式会社联合创办的日文杂志《上海观察》在日本出版,并于上海的友好城市日本大阪举行首发式。《上海观察》旨在向日本读者介绍上海和长江流域经济带经济发展、社会进步的最新情况,经贸、文化及旅游活动的最新信息。

4 月 17 日　中宣部、建设部和中共上海市委联合在京举行徐虎事迹报告会。建设部决定全行业开展学习徐虎的活动。徐虎为普陀区房产管理局中山北路房管所水电维修工,中共党员。1985 年 6 月起,每晚为房管所管辖区域及周边居民义务提供水电维修服务,历时 10 多年,其间数次被评为市劳动模范和全国劳动模范。此次在京的事迹报告会受到首都干部群众广泛好评,国务委员、国务院秘书长罗干代表中共中央、国务院会见徐虎和报告团成员,充分肯定"辛苦我一人,方便千万家”的爱岗敬业和无私奉献的精神，号召全社会都要大力弘扬徐虎的先进事迹。4月20日，中共上海市委发出通知，号召全市人民学徐虎。4月30日，中共中央总书记、国家主席、中央军委主席江泽民在上海会见徐虎等3名全国劳动模范，高度赞扬他们在平凡岗位上做出的突出成就。

4月17—19日　芬兰共和国总统马尔蒂·阿赫蒂萨里访问上海。

4月19日　上海与韩国金罗南道建立友好交流关系。

4月20日　上海浦东发展银行北京分行开业，这是首都现有3 000家左右金融网点中，第一家由区域性商业银行开设的窗口，也是沪上银行首次北上在京落户。

4月22—29日　全国人大常委会副委员长王丙乾带领全国人大常委会赴上海环境保护法执法检查组在上海进行环保执法检查。

4月24日　上海申银、万国两家证券公司合并，组成上海申银万国证券股份有限公司。该公司总资产130亿元，为当时国内最大证券商。

4月25—26日　哈萨克斯坦共和国总统努尔努丹·纳扎尔巴耶夫访问上海。吉尔吉斯斯坦共和国总统阿斯卡尔·阿卡耶夫访问上海。塔吉克斯坦共和国总统莫马利·拉赫莫诺夫访问上海。

4月26日　中国国家主席江泽民、俄罗斯联邦总统叶利钦、哈萨克斯坦共和国总统纳扎尔巴耶夫、吉尔吉斯斯坦共和国总统阿卡耶夫、塔吉克斯坦共和国总统拉赫莫诺夫在上海共同签署5国《关于在边境地区加强军事领域信任协定》。此次协定的签署，后被称为“五国会晤”，是为上海合作组织的前身。

4月26—27日　俄罗斯联邦总统鲍里斯·尼古拉耶维奇·叶利钦访问上海。

4月27日—5月4日　江泽民在沪就国有企业的改革和发展问题进行考察。5月4日，在上海召开部分省市国有企业改革和发展座谈会，听取上海、江苏、浙江、山东四省市领导关于搞好国有大中型企业的情况报告。他强调指出，国有企业的改革和发展，关系到整个国民经济发展的重大经济问题，也是关系到社会主义制度命运的重大政治问题。国有企业的改革当前正处在一个非常关键的时刻，各级党委和政府必须进一步坚定信心，加强领导，狠抓落实，加快国有企业的改革和发展步伐。

4月28日—5月11日　国家副主席荣毅仁在上海考察工作。

4月29日　冠生园集团上海有限公司在中华路1500号成立，为中华人民共和国成立后中国大陆地区首家工商一体化的企业集团。

5月1日　1995年度上海市劳动模范表彰大会召开，全市有885名劳模和405个模范集体受表彰。

5月2日　世界贸易大型国际会议国际咨询管理年会在上海举行。

5月5日　中国首次自行设计建造的5万吨大开口集装箱多用途货轮——“斯高博特”号在江南造船厂命名下水。

5月6—19日　应英国政府和瑞典政府邀请，徐匡迪率上海代表团赴英国、瑞典进行友好访问。

5月8日　上海市计算机应用与产业发展工作会议在上海展览中心召开，会议明确了计算机应用与产业“九五”发展计划。

5月11日　泰国正大集团与以泰国农业银行为首的6家银行组建的银团共同投资3亿美元的正大广场项目在浦东陆家嘴奠基动工。

同日　上海纺织“东锭西移”正式实施，上海第一棉纺织厂的3万锭棉纺设备启动新疆，于本月20日抵达新疆石河子第二毛纺织厂。

5 月 13 日　中共上海市委召开精神文明建设座谈会，决定成立上海市精神文明建设委员会，黄菊任主任。

5 月 14—18 日　上海国际计算机及网络展览会在上海展览中心举办。

5 月 17 日　上海“信息港”工程的重点项目、上海重大工程之一的上海信息枢纽大楼，在浦东陆家嘴金融贸易区开工建设。2001 年 7 月 1 日落成竣工。

5 月 18—30 日　举行上海艺术节。

5 月 21—23 日　1996 上海经贸洽谈会在加拿大温哥华举行。

5 月 27 日　经国家教委批准，复旦大学研究生院正式挂牌，成为上海高校首家正式建立的研究生院。

5 月 28 日　市政府发布修订后的《上海市黄浦江上游水源保护条例实施细则》。

5 月 29 日　上海儿童博物馆正式开馆，江泽民题词“缔造未来”。儿童博物馆由上海建筑设计研究院设计，是全国首家儿童博物馆，坐落在宋庆龄陵园东南部，建筑面积 4 500 平方米，由航天馆、航海馆、玩具馆和展示厅、球幕电影厅、多功能厅等组成。

5 月　市政府发出《关于把上海建成现代化国际信息港的实施意见》，成立上海信息港领导小组。7 月开始上海信息港建设。

同月　文化部命名青浦县、松江县为全国文化先进县。

6 月 1 日　仰光上海国际商厦开业，这是上海市在缅甸开设的第一家大型商厦。

6 月 2—4 日　中共中央政治局委员、国务院副总理吴邦国在上海考察工作。

6 月 3 日　经国家经贸委、中国船舶工业总公司批准，具有 130 年历史的江南造船厂正式改制为江南造船(集团)有限责任公司，并举行揭牌仪式。江南造船(集团)公司是按现代企业制度建立的国有独资公司，也是改革开放后中国大陆地区船舶系统首家实行改制的企业。

6 月 6 日　由美国摩托罗拉汽车工业电子集团与上海仪表(集团)公司合资组建的上海摩托罗拉汽车电子有限公司在浦东金桥建成投产。

同日　上海生物技术工业园区在浦东金桥正式破土动工，这是中国第一个生物工程园区。

6 月 7—11 日　中共中央政治局常委、国务院副总理朱镕基在上海考察工作。

6 月 10 日　上海化工区开发在金山漕泾启动。

6 月 12—14 日　第二届中国烹饪世界大赛在上海举行。经海内外 164 名选手 3 天激烈的角逐，决出团体金奖 4 个，银奖 6 个。上海新亚集团队、上海二队(上海饮食业行业协会)、天津饮食行业联合会队、中国烹饪协会浙江队荣获大赛团体金奖。

6 月 15—16 日　黎巴嫩共和国总理拉菲克·哈里里访问上海。

6 月 17 日　智利共和国驻上海总领事馆开馆。

同日　世界首例“急症自体踝关节移植代替膝关节手术”，在上海市第六人民医院取得成功。

6 月 18 日　上海市第一百货商店有限股份公司被世界百货业联合会吸收为会员，为中国百货业首家。

同日　上海探险家余纯顺在新疆罗布泊地区遇难。

6 月 18—19 日　国际天文学联合会活动星系专题讨论会在上海举行，共有来自 24 个国家和地区的 160 位中外学者参加此次会议。

6 月 19 日　上海地铁 2 号线一期工程经国务院批准列入上海“九五”重大市政项目。市政府正式成立上海市地铁 2 号线建设领导小组，徐匡迪任组长。

6月21日　市政府发布《上海市外资投资企业土地使用管理办法》。

6月25日　上海市教育界人士举行纪念伟大的人民教育家陶行知先生逝世50周年报告大会。

6月27日　上海大学和中科院上海分院举行共同筹建研究生院签约仪式,双方有博士后流动站117个,博士学科专业点37个;拥有50名院士、700多名教授,在学博士生有549人,硕士生1 176人。

6月29日　国内跨度最大、面积最大、体重最大的空间钢结构网架——东航机库3 200吨钢屋盖一次整体提升成功,准确安装在25米高的柱顶上。

7月1日　日本八佰伴国际集团总部由中国香港迁上海浦东。

同日　《上海市住房公积金条例》施行。

同日　意大利在上海最大的投资项目伦巴第多功能大楼落户浦东金桥开发区,总投资额1 000万美元。

7月2日　上海国际通信展览会开幕。

7月5日　市政府召开上海市现代企业制度试点工作会议,部署年内深化企业改革工作。

同日　延安高架路(东段)工程正式启动,并于7月28日正式开工。1997年11月28日,延安高架路(东段)工程全线建成通车。该工程东起中山东一路,西至南北高架,横穿黄浦区域全长3.06公里,道路沿线将设置上下13条匝道,以及南北高架延安路、西藏路、福建路等5座人行天桥。

7月11—13日　科特迪瓦共和国总理兼计划和发展部长达尼埃尔·卡布兰·敦坎访问上海。

7月12日　市政府发布《关于推进上海纺织、仪电控股(集团)公司再就业工程试点的意见》。

7月15日　中共上海市委、市政府召开上海市信息港建设动员大会。会议标志着上海信息港建设工程正式启动。上海市信息港专家委员会已于3月12日成立。

7月16日　跨世纪的旧区改造工程、上海中心城区最大的中高档住宅区"上海复兴城"暨复兴东路拓宽工程正式开工。1997年12月9日,复兴东路拓宽工程全线竣工通车。

7月17日　市解困办宣布,上海住房解困项目列入全球百家范例。

7月18日　上海第一家全部由企业家投资自行创办的九年一贯制民办上海南方学校成立并公开招生。

7月19日　由第二军医大学教授吴孟超、陈汉带领攻关组完成的国内首例"背驮式"肝移植手术,标志着中国肝移植技术达到国际先进水平。

7月26日　静安区检察院反贪污贿赂局正式挂牌成立。至此,全市14个区检察院全部成立了反贪污贿赂局。

同日　上海纺织、仪电控股集团公司再就业服务中心成立。12月6日,市政府召开推进再就业工程专题会议,决定自1997年起,再就业服务中心试点扩大到冶金、轻工、机电控股(集团)公司和华谊集团公司。1998年,中共中央、国务院向全国推广上海经验。1998年8月26日,市政府下发《关于进一步加强国有企业下岗职工管理和完成再就业服务中心建设有关问题的通知》,1998年9月1日,市政府召开深入推进再就业工程和社会保障工作会议,提出全市凡有下岗职工的企业都要建立服务中心,此后累计建立服务中心总数达308个,涉及企业8 046家,至1999年,累计进入中心的下岗职工达60万人。

7月26日　国家教委与市政府签署协议,以国家教委与市政府共建方式,将上海城市建设学院、上海建筑材料工业学院并入同济大学。

7月26—30日　全国检察系统教培会议在上海举行。

7 月 27 日　全国首家为金融系统提供专业化服务的市保安押运公司揭牌成立。上海市保安押运有限公司由市保安服务总公司组建，为金融系统运钞车和其他运输有价证券、贵重物资的车辆提供押运服务。

7 月 28 日　上海市长宁区房地产交易中心在定西路 1308 号成立，是全市首家房地产交易中心。2008 年迁至剑河路 606 号。

7 月 29—31 日　圭亚那合作共和国总理塞缪尔·海因兹访问上海。

7 月 30 日　上海工人第三次武装起义时的上海总工会会址——湖州会馆，经过重建后正式对外开放。重建的湖州会馆位于中兴路 828 弄口（原湖州会馆的北门）。湖州会馆建于 1900 年，占地约 20 亩。1927 年 3 月，上海总工会迁入这里办公。湖州会馆曾在“一·二八”炮火中被毁。

8 月 2 日　国家科委、卫生部、国家医药管理局、市政府协商决定，在上海浦东张江高科技园区合作建立“国家上海生物医药科技产业基地”，签字仪式在北京人民大会堂举行。

8 月 3 日　中共上海市委组织部、市人事局首次打破地域、户口限制，公开招考公务员，1 万余人报考。

8 月 5 日　由交通银行上海分行牵头，上海 6 家金融机构组成国内银团，提供 6 000 万元美国出口买方信贷，支持上海电气（集团）总公司带资承包中东地区第一座地铁伊朗德黑兰地铁项目。项目总投资 5.92 亿美元，是全国最大的一宗成套机电产品出口项目。

8 月 6 日　上海日用化学工业研究所、紧固件和焊接材料研究所、纺织机械研究所、纺织器材研究所和汽车研究所 5 家科研机构，首批进入上海凤凰有限公司、上海标准件总公司、太平洋机电（集团）公司和上海汽车工业（集团）总公司。

8 月 9—18 日　首届上海图书节举行。来自全国 500 家出版社的 10 万种图书、录像制品、电子读物参展。共接待读者 30 万人次，图书销售额达 1 100 万元。

8 月 12 日　市政府常务会议决定在奉贤县和金山县交界处杭州湾北岸建立上海化学工业区。9 月 28 日，上海化学工业区围海造地工程开工。1998 年 4 月 25 日，围海造地工程结束，进入建设阶段。1999 年 10 月 12 日同，上海石化股份有限公司和上海华谊（集团）联合成立上海化学工业区发展有限公司。2000 年 7 月 8 日，上海化学工业区市政基础配套一期工程开工。工业区在金山区漕泾地区，一期工程新围垦区 9.77 平方公里，投资 12 亿元。

同日　《中国近代文学大系》由上海书店出版社出版。该书有 12 集 30 卷，约 2 000 万字。

同日　第十三届全国青少年信息学奥林匹克（上海理光杯）竞赛（NOI）结束。上海队获得团体第一。上海两位选手获得一等奖。

8 月 20 日　市政府举行欢迎会，为参加第二十六届夏季奥运会的上海运动员庆功，并对 15 名运动员、教练员予以嘉奖。参加在美国亚特兰大举行的第二十六届奥林匹克运动会的中国代表团中，有 29 名上海运动员，他们在 13 个项目比赛中有 1 人获 1 枚金牌，9 人在 5 个项目中获银牌，1 人获铜牌，还有 9 人获得 4—8 名。

8 月 22 日　由上海市社联、上海外国语大学、上海市世界语协会共同主办的第一届亚洲世界语大会在上海举行。来自 17 个国家和地区的近 500 名世界语者参加了会议。

同日　太湖流域综合治理和上海防汛抗洪重点工程“青浦青西防洪除涝工程”在西岑、金泽、商榻等地全面启动，首期投入资金 2 000 万元，涉及 11 个工程项目。

同日　福州路周末文化夜市开张，营业至晚上 9 点。

8 月 23 日　市第十届人大常委会第十次会议讨论通过《上海市外商投资企业审批条例》。

8 月 28 日　泰国泰华国际银行总部落户浦东,举行开业仪式。

8 月 29—30 日　加蓬共和国总统哈吉・奥马尔・邦戈访问上海。

8 月 30 日　求是科技基金会 1996 年杰出奖颁奖会在北京市中国科技会堂举行,中国工程院院士、上海第二医科大学终身教授、著名血液学家王振义获得“杰出科学家奖”,中国科学院上海药物研究所新药研究国家重点实验室朱大元等 10 位科学家获得“杰出科技成就集体奖”。

9 月 2 日　由国家教育和自然科学基金会、上海交大和美国布兰戴斯大学等主办的 21 世纪大学图书馆国际学术研讨会在上海开幕。

9 月 4 日　上海市与英国伦敦城建立友好交流关系。

9 月 7 日　上海市长代表、市政协主席陈铁迪率上海市代表团和上海市经贸代表团出访克罗地亚萨格勒布市和波兰革但斯克省。

9 月 16 日　瑞典王国驻沪总领事馆开馆。

同日　挪威王国驻沪总领事馆开馆。

9 月 19 日　中保人寿保险公司上海分公司成立,为上海首家国有寿险公司。

9 月 19—27 日　第二届上海国际服装文化节举行。

9 月 20—22 日　中央军委副主席、国务委员兼国防部部长迟浩田在上海视察陆、海、空军和武警部队。

9 月 21 日　中华人民共和国成立以来首套上海地方题材邮票《上海浦东》在浦东首发,全套邮票由 1 枚小型张、6 枚邮票组成。

同日　上海石化与英国 BP 集团签订合资企业意向书。其中包括在上海建造一套总投资 25 亿美元、年产 65 万吨乙烯裂解装置及部分下游衍生物装置。

9 月 21—28 日　第二届上海旅游节举行。共推出 40 个大类、近 100 项特色旅游活动。

9 月 22 日　德国巴斯夫公司与上海共同投资 16.4 亿元的上海巴斯夫化工染料有限公司建成投产。

同日　上海信息港本地公共信息平台上海公共信息网(简称“上海热线”)开通并投入试运行。

9 月 23—25 日　中国环境与发展国际合作委员会第五次会议在上海召开。

9 月 24—25 日　第五届精神文明建设“五个一工程”表彰大会在北京召开,上海有电影《自古英雄出少年》等 7 项作品获奖,上海市委宣传部获得组织工作奖。12 月 9 日,上海市召开表彰大会,对获奖作品进行了表彰。

9 月 28 日　“1996 上海国际市民马拉松赛”开赛,参加人数 6 000 余人,这也是上海首届国际马拉松比赛。

9 月 30 日　市政府发布《关于深化本市公费医疗制度改革实施办法》。2001 年 5 月 21 日,该《办法》第一次修正。2008 年 11 月 27 日,该《办法》第二次修正。

10 月 5 日　俄罗斯“圣彼得堡油画展”在上海美术馆开幕,展品 53 件。

10 月 7 日　中国第一例非血缘供者外周血造血干细胞移植手术,在上海医科大学附属华山医院获得成功。

10 月 9 日　瑞士联邦主席兼联邦公共经济部长让—帕斯卡尔・德拉姆拉访问上海。

10 月 10 日　沪闵高架路一期工程(漕溪路至柳州路)开工。1997 年 9 月 11 日通车,全长 2.52

公里。

10 月 12—19 日　全国第三届农民运动会在上海举行。30 个省、自治区、直辖市组团参加比赛，中国台北奥委会、中国澳门体育界亦派出观摩团。参加运动会的总人数达 2 394 人，其中运动员 1 894 人，有 140 人来自 14 个少数民族。

10 月 13—16 日　中共中央政治局委员、书记处书记、国务院副总理姜春云在上海考察工作。

10 月 14 日　上海市与日本长崎县建立友好交流关系。

10 月 15—18 日　举行上海科技论坛会议，来自国内外 1 500 多名专家出席会议。徐匡迪作题为《上海科技要有新的解放和大的发展》首场报告。

10 月 16 日　上海信息港工程重点项目上海科技网首期工程正式开通。第二阶段开发建设亦已全面启动。复旦大学、上海技贸大厦、浦东张江建成三大节点。

10 月 16—18 日　斯洛文尼亚共和国总统米兰・库昌访问上海。

10 月 16—20 日　徐匡迪率上海学习考察团赴云南省学习考察。

10 月 19—21 日　阿尔及利亚民主人民共和国总统拉明・泽鲁阿勒访问上海。

10 月 22 日　中共上海市委和警备区举行纪念红军长征胜利 60 周年座谈会。晚上举行文艺晚会。

10 月 22—23 日　哥伦比亚共和国总统埃内斯托・桑佩尔・皮萨诺访问上海。

10 月 25—27 日　纳米比亚共和国总统萨姆・努乔马访问上海。

10 月 27 日　由中科院组织的“长江三角洲经济与社会可持续发展”考察团抵达上海，对长江三角洲地区的基础设施、产业布局、农业、城乡建设和生态环境等开展调研。

10 月 30 日　市政府印发《上海市土地使用权出让办法》。

同日　市政府印发《关于划转部分市属工业小企业的若干政策意见》。1997 年 1 月 10 日，市政府印发《关于本市放活小企业的若干政策意见》，将“放小”试点范围扩大到全市。6 月 24 日，市体改委等 10 部门联合印发《关于本市放活小企业的若干政策意见的实施细则》。10 月 31 日，市政府召开轻工系统首批小企业划转交接会。52 家小企业划转至虹口、卢湾、闵行 3 区。12 月 27 日，上海市“放小”工作全面启动。179 家小企业划转 14 个区县。

同日　市政府印发《关于本市城镇单位 1996 年以后退休(职)人员计算养老金办法的通知》(即中人中办法)。

10 月 30 日—11 月 5 日　上海市举行东亚、东南亚沿海和岸外地学计划协调委员会(简称 CCOP)第 33 届年会和第 28 次指导委员会会议。该委员会为东亚、东南亚沿海和岸外地区唯一的政府间地学组织。

10 月　中共中央组织部、人事部下发为新疆选派干部的通知，明确上海对口新疆阿克苏地区的阿克苏市、温宿县、阿瓦提县。1997 年 2 月，上海第一批援疆干部到达对口市县，正式开始上海援疆工作。2010 年 5 月 17—19 日，中共中央、国务院在北京召开新疆工作座谈会，明确上海对口支援喀什地区巴楚县、莎车县、泽普县、叶城县。

是月　首次采用全中英文对照的《上海统计年鉴(1996)》由市统计局出版发行。该通过 500 多张统计表、30 多幅统计图详细真实地记录了 1995 年上海经济、社会、科技等各方面的发展变化，同时也记载了上海解放以来，尤其是改革开放以后各项国民经济主要指标的统计资料。

11 月 1 日　以“追求今天的杰出与卓越，为了明天的灿烂和辉煌”为主题的第七届中国十大杰出青年颁奖典礼在上海举行。

同日　全国百个中小学爱国主义教育基地命名大会在京举行。国家教委、民政部、文化部、国家文物局、共青团中央、解放军总政治部联合推荐命名的100个爱国主义教育基地，涉及历史文物古迹、革命传统教育和社会主义建设成就等。其中，位于上海的中共一大会址纪念馆、龙华烈士陵园、国家名誉主席宋庆龄陵园和海军上海博览馆名列其中。

11月3日　第二届上海国际质量研讨会召开。联合国国际标准化组织(简称ISO)主席默尔曼等300名各国政府和企业界代表出席会议。

11月3—4日　以"如何把上海建成国际商贸中心"和"下岗待业人员再就业培训"为主题的第八次上海市市长国际企业家咨询会议召开。

11月4日　由上海化工控股(集团)公司与上海市医药管理局实行资产联合重组的上海华谊(集团)公司成立。

同日　市政府发布《上海市社会救助办法》。

11月5日　上海首例破产企业产权上市转让成功，冠生园集团收购上海酒精总厂。

11月6—7日　瑞典王国首相约兰·佩尔松访问上海。

11月8日　市重大工程建设项目工业一号工程，上海旭电子玻璃有限公司建成投产。

11月8—11日　第一届亚太地区特殊奥林匹克运动会在上海举行。中共中央政治局委员、中共上海市委书记黄菊，全国人大常委会副委员长王光英，民政部部长多吉才让，国际特殊奥林匹克运动委员会主席沙金特·施莱佛等出席了开幕式。共有来自15个国家和地区的44个代表团、521名运动员参加了足球、田径、乒乓球、游泳、篮球5个项目的角逐。首届亚太地区特奥会的顺利举办，为之后上海成功申办2007年世界特殊奥林匹克运动会打下良好基础。

11月8—20日　应美利坚合众国前总统布什和美中关系全国委员会的邀请，徐匡迪率上海代表团对美国洛杉矶、华盛顿、纽约进行友好访问。访问期间，徐匡迪出席了由布什主持召开的题为"21世纪——亚洲时代的曙光"国际研讨会。

11月9日　上海《新民晚报》美国版在洛杉矶创刊。

11月10—14日　第六届上海电视节在上海举行，来自37个国家与地区、700家公司的2 000名中外来宾参加了活动。

11月11日　上海各界人士纪念孙中山先生诞辰130周年大会召开。黄菊出席并讲话，在沪全国政协委员、市政协委员、各民主党派和工商联负责人，孙中山先生亲属、辛亥革命先驱后裔等约800人参加。

同日　中国农工民主党中央委员会名誉主席、全国人大常委会原副委员长周谷城在上海逝世，享年99岁。

11月12日　泰王国驻沪总领事馆开馆。

11月13日　世界最大的芯片制造商美国英特尔公司在上海投资的英特尔科技(中国)有限公司破土动工，首期投资9 900万美元。1995年6月2日，上海与美国英特尔公司签署技术合作备忘录，同时举行上海建厂土地租用合同文本交换仪式。

11月18日　上海市"九五"期间重大工程东海平湖油气田项目海上工程开工。1998年11月18日，油井首次成功投产原油。1999年3月26日，天然气投产成功。

同日　上海广播大厦落成。

11月20日　兴圣教寺塔(松江方塔)、真如寺大殿、上海外滩建筑群、上海邮政总局楼列为全国重点文物保护单位。

11 月 21—22 日　美利坚合众国国务卿沃伦·迈纳·克里斯托弗访问上海。

11 月 21—23 日　德意志联邦共和国总统罗曼·赫尔佐克访问上海。

11 月 23 日　上海信息港科技网徐汇区中型结点全面开通。该网络是上海也是全国区县级第一个规划、第一个建成的科技网。该网由市科委和徐汇区科委共同投资建立，是上海科技网在徐汇区的延伸。

11 月 23—24 日　墨西哥合众国总统埃内斯托·塞迪略·庞塞·德莱昂访问上海。

11 月 24 日　中华人民共和国成立后第一部全面反映上海政治、经济、文化和社会生活的综合年鉴——《上海年鉴》正式发行。

11 月 26 日　全国性股份制商业银行华夏银行上海分行落户外滩。

同日　加拿大总理让·克雷蒂安访问上海。

11 月 26—29 日　李鹏在上海考察即将开业的上海航运交易所、浦东金融贸易区、第一八佰伴等，并考察沪宁高速公路。李鹏指出，要加快建设上海国际航运中心，发展超大规模集成电路产业。

11 月 27 日　中国又一个重大建设项目——上海华虹微电子有限公司超大规模集成电路芯片生产线在上海浦东奠基。国务院总理李鹏、副总理吴邦国、中共上海市委书记黄菊、市长徐匡迪等出席奠基仪式。

同日　西藏藏族自治区工布江达县人民武装部部长单杰事迹报告会在上海举行。单杰为上海嘉定人，1969 年 2 月入伍后一直在西藏服役，扎根边疆、保卫边疆、建设边疆，尤其在工布江达县人武部工作的 8 年内，在抓好人武部建设和民兵工作的同时，积极参建参治，开展扶贫攻坚，为促进边疆社会稳定、经济发展、民族团结，做出了突出贡献。

11 月 28 日　经国务院批准，由交通部、市政府共同组建的中国第一个国家级水运交易市场——上海航运交易所开市。

11 月 29 日　中共上海市委、市政府、上海警备区召开上海市双拥模范、先进命名表彰大会。

11 月 30 日　印度尼西亚金光集团投资 4.6 亿美元建造的外滩金融中心开工，2002 年竣工。

同日　120 米高的高架门机在上海港口机械厂建成，该设备是当时世界上最高的吊车，用于三峡工程建设。

11 月　第一家中外合资保险公司中宏人寿保险公司在上海成立。由中国对外经济贸易信托投资公司和加拿大宏利人寿保险公司合资成立。

12 月 1—10 日　由上海市体委、市教委、市农委等 8 个单位联合的上海市第一届全民健身节举行。此后每年举行 1 次。

12 月 2—4 日　电子电气工程师协会(IEEE)国际工业技术会议在上海举行，来自美国、日本、英国等 11 个国家和中国香港、中国台湾地区的近百名学者，与国内的 100 多名专家参会。

12 月 3—5 日　中共上海市第六届委员会第五次全体会议举行。会议审议通过《中共上海市委关于加强社会主义精神文明建设的意见》。

12 月 10 日　亚洲开发银行在上海召开中国项目计划与管理国际研讨会。来自 16 个亚行发展中成员国以及有关国际组织的专家出席了会议。

12 月 16 日　全国公交行业第一家从事国资授权经营的上海公交控股有限公司正式成立。

12 月 17 日　上海石洞口煤气厂轻油气工程投入运行，这是中国首座用轻油制取城市煤气的工厂。

12 月 18 日　在 1996 年度国家科技奖励大会上，上海得到 46 项国家级奖励，其中国家发明奖

13 项,国家科技进步奖 33 项。

12 月 19 日　市十届人大常委会第三十二次会议通过《上海外高桥保税区条例》,这是一部创制性法规,并首次实现法规全文中文版和英文版的同期公布。

12 月 19—22 日　国家旅游局和市政府联合主办的中国国内旅游交易会在上海举行。

12 月 20 日　市人大常委会与俄罗斯圣彼得堡市立法大会友好合作协议书正式签署。

同日　由上海沪昌钢铁有限公司(原上海第五钢铁厂)、上海十钢有限公司、上海冷拉型钢厂等 25 家企业共同组建、总资产达 78 亿元的上海五钢集团正式成立。

12 月 22 日　申城精神文明十大文化设施之一的上海青年文化活动中心建成。上海青年文化活动中心位于恒丰路 111 号,总投资 4.7 亿元,建筑面积为 64 000 平方米,分别以两幢高 103 米和 76 米的三角形大楼为主体、由高 43 米的裙房横贯相连而成,有教育培训、科技普及、文化娱乐、会议中心等多功能场所,于 1997 年初正式对外开放。

12 月 23 日　上海话剧艺术中心新创作演出的大型历史话剧《商鞅》赴京演出,国务院副总理朱镕基出席观看后盛赞"是一出反映改革的好戏"。主要演员尹铸胜饰商鞅,获全国第十四届梅花奖。上海话剧艺术中心获第九届上海文学艺术优秀成果奖。

12 月 25 日　市政府召开贯彻落实《国务院关于环境保护若干问题的决定》暨 1994—1995 年度环保先进表彰大会,徐匡迪作题为《加强环境保护实现可持续发展》的讲话。

12 月 26 日　上海城市道路交通网络基本框架之一的外环线启动实施,外环线,即外环高速公路(S20)全长 99 公里。1993 年 8 月,市规划局上报《上海市外环线规划》,9 月 16 日,市建委批复同意。一期工程西南段北起沪嘉高速公路,纵越沪宁高速公路上海段、沪杭高速公路上海段,经徐浦大桥过黄浦江,至浦东杨高南路,全长 35.65 公里。1997 年 9 月 1 日正式开工。

同日　上海民主党派大厦落成启用。

12 月 27 日　信息港建设中的上海信息交互网开通,这是中国首家地区性信息交互网。

同日　经中共上海市委、市政府批准,上海电气(集团)总公司和上海机电控股(集团)公司联合重组的上海电气(集团)总公司成立。

12 月 28 日　上海大众汽车有限公司年产桑塔纳轿车 20 万辆,创中国汽车史上年产汽车新纪录。

同日　中国民生银行上海分行开业。

同日　中国音乐电视(MTV)大赛颁奖仪式首次走出京城移师上海举行。

12 月 30 日　由华东师范大学、东方航空集团、农行上海市分行、国家外汇管理局政策法规司和上海厚德实业有限公司共同组建的远东国际金融学院正式成立。远东国际金融学院拥有中国大陆最早设立的国际金融研究方向的博士学位点,以及国际金融、世界经济、经济学硕士点和国际金融本科专业。

12 月　中国人民银行颁布《上海浦东外资金融机构进行人民币业务试点的暂行管理办法》,这是中国大陆首次对外开放本币业务市场。1997 年 3 月 27 日,汇丰银行上海分行和日本兴业银行上海分行率先开办人民币业务。

年底　全市开始规划现代化寄宿制高中建设。到 1999 年初步建成七宝、育才等 11 所高级中学。

1997 年

1 月 3 日　中共中央政治局委员、国务院副总理邹家华在上海考察工作。

同日　市政府召开全市社会帮困工作会议。会议提出，当前要将解决困难企业中的突出矛盾、部分职工的特殊困难作为帮困工作的重点来抓。

1 月 6 日　国家科委、中国科学院和市政府联合发布消息：以中国科学院上海生物化学研究所研究员洪国藩为首的科学家，在世界上首次“绘出”高分辨率水稻基因组物理全图。

1 月 7 日　上海城建(集团)公司成立。

1 月 9 日　杨浦区法院开庭审理居民不服区土地规划局行政处罚案件，是全市首次涉及行政处罚法案件。

1 月 10 日　中共上海市委、市政府召开全市党政负责干部会议。市委书记黄菊作题为《抓住重点，带动全局，促进两个文明建设更好发展》的重要讲话。

同日　国务院会议批准上海通用轿车项目可行性研究报告。3 月 25 日，上汽集团与美国通用汽车公司合资的上海通用汽车项目的合同签字仪式在北京举行，国务院总理李鹏、上海市长徐匡迪出席签字仪式。6 月 12 日，当时中国最大的中美合资项目、总投资 15.7 亿美元的上海通用汽车有限公司和泛亚汽车技术中心有限公司，在浦东金桥出口加工区内厂址地块举行成立大会暨奠基仪式。

1 月 11—17 日　中共中央政治局常委、全国人大常委会委员长乔石在上海考察工作。

1 月 13 日　市第一中级人民法院判处向中国非法进口“洋垃圾”的美国人威廉·罗·陈有期徒刑 10 年，罚金人民币 50 万元，并驱逐出境。为中国法院审理的首例“洋垃圾”走私案件。

1 月 15 日　黄浦区、嘉定区、杨浦区、虹口区、宝山区、闵行区、崇明县 7 个区县获全国双拥模范城(县)称号。

1 月 16 日　市政府召开创建国家卫生城市总结表彰暨动员大会，命名黄浦区、徐汇区、卢湾区、静安区、浦东新区为“上海市卫生城区”。

1 月 18—23 日　云南省政府代表团在上海考察。两地政府共同签署《上海—云南对口帮扶与经济协作“九五”计划纲要》。

1 月 27 日　由市科委代表国家科委与新加坡国家科技局共同组建的上海中新技术有限公司成立。

1 月 31 日　上海市证券业协会成立。

2 月 3 日　市科委、市农委、市科协等单位组织全市千余名科技专家和医学专家分赴各个郊县，传播科技知识，诊治疑难杂症，成为上海农村文化、科技、卫生“三下乡”活动的开端。

2 月 15 日　第八届全国政协副主席、市政协副主席、市工商联主任委员刘靖基在上海逝世，享年 95 岁。

2 月 17—22 日　市政协在上海展览中心举行八届五次全体会议。

2 月 17—23 日　市人大在上海展览中心举行十届五次会议，徐匡迪作《政府工作报告》。

2 月 18 日　华东师范大学校长、教授王建磐获得中国数学会第六届“陈省身”奖，这是中国数学成就的最高奖。

2月19日　中国共产党第二代领导集体核心、伟大的马克思主义者,伟大的无产阶级革命家、政治家、军事家、外交家,中国社会主义改革开放和现代化建设的总设计师邓小平在北京逝世。上海全市各界隆重悼念。2月20—21日,中共上海市委举行常委扩大会议,认真学习《告全党全军全国各族人民书》,深切悼念邓小平。

2月25日　邓小平追悼大会在北京人民大会堂举行,1 300万上海人民收看电视,为邓小平送行。

2月28日　中共上海市委、市政府作出搞活房地产市场、强化陆家嘴功能的重要决策,上海市房地产交易中心在浦东揭幕开业。

同日　上海工业布局方案出台,迁出环线内工厂450家,计700个生产点,共置换出3平方公里土地用于发展第三产业。

2月28日—3月1日　葡萄牙共和国总统若尔热·费尔南多·布兰科·德·桑帕约访问上海。

3月5—14日　中国华东出口商品交易会在上海举行。成交额22.31亿美元。

3月7日　上海优秀儿童剧展演,来自全国10座城市的16台戏在43家剧场演出。

3月10日　市政府召开国有企业改革工作会议,提出要抓紧推进企业改革“五大机制”(企业优胜劣汰机制、国有资产保值增值机制、职工能进能出的就业机制、经营者择优录用竞争上岗机制和覆盖全社会的保障机制)建设,确保年内建立现代企业制度基本框架。

3月11—15日　上海—昆明经济技术协作项目签字仪式在上海举行。合作项目42个,资金总额4.37亿元。

3月16日　上海召开中国质量万里行上榜企业表彰大会。在全国“中国质量万里行活动光荣榜”241家企业中,上海有29家企业,上榜企业数在省级行政区中名列全国第一。

3月18日　纪念联合国亚洲及太平洋经济社会委员会成立50周年上海研讨会召开。

同日　《上海市人民政府与中国银行关于“九五”期间共同落实浦东外汇贷款有关事项备忘录》签字仪式在上海举行。5年中,中行将安排15亿美元的外汇贷款,支持浦东建设。

同日　土耳其共和国驻沪总领事馆开馆。

3月19日　中共上海市委第六届委员会第六次全体(扩大)会议举行。会议审议通过《关于召开中国共产党上海市代表会议的决议》和《关于召开中国共产党上海市第七次代表大会的决议》。

3月19—22日　上海在马来西亚联邦吉隆坡举办大型技术展示交流会。签订合约金额3 000多万美元。

3月20日　市作协召开第六次会员大会,中共上海市委书记黄菊出席会议并讲话。罗洛当选市作协主席。

同日　经国家教委批准,由原华东工业大学与原上海机械高等专科学校合并组建而成的上海理工大学举行揭牌仪式。

3月21日　中国科学院上海化学新材料中试基地在嘉定区建成,是中国首个由国家投资兴建的化学新材料产业化“孵化器”。

3月22日　上海汽车工业集团与复旦大学、上海交通大学、华东理工大学和上海外国语大学4所高校正式签约,共同组建申城汽车工业的8个工程与科研中心。

3月24日　上海制造的大型电站设备出口西亚地区。

同日　南京路、闸北区临汾路街道阳曲小区、普陀区甘泉街道甘泉苑小区、青浦县、奉贤县洪庙镇、闵行区旗忠村、长宁区双泾村被评为全国创建文明城市和文明村镇示范点。

3 月 24—25 日　由复旦大学主办的大学校长农林局国际协会第五次国际会议在上海召开，就"太平洋地区高等教育和人类资源的发展"进行探讨。

3 月 25 日　黄菊会见中国香港特别行政区首任行政长官董建华，就发展沪港关系进行交谈。

同日　市政府召开住宅建设工作会议。会议提出 1997 年要进一步清理不合理收费，降低住房成本。

3 月 26 日　"香港：联系京沪穗、携手创繁荣"大型研讨会在上海举行。

同日　中国科学院院士、上海第二医科大学附属瑞金医院上海血液学研究所所长陈竺获得法国全国癌症基金会授予的 1997 年度"卢瓦兹"奖。这是该奖首次授予法国以外的学者。

3 月 28 日　中共上海市委召开市旅游事业管理工作党委和市旅游事业管理委员会的组建工作会议，确定上海旅游业发展的定位是都市型旅游，大力发展上海旅游业，改革上海旅游体制。

同日　轻工、华谊、电气、冶金和建材 5 个(集团)公司的再就业服务中心成立。

同日　经国务院同意，东方国际(集团)有限公司进行国家级综合商社试点。这是中国地方第一家综合商社试点企业。

3 月 28—30 日　玻利维亚共和国总统萨洛・桑切斯・德洛萨达访问上海。

3 月 28—30 日　澳大利亚联邦总理约翰・霍华德访问上海。

3 月 29 日　上海绿地集团、上海绿地(集团)有限公司成立。

同日　上海高校首家大学生禁烟协会在上海医科大学成立。

4 月 1 日　上海市农业局更名为上海市农林局。

同日　铁路上海站所发列车全面提速。

4 月 1 日—6 月 15 日　上海首届动物艺术节在上海动物园举行，这是国内第一个以动物为主题的节庆活动。以动物科学文化、动物驯化、动物资源开发利用等为主线，广泛宣传保护野生动物，进行动物科普教育。

4 月 4—5 日　泰王国总理差瓦立・永猜裕访问上海，并为泰王国驻沪总领事馆开馆揭牌。

4 月 5 日　《上海—旧金山友好互利交流项目备忘录(1997—1998 年)》在上海举行签字仪式。

4 月 7 日　上海市 1997 年精神文明建设工作会议召开。会议表彰了全行业规范服务达标行业 9 个，市级文明小区 168 个，市级文明单位 1 000 个和精神文明"十佳好事"。

同日　中共中央政治局委员、国务委员李铁映参加在上海召开的第八届全国运动会筹备工作现场办公会。

4 月 9 日　《上海市—罗纳・阿尔卑斯大区(法国)友好交流项目备忘录(1997—1998 年)》在上海举行签字仪式。

4 月 9—10 日　国际商会第三十二届世界大会在上海举行。国务院总理李鹏应邀在开幕式上发表讲话，国务院副总理李岚清，国务委员李铁映，黄菊、徐匡迪出席了开幕式，有 74 个国家和地区的 1 000 多名代表出席会议。

4 月 10 日　市政府印发《上海市引进海外高层次留学人员的若干规定》。

4 月 11 日　市工商联举行九届七次常委扩大会议，郭秀珍补选为会长。

4 月 11—14 日　1997 年上海国际魔术节暨首届上海国际魔术比赛在上海举行。有 13 个国家和地区的 150 多名中外魔术师参加。中国《变脸》获金奖。

4月11—20日　第四届中国花卉博览会暨首届中国花卉交易会在上海举行。

4月16—17日　第九次太平洋亚洲旅行协会(PATA)分会世界大会在上海召开。有29个国家和地区的200名代表参加。

4月17—18日　毛里求斯共和国总理纳文·拉姆古兰博士访问上海。

4月19日　上海国有企业实行重大改革,广电集团实行资产重组,上海汽车工业(集团)总公司、上海广播电影电视发展总公司、上海上实(集团)有限公司分别注入5亿、2亿和1.29亿元,其中上汽集团成为占有48.5%股权的第一大股东。

4月20—21日　阿拉伯埃及共和国总理兼计划部长卡迈勒·詹祖里访问上海。

4月22日　上海市首届民族教育教师奖励金及第四届民族教育奖学金颁奖大会举行。13位教师和14个民族的80名少数民族学生获奖。

4月22—24日　乌拉圭东岸共和国总统胡利奥·玛丽亚·桑吉内蒂访问上海。

4月23日　中共上海市委召开贯彻《中国共产党党员领导干部廉洁从政若干准则(试行)》《中国共产党纪律处分条例(试行)》座谈会,要求领导干部带头学习执行,带好队伍,管好干部。

4月25日　上海中医药大学庆祝建校40周年,并于同日举行上海中医药大学和香港大学友好合作签约仪式。

4月26日　五星级宾馆华亭宾馆开始自主经营,喜来登国际集团结束对宾馆的10年管理。

4月27日　中共上海市委召开推进建立现代企业制度改革工作座谈会。提出1997年实现建立现代企业制度基本框架。

4月28日　上海市召开纪念上海实施住房解困工作10周年会议,提出到20世纪末集中解决尚余的7万户人均居住面积4平方米以下家庭的居住困难。

4月29日　国务院批复市政府,同意金山县与中国石化总公司上海金山实业公司联合建政,撤销金山县,设立金山区。5月12日,中共上海市委、市政府在金山召开撤县建区干部大会,宣布区委常委会成员名单和相关决定。5月14—16日,区第一届人大会第一次会议召开,5月15日区政协第一届第一次会议召开,分别选举产生区人大、区政府、区政协领导班子。5月16日,区委、区人大、区政府、区政协挂牌。

4月30日—5月26日　由黄菊率领的中国共产党代表团访问古巴、秘鲁和委内瑞拉,并途经泰国进行顺访。

5月2—10日　国家副主席荣毅仁在上海考察工作。

5月4—9日　上海房地产展示交易会举行。成交额1.94亿元。

5月6日　由共青团中央委员会、全国青年联合会首次授予青年的最高荣誉奖"中国青年五四奖章"5位获得者到上海举行报告会。上海液压泵厂工人李斌、南京军区上海警备区某团班长公举东获此项殊荣。

5月7—8日　科特迪瓦共和国总统亨利·科南·贝迪埃访问上海。

5月8日　上海命名表彰由市委宣传部、市科委、市教委、市科协联合评选出的首批21个科普村、22个科普教育基地、25所科技教育学校、10部优秀科普影视片和10本优秀科普书籍。

同日　上海四汽公共交通公司与上海巴士实业股份有限公司共同投资组建的上海巴士四汽公交有限公司挂牌,上海常规公交实质性改革迈出第一步。

5月9日　上海12家大型国有企业集团获得全国盘活国有工商企业房地资产产权的试点。12家企业资产总值126亿元。

5 月 9—26 日　第十七届“上海之春”举行，荟萃上海 2 年来涌现的音乐、舞蹈节目 11 台，共有来自 7 个国家和地区的 18 个艺术团体，演出 24 台歌剧、舞剧及音乐舞蹈节目，演出达 38 场，观众 5 万人次。

5 月 10—11 日　联合国秘书长科菲·安南访问上海。

5 月 10—12 日　春季全国鞋帽商品交易会在上海举行。成交额突破 40 亿元。这是 40 年来国内鞋帽行业规模最大的一次交易会。

5 月 14—15 日　帕劳共和国总统中村邦夫在上海访问。

5 月 14—18 日　上海国际计算机及网络展览会举行。

5 月 16 日　市政府召开现代企业制度建设工作会议，要求各部门、各企业围绕建立“五个机制”（即企业优胜劣汰机制、国有资产保值增值机制、职工能出能进的再就业机制、全社会的保障机制、经营者择优录用的竞争上岗机制），实现“五个加强”（即加强产品开发、加强技术改造、加强市场开拓、加强内部管理、加强队伍建设），全面推进现代企业制度建设。

5 月 17 日　法兰西共和国高科技博览会在上海世贸商城开幕，法国总统雅克·希拉克、上海市长徐匡迪为开幕式剪彩并参观展览。

同日　同济大学举行建校 90 周年庆祝大会，全国政协副主席钱伟长等参加。

同日　中国光大集团上海地区总部成立。

5 月 17—18 日　法兰西共和国总统雅克·希拉克访问上海。

5 月 17—20 日　中共中央政治局委员、书记处书记、中宣部部长丁关根在上海考察工作。

5 月 18 日　市政府召开现代企业制度建设工作会议，要求全面推进现代企业制度建设，确保年底建立基本框架。

同日　市政府印发《上海市股份合作制暂行办法》。

5 月 19 日　首列上海至九龙的 99 次沪港直通旅客列车开行。

5 月 20 日　市政府召开贯彻实施《中国 21 世纪议程》工作会议。10 月 6—8 日，1997 城市环境论坛国际会议在上海召开。上海市被列为中国实施《中国 21 世纪议程》的首批试点省市之一。11 月，国家计委和国家科委正式发文。

5 月 21—23 日　全国城市综合配套改革试点工作会议在上海召开。

5 月 26 日　《上海市与利物浦市加强友好合作交流意向书》在上海签署。

5 月 28 日　龙华烈士纪念馆开馆。黄菊为新馆揭幕。该馆由上海美术设计公司自 1994 年起，经 3 年时间设计、制作完成。

同日　中国上海华虹微电子有限公司和日本电气公司成立合资公司的合同签字仪式在北京人民大会堂举行，这是中国最大的微电子生产基地，国务院总理李鹏、副总理邹家华出席签字仪式。

5 月 28—30 日　尼日尔共和国总统易卜拉欣·迈纳萨拉·巴雷访问上海。

5 月 29 日　宋庆龄文物馆开馆仪式在上海举行。

5 月 30 日　新世界科普船在上海港外虹桥国际客运站首航，这是全国首创的流动科普教育基地。

同日　由上海大众汽车有限公司投资近 10 亿元，拥有世界先进技术手段的技术中心在安亭奠基。

6 月 2 日　市政府授予对上海建设有突出贡献的 7 位外国友人“上海市荣誉市民”称号，颁发证书和证章。这是上海市首次给予外国人这一称号。

6月3日　上海长征医院新楼落成,这是中国第一座超高层现代化医疗大楼,中共中央总书记、国家主席、中央军委主席江泽民题写院名。

6月5日　总投资50亿元的上海污水治理二期工程举行奠基仪式。这是"九五"期间,上海最大的环保项目。工程涉及浦东新区赵家沟以南地区,浦西的徐汇区、卢湾区以及吴泾、闵行等地区。1999年12月25日,上海污水治理二期工程暨吴泾、闵行等地区污水外排工程建成通水。

同日　上海市和全国13个城市首批发布空气质量现状周报工作启动。

6月9日　上海邮政引进美国半自动信函分拣机投入运行。

6月11日　中共上海市委召开全市党员负责干部会议,部署社会稳定工作。

同日　英国金融时报上海分社举行开业典礼。

6月11—17日　应阿根廷罗萨里奥市的邀请,以上海市市长代表、市政协主席陈铁迪为团长的上海市代表团访问该市,签署《上海—罗萨里奥缔结友好城市关系协议书》。

6月12日　市政府召开社会保障暨再就业工程工作会议,要求在着力解决最困难下岗人员的就业和帮困工作等方面有更大突破。8月2日,市再就业工程领导小组办公室、市劳动局等制定的《关于对本市两类特困人员进行重点帮助的暂行意见》《关于本市单位使用下岗人员从事劳务的补充意见》《关于本市下岗人员协议保留劳动关系的意见》和《关于本市非正规就业人员养老医疗保障问题的若干意见》开始实施。

6月12—13日　马其顿共和国总统基罗・格利戈罗夫访问上海。

6月13日　上海市科普教育委员会成立。市科普教育委员会是协助市教委领导和管理高等院校、中小学、中专、职校、技校、幼儿园以及校外教育机构科普教育工作的协调和咨询机构。谢希德、叶叔华、翁史烈、杨福家等院士和科学家担任科普教育委员会顾问,市政府秘书长、市科普联席会议主席周慕尧和市教委主任郑令德担任名誉主任。

6月14日　为庆祝7月1日香港回归祖国,市政府赠送给中国香港特别行政区的礼品《浦江庆归》工艺品举行运送仪式。

6月17日　上海市与阿根廷罗萨里奥市结为友好城市。

6月18日　市政府召开首次全市房地产工作会议。

6月19日　中共上海市代表会议举行,选举产生71名上海市出席中国共产党第十五次全国代表大会的代表。

6月23日　上海市加强党风廉政建设干部大会举行。

6月23—24日　致公党上海市第四次代表大会举行,俞云波当选为主委。

6月24日　黄浦江上的第三座斜拉桥徐浦大桥全面建成通车。徐浦大桥全长6 017米,设计时速80公里,设双向8车道。项目始建于1994年4月。江泽民题写桥名。

6月27日　中共上海市委举行纪念中国共产党成立76周年座谈会。

同日　上海市启动燃气行业体制改革,建立煤气产销新体制,撤销上海市煤气公司,成立上海煤气制气(集团)有限公司、上海煤气销售(集团)有限公司和上海焦化有限公司。

6月30日　上海举行"迎香港回归,颂伟大祖国——浦江两岸百支歌队万人唱"活动,迎接7月1日香港回归。

7月1日　中华人民共和国恢复对香港行使主权。下午,上海举行各界喜庆香港回归祖国大会,晚上在东方明珠广场举行文艺晚会。

7月3日　中共上海市委、市政府召开市卫生工作会议,贯彻落实党中央、国务院召开的第一次全国卫生工作会议精神和《中共中央、国务院关于卫生改革和发展的决定》。

同日　比利时王国驻上海总领事馆重新开馆仪式举行。该馆位于武夷路127号。

同日　上海电气集团、长江计算机集团、上海汽车集团等14家企业集团被分别列入首批和第二批国家试点企业。

7月4日　全国金卡工程首批12个试点城市中,上海市金卡工程首先通过国家验收。

7月7日　太湖流域综合治理工作会议在上海举行。会议宣布上海今后3年内将全面实施太湖流域治理三大骨干工程拦路港工程、红旗塘工程、黄浦江上游干流段工程。

同日　中国科学院国家基因研究中心实验楼在上海落成。

7月13—15日　马来西亚联邦最高元首端古·贾阿法·伊卜尼·端古·阿卜杜勒·拉赫曼访问上海。

7月15日　市政府召开上海市大型企业集团工作会议,宣布重点扶持的54家企业集团名单。会议要求力争经过几年的艰苦努力,使上海企业集团有一批进入全国100强,有数家进入世界500强。上海发布《关于做好重点扶持大型集团工作意见》。

7月21日　中国最大的以医疗器械为主业,集科、工、商、贸为一体的上海医疗器械(集团)有限公司成立。

7月21日—8月5日　由徐匡迪率领的上海市代表团访问埃及亚历山大省、以色列海法市和俄罗斯圣彼得堡市,签署《中国上海市和埃及亚历山大省友好合作交流协议书(1997—1998年度)》;上海与以色列海法市合作交流协议备忘录;上海与俄罗斯圣彼得堡市友好交流协议。

7月23—26日　民建上海市第九次代表大会举行,黄关从当选为主委。

7月24日　"上海实施可持续发展战略研讨会"在沪杏图书馆举行,上海市有关单位的负责人以及科研院所、高校的专家、学者70余人出席研讨会。

7月25日　第二届东亚及太平洋地区中央银行行长会议(EMEAP)在上海举行。有11个国家、地区的中央银行或货币机构参加。

7月27日　以"服务他人奉献社会"为宗旨的上海市志愿者协会成立,协会有1万多支服务队,130万名志愿者,为各界特别是困难群体,提供各种无偿服务。

7月28日　首家跨行业、跨部门、跨所有制的工业大行业协会——上海市化工行业协会成立。同日,国际管理协会联盟(IFSAM)1997世界管理大会第四届年会在上海举行。

7月29日—8月3日　全国政协副主席叶选平在上海考察工作。

7月31日　上海市庆祝中国人民解放军建军70周年文艺晚会在云峰剧场举行。

8月2—6日　1997年上海出口商品展览会在菲律宾马尼拉举行。成交额900万美元,签订合同金额1 700万美元。

8月2—8日　1997年上海国际少年儿童文化艺术节在上海举行。有14个国家和地区的1 500多名中外少年儿童参加。

8月4日　上海市首批认定的34件著名商标揭晓。

8月12日　中华人民共和国第八届运动会组委会在上海成立。国家体育运动委员会(以下简称国家体委)主任伍绍祖任组委会主任,徐匡迪任执行主任,国家体委副主任袁伟民、上海市副市长龚学平任常务副主任。

同日　上海市职工法律援助中心成立,这是中国首家职工法律援助中心。

8月13日　总投资4.1亿美元的上海索广映像有限公司,彩色显示器、彩色显像管和彩电一期工程三条生产线在浦东新区全面投产。

同日　市政府将提篮桥监狱中的原日本战犯关押、审判和执行处列为上海市抗日纪念地。

8月18日　中国海运(集团)总公司在上海成立。由上海海运(集团)公司、广州海运(集团)公司、大连海运(集团)公司和中国海员对外技术服务有限公司、中交船业公司等5家国有企业组成。有远洋、近洋、沿海、内河客货船舶416艘,总资产255亿元,员工4.8万余人。

8月18—19日　第十一号台风影响上海市。风力达8—11级,暴雨和天文大潮使黄浦江苏州河口潮位达5.72米,创1913年来最高纪录。

8月22日　国内规模最大技术先进的年产10万吨醋酸生产装置,在上海太平洋化工(集团)有限公司吴泾化工总厂通过竣工验收。

8月23日　第八届全国运动会上海采火仪式在中国共产党第一次全国代表大会会址纪念馆前举行。徐匡迪等出席仪式。同日,由上海市采集的八运会"团结进步之火"运抵北京。

8月25日　太平洋盆地国家、地区财政金融会议在上海举行。

8月26日　中共上海市委、市政府召开上海市高科技产业化工作会议。黄菊作主题报告,要求加快上海高科技产业化进程,发挥高科技产业在新一轮经济发展中的领头羊作用。

8月27日　市政府印发《上海市质量振兴实施计划》。

8月28日　中国首批3家中外合资外贸企业东菱贸易有限公司、上海兰生大宇有限公司和中技—鲜京贸易有限公司在浦东新区正式成立。

同日　雷允上北区药业股份有限公司成立,这是上海首家发起式股份制企业。

9月1日　上海口岸海上集装箱国际转运业务正式投入运营。

9月2日　第八届全运会"奔向新世纪"火炬传递活动上海市起跑仪式在市人民广场举行。黄菊点燃主火炬,徐匡迪致词。

同日　上海市第六人民医院护理部主任陆冰获第36届南丁格尔奖章。

同日　第六届精神文明建设"五个一工程"颁奖大会在北京举行,上海有8部作品获奖。11月27日,上海举行表彰大会,对获奖作品进行表彰。

9月3日　市教委与浦东发展银行举行上海市普通高校助学贷款合作协议暨首批贷款发放签字仪式。

9月7日　由上海市联合投资公司、市邮电局、市广电局、广电(集团)等单位联合组建的上海市信息投资股份有限公司在上海成立。

9月8日　市第一中级人民法院一审判处在日本国与他人(已在日本被判刑)一起杀人、抢劫,并在逃回中国后被抓获的中国留日学生张浩死刑,缓期二年执行。为中国司法审理中出现的首例同案不同被告人分别适用不同国家法律的刑事案件。

9月10日　党和国家领导人江泽民、李鹏、乔石、丁关根、李岚清等在北京展览馆参观"辉煌的五年"成就展上海展厅,黄菊、徐匡迪等陪同。

9月10—11日　罗马尼亚总统埃米尔·康斯坦丁内斯库访问上海。

9月11日　上海市三项重大市政工程沪闵高架路、虹桥路拓宽和延安西路立交匝道同时竣工投入使用。

9月14—19日　云南省政府考察团考察上海,签订《进一步开展对口帮扶工作的会议纪要》。

9月18日　南部非洲发展共同体投资促进研讨会在上海举行。至此时,上海在南部非洲地区投资并已开业的非贸易型项目达20个,已立项25个。

9 月 19—21 日　1997 秋季全国纺织品交易会在上海举行。成交额 4.1 亿元。

9 月 19—27 日　第三届上海国际服装文化节举行。上海国际服装博览会成交额 8.6 亿元。在同时举行的“中华杯”全国服装设计大赛中，上海作品获一等奖。

9 月 20 日　上海财经大学举行建校 80 周年庆祝大会。

9 月 22 日　中共上海市委召开全市党员负责干部会议，传达党的十五次全国代表大会精神，结合上海实际全面贯彻落实。

9 月 27 日　1997 年世界旅游日上海主会场庆祝活动在浦东新区、徐汇区、黄浦区举行。

同日　中国科学院院士、上海瑞金医院血液学研究所所长陈竺在白血病研究方面取得突出成就，继获得国际癌症研究最高级别奖项美国凯特琳奖、瑞士布鲁巴赫奖之后，法国又授予 1997 年度卢瓦兹奖。

9 月 27—29 日　巴哈马国总理休伯特·英格拉哈姆访问上海。

9 月 28 日　上海港外高桥港区二期工程开工，该工程于 1999 年 8 月 30 日基本建成，9 月投入试生产，12 月 25 日全面投产。2000 年 1 月 31 日，通过了交通部组织的正式验收。

9 月 29 日　跨上海、浙江、江苏三地的港口集装箱码头行政管理机构——上海组合港成立暨揭牌仪式在上海举行。国务院副总理吴邦国为组合港揭牌。

9 月 30 日　上海体育场（又称“8 万人体育场”）建成，并于 10 月 12 日全运会开幕式时启用。始建于 1994 年 9 月 3 日，是当时国内规模最大、设备最先进的现代化大型室外综合体育场。

9 月　市第一中级人民法院受理首例确认外国仲裁裁决案。1998 年 3 月 28 日法院作出终审裁定，对大韩商事仲裁院裁决书予以承认，并执行其裁决事项。裁决被申请人上海聚汇国际贸易有限公司支付申请人韩国东部建设株式会社 7 973 250 美元，并支付利息。

10 月 1 日　中国第一部音像制品管理的地方性法规——《上海市音像制品管理条例》正式施行。

10 月 8 日　市政府批转《上海市农村土地整理暂行办法》。

10 月 8—10 日　以全国政协副主席阿沛·阿旺晋美为团长的全国政协民族和宗教委员会赴沿海城市考察团在上海考察。

10 月 9 日　上海医科大学附属华山医院举行建院 90 周年庆祝大会。

10 月 10—11 日　莫桑比克共和国总理帕斯库亚尔·曼努埃尔·莫昆比访问上海。

10 月 11 日　全国少数民族参观团在上海参观。

10 月 11—24 日　中共中央政治局委员、国务委员李铁映在上海考察工作。

10 月 12—18 日　江泽民在上海考察工作。

10 月 12—24 日　第八届全国运动会在上海举行。国家主席江泽民和国际奥委会主席萨马兰奇等出席开幕式。国务院总理李鹏出席闭幕式。

10 月 13 日　徐匡迪会见中国香港特别行政区首任行政长官董建华一行。

10 月 14 日　1997 上海—四川投资说明会在上海举行。

10 月 14—18 日　全国高等工程专科第一批教学改革专业经验交流会在上海轻工高等专科学校召开。

10 月 16 日　上海华虹 NEC（日本电气株式会社）电子有限公司成立仪式在上海浦东金桥出口加工区举行，这是中国规模最大的集成电路生产企业，由上海华虹微电子有限公司和日本 NEC（日本电气株式会社）公司等合资组成，注册资本 7 亿美元。

10月16—21日　1997上海艺术博览会举行。有中国、法国、美国、日本、瑞士、韩国、新加坡等国参展，参展作品5 000余件。上海由此成为继广州、北京之后国内第三个举办艺术博览会的城市，此后每年举行1次。

10月17日　上海医科大学举行建校70周年庆祝大会。

10月23日　由市政府首期拨款500万元设立的“上海市引进海外高层次留学人员专项资金”开始启动。上海交通大学引进的留美博士、美国威斯康星大学终身教授马晓云首获资助。

同日　国家教委与市政府共建华东理工大学的签约仪式举行。

10月25—27日　挪威王国国王哈拉尔五世访问上海。

10月25日—11月2日　第三届上海国际电影节举行。有43个国家和地区、201家影片公司的246部影片参赛和参展。

10月27—29日　第三届中国国际纺织面料、家用纺织品及辅料博览会在上海举行。17个国家和地区的300余家企业参加。

10月30日—11月1日　中共中央政治局常委、国务院副总理朱镕基在上海考察工作，到纺织企业调查研究，并召开上海、江苏、浙江、山东等三省一市负责人座谈会，研究帮助纺织行业摆脱困境的政策措施。

10月31日　市政府和纺织部签约共建中国纺织大学。至此“九五”期间上海市与中央部委共建9所列入“211工程”的在沪高校的计划已全部完成。

10月　全市实施车用汽油无铅化。至12月2日全市停止供应车用含铅汽油，近700家加油站供应的汽油达到无铅化标准。

11月2—3日　以“上海如何面向21世纪”为主题的第九次上海市市长国际企业家咨询会议召开。徐匡迪在开幕式上作题为《上海的发展形势与前景展望》演讲。

11月2—8日　第三届上海旅游节举行。200多万中外游客参加观光活动。

11月3—14日　中共中央政治局常委、中共中央军委副主席刘华清上将在上海考察工作。

11月5日　市第一中级人民法院对全国首例人才流动争议裁决案作出终审判决。撤销上海市人事局关于不支持预应力工程建设公司不同意钟麟强辞职的裁决。

同日　《上海市—阿根廷罗萨里奥市友好交流项目备忘录(1997—1998年)》在上海签字。

11月6日　王个簃、钱瘦铁诞辰100周年纪念画展在刘海粟美术馆举行，展出近百幅精品，同时举行研讨会。

11月6—8日　中共中央政治局委员、全国人大常委会副委员长田纪云在上海考察工作。

11月6—12日　第四届上海科技节暨“走可持续发展之路”主题展览会和第四届上海科技博览会举行。科博会签署技术转让合同200项，金额达1 500万元。

11月7—11日　中共中央政治局常委、书记处书记胡锦涛在上海考察工作。

11月11日　上海和加拿大蒙特利尔市《关于城市发展和城市管理合作协议》等文件在上海签字。

同日　马绍尔群岛共和国驻上海总领事馆开馆。1998年12月关闭。

11月12—14日　1997秋季全国文化用品交易会在上海举行。成交额达15亿元。

11月14—15日　南斯拉夫联盟共和国总统斯洛博丹·米洛舍维奇访问上海。

11月15—19日　第六届上海国际广播音乐节举行。来自35个国家和地区的175家电台、机构参加。

11 月 18—20 日　全国民主评议行风现场经验交流会在上海召开。国务院总理李鹏、中纪委书记尉健行作重要批示。

11 月 19—20 日　波兰共和国总统亚历山大·克瓦希涅夫斯基访问上海。

11 月 21 日　市政府发布《上海市加强高科技产业人才队伍建设的若干规定》。

11 月 23—26 日　秋季全国交家电交易会在上海举行。展品 3 万多种，参会客商 5 万余人，成交额 25.3 亿元。

11 月 24 日　中共上海市委、市政府召开上海市承办八运会工作总结表彰大会。上海市体育代表团、上海游泳队获嘉奖，18 个承办单位获优秀组织奖。

同日　上海市首例丢失书稿纠纷案经终审判决。上海远东出版社丢失作者沈金钊编著的《多功能俄汉大词典》书稿约 2 000 页，被判令支付合同违约金和赔偿损失共 4.5 万元。

11 月 27 日　由国内 10 所研究型大学校长组成的"中国大学校长联谊会"在复旦大学成立。徐匡迪会见联谊会大学校长。

11 月 28 日　上海市成为世界首批"爱婴市"之一。

11 月 29 日　国家主席江泽民和加拿大总理克雷蒂安在加拿大多伦多为"上海摄影展"开幕剪彩。

11 月 30 日　"1997 东丽杯上海国际市民马拉松赛"开赛，参加人数 5 800 人，这是上海国际马拉松比赛首次以"东丽杯"冠名，此后每年举行 1 次。

11 月　由市政府外办、市文化局等举办的"上海艺术家作品展"在俄罗斯圣彼得堡市举行。展出作品 52 件，是上海绘画艺术一次较全面的展示。

12 月 2 日　1997 年国际海事技术学术会议和展览会在上海举行。来自 24 个国家及地区的 1 000 多位专家学者及企业家参加，徐匡迪作题为《上海：迈向国际航运中心》报告。

同日　香港恒生银行上海分行在浦东开业。

12 月 4 日　两年一度增选中国科学院院士和中国工程院院士工作在京揭晓。上海有 6 人新当选中国科学院院士，9 人新当选中国工程院院士。

同日　上海全年接待境外游客 150 万人，日本游客田中富雄成为第 150 万名境外到沪游客。

12 月 4—5 日　新加坡内阁资政李光耀访问上海。

12 月 8 日　市政府印发《市危棚简屋改造地块居住房屋拆迁补偿安置试行办法》。

12 月 10 日　上海市广场文化工作座谈会召开。上海已有广场文化活动点 70 多个，全年演出 5 000 多场，参演人数逾 25 万人次，观众 800 多万人次。

同日　市老干部活动中心——上海青松城落成启用。

同日　逸仙路高架道路动工，为上海第一条由区引进外资兴建的高架路。1999 年 5 月 20 日建成通车。

12 月 12 日　第十五届电视金鹰奖颁奖典礼在上海举行。上海作品获 11 项最佳奖。

同日　中共上海市委、市政府召开党政负责干部会议，传达、贯彻落实中央经济工作会议精神。

12 月 13—14 日　中共上海市第六届委员会第七次全体会议举行。全会决定于 12 月 21 日召开中共上海市第七次代表大会。全会讨论并通过中共上海市第六届委员会向中共上海市第七次代表大会的报告，决定将这个报告提请大会审议。

12 月 15 日　全国"九五"重点出版项目《二十五史新编》，由上海古籍出版社出版。

同日　中共上海市委召开党外人士座谈会，黄菊代表市委提请市第七次党代会审议的报告征求上海各民主党派、工商联负责人和无党派代表人士的意见。

12月16日　上午9时35分,强家角渡口最后一班轮渡从北岸驶往南岸,上海苏州河上最后一个渡口强家角轮渡站关闭。至此市区苏州河轮渡全部撤销。

同日　由上海电气(集团)总公司所属上海机电实业公司与日本发那科株式会社投资140万美元共同组建的上海首家高科技机器人合资企业——中日合资上海发那科机器人有限公司成立。

12月17日　中德合资的上海克虏伯不锈钢有限公司在北京人民大会堂签约成立。国务院副总理邹家华、徐匡迪等出席签约仪式。该公司总投资超14亿美元,是当时外国企业在上海最大的投资项目,也是国内钢铁工业最大的中外合资项目,同时也是国内最大规模的不锈钢板卷工程。1998年10月1日,上海克虏伯不锈钢有限公司奠基典礼在浦东新区举行。

同日　长寿路拓宽改造工程竣工。

12月18日　"迈向新世纪的上海——上海五年两个文明建设成就展"在上海展览中心开展。

同日　浦东国际机场的交通要道龙东大道和远东大道通车。

同日　上海市再就业工程表彰大会召开。100名先进个人、56名先进工作者、28家先进集体受到表彰。

同日　中国光大证券有限公司注册浦东。

12月19日　上海证券交易所新址开业暨上海证券大厦落成庆典仪式举行。徐匡迪为从浦西迁址浦东的上海证券交易所敲响第一记开市锣声。

同日　市政府召开桃浦工业区环境综合整治总结大会,宣布桃浦工业区重污染"摘帽"。

同日　黄浦江上游引水二期工程全线建成通水,日供水能力540万立方米。始建于1994年7月28日。

12月21—25日　中共上海市第七次代表大会举行,黄菊作《团结奋斗,开拓创新,夺取两个文明建设的新胜利,阔步迈进二十一世纪》的报告,大会选出中共上海市第七届委员会委员、候补委员和中共上海市纪律检查委员会委员。选举黄菊为市委书记。

12月23日　申新巴士有限公司成立。由公交二汽公司与新加坡新巴国际控股有限公司合资组建。

12月24—25日　乌克兰共和国总理瓦列里・帕夫洛维奇・普斯托沃伊坚科访问上海。

12月25日　1997年度国家自然科学奖、国家技术发明奖、国家科技进步奖和国家国际科技合作奖的评审在京揭晓,上海获得国家自然科学奖二等奖2项,国家技术发明奖二等奖1项。

12月26日　上海大学新校区工程在宝山区祁连镇、大场镇内举行奠基仪式,占地1.5万多亩,建筑面积36万多平方米。

12月27日　上海交通大学昂立公司组建为股份有限公司,这是全国保健品行业中首家发起股份制企业。

12月28日　中国远洋运输(集团)总公司集装箱运输总部从北京迁上海,与上海远洋运输公司合并成立中远集装箱运输有限公司,注册于浦东。

12月31日　全长13.6公里的地铁2号线12个车站全面开工。1999年9月20日,2号线中山公园站至龙阳路站开通运营,开通后运营里程15.646公里,运营车站数为12座。这是上海第一条穿越黄浦江的轨道交通线路。2000年12月26日,地铁2号线东延伸段龙阳路站至张江高科站开通运营,开通后全线(中山公园站至张江高科站)运营里程18.319公里,运营车站数为13座。

同日　由中国交响乐团、上海交响乐团和北京交响乐团联合组成270人大型乐队在北京人民大会堂举办“世纪携手,共奏华章——1998 新年音乐会”。

同年　上海高校“211 工程”建设进入启动阶段。该工程年内的主要目标是对通过部门预审的高校进行“211 工程”建设可行性研究报告的论证和立项审核工作。12 所“211 工程”建设高校“九五”期间预计投入约 18 亿元,其中一半以上用于 80 余个重点学科的建设。市政府将“211 工程”列为八大教育工程之一,采取各项支持措施和配套政策。

同年　《上海都市旅游发展规划大纲》编制完成。

1998 年

1月1日　由国家旅游局和上海市旅游事业管理委员会(以下简称市旅游委)联合主办的1998华夏城乡游首迎式在上海举行。

1月7日　上海统一战线先进表彰电视文艺晚会举行。自中华人民共和国成立以来首次评出102名先进个人和22个先进集体。

1月7—11日　全国人大常委会委员长乔石在上海考察工作。

1月8日　上海科技网全面开通,这是全国首条城市信息高速公路。

1月12日　上海市教育法制研究与咨询中心在市教育科学研究院成立,该中心是全国第一家教育法制研究与咨询机构,上海市教育法制研究、咨询及教育法制培训的主要基地。

1月14日　中共上海市委、市政府致电中共河北省委、省政府,代表上海人民向张家口地区遭受地震灾害的灾区人民表示慰问,并捐赠100万元。

同日　上海信息港办公室发布新闻,称上海邮电平台框架初步形成,全市电话交换机、移动电话交换机分别达到600万和200万门。

1月中旬　上海市棉纺压锭领导小组成立,计划年内将压锭68.2万锭。1998年初,国务院确定以纺织工业为突破口实施国有企业解困突围的战略,其中要求纺织工业三年完成销毁1 000万陈旧落后棉纺锭。1月23日,上海市纺织首批棉纺压锭仪式在浦东钢铁(集团)公司举行。上海申新九厂等首批12万旧纱锭被压锭销毁后回炉,在全国敲响了压锭第一锤,拉开了上海纺织业脱困攻坚战。至1999年底,上海纺织工业共压缩落后棉纺锭862 916锭,提前完成国家纺织局下达的85.6万锭的任务目标。与之相应,棉纺压锭企业共安置分流3.5万人。

1月16日　文汇报社举行创刊60周年大型座谈会。

同日　国家有关部门正式批准上海为国家级可持续发展实施试点城市。

1月18日　全国首创的上海就业培训信息网络正式启动。

1月19日　市政府召开房屋土地工作会议,提出1998年上海将推进房地行业两项重大改革:一是出台住房分配货币化方案并进行试点;二是试行土地租赁制度。

1月23日　“上海国际友好城市图片展”在上海图书馆开幕,图片展示了与上海结成友好关系的外国41个城市和地区的风貌。

1月24日　上海15万志愿者开展“树新风、迎新年”活动,有12 000户家庭和38 411个困难对象得到帮助。市委书记、市志愿者协会名誉会长黄菊等参加活动。

1月26日　上汽集团核心企业上海大众再次被排定为中国500强企业之首。

同日　全长4.46公里,总宽度为100米的世纪大道工程在浦东陆家嘴正式启动。2000年4月18日,浦东世纪大道建成通车。

1月27日　长江口深水航道整治一期工程在浦东新区外高桥开工。国务院副总理吴邦国出席开工典礼并讲话。由交通部、上海市和江苏省出资组建的长江口航道建设有限公司同时成立。7月1日,长江口深水航道治理一期工程进入全面施工阶段。主体工程由12.7公里长的北导堤和20公里长的南导堤等组成,总投资32.7亿元。2000年3月实现8.5米目标水深并试通航,2002年9

月通过国家竣工验收。二期工程 2002 年 4 月开工，2005 年 3 月实现 10 米水深航道全面贯通，11 月通过国家竣工验收。三期工程 2006 年 9 月开工，2010 年 3 月实现 12.5 米水深航道全面贯通。工程完工后第三、四代集装箱船全天候进出长江口，第五、六代集装箱船和 10 万吨级散货船及油轮乘潮进出长江口。

同日　中远集装箱运输有限公司在上海浦东新区成立，这是中国最大的远洋集装箱运输船队，整体实力当时居世界第五位。吴邦国为公司成立揭牌。

2 月 4 日　中共上海市委召开民主协商会，就新一届市人大、市政府、市政协和市高级人民法院、市人民检察院领导人候选人建议人选听取意见。

2 月 5 日　中共上海市第七届委员会第二次全体会议举行。会议讨论了市政府将提交市十一届人大一次会议审议的政府工作报告。

2 月 6 日　市农村工作会议召开，要求加快形成现代都市型农业的基本框架。

2 月 8 日　虹口区创办的民办白玉兰学校在运光路 40 号落成，是全市第一所民办的小学、初中全日制寄宿制学校。2005 年更名为上海市民办白玉兰中学。

2 月 9 日　中共上海市委、市政府召开全市党政负责干部大会，传达贯彻中纪委二次全会精神，部署上海党风廉政建设和反腐败的各项任务。

同日　由市政府、中国科学院和中国工程院共同发起和主办的东方科技论坛在上海开幕，此后每年举行。

同日　中国工程院上海院士联络处成立，徐匡迪、中国工程院副院长师昌绪为联络处揭牌。师昌绪向上海新当选的 8 位中国工程院院士颁发证书。至此，上海地区的中国工程院院士达 43 人。

同日　由上海医学遗传研究所与复旦大学遗传学研究所合作，从母羊乳汁中分泌出一种有活性的治疗血友病的人凝血因子 IX，这是中国首次从动物中获得的具有生物医药产业价值的转基因物质。

2 月 10 日　经市政府批准，上海虹桥国际机场股份有限公司成立。这是中国三大国际机场中率先成立的股份制企业。

2 月 10—16 日　市政协举行九届一次全体会议，会议选举王力平为市政协九届委员会主席。

2 月 11 日　市政府印发《上海市企业国有资产产权界定暂行办法》。

2 月 12—20 日　市第十一届人大一次会议举行，会议选举陈铁迪为市人大常委会主任，任命徐匡迪为市长。

2 月 16 日　上海市在全国率先发布职位工资指导价位。55 个通用职位工资指导及五大行业工资指导线试行。

2 月 16—18 日　“面向 21 世纪的中美关系：建设性的战略伙伴关系”研讨会在上海举行。来自中美两国的 80 多位专家学者、政府官员和企业界人士参加。

2 月 17 日　上海自 1997 年 10 月 1 日起推广使用无铅汽油工作，截至该日已圆满完成。

2 月 18—19 日　也门共和国总统阿里·阿卜杜拉·萨利赫访问上海。

2 月 22 日　上海石化股份有限公司年产 30 万吨乙烯装置增至 40 万吨的改扩建工程建成，使该公司年生产能力达 55 万吨，居国内同行领先地位。

2 月 23 日—3 月 5 日　上海各界开展纪念周恩来百岁诞辰系列活动期间，举行了《周恩来在上海》一书和纪念邮票首发式、图片展、摄影展、文艺晚会、周恩来铜像落成典礼、各界人士座谈会等活动。

2月24日　新黄浦集团投资1亿元和复旦大学组建合资公司——上海生元基因开发有限公司，合作开发人类基因工程。8月3日，公司宣布：基因克隆测序技术经流水线运转，平均每天找到人类全长新基因15条，并完成测序。

2月27日　国务院批复市政府同意撤销松江县，设立松江区。7月9日，中共上海市委、市政府在松江召开撤县建区干部大会，宣布区委常委会成员名单和相关决定。7月22—25日区第一届人大会第一次会议召开，7月23—24日区政协第一届第一次会议召开，分别选举产生区人大、区政府、区政协领导班子。7月25日，区委、区人大、区政府、区政协挂牌。松江区以原松江县的行政区域为行政区域，总面积605.64平方公里，人口50万，辖20个镇。区政府驻松江镇。

同日　中共上海市委召开全市党员负责干部会议，传达贯彻党的十五届二中全会精神。

2月28日　全国首家环保市场在上海开业。位于曲阳路779号4楼，场地面积1 500平方米，席位50个。主要从事环保技术咨询、环保信息、环保科技开发、环保项目融资及环保科技人才信息等服务，于2004年退出环保经营。

同日　市政府召开科教兴农工作会议，要求加快农业生产集约化、产业化、科技化步伐。

3月4日　由中科院上海分院、复旦大学、上海第二医科大学附属瑞金医院、中国生物工程开发中心、市科委等共同发起组建的上海人类基因组研究中心成立。

3月5日　周恩来诞辰100周年，市委宣传部和文化局举办“人民的好总理——纪念周恩来同志诞辰100周年摄影展”，共展出250幅照片。

同日　1998上海集邮节在新建的集邮大楼开幕。《周恩来同志诞生一百周年》和《中华人民共和国第九届全国人民代表大会》纪念邮票首发式举行。1985年起，上海市集邮协会开始举行上海市集邮活动日，至本年起改为上海集邮节，以后每年均于本日举行。

3月5—14日　1998华东出口商品交易会在上海举行。

3月6日　“登高看上海，迈向新世纪”上海学生爱国主义教育系列活动在东方明珠广播电视塔广场开幕。

3月9日　市绿化工作会议召开。提出3年内全市新增林地1.33万公顷。

同日　由上海地方财政和14家大型企业(集团)共同出资10亿元组建的东方证券有限责任公司成立。

3月14日　上海10万志愿者上街开展护绿保洁活动。首批创建的20个“青少年绿色文明园”启动仪式举行。

3月16日—4月16日　市政府新闻办公室、中国驻西班牙大使馆、马德里市政府和西班牙中部银行联合在西班牙首都马德里城市博物馆举办“上海摄影展”。

3月25日　华东建筑设计研究院和上海建筑设计研究院合作组建上海现代建筑设计(集团)有限公司。

3月27日　上海高桥石化工厂140万吨重油微化联合装置、60万吨煤油连续重整和100万吨加氢精装联合装置竣工投产。投资25亿元。

3月28日　由华东建筑设计研究院和上海建筑设计研究院联合组建的上海现代建筑设计(集团)有限公司成立。

3月30日　上海设立“白玉兰科技人才基金”，首批11位海外留学人员获50万元的资助。

同日　上海巴黎银行落户浦东新区陆家嘴金融贸易区，是全市唯一的中外合资银行。2003年12月4日率先由中外合资转为外商独资，更名为法国巴黎银行(中国)有限公司。

4 月 1 日　由国家科学技术部、上海市科委和复旦大学共同筹建的国内规模最大的国家高性能计算中心在上海成立。

同日　市政府召开创建国家卫生城市工作表彰动员大会，命名长宁区、闸北区、杨浦区、虹口区、南市区、普陀区为“上海市卫生城区”。

4 月 1—3 日　莫桑比克共和国总统若阿金・阿尔贝托・希萨诺访问上海。

4 月 4 日　以“沪港合作开发长江”为中心主题的第三次沪港经济发展与合作研讨会在上海召开。徐匡迪出席会议并致词。“长江开发沪港促进会”同时成立。

4 月 6 日　上海市对口支援三峡库区合作项目签约仪式在上海举行，投资总额 1.85 亿元。

4 月 7 日　《上海市和安特卫普市（比利时）友好交流项目备忘录（1998—1999 年）》签字仪式在上海举行。

4 月 10—25 日　首届上海国际花卉节在长风公园举行，来自 12 个国家的百万株名花荟萃，65 万人游园赏花，花卉交易额逾 2 500 万元。2000 年 4 月 7—16 日、2002 年 4 月 5—14 日、2004 年 4 月 9—18 日、2006 年 4 月 7 日—16 日连续举办五届。

4 月 11 日　由上海市对外服务有限公司、市工艺品进出口公司、上海广告有限公司、上海对外经济贸易实业公司和上海外经贸商务展览公司共同组建的上海东浩国际服务贸易（集团）有限公司揭牌，这是国内外经贸系统第一家从事国际服务贸易的公司。

同日　上海市举行计算机应用与产业发展工作会议。会议提出把计算机产业培育成新支柱产业，1998 年重点抓好 20 个大型软件企业。

4 月 12—13 日　坦桑尼亚联合共和国总统本杰明・威廉・姆卡帕访问上海。

4 月 14 日　第五届环太平洋国际模具钢会议在上海举行。徐匡迪和来自中国、瑞典、美国等 12 个国家及地区的近 200 位代表参加。

4 月 15 日　上海信息港办公室与美国 IBM 公司合作建立上海信息港电子政务技术中心，市长徐匡迪和美国商务部副部长戴维・安伦出席合作文本交换仪式。

4 月 15—18 日　共青团上海市第十一次代表大会举行，薛潮当选为团市委书记。

4 月 18 日　中国年鉴研究会全国年鉴展示中心在浦东新区落户。

4 月 19 日—5 月 4 日　由徐匡迪率领的上海市代表团访问上海市友好城市日本横滨市、大阪府、大阪市，美国旧金山市和加拿大蒙特利尔市。并出席“上海・横滨缔结友好城市 25 周年纪念会”，签署《上海・大阪府两地交流项目备忘录》《上海市和蒙特利尔市友好交流项目备忘录（1999—2000 年）》。

4 月 20 日　上海首家非公有制企业入驻陆家嘴中央商务区，南汇县中路实业有限公司以上海市楼盘销售的最高价——每平方米 3 000 美元，一次性买断上海证券大厦 1 240 平方米整层楼面。

4 月 20—21 日　葡萄牙共和国总理安东尼奥・古特雷斯访问上海，并出席了葡萄牙里斯本圣灵商业银行上海办事处揭幕仪式。

4 月 21 日　静安区万航渡路小学被国家教委命名为中央教育科学研究所实验学校。全国有 6 所学校被命名，该校是上海唯一的 1 所。

4 月 22 日　上海举行国际电子商务论坛，会议探讨、研究了电子商务技术的发展和开发应用，国内外 160 多位专家、官员出席会议。

4 月 22—24 日　市第十一次妇女代表大会举行。孟燕堃当选市妇联主席，选出 50 名代表出席全国第八次妇女代表大会。

4月23日　上海市首届“十大杰出职工”评选揭晓。

4月28日　中国企业联合会和世界经济论坛共同主办的“中国企业峰会上海会议”开幕。

同日　中国首例腔静脉人造血管移植术在上海第六人民医院获得成功。

4月29日　上海首届城市雕塑国际研讨会举行。来自美国、法国、德国、英国等100多位雕塑艺术、建筑规划、园林艺术专家参加。

5月2日　1998上海国际艺术节暨第四届上海国际服装文化节开幕。为期一个月的1998上海国际艺术节有56台113场音乐、舞蹈、戏剧演出,18个区县250余场群众广场文艺表演,参与市民近百万。

同日　上海首次公布三条补助标准线,上海企业在职职工每月最低收入标准为325元,下岗职工每月最低生活标准线是244元,上海城镇居民每月困难补助标准为205元。

5月4日　首届“上海文化新人”评出,11人获此称号。

5月4—9日　吴邦国出席在上海、天津分片召开的部分省市经济运行形势座谈会。

5月6日　首届“上海市优秀青年卫士”评出,16人获此称号。

5月7日　全市召开1997年度上海市劳动模范和模范集体表彰大会,共有858名个人,378个车间(班组)受到表彰。

5月10—12日　哈萨克斯坦共和国总理努尔兰·乌捷博维奇·巴尔金巴耶夫访问上海。

5月12—13日　保加利亚共和国总统彼得·斯托扬诺夫访问上海。

5月14日　京华证券国际有限公司落户上海证券大厦,成为首家获准在大陆地区设立代表机构的中国台湾券商。

5月16日　上海电气集团资产经营公司成立,这是上海首家国有资产经营公司。

5月18日　中共上海市委、市政府召开全市党政负责干部会议。黄菊、徐匡迪传达、贯彻党中央、国务院召开的国有企业下岗职工基本生活保障和再就业工作会议精神。

5月20日　15位私营企业经营者和个体劳动者获得上海市首次颁布的“再就业强者”光荣称号。

5月21—22日　苏里南总统尤勒斯·韦登博斯访问上海。

5月25日　市政府印发《关于进一步服务全国扩大对内开放的若干政策意见》。

5月27—28日　泰王国王储玛哈哇集拉隆功作为国王御代表访问上海。

5月28日　以色列国总理本雅明·内塔尼亚胡访问上海。

同日　上海机场(集团)有限公司成立,统一经营管理浦东、虹桥国际机场国有资产。市长徐匡迪和国家民航总局副局长鲍培德为公司成立揭牌。

6月3—5日　市工会第十次代表大会举行。包信宝当选为新一届市总工会主席,选出73人出席中国工会第十三次代表大会。

6月4日　1998年度上海国际艺术节总结颁奖暨祝贺宝钢高雅艺术奖励基金成立5周年大会举行。表彰一批优秀剧目、艺术家和群众文化组织单位。尚长荣、廖昌永、黄豆豆获“艺术之星”称号,并各获宝钢高雅艺术奖励基金10万元。

6月6日　市政府颁布《关于进一步服务全国扩大对内开放的若干政策意见》。

6月6—9日　由黄菊、徐匡迪率领的上海市代表团赴云南省学习考察,并签署《上海市代表团与云南省关于进一步做好两地对口帮扶协作工作纪要》。

6月9—10日　由黄菊、徐匡迪率领的上海市赴渝学习考察代表团在重庆学习考察。6月9

日，上海浦东发展银行重庆分行开业，上海市长徐匡迪、重庆市委书记张德邻为重庆分行揭牌。

6 月 10 日　中国共产党第一次全国代表大会会址纪念馆扩建工程开工仪式在上海举行。1999 年 5 月 27 日，中共一大会址纪念馆扩建工程竣工。

6 月 11 日　中国船舶工业总公司七院上海七一一研究所兼并新中动力机厂。这是上海科研所首次兼并国有大中型企业。

6 月 12 日　上海市社会主义精神文明建设大会召开。表彰 15 个市级文明社区、319 个市级文明小区、1997 年度市精神文明"一佳好事"和 247 位市精神文明建设优秀组织者。

6 月 12—13 日　意大利共和国总统奥斯卡·路易吉·斯卡尔法罗访问上海。

6 月 12—15 日　1998 中国上海房地产展示交易会举行。参展市民逾 8 万，成交面积 4.8 万平方米，达成购房意向 3 000 多案例。

6 月 15 日　南斯拉夫联盟共和国驻上海总领事馆开馆。

6 月 19 日　中共上海市委、市政府召开城区工作会议。会议提出上海城区要不断完善"两级政府、三级管理"的新体制，加快形成社区建设和管理的长效机制。

6 月 24 日　上海社联举行建立 40 周年庆祝大会。

6 月 25 日　《上海市人民政府、中国银行加强经济金融合作意向书》签字仪式在上海举行。中国银行在"八五"计划期间提供浦东 9 亿美元外汇贷款，"九五"计划期间提供 15 亿美元专项贷款。

同日　市第一中级人民法院对上海市第一件适用国际公约保护不在中国境内发表作品的著作权人的合法权益的案件作出一审判决。上海界龙食品有限公司未经许可，在界龙真味快乐王软糖食品包装袋上使用日本人松下进创作的 A LITTLE IN LOVE 卡通动物形象美术作品。市第一中级人民法院依照《保护文学艺术作品伯尔尼公约》及中国著作权法的规定，判决被告停止侵权，销毁剩余包装袋，同时向原告赔礼道歉，并赔偿经济损失 17 万元。

同日　由上海复星集团高科技(集团)有限公司控股的上海复星实业股份有限公司的股票正式在上海证券交易所发行上市，成为全国第一家非公有制经济上市公司。

6 月 27 日　中共上海市委、市政府召开上海市高新技术成果转化工作会议，颁布《上海市促进高新技术成果转化的若干规定》，通过制定高新技术重点产品目录，明确重点产业的导向目标，加大对高新技术产业化的资金支持。

6 月 29 日—7 月 2 日　美利坚合众国总统威廉·杰斐逊·克林顿访问上海。其间，在上海图书馆举行的座谈会上，克林顿第一次公开申述了美国对中国台湾的"三原则"，即：不支持台湾独立；不支持"一中一台""两个中国"；不支持台湾申请加入任何必须由主权国家才能参加的国际组织。

7 月 4—5 日　全国银贸首次协作会议在上海举行。

7 月 5—24 日　应南非、津巴布韦、毛里求斯三国执政党及新加坡副总理李显龙的邀请，以中共中央政治局委员、中共上海市委书记黄菊为团长的中国共产党代表团前往四国进行友好访问。

7 月 6 日　中共上海市委印发《关于学习贯彻〈中共中央关于在全党深入学习邓小平理论的通知〉的通知》。

同日　上海市高新技术成果转化项目认定办公室和上海市高新技术成果转化服务中心正式启动。

7 月 10 日　由江南造船(集团)有限责任公司、上海交通大学和中国舰船研究院七〇八研究所三方共建的"海洋与船舶工程联合技术创新中心"揭牌。

7月15日　首届上海市德艺双馨文艺家颁奖典礼举行。尚长荣、闵惠芬、郑辛遥、陆寿钧、詹新、王汝刚、谢荣生、杨新华、周良铁、刘文国等人获此称号。

7月20日　上海市实施科教兴市战略，提出18条措施，促进和加快全市高新技术成果转化和产业化进程。

同日　徐汇区位育中学易地建造首期工程竣工。这是上海市第一所开工新建的寄宿制高级中学，中共中央总书记江泽民为新校题写校名。

7月24日　上海市确定城市建设三大目标，即完成全市旧区改造，建成地下、地面和高架等城市立体交通网络，加快空港、海港、信息港建设。

7月25日　由文汇报社和新民晚报社联合组建的文汇新民联合报业集团成立大会举行。集团拥有《文汇报》和《新民晚报》两报外，另有10种子报刊、一个出版社和20个经济实体，固定资产总值17.6亿元。

7月27日　1998中华学人与21世纪上海发展国际研讨会举行。黄菊会见与会代表，徐匡迪出席开幕式并致词，来自海内外的100余名专家、学者就"发展知识经济和促进科技成果转化"主题为上海发展献计献策。

7月31日　中共上海市委贯彻中央决定，规定上海市政法系统不再从事经商活动。到12月10日，市级政法机关所办的351家企业全部移交。

同日　中共上海市委、市政府召开全市党政负责干部会议，传达贯彻全国打击走私工作会议精神。

8月1日　上海鲁迅纪念馆改扩建工程开工典礼举行，1999年9月25日，上海鲁迅纪念馆新馆落成开馆。

8月4日　经上海市高新技术成果转化项目认定办公室评审，有16家单位的18个项目20个产品首批获市高新技术成果转化项目认定证书。

8月5日　经国务院批准，高架轨道交通明珠线，即轨道交通3号线一期工程立项，这是20世纪末上海最大的公共交通基础设施，也是上海第一条高架轨道交通线路。明珠线规划线路南起闵行、北至宝山，全长约62公里。一期工程南自漕河泾，北到江湾镇，全线19座车站，长24.975公里。2000年12月26日，上轨道交通3号线一期工程上海南站站至江湾镇站开通试运营，该工程全长24.975公里。

8月8—12日　上海持续5天38℃以上极端高温日。8月15日，最高气温为39.4℃，创上海54年来最高纪录。

8月11日　入夏以来，长江、松花江、嫩江流域发生了百年不遇的特大洪涝灾害。当日，中共上海市委、市政府举办"军民团结，抗洪救灾，奉献爱心，共建家园"大型义演晚会在美琪大戏院举行，为灾区捐款2 000多万元。黄菊、徐匡迪等市领导出席义演晚会并带头捐款。18—26日，市文化局和7家新闻单位联合举办"我们众志成城——上海文艺界抗洪救灾义演周"活动。29个文艺院团在全市20个演出场所，共举行义演28台，共筹得捐款及物资总计705.7万元，全部捐献给灾区人民。一批文艺工作者随市领导赴灾区慰问。

8月13日　市政府印发《关于本市鼓励和引导非公有制经济健康发展的若干意见》。

8月18日　由中国东方航空股份有限公司和中国远洋运输(集团)总公司联合组建的中国货运航空有限公司成立仪式在上海举行。

8月24日　上海城市卫生巡访活动出发仪式举行。24位市民首次组团参加巡访。

8 月 24—28 日　第四届中国国际民间艺术节上海展演周举行。有克罗地亚、意大利、日本、韩国、俄罗斯、南非、西班牙和上海的 8 个民间歌舞艺术团参加。展演周期间的全部收入捐给受灾地区。

8 月 25 日　市政府印发《关于加快本市中心城区危棚简屋改造的实施办法》。

同日　同济大学瑞安楼举行开工典礼，2000 年 10 月竣工，这是上海高校中第一幢专门用于研究生教育的多功能综合大厦。

8 月 26—27 日　“亚洲可持续发展研讨会”在上海举行。来自亚、欧近 10 个国家和地区的 300 多名政府官员、学者和工商界人士出席会议。徐匡迪致开幕词。

8 月 27 日　上海大剧院首场试演举行。中国中央芭蕾舞团演出经典芭蕾舞剧《天鹅湖》。演出前，黄菊、徐匡迪等看望该团领导和主要演职人员。首场试演票房收入 50 万元捐赠给受灾地区。上海大剧院位于黄浦区人民大道 300 号，于 1994 年 9 月开工，1998 年 7 月 28 日基本建成，总投资 12 亿元。

8 月 28 日　中共上海市委、市政府拨专款 383 万元，帮助洪涝灾区在沪就读大学生解困。

8 月 29 日　首批 12 支上海救灾医疗队 108 名医卫人员赴湖南灾区服务。

8 月　长江、松花江、嫩江流域遭受严重洪涝灾害，上海市各界纷纷捐款、捐药、捐物，支援救灾。市民政局、卫生局、红十字会、慈善基金会等部门共接收捐款 24 884 万元，捐物价值 11 081 万元，药品价值 1 990 万元，募集衣被 1.37 万吨 1 912 万件，向受灾和贫困地区发送各种救灾物资 470 节车皮。

9 月 1 日　中华鲟集中放流仪式在崇明岛东端的中华鲟暂养站附近海面举行，是全市首次。1992 年 4 月 11 日，上海市河蟹资源增殖中心、上海市中华鲟抢救中心在崇明县成立。1999 年 12 月，市政府批准在长江口崇明岛东滩水域建立中华鲟幼鱼自然保护区。

同日　上海新建的位育、新中、育才、延安、复兴五所寄宿制高级中学开学。

同日　首批 21 名上海青年志愿者赴云南扶贫接力队出征仪式举行。

同日　上海全面实施海塘达标工程。计划投资 7 亿元，用 3 年时间完成，全市海塘全线达到抵御百年一遇的台风加 12 级组合风浪潮侵袭的能力。

9 月 2 日　上海市国民经济和社会信息化工作会议举行。

9 月 3 日　全国大型禁毒展览挂图上海展在上海青年活动中心开展。

9 月 4 日　上海市市长代表、市政协主席王力平访问芬兰。上海市与埃斯波市结为友好城市。

同日　教育部决定同意上海教育学院、上海第二教育学院正式并入华东师范大学。18 日，举行两校并入华东师大挂牌仪式。

9 月 5 日　中国上海外轮代理有限公司区域性公司成立，由 8 家总公司直属外代公司和 6 家合营外代公司重组。1999 年 1 月 1 日开业。

9 月 7 日　账面资产总额 2.28 亿元，负责总额 2.54 亿元的上海红星轴承总厂因资不抵债而依法破产，并被整体拍卖，这是上海首例国有大中型企业因破产而整体拍卖。

9 月 8 日　上海为灾区募集衣被发运仪式举行。捐赠对口支援的江西、安徽灾区各类衣被达 6 000 余吨。

同日　上海农业种植规划结构调整确定，夏熟作物突出调“活”，秋熟作物突出调“优”。

同日　上海冶金高等专科学校、上海轻工业高等专科学校、上海纺织高等专科学校 3 所学校管理体制划转市教委管理签字仪式举行。

同日　东方航空公司2173号客机前起落架发生故障,成功紧急迫降虹桥机场。10月30日,中国民航总局和市政府表彰此次成功紧急迫降有功人员。

同日　1998上海——城市能源国际研讨会举行。国内外100多名能源专家参加会议。

9月11日　上海市房地产学校落成仪式举行,这是上海市第一所现代化标志性职业技术学校,上海房地产行业教育中心同时落成。

同日　市政府和国家开发银行关于《上海城市基础设施建设贷款意向书》签字仪式举行。在3—5年内,由国家开发银行贷款130亿元,上海市用于改善城市环境和交通。

9月11—21日　中央纪委、监察部《关于党政机关厉行节约、制止奢侈浪费行为的若干规定》专项工作检查组在上海检查。

9月16日　上海再辟3个自然保护区,即崇明东滩、长江口中华鲟和北簳山鸟类自然保护区。

9月16—17日　爱尔兰共和国总理伯蒂·埃亨访问上海。

9月17日　以主席莫鲁瓦为团长的社会党国际代表团访问上海。

同日　市政府印发《上海市外来流动人员计划生育管理办法》。

9月17—21日　全国政协"国有企业下岗职工基本生活保障和再就业"问题调研组在上海调研。

9月18日　中央精神文明建设指导委员会办公室(以下简称中央文明办)召开全国电话会议,在上海分会场,上海市精神文明建设委员会办公室(以下简称市文明办)要求贯彻、执行江泽民指示,弘扬伟大抗洪精神作为精神文明建设的突出任务。

9月19日　上海市举行志愿者活动经验交流会。黄菊为首批评选出的上海市十佳优秀志愿者服务队和十佳优秀志愿者颁奖。

9月19—26日　上海市"使世界清洁起来"环境卫生整治活动举行。有近200万人次参加,清除各类垃圾约3万吨。

9月22日　全国人大内务司法委员会《行政监察法》执法检查组到上海检查。

9月22—25日　中共中央政治局常委、国务院副总理李岚清在上海考察工作。

9月22—25日　"环太平洋论坛'98年会"在上海举行。徐匡迪发表演讲,上海重点发展信息、金融和高科技三大战略产业。

9月22—29日　以全国政协副主席王文元为团长的全国政协视察团视察上海高新技术发展情况。

9月24—29日　1998上海"旧金山周"举行。

9月25—26日　法兰西共和国总理利昂内尔·若斯潘访问上海,并出席上海市轨道交通明珠线一期工程车辆合作意向签字仪式。

9月28日　桂林公园举办首届徐汇桂花节。1990年起由区政府与市文化局、旅游局、园林局等部门合办,改称上海桂花节,此后每年举办。

10月1日　上海卫星电视中心开播。

同日　由300多名香港青少年组成的香港中华青少年历史文化教育交流团访问上海。

10月4—7日　江泽民在江苏、上海和浙江考察农业和农村工作。他强调指出,沿海发达地区要高度重视农业和农村工作,继续深化农村改革,加快发展农业生产力,建设发达农业,争取率先基本实现农业现代化。

10月5—11日　由全国人大常委会副委员长彭珮云率领的促进科技成果转化法执法检查组在

上海检查。

10 月 6—8 日　第三届亚太地区法院会议在上海召开，来自 13 个国家和地区的法官、律师、法学教授等 200 余人出席会议。

10 月 8 日　美国朱兰研究院在亚洲的第一家分支机构上海朱兰质量科学研究院成立，为全国第一家集质量理论研究、质量培训、质量咨询、质量评估于一体的科学研究机构。

10 月 8—9 日　大不列颠及北爱尔兰联合王国首相托尼·布莱尔访问上海。

10 月 10 日　市政府发布《上海城镇企业退休人员门诊急诊医疗保险暂行办法》。

同日　市政府召开“进一步推进公用事业改革工作会议”，提出用 3—4 年时间实现公用事业全行业扭亏的改革工作目标。

10 月 11—12 日　牙买加总理珀西瓦尔·帕特森访问上海。

10 月 12 日　上海电影市场第一次以竞价拍卖方式决出中影大片《生日历险》首映权，大光明电影院以 36 万元竞得第一标。

10 月 13—18 日　1998 世界中学生运动会在上海举行。来自 28 个国家和地区的 773 名运动员参加了田径、游泳、体操、艺术体操等 78 枚金牌的角逐。

10 月 14—16 日　由中国台湾海峡交流基金会董事长辜振甫为团长的中国台湾海基会参访团访问上海，海峡两岸关系协会会长汪道涵会见辜振甫一行，开启了海峡两岸政治对话。

10 月 15 日　中共上海市委召开全市党员负责干部会议，传达党的十五届三中全会精神，贯彻《中共中央关于农业和农村工作若干重大问题的决定》。

同日　《上海—昆士兰（澳大利亚）友好交流项目备忘录（1999—2001 年）》签字仪式在上海举行。

10 月 16 日　中共上海市委、市政府召开干部大会，传达贯彻全国军队、武警部队、政法机关不再从事经商活动工作会议精神。

10 月 17—25 日　以黄菊为团长，徐匡迪为副团长的上海市赴广东、福建学习考察代表团赴广东省广州、佛山、中山、珠海、东莞、深圳 6 个市，福建省厦门、福州 2 个市学习考察。

10 月 17 日—11 月 15 日　第四届上海旅游节举行。连接近 70 个景点的 10 条旅游线全面开通，20 个区县近 30 项旅游节目组成节庆场景，参与各项活动的中外游客近千万人次。

10 月 22 日　上海市 9 个市级工业区首次联手招商的“上海市级工业区投资信息发布会”举行，来自世界 30 多个国家和地区的 600 多名客商参加。

10 月 27—28 日　芬兰共和国总理帕沃·利波宁访问上海。

10 月 28 日　俄罗斯联邦国家杜马主席根纳季·谢列兹尼奥夫访问上海。

同日　由中共中央总书记江泽民题名的上海市退休职工活动中心揭牌仪式举行。

10 月 28 日—11 月 1 日　第一届中国国际旅游交易会在上海举行。从 2001 年起，中国国际旅游交易会分别在上海和昆明交替举办。

10 月 29 日　国家人类基因组南方研究中心挂牌仪式在上海举行。中科院院士、上海第二医科大学教授陈竺任研究中心主任。

10 月 29 日—11 月 1 日　1998 年中国国际旅游交易会在上海举行。

11 月 1 日　“1998 东丽杯上海国际马拉松赛”开赛，参加人数 7 000 余人。

11 月 1—2 日　以“金融风险管理和咨询会议十年回顾”为主题的第十次上海市市长国际企业家咨询会议召开。

11月2日　欧洲联盟委员会主席雅克·桑特访问上海。

11月3—7日　创建“中国优秀旅游城市”国家验收组在上海进行全面检查验收。

11月4日　亚洲—太平洋广播联盟第三十五届大会在上海开幕。

11月4—6日　比利时王国首相德阿纳访问上海，并出席了史克必成生物制品(上海)有限公司奠基仪式、比利时卢富·克列斯·费北基律师事务所上海办事处开业仪式等。

10月6日　市政府办公厅转发《关于对本市离退休人员养老金实行社会化发放的试行意见》，对离退休人员养老金实行社会化发放。

11月7—12日　第七届上海电视节举行。有35个国家和地区，3 538名中外来宾参加。140多家电视机构11 438部(集)影视片参加电视节目交易会，总成交量达3 327部(集)，比上届增加82%。

11月9日　江泽民在北京人民大会堂会见《中华文化通志》部分编委和作者。《中华文化通志》是中华民族历史上第一部系统、全面记述中华文化的文化专志，由上海人民出版社出版，共101卷、4 000余万字。

同日　1998中国大学校长论坛在上海举行。会议主题是大学与区域经济和社会发展的关系、大学体制改革、香港与内地大学的交流合作。

11月10—24日　纪念刘少奇诞辰100周年系列活动开展。系列活动有“与大海同在——纪念刘少奇同志诞辰100周年图片展”“刘少奇在上海图片史料展览”、大型文献纪录片《共和国主席刘少奇》公映、“纪念刘少奇百年诞辰”座谈会等。

11月11—13日　上海市和日本横滨市结为友好城市25周年纪念活动在上海举行。横滨市长高秀秀信率横滨市友好代表团来沪，签署《上海市—横滨友好交流协议书(1999年)》，举办“上海·横滨经济介绍会”“纪念上海—横滨缔结友好城市25周年音乐文化交流演出”晚会。

11月12日　由共青团中央、全国学联组织的全国高校学生深入学习邓小平理论座谈会在上海举行。全国40多所重点高校的大学生、团干部代表参加，黄菊出席座谈会。

11月12—13日　全国人大常委会副委员长邹家华在上海考察工作。

11月13日　徐匡迪获香港科技大学荣誉工程学博士学位。

11月14—15日　大韩民国总统金大中访问上海。

11月16日　全面反映上海经济社会发展的《上海市情》信息网开通。

11月17日　经国务院批准，由宝山钢铁(集团)公司、上海冶金控股(集团)公司、梅山(集团)有限公司联合组建的上海宝钢集团公司成立仪式举行。吴邦国，黄菊为公司揭牌。

11月17—20日　1998上海科技论坛举行。黄菊向大会致贺信，中国科协主席周光召院士作《可持续发展和第三步战略目标》的演讲，徐匡迪院士作《增强创新能力，迎接知识经济的挑战》专题报告。

11月18日　由南非共产党总书记布雷德·思齐曼迪率领的南非共产党代表团访问上海。

同日　《上海市与哈利斯科州(墨西哥)建立友好关系协议书》签字仪式在上海举行。

同日　中国第一家跨行政区的中国人民银行上海分行在浦东陆家嘴金融贸易区成立仪式举行。黄菊和中国人民银行行长戴相龙为该分行揭牌。新组建的上海分行从1999年1月1日起对上海市、浙江省和福建省履行中央银行职责。

11月18—19日　政协工作座谈会举行，会议由中共上海市委召开，市政协协办，政协主席王力平主持。黄菊在讲话中指出，这次座谈会目的是加强中共上海市委及各级党委对政协工作的领导，推进政协工作规范化、制度化建设，研究新形势下政协工作的规律和方式，在上海跨世纪发展的征途中更好地发挥政协的作用。

11月19日 《上海与鹿特丹(荷兰)友好交流项目备忘录(1998—2000年)》签字仪式在荷兰鹿特丹市举行。

11月20—22日 库克群岛总理杰弗里·亨利访问上海。

11月21—23日 以黄菊为团长，徐匡迪、陈铁迪、王力平为副团长的上海市代表团赴江苏省南京、无锡、扬州、泰州、江阴、苏州等市学习考察。

11月26—28日 全国政协副主席周铁农率中宣部、民政部、民革中央有关人员在上海考察。

11月28日 由《解放日报》和邮电管理局、新闻出版局、文汇新民联合报业集团共同出资的东方书报刊服务有限公司宣布成立，首批100座标准化书报亭分布上海街头。

11月28—30日 由黄菊为团长，徐匡迪、陈铁迪、王力平为副团长的上海市代表团赴浙江省杭州、萧山、绍兴、嘉兴市学习考察。

12月2日 党和国家领导人江泽民、李鹏、朱镕基、李瑞环、尉健行、李岚清等在北京展览馆参观"改革开放20年以来利用外资成果展"上海展台，黄菊等陪同。

12月3日 31卷的"上海改革开放二十年系列丛书"首发式举行。该书由黄菊撰写总序，徐匡迪题写书名。

12月6—7日 摩洛哥王国首相阿卜杜勒—拉赫曼·尤素福访问上海。

12月7日 国家民委、市政府召开民族团结进步表彰大会。29个单位和19位个人受表彰。

12月9日 全市国有企业财会管理体制实行改革。推行企业财务总监和会计主管委派制，实行企业全面预算管理、企业年度合计报表注册会计师审计制度。

12月10日 中共上海市委、市政府召开全市党政负责干部会议，传达、贯彻中央经济工作会议精神，要求进一步推进经济体制和经济增长方式的两个根本转变。

同日 中共上海市委、市政府作出《关于实行政务公开制度，深入开展财务公开工作的决定》。

12月13—14日 全国人大环境与资源保护委员会太湖流域《水污染防治法》执法检查组在上海检查。

12月14日 市政府发布《上海市政府采购管理办法》。

12月15—17日 市人大十一届七次会议听取市工商局甘忠泽的述职报告并进行评议，这是首次对常委会任命的市政府组成人员进行述职评议。

12月16日 上海市纪念党的十一届三中全会召开20周年座谈会举行。黄菊发表《解放思想，实事求是，不断推进改革开放和社会主义现代化建设事业》重要讲话。

12月17日 上海通用汽车有限公司首辆别克"新世纪"轿车下线仪式举行。中共上海市委书记、上海汽车工业领导小组组长黄菊按下"新世纪"轿车生产线电动按钮，美国通用汽车公司董事长史密斯驾驶和上海汽车工业(集团)总公司总裁陈祥麟乘坐的第一辆乳白色"新世纪"轿车驶出轿车总装线。

12月18日 中共上海市委、市政府领导在上海展览中心收看中央电视台实况转播，聆听江泽民在中共十一届三中全会召开20周年纪念大会上的重要讲话。

同日 上海科技馆在浦东花木地区开工建设，2001年12月18日，位于世纪大道2000号的上海科技馆正式对外开放。该馆以"自然、人、科技"为主题的总投资17.55亿元、占地面积6.8万平方米、建筑面积9.8万平方米，坐落在浦东世纪公园之侧，分天地馆、生命馆、智慧馆、创造馆、未来馆5个主要展馆。是市政府落实“科教兴国”基本国策，投资兴建的重大社会文化项目，是市民重要的科普教育与休闲旅游基地。该馆还是2001年亚太经合组织(APEC)领导人非正式会议的主会场。

12月18—19日　巴布亚新几内亚独立国总理比尔·斯卡特访问上海。

12月18—20日　中共上海市第七届委员会第三次全会在上海展览中心举行。全会审议通过《中共上海市委关于奋战1999年以两个文明建设的新成绩迎接新世纪的决定》。

12月20日　上海浦东垃圾焚烧发电厂在浦东新区北蔡御桥工业小区开工建设。2001年12月26日实现并网发电，是当时国内最大、全市首家生活垃圾焚烧发电厂。

12月21日　上海内环线内面积最大、最集中的棚户区，普陀区潭子湾、潘家湾和王家宅地区改造工程开工典礼举行。经过近10年的改造，在此建成了大型住宅区“中远两湾城”。

12月23日　为纪念毛泽东诞辰105周年，由中共上海市委、中共中央文献研究室联合摄制的6集文献纪录片《毛泽东与上海》首映式举行。中共中央总书记江泽民为该片题写片名。

12月26日　上海市与浙江省行政区域界线勘定全线贯通。上海市副市长冯国勤、浙江省副省长章猛进分别代表两地政府在“沪浙线”协议书上签字。

12月29日　全长150.7公里沪杭高速公路全线通车。从上海开车到杭州只需一个半小时。

12月30日　上海书城在黄浦区福州路465号建成开业，是全市首家超大型零售书店。

同日　市政府召开上海市加强城市管理，整治违法建筑动员大会。

同年　市园林部门实施“大树引入城市”计划，移植大株乔木1.7万株。到2000年在市中心区移植10万株。

同年　上海发展都市型工业启动，决定把食品、化妆品及清洁用品、现代文化体育和办公用品、包装及印刷品、室内装饰材料及用品、旅游工艺纪念品6个行业作为重点发展行业。

1999 年

1月1日　全国第一张一日三刊、滚动出版的新《新闻报》正式创刊发行。该报由原《新闻报》及《消费报》合并重组而成。

同日　上海市邮政局成立。上海实行邮政和电信分开经营。

1月3日　上海市第四次万人上街慈善募捐活动举行，共募集捐款756 766.65元。

1月5日　国家旅游局首批命名54个城市为“中国优秀旅游城市”，上海市名列榜首。

1月6日　全国人大代表视察全市科教兴国情况，市人大主任陈铁迪、副主任孙贵璋等26名在沪全国人大代表视察了上海第二医科大学。

1月8日　1998年度国家科学技术奖励大会举行，上海共获得国家技术发明奖5项，国家科技进步奖29项，其中上海核工程研究设计院等单位完成的“30万千瓦核电站燃料组件的设计与制造”获得国家科技进步一等奖。

1月13日　上海市高校后勤社会化改革工作会议召开。上海交通大学、同济大学、上海外国语大学、上海财经大学、上海戏剧学院、上海理工大学、上海师范大学、上海外贸学院8所院校的后勤部门，正式从学校规范分离，以建立实体形式，通过“并入、托管、联办、连锁”等方式，分别进入新成立的高校后勤服务中心和高校后勤发展中心。上海高校新一轮的后勤改革从“一校一户办后勤，校校后勤办社会”的旧格局转变为教育系统集约化联办后勤和社会化办后勤相结合的新格局。

1月14日　上海市政务公开信息上网（SPIS）暨公众信息服务网正式开通仪式举行。

同日　香港中文大学、香港大学和中科院上海有机化学研究所共同组建的沪港化学合成联合实验室成立。

1月15日　中共上海市委召开扩大会议，提出当年上海经济工作的基本要求和一季度的重点工作。

1月22日　国家新药筛选中心、国家上海新药安全评价研究中心在浦东张江高科技园区开工，市长徐匡迪等出席奠基典礼。该中心于2000年10月建成并投入使用。

1月25日　中共上海市委认真贯彻落实中央精神，做好以“讲学习、讲政治、讲正气”为主要内容的“三讲”教育试点工作，成立以市委书记黄菊为组长的“三讲”教育领导小组。

2月1日　由市新闻办与香港上海实业（STR）国际有限公司、澳门中资企业协会、澳门基本法协进会共同主办的“上海文化周”在中国澳门开幕。

2月1—5日　市政协举行九届二次全体会议。

2月2—6日　市人大举行十一届二次会议，徐匡迪作《政府工作报告》。

2月4—6日　圣卢西亚总理肯尼・戴维斯・安东尼访问上海。

2月7日　上海公共文化信息网在上海图书馆正式开通。

2月9日　由复旦金仕达、上海中天、上海天翔、上海银华4家民营软件企业合并组成的“上海复旦金仕达计算机有限公司”成立，合并后成为国内最大的金融软件开发集团。

2月19日　中国首头携带人血清白蛋白基因的转基因试管牛“滔滔”在奉贤县奉新动物实验场诞生，试管牛携有人血清白蛋白基因。

2月22日　上海虹口足球场落成。这是国内第一个专业性足球场,总投资3亿多元,拥有33 000多个观众席位。

2月24日　经国家新闻出版署和中共上海市委批准,由上海人民出版社、上海教育出版社、上海译文出版社、汉语大词典出版社和上海图书公司联合组建的“上海世纪出版集团”成立。这是全国出版业中的第一个出版集团。

2月　上海太平桥地区改造项目之一的“上海新天地”开工。地址位于淮海中路南侧,黄陂南路和马当路之间,毗邻黄陂南路地铁站和南北、东西高架路的交汇点,分为南里和北里两部分。2002年正式开幕后,成为上海的地标性文化场所。

同月　上海华虹NEC(日本电气株式会社)电子有限公司半导体生产线投产,为国内第一条代表当今世界主流技术的半导体生产线。

3月5—11日　1999年中国华东进出口商品交易会在上海举行,成交额12.06亿美元。

3月8—14日　由上海市和友好城市瑞典哥德堡市共同举办的“瑞典周——上海”活动在上海图书馆举行。

3月19日　中共中央召开全国“三讲”教育工作电视电话会议,黄菊在上海分会场按中央要求和借鉴试点单位经验,部署下一阶段分批开展“三讲”教育。3月31日,上海市“三讲”教育动员大会举行,市委、市人大、市政府、市政协四套班子党员省部级领导干部开展以“三讲”为主要内容的党性党风教育。

3月20日　中共上海市委、市政府召开工业工作会议,确定上海工业要从调整中发展转为发展中调整,把重点放在发展上。

3月24日　由上海市国民经济和社会信息化领导小组办公室和VISA(信用卡品牌)国际组织共同主办的上海国际支付行业发展战略研讨会举行,上海成为国内首个与VISA/PLUS(信用卡品牌)联网超过1 000台自动取款机的城市。

3月24—27日　由中共北京市委书记贾庆林、市长刘淇率领的北京市党政代表团在上海考察。

3月24—30日　中共中央政治局常委、中央纪委书记、全国总工会主席尉健行在上海考察工作。

3月26日　市工商局向下属20个区、县分局授牌,全市区、县工商局由属区、县政府改属市局垂直管辖。

3月31日　国家开发银行上海分行挂牌成立。

3月　由白寿彝主编,上海人民出版社出版的《中国通史》正式出版,该书共12卷,22册,约1 400万字,是当时国内外规模最大,反映学术界最新研究成果,体例新颖独特的中国通史著作。

4月1日　上海市经营者资质评价中心落成典礼在人才大厦举行。

4月2日　“长江学者奖励计划”首批特聘教授受聘暨首届“长江学者成就奖”颁奖典礼在北京人民大会堂举行。上海首批特聘教授17人;上海第二医科大学教授陈竺获“长江学者成就奖”一等奖,奖金100万元。

4月3日　历时5年,总投资2 000多万元的上海龙华烈士陵园纪念雕塑园全面建成。由黄菊作序的大型画册《龙华烈士陵园》出版发行。

4月3—11日　为纪念五四运动80周年、上海解放50周年,市文化局、市美协、团市委、上海青年文联美术专业委员会等单位联合举办上海青年美术大展在刘海粟美术馆举行,展出220件美术作品。

4月4日　上海市国内合作工作会议暨驻沪办事机构“双服务”优秀单位表彰大会举行。徐匡迪出席并作重要讲话，51家驻沪办事机构获上海市“双服务”优秀单位称号。

4月7—9日　阿拉伯埃及共和国总统穆罕默德·胡斯尼·穆巴拉克访沪。

4月8日　中共上海市委、市政府召开上海市人口资源环境工作会议，贯彻落实中央人口资源环境工作座谈会精神。

4月10日　上海外滩观光隧道全线贯通，1996年8月22日工程启动，是国内首条过江行人隧道。

4月12日　上海通用汽车有限公司的别克轿车正式批量投产，国产化率达40%以上。

4月14—16日　荷兰王国女王贝娅特丽克丝·威廉明娜·阿姆加德访问上海。

4月15日　由虹桥机场起飞的韩国大韩航空公司MD－11货运机，起飞后1分钟在莘庄地区坠毁，机上3名机组人员全部遇难，地面6人死亡，33人受伤。事发后，市领导及有关方面负责人即赶赴现场指挥抢救，处理善后事宜。

4月20日　上海市爱心助学办公室成立，以推动爱心助学活动更广泛深入地开展。上海市爱心助学办公室和上海市青少年发展基金会、上海市希望工程办公室合署办公，实行三块牌子、一套班子的管理模式。

4月22日　海军东海舰队纪念人民海军成立50周年活动在上海吴淞军港举行。黄菊、徐匡迪等上海市领导，海军东海舰队司令员杨玉书、政治委员岳海岩以及驻沪部队领导出席纪念活动。

4月22—25日　各民主党派中央、全国工商联领导和无党派知名人士考察团在上海考察。

4月23日　“迎战千年虫，上海在行动”计算机2000年问题活动周拉开序幕。

4月25日—5月23日　上海市第十一届运动会举行，13 332名运动员参赛。市运会期间，参与健身活动的市民逾百万。

4月27日　由市长皮埃尔·布克为团长的加拿大蒙特利尔市友好代表团访问上海，并签署两个友好城市成立垃圾管理联合委员会的协议书。

4月27—28日　由中国企业联合会和世界经济论坛共同主办的中国企业高峰会在上海举行。会议主题是世纪之交中国的发展和改革。

4月27—28日　泰王国总理川·立派访问上海。

4月27—28日　以色列总统埃泽尔·魏茨曼访问上海。4月28日，埃泽尔·魏茨曼和上海市长徐匡迪出席“上海—以色列经贸论坛”开幕式并致词。

4月28日　国家“九五”重点工程，日产120万立方米的东海天然气一期工程投产，日产天然气120万立方米，浦东新区3 700户居民成为首批天然气直供客户。

4月29日　上海紫江(集团)有限公司出资1亿元，在华东师范大学设立“紫江教育发展基金”。这是当时全国高校中由民营企业投入金额最大的校企合作项目。

同日　上海市高技术产品领导小组成立，同时通过《上海促进高技术产品出口工作方案》。

5月1日　阿拉伯埃及共和国驻沪总领事馆开馆。

5月2—4日　津巴布韦共和国总统罗伯特·加布里埃尔·穆加贝访问上海。

5月4—5日　由中国财政部和世界银行共同主办的第十届“政府借款人论坛”国际会议在上海举行。

5月7日　西班牙王国驻沪总领馆开馆。

5月8日　市学联依法组织上海12所院校数千名大学生举行示威游行，强烈抗议以美国为首的北约轰炸中国驻南联盟大使馆。9日,上海各界干部群众收看国家副主席胡锦涛电视讲话,坚决拥护中国政府的严正声明,依法有序进行各项抗议北约暴行活动。

5月10日　上海航天局研制的"长征四号乙"运载火箭,在太原卫星发射中心成功地将"风云一号"第三颗气象卫星及"实践五号"科学实验卫星,送入预定轨道。

5月11日　市外国投资工作委员会、市农委、市经委、市商业委员会首次联合举办的上海市农业投资信息发布会召开,有300个农业项目招商。来自美国、日本、德国、荷兰等15个国家和地区的126家外商参加,9个项目签约,35个项目达成意向。且颁发《上海市鼓励外商投资农业领域的若干意见》。

5月11—14日　全国政协副主席王文元率全国政协调研组就"建筑工程质量"有关提案在上海调研。

5月12日　市政府采购中心成立。

5月12—23日　第五届上海国际服装文化节举行。

5月14日　中共上海市委、市政府发出通知,认真学习贯彻国家主席江泽民在欢迎中国驻南斯拉夫联盟共和国工作人员大会上发表的重要讲话。

5月14—17日　教育部在上海召开全国高校内部管理体制改革座谈会,来自全国31个省市自治区教委领导、50余所重点高校党委书记、校长出席会议。

5月15日　上海召开小企业贷款信用担保工作会议,宣布市政府推出小企业贷款信用担保试行办法。

5月16日　上海市社会福利中心成立。

同日　占地1.3万平方米,全部按照无障碍标准设计的综合服务设施,上海市残疾人康复职业培训中心落成。

5月19—22日　全国政协副主席孙孚凌率全国政协中小企业发展情况调研组在上海调研。

5月20—25日　全国人大常委会《大气污染防治法》执法检查组在上海检查。

5月25日—6月6日　庆祝上海解放50周年美术作品展"时代风采"在上海美术馆、刘海粟美术馆同时展出,共展出各类美术作品457件。

5月26日　全国首座双拥大厦在上海揭牌,全国第一家双拥活动中心同时在上海成立。

5月27日　庆祝上海解放50周年座谈会在上海展览中心举行,黄菊发表重要讲话。

同日　庆祝上海解放50周年暨第十八届"上海之春"开幕文艺晚会在上海大剧院举行。是届"上海之春"于5月28日—6月15日举行,入围节目16台,演出22场,观众达2.5万人次。从本年起"上海之春"与上海国际广播音乐节合并,改称为"上海之春"国际音乐节,每年举行1次,并设"金编钟奖",对参赛节目进行评选。

5月29日　"中国上海"网站(https://Shanghai.gov.cn)在国际互联网上正式开通并举行开通仪式。

5月29日—6月1日　牙买加总督霍华德·库克访问上海。

5月30日　少先队上海市第四次代表大会暨上海市少年儿童庆祝"六一"国际儿童节主题集会举行。黄菊等市领导为十佳"创新好少年"和10名优秀辅导员标兵颁发证书和奖杯。

5月31日　上海市精神文明建设工作会议举行。1998年度的32个市级文明社区、558个市级文明小区、21个市级文明镇、50个市级文明村、1255个市级文明单位、第九届(1997—1998年度)上海市军民共建社会主义精神文明建设先进集体和1998年上海市精神文明"十佳好事"受表彰。

6 月 1 日　中国驻南联盟大使馆工作人员和新闻工作者英雄事迹报告会在上海举行。黄菊、徐匡迪、陈铁迪、王力平等市领导出席报告会，并在会前会见了报告团成员。

6 月 4—6 日　塞拉利昂共和国总统艾哈迈德·泰詹·卡巴访问上海。

6 月 4—7 日　中国·上海房地产展示交易会举行。

6 月 6 日　朝鲜民主主义人民共和国最高人民会议常任委员会委员长金永南访问上海。

6 月 7 日　中共上海市委、市政府召开街道、乡镇信访工作会议，明确从 7 月开始，全市实行街道、乡镇党政领导每周四接待群体来访制度。

6 月 10—11 日　塞浦路斯共和国总统格拉夫科斯·克莱里季斯访问上海。

6 月 14 日　市政府召开促进高新技术成果转化工作会议，颁布新修订的《上海市促进高新技术成果转化若干规定》。

6 月 17 日　中国首例银行资产重组——中国光大银行上海分行整体接收原中国投资银行上海分行资产、负债、所有者权益及辖下营业机构的工作圆满完成。

6 月 18 日　中华人民共和国上海海事局成立，在全国沿海港口为第一家。

6 月 18—20 日　由中华全国工商业联合会主办，台湾工商企业联合会和香港中华厂商联合会协办的“促进中小企业发展国际研讨会”在上海举行。全国政协副主席、全国工商联主席经叔平出席会议。

6 月 18—20 日　中非共和国总统昂热-菲利克斯·帕塔塞访问上海。

6 月 25—26 日　黄菊、徐匡迪出席由中共中央总书记、国家主席、中央军委主席江泽民在青岛主持召开的华东七省市国有企业改革和发展座谈会。

6 月 26 日　纪念上海市与大阪市缔结友好城市 25 周年庆祝大会暨庆祝酒会在上海大剧院举行。

6 月 26—28 日　以黄菊为团长、徐匡迪为副团长的上海市代表团赴山东省青岛市、威海市、烟台市学习考察。

6 月 27 日　卢湾区丽园路 713 弄内上海最后一个公用给水站被拆除，宣告上海市区彻底告别给水站供水方式，全部居民实现引水入户。

6 月 28 日—7 月 1 日　上海信息化建设成果展和第八届国际信息通信展举行。

6 月 29 日　市政府发布解决计算机 2000 年问题的公告。

6 月 30 日—7 月 3 日　以中共云南省委书记令狐安为团长、副省长黄炳生为副团长的云南省学习考察团在上海考察并签署《关于加强上海市与云南省对口帮扶合作的工作纪要》《关于将上海市原投入云南省的 5 000 万元小额贷款转为无偿支援的协议》和《关于上海市今明两年增加援助资金 1 000 万元支援云南省扶贫安居工程建设的协议》。

6 月　上海开始实施“平改坡”工程，对 20 世纪 60—80 年代建造的多层平顶工房加盖坡形屋顶，首批 13 幢沿延安高架路道路工房改造。2000 年，“平改坡”工程列为市政府实事项目工程。

7 月 1 日　“雪龙”号科学考察船在浦东新区外高桥码头启航，首航北极，是中国政府组织的首次北极考察。

7 月 2 日　柬埔寨王国驻上海总领事馆开馆典礼举行。

7 月 2—6 日　市政协主席王力平率团访问纳米比亚共和国。

7 月 3 日　在中国科学院上海地区 10 个生物类研究机构基础上整合组建的中国科学院上海生命科学研究院成立。中科院院长路甬祥、徐匡迪为研究院成立揭牌。同日，上海二医大与中科院上海生命科学研究院签订合作协议,全面共建的中科院上海生命科研健康中心。

7月3—4日　纳米比亚共和国总统萨姆·努乔马访问上海。

7月8—10日　中共上海市第七届委员会第五次全体会议举行,审议通过《中共上海市第七届委员会第四次全体会议关于抓住机遇,奋力拼搏,全面完成1999年各项任务的决议》。

7月11日　市农村精神文明建设工作会议召开。首批71个市级文明村镇代表介绍创建文明村镇经验。

7月12日　“迈向21世纪的开发区——首届中国开发区发展国际研讨会”开幕,徐匡迪致欢迎词,全国各地122个开发区代表和境外机构、商界人士300多人出席会议。

7月16日　中国船舶工业集团公司在浦东新区中国船舶大厦举行开业典礼,这是中国新组建的十大军工集团中首家落户上海的企业。

同日　《上海市与哈里斯科州友好交流项目备忘录(1999—2000年)》在墨西哥哈里斯科州签署。

7月17日　黄菊、徐匡迪、陈铁迪、王力平等会见在第三届世界杯女子足球赛获亚军的中国女子足球队上海运动员、教练员。同日,中国女足上海运动员凯旋庆功大会举行,市政府嘉奖运动员孙雯、浦玮、谢慧琳、王静霞、高宏霞和教练员李必,5名运动员还被授予“上海市新长征突击手”“上海市三八红旗手标兵”称号。

7月20日　持续43天的梅雨期结束,梅雨量创上海有气象历史记载126年来的“天量”815毫米,是常年梅雨量的4倍。

7月22日　上海各界干部群众收听收看中央电台、中央电视台播出的《中共中央关于共产党员不准修炼“法轮大法”的通知》《民政部关于取缔法轮大法研究会的决定》和《公安部关于禁止“法轮功”非法活动的通告》以及《李洪志其人其事》《“法轮功”受害典型案例》等新闻报道。

同日　上海索广映像有限公司彩电大屏幕彩管生产线投产,为国内第一条全平面特丽珑大屏幕彩管生产线。

7月22—24日　中国澳门特别行政区首任行政长官何厚铧访问上海。

7月23—29日　“迎澳门回归宣传周”在上海图书馆举行,徐匡迪、中国澳门特别行政区首任行政长官何厚铧、国务院港澳办副主任陈滋英、新华社澳门分社副社长李水林为开幕式剪彩。上海迎澳门回归倒计时牌在新世纪广场揭幕。

7月24—25日　国家计划委员会召开的东南沿海地区12个省市“十五”期间规划思路座谈会在上海举行。

7月25日　全国首座实现“遥测、遥讯、遥控、遥调”的220千伏无人值班变电站——超高压公司的恒丰变电站建成投运。

7月27日　经教育部和市政府协商,决定重点共建复旦大学和上海交通大学。当日,教育部部长陈至立和徐匡迪代表教育部和市政府签署共建协议。除两校正常经费安排外,教育部和市政府在今后3年内,向两校各投入建设经费6亿元,促使两校加快改革和发展步伐,成为高层次创造性人才培养和知识创新的重要基地,并努力成为世界知名的高水平大学。

7月28日—8月13日　徐匡迪率上海市代表团赴澳大利亚、新西兰和巴西进行友好访问,并签署《上海市与昆士兰州(澳大利亚)面向21世纪友好关系的联合声明》。

7月　崇明县被国家认定为国家级生态农业县,是全市首个。

8月1日　上海移动通信公司成立,上海电信重组改革迈出重要一步。

8 月 8 日　上海国际会议中心在浦东新区陆家嘴金融贸易区落成。1996 年 5 月 13 日动工。总建筑面积 11 万平方米，有可容纳 50—800 人的会议厅 30 余个。

8 月 9 日　上海创业投资有限公司在淮海中路 1634 号成立，这是上海市首家风险投资公司。

8 月 10 日　上海市城区全气化暨天然气进入浦西庆典仪式举行。上海城区提前一年零五个月实现燃气全气化。

同日　上海马戏城建成。该项目总投资 3 亿元，1998 年 6 月开工，12 月完成封顶，是一座既能满足国内外杂技大赛和表演之用，又能进行音乐、歌舞表演的标志性文化场所。

8 月 14 日　“东金线”轮渡改建工程完成，已有 65 年历史的陆家嘴轮渡站停航。

同日　上海市残疾人就业安置工作会议召开，根据新修订的法规，全市按在职职工 1.6%比例安排残疾人就业的工作全面展开。

8 月 16 日　上海市依法治市工作会议召开，黄菊作题为《贯彻依法治国方略，推进依法治市工作》的讲话。

8 月 18 日　由国泰证券有限公司和君安证券有限责任公司合并组建的国泰君安证券股份有限公司揭牌仪式举行。该公司注册资本 37 亿元，是当时中国大陆证券市场注册资本最大的证券公司。

8 月 19 日　上海最后一座平炉和最后一座化铁炉分别在 8 月 19 日和 11 月 1 日于上海第一钢铁厂熄火停炉，绵延 86 年的平炉炼钢和持续 41 年的化铁炬钢(工艺)正式退出历史舞台。

同日　台湾民主自治同盟市委举行八届十四次全体会议，郑励志辞去主委，石四箴当选为主委。

8 月 23 日　中共上海市委召开社区党建工作会议，研究部署新形势下上海社区的党建工作。

8 月 24 日　上海市社会团体管理局成立。该局专门负责登记、注册、管理社会团体，取缔、处罚非法社团组织的工作。

8 月 28 日　上海内燃机研究所转制为科技企业，整体进入上海汽车工业(集团)总公司。这是国家局属在沪科研机构实行属地化管理后第一个转制进入上海的企业。

同日　上海浦东发展银行和上海交通大学签订银校全面合作协议，建立战略性银校合作伙伴关系，以优质、全方位的金融服务促进教育产业发展。

同日　西藏北路辟通工程，天目路—新疆路—海宁路、海宁路—周家嘴路、陆家浜路道路拓宽工程全线建成通车。

8 月 29 日　由国家计委、国家经贸委、中科院科技促进经济基金会与上海联和投资有限公司共同组建的上海联创投资有限公司和上海联创投资管理有限公司成立揭牌仪式举行。

8 月 31 日—9 月 2 日　厄瓜多尔共和国总统哈米尔·马瓦德·维特访问上海。

8 月　全市高校秋季招生扩招，比原计划增加 45 870 人，比上年增加 39.04%，全市录取率达 69.83%。

9 月 1 日　总投资 20 多亿元的上海市 11 所寄宿制高级中学全部建成。

同日　上海商品博览会在云南省昆明市举行。

同日　上海农学院并入上海交通大学，成为上海交大的一个二级学院。

同日　上海纺织高等专科学校并入中国纺织大学暨中国纺织大学更名为“东华大学”揭牌仪式举行。

9 月 2—8 日　中国 1999 年昆明世界园艺博览会“上海活动周”在昆明世博园举行，徐匡迪、中共云南省委书记令狐安在开幕式上分别致辞。两省市领导分别出席了开、闭幕式。活动周期间,举办上海商品博览会、经贸洽谈、文艺演出、时装表演、女足比赛、沪滇两地签署5个领域的合作规划和11个合作项目协议等。

9月4日　由全国保护母亲河行动领导小组主办,共青团上海市委承办的“母亲河,我与你同行——长江流域绿色传递活动会旗仪式”在外滩观光大道举行。

9月6日　中国信达资产管理公司与上海焦化有限公司的股东上海华谊(集团)公司、上海城市建设投资开发总公司举行债权转股权的签字仪式,上海焦化有限公司成为全国首批、上海首家“债转股”试点企业。

同日　上海纺织控股(集团)公司所属太平洋机电(集团)有限公司整体划转上海电气(集团)总公司,这是上海工业系统通过跨行业资产重组实现国有企业解困的重大举措。

9月8日　“为了民族的伟大复兴”——上海教育界庆祝建国50周年暨第十五届教师节主题晚会举行。黄菊等市领导出席晚会,并为获“上海市特级教师”等奖项代表颁发证书。

9月9日　国际金融公司参股投资上海银行的协议书签字仪式在美国华盛顿举行。这是世界银行集团投资中国金融业的第一个项目。国际金融公司以每股2.12元人民币参股投资1亿股,拥有上海银行5%的股份,并有1人进入上海银行董事会。

9月9—13日　由全国政协副主席李贵鲜率领的全国政协“土地整理——土地资源与可持续发展”调研组在上海考察工作。

9月10日　位于闸北区共和新路2266号的上海马戏城开台首演上海杂技团大型杂技剧《东方夜谭》。

9月11日　国内首座公安博物馆——上海公安博物馆开馆。

9月12日　为庆祝人民政协成立50周年,市政协在上海大剧院举行以“团结在社会主义、爱国主义旗帜下”为主题的专场文艺晚会。

同日　上海大学在宝山举行新校区启用暨开学典礼。全国政协副主席、上海大学校长钱伟长以及市长徐匡迪等与7 000余名师生一起参加庆典。

9月13日　上海社会科学院历史研究所熊月之主编的15卷本《上海通史》,由上海人民出版社正式出版。

同日　上海教育系统举行“名师讲坛”首场报告会。中国工程院院士、博士生导师徐匡迪为全市700余名教师代表作题为《今天,我们怎样做教师》的首场报告。

9月15日　延安高架路中段建成通车仪式举行,延安高架路中段工程于1998年4月15日全面启动。至此,历时7年,总投资182亿元、全长64公里的市区高架立体交通网络全面建成。黄菊、徐匡迪、陈铁迪、王力平出席通车典礼。

同日　迎宾高速公路(S1)建成通车,别称上海迎宾大道,西起外环高速公路东南端点的迎宾高速枢纽,东至浦东国际机场外,全长12公里,为浦东国际机场配套工程。

同日　市政府作出《关于加强本市环境保护和建设若干问题的决定》。2000年3月29日,市政府转发市建委等六部门《关于加强本市环境保护和建设的实施意见》。

同日　第七届精神文明建设“五个一工程”奖颁奖大会在北京举行,上海11部作品获全国,10部作品获国家社科优秀成果奖;27部作品获国庆优秀献礼作品奖。12月14日,上海召开文艺、理论、出版优秀作品表彰大会,对获奖作品进行表彰。

同日　由江泽民题写书名的1999年版《辞海》由上海辞书出版社正式出版,此版《辞海》推出彩图本为主体版本，这是中国首部随文配置彩图的大型词典。

9 月 15—19 日　全国城市卫生综合检查团在上海检查。

9 月 16 日　国务院批复市政府同意撤销青浦县，设立青浦区。12 月 21 日，中共上海市委、市政府在青浦召开撤县建区干部大会，宣布区委常委会成员名单和相关决定。2000 年 1 月 10—11 日区政协第一届第一次会议召开，1 月 11—12 日区第一届人大会第一次会议召开，分别选举产生区人大常委会、区政府、区政协领导班子。1 月 12 日，区委、区人大、区政府、区政协挂牌。

同日　中央精神文明建设指导委员会召开电视电话会议，表彰全国精神文明先进单位。上海市 58 个单位获奖，黄浦区和卢湾区获“创建文明城市工作先进城区”的称号。

同日　中国高等航海教育 90 周年暨上海海运学院校庆大会举行。

9 月 18 日　上海航天局金壮龙、孙晋良、李相荣、邓崇报 4 人被中共中央、国务院、中央军委授予研制“两弹一星”突出贡献科技专家称号。

9 月 18—19 日　中国国际橄榄球公开赛在上海闸北体育场举行，这是中国首次举行大型国际橄榄球赛。

9 月 20 日　南京路步行街开街仪式举行，南京路步行街全长 1 033 米，是全市首条步行街。由江泽民题写的“南京路步行街”街碑揭幕。

同日　党和国家领导人江泽民、李鹏、李瑞环、胡锦涛、尉健行、李岚清等参观“光辉的历程——中华人民共和国建国 50 周年成就展”上海馆，黄菊、徐匡迪等陪同。

9 月 22 日　全国首家民营企业——上海爱建股份有限公司举行成立 20 周年庆祝大会。

同日　上海克虏伯项目国际融资合同在上海签约。

9 月 23 日　*Shanghai Daily*(《上海日报》)创刊，这是上海第一份综合性彩色英文日报。

9 月 23—28 日　江泽民在上海考察工作。

9 月 24 日　中共上海市委召开党员负责干部会议，传达党的十五届四中全会精神，学习全会通过的《中共中央关于国有企业改革和发展若干重大问题的决议》。

同日　“世界摄影家看上海”摄影展在上海国际会议中心揭幕。《上海印象》大型摄影画册同时发行。

9 月 25 日　由黄菊作序、徐匡迪题写书名的《中国共产党上海史》首发式暨庆祝中华人民共和国成立 50 周年理论研讨会举行。

9 月 26 日　以“创新和新兴产业的发展”为主题的第十一次上海市市长国际企业家咨询会议召开。

同日　中国香港特别行政区行政长官董建华应邀到上海参加“1999《财富》全球论坛上海年会”。

9 月 27—29 日　以“中国：未来的 50 年”为主题的 1999《财富》全球论坛上海年会在上海国际会议中心举行，江泽民参加了开幕活动并在开幕晚宴上发表重要演讲。中外代表逾 800 人，世界 500 强企业中有 57 家参加。国务院副总理钱其琛、黄菊、中央书记处书记曾庆红等领导出席开幕晚宴。

9 月 28 日　上海华虹 NEC(日本电气株式会社)电子有限公司在浦东金桥出口加工区正式开业投产。

9 月 29 日　南京路步行街改建工竣开街。长 1 033 米，沿街有 62 家商业企业。江泽民题写街名。

9月30日　上海市庆祝中华人民共和国成立50周年文艺晚会举行。

9月　上海东方教育技术装备中心在嘉定区外冈镇沪宜公路5800号开工兴建。2001年11月竣工落成,2002年5月28日开业,是全国规模最大的首家集工贸于一体的现代化教育技术装备大型专业市场。

10月1日　上海各界干部群众收看北京国庆50周年盛典实况。当日晚上,沪上10个焰火燃放点燃放5万枚节日礼花,并在多处举行焰火联欢晚会。

10月5日　上海浦东新区被建设部命名为"国家园林区"。

10月6日　上海豫园庆祝建园440周年,举行江泽民题写的"海上名园"石碑揭幕仪式。

同日　《上海市与鹿特丹市(荷兰)关于加强两市友好交流关系的备忘录》签字仪式在上海举行。

同日　海外华人华侨国庆观礼嘉宾考察团近300人到上海考察。

10月7—14日　以"创新——迎接知识经济的挑战"为主题的第五届上海科技节举行。活动有主题报告会、上海科技博览会、上海国际创新设计博览会、上海科研成果交易洽谈会、1999信息安全国际会议等。

10月8日　上海交响乐团举行庆祝建团120周年座谈会及专场演出。

10月9日—11月20日　市第四届农民运动会举行,有10个区、县181支运动队,12181名运动员参赛。

10月10日　委内瑞拉共和国总统乌·查韦斯·弗里亚斯访问上海。

10月11—14日　汤加王国国王陶法阿豪·图普四世访问上海。

10月13日　市政府聘任34位国内外专家为上海市"十五"规划咨询专家,首批向社会公开招标的24项"十五"规划重大研究课题同时揭标。

10月14—16日　全国政协副主席胡启立率全国政协社会和法制委员会"人口信息管理系统工程建设"调研组在上海考察工作。

10月15日　上海国有资产经营有限公司成立,这是上海第一个跨行业、跨部门、综合性的国资经营公司。

同日　由市政府与欧盟合作创办的中欧国际工商学院新校园在浦东金桥出口加工区内落成,这是亚洲最大商学院之一。

10月15日—11月1日　中共中央政治局委员、中共上海市委书记黄菊率中国共产党代表团前往挪威、芬兰、冰岛和丹麦四国进行友好访问。

10月16—17日　莱索托国王莱齐耶三世访问上海。

10月16日—11月14日　第五届上海旅游节举行,其间有观光、休闲、游园、娱乐、文体、会展、美食和购物八大类100多项活动。

10月18日　上海市与英国利物浦市在上海签署协议,结为友好城市。

10月20日　中国石油化工集团公司和英国BP阿莫科公司共同投资25亿美元,在上海合资建设世界规模的乙烯裂解及下游加工装置项目,开展联合可行性研究协议在英国伦敦签署。这是上海投资额最大的外资项目。

10月21日　上海世贸商城举行落成典礼,该工程投资2.5亿美元,总面积为28.4万平方米,始建于1993年12月10日。

10月21—31日　第四届上海国际电影节举行,有46个国家和地区的235家影片公司386部影片参赛参展，评出“金爵奖”最佳影片等奖项。

10 月 22 日　上海多伦路文化名人街开市。

10 月 25 日　上海市和莫桑比克马普托市在上海签署协议，建立友好城市关系。

10 月 28 日　外高桥港区三期工程开工。2001 年 11 月 31 日完工，建成可接纳第四代集装箱船的专用泊位 2 个，设计年吞吐能力 65 万标准箱。

10 月 29 日　《上海市和罗纳—阿尔卑斯大区(法国)友好交流项目备忘录(1999—2001 年)》签字仪式在上海举行。

11 月 1—4 日　中共中央政治局常委、国务院副总理李岚清在上海考察工作，并参加全国高等学校后勤社会化改革工作会议。

11 月 2—4 日　德意志联邦共和国总理格哈特·施罗德访问上海。

11 月 2 日—12 月 1 日　由中华人民共和国文化部主办，市政府承办的首届中国上海国际艺术节举行。国务院副总理李岚清、黄菊、全国政协副主席张思卿出席开幕式并观看大型服饰舞蹈《金舞银饰》表演。来自 10 个国家、国内 11 个省市文艺团体和艺术家演出 32 台参演剧和 20 台祝贺剧，并举办了艺术节首届演出交易会、1999 上海艺术博览会、1999 上海亚洲音乐节等。

11 月 6 日　中共上海市委、市政府和上海警备区举行全民国防教育总结表彰大会，表彰先进区县 12 个，先进单位 161 个，先进个人 75 人。

11 月 9 日　中美技术合作，由中国生产总装的首架 MD90－30 干线飞机完成全部试飞项目后，在上海取得美国联邦航空局(FAA)颁发的适航证。全国人大常委会副委员长邹家华为干线飞机试飞成功剪彩。

11 月 10 日　浦东发展银行 3.2 亿元 A 股上市，这是上海第一个银行股。

11 月 10—11 日　中共上海市第七届委员会第五次全体会议举行，全会通过《中共上海市委七届五次全会对〈上海市城市总体规划(送审稿)〉的审议意见》和《中共上海市委七届五次全会关于递补市委委员的决定》。

11 月 14 日　“1999 东丽杯上海国际马拉松赛”开赛。

11 月 15—19 日　第七届上海国际广播音乐节举行。有 29 个国家和国内 27 个省市参加。上海人民广播电台制作的音乐专题节目《龙吟》获“金编钟”奖。

11 月 16 日　上海市安置三峡库区移民工作领导小组成立，安置三峡库区移民工作正式启动。

11 月 17 日　中国科学院增选 1999 年新院士 55 人，其中上海市 10 人。

11 月 20 日　上海航天基地参与研制的中国第一艘“神舟”号宇宙飞船在酒泉卫星发射中心发射成功。

11 月 24 日　上海市民族工作会议召开，贯彻落实中央民族工作会议精神。

同日　上海电子商务网上支付系统开通。

11 月 25 日　《上海百科全书》首发式举行。这是上海首部全面、系统地介绍上海的地域性百科全书，编纂工作自 1995 年 8 月启动。

11 月 25—27 日　中共中央政治局委员、国务院副总理吴邦国在上海考察工作。

11 月 26 日　《上海市和埃斯波市(芬兰)友好合作交流项目备忘录(1999—2001 年)》签字仪式在上海举行。

11 月 26—27 日　上海市技术创新大会举行，会议提出 2000—2002 年主要奋斗目标。12 月 31 日，中共上海市委、市政府印发《加强技术创新、发展新科技、实现产业化的实施意见》。

11月27日　中科院神经科学研究所在上海成立，首次聘请外籍华人科学家蒲慕明任所长。

11月28日　上海市促进小企业发展协调办公室，市小企业(生产力促进)服务中心和市小企业(贸易发展)服务中心成立并开始运作。

同日　“新中国50年上海十大金奖、银奖经典建筑”“新中国50年上海最佳住宅小区大奖”评选揭晓。

11月30日—12月3日　第十届国际海事技术学术会议和展览会在上海展览中心，亚、欧、美、大洋洲等20多个国家和地区的600多家公司参加。

11月30日—12月4日　黄菊、徐匡迪等率团赴北京和天津学习考察。

12月1日　市政府有关部门召开上海住房综合配套改革新闻发布会，宣布上海住房制度综合配套改革方案，近期陆续推出6项配套政策。

12月2日　上海电气集团下属10家子公司在北京与4家资产管理公司及国家开发银行签订总额45.67亿元的“债转股”框架协议，为上海工业系统金额最大的“债转股”协议。

12月3日　市政府赠送给中国澳门特别行政区的礼品《申城庆归》工艺品启运。

12月3—6日　“沪港澳台姐妹牵手世纪行”活动在上海国际会议中心举行。

12月3—16日　市文化局组织越剧《红楼梦》、昆剧《牡丹亭》、淮剧《西楚霸王》、话剧《股票的缘份》和一台交响音乐会赴京进行新创作剧目汇报演出。国务院总理朱镕基、中共中央政治局常委尉健行以及彭珮云、王忠禹、经叔平、丁关根、孙家正、赵启正等领导分别观看演出。

12月5日　在上海刘海粟美术馆展出“中国美术馆藏路德维希捐赠国际艺术品展”的全部80多幅欧美现代艺术家作品，其中包括艺术大师毕加索的4件原作。德国彼德·路德维希夫妇是国际著名收藏家，从1993年开始，3次访问中国，并捐赠他们的艺术收藏品。

12月8—9日　巴哈马国总督奥维尔·特恩奎斯特访问上海。

12月9日　国内最大的年产12万吨苯酚丙酮装置在高桥石化公司上海高桥化工厂建成投产。

12月10日　上海人工半岛围海造地第一期工程在南汇芦潮港开工，该工程后被命名为海港新城，总计依靠围海造地获得33平方公里的建设用地，全部工程于2005年2月完成。

12月13—17日　由国家经贸委、外经贸部和市政府共同主办的第一届上海国际工业博览会在上海展览中心举行。观众达22万人，成交额25亿元。

12月15日　中共上海市委、市政府召开维护社会稳定工作会议。

同日　上海港年吞吐集装箱突破400万国际标准箱。

同日　黄菊在上海大众汽车三厂揿动电钮，首辆帕萨特轿车下线。

12月16—18日　斐济群岛共和国总理马亨德拉·乔杜里访问上海。

12月17日　黄菊在上海通用汽车有限公司按动别克变型车下线电钮，首辆上海别克变型车——GL8公务商务旅行车正式下线。由此，上海通用成为国内首家实现不同车型共线生产的汽车制造公司。

12月17—18日　阿尔巴尼亚共和国总统雷杰普·迈达尼访问上海。

12月19日　当日晚上至20日凌晨，上海各界庆祝澳门回归祖国联欢晚会在外滩广场的澳门回归倒计时牌下隆重举行。黄菊、徐匡迪以及市各级领导与全市各界人士4 000余人一起联欢。20日，各区、县分别在上海青年文化活动中心、浦东滨江大道、静安寺广场、淮海公园露天广场等地，举行庆祝澳门回归祖国联欢活动。

12月21日　上海市社会保障卡网络系统开通。

同日　市政府举行上海市荣誉市民称号颁授仪式。

12 月 22 日　中共上海市委召开新经济组织党建工作会议，明确新经济组织党建工作的目标。

12 月 26 日　毛泽东诞辰 106 周年纪念日，修缮后的上海茂名路毛泽东旧居陈列馆正式开放。

12 月 27 日　上海公共交通卡系统试运行和公共交通卡首发仪式举行。上海成为国内大陆地区第一个实现公交、地铁、轮渡“一卡通”的城市。

同日　中国工程院公布 1999 年新院士增选结果，上海共有 4 人当选工程院院士。

12 月 27—28 日　中共中央政治局委员、国务委员、中央政法委书记罗干在上海考察工作。

12 月 28 日　上海技术产权交易所正式开业，标志着国内首个“技术创业板”市场启动。

12 月 29 日　上海市文化稽查总队成立，这是全国第一支文化市场综合执法队伍。

12 月 30 日　上海市外国投资促进中心挂牌成立。

12 月 31 日　为迎接 2000 年的到来，在东方明珠电视塔举办迎接新世纪新千年联欢活动。

同年　全市轿车、电子和通信信息设备、电站及成套设备及大型机电设备、钢铁、石化和精细化工六大工业支柱产业占全市工业总产值的比重由 1992 年的 39%上升到 72%。

同年　截至 1999 年底，全市再就业服务中心共托管下岗职工 150 万人次，分流安置率达 80%左右。

同年　全市人均公共绿地面积 3.5 平方米，绿化覆盖率 19.8%。

2000年

1月1日　上海迎战"千年虫"(计算机2000年问题)首战告捷,全市计算机系统平安跨入新千年。

1月4日　全市"三车"(残疾车载客营运、人力三轮车自装动力装置营运、无牌无证机动三轮车非法营运)整治结束。共安置残疾车主9 061人、吸纳货运三轮车主2 539人、置换残疾车12 314辆,查扣黑车12 171辆。全市残疾车非法客运绝迹。

同日　位于奉贤县境内的上海市浦南病死畜禽无害化处理焚烧站举行落户庄行签约仪式,是国内首座病死畜禽全封闭、无害化处理焚烧站。2002年4月一期工程投入使用。

1月7日　市政府印发、发布《关于进一步发展上海张江高科技园区的实施方案》《上海市促进张江高科技园区的若干规定》。1月17日,张江高科技园区领导小组成立。2001年7月15日,市政府印发《上海市促进张江高科技园区发展的若干意见》,同时废止《上海市促进张江高科技园区的若干规定》。

1月7—9日　中共上海市第七届委员会第六次全体会议召开。全会通过《中国共产党上海市第七届委员会第六次全体会议关于市委常委会工作报告的决议》。

1月12日　在全国双拥模范城(县)命名大会上,上海市黄浦区、嘉定区、宝山区、杨浦区、闵行区、虹口区、长宁区、崇明县和徐汇区被授予全国双拥模范城(县)称号。

同日　全市3.6万辆出租汽车已全部完成带有IC卡扩展功能计价器的改装工作,350余家经营企业已经实施联网使用IC管理卡。

1月13日　国内首个慈善事业义拍网站(http://yp.sq.sh.cn),在上海开通。25日,举办首次义拍活动,在持续96个小时的义拍中,50余件商品拍卖所得总计27 117元。

1月15日　由上海现代建筑设计(集团)有限公司和上海建筑装饰(集团)有限公司联合组建的上海近代建筑工程有限公司挂牌成立,是为国内第一家致力于保护近代优秀建筑的专业公司,对建于1840年至1949年间的,具有历史、艺术和科学价值的近代建筑进行加固、改造、修缮和装饰。

1月18日　嘉浏高速公路工程开工,2001年12月20日竣工通车。嘉浏高速公路南起嘉浏公路的嘉西立交,北至新浏河大桥,与204国道江苏省相接,全长10.34公里,双向4车道,设计时速为100公里。

1月20日　总面积达23万平方米的延安路成都路大型公共绿地一期工程正式开工。一期工程占地面积达7.4万平方米,于2000年6月基本建成。

1月22日　中国国家信息安全测评认证中心上海测评中心成立,是为上海加强信息网络安全建设的一项重要举措,是上海信息港建设和发展信息网络安全产业的重要步骤之一。

1月23日　在重组优化上海电视大学、上海教育电视台、上海市电化教育馆和上海市电视中专等远程教育资源基础上组建的上海远程教育集团正式成立。

1月24—25日　市十一届人大常委会第十六次会议审议通过《上海市城市总体规划(1999—2020)》的决议。

1月30日　以"万人捐、帮万家,让特困家庭过好年"为主题的2000年新年万人上街慈善募捐活动举行。募集捐款 253.026 万元，其中实物价值 90 万元。

2 月 1 日　上海正式受理个人独资企业，市工商局颁发全市首批个人独资企业营业执照。

同日　罗马尼亚驻沪总领事馆开馆。

2 月 9 日　5—8 微米波段半导体量子级联激光器在上海研制成功，中国成为世界上第二个能生产此类产品的国家。

2 月 10 日　上海交大现代金融研究中心成立。汪道涵等出席。“中心”由交大 10 多名校友和交大共同发起，得到国内外一批知名经济学家与金融家的支持响应。中国人民银行上海分行、上海证券交易所、中国平安保险等近 30 个机构参与了“中心”的建设并成为理事单位。

2 月 13 日　市教委举行上海市首批人民教育督察员聘任大会，首批 21 位市级人民教育督察员获颁聘书和督察证。

2 月 14—18 日　市政协举行九届三次全体会议。

2 月 15—19 日　市人大十一届三次会议举行。市长徐匡迪作《政府工作报告》。

2 月 20 日　国家科学技术奖励揭晓，上海获得国家自然科学奖 4 项，国家技术发明奖 5 项，国家科学技术进步奖 27 项。

同日　上海集成电路设计产业化基地在上海科技京城建立，这是全国首家集成电路设计产业化基地，首批 13 家集成电路设计公司入驻。

2 月 23 日　上海首批春季招生院校开始招生，打破了高考“一考定终身”。上海大学、上海理工大学、上海师范大学、上海中医药大学、上海水产大学、上海电力学院、上海金融高等专科学校、上海立信会计高等专科学校 8 所高校录取新生 1 063 人。

2 月 25 日　上海环城绿带二期工程建设启动。计划于 2002 年底建成全长 52 公里、宽 100 米、面积达 520 公顷的林带。

同日　上海城市规划展示馆对外试开放，中共中央总书记江泽民题写馆名。2001 年 2 月 28 日正式开馆。该馆位于人民广场东侧，占地面积 3 600 平方米，建筑面积 2 万余平方米，其中展示面积近 7 000 平方米，总投资 2 亿元，是上海乃至全国第一座专门用于城市规划与建设成就展示的建筑，于 1998 年 4 月开工，1999 年 10 月建成。

2 月 27 日　上海仪电、广电、建材等集团再就业服务中心最后一批下岗职工顺利分流，3 个中心改造成为与劳动力市场配套的职业介绍和培训中心。上海下岗工人再就业开始从“双轨”到“转轨”。

2 月 28 日　市第四次“三讲”教育工作会议召开，中共中央政治局委员、中共上海市委书记黄菊发表讲话。

同日　市政府决定，上海奉浦工业区将定位为上海市工业综合开发区，成为建设张江高科技园区和上海化工区之后的第三个重点工业区。

同日　市政府常务会议通过《关于以投资、建设、运营、监管“四分开”为核心的轨道交通投融资体制改革方案》。

3 月 1 日　中国科学院发布的 2000 年《中国可持续发展战略报告》中，上海市 2000 年可持续发展总体能力得 65.86 分，居全国之首。

3 月 5—11 日　第十届中国华东进出口商品交易会在上海举行。成交额 12.95 亿美元，比上年增长 7.3%。

3 月 15 日　上海信息港主体工程建设工作大会召开。上海信息港主体工程是市政府确定的

2000 年第一号重大建设工程,有三大板块七项子工程。

3 月 16 日　上海市全国高校毕业生科技创业资金仪式启动仪式举行。同时举行上海市高校毕业生就业指导中心科技创业服务部揭牌仪式。市高校毕业生就业指导中心与上海市科技创业中心在《上海市"全国高校毕业生科技创业资金"协议》上签字。这项资金总额为 1 500 万元,主要用于支持入驻上海科技创业中心孵化基地的高校毕业生科技创业和科技成果转化。在启动仪式上还签订了上海交大毕业生首项创业项目意向书。

3 月 20 日　中国科学院地理科学和资源研究所与上海市农工商集团、市气象局签约,在上海建设精准农业国家级试验示范基地项目。

3 月 26—28 日　刚果共和国总统德尼·萨苏—恩格索访问上海。

3 月 28—30 日　密克罗尼西亚联邦总统利奥·法尔卡姆访问上海。

3 月 29 日　上海港外高桥港区一期码头合资经营项目合同签约。

3 月 31 日　上海市华山神经外科(集团)医院成立。这是上海首家以特色学科为纽带的集团医院。

同日　上海高速公路网首次项目招商会举行,宣布"十五"期间(2001—2005 年)全长 650 公里、总投资 400 亿元的上海高速公路网十大项目将全部向国内外投资者招商,市政府公布 9 条招商优惠政策。

4 月 2 日　《上海市与清迈府(泰王国)建立友好市府关系协议书》签字仪式在上海举行。

4 月 4 日　市政府印发《关于进一步完善"两级政府,三级管理"体制的若干意见》。

4 月 5 日　上海市社区工作会议召开。会上提出,社区工作的目标是:党的领导有力,行政管理有序,各方广泛参与,人民安居乐业。

4 月 8 日　沪青平高速公路入城段开工建设。2001 年 4 月 25 日,全长 4.17 公里的沪青平高速公路入城段建成通车。

4 月 9 日　由中国工商银行上海市分行主办、市档案馆协办的上海首家银行博物馆开馆。

4 月 10 日　市政府机构改革工作部署会议召开。按照中共中央、国务院批准的《关于上海市人民政府机构改革方案》,市政府实行机构改革。

4 月 10—12 日　全国企业改革与管理工作会议在上海举行。11 日,中共中央政治局委员、国务院副总理吴邦国出席会议并作重要讲话。

4 月 13—16 日　由中共福建省委书记陈明义、省长习近平率领的福建省代表团在上海考察工作。

4 月 14 日　上海市获全国卫生先进城市称号。

4 月 15 日　上海大众汽车举行汽车三厂建成和帕萨特轿车投产仪式。总投资 62.53 亿元的上海大众汽车三期工程建成投产,形成 15 万辆帕萨特轿车年产能力。

4 月 15—16 日　新加坡共和国总理吴作栋访问上海。

4 月 18 日　上海市庆祝浦东开发开放 10 周年大会在上海国际会议中心举行。黄菊作题为《再接再厉,开拓进取,把浦东开发开放搞得更好更扎实》的重要讲话。晚上在浦东陆家嘴举行联欢晚会。

同日　浦东中央公园在浦东新区花木地区建成开放,占地 140.3 公顷,投资 10 亿元。2004 年改名为世纪公园。

4 月 18—19 日　由市政府、科学技术部、对外贸易经济合作部、教育部、中国科学院、中国工程院和联合国开发计划总署共同主办的世界企业孵化与技术创新大会(简称世孵会)在上海举行,大会通过《上海宣言》。

4 月 20 日　由对外贸易经济合作部、国家发展计划委员会、国家经济贸易委员会与市政府共同主办的上海浦东开发开放战略研讨会在上海举行。

4 月 21 日　上海市精神文明建设工作会议举行。会议表彰了 1999 年度精神文明创建活动的先进集体和个人。

4 月 21—22 日　中国科学院院士报告会暨浦东科技创新研讨会在上海举行。徐匡迪在开幕式上讲话,中国科学院院长路甬祥致词并作主题报告。

4 月 21—26 日　以黄菊为团长,徐匡迪、市人大常委会主任陈铁迪、市政协主席王力平为副团长的上海市代表团赴河南省、陕西省学习考察。其间,举行了上海市和河南省两地政府会谈纪要暨合作项目的签约仪式,并向陕西省延安市捐款 500 万元,用于建造延安市老干部活动中心。

4 月 22 日　浦东张江技术创新区开园仪式举行,科学技术部、中国科学院和上海市首批 30 多家创业孵化企业进园挂牌。

4 月 25 日　《上海市和印度尼西亚东爪哇省建立友好市省关系意向书》签字仪式在上海举行。

同日　中国保险监督管理委员会设立的第一家派出机构——上海保险监管办公室成立。

4 月 27 日　上海松江出口加工区在松江工业区内设立,这是国务院批准的首批 15 个出口加工区试点单位之一,是全市首个国家级出口加工区。11 月 8 日通过验收,封关运行。2003 年 3 月 14 日批准在松江科技园区内设立松江出口加工区 B 区,面积 300 公顷,10 月完成基础设施和海关监管设施建设,封关验收。

同日　复旦大学和上海医科大学合并组成新的复旦大学,上海医科大学更名为复旦大学医学院。同济大学和上海铁道大学合并组成新的同济大学。

同日　历时 8 个月的淮海路百年庆典活动拉开序幕。活动由卢湾、徐汇、南市三区合建的淮海路商业企业联合会主办。

4 月 27—29 日　由广西壮族自治区主席李兆焯率领的广西壮族自治区党政代表团在上海考察。

4 月 28 日　上海医学高等专科学校并入上海中医药大学。

5 月 1 日　市政府决定,自零时起取消黄浦江大桥、隧道的设卡收费。

5 月 5 日　市政府召开"三港"服务全国研讨会,指出上海建设"三港"(信息港、航空港、深水港)是一项国家发展战略。

5 月 5—6 日　中共中央政治局常委、全国政协主席、第五届全国残运会组委会名誉主席李瑞环 5 日在上海会见参加第五届全国残运会代表,6 日出席第五届全国残运会开幕式并宣布开幕。国务委员司马义・艾买提、全国政协副主席万国权出席开幕式。

5 月 6—14 日　由中国残联、国家体育总局(以下简称体育总局)、中国残疾人体育协会主办,市政府承办的第五届全国残疾人运动会在上海举行。

5 月 8 日　上海国际集团有限公司成立。该集团在原上海国际信托投资公司的基础上组建。

5 月 8—15 日　中共中央总书记、国家主席、中央军委主席江泽民在江苏、浙江和上海考察。13 日,江泽民视察张江高科技园区浦东软件园。14 日,江泽民在上海主持召开党建工作座谈会,指出始终做到"三个代表"是中国共产党的立党之本、执政之基、力量之源,必须把"三个代表"的要求贯彻落实到党的全部工作中去。

5月10—12日　以“世界商机：世纪之交的中国与亚洲”为主题的美国亚洲协会第十一届企业年会在上海举行。中共中央政治局常委、国务院总理朱镕基在开幕晚宴上发表重要演讲。

5月10—12日　丹麦王国首相波尔·尼鲁普·拉斯穆森访问上海。

5月10—18日　第六届上海国际服装文化节举行。活动有上海国际服装博览会、上海国际服装论坛、上海国际时装模特儿大赛、全国服装设计大赛等六大板块13个大项。

5月11日　原上海市文化局和上海市广播电影电视局“撤二建一”，成立上海市文化广播影视管理局。

5月13日　上海市水务局(以下简称市水务局)、上海市城市交通管理局(以下简称市交通局)成立。

5月15日　2010年上海世界博览会申办委员会在北京举行情况介绍会。国务委员吴仪代表中国政府郑重表示：中国政府全力支持上海承办2010年世界博览会，中国政府作出这个决定是经过深思熟虑的。

同日　经国务院批准，上海市计划生育委员会改名为上海市人口和计划生育委员会(以下简称市人口计生委)。

5月17—19日　巴巴多斯共和国总理欧文·阿瑟访问上海。

5月18日　由原市民族事务委员会和市宗教事务局合并组建的上海市民族和宗教事务委员会(以下简称市民宗委)挂牌。

5月18—19日　菲律宾共和国总统埃斯特拉达访问上海。

5月21日　“中国特奥世纪行”上海段特奥慈善活动举行。

5月22日　上海师范大学女子文化学院成立，在上海高校中第一个设女子高等教育专业。

5月22日—6月8日　应越南共产党、老挝人民革命党、日本政府和韩国政府的邀请，黄菊率中国共产党代表团出访上述四国。

5月24日　市政府召开2000年上海投资信息发布会。其中农业有16个合作项目签约，吸引内资约5 000万元、外资近900万美元。

同日　科学技术部、对外贸易经济合作部批准16个高新技术产业开发区为国家级高新技术产业开发区首批高新技术产品出口基地。上海有漕河泾新兴技术开发区、张江高科技园区、上海大学科技园区、中国纺织国际科技产业城、金桥现代科技园和嘉定民营科技密集区等6个。

5月25日　上海市市容环境卫生管理局(以下简称市市容环卫局)成立。

同日　阿根廷共和国驻沪总领事馆开馆。

5月26日　由原上海市房屋土地管理局和上海市地质矿产局合并组建的上海市房屋土地资源管理局成立。

5月27日　原上海市园林局更名为上海市绿化管理局(以下简称市绿化局)。

同日　上海市药品监督管理局成立。

5月28日　零时，东方网(www.eastday.com)正式开通，这是当时上海规模最大的综合性网站。

同日　上海信息港主体工程中七项子工程之一的上海超级计算中心在浦东张江高科技园区开工，年底建成。

5月30日　上海市和阿拉伯联合酋长国迪拜市在上海签署协议，建立友好城市关系。

5月31日　苏州河调水工程启动。该工程引上游太湖清水，改善苏州河水质。

5 月　卢湾区的瑞金街道、浦东新区的潍坊街道、塘桥街道、浦兴路街道和梅园街道在居委会换届选举中，除采用代表选举、居民代表选举两种方式外，试点开展居委会直接选举。

同月　闵行区基本建成黄浦江涵养林，被列为市林业生态示范工程，是全市首条绿色生态走廊。

6 月 2—3 日　沪港大都市发展研讨会在上海举行。徐匡迪和中国香港特别行政区行政长官董建华出席研讨会开幕式，并分别作重要演讲。

6 月 3 日　由中国人民银行、中国证监会和中国保监会首次联合主办、市政府承办的中国金融发展战略研讨会在上海举行，全国政协副主席经叔平出席会议。

6 月 5—7 日　亚太地区城市信息化高级论坛在上海举行。该论坛由联合国、联合国开发计划总署、市政府、中华人民共和国信息产业部(以下简称信息产业部)、中国科学院共同主办。

6 月 6 日　陈云故居暨青浦革命历史纪念馆开馆。

6 月 10 日　上海新华发行集团暨上海新华发行(集团)有限公司成立。集团由上海新华书店、上海书城、中国科技图书公司、上海音乐图书公司等上海图书发行企业组建。

6 月 12 日　总投资 38 亿元、面积 84.68 平方公里的上海实业现代农业园区建设在崇明岛正式启动。这是由上海实业(集团)有限公司投资，迄今上海规模最大的现代农业园区。

6 月 13 日　经国务院批准，市政府同意撤销黄浦、南市两区，设立新的黄浦区。7 月 1 日，中共上海市委、市政府在黄浦召开撤二建一干部大会，宣布新的黄浦区委常委会成员名单和相关决定。7 月 18—19 日新的黄浦区政协第一届第一次会议召开，7 月 21—22 日新的黄浦区第一届人大会第一次会议召开，分别选举产生区人大、区政府、区政协领导班子。7 月 22 日，区委、区人大、区政府、区政协揭牌。新黄浦区以原黄浦、南市区域为行政区域，建区时面积 12.41 平方公里，人口 66.18 万人。

6 月 18 日　总投资 65 亿元的上海石化四期工程暨总投资 47 亿元、年产量增至 70 万吨的乙烯装置技术改造工程正式开工建设。全国政协副主席陈锦华出席开工典礼。2002 年 4 月 29 日，上海石化四期工程五大项目全部建成，包括年产 70 万吨乙烯主体装置技术改造项目；新建年产 20 万吨聚丙烯项目；新建年产 25 万吨聚乙烯项目；6.6 万吨腈纶改造项目。

同日　上海老街在豫园商城建成开市。长 825 米，沿街有 225 家商店。

6 月 19 日　市第五次“三讲”教育工作会议举行，黄菊发表讲话。

6 月 21 日　中共上海市委在浦东新区召开干部大会，宣布新区区委常委会成员名单。8 月 3—4 日，新区政协第一届第一次会议召开，8 月 4—6 日，新区第一届人大会第一次会议召开，分别选举产生新区人大、政府、政协领导班子。8 月 8 日，新区区委、人大、政府、政协挂牌。

6 月 23 日　《上海市—大韩民国全罗南道农业交流协议书》签字仪式在上海举行。

6 月 26 日　亚洲开发银行 2000 年市长论坛在上海举行。亚太地区 60 个城市的市长、官员、非政府组织以及开发机构的代表参加。

6 月 27—28 日　西班牙王国首相何塞·玛丽亚·阿斯纳尔访问上海。

6 月 27 日—7 月 10 日　应友好城市法国罗阿大区、德国汉堡市、土耳其伊斯坦布尔市政府以及德国经济合作和发展部部长、德国交通建筑和住宅部部长的邀请，市长徐匡迪率上海市代表团对上述三国进行友好访问。

6 月 28 日　滇沪高教对口协作会议在上海召开。会议草签了两省市各 6 所高校结成姊妹学校的协议意向，12 所高校领导在协议意向书上签字。

7月1日　中共上海市委召开全市党员负责干部会议,传达贯彻中央思想政治工作会议精神。

同日　7.4万平方米的延安中路绿地一期工程竣工并试开放,这是当时上海市中心最大的公共绿地。23万平方米的二期工程于10月21日启动,2001年6月28日全面建成并对外开放。

同日　中国电信集团上海市电信公司成立。

同日　上海汽车集团与瑞典沃尔沃客车有限公司、沃尔沃(中国)投资有限公司合资组建上海申沃客车有限公司签约。公司将引进生产多种世界一流水平的沃尔沃低入口城市客车和城郊客车,形成年产2 000辆城市公共汽车和500辆城郊客车的生产能力。

7月3—8日　以黄菊为团长的上海市代表团赴宁夏回族自治区和内蒙古自治区学习考察,其间举行上海市与宁夏回族自治区、上海市与内蒙古自治区合作项目签约仪式。

7月10日　龙华中医医院集团成立,这是上海首家中医医院集团。有龙华、天山、普陀、嘉定和奉贤五家中医医院组成。

7月13日　由加拿大联邦政府、魁北克省政府和蒙特利尔市政府共同出资赠建的蒙特利尔园在浦东世纪公园落成。

7月14日　总投资近70亿元的吴泾八期工程首台60万千瓦国产火电机组经试运行后正式投入生产。该工程为国家重点工程和上海市重大工程,首台60万千瓦火电机组全部由上海自行设计、制造、施工调试。

7月19日　上海瑞金医院集团成立。该集团由瑞金医院、瑞金医院分部、卢湾分院和闵行医院组成。

7月20日　上海市专利局更名为上海市知识产权局(以下简称市知识产权局)。

7月22日　中共上海市委、市政府、上海警备区召开上海市拥军优属、拥政爱民模范和先进命名表彰大会。命名表彰一批双拥模范、先进集体和模范、先进个人。

7月24—26日　中共中央政治局常委、国务院副总理李岚清在上海出席由国务院办公厅召开的全国城镇职工基本医疗保险制度和医药卫生体制改革工作会议并发表重要讲话。

7月28日　"川气东送"上海市天然气主干网建设开工典礼在青浦区徐泾镇金云村举行。"川气东送"工程西起四川省达州市宣汉县,途径重庆、湖北、安徽、浙江、江苏等省(市),东至上海青浦区,全长1 700余公里,每年可为东部及沿海地区输送120亿立方米的天然气。进入上海后的主干网全长39公里,项目投资627亿元。

7月28日—8月2日　2000年上海国际少年儿童文化艺术节举行。来自海内外44个艺术团演出50场文艺节目,上海有100余万少年儿童参加活动。

7月29日　松江大学城在松江区破土启建。中国工商银行上海市分行与市教委、松江区政府分别签订提供贷款15亿元、4亿元的合作协议,这些贷款用于上海松江大学城建设。2002年底,大学城基本建成,上海外国语大学、上海对外经贸学院、上海立信会计学院、东华大学、上海工程技术大学、华东政法学院、复旦大学上海视觉艺术学院7所学校先后入驻。

8月1日　爱尔兰共和国驻沪总领事馆开馆。

8月5日　松江发现元代、明代古墓8座,发掘出古尸4男5女,其中一男性古尸保存完整,同时还出土了一批珍贵文物。

8月12日　由市科委组织,中国科学院上海植物生理生态研究所、复旦大学、上海交通大学、中国科学院国家基因研究中心和上海市农业科学院等单位参与共同组建的上海植物基因研究中心成立,这是我国第一家进行植物基因研究和开发利用的机构。

8 月 13 日　10 时至 10 时 27 分，嘉定城区及南翔、安亭、马陆、戬浜、黄渡、外冈、娄塘等 7 镇成功演练防空警报试鸣，是 50 年来全市首次在非战争和非紧急情况下拉响防空警报。

8 月 17 日　首批重庆市云阳县 150 户、639 人三峡库区移民抵崇明落户。

8 月 18—21 日　由市新闻办和市政府外办联合举办的“瑞典上海周”活动在瑞典哥德堡市举行。

8 月 22 日　由国家信息中心、中国电信集团上海市电信公司、市信息中心主办的中国首届网站博览会在上海世贸商城展厅举行。北京、上海、江苏等省市的 40 多个中文网站参展。

8 月 24 日　市政府制定并公布《关于中国加入 WTO 上海行动计划纲要》。

8 月 28 日　向阳儿童世界商厦在静安区南京西路 993 号开业，是全市最大的儿童商品专业商场。

9 月 1 日　上海航天局研制的“长征四号乙”运载火箭成功发射“中国资源二号”卫星。

9 月 1—5 日　中共中央政治局委员、全国人大常委会副委员长姜春云率领的全国人大常委会执法检查组对上海市贯彻实施《中华人民共和国城市居民委员会组织法》情况进行执法检查。

9 月 3 日　市政府颁布《上海市城镇廉租住房试行办法》，首先在长宁、闸北两区开展廉租住房试点工作。

9 月 10—12 日　阿根廷共和国总统费尔南多・德拉鲁阿访问上海。

9 月 12—13 日　几内亚共和国总理拉明・西迪梅访问上海。

9 月 13—14 日　瑞士联邦主席阿道夫・奥吉访问上海。

9 月 14 日　由上海冶金高等专科学校、上海轻工高等专科学校、上海化工高等专科学校合并组建的上海应用技术学院当天正式揭牌成立。市长徐匡迪为学院题写院名。

9 月 16 日　上海会展公司和上海世界展览会议有限公司成立，这两家公司将分别承办 2001 年第九届亚太经合组织（APEC）领导人非正式会议和申办 2010 年上海世界博览会工作。

9 月 17 日　上海射击运动员陶璐娜于悉尼奥运会为中国夺得首枚金牌，获得女子 10 米气手枪冠军，中共上海市委、市政府致函出征悉尼奥运会的中国体育代表团，对此表示祝贺。

9 月 18 日　国家药品监督管理局与市政府关于上海医疗器械高等专科学校划转交接仪式举行。

9 月 21—24 日　首届上海国际家庭用车暨商用、专用汽车展览会在上海展览中心举行。国内外 150 多家汽车生产、流通企业参展。

9 月 23 日　华山路拓宽工程完成，至此，历时 10 多年、总投资 180 亿元、道路全长 55 公里的上海市中心“三横三纵”主干道网络建设全面建成通车。

9 月 23 日—10 月 22 日　由建设部和市政府共同主办的第三届中国国际园林花卉博览会在浦东世纪公园举行。50 个国内城市、13 个国家和地区的 34 家花卉企业参展，其间接待中外游客 150 多万人。

10 月 4 日　外滩观光隧道进行参观性试运行。

10 月 9 日　经国家新闻出版署批准，新组建的解放日报报业集团成立。该集团拥有 9 报 3 刊和 1 个网络版。

10 月 12 日　中共上海市委召开全市党员负责干部会议，传达贯彻党的十五届五中全会精神。

同日　负责管理上海、江苏、浙江、安徽四省（市）中央储备粮和中央直属粮食储备库的中国储备粮管理总公司上海分公司成立。

10月13—14日　阿尔及利亚民主人民共和国总统阿卜杜勒·阿齐兹·布特弗利卡访问上海。

10月13—14日　中共上海市第七届委员会第七次全体会议举行。会议通过《〈中共上海市委关于制定上海市国民经济和社会发展第十个五年计划的建议〉的决议》。

10月14日—11月12日　第六届上海旅游节举行。有观光、休闲、娱乐、文体、会展、游园、美食与购物共八大类一百多项活动,吸引境外十万、国内百万游客。

10月16日　上海房管行业首家民营企业——上海合众企业发展有限公司成立。

10月16—18日　赞比亚共和国总统弗雷德里克·雅各布·泰特斯·奇卢巴访问上海。

10月17日　中共上海市委、市政府举行上海市欢迎奥运健儿凯旋大会。市政府嘉奖陶璐娜、王励勤、叶冲三位运动员。

10月18—20日　中共中央政治局委员、全国人大常委会副委员长田纪云在上海考察工作。

10月18—21日　由国家旅游局、中国民用航空总局和市政府共同举办的2000年中国国际旅游交易会在上海举行。有42个国家和地区近10 000名旅游界人士参加,国内各省、自治区、直辖市组团参展,参观者达152万人次。

10月19—24日　中共中央政治局委员、书记处书记、中宣部部长丁关根在上海考察工作。

10月20日　市政府制定《上海市城镇职工基本医疗保险办法》,按职工的退休时间、出生年月及参加工作时间等因素,将参保人员划分为"老人""中人"和"新人",并分别确定了相应的医疗保障待遇。

10月22日　经建设部验收,闵行区成为国家园林城区。

同日　第25届ACM国际大学生程序设计大赛亚洲赛区竞赛在上海大学举行。清华大学、上海交大和中山大学分别获前三名。

10月22—27日　泰王国诗丽吉王后访问上海。

10月24—28日　由国家经济贸易委员会、对外贸易经济合作部、科学技术部、信息产业部、教育部和市政府共同主办的第二届上海国际工业博览会——2000年高新技术成果展举行。江泽民为工博会题写会名,国务院副总理吴邦国和黄菊出席开幕式并剪彩。参观洽谈者40万人次,成交额220亿元。

10月24—29日　第八届上海电视节举行。活动有"白玉兰"奖评选、国际影视节目交易会、国际广播影视设备展览会、国际影视学术研讨会。

10月26日　面向全国,为政府、企业、社会提供服务的上海世界贸易组织(WTO)事务咨询中心成立。

同日　外高桥港区四期工程开始打桩。2002年12月30日完工,建成集装箱船泊位4个,设计年吞吐能力180万标准箱。工程所形成的"集装箱港区陆域浅层地基处理技术"达到国际先进水平。

10月27日　经国务院批准,国家级的钻石交易所,上海钻石交易所成立大会在浦东金茂大厦举行。黄菊为上海钻交所揭牌,市长徐匡迪致辞并为钻交所开业鸣锣。与钻交所配套的陆家嘴、龙华两大钻石加工区12月8日正式成立。

10月29日　以"政府宏观管理、大都市城区管理和现代企业管理"为主题的第十二次上海市市长国际企业家咨询会议召开。

同日　由第二届中国上海国际艺术节组委会、上海旅游节组委会和浦东新区政府共同主办的"联洋之夜——上海国际音乐烟火节"在浦东世纪公园开幕。

11 月 1 日　零时为第五次全国人口普查时点，2001 年 4 月 2 日，国家统计局公布的第五次全国人口普查主要数据第二号公报显示，上海市人口达到 1 640.77 万人，比第四次全国人口普查公布的人口增加 340 万人。

11 月 1—4 日　第九届上海全国(消费)商品交易会举行，成交额 62.3 亿元。

11 月 1 日—12 月 1 日　由文化部主办、市政府承办的第二届中国上海国际艺术节举行。其间还举办 2000 年上海双年展、上海宝山国际民间艺术节、国际艺术节演出交易会、上海亚洲音乐节等。全国政协副主席任建新出席开幕仪式。

11 月 7—10 日　2000 年上海科技论坛举行。全国人大常委会副委员长成思危出席。

11 月 8 日　上海市庆祝首届中国记者节大会举行。

11 月 9—11 日　瓦努阿图共和国总理巴拉克・塔梅・索佩访问上海。

11 月 11—16 日　中共中央政治局常委、国家副主席胡锦涛在上海考察工作。12 日，参加第七、八届全国政协副主席胡绳遗体送别仪式。

11 月 12 日　“2000 东丽杯上海国际马拉松赛”开赛。

11 月 14 日　中共中央政治局常委、全国人大常委会委员长李鹏考察上海市对口支援三峡库区的重点项目—重庆(上海)汇丽建材有限公司。

11 月 16—26 日　全国人大常委会副委员长邹家华在上海考察工作。

11 月 18 日　由中共中央组织部和建设部共同举办的全国大城市市委书记城市规划专题研究班赴上海考察团到上海考察。

同日　总投资达 16.3 亿美元，由多家海外科技公司汇集国际资金创立的上海宏力半导体制造有限公司在张江高科技园区举行奠基仪式。全国政协副主席胡启立出席奠基仪式。

同日　第一届国际机械工程学术会议在上海举行。江泽民发贺信，全国人大常委会副委员长邹家华出席开幕式并致词。

11 月 22 日　市政府印发《上海市服务参与西部大开发的实施意见》。

11 月 24 日　第十一届残疾人奥运会上海运动员表彰大会暨上海市残疾人体育训练中心、上海市体育运动学校教学楼落成典礼举行。大会表彰黄文涛等 14 名运动员。

11 月 25 日　沪青平和莘奉金两条高速公路在上海高速公路建设工程中首批向社会公开招商建设。

11 月 26—28 日　纳米比亚共和国总统萨姆・努乔马访问上海。

11 月 29 日　上海第九煤球厂转产改制，这是上海最后一家市属煤制品生产企业。

11 月　上海振华港口机械(集团)股份有限公司在长兴岛建港机生产基地，总投资 10 亿元，总面积 100 万平方米，岸线长 3.5 公里。2001 年 6 月一期工程建成投产，是国内最大的港机生产企业。

12 月 1 日　上海医疗保险改革方案以面上试点形式启动实施。

同日　中国联通数据网上海节点项目投入运行。

12 月 3—6 日　新西兰总督迈克尔・哈迪・博伊斯访问上海。

12 月 4 日　上海信息港主体工程中七项子工程之一的上海宽带信息交互中心和互联网络交换中心建成开通。上海信息港主体工程 12 月全部建成。其中上海电信宽带网改造工程，是当时中国大陆城市中规模最大、技术最先进的宽带信息网络。

12 月 4—5 日　由联合国工业发展组织、国家经济贸易委员会、对外贸易经济合作部和市政府联合举办的亚太工业发展论坛在上海举行。全国政协副主席陈锦华出席会议并致开幕词。

12月5日　上海信天通信有限公司成立,这是中国内地首家中外合资电信运营公司。

12月6—7日　亚美尼亚共和国总理安德拉尼克・马尔卡良访问上海。

12月6—7日　上海市信息化工作会议举行,颁布《关于本市鼓励软件产业和集成电路产业发展的若干政策规定》。

12月8日　总投资7.1亿元的上海江桥生活垃圾焚烧厂一期工程在嘉定区江桥镇绥德路800号动工。2003年11月19日,江桥生活垃圾焚烧厂投产,每年可处理生活垃圾33万吨。二期工程于2004年5月开工,2005年9月份进入试运动。11月,一、二期合并投产,日处理生活垃圾1 500吨。

12月9日　中共上海市委、市政府召开全市党政负责干部会议,传达贯彻中央经济工作会议精神。

同日　南汇芦潮港东侧围垦工程通过竣工验收。1997年开围,面积约300公顷,大坝全长3.6公里,命名为"世纪塘"。

12月11日　国际足联根据网上评选结果,授予上海籍女足运动员孙雯为"20世纪最佳女子足球运动员"称号。

12月12日　上海通用汽车有限公司的"别克赛欧"轿车下线,上海开始生产紧凑型轿车。

12月13日　上海国际交流活动志愿者总队成立,为2001年亚太经合组织(APEC)会议等国际交流活动提供志愿服务。

12月15—17日　首届上海国际互联网网络、网站推广展览会举行。100多家网络、网站企业参展,参观者达5万人。

12月16日　全国"三讲"教育工作总结电视电话会议召开,黄菊在上海分会场就学习贯彻"三讲"总结会议精神提出要求。

12月18日　中国第一条国道主干线京沪高速公路全线贯通。京沪高速公路全长1 262公里,从上海开车到北京只需13小时。

12月20日　建设资金623.4亿元、建设规模达到1 100万吨钢生产能力的上海宝钢三期工程建成总结大会暨剪彩仪式举行。全国政协副主席陈锦华出席大会。经过三期工程建设,宝山钢铁(集团)有限公司成为中国第一个千万吨级的钢铁生产基地。

同日　《上海—横滨2001年度友好交流项目协议书》签字仪式在上海举行。

12月21日　欧盟主席罗马诺・普罗迪访问上海。

12月22日　上海市对外投资促进中心成立,上海市外国投资促进指导委员会同时成立。

同日　上海市互联网经济咨询中心成立。

同日　首届"上海出版人奖"颁奖大会举行。评出金奖4人,银奖7人。

12月25日　上海教科网高校网络图书馆正式启用。这是全国首家高校网络图书馆,上海交通大学、复旦大学等六所高校学生可通过网络查询六校图书馆藏书,跨校互借。

同日　市政府召开推进新一轮旧区改造工作座谈会。10年365万平方米危棚简屋改造任务于11月底完成,并部署新一轮旧区改造。

同日　上海港全年货物吞吐量突破2亿吨,成为世界第三大港。集装箱吞吐量达561万标准箱,上升为世界集装箱运输第六大港。

12月26日　国家级重大工程项目,总投资2.76亿元的太浦河泵站工程开工典礼在江苏省吴江市平望镇举行。这一工程在枯水期调遣太湖清水，改善上海市饮用水水质。2003 年 7 月 2 日，工程竣工。

同日　农工党上海市委九届十四次委员会议举行，陈灏珠辞去主委，左焕琛当选为主委。

12 月 27—28 日　越南社会主义共和国主席陈德良访问上海。

12 月 28 日　市重点工程罗山路延长线工程建成通车。26 日，西藏北路道路辟通改建工程、27 日，华泾路道路辟通工程竣工。

同日　上海市 10 所现代化标志性中等职业技术学校竣工落成典礼举行。

同年　上海纺织业结束连续 5 年亏损，全年主营业利润 2.4 亿元。上海各主要工业集团全部实现盈利。国有及国有控股大中型企业亏损面下降至 14.4%，比 1997 年的 29.5% 下降 15 个百分点，实现党中央提出的用 3 年左右时间，使大多数国有大中型亏损企业摆脱困境的目标。

同年　上海启动实施第一轮环境保护和建设“三年行动计划”（2000—2002 年）。至 2011 年，共实施 4 轮环保“三年行动计划”。

同年　上海市第三产业占 GDP 的比重达到 50.2%，首次过半，对全市经济增长的贡献率达到 57.3%，即在 GDP 为 10.8% 的增幅中，有 6.2 个百分点是由第三产业提供的。

同年　上海启用建设社区事务受理中心，并列为市政府为民办实事项目之一。2001 年起，社区事务受理中心的建设开始向郊区延伸。

同年　根据《上海统计年鉴》，上海户籍人口 1 608.60 万人，国民生产总值 4 812.15 亿元，全社会固定资产投资总额 1 869.67 亿元，全市财政收入 497.96 亿元，社会消费品零售总额 1 955.17 亿元，进出口总额 1 093.11 亿美元，外商直接投资合同金 63.90 亿美元，城市居民人均可支配收入 11 718 元，城市居民人均消费支出 8 868 元，农村居民人均可支配 5 565 元，农村居民人均生活消费支出 4 138 元，储蓄存款 2 627.07 亿元。

2001年

1月1日　《解放日报》出百版《世纪之版》，前12版为新闻版，后88版为专稿版，反映上海百年以来尤其是改革开放以来的巨大变化。

1月2日　由解放日报报业集团与市房地局合作创办的《房地产时报》正式创刊。该报每周五出版，4开。新闻类以上海新闻为主，兼及国内外，并设有最新政策导读；专刊类由市场动态和信息行情等板块组成。于2014年8月1日起休刊。

1月4日　上海信息港主体工程建成开通仪式举行。该工程为2000年上海城市建设第一号重大工程，总投资15.3亿元，由集约化信息管线、宽带网络工程和关键性应用3种类型共7个子项目构成。

1月5日　市政府印发《上海市促进城镇发展试点的意见》，要求在"十五"期间(2001—2005年)，重点发展"一城九镇"(即松江新城以及朱家角、安亭、高桥、浦江、罗店、枫泾、芦潮港、奉城、堡镇9个中心镇)。年内，启动安亭和松江新城开发建设。2002年，相继启动闵行区浦江镇、浦东新区高桥镇、青浦区朱家角、宝山区罗店镇开发建设。2003年6月，启动奉贤区奉城镇和金山区枫泾镇开发建设。

同日　市政府办公厅主办的《上海市人民政府公报》创刊。

1月6日　总投资1 500亿元的特大规模重化工基地——上海化学工业区一期工程开工仪式在金山漕泾地区举行。中共上海市委书记黄菊为上海化学工业区开工启动电钮。全国政协副主席陈锦华出席开工仪式。2005年，一期工程全面投产。

1月6—7日　"蓝天下的至爱——2001年新年慈善系列活动"举行，有大型慈善义演晚会、千家商店慈善义卖开卖活动、"点亮心愿"慈善义拍活动、2001年新年万人上街募捐活动等，共募集捐款3 290万元。

1月7—10日　中共上海市第七届委员会第八次全体会议举行。全会通过《中国共产党上海市第七届委员会第八次全体会议关于市委常委会工作报告的决议》。

1月9日　国务院批复市政府同意撤销奉贤县，设立奉贤区。8月24日，中共上海市委、市政府在奉贤召开撤县建区干部大会，宣布区委常委会成员名单和相关决定。10月9—10日区政协第一届第一次会议召开，10月10—11日区第一届人大会第一次会议召开，分别选举产生区人大、区政府、区政协领导班子。10月11日，区委、区人大、区政府、区政协挂牌。

同日　国务院批复市政府同意撤销南汇县，设立南汇区。8月24日，中共上海市委、市政府在南汇召开撤县建区干部大会，宣布区委常委会成员名单和相关决定。10月10—11日区政协第一届第一次会议召开，10月11—12日区第一届人大会第一次会议召开，分别选举产生区人大、区政府、区政协领导班子。10月12日，区委、区人大、区政府、区政协挂牌。

1月10日　中国自行研制的第一艘正样无人飞船"神舟二号"在酒泉卫星发射中心发射升空。飞船由航天科技集团所属中国空间技术研究院和上海航天技术研究院为主研制。

1月11日　上海中医药大学、上海第二工业大学浦东新校区奠基仪式举行。两高校将整建制从浦西搬迁至浦东。

1 月 12 日　中共上海市委、市政府召开上海市加强党风廉政建设干部大会，传达贯彻中共中央总书记江泽民在中纪委五次全会上的重要讲话和中纪委五次全会精神，部署 2001 年上海市党风廉政建设和反腐败各项工作。

同日　由华联（集团）有限公司、上海机械进出口（集团）有限公司和华联商厦股份有限公司、华联超市股份有限公司共同投资组建的上海金照国际贸易有限公司正式成立。

同日　上海教育报刊总社成立。由少年报社、上海中学生报社、家庭教育时报编辑部、上海教育期刊社、上海康复杂志社和中国教育报上海记者站 6 个单位组成，有 3 报 7 刊。

1 月 15—16 日　上海受寒潮天气影响，天气骤冷，极端最低气温为零下 6.6℃至零下 3.7℃，严寒天气给全市水、燃气、电、公交等公用事业行业带来了一定影响。

1 月 16 日　上海航天局“神舟二号”试验队在胜利完成发射任务，回到上海。

1 月 16—17 日　意大利共和国总理朱利亚诺・阿马托访问上海。

1 月 16—19 日　朝鲜劳动党总书记、国防委员会委员长金正日访问上海。其间，中共中央政治局常委、国务院总理朱镕基在上海会见、宴请金正日，并陪同参观上海城市规划展示馆、上海通用汽车有限公司等。

1 月 17 日　市政府召开人事人才工作会议，决定建立海外人才上海居留证制度和上海市人才居住证制度，鼓励国内外优秀人才以柔性流动方式为上海服务。

1 月 18 日　由 99 家企业参加的“上海市互联网信息服务业协会”正式揭牌成立。该协会旨在形成上海市信息服务行业整体优势，充分利用信息社会资源。

1 月 18—20 日　中共中央政治局委员、国务院副总理吴邦国在上海考察工作。

1 月 31 日　中共上海市委机构改革会议召开。

2 月 2 日　中共上海市委办公厅印发《关于贯彻落实〈深化干部人事制度改革纲要〉的意见》，提出要以解决干部能上能下问题为突破口，加大党政干部制度改革的力度；要以企业经营者竞争上岗机制为关键环节，全面推进国有企业人事制度改革；要以推行聘用制为基础，加快事业单位人事制度改革步伐；积极稳妥地推进人事制度改革。

2 月 6—11 日　市政协九届四次全体会议举行。

2 月 7—12 日　市十一届人大四次会议举行。市长徐匡迪作《关于上海市国民经济和社会发展第十个五年计划纲要（草案）的报告》，会议通过《关于上海市国民经济和社会发展第十个五年计划纲要》。10 日，全国人大常委会副委员长吴阶平出席会议。

2 月 14—15 日　加拿大总理让・克雷蒂安访问上海，并出席《上海市和蒙特利尔市友好交流项目备忘录（2001—2003 年）》签字仪式。

2 月 19 日　国家科学技术奖励大会举行，上海获得国家自然科学奖 3 项，国家技术发明奖 1 项，国家科技进步奖 17 项。

2 月 22 日　上海市首批 33 名就业经纪人接受培训。这是上海诞生的新行业。

2 月 27 日　国家科技部“863”计划的重点攻关项目——铟镓铝磷外延片近日在上海研制成功，并通过技术鉴定。该产品被誉为光电子产业“基石”的新一代半导体材料。

2 月　上海农业生物基因库开始建设，并于年底建成，为国内首家。该基因库总建筑面积超过 3 300 平方米，设于上海农业科学院内，将保藏植物种子、植物离体材料、动物生殖细胞、微生物菌种和植物基因工程材料五大类农业生物遗传资源。同时还将开设一系列的实验室和数据库，进行种质资源的评价、交流和开发利用，并通过国际互联网传递信息。

3 月 1 日　上海磁浮列车示范运营线工程在浦东新区正式开工。中共上海市委书记黄菊启动开工电钮。上海磁浮列车示范运营线西起地铁 2 号线龙阳路站，东至浦东国际机场航站楼，正线全长约 30 公里，上下行折返运行，设计时速 430 公里，单向运行时间仅 8 分钟；共设 2 个车站、2 个牵引变电站、1 个控制中心、1 个维修基地，并附有 3.5 公里进出线路。是世界第一条也是唯一一条采用常导高速磁浮交通技术的商业示范运营线。

同日　《上海市市民体育健身条例》实施，这中国第一部有关市民体育健身的法规。

3 月 1—7 日　第十一届中国华东进出口商品交易会在上海举行。出口成交额 15.32 亿美元，比上届增长 18.35%。

3 月 2—4 日　尼泊尔王国国王比兰德拉·比尔·比克拉姆·沙阿·德瓦访问上海。

3 月 3—4 日　爱沙尼亚共和国总统伦纳特·梅里访问上海。

3 月 6 日　江泽民在参加全国第九届人大四次会议上海代表团全体会议时指出，必须保持清醒和冷静，思考得更深一些，眼光更宽一些，要求更高一些，锐意开拓，不断前进。上海要力争实现生产力跨越式发展，率先基本实现现代化。同时，发挥中心城市的功能优势，服务全国，在西部大开发中发挥更大的作用。

同日　闵行区华漕镇第一届私营企业(联合)职工代表大会召开，是全市首次私营企业职工代表大会。

3 月 10 日　2001 年全国汽车拉力锦标赛上海拉力赛开赛，来自全国各地的 15 支车队的 42 辆赛车将进行共两个阶段的角逐。是为申城第一次承办此类赛事。

3 月 14 日　市人事局召开上海市 2001 年度人才开发信息发布会。首次公开发布上海市 2001 年度人才开发紧缺专业目录，有信息技术与微电子、金融保险、生物制药、石化及精细化工等 12 大类重点领域、76 个专业岗位(职位)，敞开大门，放开引进。

同日　上海市科技教育研究所正式成立，徐汇区的南洋中学等 22 所中小幼学校成为首批科技实验基地。

3 月 19 日　经过 18 年潜心攻关，世界首个抗口蹄疫基因工程疫苗在上海问世。该疫苗由复旦大学和上海农业科学院共同研发。

3 月 20 日　上海宝钢(集团)公司与首钢总公司、武汉钢铁(集团)公司在上海签署战略合作意向书，这是国内钢铁企业首次以战略结盟的方式应对中国即将加入世贸组织所面对的挑战。

同日　由上海图书馆编制、日本万国博览会纪念协会基金部资助出版的《上海图书馆馆藏旧版日文文献总目》举行首发仪式。该总目收录了上海图书馆珍藏的自 1792—1952 年出版的日文文献近 4.18 万种、80 000 余册。

3 月 22 日　市政府召开卫生工作会议，决定在市级医疗卫生系统率先进行政府财政拨款改对下级投资的“拨改投”改革试点。同时，推进医疗机构联合重组和企业医院属地化管理改革。

3 月 26 日　牙买加共和国驻上海名誉领事馆开馆。

3 月 27 日　《上海市传统工艺美术保护规定》正式发布，在传统工艺美术的评审机制、保护资金、保护范围、保护机制等方面建立起有效的保护和发展机制。

3 月 28 日　上海知识产权服务中心正式挂牌成立。该中心为上海市首家提供专利咨询、检索、评估、培训和实施等服务的机构，为企业技术创新提供支持，帮助其开拓国际市场。

3 月 31 日　中共上海市农村工作委员会更名为中共上海市郊区工作委员会。

3 月　同济大学建成的亚洲一流电气安装总线(EIB)技术培训中心通过专家认证测试，获得了

EIB 培训资质许可证书，成为中国首家、亚洲第三家获得该培训资质许可证书的培训机构。

4 月 5 日　上海市精神文明建设工作会议举行。会议表彰了 2000 年度精神文明创建活动的先进集体和个人。

4 月 8 日　由沪东造船集团和中华造船厂联合组建的国内最大的造船基地——沪东中华造船(集团)有限公司成立。

4 月 9 日　国家质量技术监督局公布全国首批获“购物放心一条街”称号的 75 条街名单，上海有新客站不夜城一条街、徐家汇商城、新上海商业城和豫园商城一条街。

4 月 12 日　中共上海市委、市政府召开上海市人口资源工作座谈会。

4 月 16 日　中共上海市委、市政府召开上海市科学技术奖励大会。会上有 266 个项目获科学技术进步一、二、三等奖，430 个单位、1 463 名科技人员获奖，黄菊、徐匡迪等市领导为获奖者代表颁奖。

4 月 16—18 日　中共中央政治局常委、国务院总理朱镕基在上海考察，其间听取了中共上海市委、市政府的工作汇报，对上海改革开放和现代化建设取得的显著成绩给予充分肯定，指出要充分发挥优势，全面提升城市综合竞争力，加快把上海建设成为现代化国际大都市。

4 月 18 日　明代古塔华严塔修缮完毕。该塔位于金山松隐镇，建于 1380 年。塔为方形 7 级，砖木结构，高 32 米。

4 月 18—19 日　新西兰总理海伦・伊丽莎白・克拉克访问上海。

4 月 19 日　市政府参事室成立 50 周年纪念大会举行。市政府参事室成立于 1951 年 3 月，旨在充分发挥优势，深入实际、广泛调研，及时反映社情民意，为政府决策参政咨询。成为党和政府发扬社会主义民主，推动民主政治建设，广开言路，集中民智的重要渠道和载体。

同日　经国家广电总局批准，上海文化广播影视集团成立，这是以广播、电影、电视、传输网络、网站和报刊为主业，兼营其他相关产业的大型广播影视集团。

4 月 20 日　中共上海市委、市政府召开 1998—2000 年度上海市劳动模范表彰大会，表彰 870 名劳动模范和 377 个模范集体。黄菊、徐匡迪等市领导向劳动模范和模范集体代表授予证书、奖章和奖状。

同日　复旦大学神经生物学研究所正式挂牌成立，由中科院院士杨雄里担任首任所长

4 月 21 日　各区县“4050”(扶助女 40 岁以上、男 50 岁以上的就业困难群体)项目招聘会举行，首批 97 个项目的 7 900 个岗位向社会招聘。

4 月 22 日　由中国企业联合会、中国企业家协会主办的，以“面向全球化的中国企业家”为主题的“2001 年全国企业家活动日”在上海举行。来自全国各地各行业的近千位企业家代表参加此次活动。

4 月 25 日—5 月 3 日　第七届上海国际服装文化节举行。其间举办了上海国际服装博览会，上海国际面料及辅料、家用纺织品贸易博览会，中国国际少年儿童服装及用品博览会，上海国际时装模特儿大赛等。还举办了 38 场各类服装服饰展示活动，入场观众近 3 万人次。

4 月 25 日—5 月 8 日　应西班牙政府和葡萄牙社会党、马耳他国民党的邀请，黄菊率中国共产党代表团前往上述 3 国进行友好访问。

4 月 27—29 日　马来西亚联邦最高元首苏丹・萨拉赫丁・阿卜杜勒・阿齐兹・沙阿访问上海。

4 月 28 日　中国人民银行宣布黄金管理体制改革。其中，包括取消黄金“统购统配”计划管理

体制,在上海组建黄金交易市场。

同日　上海申通集团有限公司召开轨道交通招商信息发布会。会上宣布“十五”期间,总长212公里、10条线路的轨道交通采用6种招商引资方式建设。

4月30日　由上海航空公司、山东航空公司、深圳航空公司、四川航空公司、武汉航空公司、中国邮政航空公司6家地方性航空公司发起组建的中国中天航空企业集团成立。

5月2日　中国驻法国大使吴建民在法国巴黎代表中国政府向国际展览局秘书长文森特·冈萨雷斯·洛塞泰斯正式递交中国举办2010年上海世界博览会的申请书。1984年,上海就开始考虑申办世界博览会,并多次进行可行性调研。1999年2月12日,中共上海市委、市政府主要领导就《关于2010年世界综合博览会的情况报告》作出批示,提议申办世博会。5月31日,市政府决定启动2010年世博会申办工作。7月21日,市政府向国务院提出申办请示。11月18日,国务院批复同意上海申办世博会的请示。12月,中国驻国际展览局首席代表在国际展览局第126次大会上宣布中国申办2010年世博会。

同日　浦光中学举行纪念建校100周年庆祝活动。浦光中学创建于1902年,前身是青年会中学,是上海最早建立中共支部的中学之一。1946—1948年期间,江泽民曾在校任教,并开展革命工作。1986年,江泽民为学校题写“尊师守纪、勤学多思、健美活泼、砺志奋飞”训勉。

5月4日　宝山区杨行镇苏家宅出土一具保存完好的明代古尸及石碑墓志、线装书等。

5月4—13日　2001年“上海之春”国际音乐节举行,其间有音乐舞蹈新人新作展演与评奖、“世纪之春”合唱邀请赛、国际广播音乐节目“金编钟奖”展播与评奖、全国广播音乐节目主持人大赛、“东方风云榜”十大金曲评选颁奖晚会、全国“新民乐”汇演暨研讨会以及国际音乐节学术报告会等一系列活动。3 000多名国内外广播界、音乐界和舞蹈界人士举行30多场演出。

5月8日　经市政府同意和中国证监会批准,在对原来上海财政证券公司和上海国际信托公司证券部整合重组的上海证券有限公司正式揭牌成立。

5月8—12日　应中国香港特别行政区行政长官董建华的邀请,徐匡迪赴香港出席2001年《财富》全球论坛香港年会,以及香港总商会成立140周年庆祝活动并作演讲。

5月9日　列为2001年市政府重大工程的上海国际新闻中心竣工,并于东方明珠广场举行建设表彰大会。该中心始建于2000年8月,坐落于东方明珠广播电视塔旁,总面积1万平方米。

5月11日　国务院批准《上海市城市总体规划(1999年—2020年)》,进一步明确上海建设社会主义现代化国际大都市和国际经济、金融、贸易、航运中心之一的功能定位。2003年12月4日,市政府印发《上海市城市总体规划(1999年—2020年)中、近期建设行动计划》。12月24日,市政府印发《关于进一步加强城市规划管理,实施〈上海市城市总体规划(1999年—2020年)〉的纲要》。

5月12日　位于东方明珠广播电视塔裙房、展示面积6 000平方米的上海城市历史发展陈列馆开馆。

5月15日　上海宝钢三期工程通过竣工验收,吴邦国出席竣工验收大会并作重要讲话。

同日　经国务院办公会议批准,国家“十五”重点技术改造项目,总投资超100亿元的宝钢集团一钢公司不锈钢工程奠基仪式举行。

同日　由市自然科学界、社会科学界、教育界、法律界、医学界、宗教界、新闻界、体育界和文学艺术界等一批知名人士发起的上海市反邪教协会成立。

5月16日　由财政部和市政府双重领导,位于青浦区徐泾镇的上海国家会计学院成立。该学院为中国三大注册会计师培训中心之一。

同日 《上海市和夸祖鲁—纳塔尔省(南非共和国)建立友好省市关系协议书》签字仪式在上海举行。

5月17日 上海市内公交线路经营权首次向社会公开招投标,5家公交运营企业取得9条新辟的公交线路5年经营权。

5月17—20日 吴邦国在上海考察工作。

5月18日 市人大常委会举行首次立法听证会,就中小学生伤害事故处理立法中的几个问题进行听证。7月9—13日,举行的市人大常委会十一届九次会议审议、通过《上海市中小学校学生伤害事故处理条例》。

5月18—19日 奥地利共和国总统托马斯·克莱斯蒂尔访问上海,并分别出席了奥特斯(中国)有限公司、AVL公司中国技术中心奠基仪式。

5月18—25日 由全国人大常委会副委员长成思危率领的全国人大常委会证券法执法检查组上海小组到沪进行执法检查。

5月23日 上海化学工业区发展有限公司与德国拜耳公司(Bayer)举行转让F3地块0.6平方公里土地使用权的签约仪式,德国拜尔公司投资总额为31亿美元。该项目为截至2001年德国在华最大投资项目。

5月24日 世界上最大的航运经纪公司马士基船舶租赁买卖公司宣布"登陆"上海。

5月24—26日 由联合国经济与社会事务部和联合国开发计划署、市政府、信息产业部和中国科学院共同主办的第二届亚太地区城市信息化高级论坛在上海举行。会议主题为"消除数字鸿沟:城市信息化解决方案与最佳实践"。来自亚太地区58个城市的800多名代表参加。

5月25日 总长2.5公里的上海大连路越江隧道工程正式开工。2003年6月19日全线贯通,9月29日正式通车。大连路隧道是黄浦江底第四条越江隧道,由两条直径为11米的双向4车道隧道(东线和西线)组成。东线长2 565.88米,西线长2 548.3米。设计时速为40公里。

5月25—27日 由上海市新闻出版局(以下简称市新闻出版局)和上海市版权局(以下简称市版权局)主办的"上海版权贸易洽谈会"在上海国际会议中心举行。来自海内外的200多家出版单位和出版商参加此次会议。

5月26日 《雪域藏珍——西藏文物精华展》在上海博物馆举行开幕式,西藏藏族自治区主席列确、副主席次仁卓嘎参加开幕式。该展出一直延续到2002年3月5日。

5月27日 首次通过卫星双向传送的上海—巴黎卫星音乐会举行。

5月30日 市政府召开行政审批制度改革工作大会。6月27日,市政府下发《关于本市行政审批制度改革的通知》,并于10月25日公布上海市第一批取消和不再审批的行政审批事项。

5月31日 科学技术部、教育部首批认定22个国家大学科技园,其中上海有2个:交通大学国家大学科技园和复旦大学国家大学科技园。

5月 沪苏浙合作与发展座谈会首次会议在浙江省召开,此后每年轮流在上海市、江苏省、浙江省召开。

6月1日 总投资超过1亿元、拥有1 000张床位的新的上海市儿童福利院和上海市慈善基金会众仁儿童康复中心主体工程竣工典礼举行。

6月1—3日 巴布亚新几内亚独立国总理梅克雷·莫劳塔访问上海。

6月2日 2001年度图书馆宣传服务周暨上海市中心图书馆分馆揭牌仪式和网上联合知识导航站启动仪式在上海图书馆举行。上海市中心图书馆以上海图书馆为总馆,区县和大学图书馆为分馆;黄浦区、静安区和南汇县图书馆以及上海音乐学院图书馆率先成为中心图书馆分馆。

6月4—7日　全国政协副主席张思卿率全国政协联合调查组在上海进行广播影视集团化专题调研。

6月5—7日　中共中央政治局常委、国务院副总理李岚清就全国开展整顿和规范市场经济秩序的工作在上海考察工作。

6月6日　中国代表团在法国巴黎举行的国际展览局第一百二十九次成员国代表会议上发言,陈述上海申办2010年世界博览会的申请。申办陈述包含市领导作陈述报告、上海市民代表发言,播放反映上海城市形象、发展成就的录像片3个部分。

同日　上海市器官移植研究中心在市第一人民医院正式成立。

6月6—7日　2001年亚太经合组织(APEC)贸易部长会议在上海召开。此次会议集中亚太经合组织21个成员经贸部长,共同探讨亚太地区及全球经济发展。江泽民发贺信。7日,李岚清会见参加会议的各成员经济体代表团团长。

6月8日　根据中共中央印发的《2001年—2005年全国干部教育培训规划》的精神,中共上海市委印发《2001年—2005年上海市干部教育培训规划》。

同日　上海市重大公共绿地建设工程之一的太平桥绿地正式竣工。该绿地毗邻"一大"会址,总面积4.4万余平方米,园林面积达3.2万平方米。

6月8—9日　墨西哥合众国总统比森特·福克斯·克萨达访问上海。

6月9日　新加坡内阁资政李光耀访问上海。

6月9—17日　第五届上海国际电影节举行。来自46个国家和地区的359家中外电影公司参加,有161部电影佳作参赛和参展,经评选,产生最佳影片奖、最佳导演奖等6项"金爵奖"。自本届开始,上海国际电影节由每两年改为每年举办1次。

6月11日　中共中央宣传部公布第二批100个爱国主义教育示范基地。上海有"南京路上好八连"事迹展览馆、海军上海博览馆、陈云故居暨青浦革命历史纪念馆和鲁迅纪念馆4个基地入选。

同日　市政府召开上海市廉租住房工作会议,决定2001年内初步建成一个覆盖全市的最低收入家庭廉租房住房保障制度。

6月12—17日　江泽民在上海考察工作,参观中共一大会址纪念馆,主持召开座谈会,听取加强和改革新时期党的建设工作的意见和建议。

6月14—15日　国家主席江泽民、俄罗斯联邦总统弗拉基米尔·普京、哈萨克斯坦共和国总统努尔苏丹·纳扎尔巴耶夫、吉尔吉斯共和国总统阿斯卡尔·阿卡耶夫、塔吉克斯坦共和国总统埃莫马利·拉赫莫诺夫和乌兹别克斯坦共和国总统伊斯兰·卡里莫夫六国元首在上海举行"上海合作组织"成员国元首非正式会晤、"上海合作组织"成员国元首会议,并签署《"上海合作组织"成立宣言》和《打击恐怖主义、分裂主义和极端主义上海公约》。

6月17—19日　由全国政协副主席孙孚凌任组长的全国政协农产品安全调研组在上海调研、考察。

6月18日　由上海中共一大会址纪念馆、韶山毛泽东同志纪念馆联合举办的"毛泽东遗物展"在上海中共一大会址纪念馆开幕。

同日　由中央档案馆编辑、中国档案出版社、华宝斋富翰文化有限公司联合出版的《中国共产党八十年珍贵档案》线装珍藏版一书,在上海举行首发式。该书分两函,共10册,150万字,共收录了中国共产党成立80年来的重要文献960余件,图片200余幅。

6 月 21—22 日　大韩民国总理李汉东访问上海。

6 月 22 日　“上海纪念中国共产党成立 80 周年图片展”在上海图书馆开幕。

6 月 24 日　受台风影响，原计划于 24 日 18 时在上海港开行的最后一次上海—宁波海上客运航班撤销。创建于 1862 年（清同治元年）、有近 140 年历史的海上客运船航线申甬线由此停航，6 月 22 日 18 时班次成为申甬线末班船。

6 月 27 日　由市政府主办，世界银行、西门子公司协办，市环保局和市财政局承办的上海城市环境与可持续发展国际研讨会举行，来自 30 多个国家、地区和国内其他城市的 300 多名政府官员和国际组织代表、专家、学者以及企业代表参加。

同日　由市人事局、市科委联合组建的上海首个博士后高新技术创新基地成立。

6 月 28 日　23 万平方米的延中绿地二期全面建成并正式对外开放。

6 月 29 日　上海市纪念中国共产党成立 80 周年大会举行。会上，中共上海市委命名表彰 54 个基层党组织为“上海市先进基层党组织”，授予 103 人为“上海市优秀共产党员”称号，97 人为“上海市优秀党务工作者”称号，黄菊、徐匡迪等市领导向获奖者代表颁奖。

7 月 1 日　黄菊在北京参加庆祝中国共产党成立 80 周年大会。徐匡迪等市领导在上海分别集中收看了庆祝中国共产党成立 80 周年大会实况。上海市庆祝中国共产党成立 80 周年大型歌会在上海大舞台举行，百支歌队万人高歌共庆党的生日。

同日　在庆祝中国共产党成立 80 周年大会上，中共中央表彰了全国先进基层党组织、优秀共产党员和优秀党务工作者。上海有 18 个基层党组织、2 名优秀共产党员和 5 名优秀党务工作者受到表彰。

7 月 3 日　由市政府、市总工会和杨浦区共同投资的沪东工人文化宫改建工程竣工。该文化宫位于杨浦区平凉路 1500 号，三星路口。占地 2.4 公顷。建筑面积 1.6 万平方米。1958 年 10 月 1 日建成开放。

7 月 3—12 日　应厄瓜多尔瓜亚基尔市政府、智利瓦尔帕莱索市政府邀请，市政协主席王力平率团前往厄瓜多尔和智利进行友好访问，6 日、10 日先后在厄瓜多尔和智利举行《上海市和瓜亚基尔市缔结友好城市协议书》和《上海市与瓦尔帕莱索市缔结友好城市协议书》签字仪式。至此，与上海缔结友好关系的国际友好城市和友好交流关系城市增至 50 个。

7 月 4—5 日　中共上海市第七届委员会第九次全体会议举行。黄菊作重要讲话，指出这次市委全会是认真领会江泽民在庆祝中国共产党成立 80 周年大会上重要讲话的学习会，达到提高认识、统一思想、明确任务的目的。全会审议通过《中国共产党上海市第七届委员会第九次全体会议关于递补市委委员的决定》。

7 月 4—6 日　马耳他共和国总统圭多·德马科访问上海。

7 月 6 日　位于浦东张江高科技园区内的国家信息安全成果产业化（东部）基地举行开工典礼。该基地首期投资 4.8 亿元，占地 28.31 万平方米，分为研发区、产业化区、孵化区和基地管理中心等四大功能区域。该基地于 2004 年完工，并于 2005 年被科技部认定为国家高新技术创业服务中心。国家信息安全工程技术研究中心、国家 863 反计算机入侵和防病毒研究中心、上海交通大学信息安全工程学院、国家高性能集成电路（上海）设计中心等四大国家级信息安全研究中心相继落户基地。

7 月 7—11 日　由中共江西省委书记、省人大常委会主任孟建柱和省长黄智权率领的江西省代表团在上海考察，并与上海市领导签署了《上海市江西省加强全面合作协议》，还签订了两地共同推进 100 项重点合作项目、力争达到 100 亿元合作资金的协议。

7月8日　中共上海市委、市政府印发《关于上海市区县机构改革的意见》,全面推进区县机构改革。

7月9—14日　由中国政府和加拿大政府共同发起,中华全国青年联合会和加拿大领导能力开发研究所联合主办的亚太经合组织(APEC)青年节暨杰出青年企业家论坛分两阶段先后在北京、上海两地举行。江泽民发贺信。

7月10日　由上海城建集团负责研制、开发的上海首个不停车收费系统(简称"ETC")在虹桥机场收费口开通。

7月11日　上海市加强党风廉政建设干部大会举行,学习贯彻落实江泽民"七一"重要讲话。

7月12日　在国家发展计划委员会和信息部召开的国家软件产业基地命名授牌大会上,上海市成为国家软件产业10个基地之一。

7月12—15日　以"21世纪的城市规划:机遇与挑战"为主题的首届世界规划院校大会在上海同济大学举行,来自60多个国家的近千名城市规划学者共同商讨人类城市未来发展问题。

7月15日　在国家发展计划委员会和信息部联合召开的国家软件产业基地命名授牌大会上,上海市成为国家软件产业十个基地之一。

同日　国务院三峡工程移民暨对口支援工作会议在湖北省宜昌市召开,上海市政府被授予对口支援三峡库区移民先进单位,崇明县被授予三峡工程移民工作先进单位。

同日　上海汽车工业展示馆开馆,这是国内第一座汽车博览馆。

7月16日　市政府批转市计委等六部门《关于本市内外销商品房并轨的若干意见》。7月30日,市政府发布《关于修改〈上海市土地使用权出让办法〉的决定》,上海正式实行内、外销商品住房并轨,土地供应方式实行统一。

同日　在国务院日前批准、公布的第5批共518处全国重点文物保护单位中,上海有3处,分别为青浦福泉山遗址、宋庆龄故居和张闻天故居。8月11日,揭牌仪式分别举行。上海累计已有16处全国重点文物保护单位。

7月18日　国家重点建设工程,总投资106亿元、建设两台90万千瓦单轴超临界燃煤发电机组的上海外高桥电厂二期工程开工典礼举行。中共上海市委书记黄菊启动工程按钮,并与市长徐匡迪、国家电力公司总经理等为工程奠基。

同日　上海科学会堂思南楼完工落成。该楼位于南昌路思南路口,高15层,总建筑面积近1.8万平方米。1958年建成的科学会堂是全国第一座科技工作者活动场所,是上海科技界举行各类学术交流的重要活动基地。

7月20日　投资10亿元、建成上海市首批12个高水准临床医学中心项目的签约仪式举行。首批12个临床医学中心中,有中山医院肝肿瘤学诊治中心、肿瘤医院肿瘤放射诊治中心、华山医院神经外科诊治中心等。

7月24日　重庆市云阳县三峡移民193户、808人抵达奉贤落户。至此,2001年上海共接收安置重庆市云阳县的三峡移民706户、3 007人,分别安置在崇明、南汇、金山、奉贤等区县54个乡镇的217个安置点。

7月26日　市政府和中国工程院签署合作协议,成立上海市中国工程院院士合作委员会。双方联合组建的位于南昌路的上海市中国工程院院士活动中心同时成立。

7月27日　上海浦东新区企业赴美国招聘团起程,正式启动浦东新区的"千人"回归计划,从2001年起三年内,浦东新区吸引了1 000名海外高级人才。

7 月 28 日　中远集运公司的“中远上海”轮首航欧洲，这是国内最大的 5446 标准箱超巴拿马型集装箱船。

同日　由上海市信息投资公司、上海港集装箱公司、上海外经贸投资公司、上海交通投资公司和上海电信公司等 10 家单位联合发起成立的上海亿通国际股份有限公司成立。

7 月 31 日　市政府召开上海市试点城镇安亭中心镇建设启动大会，安亭中心镇新镇区规划用地 4.9 平方公里，规划居住人口 8 万人。

同日　总投资达 3.8 亿元的上海 11 项河道骨干综合整治疏浚工程全线启动。

8 月 1 日　中国石化上海石油化工股份有限公司年产 6.6 万吨腈纶的国家重点技改项目正式投产，该公司的腈纶年生产能力增至 15 万吨，占全国生产能力的三成以上，并跻身世界腈纶企业三强行列。

同日　上海房地产内外销商品住房交易并轨，统一土地供应方式，用于商业、旅游、娱乐、金融、服务业、商品房 6 类项目的土地使用权出让，实行招标、拍卖方式。

8 月 5—9 日　上海市区连续 5 天普降暴雨和特大暴雨。雨量最大的徐家汇地区 5 天中累积降雨量达 485 毫米，日降雨量达 278 毫米，均创下市区有降水记录以来的最高值。

8 月 8 日　上海市药材有限公司所属上海中药制药一厂和香港和记黄埔药业（上海）投资有限公司共同投资 2.2 亿元，组建上海和黄药业有限公司，这是上海首家中药合资企业。

同日　2001 年亚洲信息技术展览会暨亚洲信息技术论坛在上海光大会展中心开幕，这是全球最大的信息展德国汉诺威信息技术展（CeBIT）推出的中国版。

8 月 9—13 日　市文联和市书协联合主办《新世纪首届上海市书法篆刻展》于上海美术馆举行。

8 月 12—19 日　中华大奖第二届上海国际芭蕾舞比赛举行。来自 14 个国家的近百名选手参赛，评出 21 个奖项。

8 月 13 日　公惠医院成立，这是专门从事医疗帮困救助的福利性医疗机构。

同日　上海在全国率先推出研究生教育整体改革试点措施，对研究生招生考试、培养模式和收费方式等实行改革。

8 月 13—14 日　2001 年亚太经合组织（APEC）海关与商界对话会议在上海国际会议中心举行。

8 月 18 日　中国进出口银行上海分行正式开业。该分行为直属国务院领导的政策性金融机构——中国进出口银行首家区域性分行，位于浦东新区东方路 2 号。

8 月 20 日　上海民航空中管制改变沿用多年的程序管制方式，全面采用雷达管制服务，与发达国家接轨。

同日　中共上海市委、市政府召开上海市对口支援工作会议。

8 月 23 日　上海市学习江泽民“七一”重要讲话报告会在市委党校大礼堂举行，中央学习“七一”讲话宣讲团作宣讲。黄菊会见了中央学习“七一”讲话宣讲团成员。

同日　松江新城开发建设正式启动。松江新城是上海“十五”期间重点开发建设的试点城镇，远期规划面积 60 平方公里，居住人口 50 万人；初期规划面积 36 平方公里，居住人口 30 万人。整个新城被沪杭高速公路分为南北两翼，其中北翼新城示范区 22.4 平方公里为初期建设重点。

同日　上海生物芯片有限公司挂牌成立。该公司位于浦东张江高科技园区，由上海创业投资有限公司、中科院上海生命科学研究院等 11 家在上海的国内知名大学、研究院、医院和企业共同组建而成。2003 年 3 月 30 日，生物芯片上海国家工程研究中心开工，12 月底基本建成，是国内规模最大、现代化程度相当高的生物技术研发和产业基地。

8月25日　为纪念中华人民共和国成立后上海市第一任市长陈毅诞辰100周年,中共上海市委党史研究室和中共一大会址纪念馆联合举办的“陈毅在上海”图片史料展在中共一大会址纪念馆开幕。

8月26—28日　中共中央政治局委员、国务院副总理吴邦国在上海考察工作。

8月27日　2001年亚太经合组织(APEC)中小企业工商论坛暨中小企业成果展览会开幕。

8月27日—9月11日　应上海市友好城市南非共和国夸祖卢—纳塔尔省、摩洛哥卡萨布兰卡市、法国马赛市和荷兰鹿特丹市市政府的邀请,徐匡迪率上海市代表团赴上述4国友好省城访问,并签署《上海和夸祖卢—纳塔尔省友好交流项目备忘录(2000—2003年)》《上海和鹿特丹友好交流项目备忘录(2001—2003年)》。

8月29—30日　亚太经合组织(APEC)第八届中小企业部长会议在上海举行。21个成员中负责中小企业事务的部长和代表、太平洋经济合作理事会、太平洋群岛论坛两个观察员组织的官员和代表、APEC秘书处官员等近200人参加此次会议。8月28日,吴邦国在上海会见了参加会议的各成员体代表团团长。

8月30日　中共上海市委、市政府转发市委宣传部、市司法局《关于在本市开展法制宣传教育的第四个五年规划》的通知。

同日　上海电气集团总公司和中国科学院举行高技术与产业化合作协议签字仪式。双方签署了10项合作协议和2项合作意向,项目总投资达8 252万元。

9月2日　上海市复星高科技(集团)公司建立党委,是为上海市第一家建立党委的民营高科技企业。

9月5日　首届全国优秀艺术图书颁奖大会在北京人民大会堂举行。在总共123种获奖图书中,上海有19种图书获奖。其中,上海人民美术出版社的《中国美术分类全集——中国陶瓷全集》、上海书画出版社的《中国书画全集》和上海书店的《宋拓郁孤台法帖》获一等奖。

同日　由国家环保总局和亚太环保高新技术产业公司投资兴建的中国规模最大、设施最先进的环保产业服务综合体——国际环保交易与交流中落户闵行区地铁莘庄站南广场,首期投资额达1.2亿元。

9月11日　中国第一个开放式基金“华安创新”在交通银行发行。

9月12日　市政府批准建设上海紫竹高新技术产业开发区。该开发区由闵行区政府、交通大学、民营企业紫江集团、上海联合投资有限公司等共同筹划。

9月15日—10月7日　第七届上海旅游节举行,其间推出观光、休闲、娱乐、文体、会展、游园、美食和购物共8大类近100项活动。还举办了上海有史以来首次苏州河龙舟赛以及由澳大利亚、意大利、日本和中国4场中外音乐烟花表演赛等。

9月17日　以“技术与合作——亚洲石油工业的一个重大战略”为主题的世界石油大会亚洲地区会议召开,这是世界石油大会首次区域性会议。来自17个国家和地区的560名代表参加。

9月18—22日　新加坡共和国总统纳丹访问上海。

9月19日　第九届全国运动会“走进新时代”别克杯火炬传递活动上海市火炬传递起跑仪式在浦东新区滨江大道举行,黄菊引燃上海市火炬传递主火炬。

同日　上海一百集团与日本丸红株式会社共同投资组建的中外合资批发企业——上海百红商业贸易有限公司成立,这是国家经济贸易委员会和对外贸易经济合作部批准设立的国内第一家中外合资批发企业。

9 月 20 日　第八届精神文明建设“五个一工程”颁奖大会举行，上海市有 14 部作品获奖，其中电影《生死抉择》获特等奖，上海市委宣传部获得组织工作奖。11 月 10 日，上海举行表彰大会，对获奖作品进行表彰。

9 月 21 日　市政府召开上海市质量工作会议，表彰首批获得上海市质量金奖的宝山钢铁股份有限公司、上海大众汽车有限公司等 11 家企业。

9 月 23 日　中共中央统战部和教育部在复旦大学举办数学家、教育家、复旦大学名誉校长苏步青院士百岁华诞暨回国执教 70 周年庆贺大会。江泽民等中央领导，全国政协、中共中央统战部、教育部、民盟中央及上海市领导献了花篮。

同日　“奋战 30 天，喜迎亚太经合组织(APEC)领导人非正式会议”，上海市市容环卫系统重点工程实事竞赛授旗仪式和“2001 年让世界清洁起来志愿者大行动”开始，10 万志愿者走上街头，清洁申城。

9 月 25 日　中芯国际集成电路制造有限公司第一片 8 英寸 0.25 微米以下线宽芯片的上线生产，并举行生产庆典。

同日　上海市各界纪念鲁迅诞生 120 周年座谈会在上海图书馆举行。同日，《鲁迅艺术形象展览》在上海鲁迅纪念馆开幕。70 余件不同形式的作品展示了与鲁迅相关的主题，展览持续至 10 月 6 日。

9 月 26 日　中共上海市委召开上海市推进“两新”组织(新经济组织和新社会组织)党建工作座谈会。

9 月 28 日　位于嘉定安亭镇南的上海国际汽车城建设全面开工仪式举行，黄菊按下启动按钮。2007 年，上海国际汽车城基本建成。

同日　市政府门户网站“中国上海”(https://www.shanghai.gov.cn)正式建成并投入试运行。徐匡迪等市领导出席开通仪式。2002 年 1 月 1 日起正式对外开通运行。

同日　宝山钢铁股份有限公司和上海大众汽车有限公司首批获得由国家质量管理奖工作委员会颁发的“全国质量奖”。至 2010 年，除宝钢、上海大众之外，上海日立电器有限公司、上海三菱电梯有限公司、英特尔产品(上海)有限公司、上海贝尔阿尔卡特股份有限公司、恒源祥(集团)有限公司、上海市电力公司市区供电公司相继获得“全国质量奖”，上海获奖企业数量在省级行政区内名列前茅。

10 月 10 日　上海市各界人士纪念辛亥革命 90 周年大会举行。黄菊在会上发表重要讲话，徐匡迪等市领导，驻沪部队领导，在上海全国政协委员、市政协委员，市有关部委办局负责人，各党派团体负责人，孙中山亲属，辛亥革命先驱后裔，在沪港澳台人士以及各界群众代表 1 700 余人出席大会。

10 月 13 日　上海市育才中学举行建校 100 周年庆祝活动。育才中学始建于 1901 年，在 20 世纪 50 年代由著名教育家段力佩担任校长以后，坚持教育改革，在全国基础教育界产生一定的影响。

10 月 14 日　由于公路、铁路等陆路交通方式日趋便捷，已运营 52 年的上海至武汉之间往来航线——申汉水上客运航线停航。

10 月 15 日　2001 年亚太经合组织(APEC)非正式高官会议在上海举行。

10 月 16 日　华东师范大学举行建校 50 周年庆祝大会。

同日　由市外国投资促进中心与联合国工业发展组织合作共建的上海投资促进中心在上海

成立。

同日　太平洋盆地经济理事会(PBEC)中期会议首次在中国上海举行。

10月17—18日　亚太经合组织(APEC)第十三届部长级会议在上海举行。

10月17—20日　2001年亚太经合组织(APEC)工商咨询理事会(ABAC)第四次会议在上海召开。

10月18日　《上海市人民政府与美国微软公司共同促进上海软件产业发展谅解备忘录》在上海签署。徐匡迪会见了微软公司主席比尔·盖茨。

同日　江泽民在上海会见前来参加亚太经合组织(APEC)领导人非正式会议的中国香港特别行政区行政长官董建华和应邀参加工商领导人峰会的中国澳门特别行政区行政长官何厚铧。

10月18—20日　2001年亚太经合组织(APEC)工商领导人峰会在上海举行。国务院副总理钱其琛在开幕式上代表中国政府到会致辞。国家主席江泽民在欢迎晚宴上发表重要演讲。会议期间,有9位亚太经合组织成员领导人应邀发表演讲。

10月19日　江泽民与美利坚合众国总统乔治·沃克·布什在上海举行会谈,就中美关系和反对恐怖主义、维护世界和平与稳定等重大问题深入交换意见。会谈结束后,江泽民与布什共同会见记者,100多名中外记者参加会见。

10月20日　2001年亚太经合组织(APEC)第九次领导人非正式会议的日程介绍会和亚太经合组织领导人与亚太经合组织(APEC)工商咨询理事会(ABAC)代表对话会在上海召开,20个亚太经合组织各成员经济体领导人出席了会议。晚上,国家主席江泽民和夫人王冶坪举行宴会,欢迎各经济体领导人以及有关领导人的配偶并一起观看大型音乐焰火表演。

10月21日　2001年亚太经合组织(APEC)第九次领导人非正式会议在上海科技馆举行,国家主席江泽民、澳大利亚联邦总理约翰·温斯顿·霍华德、文莱达鲁萨兰国苏丹哈吉·哈桑纳尔·博尔基亚、加拿大总理让·克雷蒂安、智利共和国总统里卡多·拉戈斯·埃斯科瓦尔、中国香港特别行政区行政长官董建华、印度尼西亚共和国总统梅加瓦蒂·苏加诺、日本国首相小泉纯一郎、大韩民国总统金大中、马来西亚联邦总理达图·马哈蒂尔·宾·穆罕默德、墨西哥合众国总统比森特·福克斯·克萨达、新西兰总理海伦·伊丽莎白·克拉克、巴布亚新几内亚独立国总理梅克雷·莫劳塔、秘鲁共和国总统亚历杭德罗·托莱多、菲律宾共和国总统格洛丽亚·马卡帕加尔·阿罗约、俄罗斯联邦总统弗拉基米尔·普京、新加坡共和国总理吴作栋、泰王国总理他信·西那瓦、美利坚合众国总统乔治·沃克·布什和越南社会主义共和国总理潘文凯身着富有浓厚中国民族特色的服装出席会议。会议通过并发表《领导人宣言》和《亚太经合组织领导人反恐声明》。

同日　亚太经合组织(APEC)金融与发展项目揭幕仪式在上海国际新闻中心举行,江泽民为这个项目揭幕。

10月22日　江泽民及夫人王冶坪在上海会见亚太经合组织(APEC)第九次领导人非正式会议工作人员代表,并发表重要讲话。

同日　公安部嘉奖上海市公安局圆满完成2001年亚太经合组织(APEC)会议安全保卫任务的集体和个人。

10月23日　江泽民在上海会见参加亚太经合组织(APEC)第九次领导人非正式会议安全保卫工作的上海公安干警和武警官兵代表,并发表重要讲话。

同日　中宣部、中央文明办、建设部、农业部、国家环保总局推出一批全国创建文明小城镇示范点候选名单,上海有闵行区七宝镇、奉贤区江海镇、浦东新区孙桥镇、嘉定区安亭镇。

10 月 25 日　中共上海市委、市政府召开亚太经合组织(APEC)会议筹办工作总结大会，黄菊发表重要讲话。

10 月 26 日　中华人民共和国国家安全部(以下简称安全部)嘉奖上海市国家安全局圆满完成 2001 年亚太经合组织(APEC)会议安全保卫工作的集体和个人。

10 月 28 日　东华大学举行建校 50 周年庆祝大会。李岚清发贺词，陈锦华出席庆典。东华大学的前身是华东纺织工学院，成立于 1951 年 6 月，是中华人民共和国成立后第一所纺织高等学府。

10 月 30 日　经中共上海市委、市政府批准改制，由上海电气、上海工业投资、上海国有资产经营有限公司共同组建的上海市机械设备成套集团揭牌成立。

10 月 30—31 日　上海市科学技术协会第七次代表大会举行。

10 月 31 日　《上海市和巴塞罗那市建立友好城市关系协议书》签字仪式在西班牙巴塞罗那市举行。

11 月 1 日　中共上海市委召开党的十五届六中全会精神学习交流扩大会，学习贯彻六中全会精神，进一步推进党的作风建设，各区县和大口党委书记出席。

11 月 1 日—12 月 1 日　由文化部主办、市政府承办的第三届中国上海国际艺术节举行。活动有南京路步行街上“天天演”、大型灯火景观和水上梦幻表演、艺术节国际演出交易会、国际金奖杂技晚会、上海国际魔术节暨国际魔术比赛、上海艺术博览会、2001 年首届中国上海国际青年钢琴比赛等。全国政协副主席周铁农出席开幕式。

11 月 2 日　朱镕基在上海陪同德意志联邦共和国总理格哈德·施罗德出席上海磁悬浮列车示范运营线轨道梁启运仪式及由德国拜耳公司、上海华谊集团所属上海氯碱化工股份有限公司共同投资 31 亿美元的一体化综合性化工生产基地奠基仪式。

同日　上海克虏伯不锈钢有限公司一期工程正式投产，德意志联邦共和国总理格哈德·施罗德、徐匡迪等出席投产庆典。

同日　位于浦东花木的中德合资上海新国际博览中心一期工程建成。

11 月 4 日　以“中国加入世贸组织后上海的机遇和挑战”为主题的第十三次上海市市长国际企业家咨询会议召开。全国政协副主席经叔平出席会议。

11 月 5—9 日　中共中央政治局候补委员、国务委员、中国申办 2010 年世界博览会委员会主任委员吴仪在江苏和上海考察。9 日，吴仪在上海会见国际展览局秘书长文森特·冈萨雷斯·洛塞泰斯。

11 月 6—7 日　上海创业国际论坛举行。全国人大常委会副委员长成思危出席会议并发表主题演讲。

11 月 8 日　上海市首次水资源普查工作完成，并召开总结表彰大会，136 个单位和个人受到表彰。本次水资源普查从 1999 年 3 月开始，围绕水资源可持续利用、水污染防治、水环境保护等问题，两年最终完成。

同日　上海米行正式运营。该市场是上海最大的粮食交易市场，位于 312 国道和沪宁高速公路出口，为苏、浙、皖粮食进沪的主要集散地。

11 月 8—14 日　以“生物科技——为了新世纪人类的幸福”为主题的第六届上海科技节举行，并表彰 10 名科技精英奖获得者，2 名大众科学奖获得者，10 名农村科技致富带头人奖获得者。

11 月 10 日　《上海市和奥斯陆市(挪威)建立友好城市协议书》签字仪式在上海举行。

同日　上海新世纪“十大工人发明家”评审工作完成，王震、韩明明、刘晓荣等 10 位入选者被授予“上海市职工技术创新标兵”光荣称号。另有 36 名入围候选人被命名为“上海市职工技术创新能手”。

11 月 12 日 《上海市和昆士兰州(澳大利亚)友好合作交流项目备忘录(2002—2004 年)》签字仪式在上海举行。

11 月 13—14 日 卢旺达共和国总统保罗·卡加梅访问上海。

11 月 18 日 上海市南洋模范中学举行建校 100 周年庆祝大会,江泽民发来贺信。

11 月 19—24 日 2001 年上海亚洲音乐节举行,20 多个国家和地区的 300 多人参加。大赛首次为新人歌手颁发奖金。

11 月 21 日 建设国际一流南京路国际招商咨询会议举行,28 家跨国集团的代表出席南京路国际论坛,南京路全方位对外开放。

11 月 22 日 三年来义务为安徽砀山县魏庙小学执教的上海武宁百货公司退休女工、共产党员查文红获上海市第一个“上海市精神文明建设特别贡献奖”。

11 月 22—27 日 由国家经济贸易委员会、对外贸易经济合作部、科学技术部、信息产业部、教育部、中国科学院、中国国际贸易促进委员会和市政府共同主办的第三届上海国际工业博览会在浦东上海新国际博览中心举行。其间,首次评出金奖 4 项、银奖 8 项、铜奖 10 项。来自国内 27 个省、直辖市、自治区以及美国、德国等 10 多个国家和地区的 1 192 家企业参展,观众逾 50 万人次,累计成交额 312.6 亿元。

11 月 23—24 日 摩尔多瓦共和国总理瓦西里·塔尔列夫访问上海。

11 月 24 日 上海世贸组织(WTO)事务咨询中心顾问委员会成立及颁证仪式举行,徐匡迪向 40 名中外知名人士颁发顾问证书。

11 月 28 日 经国务院批准,上海黄金交易所开始模拟运行,实行会员制,首批会员 108 家。

11 月 28 日—12 月 3 日 徐匡迪率团访问法国、摩纳哥。11 月 30 日,徐匡迪出席 11 月 30 日在法国巴黎举行的国际展览局第一百三十次代表大会,并向大会作申办中国 2010 年上海世界博览会的陈述。此次申办 2010 年世界博览会的城市还有俄罗斯莫斯科、韩国丽水、阿根廷布宜诺斯艾利斯、墨西哥墨西哥城、波兰弗洛茨瓦夫,6 个城市的市长依次登台发言,中国上海市市长最后一个登台。

11 月 30 日 新世纪首次“宝钢教育奖”揭晓,795 名来自全国 76 所高校、17 个研究所德才兼备的教师、学生获奖。评选出的 10 名优秀教师特等奖获得者中,有上海交通大学的马红孺教授、复旦大学的朱立元教授。

12 月 2 日 原上海市副市长潘汉年的纪念铜像在福寿园落成揭幕。

12 月 4—6 日 中共中央宣传部、中央文明办、新闻出版总署和国家邮政局在上海召开上海东方书报亭建设经验交流会。

12 月 5 日 科学技术部批准上海市暨卫生部人类基因组学研究开放实验室为医学基因组学首个国家重点实验室。

12 月 6—7 日 莱索托王国首相帕卡里塔·莫西西里访问上海。

12 月 7 日 市十一届人大常委会第三十四次会议通过关于接受徐匡迪辞去上海市长职务的请求,并决定任命陈良宇为上海市代理市长。

12 月 8 日 中共中央决定,徐匡迪任中国工程院党组书记,免去徐匡迪的中共上海市委副书记、常委、委员职务。

同日　“2001 东丽杯上海国际马拉松赛”开赛。

12 月 10 日　上海市九运会代表团总结表彰大会举行。在第九届全国运动会上，上海体育代表团夺得金牌、奖牌总数和团体总分 3 个第三，并获得“体育道德风尚奖”。市政府通令嘉奖 6 个运动队及夺得金、银牌的运动员和带训主教练、体育管理干部等。团市委、市妇联、上海市体育局（以下简称市体育局）也分别向作出贡献的运动员授予“新长征突击手”“上海市三八红旗手”“上海市三八红旗集体”等称号。

同日　中英合资上海赛科石油化工有限责任公司在上海化工区成立，该公司由中国石化股份有限公司、中国石化上海石油化工股份有限公司与英国 BP 集团合资组建，总投资 27 亿美元、年产 90 万吨乙烯，是世界级石油化工企业。2002 年 3 月 28 日，上海赛科 90 万吨乙烯工程在上海化学工业区举行开工庆典，黄菊启动打桩信号。2005 年 6 月 29 日，90 万吨乙烯工程投入运行庆祝大会在上海化学工业区举行。

12 月 11 日　《中国加入世贸组织议定书》生效，中国成为世界贸易组织第 143 个成员。

同日　南非共和国总统塔博・姆约耶尔瓦・姆贝基访问上海。

同日　上海港集装箱年吞吐量突破 600 万标准箱。

12 月 20 日　中国南极长城站举行“宝钢楼”奠基仪式。全部建筑材料和 8 名施工人员已抵达南极长城站。由宝钢股份公司赠建的“宝钢楼”，总面积为 456 平方米，采用耐腐、抗寒性能高的宝钢氟碳彩钢板，2002 年 2 月交付使用。

12 月 22 日　以“读书，新世纪上海人的终身选择”为主题的首届上海读书节开幕　活动有“我最喜爱的 20 本书”评选、第三届上海书市等。

12 月 24 日　市委宣传部与复旦大学签订共建复旦大学新闻学院的协议，开创一种全新的办学模式。

12 月 25 日　由复旦大学附属中山医院放射科、核医学科和超声诊断科联合组建的上海市影像医学研究所挂牌成立。著名放射科专家周康荣出任首任所长。

12 月 26 日　上海 13 名专家新当选两院院士，其中 6 名专家当选中国科学院院士，7 名专家当选中国工程院院士。

12 月 28 日　由世茂集团投资开发兴建的世茂国际广场正式开工。2004 年 10 月 18 日，主体结构封顶，12 月，一期商场开始营业。该楼位于南京路步行街，占地面积 13 350 平方米，地上 60 层，地下 3 层，总建筑面积为 17 万平方米。其中主楼共 60 层，高度为 333 米。建成时为浦西第一高楼。

同日　上海市男科学研究所在上海第二医科大学附属仁济医院正式挂牌成立。是为上海市首家经市卫生局批准成立的男科学研究所，也是国内第一家。

同日　沪东中华造船（集团）有限公司为中国远洋运输（集团）总公司青岛远洋公司建造的 74 500 吨散货轮“德华海”号签字交船，成为中国第一家年造船总量达到 100 万吨的造船企业。

12 月 29 日　上海报载，据市绿化局统计，2001 年，上海新建绿地 1 200 公顷，市区人均公共绿地从上年的 4.6 平方米增加到 5.56 平方米，绿化覆盖率达到 23.8％。

同日　上海银行联袂香港上海汇丰银行、香港上海商业银行和国际金融公司（IFC）召开的新闻发布会披露，3 家外资金融机构持有上海银行 18％的股权，这是迄今中国银行业的最高外资参股比例。

2002 年

1 月 1—26 日　“蓝天下的至爱”——2002 年新年慈善系列活动举行，有 2002 年新年慈善音乐会、慈善图书首发式暨献爱心捐书义卖仪式、万人上街慈善募捐、新年慈善义演等，募集捐款 4 973.8 万元。

1 月 10 日　黄浦江两岸综合开发工程启动，综合开发范围涉及浦东、卢湾、黄浦、虹口和杨浦 5 个区，规划面积 2 260 公顷，岸线长度约 20 公里。上海市黄浦江两岸开发建设领导小组和上海市黄浦江两岸开发建设投资（集团）有限公司同时成立。7 月 3 日，实质性运作的第一个项目——上海财富广场开工。2003 年 4 月 30 日，市政府发布《上海市黄浦区两岸开发建设管理办法》。至 2010 年，上海国际客运中心、新十六铺码头、十六铺旅游中心等项目建设投入运营，滨江绿化带陆续建成并对公众开放。

1 月 10—11 日　南斯拉夫联盟共和国总统沃伊斯拉夫·科什图尼察访问上海。

1 月 11 日　上海市试点建设城镇——闵行区浦江镇建设正式启动。18 日，浦东新区高桥中心镇建设正式启动。

1 月 15—17 日　中共上海市第七届委员会第十次全体会议举行，会议通过中共上海市委常委会《团结鼓劲，奋发有为，把上海的两个文明建设继续推向前进》的工作报告，通过《中国共产党上海市第七届委员会第十次全体会议关于召开中国共产党上海市第八次代表大会的决议》。

1 月 18—19 日　约旦哈希姆王国国王阿卜杜拉二世·本·侯赛因访问上海。

1 月 22—23 日　挪威王国首相谢尔·马格纳·邦德维克访问上海。

1 月 25 日　摩纳哥公国驻上海名誉领事馆开馆。

1 月 26 日　上海心脏中心在瑞金医院揭牌，该中心由瑞金医院心脏内、外科与高血压研究所密切合作，研究领域包括：心血管疾病的临床诊治与研究、心血管介入治疗、冠状动脉搭桥、瓣膜置换、胸主动脉置换和起搏电生理、心脏超声、心电、心血管生化及分子生物学的实验研究。

1 月 28 日　市政府第 122 次常务会议决定，上海正式申办 2007 年世界特殊奥林匹克运动会（即第十二届世界夏季特殊奥林匹克运动会），同时成立 2007 年特奥会申办领导小组及办公室。2 月 25 日，国务院同意上海市申办 2007 年特奥会。2 月 28 日，2007 年特奥会申办工作领导小组向国际特奥会递交申办报告书。3 月 27—29 日，国际特奥委考察团就上海申办 2007 年第十二届世界特殊奥林匹克运动会在上海进行实地考察。4 月 22—24 日，上海市副市长冯国勤一行代表申办领导小组到英国伦敦作申办陈述。5 月 24 日，上海市政府和国际特奥会在上海和国际特奥会总部华盛顿同时召开新闻发布会，宣布中国上海获得 2007 年特奥会主办权。9 月 11—12 日，由首席执行官蒂姆·施莱弗率领的国际特奥会代表团在上海考察 2007 年世界夏季特奥会的组织筹备情况，并签署 2007 年世界夏季特奥会协议备忘录。

1 月 29 日　总投资 8.8 亿元、全长 9.96 公里的外高桥港区集疏运通道——赵家沟航道整治工程开工。

1 月 30 日　中国驻法国大使吴建民在法国巴黎代表中国政府向国际展览局秘书长文森特·冈萨雷斯·洛塞泰斯递交中国政府申办 2010 年上海世界博览会的报告，成为首个向国际展览局递交

2010 年世界博览会申办报告的国家。申办报告中包括国家主席江泽民和国务院总理朱镕基致国际展览局领导人的申办支持信。

同日　乌克兰共和国驻沪总领事馆开馆。

2 月 1 日　中共上海市委、市政府召开上海市加强党风廉政建设干部大会，传达贯彻中共中央总书记江泽民在中纪委七次全会上的重要讲话和中纪委七次全会精神，部署 2002 年上海市党风廉政建设和反腐败斗争各项工作。

同日　位于青浦区淀山湖畔的上海市青少年校外活动营地——"东方绿舟"建成开放。

同日　在 2001 年度国家科学技术奖励大会上，上海 14 项重大科技成果分获国家自然科学奖和国家科技进步奖，占全国获奖项目总数 6.28%；其中一等奖 3 项、二等奖 11 项。

2 月 5 日　武警上海总队反恐怖部队在浦东新区成立，这是中国第一支反恐部队。

2 月 7 日　上海市检测中心成立。检测中心由基础性能试验、理化分析测试 2 个公共技术平台和计量检测、药品检验等若干个专用功能模块组成，把有关专业检测检验机构集中建设在一个综合检测实验基地内，为社会提供公共服务。

同日　上海星火中法供水有限公司在上海星火开发区揭牌营运。这是上海市第一家中外合作自来水公司，标志着上海公用事业领域开始逐步尝试对外开放。该公司是在原星火开发区自来水厂的基础上，分别由中法水务投资有限公司（港资）以现金投入，星联公司以实物资产投入的方式合作组建，双方各占 50%股份。

2 月 7—9 日　摩洛哥王国国王穆罕默德六世访问上海。

2 月 10 日　上海国际赛车场有限公司成立。10 月 21 日，该公司与世界一级方程式管理协会（FOCA）签署合同，上海获得 F1（一级方程式赛车）世界锦标赛 2004—2010 年中国大奖赛承办权，签约仪式在上海举行。

2 月 12 日　永乐电影城正式营业。该影城是全国首家数字电影城，坐落在徐家汇港汇广场，由 9 个放映厅组成。配置了 3D 和数字放映机，可放映 3D 电影。

2 月 21—26 日　市政协九届五次全体会议举行。

2 月 22 日　中国典当业唯一行业自律组织——全国典当专业委员会移址上海，中国典当业唯一的网站——中国典当网（www.pawn.com.cn）同时落户上海。

2 月 22—26 日　市十一届人大五次会议举行。会议补选陈良宇为上海市市长。

2 月 24 日　中央文明办、民政部公布全国创建文明社区示范点，上海的示范点为徐汇区康健新村社区、普陀区曹杨新村社区、长宁区新华路社区、虹口区曲阳路社区、闸北区临汾路社区和黄浦区人民广场社区。

2 月 28 日　上海市召开重大工程建设工作会议，苏州河环境综合整治一期工程列为 2002 年第一号工程，这是上海有史以来第一次把环境保护项目列为第一号工程。

2 月　市新闻办向中外媒体宣布，市政府将建立常态化的新闻发布会制度，发布次数为每两周 1 次。新闻发布会将广泛邀请中外媒体参加，以增强信息透明度，建立公开、公平的新闻发布环境为配合这一制度，市政府重点委、办、局都将建立新闻发言人。两周 1 次的新闻发布会由市新闻办牵头负责。随着新闻发布会制度的逐步完善，市新闻办还将为需要在线直播的媒体提供帮助。

同月　上海、南京博物馆和上海材料研究所等单位，经过近 10 年的研究，联合攻关破解吴越青铜宝剑技术之谜，并复制成功。此举证实 2 500 年以前中国就发明了金属表面合金、青铜复合和精密陶范铸造技术。日前，"吴越青铜技术研究"正式通过了国家文物局的鉴定。

同月　孟加拉国向上海建工集团颁发该国最高质量奖——莲花奖,嘉奖建工集团以一流水平总承包建设孟中友谊会议中心。这也是孟国迄今为止向国外建筑企业首次授予的最高质量奖。孟中友谊会议中心由中国政府援建,建工集团只用了17个月就完成任务。

同月　上海电气(集团)总公司与晨兴集团共同出资3 000万美元,收购日本老牌企业秋山印刷机械制造株式会社(AK),开创了中国国有企业收购日本公司的先河。

3月1日　上海市全面启动农村税费改革试点工作,市政府安排1.9亿元的转移支付资金,并重点向财力相对困难的区县倾斜。

3月1—7日　2002年中国华东进出口商品交易会举行,出口成交额16.89亿美元,比上届增长10.23%。

3月2日　上海台商工业园(松江)揭牌成立,该工业园初期规划面积3平方公里,最终规划6至10平方公里。园区以吸纳台商高科技、高附加值的生产和研发性企业为主,采取政策聚焦,辅以特殊优惠政策的方式,并建设台湾风情生活配套区。

3月10日　由市绿化委员会、市绿化局和解放日报社联合主办的"上海十佳绿化街景评选"揭晓。分别为延中公园(绿地)、人民广场绿地、华山路绿地、黄兴公园、外环线绿带、沪闵路立交绿地、虹桥公园、浦东滨江大道绿地、太平桥绿地、徐家汇公园。

3月10—16日　以国际展览局副主席兼执行委员会主席卡门·塞雯为团长的国际展览局考察团在北京、上海和杭州对中国上海申办2010年世博会进行考察。中国领导人会见了考察团,考察团听取中国政府有关部门和上海市的申办陈述报告,实地考察上海市举办世博会的能力和周边环境。

3月12日　市政府批准《上海市绿化系统规划》。

3月18日　上海跨国采购促进中心和上海跨国采购服务有限公司成立。

3月21日　中国大陆首家经营全面外汇业务的独资外资银行——美国花旗银行浦西支行开业。

3月23—24日　厄瓜多尔共和国总统古斯塔沃·诺沃亚·贝哈拉诺访问上海。

3月25日　《上海—大阪府(日本)友好交流协议书(2002年)》签字仪式在上海举行。

3月25—30日　爱尔兰海军"尼亚姆"号近海巡逻舰对上海进行为期6天的友好访问。

3月26日　经国务院同意,中国人民银行批准,中国银联股份有限公司在上海成立。该公司是在合并全国银行卡信息交换总中心和18个城市银行卡中心的基础上,由中国工商银行、中国农业银行、中国银行、中国建设银行、交通银行等银行卡发卡金融机构共同发起设立的股份制金融机构,注册资本为16.5亿元。

3月27日　经市政府批准,上海台商工业园(青浦)成立。随着沪台经济合作的不断发展,青浦利用特有的区位优势、产业基础和人文环境,成为台商较为集中的区域。截至2001年底,落户青浦的台商投资企业有458家,占全区外资企业的三分之一以上。

同日　市外经贸委宣布凡在上海浦东新区的内贸生产企业、商贸企业,只要注册资金分别达到50万元和100万元,都可以申请外贸进出口经营权。

3月28日　上海市企业联合征信系统建成开通。

3月28—30日　比利时王国首相居伊伏思达访问上海。

3月　国务院正式批准上海国际航运中心洋山深水港区一期工程可行性研究报告。

同月　崇明县包括社会、经济、环境在内的24项考核指标,经国家环保总局的严格审核,全部达到创建要求，获准第二批命名为国家级生态示范区。

4 月 1 日　上海国际航运中心洋山深水港区一期工程建设启动。上海市深水港工程建设指挥部成立，上海同盛投资（集团）有限公司、大桥项目公司也同时成立。4 月 28 日，位于南汇芦潮港的海港新城建设启动。6 月 24 日，一期工程的建设和投资主体分别与由建行上海市分行等 10 家银行组成的银团签订了总额为 75 亿元的贷款合同和总额为 170 亿元的银企合作协议。6 月 26 日，一期工程正式动工。

4 月 2 日　中共上海市委、市政府召开郊区工作会议，确立上海郊区"城乡一体化、农村城市化、农业现代化、农民市民化"的战略目标。

4 月 7—8 日　卢森堡大公国首相让-克洛德・容克访问上海。

4 月 8 日　上海市会展行业协会成立大会召开，标志着申城向国际会展中心城市之一的目标又迈进一步。这是中国入世后成立的全国第一个省级会展行业协会。

4 月 9 日　"十五"期间上海重大基础设施项目——铁路上海南站配套工程全面启动。上海铁路南站工程建设指挥部、上海南站广场投资有限公司同时成立。铁路上海南站设计方案由上海现代建筑设计集团华东建筑设计研究院、法国 AREP 公司合作设计，为世界上首个圆形火车站。7 月 28 日，地铁 1 号线上海南站改建工程开工。

4 月 10 日　市政府发布《上海市征用集体土地拆迁房屋补偿安置若干规定》。

4 月 12 日　中德双方在德国沃尔夫斯堡举行上海大众汽车有限公司合营合同延长 20 年的协议签约仪式。新合同规定，双方合营延长至 2030 年，注册资本从 46 亿元增至 63 亿元。

4 月 14—17 日　由国际人类基因组主办的 2002 年国际人类基因组大会在上海举行，50 多个国家、1 000 余名中外科学家参加。这是首次在发展中国家举行人类基因组最高级别的学术会议。

4 月 15 日　上海市 2002 年精神文明建设工作会议举行，表彰了 2001 年度精神文明创建活动的先进集体和个人。

同日　《上海市和康斯坦察县建立友好城市协议书》签字仪式在罗马尼亚康斯坦察县举行。

4 月 18 日　复旦大学人类学研究中心挂牌成立，这是中国首个分子人类学研究机构。

4 月 19 日　上海东方男篮在总决赛中击败八一队，勇夺 CBA（即"中国男子篮球甲 A 联赛"，后更名为"中国男子篮球职业联赛"）总冠军，这是上海男篮首次获得 CBA 冠军。

同日　上海贸易中心在俄罗斯圣彼得堡市开业。

4 月 24 日—5 月 3 日　第八届上海国际服装文化节举行，其间举行上海国际服装博览会、上海国际时装模特大赛、上海国际服装设计大赛等活动。

4 月 25 日　上海市 12 个行业协会成立。其中新建的 10 个行业协会为人才中介、会展、多媒体、汽车配件流通、皮革、通信、电子商务、建设工程检测、蔬菜加工与出口、电子制造行业协会；重组的 2 个行业协会为装饰装修、饮食行业协会。

4 月 25—26 日　马其顿共和国总统博里斯・特拉伊科夫斯基访问上海。

4 月 27—28 日　科特迪瓦共和国总统洛朗・巴博访问上海。

4 月 30 日　市政府发布《引进人才实行〈上海市居住证〉制度暂行规定》，2002 年 6 月 15 日起施行，上海开始实行居住证制度。凡具有本科以上学历或者特殊才能的国内外人员，以不改变其户籍或者国籍的形式来上海市工作或创业的，可分别申领 A、B《居住证》。

同日　上海市试点建设城镇——青浦区朱家角镇建设正式启动。

5 月 7 日　国家主席江泽民在上海会见了美利坚合众国前总统乔治・布什。

5月8日　经国家人事部批准,上海国际集团有限公司博士后科研工作站正式成立,是为上海金融业的首家博士后工作站。

5月9—12日　民建上海市第十次代表大会举行。黄关从当选主委。

5月10—12日　亚洲开发银行理事会第三十五届年会在上海举行。江泽民出席开幕式并发表重要讲话。亚行60个成员体的财政官员、主要国际金融组织和金融机构的高层管理人员及学术界知名人士3 400余人参加。除了理事会会议外,为期5天的会期中还有几十场高水准的研讨会、10+3财长会及其准备会议、一系列财长双边会谈和其他相关活动。

5月12—21日　2002年"上海之春"国际音乐节举行。20多个国家和地区的音乐界、广播界和文化界人士参演40场经典系列音乐会、新人新作展演和群众性广场音乐会等。评出"上海之春"国际音乐节"金编钟"奖、全国优秀广播音乐节目主持人和新人新作创作表演奖。

5月13—15日　克罗地亚共和国总统斯捷潘・梅西奇访问上海。

5月14—15日　中共上海市第七届委员会第十一次全体会议举行。

5月15日　上海航天局主研发的"长征四号乙"运载火箭将中国第一颗海洋探测卫星"海洋一号"和第一颗太阳同步轨道业务应用气象卫星"风云一号D"送入太空预定轨道。

同日　首家进入上海的台资银行——世华银行开业,这是中国金融部门批准两家中国台湾商业银行在大陆开设分支机构后,第二家设立代表处的台资商业银行。

5月17—20日　由天津市长李盛霖为团长的天津市代表团在上海考察。

5月18日　中国第一家每日出版的专业体育日报——《上海东方体育日报》正式刊行,首日创下18.5万的发行量。

5月18—20日　台盟上海市第九次盟员大会举行,石四箴当选主委。

5月20日　由国际咨询工程师联合会(FIDIC)、市政府、中国工程咨询协会联合举办的"上海可持续发展国际工程咨询论坛"在上海举行。

同日　东方典当行落户上海,这是中国大陆规模最大的典当行,注册资金达5 000万元。

5月22日　由海关总署和市政府共同筹建的中国电子口岸数据中心上海分中心成立。

5月24—28日　中共上海市第八次代表大会举行。黄菊代表中共上海市第七届委员会作《奋发有为,与时俱进,把上海改革开放和现代化建设提高到新水平》的报告。大会选举产生了71名上海市出席中国共产党第十六次全国代表大会的代表;选出了新一届市委、市纪委成员。黄菊任市委书记。

5月28日　"上海合作组织"经贸部长会议在上海举行。

5月29—30日　斐济群岛共和国总理莱塞尼亚・恩加拉塞访问上海。

5月29—30日　亚太经合组织(APEC)第五次电信部长会议在上海举行。会议通过了指导亚太地区在新世纪电信信息产业合作与发展的《上海宣言》和《行动计划》两个重要文件。

5月30日　秘鲁共和国驻上海总领事馆开馆。

5月　经国家广电总局电影局批准,中国影市的"航母"——上海联和电影院线正式组建。联和院线是一家跨地域经营的院线公司,由永乐股份上海电影发行公司、上海东方影视公司共同发起组建,有56家影院加盟。

6月1—4日　民进上海市第九次代表大会举行,严隽琪当选主委。

6月3—4日　世界航空运输峰会暨国际航空运输协会(IATA)第五十八届年会在上海举行,130多个国家和地区的200多家航空公司和其他各航空机构的800多名代表参加会议。

6 月 4 日　市发展计划委员会日前正式聘请首批 21 名海外专家担任特约研究员。这批主要来自美国、加拿大、日本、法国等国家高等院校和研究机构的特约研究员，将就上海发展战略、规划、政策等有关问题开展专题研究并提供咨询。

6 月 5 日　上海隆重举行追授大会，公安部追授上海市公安局杨浦交巡警支队民警肖玉泉为“全国公安系统一级英雄模范”称号，公安部和中共上海市委分别作出关于向肖玉泉同志先进事迹学习的决定。6 月 12 日，中宣部、公安部、中共上海市委在北京人民大会堂举行学习肖玉泉先进事迹座谈会。肖玉泉生前为市公安局杨浦公安分局交巡警支队五中队民警，从警以后辛勤工作，无私奉献，一心一意为人民服务，多次获得市公安局和分局嘉奖。2001 年参加 APEC 会议开道车驾驶培训时，查出身患绝症。2002 年 2 月 15 日因病医治无效去世，年仅 39 岁。

6 月 6 日　原上海师范大学表演艺术学院、上海戏曲学校、上海舞蹈学校并入上海戏剧学院的挂牌仪式举行。

6 月 6—7 日　希腊共和国总理康斯坦丁·西米蒂斯访问上海。

6 月 7 日　总投资为 14.8 亿元、日均处理能力分别达 170 万吨和 120 万吨的竹园第一污水处理厂和白龙港污水处理厂同时开工。

6 月 8—16 日　第六届上海国际电影节举行，主要活动有影片“金爵奖”评选、国际影视市场交易、国际影片展映和国际学术研讨等。

6 月 8—20 日　应斯洛文尼亚外长鲁佩尔和议会外委会主席卡钦、克罗地亚人民党和匈牙利社会党的邀请，黄菊率中国共产党代表团赴斯洛文尼亚、克罗地亚和匈牙利进行友好访问。

6 月 9—13 日　第九届上海电视节举行，主要活动有“白玉兰”奖评选、国际影视节目交易、国际广播影视设备展览等。至本年起，上海电视节改为每年 6 月上旬举办 1 届。从而上海电视节与上海国际电影节也从以往两年 1 届轮流举行，改为一年 1 届同时举行。

6 月 13 日　由国家外国专家局、华师大软件学院、上海复星高科技(集团)公司等组建的“国家软件人才国际培训上海基地”在华东师范大学举行揭牌仪式。

6 月 13—14 日　由联合国经济与社会事务部、联合国开发计划署、中国国务院信息化办公室、科学技术部、信息产业部、对外贸易经济合作部、中国科学院和市政府共同主办的第三届亚太地区城市信息化论坛在上海举行。会议主题是消除数字鸿沟——电子政务与城市信息化。50 个国家、92 个城市、20 多个国际组织共 800 多名代表参加。

6 月 16 日　上海市级文物保护单位陈化成纪念馆重修开放。

6 月 20 日　“中国·上海第 5 届国际摄影艺术展”获奖作品昨揭晓，从 32 个国家和地区近 2 000 位作者的 11 780 幅来稿中，评出 5 个项目的金、银、铜牌和优秀奖共 75 个。

同日　市政府发表《上海城市交通白皮书》，这是中华人民共和国成立以后第一部以地方政府名义公开发表的交通白皮书。

6 月 22—26 日　由菲律宾舰队司令鲁本·多明哥少将率领的菲律宾海军舰艇编队首次访问上海。

6 月 25 日　浦东新区土地资产交易中心在浦东新区金融贸易区成立，是全市首家土地有形市场。

6 月 26 日　教育部与市政府重点共建同济大学的协议签字仪式举行。协议明确，在 2001—2003 年的 3 年内，教育部除对同济大学的正常经费和建设投资按“法定增长”安排外，增加投入建设经费 3 亿元；上海市对教育部增加的重点建设经费提供 1∶1 配套建设经费。

同日　上海陆地与洋山港连接的东海大桥开工建设,该大桥是上海国际航运中心深水港工程的组成部分,是中国第一座长距离跨海大桥。

6月27日　上海东方大鲨鱼篮球队的中锋姚明,在美国纽约麦迪逊广场花园大剧场举行的2002年美国职业篮球协会(NBA)选秀大会上,被握有头号选秀权的休斯敦火箭队在首轮第一顺位选中,成为第一位以“新秀状元”入选NBA的中国运动员,也是NBA选秀大会历史上第一位来自美国以外的、并且是从外国联赛中直接进入NBA的“新秀状元”。

6月27—30日　民盟上海市第十二次代表大会举行,张圣坤当选主委。

6月28日　上海大众第200万辆轿车下线,这是中国汽车史上的里程碑标志。

6月29日　黄菊在锦江小礼堂会见了以鸠山由纪夫为团长的日本民主党代表团一行。

同日　中共“二大”会址纪念馆于原址——静安区老成都北路7弄30号隆重开馆。纪念馆恢复、再现和较完整地保留了中共“二大”会址的历史原貌,成为景仰参观、接受革命传统教育和爱国主义教育的场所。

7月1—2日　基里巴斯共和国总统塞布罗罗·斯托访问上海。

7月2日　中国政府代表团在法国巴黎国际展览局第一百三十一次会议,就中国上海申办2010年世博会作陈述。

7月2—4日　民革上海市第十次代表大会举行,厉无畏当选主委。

7月2—4日　市工商联第十一次会员代表大会举行,任文燕再次当选会长。

7月3日　瑞典斯德哥尔摩环境研究所与联合国开发计划署共同编写的《2002年中国人类发展报告》中,对中国31个省、自治区、直辖市的人类发展指数和环境指标作了量化,上海市排名第一。

同日　上海运动员刘翔在瑞士洛桑举行的国际田联世界田径大奖赛上,以13秒12的成绩刷新了尘封24年之久的男子110米栏世界青年纪录。

7月3—5日　毛里求斯共和国总理阿内罗德·贾格纳特访问上海。

7月4日　“西气东输”终端工程在青浦区白鹤镇启动。9月5日,“西气东输”工程金山段开工。工程起点为陕西长庆气田,沿线设5个分输站,白鹤镇分输站也是上海段管网的首站,2003年10月7日,天然气管输到白鹤分输站,试运行成功。2003年12月竣工。2004年,“西气东输”工程东段投入运营,向上海实施商业供气,青浦区、嘉定区以及宝钢(集团)公司、上海汽车工业(集团)总公司等成为首批用户。

7月5日　上海18个区(县)分别与9个中央或市属工业大集团签订共同推进特色产品发展的合作协议书。这是打破条块分割,实现联动发展的举措。

7月10日　菲律宾共和国驻沪总领事馆开馆仪式举行。

7月13日　中国海关总署驻上海特派员办事处成立。

7月13—15日　尼泊尔王国国王贾南德拉·比尔·比克拉姆·沙阿·德瓦访问上海。

7月15日　国际第27届南极研究科学委员会会议和第14届国家南极局局长理事会会议在上海召开,来自30多个国家的400多名科学家和政府官员共同探讨南极科考及南极事务。

同日　由市社联、香港亚太二十一学会、市港澳台经济研究会联合举办的“促进沪港共同发展——首届沪港关系论坛”在上海举行。

7月15—18日　为纪念上海图书馆建馆50周年,以“知识导航与图书馆服务”为主题的首届上海国际图书馆论坛在上图举行,来自世界各地的60多位知名人士、专家学者将与50多位国内专业人士一起交流探讨。此后每两年举行 1 次。

7 月 17 日　中共上海市委、市政府召开加强党风廉政建设干部大会。

7 月 20 日　市政府出台《上海市鼓励外国跨国公司设立地区总部的暂行规定》。2006 年，成立上海总部经济促进中心。

7 月 21 日　人民广场地区交通枢纽综合改造工程开工，2003 年竣工，这是全市大型交通枢纽之一。施工范围北起西藏北路蒙古路，南至西藏南路复兴中路，涉及轨道交通建设、道路桥梁改建、架空线缆入地、公共绿地布置、交通优化组织、建筑保护修缮等多项建设内容。

7 月 22 日　市政府印发《上海外来从业人员综合保险暂行办法》，从 9 月 1 日起正式实行。

7 月 24 日　由巴士一电公司、二电巴士公司、三电公交公司整合重组的上海巴士电车有限公司成立。

同日　国内第一艘跨海火车渡轮——琼州海峡火车渡轮的主船体建造工作在江南造船厂全部结束。

7 月　上海固体废物处置中心在嘉定区娄塘镇嘉朱公路 2491 号建成启用。总投资近亿元，年处置废物 2 500 万吨，是华东地区最大的固体废物处置中心。

8 月 3 日　由国际系统科学学会（ISSS）、中国系统科学研究会主办的国际系统科学学会第四十六届年会在上海举行，64 个国家和地区的 400 多名专家学者、政府官员参加。这是发展中国家首次承办的大型国际性系统科学大会。

8 月 5 日　市政府出台《关于加快民政事业发展的若干意见》，指出要进一步完善社会救助制度，努力构建机构健全、法制完善、政策协调、手段先进，具有上海特点的现代社会救助体系。

同日　市政府召开金融工作会议，提出上海要用 10—20 年的时间，基本建成国际金融中心之一。

8 月 6 日　全面展示 20 世纪上海文化的发展历史和演进轨迹的《上海百年文化史》由上海科技文献出版社出版发行。

8 月 15—18 日　由文化部、中国文学艺术界联合会、市政府共同主办的京昆艺术大师俞振飞百年诞辰纪念活动在上海举行。其间上演新编历史名剧《桃花扇》《牡丹亭 · 惊梦》《贩马记 · 写状》等。

8 月 16 日　上海跨国采购中心揭牌仪式和上海市外经贸声讯咨询中心开通仪式举行。

8 月 17—18 日　国际数学联盟（IMU）第十四次成员国代表大会在上海举行。49 个国家和地区的 127 名代表及观察员参加大会。

8 月 21 日　中国华源集团有限公司、上海华谊（集团）公司和上海工业投资集团正式签署协议，对上海医药集团实行联合重组，中国华源集团获得上海医药集团 40%的股份，成为第一大股东。

同日　上海盲人首次参加高考，2 名被上海师范大学外语学院英语本科专业录取，1 名作为试读生跟班试读 1 年。

8 月 21—22 日　俄罗斯联邦政府总理米哈伊尔 · 米哈伊洛维奇 · 卡西亚诺夫访问上海。8 月 22 日，中共中央政治局常委、国务院总理朱镕基与俄罗斯联邦政府总理卡西亚诺夫在上海举行中俄总理第七次定期会晤。

8 月 23 日　上海市第一人民医院和第六人民医院正式归属于上海交通大学，成为上海交大的附属医院，两所附属医院举行挂牌仪式。挂牌后，两所附属医院将与交大开展学科交叉合作；同时，交大将对两所附属医院在临床教学设施、教学经费、师资队伍建设、重点实验室建设、科研项目等方面给予支持。

同日　2002 年中国电视广告年会在上海举行。

8 月 27 日　普陀区长寿路街道民间组织服务中心成立,是全市首个社区民间组织服务中心。

8 月 28 日　市政府印发《上海市区域卫生规划(2001—2010)》,对医疗资源配置标准、医护比例、医疗机构布局等作出新规定。

8 月 29 日　全市城镇居民最低生活保障线标准将从原来的月人均 280 元提高到月人均 290 元,新标准即日起实行。

8 月 30 日　市政府发布《上海市社会扶养费征收管理若干规定》。

同日　上海海关在外高桥港区成功缉获了藏匿在进口集装箱中的非洲象牙 3 334.6 千克。是为中华人民共和国成立以来中国海关在口岸查获的最大象牙走私案。

9 月 1 日　经公安部批准,是日起,上海市实行公民按需申领护照试点工作。

同日　最后一批重庆市云阳县三峡移民 121 户、486 人抵上海落户,2002 年共有 448 户、1 859 人分别安置在青浦、松江、嘉定区。至此,上海圆满完成国务院三峡建委下达的移民安置任务,3 年中共安置 1 305 户、5 509 人。

9 月 3 日　可持续发展世界首脑会议在南非约翰内斯堡举行,表彰在城市建设和环境、资源保护方面取得突出成绩的城市。中国上海获得由联合国首次颁发的“城市可持续发展贡献奖”,同获此奖的城市有南非德班、巴西库里迪巴和法国里昂。

9 月 5 日　位于延长西路、志丹路路口的志丹苑建造住宅楼时发现元代水闸遗址,占地规模为 1 350 平方米,有青石构成的石闸,这是当时全国发现的最大的元代水利工程遗址。

9 月 9 日　沪市“4050 工程”被国际劳工组织誉为“上海模式”,堪称是“解决非正规就业和消除城市贫困”的一个创举。

9 月 11 日　复旦大学社会发展研究中心成立。并举行“全球化下的社会变迁与非政府组织”国际学术研讨会。来自美国、欧洲和国内的知名学者和非营利组织代表参加了研讨。

9 月 14 日—10 月 6 日　第八届上海旅游节举行,主要活动有花车巡游评选大赛、上海旅游形象大使评选和第三届上海国际音乐烟花节等。

9 月 15—18 日　中国第一届饮酒与健康国际研讨会在上海召开。来自美国、澳大利亚、德国、瑞士、新西兰和中国等国的 40 多位专家将通过对饮酒与健康、交通事故、暴力等相关问题的研讨,倡导文明健康的现代酒文化。世界卫生组织也派出 5 位专家与会,并专门组织“酒与立法”的专题培训活动。

9 月 17 日　上海在海外举办的规模最大、层次最高的大型经贸文化交流活动——2002 年汉堡“上海周”在德国汉堡市揭幕。其间签署《上海市和汉堡市友好项目备忘录(2003—2004 年)》。

9 月 18 日　由上海电气(集团)总公司与法国阿尔斯通公司共同出资组建的上海阿尔斯通交通设备有限公司制造的上海第一列城市轨道交通车辆下线仪式举行,打破上海轨道交通车辆生产“零”的记录。

9 月 20 日　由市统计局、市人口普查办公室等共同研制开发、全市第五次人口普查深度开发的重要成果“上海市人口地理信息系统”日前通过科技成果鉴定,顺利建成。

9 月 23—26 日　由中国老龄委办公室和联合国亚太经社会合作主办的,联合国第二届世界老龄大会亚太地区后续行动会议在上海举行。

9 月 25 日　中国第一部特大型综合性辞典《大辞海》编纂工作动员大会在市政协江海厅举行。《大辞海》是在《辞海》的基础上扩展而成，其篇幅为《辞海》的 2.5 倍。这是上海出版界继《辞海》《汉语大词典》和《英汉大词典》之后，推出的又一部具有全国影响的巨著，将填补国内特大型综合性辞典的空白。2003 年起，《大辞海》各分卷陆续出版，至 2015 年底，38 卷 42 册全部出齐，计收词 28 万余条，5 000 余万字。2016 年 9 月，《大辞海》通过国家出版基金规划管理办公室验收，评定为优秀。

9 月 26—28 日　2002 年跨国采购洽谈会（中国上海）在上海世贸商城举行，17 个国家和地区的 56 家著名跨国采购商与来自全国各地的 4 000 多家供应商参加。

9 月 27 日　上海数字电视运营性试播开播仪式在广电大厦举行。数字电视运营性试播是上海信息化战略的又一重大工程。上海成为全国第一个经国家广电总局批准进行数字电视运营性试播的城市。

9 月 27—30 日　由体育总局、市政府、中国体育用品联合会、中国体育科学学会共同主办的第十届中国国际体育用品博览会在上海举行。

9 月 28 日　中国历史最悠久的现代天文台——中国科学院上海天文台举办成立 40 周年暨建台 130 周年纪念日活动。

9 月 30 日　市政府举行首批在上海跨国公司地区总部颁发认定证书仪式。首批认定的有阿尔卡特（中国）投资公司等 8 家。12 月 18 日，又有吉列（中国）投资有限公司等 8 家跨国公司地区总部被认定。经认定的跨国公司地区总部可享受国家和上海市有关优惠政策。

10 月 1 日　上海出台《营业性演出管理条例实施细则》，取消了营业性演出活动中对主体资格的所有制限制，演出市场全面对内开放。

10 月 8—11 日　第二十届残疾人国际（DPI）亚太区残疾人领导人培训研讨会在上海举行，亚太地区 29 个国家残疾人组织的 100 余名代表出席。

10 月 9 日　市教委和上海大学举行全国政协副主席、上海大学校长钱伟长 90 华诞庆贺活动。党和国家领导人江泽民、李瑞环、李岚清等赠送花篮。

同日　名列全球 500 强企业之首的美国沃尔玛百货公司与中国国际信托投资公司共同组建的，华东沃尔玛百货有限公司和沃尔玛全球采办上海分部成立。

10 月 11 日　由中国电信、中国联通、中国网通与亚太地区主要国际通信公司共同发起建设的“亚太 2 号”海底光缆在上海举行开通仪式。该光缆系亚太地区目前容量最大、登陆点最多、技术最先进的国际光缆网络系统。

同日　市政府在上海城市规划展示馆正式发布“上海城市地理信息系统（GIS）基础数据平台”。

同日　上海少年科学院昨天在市青年文化活动中心成立。新成立的少年科学院设立计算机、天文、奥数、模型和创造发明 5 个科学实验室。

10 月 11—14 日　第五届海商法国际研讨会在上海举行，20 多个国家和地区的 200 多名学者、专家、法官、律师参加，这是世界海商法界学术层次最高的会议。

10 月 13 日　上海汽车工业（集团）总公司出资 5 970 万美元，投资韩国通用—大宇项目获国家批准，占股 10%。该项目是中国大型汽车集团首次走出国门，参与全球汽车工业的重组行动。

10 月 14—16 日　莫桑比克共和国总理帕斯科亚尔·曼努埃尔·莫昆比访问上海。

10 月 15—17 日　第五届地方政府应对灾害和紧急事件（LACDE）国际会议在上海举行，30 多个国家和地区的 400 多名代表参加。

10 月 16 日　由上海体育学院、上海体育运动技术学院、上海体育科研所合并组建的新的上海体育学院成立。

同日　工艺美术博物馆正式开馆迎客。该馆位于汾阳路，是上海工业系统首个行业博物馆，面积约 1 500 平方米，设雕刻、织绣和民间工艺 3 个展馆，藏有 300 多件精品，展示了海派工艺美术的独特韵致。

10 月 16—18 日　乌拉圭东岸共和国总统豪尔赫·路易斯·巴特列·伊瓦涅斯访问上海。

10 月 17 日　位于嘉定区安亭镇东北部、规划面积 5.3 平方公里的上海国际赛车场开工仪式举行。国际汽车联合会主席马克思·莫斯利等出席开工仪式。上海国际赛车场位于嘉定安亭镇东北部，规划面积 5.3 平方公里，由赛车场区、商业博览区、文化娱乐区和发展预留区等板块组成。2004 年 5 月 31 日，“上”字型赛道全面建成，包括主赛道、连接道和缓冲区，全长 5.45 公里，由 14 个不同转弯半径的弯道和 9 条直道组成，最大高低落差达 12 米，在连续曲线赛道处的下坡度达到 8%，赛道最高设计时速达 327 公里，符合 F1 赛事要求的世界一流赛道目标。6 月 3 日获国际汽联颁发的一级赛道证书，是全国首个国际赛车场。

10 月 18 日　投资 4.5 亿美元、总建筑面积达 24 万平方米的大型购物中心——正大广场在浦东陆家嘴正式开业迎客。正大广场由正大集团所属上海帝泰发展有限公司投资 4.5 亿美元兴建，是集购物、餐饮、娱乐和休闲于一体的大型购物中心。

同日　全国首家世贸组织(WTO)研究教育学院在上海对外贸易学院成立。

10 月 19 日—11 月 3 日　上海市第十二届运动会举行，全市 41 个代表团的 21 758 名运动员参赛，有 62 人、29 队、144 次创 61 项上海市青少年纪录。

10 月 21 日　立足上海、面向世界，从事现代上海发展研究、宣传和教育的“上海市现代上海研究中心”成立。

10 月 22 日　中共上海市委召开常委扩大会议，宣读中共中央《关于上海市委主要负责同志职务调整的通知》。中共中央决定，黄菊调中央工作，不再兼任上海市委书记、常委、委员职务；陈良宇任中共上海市委书记。

同日　上海“城市森林”工程建设正式启动。

10 月 22—27 日　第四届上海国际工业博览会在上海新国际博览中心举行。

10 月 25 日　华东理工大学、上海第二军医大学庆祝建校 50 周年大会举行。

同日　中国建设规模最大、技术设施最先进、现代化程度最高的船舶总装厂——上海外高桥造船有限公司一期工程基本建成，全面投产。外高桥造船基地规划占地总面积 210 万平方米，一期用地 144 万平方米，总投资约 32 亿元，于 1999 年 10 月 18 日开工兴建。一期工程基本建成后，外高桥形成年造船总量 105 万载重吨的能力；二期工程完工后，年造船总量将达到 180 万载重吨以上。

10 月 27 日　虹桥机场所有国际航班全部转移至浦东国际机场。航班东移后，浦东机场的客运量将增长 18%，货运增长 30%。

10 月 27—30 日　加纳共和国总统约翰·阿吉耶库姆·库福尔访问上海。

10 月 29 日　中央精神文明建设指导委员会发布《关于表彰全国精神文明创建工作先进单位的决定》，浦东新区、静安区获全国创建文明城市工作先进城区称号。浦东新区高行镇解放村、闵行区梅陇镇等 4 镇 6 村获全国创建文明村镇工作先进镇、村称号。

同日　国内规模最大的物流中心落户上海浦东国际机场。该中心由中外运空运发展公司投资 1.98 亿元建成，占地 6.9 万多平方米。

同日　上海交通大学新加坡研究生院成立，这是中国大陆高校第一个海外研究生院，新生开学典礼在新加坡南洋理工大学同时举行。

10月30日　上海黄金交易所正式开业，首天交易黄金540千克，交易额4 508万元。

10月31日—11月1日　上海合作组织成员国总检察长会议在上海举行，这是上海合作组织框架内的首次检察机关高层会议。

10月　以中国政府特使、上海市常务副市长蒋以任为团长的中国申博代表团，访问日本、菲律宾和马来西亚，介绍中国申办2010年上海世博会的情况。

11月1日　上海水产大学庆祝建校90周年大会举行。

11月1日—12月1日　由文化部主办、市政府承办的第四届中国上海国际艺术节举行，主要活动有国际艺术节演出交易会、上海艺术博览会、上海美术双年展等。

11月2—3日　马耳他共和国总理芬内克·阿达米访问上海。

11月3日　以"如何把上海建设成为世界级城市"为主题的第十四次上海市市长国际企业家咨询会议召开。

11月6日　上海市出席11月8—14日召开的中国共产党第十六次全国代表大会的代表赴京。11月9日，江泽民在参加中共十六大上海代表团讨论时指出：发展要有新思路，改革要有新突破，开放要有新局面，各项工作要有新举措。

11月6—9日　第十一届上海全国消费品交易会举行，达成合同意向总金额58.74亿元，比上届增长17.5%。

11月7日　市政府下发《关于本市贯彻国务院所得税收入分享改革方案意见的通知》，实行企业所得税收入中央、市、区县分级分享改革。

11月9日　华东政法学院庆祝建校50周年大会举行。

同日　"2002东丽杯上海国际马拉松赛"开赛。

11月12—17日　网球"大师杯"赛在上海举行，国际网坛8位高手参赛。这是该项赛事首次在亚洲、在发展中国家举行。全国政协主席李瑞环出席闭幕式，并向获得冠军的澳大利亚选手雷登·休伊特颁发纪念奖。国际网球男子职业选手联合会(ATP)首席执行官麦尔斯在闭幕式上致词。

11月14—16日　由上海社会科学院、市对外文化交流协会和上海国际问题研究中心联合主办的"国际恐怖主义和反恐合作"国际学术研讨会在上海召开。这是"9·11"事件以来在国内召开的规模最大的反恐问题国际学术研讨会。

11月14—17日　2002年中国国际旅游交易会在上海举行。46个国家和地区的800余家海外旅游商和1 700多家国内旅游商参展。

11月18日　中共上海市委召开全市党员负责干部会议，传达、学习、贯彻中共第十六次全国代表大会精神。

同日　为增强政府对土地市场的调控能力，经市政府批准，上海地产(集团)有限公司、上海大盛资产有限公司成立。

同日　由公共交通国际联会(UITP)主办的第一届国际城市轨道交通会议在上海召开。UITP城市轨道交通部主席霍尔格·阿尔伯特表示，该组织把首次国际城市轨道交通会议定在上海，是对上海近年来城市公共交通尤其是轨道交通超常规发展的一种肯定。会议期间，上海获UITP组织颁发的"城市交通可持续发展奖"。

11月19—21日　以"城市一体化交通"为主题的第三届公共交通国际联会(UITP)亚太区大会和第一届UITP国际城市轨道交通会议在上海举行，上海市获得由公共交通国际联会颁发的城市交通可持续发展奖。

11月20日　崇明岛水系改造一期工程启动，2005年竣工。

11月21日　科学技术部、中国科学院、市政府在上海联合召开新闻发布会宣布：中国大陆科学家独立完成“国际水稻基因组计划”第四号染色体精确测序，这使中国对国际水稻基因组测序计划贡献率达到10%。

11月21—22日　“21世纪中国知识产权论坛”在上海举行。来自国内法学界、商标和知识产权界、律师、企业界人士以及来自匈牙利、日本、韩国、美国和世界知识产权组织的代表140余人参加了此次论坛。其中“中国民法典的制定与知识产权问题”“世界贸易组织的知识产权协议对中国知识产权立法的影响”等是本次论坛主要议题。

11月22—27日　由国家经济贸易委员会、对外贸易经济合作部、科学技术部、信息产业部、教育部、中国科学院、中国国际贸易促进委员会和市政府共同主办的以“信息化与工业化”为主题的第四届上海国际工业博览会举行。共接待中外观众54.59万人次，成交额435.25亿元，分别比上届增长8.1%和39.24%。37个参展产品获奖，其中4个产品获金奖。

11月25—27日　国内层次最高、规模最大的互联网盛会——第一届中国互联网大会暨中国互联网展示会，在上海国际会议中心举行，大会主题为“互联网应用——呼唤创新”。

11月26日　上海市被建设部、国家经济贸易委员会命名为全国首批10个节水型城市之一。

11月28日　中共上海市委召开巡视试点工作动员会，要求通过试点，进一步建立和完善巡视制度，加强党内监督制约机制，为全市开展经常性的巡视工作打好基础。

同日　总投资1.8亿元、占地面积20公顷的上海国际汽车城污水和垃圾综合处理工程开工。该项目采用国际先进的环保理念，将污水、垃圾处理合二为一，为国内首例。2005年4月，建成试运行。

11月29日　国家环保总局等权威机构对全国30个省、自治区、直辖市和41个主要城市的环境行为评价，上海均名列第一。

11月30日　“百万市民百万树”全民义务植树活动在宝山区杨行镇举行，上海外环线400米宽绿带全面建设拉开序幕。

11月30日—12月2日　由国际儒商学会、上海市海外交流协会、中华侨网共同举办的“第四届国际儒商大会”在上海举行。

11月30日—2003年1月6日　“晋唐宋元书画国宝展”在上海博物馆举办，这是中华人民共和国成立以来，北京故宫博物院、辽宁省博物馆和上海博物馆首次联合举办的书画国宝展。

11月　经市政府批准，上海决定设立“青少年科技创新市长奖”，由团市委等负责实施，该奖项将成为继“新长征突击手”“青年岗位能手”之后又一具有影响力的荣誉称号。

12月1—2日　由中央宣传部会同中央有关部门组织的中央学习贯彻党的十六大精神宣讲团在上海宣讲。

12月2—3日　国际展览局第一百三十二次大会在摩纳哥的蒙特卡洛举行。12月3日，国际展览局89个成员国以无记名方式投票，经4轮投票，中国上海在5个候选城市中(其他4个城市分别是，韩国的丽水、俄罗斯的莫斯科、墨西哥的克雷塔罗和波兰的弗罗茨瓦夫)胜出，获得2010年世博会的举办权。世界博览会属于综合性主题的博览会，又称为注册类世博会，展期通常为6个月，每五年举办1次。这是综合性(注册类)世博会第一次在发展中国家举行。是日晚，市委、人大、市政府、政协全体领导在南京路步行街世纪广场上与广大市民和高校师生共同庆祝。12月5日，2010

年中国上海世博会申办成功庆祝大会在上海国际会议中心举行。

12 月 4 日　全长 9.65 公里的共和新路高架道路工程竣工通车。

12 月 5 日　拥有 51 年历史的二军大长海医院胸心外科升格为长海医院胸心外科医院。

12 月 5—6 日　以“中国入世与传媒经营创新”为主题的 2002 年首届上海传媒高峰论坛举行，中央和部分省市新闻出版广播影视主管部门负责人，新闻教育、研究人员的代表，其他业界的代表以及部分驻沪领馆的代表等近 200 人出席开幕式。

12 月 6 日　首届“中国大型机构信息化展览会”在上海光大展览馆举行。

12 月 7 日　美国环球主题公园及度假区集团和上海外高桥集团、锦江集团草签设计、兴建和经营上海环球影城项目合资合同。上海环球影城主题公园项目选址浦东三林地区，2003 年开工。

12 月 8 日　外籍居民杰森·波汉和吕丽莲当选浦东仁恒滨江园小区居委会委员。这是上海市首次由外籍居民担任居委会委员。

12 月 10 日　由中国电信集团建立的亚太互联网交换中心 APIX 正式落户上海，上海成为亚太地区最重要的通信枢纽之一。

12 月 11 日　上海港集装箱年吞吐量突破 800 万标准箱，标志着上海又向国际航运中心建设目标迈出了一大步。

12 月 11—26 日　由市委宣传部会同有关部门组成的上海市学习贯彻党的十六大精神宣讲团深入全市各区县、委办、企业和部分高校作 48 场宣讲报告，直接听众逾 3 万人。

12 月 12 日　中共上海市委、市政府召开全市党政负责干部会议，传达贯彻中央经济工作会议精神。

12 月 16 日　上海警备区司令员王文惠少将会见美军太平洋总部司令法戈海军上将一行。

同日　上海第一次从在校女大学生中征集新兵，16 名女大学生入伍。

12 月 17—19 日　几内亚比绍共和国总统昆巴·雅拉访问上海，朱镕基在上海会见雅拉总统。

12 月 17—19 日　市政协党组书记、主席王力平率市政协党组考察团赴浙江省温州市考察。

12 月 19 日　国内第一家产学研结合、企业化运作的集成电路研发中心——上海集成电路研发中心成立。新成立的上海集成电路研发中心是由上海华虹集团、复旦大学、上海交通大学、华东师范大学、上海市信息投资股份有限公司和上海贝岭股份有限公司 6 家单位共同投资组建的有限责任公司，是企业化运作的新型研发机构。研发中心落户浦东张江高科技园区。

同日　上海市正式设立“上海医学科技奖”，以推动医学科技发展，尽早实现把上海建成亚洲医疗中心城市之一的目标。

12 月 21 日　由上海宝钢集团公司投资建设的宝钢马迹山港竣工验收暨开港仪式举行。是为当时国内首座在海岛上建立的深水港，年吞吐量 2 000 万吨。二期工程总投资 20 多亿元，在一期工程的基础上，新建 30 万吨级卸船泊位 1 个，1 万吨级、5 万吨级装船泊位各 1 个，于 2007 年 10 月 27 日建成投产，使该港口年吞吐总量跃升到 5 000 万吨以上。马迹山港位于浙江省嵊泗县泗礁岛西南约 1.5 公里的马迹山岛，距上海吴淞口约 60 海里，距舟山定海约 74 海里。

12 月 23—25 日　市第十一届人大第六次会议举行，会议选举产生 64 名第十届全国人大代表。

12 月 25 日　2002 年上海市国内生产总值(GDP)比上年增长 10.9%，人均国内生产总值突破 4 900 美元。

12 月 26 日　上海市第一个启动建设的试点城镇——嘉定区安亭新镇全面开工。

12 月 27 日　首批向社会招商的莘奉金、沪青平、同三段 3 条高速公路同时竣工通车。上海西南地区率先形成“153060”的高速公路网络框架。全市与苏浙两省的快速通道增加至7个。莘奉金高速公路，后称沪金高速公路(S4)，总长54.8公里，设计时速为100公里，工程总造价为23.73亿元。沪青平高速公路由外环线延安西路立交向西在金泽进入江苏省，全长约51公里，总投资20亿元。同三段高速公路(即郊环线西段)是总长5 700公里的同三国道上海段，全长约46公里，总投资28.8亿元。

12月27—28日　中共上海市第八届委员会第二次全体会议举行。全会通过了市委常委会《奋发有为，加快发展，全面推进上海改革开放和现代化建设》的工作报告。

12月28日　中国第一艘引进的综合海洋调查船“大洋1”号，由沪东中华造船(集团)有限公司完成现代化改装，正式竣工交船。这是国内最先进的远洋综合科学考察船。

12月30—31日　德意志联邦共和国总理格哈德·施罗德访华。

12月31日　世界首条商业化运营的高速磁浮交通系统——上海磁浮示范运营线举行通车典礼。朱镕基和施罗德总理共同出席典礼并发表讲话。2006年4月27日，磁浮列车示范运营线正式投入商业运营。

12月　上海“白玉兰温饱工程”经过6年努力，援建云南1 037个温饱村，使4 075户、2.1万农民摆脱贫困。

2003 年

1 月 1—18 日　上海举行“蓝天下的至爱”——2003 年新年慈善音乐会、慈善手术直播、万人上街募捐活动、“点亮心愿”慈善义拍和大型慈善义演等，社会各界共募集捐款 8 058 余万元。

1 月 2 日　上海中小学标准化建设工程宣告完成，共投入资金 40 亿元，完成撤点和改造的学校达 1569 所，占上海中小学学校总数的 3/4。

同日　《上海市商品交易市场管理办法》实施。

1 月 8 日　上海“北外滩”综合开发正式启动，上海申江北外滩开发建设有限公司、上海中远三林北外滩开发建设有限公司成立。2005 年 7 月，北外滩航运服务集聚区被市政府确定为全市唯一以航运服务为特色的现代服务业集聚区。

1 月 8—10 日　斯洛伐克共和国总统鲁道夫·舒斯特访问上海。

1 月 13—15 日　中共中央政治局常委、书记处书记曾庆红在上海调研考察。

1 月 15—17 日　土耳其共和国执政党正义与发展党主席埃雷杰普·塔伊普·埃尔多安访问上海。

1 月 16 日　尼泊尔王国驻上海领事馆开馆。

1 月 17 日　由国家广播电影电视总局(以下简称国家广电总局)主持的首次全国影院星级评定揭晓，共有 6 家影院被评为五星级影院，上海永乐电影城、上海超极电影世界列居其中。

1 月 17—18 日　中国香港特别行政区行政长官董建华访问上海，出席董浩云航运博物馆开馆揭牌仪式并致辞。

1 月 24 日　松江古城华亭老街改造工程竣工开放，该街全长 608 米，为古城十里长街的轴心。此次工程修缮了一批市级文物，辟建了占地 10 余亩的街心花园，并建造了 5 万多平方米的仿明清建筑。

1 月 26 日　中国台湾中华航空公司的 CI585 航班降落在上海浦东国际机场，台湾包机首航庆祝仪式举行。这是 53 年来首架循正常途径降落在祖国大陆的中国台湾民航客机，机型为波音 747－400 客机，搭载 258 名台湾同胞。

1 月　田子坊在泰康路 210 弄建成开放。由画家黄永玉将弄内 5 家闲置厂房改建而成，取中国古代画家田子方之谐音，称田子坊。2006 年 4 月 24 日，全市首个创意行业知识产权保护联盟在此成立。2006 年 12 月获首届中国北京国际文化创意产业博览会中国最佳创意产业园区称号。

2 月 9 日　上海历史上第一轮《环保三年行动计划(2000—2002 年)》110 个项目按计划完成或实现预定节点目标。

2 月 10 日　崇明越江工程经国务院批准立项，并向全社会招商。2004 年 4 月通过招投标，上海沪崇越江通道投资发展有限公司与上海隧道工程轨道交通设计研究院签订《上海崇明越江通道南港隧道工程设计合同》，与上海市政工程设计研究总院签订《上海崇明越江通道北港大桥工程设计合同》。上海长江隧桥由上海长江隧道和上海长江大桥组成。整体工程于 2004 年 12 月 28 日正式启动，并于 2009 年 10 月 31 日正式通车运营。单体工程投资为 126.16 亿元，隧桥总长度达 25.5 公里，隧道盾构直径为 15.2 米，是世界上最大直径的盾构隧道。2008 年 5 月完成东线隧道贯通工程,8 月完成西线贯通,9 月 5 日,上海长江隧道双线贯通。桥梁部分东起上海市崇明岛,上跨长江水道,北至长兴岛;线路长 16.63 公里,跨江正桥长 9.97 公里,为双向 6 车道高速公路,于 2008 年 6 月 27 日完成合龙,全线贯通,并于 11 月 8 日工程竣工。隧道两端入口处"上海长江隧道"和大桥两个主塔上"上海长江大桥"由江泽民题写。

2 月 13 日　软件工程国家工程研究中心上海基地揭牌仪式在黄浦区河南中路 500 号华东电器集团公司举行。研究中心在北京、上海、厦门建立 3 个基地。上海基地由国家工程研究中心、黄浦区政府等共同投资,注册资本 2 000 万元。华东电器集团是该研发机构首次吸纳的民营资本。

2 月 14—19 日　市政协第十届一次会议举行。蒋以任当选市政协主席。

2 月 16—23 日　市第十二届人大一次会议举行。龚学平当选市第十二届人大常委会主任,韩正当选上海市长。

2 月 22 日　2010 年上海世博会倒计时钟启动,中国 2010 年上海世博会申办历程回顾展暨世博会 150 年历史展和黄浦江沿岸开发周年规划成果展揭幕。

同日　位于闵行区七宝镇的中国残疾人体育艺术培训基地建成并举行落成典礼,这是国内首座无障碍体育艺术综合设施。

2 月 25 日　由上海保税商品交易市场和上海保税商品交易市场第二市场有限公司共同投资的上海外高桥钟表交易中心正式成立。该中心是中国首家钟表交易的功能性专业公司。

2 月 25—26 日　摩尔多瓦共和国总统弗拉迪米尔·沃罗宁访问上海。

2 月 28 日　在国家科学技术奖励大会上,上海 31 个项目分获 2002 年度国家自然科学奖、国家技术发明奖和国家科技进步奖,占全国三大奖获奖总数的 11.8%。中科院上海有机化学研究所的有机分子簇集和自由基化学研究项目获国家自然科学一等奖,填补该奖项连续 4 年的空缺。

2 月 28 日—3 月 1 日　古巴共和国国务委员会主席兼部长会议主席菲德尔·卡斯特罗访问上海,国家主席江泽民陪同菲德尔·卡斯特罗参观上海浦东新区。

3 月 1 日　最高人民法院和中共上海市委在上海联合召开表彰会,最高人民法院授予上海市高级人民法院民事审判第一庭庭长盛勇强"全国模范法官"称号,中共上海市委下发《关于学习全国模范法官盛勇强同志先进事迹的通知》。

3 月 1—7 日　第十三届中国华东进出口商品交易会在上海举行。其间,到会境外客商 15 749 人,出口成交额 20.4 亿美元,分别比上届增长 15.41%和 20.8%。

3 月 10 日　国务院批准在奉贤区境内设立上海闵行出口加工区。6 月 8 日,上海闵行出口加工区开工建设。11 月 23 日举行揭牌仪式。

3 月 11 日　市重大工程建设工作会议召开,再次确定生态环境项目——城市绿化主体工程列为 2003 年上海市第一号工程,这是上海创建国家园林城市的重要内容。

同日　市政府同意民办上海思博职业技术学院、民办上海欧华职业技术学院、民办上海民远职业技术学院、民办上海立达职业技术学院、民办东方文化职业技术学院 5 所学校正式建校。

3 月 12 日　中共上海市委、市政府召开"世博会与上海新一轮发展"大讨论动员会,定于 20 日起在全市开展大讨论。

3 月 17 日　历时 6 年的建设,合成纤维国家工程研究中心在上海通过竣工验收,该中心是国内化纤行业唯一一个国家工程研究中心。

3 月 18 日—4 月 6 日　第九届上海国际服装文化节举行,其间举行上海国际服装博览会、上海国际时装模特大赛、国际服装论坛等 11 个系列活动。

3 月 21—23 日　由中共浙江省委书记、省人大常委会主任习近平，省长吕祖善率领的浙江省代表团在上海考察，并签署《上海市浙江省合作协议》。

3 月 24 日　由市妇联、市信息办、市文明办、市科协联合发起的上海市“百万家庭网上行”实事项目在长宁区社区学院正式启动。

3 月 25 日　上海市和釜山市(韩国)缔结友好城市 10 周年庆祝活动在上海举行，并签署以“面向 21 世纪，实现共同繁荣”为主题的《上海—釜山共同宣言》。

3 月 26 日　市委宣传部、市教委、团市委联合召开上海市爱国主义教育基地建设工作会议，命名一批上海市爱国主义教育基地。至此，全市已正式命名的市级爱国主义教育基地有 41 个，其中 8 个为全国爱国主义教育示范基地，同时还建立一批区、县级和街道乡镇级的教育基地。

3 月 26—27 日　国际博物馆高峰论坛在上海举办，这是中国举办的首次国际博物馆高峰论坛。

3 月 27 日　市政府批准《上海市轨道交通基本网络规划》。

3 月 31 日　上海市第二轮《环保三年行动计划(2003—2005 年)》正式启动。

4 月 1 日　中环线五角场立交工程开工，标志着上海中心城区又一条环线——中环线工程建设正式启动。其中，中环线浦西段主线(军工部立交——虹梅路立交)于 2005 年前后陆续分段通车，上中路隧道及其连接线(虹梅路立交——上中路隧道——济阳路立交)于 2009 年通车，浦东段南段(济虹路立交——申江路立交)于 2010 年上海世博会前夕通车，军工路隧道及其连接线(军工路隧道浦东口——军工路立交)于 2011 年春节期间投入使用。

同日　市政府印发《上海市崇明东滩鸟类自然保护区管理办法》，自 2003 年 12 月 1 日起施行。

同日　位于徐汇区肇嘉浜路 1111 号美罗城 5 楼的上海超级电影世界和虹桥路 1 号港汇恒隆广场 6 楼的永乐电影城，联合举行获“全国五星级电影院”的揭牌仪式。全国首次评定的五星级电影院共 6 家，上海市仅此 2 家。

4 月 1—2 日　圭亚那合作共和国总统巴拉特·贾格迪奥访问上海。

4 月 2 日　上海建立防治“非典”联席会议制度，全面启动防治“非典”工作。在市经委设立防范“非典”重要物资协调办公室。从 4 月 20 日至 6 月 20 日，上海纺织、医药、轻工企业共生产口罩 3 000 多万只、药皂 26 万箱、体温计 500 多万支、消毒水 610 万吨、隔离衣 15 万件。并向 29 个省市及港台地区提供价值超过 2 亿元的西药、中成药、医疗器械等。

4 月 4 日　上海市确诊首例输入性传染性非典型肺炎(以下简称“非典”)病例。至 6 月 27 日最后 1 例“非典”患者治愈出院，上海共确诊“非典”病例 8 例，其中治愈 6 例，死亡 2 例。4 月 16 日，市政府下发《关于制定防治“非典”措施的通知》。市政府办公厅印发《上海市预防和控制传染性非典型肺炎工作预案(试行)》。4 月 23 日，市政府发布《关于进一步加强传染性非典型肺炎防治工作的通告》，就进一步加强“非典”防治工作作出八项规定。4 月 25 日，上海市防治“非典”指挥部成立，市长韩正为总指挥。5 月 6 日，国务院召开全国农村“非典”防治工作电视电话会议。会议结束后，市长韩正在上海分会场要求坚决控制疫情蔓延，切实做好农村和郊区的“非典”防治工作。5 月 8 日，市政府发布通告中：对从发生传染性“非典”病例地区返沪人员实行医学观察，到沪人员实行健康检测。5 月 30 日，市政府下发《关于调整本市防治非典型肺炎有关措施的通知》，决定逐步实现由应急措施转向常态管理。8 月 1 日，中共上海市委、市政府召开全市防治“非典”工作会议，总结阶段性工作，部署下一步工作。

4 月 9 日　公安部和中共上海市委在上海联合召开大会，公安部追授上海市公安局浦东分局金杨新村警署民警陈卫国为“全国公安系统一级英雄模范”称号，公安部和中共上海市委分别作出关于向陈卫国同志先进事迹学习的决定。同日，中宣部、公安部和中共上海市委在北京人民大会堂联合举行陈卫国先进事迹报告会。陈卫国1981年底退役转业参加公安工作，恪尽职守，一心为民，多次立功获奖。2003年2月在与犯罪嫌疑人搏斗后重伤殉职，终年45岁。

4月11日　以治水为中心的上海市苏州河环境综合整治二期工程正式开工，总投资约40亿，主要实施以稳定水质、环境绿化建设为目标的8项工程，2005年底完成。

4月14—17日　共青团上海市第十二次代表大会举行，陈靖当选为第十二届团市委书记。

4月17日　《上海市与全罗北道(韩国)友好交流合作备忘录》签字仪式在人民大厦贵宾厅举行，上海市长韩正与全罗北道知事姜贤旭出席了签字仪式。

4月19日　韩正会见美籍华裔科学家、诺贝尔奖获得者丁肇中博士。

4月21日　上海飞机制造厂向波音公司交付第300架波音737NG飞机水平安定，成为亚太地区最大的波音平尾生产商。

4月21—25日　世界卫生组织(WHO)专家组在上海考察"非典"防治工作，5月26—28日进行第二次考察。

4月23日　投资51亿元的嘉金高速公路开工，嘉金高速公路北起上海绕城高速与沪嘉高速相交的沪嘉浏高速立交南侧，南至沪金高速公路，全长67公里。设计时速为100公里。一期工程嘉定至北青公路，全长12公里。

4月24日　由上海一百(集团)有限公司、华联(集团)有限公司、友谊(集团)有限公司、物资(集团)总公司4家企业归并整合的上海百联(集团)有限公司成立。

4月25日　南京军区在上海召开纪念上海警备区"南京路上好八连"命名40周年大会。

4月26日　中央军委主席江泽民在上海会见印度国防部部长费尔南德斯。

4月27日—5月1日　国务院"非典"防治工作督查组在上海考察"非典"防治工作，6月7日、6月29日—7月2日再次在上海考察"非典"防治工作。

4月28日　上海外环隧道竣工。该隧道东起浦东三岔港，西至浦西吴淞公园附近，距吴淞口约2公里，全长2 880米。隧道为双向8车道，设计时速为80公里。工程于2000年11月26日开工，是上海第一次采用沉管法施工的特大型越江隧道，建成时规模居世界第二、亚洲第一。

4月　《中国断代史》系列由上海人民出版社全部出版，该系列专著策划于1953年，历时半个世纪完成，全书共13卷16册，近1 000万字，包括《中华远古史》《殷商史》《西周史》《春秋史》《战国史》《秦汉史》《魏晋南北朝史》《隋唐五代史》《宋史》《辽金西夏史》《元史》《明史》《清史》，记载并论述自黄帝到清末5 000年历朝历代各方面的渊源流变，以及历史人物的功过得失。

5月5日—6月23日　第二军医大学赴京抗击"非典"医疗队两批73名医护人员和武警上海总队医院两批5名医护人员在北京市小汤山医院参加抗击"非典"。

5月9日　市政府发布《上海市房地产登记条例实施若干规定》。

5月12日　中共上海市委常委会讨论决定，成立上海市决策咨询委员会。

同日　上海国际金融人才服务中心在浦东新区上海市陆家嘴金融贸易区开业，是国内首家国际性金融人才服务中心。

5月14日　为应对"非典"疫情，市人大紧急立法，市十二届人大常委会第四次会议通过《关于控制传染性非典型肺炎传播的决定》，特别明确了非常时期市民配合防疫的诸项责任和义务。

5月16日　国务院批准设立上海漕河泾、青浦、奉贤3个出口加工区。至此，包括松江出口加工区、金桥出口加工区(南区)和松江出口加工区B区，上海出口加工区总数达6个。

5 月 17 日　上海外高桥造船有限公司建造的首条绿色环保型 17.5 万吨好望角型散货船试航成功，这是当时国内最大吨位散货船。

5 月 17—23 日　举行第七届上海科技节。该届科技节围绕“依靠科学，战胜非典”的主题，在取消大型群众性集聚式活动、室内大型活动的同时，充分利用大众传播媒体、电子科普画廊和互联网的跨地区、跨领域和非接触式互动交流方式，加大投入力度，策划并组织实施了网上科普、媒体科普宣传活动。

5 月 18 日　上海纺织控股(集团)公司、中国纺织工业企业管理协会和金山区政府三方共建占地达 8 平方公里的上海纺织工业园协议签订，首批总投资 3 亿元的 5 个项目确定。

5 月 25—30 日　中共中央政治局常委、全国人大常委会委员长吴邦国在上海考察工作。

5 月 26 日　国家重大工程项目——上海外高桥发电厂二期工程机组顺利安装完成，2004 年 1 月起进入并网发电。外高桥发电厂二期 90 万千瓦超临界发电机组工程总投资 106 亿元，2004 年 7 月全部完工并网发电。

5 月 27 日　市委宣传部召开新闻发言人工作会议，决定上海国家机关各部门建立新闻发言人制度，其中市政府发言人制度率先启动，市人大、市政协和市高级法院、市检察院也先后建立了发言人制度。

同日　复旦大学张江校区奠基仪式在浦东举行。该校区位于张江高科技园区张衡路 825 号。一期工程于 2003 年 11 月 28 日正式开工，2005 年 5 月竣工。二期工程于 2006 年 9 月 28 日开工，2008 年 8 月正式启用。

5 月 28 日　上海地产集团与黄浦区政府签订协议，黄浦江两岸开发重点区域——南外滩 8－1 地块改造正式启动，这是市政府首批熟地招商试点地块之一。

6 月 1 日　市政府 1 号令《上海市无障碍设施建设和使用管理办法》正式施行。220 个公共场所无障碍设施改造，40 公里盲道、1 000 个坡道建设被列入 2003 年市政府实事项目。

6 月 3 日　市政府首批两位新闻发言人举行首次新闻发布会，介绍市政府颁布实行《关于加强自身建设的若干规定》、提出建设健康城市“三年行动计划”的主要内容以及近期推出交通排堵保畅新举措。市政府新闻发言人制度正式设立。

6 月 4—17 日　有 72 年历史的上海音乐厅向东南整体平移 66.46 米，并抬高 3.38 米。2002 年 9 月 1 日音乐厅歇业，同年 12 月 16 日音乐厅的平移工程开始。平移工程完成后，上海音乐厅开始修缮扩建工程。

6 月 5 日　韩正发表世界环境日电视讲话。

6 月 9 日　由锦江(集团)有限公司和上海新亚(集团)有限公司组建的大型旅游企业集团——锦江国际(集团)有限公司成立。

6 月 9—13 日　全国人大常委会《固体废物污染环境防治法》执法检查组在上海检查。

6 月 10—12 日　上海市工会第十一次代表大会举行，陈豪当选市十一届总工会主席。大会选出 74 名上海市出席中国工会第十四次全国代表大会的代表。

6 月 17—19 日　市第十二次妇女代表大会举行，孟燕堃当选市十二届妇联主席。大会还选出 51 名上海市出席中国妇女第九次全国代表大会的代表。

6 月 18 日　由上海水产大学(现名上海海洋大学)和中国水产科学研究院东海水产研究所共同组建的上海水产科技园正式成立，是为全国首个水产科技园。后更名为“上海海洋国家大学科技园”。

6月20日　上海振华港口机械(集团)股份公司制造的4台“巨无霸”起重机——超巴拿马岸桥提前100天从长兴岛启运，驶往美国东海岸弗吉尼亚港。这4台起重机中最大起重量为65吨，外伸可达70米，堪称世界之最。

6月21日　上海外环隧道工程建成通车，标志着全长99公里、总投资175.44亿元、历时10年规划建设的上海外环线全线通车。外环线，后改称外环高速公路(S20)，其中一期工程西南段35.65公里，1998年11月30日建成通车。二期工程西北段2001年12月20日竣工。浦东段总投资30亿元、道路全长31.1公里，采用全封闭、全立交设计，主线设计时速为80公里，车行道总宽度32米，双向8车道。北起吴淞越江隧道，南至浦东国际机场迎宾大道，2002年11月28日建成通车。2010年末，在五洲大道立交至吴淞立交段与G1501(上海绕城高速公路)并线。

同日　《上海工业产业导向和投资指南》发布，临港综合经济开发区重点发展综合性高技术装备基地，列入上海第五大产业基地(四大产业基地为微电子产业基地、上海化工区、上海国际汽车城、精品钢材制造基地)；位于闵行老城东侧的紫竹科学园区成为上海第十个市级工业区。

6月22日　中国浦东干部学院在浦东举行开工建设典礼。学院位于浦东新区新区前程路99号，建成后占地619亩(含水面)，建筑面积11.6万平方米。按同期在校学员1 200人、全职管理人员80人的规模设计。工程于2004年底竣工，2005年3月投入使用。该学院是经中共中央、国务院批准的3个国家级干部培训基地之一(另两个分别在延安、井冈山)。

同日　上海有史以来建造的最大吨位海洋工程、15万吨海上浮式生产储油装置(FPSO)——“海洋石油111号”在外高桥造船基地正式交付使用。

6月22—23日　科摩罗联盟总统阿扎利·阿苏马尼访问上海。

6月25日　上海市禁毒教育馆在上海青年文化活动中心开馆。

同日　市政府发布《关于本市防治“非典”工作进入常态长效管理的通告》，明确前发2个通告、相关调整性通知和应急性措施终止执行。

6月25—27日　印度共和国总理阿塔尔·比哈里·瓦杰帕伊访问上海。

6月27日　《上海市和蒙特利尔市友好交流项目备忘录(2003—2005年)》签字仪式在加拿大蒙特利尔市举行。

6月27日—7月27日　当时世界最大的移动游乐场——2003上海浦东环球嘉年华在浦东陆家嘴举办，共吸引游客130万人，人均消费100元。

6月28日　由江泽民题写桥名，有“世界第一拱”之称的黄浦江越江大桥——上海卢浦大桥建成通车。卢浦大桥是上海黄浦江上的第六座大桥。工程于2000年10月开工建设，北起浦西鲁班路-瞿溪路口南北高架道路预留接口，过黄浦江后越过耀华路与济阳路接平，再往南过川杨河与外环线济阳路立交相接。于2002年10月7日顺利合龙。建成后，卢浦大桥成为钢拱桥中的世界第一桥，线路全长8 722米、主桥全长750米；桥面为双向6车道城市快速路，设计时速为60公里，工程总投资22亿元。

同日　中共中央组织部下发表彰全国防治“非典”工作先进基层党组织和优秀共产党员的通知，上海市传染病医院党委等3个基层党组织和张雷等10名共产党员分别获得全国防治“非典”工作“先进基层党组织”和“优秀共产党员”的称号。

同日　韩正签署聘任书，聘请篮球运动员姚明担任上海市形象代表人。

6月30日　中共上海市委召开上海市纪念中国共产党成立82周年大会，表彰59个上海市先进基层党组织和160名上海市优秀共产党员。

7 月 1 日　凌晨 4 时,正在建设中的上海轨道交通 4 号线南浦大桥至浦东南路越江隧道区间发生工程事故,造成隧道及周边建筑物受损,所幸无人员伤亡。7 月 4—6 日,国务院专家组在沪指导事故抢险工作,至 7 月 15 日,抢险工程基本结束。事故调查完成后,相关责任人员受到司法机关追究,相关责任单位受处罚,相关单位领导受处分。

7 月 3 日　中共上海市第八届委员会第三次全体会议召开,全会审议并通过《关于认真学习胡锦涛同志在"三个代表"重要思想理论研讨会上的讲话,兴起学习贯彻"三个代表"重要思想新高潮的决定》和《关于进一步推进"凝聚力工程"加强和改进基层党的建设的决定》。

7 月 8 日　上海第一个社会福利行业协会成立。

7 月 9—10 日　大韩民国总统卢武铉访问上海。

7 月 10 日　"外滩源"区域首家搬迁单位——中山东一路 33 号签约整体搬迁,标志着"外滩源"项目启动。位于黄浦区外滩地区的"外滩源"项目是黄浦江两岸综合开发先行工程。一期占地面积 9.7 公顷,建筑面积 27.32 万平方米。

7 月 12 日　上海国际航运中心洋山深水港区工程建设现场汇报会在江泽民题写桥名的"东海大桥"陆上段建设现场举行。

7 月 15 日　市人民检察院新闻发言人亮相,这在全国检察系统中是首家。

7 月 15—16 日　塞尔维亚和黑山国家联盟总理米洛·久卡诺维奇访问上海。

7 月 18 日　市残联第四次代表大会举行,大会聘请刘云耕为市残联第四届主席团名誉主席,选举周太彤为市残联第四届主席团主席,通过上海市出席全国残联第四次代表大会代表名单。

7 月 19—30 日　上海市第六届残疾人运动会举行,有田径、游泳、黑白棋、登楼等 15 个竞赛项目和 2 个展示项目,1 334 名运动员参加 17 个大项、139 个小项比赛。

7 月 22 日　市政协主席蒋以任赴圣彼得堡出席上海(圣彼得堡)贸易中心落成典礼暨上海商品展示会开幕式。

同日　大不列颠及北爱尔兰联合王国首相托尼·布莱尔访问上海。

7 月 23 日　上海宝钢集团公司和上海汽车工业(集团)总公司签署总体合作协议,双方由供销关系转向产业结盟。

7 月 24 日　中共上海市委、市政府、上海警备区召开上海市拥军优属拥政爱民模范先进命名表彰大会,表彰上海市拥军优属拥政爱民模范、先进集体和个人。

7 月 24—26 日　由中宣部会同有关部门组织的学习贯彻"三个代表"重要思想中央宣讲团在上海作 4 场学习贯彻"三个代表"重要思想报告会。

7 月 25 日　上海最高气温达 39.6℃,创 60 年来气温最高纪录。

7 月 29—31 日　2003 年跨国采购洽谈会(中国上海)举行,76 家跨国采购商与 4 500 多家供应商参加。

7 月 30 日　中共上海市委、市政府召开市信息化工作会议。

同日　中国东部地区老年志愿者援助西部大开发的"银龄行动"第一期试点在上海实施,上海 31 名具有副高级职称以上的老年医务工作者赴新疆阿克苏地区的医疗机构工作 3 个月。

8 月 1 日　中共上海市委、市政府召开上海市机构改革工作会议,部署实施《上海市机构改革方案》。该方案是中共中央、国务院批准的第一个地方机构改革方案,市政府设置工作部门 45 个。

8 月 5 日　红十字国际委员会颁发国际护理界最高荣誉奖——第三十九届南丁格尔奖章,上海第二人民医院原护士长李琦获此奖章。

同日　停泊于吴泾热电厂码头的“长阳”轮遭不明船舶撞击，导致85吨重油泄漏，黄浦江8公里岸线受污染，上海港船舶溢油应急计划立即启动，成功阻止重油污染上游取水口。

8月6日　上海市2003年精神文明建设工作会议举行，表彰2002年度上海市精神文明先进集体和个人。

8月7日　中国科学院技术研究所上海分所(MCR)在浦东张江挂牌成立。

同日　“上海金融发展论坛”首届研讨会暨上海国际集团金融发展研究院揭牌仪式举行会谈。

8月8日　首届“上海医学科技奖”61项优秀医学科技成果揭晓，上海市医学会举行颁奖仪式，对8个一等奖、23个二等奖和30个三等奖正式授奖。

同日　朱家角古镇景区通过ISO国际质量认证，成为全市首个通过ISO国际质量、环境双认证的旅游景区。

8月8—11日　全国抗击“非典”斗争英雄模范事迹报告团在上海举行2场报告会。

8月9—10日　尼日尔共和国总理哈马·阿马杜访问上海。

8月9—11日　由中国残联、劳动和社会保障部、民政部、教育部、全国总工会、共青团中央、全国妇联等联合举办的第二届全国残疾人职业技能竞赛开幕式在上海举行。竞赛活动有计算机、服装、工艺美术、手工制作和其他五大类共22个项目，31支代表队近600名选手分别在北京、上海、广州三地参加竞赛。

8月11日　上海市与斯里兰卡科伦坡市在北京签署协议，两市结成友好城市。

8月12日　市政府与中国船舶工业集团就上海地区船厂布局调整签署合作备忘录，在长兴岛新开港下游1公里起，安排8公里岸线建设世界最大规模造船基地。11月18日，前期工作开始启动。12月28日，造船能力800万吨的中船长兴岛造船基地围堤吹填工程开工。2005年6月3日，长兴岛造船基地举行开工典礼。2008年6月3日，一期工程提前竣工，包括建造4个大型船坞和11座码头，占地面积560公顷，使用岸线3.8公里，标志着中国最大造船基地诞生。有143年历史的中国船舶工业总公司江南造船厂正式搬迁至中船长兴造船基地。

8月15日　市政府印发《上海市加强公共卫生体系建设三年行动计划(2003—2005年)》。

8月19日　首届上海市青少年科技创新市长奖颁奖典礼举行，韩正等为11名获奖者和9名提名奖获得者颁发奖杯和荣誉证书。

8月20日　上海时存最陡最古老的单孔拱桥——朱家角泰安桥因年久失修坍入河中。该桥又名何家桥，位于朱家角原圆津禅院的山门口，建于1584年。

8月23—24日　罗马尼亚总统扬·伊利埃斯库访问上海。

8月27日　张江高科技园区商会正式成立，并召开第一次会员大会。

8月28日　市政府印发《上海市建设健康城市三年(2003—2005年)行动计划》，至2011年，滚动实施了3轮三年行动计划。

8月29—31日　中共中央政治局常委、国务院总理温家宝在上海考察工作。

8月30日　经国家外汇管理局批准，美国花旗银行上海市分行推出面向中国内地居民开办的境内居民个人购汇业务。

8月31日　市委组织部举行新闻发布会，通过“21世纪人才网”向海外留学人员发布首批1 000个招聘岗位目录。

8月31日—9月2日　厄瓜多尔共和国总统卢西奥·古铁雷斯·博武阿访问上海。

8月　漕河泾新兴技术开发区通过国家环保总局的验收，被授予“ISO14000国家示范区”称号。

9 月 5 日　上海科学技术出版社、上海辞书出版社、少年儿童出版社等 7 家出版社加盟上海世纪出版集团，该集团出版社达到 12 家。

同日　市政府决定，授予全市高教系统王振义、李国豪、周小燕、谈家桢，普教系统万善正、刘京海、何金娣、顾冷沅、唐盛昌等 9 人“上海市教育功臣”荣誉称号。

9 月 8 日　上海市教育发展基金会出资 1 000 万元设立的“特殊教育基金”正式启动，首批 36.3 万元奖教金用于资助市聋哑青年技术学校和市盲童学校全体职工。

9 月 10 日　上海市庆祝教师节主题活动暨上海市教育功臣颁奖典礼举行，市领导向 9 位首届上海市教育功臣颁奖。

9 月 11—12 日　乌干达共和国总理阿波罗·恩西班比访问上海。

9 月 12—21 日　首届“上海国际雕塑与环境艺术展”在上海东方明珠广播电视塔及上海国际新闻中心举行，共有来自 10 多个国家和地区的 100 多位艺术家参加此次展览。

9 月 13—15 日　德意志联邦共和国总统约翰内斯·劳访问上海。

9 月 13 日—10 月 6 日　第九届上海旅游节举行，有花车、彩船、烟花、文化、娱乐、商旅六大系列近百项活动。

9 月 15 日　中国科学院和市政府在上海签署开展合作的《会谈纪要》，双方共建国家级科学大工程——上海光源以及微小卫星工程中心等。

9 月 16—18 日　以“中国因素：为全球经济提供活力”为主题的 2003 福布斯全球行政总裁会议在上海举行，有 450 多位全球行政总裁参加。

9 月 17 日　国际展览局秘书长洛塞泰斯访问上海。

同日　市政府赠送俄罗斯圣彼得堡市“友谊园”揭幕仪式和《上海市与圣彼得堡市友好合作协议(2003—2008 年)》文本签字仪式在俄罗斯圣彼得堡市举行。

9 月 18 日　《上海市和鹿特丹市(荷兰)友好合作交流备忘录(2004—2006 年)》签署仪式在上海举行。

同日　市政府批准《上海市中心城市历史文化风貌区范围》，共划定 12 个历史文化风貌区，总面积 27 平方公里。2004 年 2 月 3 日，12 个历史文化风貌保护区划定正式公布，区域及特点分别是：外滩·建筑群，人民广场·城市空间，老城厢·传统寺庙，南京西路·公共建筑，衡山路—复兴路·花园住宅，愚园路·教育建筑，虹桥路·乡村别墅，山阴路·革命史迹，提篮桥·宗教场所，龙华·烈士陵园、寺庙，新华路·花园住宅，江湾·市政中心建筑群。

9 月 19 日　外高桥港区五期工程开始码头打桩，2004 年 11 月 30 日完工，建成 5 万吨级泊位 4 个和 3 000 吨级长江驳泊位 2 个，年设计吞吐能力 830 万吨(其中集装箱 70 万标准箱)。

9 月 20—22 日　东帝汶民主共和国总理马里·宾·阿穆德·阿尔卡蒂里访问上海。

9 月 22 日　上海第二工业大学、上海立信会计高等专科学校和上海金融高等专科学校撤销专科建制，设置为本科院校。上海立信会计高等专科学校更名为上海立信会计学院，上海金融高等专科学校更名为上海金融学院。

9 月 24—25 日　喀麦隆共和国总统保罗·比亚访问上海。

9 月 24 日—10 月 31 日　上海博物馆斥资 450 万美元从美国购回的中国最早书帖集成《淳化阁帖》“最善本”在上海博物馆展出，观众达 15 万人次。

9 月 25 日　有 141 年历史的十六铺客运码头停航。在吴淞街道黄浦江畔的吴淞客运中心举行首航仪式，接纳上海十六铺码头搬迁后的全部客运航线；开通 19 条到市区、6 条到远郊的公交线路；

配套建设省际长途汽车站1座,开通28条客运班线。成为上海北部地区水、陆交通重要枢纽。

同日　嘉浏高速公路拓宽改建工程开工,至2004年9月26日竣工通车。拓宽改建工程南起上海绕城高速(北环段)与嘉浏高速立交,北至市界浏河大桥,全长12.21公里,将原双向车道拓宽为双向6车道。

9月27日　市政府印发《上海市实施〈突发公共卫生事件应急条例〉细则》,自2003年11月1日起施行。

10月1日　上海口岸在全国率先试行"5+2天"通关工作制。

10月2—4日　刚果共和国总统德尼·萨苏-恩格索访问上海。

10月3日　上海体育场攀岩运动中心正式对外试营业,为当时亚洲最大的室内攀岩馆。

10月3—4日　中国佛教协会主办、上海佛教协会协办的"纪念圆瑛大师圆寂50周年暨近现代中国佛教学术研讨会"在上海龙华寺举行。中国佛教界和佛学专家学者近千人出席会议。

10月5日　16名世界顶级低空跳伞运动员从金茂大厦88层高345米的塔顶进行低空跳伞表演。

10月6日　上海首批4 800套重大工程配套商品房竣工交付使用。位于浦东东陆新村、宝山顾村、嘉定江桥、南汇周浦的150万平方米中低价"四高"(高起点规划、高水平设计、高质量施工、高标准管理)示范居住区建设启动。

10月11—15日　爱尔兰共和国总统玛丽·麦卡利斯访问上海。

10月13日　江苏、浙江、上海三省市教育合作签字仪式和长江三角洲地区高校毕业生就业工作合作组织签字仪式在上海举行。

10月14日　位于卢湾区打浦路316弄的上海首座采用微生物处理水循环系统的新型环保公厕启用。

10月16日　上海各界人士庆贺中国首次载人航天飞船发射成功。中国进行首次载人航天飞行,中国首位航天员杨利伟乘"神舟五号"载人飞船于15日成功升空,绕地球飞行14圈后于16日安全着陆。10月22日上午,上海航天局"神舟五号"载人飞船试验队在完成任务后返沪。

10月17日　中共上海市委召开全市党政负责干部会议,传达学习贯彻中共十六届三中全会精神。

10月18日　总投资32.14亿元、占地146万平方米的上海外高桥造船厂船舶总装基地一期工程竣工。

同日　临港新城举行滴水湖引水工程典礼。湖面直径2.66公里,总面积5.56平方公里,平均水深3.70米,最深处6.20米,湖水容量1 620万立方米。2002年6月26日开挖,2003年10月6日完工,是临港新城的核心景观。

同日　市政府印发《上海市小城镇社会保险暂行办法》,自2003年10月20起施行。

同日　市政府印发《上海市被征用农民集体所有土地农业人员就业和社会保障管理办法》,自2003年10月20起施行。

10月18日—11月8日　上海市第五届农民运动会举行,10个代表团、189支运动队、1 395名运动员参加14个项目比赛。

10月18日—11月18日　第五届中国上海国际艺术节举行,71台中外剧(节)目吸引中外观众逾45万人次,各项展览展示、群众文化等活动吸引观众百余万人次。

10月21日　由美国捷智半导体有限公司正式加盟的上海华虹NEC(日本电气株式会社)电子

有限公司新战略合作签字仪式举行。

10 月 22 日　中共上海市委、市政府召开市城市规划工作会议。11 月 13 日，市十二届人大常委会第八次会议通过关于修改《上海市城市规划条例》的决定，新的《上海市城市规划条例》于 2003 年 12 月 1 日施行。

10 月 22—25 日　由市政府和中国商业联合会主办的第十二届上海全国消费品交易会举行，达成合同金额 63.4 亿元，参观人数逾 10 万人次。

10 月 23 日　《上海市和哥德堡市(瑞典)结为友好城市关系协议书》在上海签署。

10 月 23—24 日　加拿大总理让·克雷蒂安访问上海。

10 月 25 日　以运作国有资产为主要任务的上海盛融投资有限公司揭牌暨项目签约仪式举行。

10 月 25—30 日　首届上海国际时装周举行，活动有六大国际品牌发布会等。

10 月 26 日　“爱我中华”上海国际龙舟邀请赛在苏州河上举行，有中国上海、中国台北、中国香港、中国澳门和美国洛杉矶等地的 11 支代表队参赛，这是上海首次在苏州河上举办国际龙舟大赛。

10 月 26—28 日　由韩正率领的上海市代表团访问香港，在《内地与香港关于建立更紧密经贸关系的安排》(CEPA)框架下，举行首次沪港经贸合作会议，合作重点有航空港、港口航运和物流、世博会等 8 个方面。

10 月 29—30 日　建设部考察组考核上海创建国家园林城市工作，上海市区人均公共绿地面积 9.16 平方米，城市绿化覆盖率 35.18%。

10 月 30 日　上海世博会事务协调局成立。

同日　由国际展览局和市政府联合举办，以“面向未来的世博会”为主题的首届 2010 年上海世博会论坛举行，中共上海市委市政府主要领导致辞，国际展览局主席吉尔斯·诺盖斯出席会议。

10 月 31 日—11 月 1 日　第三次沪苏浙经济合作与发展座谈会首次在上海召开，研讨共创三省市交通联网、旅游联手、信息联通、生态联保的一流世博环境。

10 月 31 日—11 月 1 日　意大利共和国总理西尔维奥·贝卢斯科尼访问上海。

11 月 1—4 日　2003 年举行上海国际友好城市运动会，中国上海市、韩国釜山市、新西兰达尼丁市、德国汉堡市等 10 个城市的代表队参加。

11 月 2 日　以“如何办好一届成功的世博会”为主题的第十五次上海市市长国际企业家咨询会议召开。

11 月 4—18 日　应英国利物浦市政府、德国汉堡市政府以及奥地利萨尔茨堡州政府的邀请，韩正率上海市代表团前往上述三国进行友好访问。

11 月 6—11 日　由国家发展和改革委员会(以下简称国家发展改革委)、商务部、科学技术部、信息产业部、教育部、中国科学院、中国国际贸易促进委员会和市政府共同主办的第五届上海国际工业博览会举行。观众 46.36 万人，业务成交额 397.69 亿元。评出各类奖项 39 项，中国航天科技集团公司的“神舟五号”载人飞船和上海航天技术研究院的“长征四号乙”运载火箭两项展品被授予特别参展荣誉奖。

11 月 9—10 日　塞尔维亚共和国总理佐兰·日夫科维奇访问上海。

11 月 9—13 日　中国首次载人航天飞行展分别在上海浦东新国际博览中心工博会现场和上海科技馆展出，观众分别达 20 万人和 18.75 万人。

11 月 10 日　上海市和丹麦奥胡斯州(丹麦中部大区前身)在上海签署协议，结为友好市州关系。

同日　上海市和斯洛伐克共和国布拉迪斯拉发自治州建立友好市州关系。

11月11日　市财政局和市房地局联合制定的《关于落实本市中低收入家庭实行购房贷款贴息政策若干规定的实施意见》正式对外公布。

11月11—13日　由中国载人航天工程总设计师王永志、进入太空的中国首位航天员杨利伟等8位航天功臣组成的载人航天工程先进事迹报告团在上海科技馆介绍"神舟五号"飞船返回舱情况,并出席载人航天工程先进事迹报告会、座谈会等。

11月14日　上海首批8家无公害农产品产地经上海市农产品质量认定中心认定。

同日　投资超过10亿元,在长兴岛3.5公里岸线上建立的振华港机生产基地竣工,每年可生产岸桥100台左右,制造钢构件20万吨。

11月15日　"2003东丽杯上海国际马拉松赛"开赛。

11月17—23日　第十八届世界中学生足球锦标赛在位于东方绿舟的上海市青少年校外活动营地举行。

11月18日　中国银行在上海率先试点推出了个人实盘黄金交易业务——"黄金宝"。是为大陆首次推出的面向个人的黄金投资工具。

11月19—23日　由上海市新闻工作者协会和上海市国际文化传播协会主办的2003年首届中国(上海)传媒业博览会举行,之后每年举行。

同日　上海话剧艺术中心的话剧《商鞅》和上海京剧院的京剧《贞观盛事》入选2002—2003年度国家舞台艺术精品工程10台"精品剧目"。

11月21日　上海大众出租汽车公司获第三届全国质量管理奖。这是国内第一家服务性企业,也是上海唯一一家企业获此奖。

同日　以"爱心、健康、自然、美丽"为主题的首届中国小姐风采大赛上海赛区总决赛暨上海小姐评选赛在上海大剧院落下帷幕,13号选手陈娜良子夺冠,成为中华人民共和国成立以来第一位"上海小姐"。

11月23—24日　瑞士联邦主席帕斯卡尔・库什潘访问上海。

11月24日　在2003年中科院院士增选中,上海有6名科技工作者当选。

11月25日　中共中央政治局常委李长春就着力突破束缚文化发展的体制性障碍在上海考察工作。

同日　全国政协副主席、中国作协主席、当代文学巨匠巴金百岁华诞,李长春代表总书记胡锦涛和党中央到上海华东医院看望巴金。11月18日国务院授予巴金"人民作家"荣誉称号。11月24日,"巴金在上海"大型图片文献展在上海图书馆开幕。

同日　全长16.61公里的上海轨道交通5号线(莘闵轻轨)开通运营,全线设11个车站。该线是城市轨道交通采用投资、建设、运营、监管"四分开"的体制建成的第一条线路,也国内第一条采用高架轻轨制式运营的轨道交通线路。

11月26日　由德国拜耳公司和上海氯碱化工股份有限公司共同投资的年产20万吨聚碳酸酯项目在上海化工区开工。

11月27日　全国水利风景区建设与管理经验交流会在松江区召开,会上宣布30家"国家水利风景区"名单并授牌。松江区成为上海市首个国家水利风景区,也是全国唯一整个区域被列为风景区的地区。

11月28日　上海市首届年鉴优秀成果表彰大会召开,《上海年鉴(2002)》和《上海经济年鉴

(2002)》分别荣获综合年鉴和专业年鉴一等奖。19 家单位出版的年鉴获年鉴优秀成果奖。

11 月 30 日　2003 年第 1 000 万标准集装箱起运仪式在上海国际港务集团外高桥港区举行。

同日　上海临港新城(一期工程)开工仪式举行。2004 年 4 月 5 日，市政府批准《临港新城总体规划》，新城规划面积约 296.6 平方公里(后扩展为 311.6 平方公里)。2007 年基本建成。

12 月 1 日　中国国际航空公司今天新开上海——东京直达航班。该航班采用波音 777 大型宽体客机，起飞时间为上午 10:00 的 CA929 航班和下午 16:30 的 CA919 航班。

12 月 2 日　运作 30 年的外虹桥国际客运站停止航运业务。

同日　北京大学、清华大学、复旦大学与浦东新区合作签约仪式举行，韩正出席。

12 月 3 日　中共上海市委、市政府召开全市党政负责干部会议，传达贯彻中央经济工作会议精神。

同日　总投资 46.78 亿元的上海市污水治理三期工程开工，该工程总投资 46.1 亿元，其中世界银行贷款 1.46 亿美元，工程受益面积 171.68 平方公里，服务人口 243.1 万人，日设计污水输送流量 108.83 万吨，至 2009 年 12 月全面完工。自 20 世纪 80 年代中期起，上海投入巨额资金进行城市水环境治理，基本消除苏州河水体黑臭现象，有效改善黄浦江水质。

12 月 4 日　由市政府和国家民航总局组建的推进上海航空枢纽建设联合领导小组成立。

12 月 4—6 日　斯洛文尼亚共和国总理安顿·罗普访问上海。

12 月 5—6 日　上海世纪出版集团东方出版中心、华东师范大学亚欧研究中心与俄罗斯研究中心联合举行"当代国际关系理论与中国外交"全国学术研讨会。全国各地高校与科研机构共计 70 余位专家学者参加此次学术研讨会。

12 月 8—10 日　中共上海市委、市政府领导率领上海市代表团赴江苏省、浙江省进行学习考察。

12 月 10 日　上海百联集团、锦江国际集团、上海实业发展股份有限公司、上海世纪出版集团、上影集团五大集团签署《全国拓展战略合作框架协议》。

12 月 13—14 日　印度尼西亚共和国总统梅加瓦蒂·苏加诺访问上海。

12 月 14 日　上海微小卫星工程中心/中科院微小卫星联合重点实验室挂牌仪式举行。

12 月 16—17 日　中共上海市第八届委员会第四次全体会议举行，审议通过《中共上海市委常委会工作报告》《中共上海市委常委会 2004 年工作要点》和《上海实施科教兴市战略行动纲要》。

12 月 17 日　市人大常委会举行首次监督听证会，23 位市民成为监督方的听证发言人，对就业工作提出了意见和建议。

12 月 18 日　中宣部精神文明建设"五个一工程"第九届表彰会议召开，上海选送的《中国共产党历史图志》获奖，中共上海市委宣传部获组织工作奖。

同日　经中共上海市委、上海市政府批准，原上海产权交易所与上海技术产权交易所分别撤销、注销，新成立上海联合产权交易所。

12 月 20 日　拥有中国完全自主知识产权的 ARJ21 新支线飞机零件在上海飞机制造厂及西安、成都、沈阳同时开工生产。上海是 ARJ21 飞机的研发、总装基地和生产指挥控制中心，上海飞机制造厂同时承担飞机平尾和系统件的制造。

同日　国家重点建设项目、上海外高桥电厂二期一号机组——第一台 90 万千瓦超临界燃煤发电机组并网发电。这套发电机组是中国容量最大的火力发电机组。

12 月 23 日　宝钢股份有限公司与新日本制铁株式会社、法国阿赛洛公司两大世界钢铁三头签署1 800毫米冷轧工程合资协议,这一项目总投资65亿元,建成后年产钢板170万吨。

同日　市政府召开财税体制改革专题工作会议,新一轮财税体制改革正式启动,自2004年1月1日起分3年实施。

12月24日　国家文物局正式同意上海"外滩源"地区保护与改造规划,"外滩源"建设项目被列为市重点历史保护建筑综合改造工程。

同日　上海自来水展示馆在1883年建厂的杨树浦水厂内开馆,展示上海自来水120年的历史。

12月25日　《毛泽东与上海——纪念毛泽东同志诞辰110周年图片展》在上海图书馆开展。

12月26日　由申能集团、城投公司共同投资组建的上海燃气集团正式成立。上海燃气集团集制气、销售、调度、管网为一体,归并了上海制气公司、销售公司、天然气管网公司、燃气调度中心和液化气公司共9家企业,有人工煤气、天然气、液化气用户约450万户,管网规模达到7 000多公里。时为国内最大燃气集团。

12月27日　"8号桥"创意园区一期在卢湾区建国中路8—10号落成,由闲置厂房改建而成,建筑面积2.8万平方米。设有"一园三中心",即上海产业咨询服务园、上海(国际)产业转移咨询服务中心、上海市工业开发区招商服务中心和上海时尚创作中心。2007年6月,横跨建国中路、连接南北园区的天桥落成,称为"创意之桥"。二期、三期分别于2009年9月、11月落成,分别位于卢湾区局门路436号和550号。一、二、三期总建筑面积5.5万平方米。

12月28日　沪闵高架二期正式竣工通车。沪闵高架二期工程从柳州南路一直延伸到外环线莘庄立交新梅天桥处,全长5.4公里,穿越徐汇、闵行两个区。工程建成后,不仅"挽"起了内外环线,还通向沪杭高速公路、莘奉金高速公路,并可通往莘庄、松江、闵行、金山等卫星城镇。

同日　24小时播出的东方电影频道在上海举行开播庆典,这是中国内地首家地方电影频道。

同日　市政府印发《上海个人信用征信管理试行办法》,自2004年1月1日起施行。

12月29日　华东师范大学闵行新校区举行奠基典礼。

12月30日　复旦大学江湾新校区举行奠基典礼。

同日　2003年市政府12件实事全部完成,市民对实事项目的认同率达93%、满意度为79分。

12月31日　总投资近60亿元的嘉金高速公路(二期)工程开工,二期工程为北青公路至金山沪金高速公路,长53公里。2007年2月19日竣工。嘉金高速公路与嘉济高速公路、莘奉金高速公路共同组成沈海高速公路(G15)上海境内段。

同年　上海市实行农业税免征政策,以进一步减轻农民负担。2001年,上海农民的税费负担为4.25亿元,当年度改革后,农民的税费负担减为1.43亿元。

2004年

1月1日　上海公安系统、政法单位及社会相关单位停止使用公安沪O专段号牌,改用普通民用或沪警号牌,使用普通民用号牌时不再设专段区域。

1月2日　上海银行与香港上海汇丰银行合作推出申卡国际信用卡,由此成为首家与外资银行合作开发并发行信用卡的国内商业银行。

同日　市政府发布《本市实行"告知承诺"行政审批事项目录》(共38项),自2004年4月1日起正式实施。

1月3日　总投资约20亿元、占地面积16万平方米的上海港国际客运中心工程在北外滩高阳码头开工。2008年8月5日建成。拥有码头岸线832米、辅助岸线247米、邮轮泊位3个,年通过能力为100万人次。

同日　国家发展改革委、信息产业部和商务部授予上海市等5个城市为国家软件出口基地。

1月6日　上海地铁黄兴绿地到翔殷路车站间866米双圆隧道贯通,这是中国首条地铁双圆隧道。

1月8日　以社会公益服务为主体,以就业特困群众为主要对象的上海"万人就业项目"启动,首批12个万人就业项目有环境保护协管、房屋协管、交通协管等。

同日　由文化部和市政府批准成立的全日制普通高校——上海电影艺术学院在浦东张江高科技园区举行揭牌典礼。

1月9日　在全国拥军优属拥政爱民工作会议上,上海市黄浦区、嘉定区、宝山区、浦东新区、虹口区、闵行区、杨浦区、长宁区、徐汇区、静安区和卢湾区获全国双拥模范城(县)称号。

1月10日　上海市"蓝天下的至爱"——爱心全天大放送活动举行,有慈善手术、万人上街慈善募捐大型义演、"点亮心愿"第五次慈善义拍、"爱我中华"大型文艺晚会等,募集捐款1.37亿元。

1月11—15日　市政协十届二次会议举行。

1月12—16日　市十二届人大二次会议举行。上海市长韩正作《政府工作报告》。

1月13日　在全国建设工作会议上,上海廉租住房项目获得2003年度"中国人居环境范例奖"。

同日　经建设部批准,上海正式获得"国家园林城市"称号。2月2日,上海建成"国家园林城市"揭牌仪式举行。

1月15日　CEPA香港澳门(内地)推广周在上海开幕。

1月17日　总投资约33.8亿元的上海铁路南站全面开工。2005年底全面建成。2006年7月1日,正式开通运营,分流铁路上海站1/3的客流量。南站的开通运营标志着上海南站交通枢纽工程已经基本建成。

1月18日　在中外新闻界新春联谊会上,首批市政府24个委办局新闻发言人集体登台亮相。

1月25日　松江古城华亭老街改造项目完工,并正式对游人开放。

1月25—28日　中共中央政治局常委、国务院副总理黄菊在上海考察工作。

1月29日　南汇康桥地区发现疑似高致病性禽流感疫情，中共上海市委、市政府高度重视，对发病点和规定区域内的禽类全部实行封锁、扑杀、消毒和无害化处理，并对涉及范围内的禽类全面实行强制免疫。市政府就进一步加强高致病性禽流感防治工作发出通告。2月23日，南汇康桥地区高致病性禽流感疫区解除封锁。

同日　“上海市危险化学品交易市场”正式揭牌。该市场位于汶水路，是中国大陆第一家危险化学品交易市场，具备集中交易、指定储存、专业配送等功能。

2月4日　由美国花旗银行参与管理和技术合作，浦东发展银行发行的浦发双币种(人民币、美元)信用卡发行，可在国内30万家、全球逾2 000万家商户通用。

2月9日　东方卫视外语中心提供的新闻报道《上海：禽流感防治和家禽养殖补偿工作有序展开》在CNN《世界报道》栏目以头条位置播出。

2月11日　中共上海市委召开全市党政负责干部大会，贯彻落实中央精神，对促进司法公正、维护司法权威，加快上海城市法制化建设进程作出部署。

2月11—12日　巴布亚新几内亚独立国总理迈克尔·索马雷访问上海。

2月18日　注册资本11.1亿元，由上海市国有资产监督管理委员会(以下简称市国资委)、上海国有资产经营有限公司、上海文化广播影视集团和上海市国际贸易促进委员会共同投资的上海世博(集团)有限公司成立。

2月19—22日　由市旅游委与荷兰皇家展览集团共同举办的首届上海世界旅游资源博览会在上海新国际博览中心召开。

2月20日　2003年度国家科技奖揭晓，上海26个项目分获国家自然科学奖和科技进步奖，占全国获奖项目的10.2%。

同日　上海和平影都完成改扩建工程并正式开业。内设有国内首个IMAX巨幕影厅，该厅银幕高15米、宽20米，采用70毫米15齿孔胶片。

2月24—25日　丹麦王国首相安诺斯福格·拉斯穆森访问上海。

2月25日　上海民族民间文化保护工程中心成立，上海民族民间文化保护工程启动。

2月28日　百联集团旗下的上海市华联典当(连锁)有限公司经资产重组，成为中国第一家现代典当连锁公司。

3月1日　上海实施《上海市灾害性天气预警信号发布试行规定》，上海成为境内首次按照国际惯例制作并发布气象预警信号的城市。

3月1—7日　第十四届华东进出口商品交易会在上海举行，出口成交额29.7亿美元，比上届增长65.8%；到会境外客商1.89万人，比上届增长20.10%。

3月2日　国际特殊奥林匹克委员会(简称国际特奥会)在北京与中国签订2007年在上海举办的世界特殊奥林匹克运动会(简称特殊奥运会)的正式协议。上海市长、2007年世界特殊奥运会筹委会执行主任韩正和国际特奥会主席蒂姆·施莱佛签署正式协议文本。

同日　由上海电气(集团)总公司和福禧投资控股有限公司、广东珠江投资控股有限公司、申能(集团)有限公司和汕头市明光投资有限公司组成的上海电气(集团)股份有限公司成立。

3月5日　市重大工程建设工作会议召开，市公共卫生体系主体工程列为市政府一号工程，这也是公共卫生事业项目首次列为一号工程。

同日　上海市住房公积金管理委员会成立。

3月6日—5月31日　中法互办文化年上海首项活动——“上海一条街”在法国北部城市里尔

市举行。

3 月 18 日　中共上海市委办公厅、市政府办公厅印发《关于进一步服务全国加强上海国内合作交流工作的若干意见》(简称“15 条意见”)。

3 月 18—22 日　首届上海民间艺术博览会举行,全国 20 个省市以及法国、韩国等海内外数百名民间艺人参加。

3 月 18—27 日　第十届上海国际服装文化节举行,活动有“中华杯”国际服装设计大赛、国际时装模特大赛、世界流行趋势信息发布会等。

3 月 19—21 日　密克罗尼西亚联邦总统约瑟夫·乌鲁塞马尔访问上海。

3 月 24 日　由上海中演文化艺术有限公司和以江苏省文化传播中心为代表的 8 座城市的演出公司共同组成的沪苏国际演出协作中心成立,这是国内首个引进国外演出的联合体。

3 月 26 日　《上海市与全罗南道(韩国)开展友好交流合作备忘录》签字仪式在上海举行。

3 月 27 日—4 月 10 日　市政协主席蒋以任赴巴西、智利和新西兰三国进行友好访问。

3 月 29 日　中共上海市委、市政府召开市粮食工作座谈会,市政府颁布扶持农业和粮食生产的 8 项政策措施,要求坚决实行最严格的耕地保护制度。

同日　上海作为全国换发第二代居民身份证试点城市之一,在嘉定、崇明分别举行第二代居民身份证首发仪式。

同日　总投资 11.2 亿美元,由德国巴斯夫、美国亨斯曼、中国石化股份公司、中石化上海高桥石化公司、上海华谊(集团)公司和上海氯碱化工股份有限公司投资的上海联合异氰酸酯项目动工。

3 月 31 日　市政府印发《关于完善本市外来人口管理体制的若干意见》。

4 月 1 日　上海市商品房销售网上备案登记系统正式开通,全市新建商品房预售和销售全部上网公布。

4 月 2 日　申报国家级自然保护区项目——地处长江口最外围、成陆 50 年、面积 520 平方公里的九段沙湿地生态系统保护和修复研究工作启动。

同日　纳米技术及应用国家工程研究中心落户上海,这是中国唯一的纳米科技成果中试转化基地。

4 月 6—8 日　由中共上海市委、市政府领导率领的上海市代表团赴云南省昆明市、思茅市、大理白族自治州等地学习考察,沪滇双方举行《上海—云南经济合作项目》签字仪式。

4 月 7 日　上海百联集团属下的上海第一百货公司与上海华联商厦股份有限公司签署协议,推出“第一百货”股份吸收合并“华联商厦”股份方案,成为中国证券市场首例上市公司之间的吸收合并案。

4 月 8 日　枫林生命科学园区建设启动,这是上海中心城区最大的医疗服务和生命研发中心。

4 月 8—9 日　莫桑比克共和国总统若阿金·希萨诺访问上海。

4 月 9 日　市人大常委会首次新闻发布会举行,3 位新闻发言人正式亮相。

同日　以上海钢材网为信息交易平台的上海斯迪尔电子交易市场开业,这是中国唯一的电子钢材交易市场。

4 月 9—11 日　由中共上海市委、市政府领导率领的上海市代表团赴江西省南昌市、井冈山市等地学习考察,并签订《江西省和上海市关于进一步加强两省市经济技术合作的协议》。

4 月 11—12 日　拉脱维亚共和国总统瓦伊拉·维凯弗赖贝加访问上海。

4 月 15 日　由国家海关总署、财政部、国土资源部、商务部和国家税务总局联合验收的上海外高桥保税物流园区正式封关运作，成为国内首个保税区“区港联动”（保税区与临近的港口合作，实行保税区政策）试点示范区，率先转型向自由贸易区迈出关键一步。

4月15—16日　欧盟委员会主席罗马诺·普罗迪访问上海。

4月16日　黄菊出席在上海召开的国际金融协会2004年春季成员会议并致辞。

4月18—19日　捷克共和国总统瓦茨拉夫·克劳斯访问上海。

4月19日　上海知识产权园开园启用，标志着由专利、商标和版权三大知识产权要素组合而成的公共服务平台正式启动。

4月19—20日　柬埔寨王国首相洪森访问上海。

4月20—28日　联合国亚太经社会(ESCAP)第六十届会议及配套会议在上海举行。4月20—21日，为太平洋发展中岛国特别机构第八届会议。4月22—24日，为高官会议。4月24—26日，为亚太工商论坛。4月26—28日，以“加强区域发展合作，迎接全球化时代的挑战”为主题的部长级会议，有40个部长级代表团出席。中共中央政治局常委、国家副主席曾庆红出席开幕式并讲话，瑙鲁共和国总统勒内·哈里斯、库克群岛总理罗伯特·温顿等出席会议；会议通过《上海宣言》和其他6项决议。亚太经社会62个成员和准成员、有关国际组织和工商界代表800余人参加会议。

4月21日　中共上海市委、市政府召开2001—2003年度上海市劳动模范表彰大会，表彰872名劳动模范和380个劳模集体。

同日　上海国际包装印刷城一期工程竣工开业。这是当时中国规模最大、功能最齐的包装印刷综合产业基地，总投资20亿元，规划占地600亩，建筑面积48万平方米。

4月23日　上海市2004年精神文明建设工作会议举行，表彰2003年度精神文明先进集体和个人。上海市精神文明建设委员会颁布《上海迎世博文明行动计划》。

4月24—26日　库克群岛总理罗伯特·温顿访问上海。

4月24—27日　瑙鲁共和国总统勒内·哈里斯访问上海。

4月24—27日　曾庆红在上海考察工作、出席在沪召开的联合国亚太经社会第六十届会议部长级会议开幕式并发表讲话，还会见了来沪参加联合国亚太经社会第六十届会议部长级会议的部分外国政要和中国香港特别行政区、中国澳门特别行政区的官员。

4月26日　上海正式实行“期房限转”政策，规定预购人购买的预售商品住房应当在竣工并取得房地产权证后进行转让。

4月28日　中国2010年上海世博会首批企业迁建和国有土地使用权收购补偿、部分拆迁居民定向安置基地建设框架协议签约仪式举行，2010年上海世博会土地动迁工作启动。

5月1日　《上海市人民政府信息公开规定》施行。

5月3日　上海汽车工业（集团）总公司与德国大众汽车公司在德国签署新增上海大众汽车有限公司25亿元注册资本的合同，在上海浦东改扩建上海大众汽车五厂，一期规划年产15万辆中高级轿车。

5月5—15日　2004年“上海之春”国际音乐节举行，10多个国家和地区的海内外音乐经典演出40余台，中外观众逾10万人次。

5月7日　上海新黄浦集团与美国洛克菲勒国际集团组建中外合作企业，共同开发“外滩源”项目签字仪式在上海举行。

5月8日　上海报载，公安部委托国家统计局在全国31个省、自治区、直辖市进行群众安全感调查，上海群众的安全感为 91.2%，人民群众对上海公安工作的满意率达 93.5%，2 项统计指标均位居全国榜首。

5 月 12 日　市文物管理委员会在新闻发布会上公布：在青浦区赵巷镇崧泽文化遗址发掘出 6 000 多年前、年龄在 25 岁—30 岁的一男性头骨和建筑遗迹等。

5 月 15 日　以“科技创造绿色生活”为主体内容的上海科技活动周举行，有 300 多项科普活动。

5 月 15—18 日　马达加斯加共和国总统马克·拉瓦卢马纳纳访问上海。

5 月 18 日　在第九十五届巴黎国际发明展览会上，由上海国际港务集团副总裁包起帆主持开发研究的 3 项科技发明成果“上海港集装箱智能化管理成套创新技术”“遥控电动液压抓斗”和“电缆卷筒”获得 3 个金奖。

同日　市政府印发《上海市全民健身发展纲要(2004—2010 年)》。

5 月 19 日　中共上海市委发出通知，号召全市共产党员、广大干部特别是各级领导干部贯彻实践“三个代表”重要思想，学习赵为民先进事迹，争做“让人民高兴、让党放心”的好党员、好干部。

同日　上海资产规模最大的国有农业企业集团，上海农工商(集团)总公司改制为由上海大盛资产有限公司、上海国有资产经营有限公司、申能(集团)有限公司、上海国际集团有限公司、上海上实(集团)有限公司和上海久事公司 6 家公司持股的上海农工商(集团)有限公司。

5 月 20—21 日　以“城市信息化——信息技术促进发展”为主题的亚太地区城市信息化论坛第四届年会在上海举行，上海市获得“亚太城市信息化杰出贡献奖”。首届上海国际信息化博览会同期举行，以后每年举行 1 次。

5 月 21 日　根据国务院《关于改革现行出口退税机制的决定》，经市政府批准，自 2004 年 1 月 1 日起，上海实行市、区县两级“退税基数共享，增量分级负担”的出口退税分担机制改革。

5 月 22 日　上海 23 处优秀历史文物建筑首次免费向市民开放一天。

5 月 24 日　经全国高等学校设置评议委员会评议通过和教育部批准，上海海运学院更名为上海海事大学揭牌仪式举行。

5 月 24—25 日　中共中央政治局常委、国务院总理温家宝在上海考察工作。

5 月 24—26 日　由国际纺织学会、东华大学主办的第八十三届世界纺织大会在上海举行，全球 180 多个国家和地区的 600 多名纺织专家和企业家参加。世界纺织大会拥有百年历史，历年都在各国名城举办。本届大会以“高品质纺织、高品质生活”为主题，有一系列学术论坛、技术论坛、产业论坛等活动。

5 月 26—27 日　由世界银行主办、中国政府承办、市政府协办的首届全球扶贫大会在上海举行，温家宝出席开幕式并讲话。巴西联邦共和国总统路易斯·伊纳西奥·卢拉·达席尔瓦、坦桑尼亚联合共和国总统本杰明·威廉·姆卡帕、孟加拉人民共和国总理卡莉达·齐亚、乌干达共和国总统约韦里·卡古塔·穆塞韦尼和世界银行行长沃尔芬森出席会议，110 多个国家、地区和国际组织的 1 200 多名代表参加。会议发表《上海宣言》和《上海减贫议程》。“上海对口云南帮扶协作反贫困”案例在大会上作交流。

5 月 27 日　国际展览局秘书长洛塞泰斯访问上海。

同日　台资华一银行徐汇支行开业。这是中国第一家由海峡两岸合资成立的银行，合资方分别为中国台湾的莲花国际有限公司、永亨银行和上海浦东发展银行。

5 月 29 日—6 月 1 日　由体育总局、市政府共同主办的第十四届中国国际体育用品博览会在上海举行。

5月30日　中国少年先锋队上海市第五次代表大会召开，市人大常委会主任龚学平等市领导为14位上海市首届“星星火炬”奖章获得者颁发奖章。

5月30—31日　马来西亚联邦总理达图·斯里·阿卜杜拉·哈吉·艾哈迈德·巴达维访问上海。

6月1日　中共均瑶集团有限公司委员会成立，这是上海首家直属市社会工作党委的民营企业党委。

6月3日　中国2010年上海世界博览会组委会成立暨第一次会议在北京举行，这是上海世界博览会的领导机构。至2010年10月31日上海世博会闭幕，组委会共召开10次会议。

6月5—13日　第七届上海国际电影节举行。活动有影片“金爵奖”评选、国际影视市场交易、国际影片展映和国际学术研讨等。

6月6日　2004年全国汽车场地锦标赛在上海国际赛车场开赛，标志着总投资26亿元、历时19个月建成的上海国际赛车场正式启用。

6月6—9日　第十届上海电视节举行。活动有电视节目“白玉兰”奖评选、国际影视节目交易和国际广播影视设备展览等。共有44个国家和地区、1 028家中外影视公司、3 513名中外来宾参加各项活动。

6月7日　新加坡内阁资政李光耀访问上海。

6月9日　市政府印发《上海市土地储备办法》，自2004年8月1日起施行。

6月11日　“姚明——特奥全球大使暨2007年世界特殊奥林匹克运动会大使宣布仪式”在上海举行。

6月16日　2010年上海世界博览会执行委员会在上海成立，并举行第一次会议，这是上海世界博览会的执行机构。至2010年10月31日上海世博会闭幕，执委会共召开5次会议，以及多次决策部署会、工作衔接会、专题研究会。

6月18—22日　以韩正为团长的上海市代表团于6月18—20日赴吉林省长春市学习考察，并签署《上海市与吉林省粮食产销合作协议》。6月21—22日赴黑龙江省哈尔滨市、齐齐哈尔市、大庆市学习考察，并签署《上海市与黑龙江省粮食购销合作协议》。

6月22日　由上海文艺出版社(包含上海文艺出版社、上海文化出版社、上海音乐出版社、上海文艺音像出版社)、上海书画出版社、上海人民美术出版社、上海画报出版社、百家出版社等组建的上海文艺出版总社成立。

6月25日　中共上海市第八届委员会第五次全体会议举行，审议通过《中共上海市委关于贯彻“三个代表”重要思想，树立和落实科学发展观，进一步完善社会主义市场经济体制的若干意见》。

同日　由国际展览局和市政府联合举办的第二届中国2010年上海世博会国际论坛在法国巴黎举行。

6月25日—7月2日　第三届上海国际芭蕾舞比赛举行。

6月28日　国务院召开全国依法行政工作电视电话会议，韩正代表上海市政府交流发言。

同日　中法互办文化年法国马赛“上海周”活动开幕，市政府向马赛市政府赠送的一座富有中国特色的江南园林——“上海园”开园。7月3日，中法互办文化年闭幕系列活动——巴黎“上海周”在法国巴黎开幕，中共中央政治局常委李长春出席开幕仪式。

同日　上海黄金交易所推出“50克小金条”交易品种，首日上市成交39根，为个人炒金开辟新的投资品种。

6 月 30 日—7 月 1 日　阿根廷共和国总统内斯托尔·卡洛斯·基什内尔访问上海。

7 月 1 日　《上海市工伤保险实施办法》实施，标志着上海已经形成包括养老、基本医疗、失业、生育、工伤在内的"五险合一"的社会保险体系。

7 月 7—8 日　科威特国首相萨巴赫·艾哈迈德·贾比尔·萨巴赫访问上海。

7 月 12 日　上海企业首次冲进世界 500 强行列。美国《财富》杂志公布 2004 年度世界 500 强最新排名，上海宝钢集团公司以 145.48 亿美元的总销售额名列 372 位；上海汽车工业（集团）总公司以 117.54 亿美元的总销售额名列 461 位。

7 月 14 日　上海研发公共服务平台（www.sgst.cn）正式开通，平台基本框架由科技文献服务系统、科学数据共享系统、仪器设施共用系统等 10 个子系统构成。

同日　《科学技术部与上海市人民政府工作会商制度议定书》在上海签署。部市双方决定：将面向国家战略需求，破解制约经济社会发展的主要科技瓶颈，共同推动科技创新体系建设。2008、2010 年，先后举行部市工作会商会议。

同日　由市委宣传部、市文明办、市经委和市信息化委员会联合主办的上海市"诚信活动月"启动仪式举行，上海市和江苏省、浙江省领导出席，沪、苏、浙三地领导共同签署《江苏省、浙江省、上海市信用体系建设合作备忘录》。

7 月 14—16 日　缅甸联邦总理钦纽访问上海。

7 月 17—18 日　马里共和国总统阿马杜·图马尼·杜尔访问上海。

7 月 19 日　《上海市和昆士兰州（澳大利亚）友好合作交流备忘录（2005 年—2007 年）》签字仪式在上海举行。

7 月 20 日　普陀区长征镇全民健身活动中心落成开放，是全市唯一的全国首批社区级全民健身示范工程。

7 月 22—23 日　以"上海面向国际化——塑造城市形象与城市精神"为主题的第四届"中华学人与 21 世纪上海发展"国际研讨会举行。

7 月 24—28 日　纳米比亚共和国总统萨姆·努乔马访问上海。

7 月 25—31 日　2004 年上海国际少年儿童文化艺术节举行，活动有儿童文化博览会、儿童戏剧节、首届国际儿童论坛等，20 多个国家和中国香港、中国台湾及中国大陆 40 多万人次少年儿童参加。

7 月 26—29 日　中共中央总书记、国家主席胡锦涛在上海考察工作。希望上海人民继续努力，把上海建设成为国际经济、金融、贸易、航运中心和现代化国际大都市，率先全面建成小康社会，率先基本实现现代化，在建设中国特色社会主义的历史进程中继续走在全面前列。

7 月 28 日　市政府批准《上海市城市雕塑总体规划（2004—2020 年）》。

7 月 28 日—8 月 2 日　首届由市新闻出版局主办的 2004 年上海书展举行，全国 130 多家出版机构和众多期刊进场交易，参观人数逾 20 万人次。

7 月 30 日　由中国科学技术大学和南汇区政府共同创办的中国首个公办民助高等研究院——中国科学技术大学上海研究院在上海康桥揭牌。

7 月 30—31 日　由上海社会科学院主办的中国历史文化高层论坛召开，旨在普及社会科学知识，发挥社会科学认识世界，传承文明，创新理论，资政育人，服务社会的重要作用。

7 月 31 日—8 月 1 日　2004 年 F1 摩托艇世界锦标赛上海站比赛在黄浦江外滩段举行，有 12 支专业赛艇队 22 艘摩托艇参加比赛，美国选手斯哥特·吉尔曼夺得冠军。

8月2日　上海绿地集团以5 400万元受让上海宝钢建设有限公司60%的股份，为国有企业产权转让创出“核心经营骨干参与要素分配的招标式竞价”的新模式。

8月4—12日　中共上海市委、市政府领导率领上海市代表团赴新疆维吾尔自治区乌鲁木齐市、新疆生产建设兵团、伊犁哈萨克自治州，湖北省武汉市、宜昌市，重庆市和陕西省西安市、延安市等地学习考察。并重点考察疆维吾尔自治区阿克苏地区、湖北省宜昌市夷陵区、重庆市万州区五桥街道等对口支援地区。

8月11—14日　2004中国(上海)国际多媒体技术与应用展览会暨学术研讨会举行，有10个国家和地区的近60家厂商参展。

8月13日　世界工商协会峰会(WICO)说明会在上海举行。

8月15日　根据国务院要求，上海再安置2 000名三峡库区移民，是日，重庆市万州区159户、556人最后一批落户上海的三峡移民抵达上海。至此，上海共接收安置三峡移民1 835户、7 519人，国务院下达给上海的接收安置三峡库区外迁移民的任务全部完成。

8月19—21日　巴哈马国总理佩里·克里斯蒂访问上海。

8月20日　上海市首批博士后创新实践基地成立揭牌暨合作签约仪式举行。首批博士后创新实践基地有上海市多媒体产业园博士后创新实践基地(长宁区)、上海国际汽车城博士后创新实践基地(嘉定区)、上海市杨浦知识创新区博士后创新实践基地、上海市闵行区博士后创新实践基地、上海市松江区博士后创新实践基地和上海市青浦区博士后创新实践基地。

8月22日　该日为邓小平诞辰100周年纪念日，该日来临前，上海举办系列纪念活动：“邓小平与上海——纪念邓小平同志诞辰100周年图片展”“邓小平——女儿心中的父亲”图像艺术展、“纪念邓小平同志诞辰100周年上海美术作品展”、纪念邓小平诞辰100周年理论研讨会、上海市纪念邓小平同志诞辰100周年交响朗诵音乐会等；制作电影《邓小平·1928》、电视文献片《邓小平与上海》等。

8月23—24日　中非共和国总统弗朗索瓦·博齐泽访问上海。

8月25日　燃料油期货在上海期货交易所正式挂牌上市，这是中国首个能源期货品种。

8月27日　在希腊雅典举行的第二十八届奥运会上，上海籍运动员刘翔以12秒91的成绩平男子110米栏世界纪录并夺得金牌，实现亚洲男子选手在奥运田径短道项目上金牌“零”的突破。

8月28日　中国2010年上海世博网站公布世博会场址规划区红线范围示意图，规划控制范围总面积6.68平方公里。红线范围面积5.28平方公里，其中浦西1.35平方公里、浦东3.93平方公里。协调范围面积1.40平方公里。

8月28—29日　佛得角共和国总理若泽·马里亚·佩雷拉·内韦斯访问上海。

8月28日—9月6日　第七届全国大学生运动会在上海举行，31个省、自治区、直辖市及中国香港、中国澳门特别行政区共33个代表团3 430名大学生运动员参加，上海、广东、天津分列奖牌榜前三位。

8月30日　市政府印发《上海市居住证暂行办法》《上海市居住房屋租赁管理实施办法》，均自2004年10月1日起施行。

8月30日—9月11日　应友好城市的邀请，龚学平率上海市代表团赴南非、埃及和塞浦路斯友好访问，并签署《上海市与尼科西亚市(塞浦路斯)友好城市交流备忘录》和《上海市与亚历山大市(埃及)友好城市合作协议》。

9月1日　位于南汇、金山、奉贤和崇明的4所现代化寄宿制高中落成并开学。

9 月 2 日　高内涵药物筛选技术平台在浦东新区上海市张江高科技园区启用。平台将使新药的综合研发效率提高 1/2—2/3，是国内首个、亚洲第四个同类型平台。

9 月 3 日　嘉金高速公路一期、郊区环线高速公路北环（花桥至沪太路）2 条高速公路建成通车。

9 月 4 日　中共上海市委、市政府召开欢迎上海市奥运健儿凯旋表彰大会，给予刘翔、姚明等 31 位运动员、教练员通令嘉奖，并分别授予“上海市劳动模范”称号、记一等功一次和记三等功一次。团市委授予刘翔等 23 人上海市“新长征突击手标兵”称号，市妇联授予吴敏霞“上海市三八红旗手”标兵、徐妍玮等“上海市三八红旗手”称号。

9 月 8 日　中共上海市委召开全市社区建设与社区党建工作会议，要求围绕“社区建设实体化，社区管理网络化，社区党建全覆盖”的目标，以群众满意、各项工作取得实效、基层组织活力明显增强为衡量标准，扎实推进试点工作。

同日　国家微电子产业基地在张江高科技园区揭牌。

9 月 10—11 日　加蓬共和国总统哈吉·奥马尔·邦戈·翁丁巴访问上海。

9 月 12—14 日　圣卢西亚总督皮尔莱特·路易茜访问上海。

9 月 13 日　中共上海市委召开大会，纪念人民代表大会成立 50 周年。

9 月 13—17 日　世界卫生组织（WHO）西太平洋地区委员会第五十五届会议在上海举行。世界卫生组织和西太平洋区域的 33 个国家和地区的代表参加。

9 月 14 日　上海首次召开全市文化工作会议，明确提出到 2010 年上海城市文化发展的总体目标：建设文明城市，建设学习型社会，建设国际文化交流中心，努力走在发展社会主义先进文化前列。并提出当前和今后一个时期要重点落实的十大文化建设任务。

同日　市政府印发《上海知识产权战略纲要（2004—2010 年）》。

9 月 15 日　《上海市和汉堡市（德国）合作备忘录（2005 年—2006 年）》签字仪式在上海举行。

9 月 17 日　《上海市和长崎县（日本）友好交流项目协议书（2004 年）》签字仪式在上海举行。

9 月 17—19 日　阿尔巴尼亚共和国总理法托斯·纳诺访问上海。

9 月 18 日—10 月 6 日　第十届上海旅游节举行，有 820 余万市民和海内外旅游者参与旅游节的 60 余项活动。

9 月 21 日　中共上海市委、市政府召开全市党政负责干部会议，学习贯彻落实中共十六届四中全会精神。

9 月 22 日　中共上海市委召开大会，纪念中国人民政治协商会议成立 55 周年。

同日　国际展览局秘书长洛塞泰斯访问上海。

同日　市政府颁布《上海知识产权战略纲要（2004—2010 年）》，这是国内首次推出由地方政府制定的地区知识产权战略。

同日　《上海港口章程》颁布，这是中国第一个港口章程，全面介绍了上海港口行政管理、海事管理及口岸管理事项。

9 月 22—24 日　2004 年跨国采购洽谈会（中国上海）举行。来自北美、欧洲、大洋洲和亚洲的 99 家跨国采购商中，约有三分之一为世界 500 强企业。

9 月 24 日　市政府印发《上海市贯彻实施国务院〈全面推进依法行政实施纲要〉的意见》。

9 月 24—26 日　首届 F1（一级方程式）世界锦标赛中国大奖赛在上海国际赛车场举行，有 10 支车队 25 名车手参赛，法拉利车队的巴西车手巴里切罗以 1 小时 29 分 12 秒 420 的成绩获得 F1

历史上首个中国大奖赛的冠军。

9月28日　上海首次拍卖公务客车额度，采取有底价拍卖方式，共投放新增公务客车额度200辆，平均中标价为3.06万元。

9月28—30日　亚美尼亚共和国总统罗伯特·谢德拉科维奇·科恰良访问上海。

9月29日　复兴东路隧道通车。复兴东路隧道长2 785米，其中越江段长1 214米。2001年10月动工兴建。建成时为世界首条双管双层越江隧道，也是国内首条双层越江隧道。上层双向4车道，供小型车辆通行。下层双向2车道，供大型车辆行驶，另备一条紧急停车道。设计时速为40公里。

9月29—30日　由市政府主办，联合国环境署和世界银行协办的“绿色世博”国际环保研讨会举行，韩正和联合国副秘书长、联合国环境署执行主任克劳斯·托普夫出席大会并致词。

9月30日　政府应对突发事件和风险能力的上海市应急联动中心启用。

10月1日　平移修缮工程完工后的上海音乐厅首演迎来英国皇家爱乐乐团，两场音乐会分别是柴可夫斯基和贝多芬作品专场。

同日　上海对境内到沪人员试行居住证制度，《居住证》有效期分别为1年、3年、5年。凡境内在沪居住3日以上者，应当办理居住登记，领取《上海市临时居住证》。

10月5日　金茂大厦国际跳伞表演举行，有16个国家37名低空跳伞运动员参加。其中，有6名中国低空跳伞运动员首次参加表演，填补中国低空跳伞运动的空白。

10月9—12日　市政协主席蒋以任率上海市政协学习考察团赴辽宁省沈阳、丹东、抚顺、鞍山等市学习考察。

10月11—12日　法兰西共和国总统雅克·希拉克访问上海。

10月12—14日　美国职业篮球协会(NBA)、休斯敦火箭队俱乐部和萨克拉门托国王队俱乐部首次在中国举行NBA赛事——NBA中国赛上海站比赛，姚明以全队最高的14分帮助火箭队以88∶86战胜国王队，赢得首场NBA中国赛的胜利。

10月12—14日　全球最大规模的环保清洁汽车盛会——第六届“必比登”挑战赛在上海举行，法国、美国、德国、日本等50多个国家的140多辆各种能源的环保汽车在上海国际赛车场展示。

10月14—16日　由文化部和市政府共同承办的国际文化政策论坛(INCP)第七届部长年会在上海举行，39个国家和地区的文化部长和文化部代表以及6个国际组织的代表100余人参加，会议发表《上海声明》。

10月15日　中法互办文化年中“法国文化在上海”开幕式举行，历时4个月的系列活动有音乐、舞蹈、美术、雕塑、焰火等各个艺术领域的10多个文化项目。

10月15日—11月17日　由文化部和市政府共同承办的第六届中国上海国际艺术节举行。活动有天天演、周周演、宝山国际民间艺术节、国际艺术节演出交易会和上海艺博会等。26个国家和地区的60场演出，吸引观众近40万人次。

10月16日　位于崇明新河车客渡码头西侧、工程总投资4 500万元，年设计吞吐量5万标准集装箱的首期千吨级的上海崇明国际货运码头建成启用。

10月17日　《上海市和芝加哥市(美国)合作备忘录》签字仪式在上海举行。

10月18日　上海等长江三角洲16城市的农业银行在苏州签订产品创新与共享、个人业务、市场营销与信贷管理3份合作协议，成为中国金融业中第一个“区域金融共同体”。

10月18—23日　以“创新、竞争与合作——经济全球化进程中的电力工业”为主题的第十五届东亚及西太平洋电力工业协会(AESIEAP)大会举行,37个国家和地区的2 000多名代表参加。

10月19日　以上海航天技术研究院为主研制的中国第一颗业务型地球静止轨道气象卫星——“风云”二号C星发射升空。

10月20日　上海市农业生物中心主任、首席科学家罗利军宣布,世界上首例杂交旱稻组合在上海诞生。

10月20—23日　第十三届上海全国消费品交易会举行,首次有9个国家和地区的60多个特许品牌参展,海内外客商和参观者有5万余人。

10月20—24日　由国际龙舟联合会主办,中国龙舟协会、市体育局、青浦区政府承办的第五届世界龙舟锦标赛在青浦淀山湖上海市水上运动中心举行,17个国家和地区的68支龙舟代表队参加。

10月23日—11月21日　第八届中国菊花展在浦东世纪公园举行。

10月26日　上海230处优秀历史建筑列入保护名录,迄今全市列入保护名录的优秀历史建筑达600多处。

10月28日　上海汽车工业(集团)总公司在韩国汉城协议收购韩国双龙汽车公司48.92%的股权,成为中国汽车企业迄今为止最大的海外并购项目。

10月30日　国家统计局按照人口、经济、社会、基础设施等50多项综合指标测评出全国百强城市,其中上海市居全国综合实力排名之首。

10月31日　以“提升上海城市的国际竞争力”为主题的第十六次上海市市长国际企业家咨询会议召开。

11月1日　世界特奥会执委会、上海市政府联合召开2007年世界特奥会征集活动新闻发布会,宣布向全球征集2007年世界特奥会的会标、主题及2005年度的公益宣传片。中选会标、主题的设计者各奖20万元,中选公益宣传片的设计者奖30万元。

同日　由国家民航总局和市政府共同成立的推进上海航空枢纽建设联合领导小组第二次工作会议召开,会议通过《上海航空枢纽战略规划》。该规划明确,上海航空枢纽的功能定位为集本地运量集散功能、门户枢纽功能、国内中转功能和国际中转功能为一体的大型复合枢纽。

同日　市公安局开始统一换发全市自行车牌照,首次采用防伪标志。

11月3日　《上海市和萨尔茨堡市(奥地利)友好交流备忘录》在上海签署。

同日　以“发挥长江‘黄金水道’作用,推进长江流域联动发展”为主题的长江沿岸中心城市经济协调会第十二次会议在上海召开。国家发展改革委、交通部等有关部门和上海、浙江、江苏、安徽、江西、湖北、湖南、重庆、四川等7省2市的29个城市领导及有关专家参加。

11月3—6日　由世界工程组织联合会和联合国教科文组织发起,中国科学技术协会、中国工程院和市政府主办,以“工程师塑造可持续发展的未来”为主题的2004年世界工程师大会在上海举行。黄菊出席开幕式并讲话。大会通过《上海宣言——工程师与可持续的未来》,70多个国家和地区的工程技术专家学者近3 000人参加大会。

11月4日　市工商局的首批280名企业注册官正式获证上岗。这是人事部和国家工商总局在全国确定的唯一试点单位。

11月4—9日　由国家发展改革委、商务部、科学技术部、信息产业部、教育部、中国科学院、中国国际贸易促进委员会、中国科学技术协会、中国工程院和市政府主办的以“信息化与工业化”为主题的第六届上海国际工业博览会举行。到会观众38.1万人次,其中专业观众24.25万人次。有57

项展品和项目获奖,其中上海广电(集团)有限公司的SVA第五代TFT-LCD液晶显示屏、贵州南方汇通世华微硬盘有限公司的大容量微硬盘、上海宏源照明电器有限公司和上海高智科技发展有限公司联合研制的数字控制无极灯获得金奖。

11月6—7日　中国循环经济发展论坛2004年年会在上海举行,会议通过《中国循环经济发展论坛2004年会上海宣言》。

11月8日　由原上海市绿化管理局和上海市农林局"撤二建一",组建成新的上海市绿化管理局(以下简称市绿化局),并增挂上海市林业局牌子。

11月8—9日　卢森堡大公国首相让-克洛德・容克访问上海。

11月10日　第十二届残奥会上海参赛运动员、教练员总结表彰大会召开。市政府授予上海残疾人体育训练中心、上海市第一体育运动学校、上海市第二体育运动学校、上海女子坐式排球队4个单位上海市劳模集体称号,凌勇等7位运动员获上海市劳动模范称号,陈玉萍等10位运动员记一等功。市体育局、团市委、市妇联分别授予部分运动员二等功,授予部分运动员和教练员市"新长征突击手标兵""市新长征突击手""市三八红旗手标兵""市三八红旗手"等称号。

11月13日　"2004年东丽杯上海国际马拉松赛"开赛。

11月15日　由中国科学院计算所、曙光公司和上海超级计算中心共同研制的10万亿次曙光4000A系统商品化高性能计算机在上海超级计算中心开通运行。

同日　由上海文广新闻传媒集团、广州日报报业集团、北京青年报社联合主办的《第一财经日报》创刊发行,这是中国第一份全国综合性财经日报。

11月16日　2004年市政府一号工程的重点项目——位于金山区山阳镇的上海市公共卫生中心落成启用。该中心集传染病临床治疗、科研和培训于一体,中心总建筑面积8.9万平方米,设病床500张,同时在草坪上还可搭建临时病床600张。

同日　上海天文博物馆在佘山天文台落成。

11月17日　全长117公里、工程总投资76亿元,南北分别接国家铁路的阮巷站和张庙站,线路途经金山、奉贤、南汇、浦东新区4个区的浦东铁路建设前期工作启动。

11月19—22日　安提瓜和巴布达总理鲍德温・斯潘塞访问上海。

11月22日　《上海市和亚丁省(也门)合作与交流协议》签字仪式在上海举行。

同日　由世界海关组织和中国海关总署共同主办的世界海关组织知识产权保护地区论坛在上海举行。

11月23日　《上海市和安特卫普市(比利时)友好协议的附件》签字仪式在上海举行。

11月24日　中共上海市委召开市老干部工作暨表彰先进大会,表彰全国老干部先进个人、全国先进离退休干部党支部和市社区老干部工作示范点、市推进社区老干部工作先进集体。

11月25—28日　2004年中国国际旅游交易会在上海举行。有64个国家和地区的旅游商参展,48个国家和地区的1 000余名海外买家与会洽谈,20多个国家的旅游部长和副部长率团出席。参观者4.5万人次。

11月26日　市政府印发《上海市市民社区健康促进行动计划(2004—2007年)》。

11月28—30日　吉尔吉斯共和国总理尼古拉・塔纳耶夫访问上海。

11月28日—12月1日　市政协主席蒋以任率在沪的全国政协委员赴福建省学习考察。

11月29日　中国2010年上海世博会组委会第二次会议在上海举行,中共中央政治局委员、国务院副总理、2010年上海世博会组委会主任委员吴仪出席并主持会议。会议审议通过《世博会行动纲要》《世博会注册报告》《世博会规划方案》、世博会中国政府总代表人选和世博会会徽。审议通过华君铎为上海世博会中国政府总代表。

11 月　作为适合上海郊区特点、符合现阶段发展水平、适应离土农民保障需求的上海小城镇社会保险(镇保)成功走出第一步,全市 58.7 万人参加“镇保”,年初提出覆盖 50 万人目标提前完成。同时,作为市政府头号实事工程的“万人就业项目”,新增就业岗位 60.8 万个,提前超额完成年初确定新增就业岗位 50 万个的目标。

12 月 1—15 日　由文化部和市政府共同主办的第四届中国京剧艺术节在上海举行。有 29 台 50 多场京剧演出,艺术大师梅兰芳、周信芳诞辰 110 周年纪念会等系列活动,上海京剧院的《廉吏于成龙》等 3 部优秀作品获京剧艺术节金奖。

12 月 2 日　历经 140 多年的十六铺码头上的申客饭店和码头主体客运大楼爆破拆除,原址将建水上旅游中心。

12 月 3—6 日　第六届中国(上海)国际房地产与建筑科技展览会(简称中国住交会)在上海举行。有 11 个国家和地区的企业参展,有 30 多个论坛同期举行。

12 月 6 日　上海化学工业区与日本三菱瓦斯化学株式会社在日本茨城县签订总投资约 100 亿日元、年产 10 万吨过氧化氢项目的合作协议。

12 月 7 日　全市首创的农民以土地使用权入股、自愿加入合作社的“上海柘林绿都农业合作社”在奉贤区诞生。

12 月 7—9 日　意大利共和国总统卡洛·阿泽利奥·钱皮访问上海。

12 月 8 日　上海新华发行集团有限公司向上海绿地(集团)有限公司转让 49%股权的合同签字仪式举行,全国首家混合所有制的发行集团在上海诞生。

同日　上海交通大学、同济大学、华东理工大学、上海财经大学、上海大学和上海理工大学 6 所高校与上海电气集团股份有限公司签订产学研联合培养研究生协议,共建研究生联合培养基地。

同日　由解放日报报业集团主管并与成都日报报业集团联合主办、共同投资的全新财经类日报《每日经济新闻》出版。这是第一份由新闻出版总署批准的跨地区媒体集团合作的新型财经类日报。

12 月 11 日　上海中医药创新园启用暨上海市中医药科技产业促进中心揭牌仪式在张江国家上海生物医药科技产业基地举行。

12 月 13 日　市政府发布《上海市行政许可办理规定》《上海市设定临时性行政许可程序规定》,均自 2005 年 2 月 1 日起施行。

12 月 15 日　上海版权研究中心和上海版权交易中心成立,上海版权公共服务平台也同时开通。

同日　市政府与国家开发银行在上海举行开发性金融合作协议签字仪式。

12 月 16 日　华东最大的钢材现货交易市场——上海铁闵钢市在闵行落户,占地面积 350 多亩。

12 月 16—17 日　中共上海市第八届委员会第六次全体会议举行。全会审议《中共上海市委常委会工作报告》,审议通过《中共上海市委常委会 2005 年工作要点》《中共上海市委关于 2005 年经济工作的意见》和《中共上海市委关于加强社区党建和社区建设工作的意见》。

12 月 16—18 日　巴基斯坦伊斯兰共和国总理肖卡特·阿齐兹访问上海。

12月20日　2004年新建、改建和扩建的上海铁路博物馆、上海隧道科技馆等10所专业博物馆分别建成并开馆。

12月22日　2004年市政府为市民办的10件实事全部完成，市民总体满意度、认同率分别达到80.07分和95.42%，均超过上年。

同日　第十五届上海白玉兰戏剧表演艺术奖颁奖晚会举行。上海音乐学院教授周小燕获首次设立的"白玉兰戏剧育人奖"。

12月24日　由中共中央统战部、国家发展改革委、人事部、国家工商总局和全国工商联召开的中国特色社会主义事业优秀建设者表彰大会上，首次授予非公有制经济人士"优秀中国特色社会主义事业建设者"奖章并颁发证书。上海有复星高科技(集团)有限公司董事长郭广昌等6位非公有制经济人士受到表彰。

同日　上海郊环线高速公路东南段建成通车，西端起起点与沪金高速公路相交，向东至浦东新区惠南镇北折，至浦东新区与南汇区交界处界河，总长52公里。

12月25日　上海光源国家重大科学工程开工典礼在浦东新区张江高科技园区举行。上海光源是一台高性能的中能第三代同步辐射光源，该工程包括三大加速器，分别是一台150 MeV的电子直线加速器、一台能在0.5秒内把电子束能量从150 MeV提升到3.5 GeV的全能量增强器和一台周长432米的3.5 GeV高性能电子储存环，由中国科学院上海应用物理研究所设计研制，位于上海浦东张江高科技园区。2009年4月29日，上海光源竣工典礼举行。2010年1月19日，上海光源项目通过国家验收。

12月26日　上午8点左右，印度尼西亚苏门答腊岛附近海域发生8级以上地震引发海啸，殃及东南亚和南亚数个国家。28日，上海派专机赴泰国普吉岛接回上海游客。30日，上海组建两支赴泰国医疗救援队，并开展向东南亚地区遭受海啸的国家和地区募捐。

12月28日　1号线北延伸段上海火车站站至共富新村站开通运营，开通后全线(莘庄站至共富新村站)运营里程32.658公里，运营车站数为25座。

12月29日　由市国资委、招商局国际有限公司、上海同盛投资(集团)有限公司、上海国有资产经营有限公司和上海大盛资产有限公司5家发起设立的上海国际港务(集团)股份有限公司的协议签约仪式举行。

同日　沪芦高速公路(S2)北段建成通车，是为上海中心城区通往临港新城的大容量快速通道(上海国际航运中心洋山深水港配套的骨干交通工程)。自上海市区经浦东新区、南汇区至奉贤区芦潮港，全长42.3公里，其中北段自迎宾高速枢纽至临港主线收费站，长约34.7公里。

12月30日　由上海汽车工业(集团)总公司发起成立的上海汽车集团股份有限公司揭牌仪式举行。

同日　由上海上实(集团)有限公司、上海实业发展股份有限公司、上海海外公司、百联集团有限公司、锦江国际(集团)有限公司、上海绿地(集团)有限公司和上海工业欧亚发展中心等企业集团组建的上海海外联合投资股份有限公司成立。

同日　中国上海留学人员创业园暨上海海外人才服务中心成立，上海海外人才网同时开通。

12月31日　位于浦东新区的上海东方艺术中心落成庆典举行，首场献演2005新年音乐会。2002年3月26日开工建设。由2 000座的交响音乐大厅、1 100座的中剧场、300座的小演奏厅等组成，投资7.8亿元。

同日　全长 14 公里的郊环北段高速公路二期工程（沪太路同济路）建成通车，标志着全长 38.78 公里的郊环北段高速公路全线贯通。

12 月　上海公布《上海 2004—2010 年文化发展规划纲要（征求意见稿）》，在全国率先提出“完善公共文化服务体系”。

同年　上海市地方财政收入首次突破千亿元大关，为 1 119.72 亿元，比上年增长 24.5%。

2005 年

1 月 6 日　由市慈善基金会、市红十字会、市文明办、解放日报报业集团、文汇新民联合报业集团、文广新闻传媒集团和市民政局民间援助印度洋海啸灾区协调办公室联合主办的上海市社会各界援助印度洋海啸灾区大型赈灾慈善义演举行，这是上海首次为国际性灾难举办的大规模慈善义演活动。

1 月 11 日　纪念中国共产党第四次全国代表大会召开 80 周年史料展开展仪式举行，这是中共四大史料首次公开展示，并确认虹口区东宝兴路 254 弄 28 支弄 8 号是 1925 年 1 月 11—22 日在上海召开的中共四大会址遗址。

1 月 12 日　中国澳门居民郭立明在闵行区工商分局申办个体工商户经核准，是全市首家澳门居民个体工商户。

1 月 13 日　市政府印发《上海加速发展现代服务业实施纲要》。

1 月 14 日　上海市保持共产党员先进性教育活动动员大会召开，贯彻落实中共中央要求，部署开展上海市第一批保持共产党员先进性教育活动。1 月 15 日，中共上海市委保持共产党员先进性教育活动领导小组向市第一批开展先进性教育活动的各区县、大口党委和 11 个试点单位派出 14 个督导组。2 月 18 日，中共上海市委保持共产党员先进性教育活动领导小组发出通知，开展“共产党员保持先进性”大讨论，深化“高兴、放心、凝聚、覆盖”主题实践活动和“双结对”活动。

1 月 14—16 日　葡萄牙共和国总统若热·桑帕约访问上海。

1 月 15 日　海峡两岸民航业者就 2005 年台商及家属春节包机业务安排商定：2005 年 1 月 29 日—2 月 20 日，包机首次有双方各 6 家航空公司参与飞行，班次是双方各 24 个往返航班，飞行地点为北京、上海、广州、台北、高雄。其中上海始发 10 个往返航班，东方航空公司（简称东航）6 班，上海航空公司（简称上航）4 班。1 月 29 日—2 月 17 日，东航和上航 10 个往返航班共承运旅客 2 666 人次。

1 月 15—16 日　安道尔公国首相马克·福尔内·莫尔内访问上海。

1 月 17—21 日　市政协十届三次会议举行。

1 月 18—22 日　市十二届人大三次会议举行。上海市长韩正作《政府工作报告》。

1 月 19—21 日　爱尔兰共和国总理伯蒂·埃亨访问上海。

1 月 24 日　居住在静安区的中国香港居民胡虹翔女士成为全市首位香港居民个体工商户营业执照持有者。

1 月 26 日　中共上海市委、市政府召开上海市加强党风廉政建设干部大会，传达贯彻中央纪委五次全会精神。

1 月 27—29 日　毛里求斯共和国总理保罗·雷蒙·贝朗热访问上海。

1 月 28 日　上海航空公司开辟上海——台北直航专机抵台，两岸民航飞机 56 年来首次实现双向对飞航程，直抵两岸机场。

1 月 29 日　2007 年上海世界特殊奥林匹克运动会组织委员会（以下简称 2007 年上海特奥会组委会）建立，中共上海市委主要领导任 2007 年上海特奥会组委会主席，体育总局局长刘鹏、中国残联主席邓朴方、上海市长韩正任 2007 年上海特奥会组委会执行主席。

1 月 31 日　上海中环线首段高架道路——北段部分高架(大柏树立交至沪嘉高速公路段)建成通车。

同日　上海市中心最后一处市内道路收费站——延安西路高架收费站拆除。

2 月 5 日　由中央文明委办公室、教育部、科学技术部、共青团中央、全国妇联和中国科学技术协会联合命名的全国青少年校外活动示范基地揭晓，上海市有东方绿舟、上海科技馆和中国福利会少年宫 3 个单位入选。

2 月 6 日　由上海大剧院、上海音乐厅、上海交响乐团、上海芭蕾舞团、上海民族乐团和上海歌剧院 6 个独立法人单位组建而成的上海大剧院艺术中心成立。

2 月 11 日　中共上海市委召开全市党政负责干部大会，贯彻落实中央精神，对促进司法公正、维护司法权威，加快上海城市法治化建设进程作出部署。

2 月 15 日　市劳动和社会保障部门首绘“求职地图”，发布中心城区板块、东南板块、西南板块、西北板块、东北板块五大板块的招聘岗位数，引导求职者正确定位。这是上海历年劳动力市场分析中首次对区域分布作出分析。

2 月 24 日　市政府印发《上海优先发展先进制造业行动方案》。

2 月 27 日　2007 年世界特殊奥林匹克运动会会标、主题及 2005 年度公益宣传片揭晓晚会举行。评出会标大奖 1 个，会标入围奖 10 个；主题大奖 1 个，主题入围奖 8 个；公益宣传片大奖 1 个，公益宣传片入围奖 1 个。卢湾区辅读学校教师周宝妹设计的“眼神”被确定为 2007 年世界特殊奥林匹克运动会会标。2007 年 9 月 23 日，特奥会纪念雕塑“眼神”揭幕式在延中绿地举行。

2 月 28 日　中央保持共产党员先进性教育活动领导小组派出的中央督导第六组在上海开展督导工作。

同日　上海市优秀中国特色社会主义事业建设表彰大会举行，韩正等会见非公有制经济人士优秀中国特色社会主义事业建设者奖章获得者。

3 月 1—6 日　第十五届中国华东进出口商品交易会在上海举行，到会境外客商 20 558 人，比上届增长 8.68%，参展企业 3 300 多家，出口成交额逾 29.73 亿美元，比上届增长 16.29%。

3 月 3—6 日　马来西亚联邦最高元首端古・赛义德・西拉杰丁访问上海。

3 月 6 日　市政府颁布《关于当前加强房地产市场调控，促进房地产市场持续健康发展的若干意见》，制定一系列政策措施调控房地产市场。其中有市地方税务局《关于本市个人出售普通住房营业税征收规定的通知》等。

3 月 8 日　普陀区长征镇、长风新村街道、3 月 10 日静安区石门二路街道成立工会，这是上海首次在乡镇、街道建立具有社会团体法人资格的一级地方工会组织。

3 月 13 日　上海大学生艺术实践基地揭牌仪式暨“高雅艺术进校园”展演系列活动举行。首批 10 个挂牌成立的“高雅艺术进校园”上海大学生艺术实践基地有：上海大学生合唱艺术实践基地、上海大学生服饰艺术实践基地等。

3 月 15 日　市政府印发《上海市长江口中华鲟自然保护区管理办法》。

3 月 17 日　中共上海市委召开全市保持共产党员先进性教育活动转段工作会议，回顾总结学习动员阶段工作，部署分析评议阶段工作。

3 月 18—19 日　阿塞拜疆共和国总统伊利哈姆・阿利耶夫访问上海。

3 月 20—21 日　刚果民主共和国总统约瑟夫・卡比拉访问上海。

3月22日　市政府设立的“上海市大学生科技创业基金”(简称种子基金)正式启动。2006年8月26日,上海首个专门为大学生科技创业服务的基金会——上海市大学生科技创业基金会正式成立。

3月24—25日　朝鲜民主主义人民共和国总理朴凤柱访问上海。

3月26日　“崇明生态岛建设”科技重大专项正式启动。市科委与崇明县政府共建崇明生态科技创新基地,一期设立湿地科学与生态工程、环境科学与污染防治等六大实验室。同时启动崇明岛生态承载力与生态安全预警系统研究等10个优先项目。

3月28日　在国家科学技术奖励大会上,上海42个项目分获2004年度国家自然科学奖、国家科技进步奖,占获奖总数的13.95%,其中4个项目获国家科技进步一等奖。

同日　总投资12亿元的上海外高桥造船有限公司二期工程开工,2008年6月建成。建成后年生产能力达260万载重吨以上。

同日　第四十八届世界乒乓球锦标赛组织委员会在上海成立。中共上海市委主要领导,国务委员陈至立担任组委会名誉主任。体育总局局长刘鹏、上海市长韩正担任组委会主任。

3月29日—4月11日　应上海市友好城市美国旧金山市市政府、加拿大蒙特利尔市市政府以及美国芝加哥市市政府和休斯敦市市政府的邀请,由韩正率领的上海市代表团对上述4个城市进行友好访问,并签署《上海市和休斯敦市(美国)合作交流备忘录》。

4月1日　上海122座综合性、社区配套型公园免费开放,占全市141座公园总数的86.5%。

4月8日　市政府颁布《上海市贯彻〈国务院关于鼓励支持和引导个体私营等非公有制经济发展的若干意见〉的实施意见》(即“上海非公经济38条”)。

4月8—9日　哥伦比亚共和国总统阿尔瓦罗·乌里韦·贝莱斯访问上海。

4月9日　上海红色旅游正式启动,上海颁布《2005年—2010年上海市红色旅游发展规划纲要》。全市划定五大红色旅游经典景区、四大系列红色旅游景点、三大系列红色旅游精品线路。

4月12—28日　第十一届上海国际服装文化节举行。其间举办上海国际服装纺织品贸易博览会、2005年国际服装论坛、上海国际时装模特大赛等。

4月16日　中共上海市委召开常委会,明确浦东新区未来发展的功能定位,努力成为上海改革开放先行先试区、自主创新示范引领区、现代服务业核心集聚区。

4月16—17日　尼日利亚联邦共和国总统奥卢塞贡·奥巴桑乔访问上海。

4月18日　浦东开发开放15周年纪念日,浦东开发开放15周年成果展在浦东展览馆揭幕,“辉煌的见证——庆祝上海浦东开发开放15周年文艺晚会”在东方艺术中心歌剧厅举行。

4月21—22日　奥地利共和国联邦总理沃尔福冈·许塞尔访问上海。

4月22日　中共上海市委、市政府召开上海市对口支援工作会议,表彰2002—2004年上海市对口支援先进集体和先进个人。

4月22—23日　法兰西共和国总理让-皮埃尔·拉法兰访问上海。

4月23—26日　市政协主席蒋以任率市政协考察团赴云南省学习考察。

4月27日　全国劳动模范和先进工作者评选揭晓,上海有135名劳动者获2005年全国劳动模范和先进工作者称号,其中有81名企业劳动模范、10名农业劳动模范、44名事业机关先进工作者。

4月30日—5月6日　第四十八届世界乒乓球锦标赛在上海举行。4月30日,中共中央政治局常委、全国人大常委会委员长吴邦国出席开幕式并宣布世乒赛开幕。5月6日,中共中央政治局常委、国务院副总理黄菊出席闭幕式并致辞。国际乒联主席阿达姆·沙拉拉出席开幕式、闭幕式并致辞。有 147 个国家和地区的 1 500 多名运动员、教练员和官员参加，中国选手包揽男女单打、男女双打和混合双打 5 枚金牌。

5 月 1—3 日　应中共中央和中共中央总书记胡锦涛的邀请，中国国民党主席连战率领中国国民党大陆访问团一行 60 多人在访问南京、北京、西安后访问上海，这也是连战一行大陆之行最后一站。中共上海市委主要领导、韩正、汪道涵分别会见连战一行。

5 月 5—15 日　2005 年"上海之春"国际音乐节举行。美国、俄罗斯等国家及北京、江苏等省市的音乐团体和音乐家演出 62 台 71 场。5 月 15 日，音乐节闭幕式后，举行上海音乐界及各界人士纪念冼星海诞生 100 周年集会，以及纪念冼星海诞生 100 周年暨中国人民抗日战争和世界反法西斯战争胜利 60 周年音乐会。

5 月 7—8 日　应中共中央和中共中央总书记胡锦涛的邀请，亲民党主席宋楚瑜率领亲民党大陆访问团一行 45 人访问上海，这是宋楚瑜大陆之行的第三站。访问的城市依次为西安、南京、上海、长沙、北京。中共上海市委主要领导、韩正、汪道涵分别会见宋楚瑜一行。

5 月 12—15 日　萨摩亚独立国总理图伊拉埃帕·萨伊莱莱·马利埃莱额奥伊访问上海。

5 月 13 日　中共上海市委召开全市先进性教育活动第二次转段工作会议，回顾总结分析评议阶段工作，部署整改提高阶段工作。

5 月 14 日　第八届上海科技节在上海科技馆开幕，上海科技馆二期展馆同时试开放。科技节活动有科普论坛、科普展示、社区科普、青少年科技活动、评选表彰、网络科普六大板块。

同日　《上海市和圣彼得堡市(俄罗斯)友好合作宣言》签署仪式在上海举行。

同日　上海海外联合投资股份有限公司与俄罗斯圣彼得堡市城市资产管理委员会签署《波罗的海明珠项目投资协议》，韩正和圣彼得堡市市长马特科维奇共同出席签字仪式，波罗的海明珠项目是当时上海最大的对外投资项目，也是圣彼得堡最大的外资合作项目。

5 月 14—17 日　新加坡内阁资政李光耀访问上海，并出席复旦大学授予李光耀名誉法学博士学位的授证仪式。

5 月 15 日　南京路世纪广场改建竣工仪式暨"上海之春"国际音乐节千人二胡演出在南京路步行街举行。有 2 010 名二胡演奏者在世纪广场演奏，创国内二胡演奏史上的纪录。

5 月 17—21 日　市人大常委会主任龚学平率上海市代表团赴爱尔兰访问，5 月 19 日，在爱尔兰科克市签署《上海市和科克市缔结友好城市协议书》。

5 月 17—22 日　韩正参加以中共中央政治局委员、国务院副总理、2010 年上海世博会组委会主任委员吴仪为团长的中国政府代表团赴日本，出席日本爱知世博会。5 月 18 日，韩正出席由中日两国政府有关部门共同主办的"21 世纪城市发展论坛"，作《抓住世博机遇，加快城市发展》主题演讲。5 月 19 日，韩正出席日本爱知世博会"中国馆日"活动开幕式，会见国际展览局主席吴建民和秘书长洛塞泰斯。

5 月 18 日　"5·18 国际博物馆日"活动举办，市文物管理委员会组织 40 处历史文物建筑于 5 月 21 日、22 日向公众免费开放两天。

5 月 19—20 日　冰岛共和国总统奥拉维尔·拉格纳·格里姆松访问上海。

5 月 22—24 日　市政协主席蒋以任率上海市代表团赴意大利米兰市友好访问，出席为庆祝上海与米兰结为友好城市 25 周年而举办的"米兰中国文化周——上海日"系列活动开幕式并致辞。

5 月 23 日　以"全球港口面临的机遇与挑战"为主题的第二十四届世界港口大会在上海国际会议中心举行，韩正出席大会开幕式并致辞。

5月25日　上海市2005年精神文明建设工作会议举行,表彰2个文明城区、8个文明行业、3个规范服务达标行业,2 494个文明小区、417个文明村、2 332个市文明单位,344对军民共建先进集体和63个文明示范标志区域以及2004年度精神文明“十佳好人好事”。

同日　上海国际航运中心洋山深水港(一期)工程东海大桥全线贯通仪式,在大桥主通航孔桥面举行。东海大桥从芦潮港至小洋山岛,总长度32.5公里,总宽31.5米,双向6车道。这是中国第一座真正意义上的跨海大桥,其结构全线贯通,标志着举世瞩目的上海国际航运中心洋山深水港(一期)工程竣工投产进入倒计时。12月,大桥与洋山深水港一期码头同期投入运行。

5月28日　上海通用汽车有限公司金桥整车南厂正式建成投产仪式举行,规划年产16万辆整车。

5月29—31日　克罗地亚共和国总理伊沃·萨纳戴尔访问上海。

5月29日—6月4日　由法国马赛市政府、上海市政府联合举办的上海“马赛周”举行。5月31日,上海“马赛周”开幕式暨“希望之泉”雕塑落成仪式举行。上海“马赛周”活动有“十八、十九世纪法国马赛艺术展”、经典芭蕾舞《吉赛尔》等。两市还签署《上海市与马赛市友好交流项目备忘录》。

5月30日　市政府印发《关于贯彻〈国务院关于鼓励支持和引导个体私营等非公有制经济发展的若干意见〉的实施意见》(简称“上海市非公经济38条”)。

同日　市政府办公厅转发《国务院关于同意上海市调整宝山区和崇明县行政区划的批复》。崇明岛域规划也相应调整为崇明三岛(崇明岛、长兴岛、横沙岛)总体规划。7月10日,上海市“三岛联动”行政区划调整交接工作会议举行,原隶属于宝山区的长兴乡、横沙乡正式划转崇明县管理。10月17日,市政府常务会议通过《崇明三岛总体规划(2005—2020年)》。2006年3月27日,市政府批准《崇明三岛总体规划(崇明全区总体规划)2005—2020年》。

同日　韩正率团赴浙江省舟山市,出席沪浙两地座谈会。

5月30日—6月1日　以“信息技术促进发展”为主题的亚太地区城市信息化论坛第五届年会在上海举行。黄菊出席开幕式并发表书面讲话。上海市副市长杨雄获联合国经济与社会事务部颁发的“城市信息化建设杰出贡献奖”。

6月2日　中央纪委、中央组织部第五巡视组在上海经过近5个月的巡视后,向上海市级领导干部反馈巡视情况,肯定中共上海市委、市政府工作。

同日　市政府与中国气象局在上海举行合作发展气象事业签约仪式。

6月4日　韩正出席上海国家会计学院(SNAI)第十届经济论坛,发表题为《抓住机遇,面向未来,用科学发展观指导上海发展实践》的演讲。

6月5—6日　秘鲁共和国总统亚历杭德罗·托莱多·曼里克访问上海。

6月7日　由国家统计局制定的新的农村全面小康标准和监测方法对各省、自治区、直辖市的农村2004年全面小康实现程度进行综合测算。当日测算结果公布,上海位居首位,为87.8%。

6月8—10日　比利时王国国王阿尔贝二世访问上海。

6月9—10日　由商务部和市政府共同主办的世界服务贸易论坛在上海国际会议中心举行。

6月10日　教育部、市政府《关于上海交通大学与上海第二医科大学合并的原则意见》《关于继续重点共建复旦大学、上海交通大学、同济大学的协议》签约仪式在上海举行。7月18日,上海交通大学、上海第二医科大学合并组建的新的上海交通大学成立。

6月10—12日　国际四大房车赛事之一的澳大利亚V8国际超级房车赛上海站在嘉定上海国

际赛车场举行，有 19 支车队 32 名车手参加比赛。

6 月 11—19 日　第八届上海国际电影节举行，活动有纪念中国电影百年华诞中国电影音乐庆典、“金爵奖”国际影片评选、国际影片展等。

6 月 12 日　在市节能宣传周开幕式上，上海 15 家单位与市电力公司签订自愿购买 654 万度绿色电力（通过太阳能、风能等可再生能源发电）协议书，上海成为国内率先实施绿色电力机制的城市。

6 月 12—15 日　第十一届上海电视节举行，活动有“白玉兰”国际电视节评选、国际影视节目市场、中国国际新媒体产业论坛等。

6 月 13 日　陈云诞辰 100 周年纪念日，上海举行一系列纪念陈云百年诞辰活动。

同日　罗泾港区二期工程进入实质性启动阶段。2006 年 12 月，矿石码头工程完工。2007 年 8 月，钢杂码头工程完工。8 月 30 日，煤炭码头改扩建工程完工，共建成泊位 33 个，设计年吞吐能力 4 380 万吨。

6 月 14 日　中共上海市委召开常委会，作出《关于开展向周小燕同志学习活动的决定》。周小燕是上海音乐学院国家终身教授，声乐教育家，近 50 年党龄的老党员，全部身心奉献教育事业，培养出一大批优秀声乐人才。

6 月 15 日　上海市社会服务局成立。

6 月 16 日　上海口岸工作领导小组办公室成立并举行揭牌仪式，韩正任组长。

6 月 20 日　《永远的丰碑，鲜红的党旗——新民主主义革命时期上海优秀共产党员图片史料展览》在中共一大会址纪念馆开幕，140 多件展品大都是国家一级文物，不少是首次展出。

6 月 20—23 日　由体育总局和市政府主办的第十六届中国国际体育用品博览会在上海新国际博览中心举行。

6 月 21 日　国务院召开常务会议，研究建设节约型社会和发展循环经济问题，批准上海浦东新区进行综合配套改革试点。9 月 29 日，市政府召开专题会议，研究浦东新区综合配套试点工作，对浦东新区进行综合配套改革试点总体方案和三年行动计划的指导思路、目标、任务和重点作了进一步明确。10 月 14 日，形成《浦东综合配套改革试点总体方案》和《2005—2007 年浦东综合配套改革试点三年行动计划框架》。2006 年 1 月 17 日，国家发展改革委批复同意《浦东综合配套改革试点总体方案》和《2005—2007 年浦东综合配套改革试点三年行动计划框架》。3 月 25 日，中共上海市委、市政府召开浦东综合配套改革推进工作会议。

6 月 22—24 日　牙买加总理珀西瓦尔·帕特森访问上海。

6 月 25 日　市政府印发《上海市人民政府工作规则》。

6 月 28 日　由市国资委、招商局国际有限公司、上海同盛投资（集团）有限公司、上海国有资产经营有限公司和上海大盛资产有限公司组成多元化股份制的上海国际港务（集团）股份有限公司成立。

同日　国务院批准嘉定出口加工区为全国新增 18 个出口加工区之一。该区总体规划面积 3 平方公里，位于嘉定工业区（北区）。

6 月 30 日　上海市保持共产党员先进性教育活动第一批总结暨第二批动员大会举行。

7 月 1 日　上海市浦江人才计划正式启动。

7 月 3—6 日　中共中央政治局常委、中央纪委书记吴官正在上海考察工作。

7 月 5 日　国际展览局秘书长洛塞泰斯访问上海。

7月8—14日　为纪念航海家郑和下西洋600周年,由交通部、国防科工委、国家海洋局和市政府联合举办的“郑和航海暨国际海洋博览会”在上海展览中心举行,有逾16万人次观展。其间还举行“国际海洋论坛”“中国首个航海日”等活动。

7月9日　标志着上海现代装备制造业的上海电气临港重型装备制造基地一期工程开工仪式举行,基地主要生产百万千瓦级发电机组部件、核电设备、重型燃气轮机等。

7月10—11日　格林纳达总理基思·米切尔访问上海。

7月12日　由上海电器科学研究所改制组建的上海电器科学研究所(集团)有限公司揭牌仪式举行,这是国资系统大型科研院所首家改制为混合投资的科技型有限公司。

7月13日　韩正赴北京出席“中国改革高层论坛”活动。

7月14—15日　中共上海市第八届委员会第七次全体会议举行。会议通过《中共上海市委关于深入贯彻〈中共中央关于加强党的执政能力建设的决定〉的意见》。

7月16—17日　欧盟委员会主席若泽·曼努埃尔·巴罗佐访问上海。

7月18日　由国务院台湾事务办公室经济局、商务部台港澳司、农业部台湾事务办公室和国家质量监督检验检疫总局(以下简称国家质检总局)动植物检疫监管司联合主办的“海峡两岸农业合作展览暨台湾农产品展销会”在上海展览中心开幕。

同日　由中国工商银行和上海黄金交易所合作开发的个人实物黄金交易系统开通。

7月19—27日　市领导率领的上海市代表团赴甘肃省兰州市、敦煌市,青海省西宁市,西藏自治区拉萨市、日喀则地区,四川省成都市、广安市等西部4省、自治区学习考察。

7月21日　中共上海市委、市政府召开市加强党风廉政建设干部会议。

7月25—27日　圭亚那合作共和国总理塞缪尔·阿奇博尔德·安东尼·海因兹访问上海。

7月27日　市政府召开推动现代服务业集聚区建设工作会议,确定全市43个现代服务业集聚区项目,其中先期启动闸北区苏州河北岸(西藏路)项目、浦东新区世纪联华地块项目等9个新建项目,拓展卢湾区太平桥地区、静安区南京西路商业商务集聚区等3个既有项目。

7月28日　中共上海市委、市政府首批确定浦东新区、嘉定区和崇明县3个区县功能定位。浦东新区积极贯彻国家综合配套改革试点,努力成为改革开放先行先试区、自主创新示范引领区、现代服务业核心集聚区。嘉定区建成汽车制造业与现代服务业相融合的综合性国际汽车城,具有综合实力和较强辐射能力的组合型现代化新城。崇明三岛分别建设综合生态岛、海洋装备岛、生态休闲岛,建成环境和谐优美、资源集约利用、经济社会协调发展的现代化生态岛区。

7月28日—8月1日　文化部文化市场司、上海市文化广播影视管理局联合主办的首届中国国际动漫游戏博览会暨高峰论坛在上海展览中心举行。

8月1日　上海农村实行统一的最低生活保障标准,每人每年2 340元。

8月2日　经国务院审定,总面积241.55平方公里的崇明东滩鸟类自然保护区和总面积420.20平方公里的九段沙湿地自然保护区为新建国家级自然保护区。

8月5—7日　第九号台风“麦莎”进入并影响上海,上海市区普遍刮起8级～10级大风,市郊风力9级～12级。上海普降100毫米～250毫米的暴雨,最高雨量达到309毫米(普陀区),大风和暴雨造成的影响超过1997年8月的第十一号台风“云娜”,但造成的损失明显降低。

8月6—14日　以“读书,让生活更和谐”为主题的2005年上海书展在上海展览中心举行,9天销售收入2 500万元,订货码洋2.02亿元,入场30万人次。

8月10日　中国人民银行上海总部揭牌仪式在上海国际会议中心举行。

8 月 12 日　上海长途汽车客运总站在闸北区中兴路 1666 号正式启用，这是亚洲最大的公路客运站。

8 月 14 日　由国家发展改革委与中央电视台共同主办的“全民节约，共同行动”主题宣传活动正式启动，位于浦东陆家嘴中心绿地的上海分会场举行“上海百万家庭节约活动”。

8 月 15—16 日　肯尼亚共和国总统姆瓦伊・齐贝吉访问上海。

8 月 18 日　上海电气电站集团生产的发电容量为 40 万千瓦的重型燃气轮机发运上海石洞口电厂安装。燃气轮机与同等功率的燃煤机组相比，净供电效率可提高近 20 个百分点，耗水量要减少三分之一。

8 月 19 日　国家古籍整理规划重点出版项目《古文字诂林》，历时 14 年的编纂，由世纪出版集团上海教育出版社全部出齐。全书有 12 册，汇集 1 万多个字头，1 000 多万字的考释资料，是国内古文字汇释类工具书。

8 月 20—23 日　以“亚洲的未来”为主题的第四届国际亚洲研究学者大会在上海展览中心举行，来自世界 600 多家学术机构的 1 400 余名学者与会，其中外籍学者约 1 200 名。

8 月 24—25 日　爱沙尼亚共和国总统阿诺尔得・吕特尔访问上海。

8 月 25 日　由上海农村信用社改制而成的上海农村商业银行股份有限公司成立，这是全国第一家省级农村商业银行。

8 月 28 日　闸北区铁路上海站北广场地区站前广场基地动迁工作启动，市政府首次对特困群体开展优惠租赁配套商品房的动迁安置方案。

8 月 29 日　市政府和中国科学院合作共建上海辰山植物园协议书在上海签署。占地 202 公顷的上海辰山植物园位于松江区佘山镇，是集科研、科普和观赏游览于一体的综合性植物园。2011 年 1 月 20 日，辰山植物园正式建成开园。

8 月 30 日　中共上海市委召开政协工作会议，市委领导作主题报告，韩正主持会议，市政协主席蒋以任等讲话。

9 月 1 日　斯里兰卡民主社会主义共和国总统钱德里卡・班达拉奈克・库马拉通加夫人访问上海。

同日　闵浦大桥工程开工。这是黄浦江上首座双层斜拉桥，总投资 25 亿元，东起闵行区浦江镇的鲁陈路，西至闵行区吴泾镇的龙吴路。2009 年 12 月 31 日，闵浦大桥正式通车，创造了双层斜拉桥主跨长达 708 米的世界纪录。

9 月 3 日　为纪念中国人民抗日战争胜利 60 周年，上海市举行中国人民抗日战争胜利 60 周年纪念章转授仪式。中共上海市委领导向抗战老战士在沪代表转授中共中央、国务院、中央军委为抗日战争胜利作出过重要贡献的所有老战士、老同志及抗日将领或其遗属颁发的中国人民抗日战争胜利 60 周年纪念章 10 564 枚。此前，上海举行一系列纪念抗战胜利 60 周年活动：8 月 15 日，由市文广局和北京市文化局、北京市广播电视局联合主办的“永恒的记忆——纪念中国人民抗日战争暨世界反法西斯战争胜利 60 周年京沪美术作品联展”在上海美术馆开幕，这是京沪两地近年来第一次合作的大型文化项目。8 月 25 日，“伟大胜利——纪念中国人民抗日战争暨世界反法西斯战争胜利 60 周年大型主题展览”在上海展览中心开展。8 月 29 日，上海市纪念中国人民抗日战争暨世界反法西斯战争胜利 60 周年理论研讨会举行，大会收到论文 100 多篇，有 6 位专家在会上交流研究成果。8 月 30 日，金山卫城南门侵华日军登陆处遗址纪念地重修扩建落成仪式举行。此处遗址由金山人民捐款 415 万余元重修扩建。11 月 10 日，“纪念世界反法西斯战争胜利 60 周年——犹太难民在上海”系列活动举行,活动有“战火中的诺亚方舟——犹太难民在上海”主题展,“重返上海——前上海犹太难民故地游”等。在第二次世界大战期间,上海接纳2.5万名左右来自德国及德占区的犹太难民。

9月5日　市政府印发《上海市处置恐怖袭击事件专项应急预案》。

9月6日　位于闵行区莘庄工业区、占地74.67公顷的上海航天新区开工奠基仪式举行,航天新区又名上海航天研发中心,集运载火箭、应用卫星、载人飞船、防空武器等航天产品研发、研制、试验于一体,一期工程于2007年底完成。

9月6—8日　科摩罗联盟总统阿扎利·阿苏马尼访问上海。

9月7日　上海市突发公共事件应急管理委员会成立,韩正任主任。

同日　上海电气(集团)总公司签署总价值近9亿元的秦山核电站二期扩建工程主设备供货合同。这是上海电气(集团)总公司继20世纪80年代为秦山核电站一期工程提供核能发电设备之后,又一次承接制造国产自主设计的大容量核电机组。

同日　虹口区与中国海运(集团)总公司、中远集装箱运输有限公司、上海国际港务(集团)股份有限公司、上海航运交易所举行战略合作签约仪式,达成“服务上海国际航运中心建设,打造北外滩航运服务集聚区”战略合作协议。

9月8日　由国土资源部、财政部、环保总局、旅游局等部门组成的国家地质公园领导小组公布第四批国家地质公园名单,崇明岛成为上海地区唯一的国家地质公园。

同日　上汽集团股份公司与大众汽车公司在德国沃尔夫斯堡共同签署联合声明,双方将在上海大众生产的途安轿车基础上,联合开发一款混合动力轿车,为北京奥运会、上海世博会服务。

9月8—9日　第二十二届世界法律大会上海会区在上海国际会议中心举行,大会通过《上海宣言》。

9月9日　上海申康医院发展中心挂牌成立,标志着全市市级公立医疗机构“管办分离”改革工作正式启动。

9月11—15日　中共中央政治局常委、全国政协主席贾庆林在上海考察工作。

9月12—14日　芬兰共和国总理马蒂·万哈宁访问上海。

9月14日　中共上海市委、市政府召开市文化工作会议。

9月15—16日　由中共中央台湾工作办公室和亲民党中央党部政策研究中心主办的第一届两岸民间菁英论坛在上海举行。贾庆林和亲民党主席宋楚瑜出席论坛开幕式,并分别发表演讲。

9月16日　国家建设部、国家文物局公布第二批中国历史文化名镇,金山区枫泾镇成为上海首家中国历史文化名镇。

9月17日　首次在中国举办的国际田径黄金大奖赛在上海体育场举行。雅典奥运会冠军、上海籍选手刘翔在男子110米栏比赛中以13秒05的成绩夺得冠军。

9月17日—10月4日　上海市第六届特殊奥林匹克运动会在全市16个区县举行,有4 150名特奥运动员参加15个竞赛项目、4个表演项目的比赛,以及4个特奥非体育项目活动。

9月17日—10月6日　第十一届上海旅游节举行,活动有国际音乐烟花节、浦江彩船巡游、玫瑰婚典等,有800余万名游客参与旅游节。

9月18—23日　中国2010年上海世博会组织委员会第一副主任委员、中共上海市委主要领导应日中经济协会和2005日本国际博览会协会的邀请赴日本参加爱知世博会中国馆“上海周”、第三届上海世博会国际论坛等活动。9月19日,日本爱知世博会中国馆“上海周”开周仪式在中国馆举行，中共上海市委主要领导出席仪式并致辞。在开周仪式上，市政府宣布篮球运动员姚明为 2010 年上海世博会形象代表。

9 月 20 日　上海首家居住区党委在普陀区宜川路街道中远两湾城居民区正式挂牌成立。

9 月 21—23 日　多米尼克国总理罗斯福·斯凯里特访问上海。

9 月 22 日　《上海市和全罗北道(韩国)友好交流合作协议书》在上海签署。

9 月 23 日　长江引水三期工程建设全面启动。该工程旨在进一步提高全市供水能力，尤其是满足浦东及上海市北部地区供水需求。工程建设项目包括 1 座库容 1 432 万立方米的陆域水库、1 座日取水 430 万立方米的取水泵站、1 座日输水 110 万立方米的输水泵站，以及长 16.8 公里、口径为 2.4 米的输水管道。2006 年 7 月 6 日，长江引水三期工程一阶段输水管道建成通水，每天将新增 50 万立方米的长江原水，陈行水源地的供水总规模达到每天 206 万立方米，改善了宝山、普陀、闸北、杨浦、虹口和浦东等地区的生产生活用水质量，上海五分之一市民喝上长江水。

9 月 23—25 日　吴邦国在上海考察工作。

9 月 23—25 日　吉布提共和国总理迪莱塔·穆罕默德·迪莱塔访问上海。

9 月 24 日　复旦大学庆祝建校 100 周年。胡锦涛发来贺信，吴邦国出席庆祝大会并讲话。

9 月 26 日　第二任上海形象代言人聘任仪式举行，韩正向姚明、刘翔颁发上海形象代言人证书，任期从 2005 年 9 月 26 日起，至 2007 年 9 月 26 日。市政府自 2003 年 6 月起启动上海形象代言人机制。上海形象代言人的选择要求是公众形象健康向上、在海内外具有影响力，每任形象代言人不超过 2 位，任期分别为 2 年。姚明自 2003 年 6 月抗击“非典”后，开始担任上海市第一任形象代言人，此次为续聘。

9 月 26—28 日　2005 年跨国采购洽谈会(中国·上海)在上海世贸商城举行，有 19 个国家和地区的 110 家采购商参加洽谈会。

9 月 28 日—10 月 18 日　2005 汽车文化节在嘉定上海汽车博览公园举行，由开幕式、汽车文化周、汽车会展、F1 赛事和闭幕式五大板块组成。

9 月 29 日　刚果共和国总统德尼·萨苏—恩格索访问上海。

9 月　上海汽车工业(集团)总公司汽车工程院与上海交通大学联合成功开发国内首台二甲醚城市客车。这是上海市实施国家科技部清洁汽车行动计划的成果之一，也是上海汽车工业一项具有自主知识产权的重大科研成果。

10 月 7 日　上海汽车股份有限公司与美国通用汽车公司在美国底特律签署有关高效节能和环保清洁汽车项目意向书。蒋以任、美国通用汽车首席执行官瓦格纳出席签署仪式。

10 月 10 日　上海临港新城首个重大市政工程项目——总投资 21.14 亿元、全长 14.3 公里的两港大道一期工程建成通车。

10 月 11 日　上海首批“两个 1 000 万”项目中低价重大工程配套商品房——位于宝山顾村菊泉新城、嘉定江桥金鹤新城的 100 万平方米配套商品房交付给动迁户。

10 月 12—14 日　澳大利亚联邦总督迈克尔·杰弗里访问上海。

10 月 12—17 日　上海人民热烈祝贺中国自主研制的第二艘载人飞船“神舟六号”发射成功。“神舟六号”载人飞船首次将两名航天员费俊龙、聂海胜送上太空，经过 115 小时 32 分钟、绕地球 76 圈的飞行，并完成真正意义上的有人参与的空间科学实验后顺利着陆。

10 月 13 日　中共上海市委分别召开常委会和全市党员负责干部会议，传达学习和贯彻落实中共中央十六届五中全会精神。

10月14日　“何梁何利基金”2005年度颁奖大会在上海国际会议中心举行。中共上海市委领导为获得“科学与技术成就奖”的2名科学家徐光宪、谷超豪颁奖。另外,还有45名科学家获得“科学与技术进步奖”。

10月14—16日　2005年中国石化F1世界锦标赛中国大奖赛在上海国际赛车场举行,有27万人次观看比赛,雷诺车队阿隆索获冠军。

10月16日　国际奥委会主席雅克・罗格访问上海。

10月17日　第六、七、八、九、十届全国政协副主席,中国作家协会主席巴金在上海逝世,享年101岁。10月24日,受中共中央委托,贾庆林专程前往上海龙华殡仪馆出席巴金遗体送别仪式。

10月18日　由上海实业(集团)有限公司、上海久事公司、上海电气(集团)总公司、上海城建(集团)公司和上海大盛资产有限公司5家股东出资近8亿元组建的上海外经(集团)有限公司成立。

10月18日—11月18日　由国家文化部主办、市政府承办的第七届中国上海国际艺术节举行。24个国家和地区奉献114场演出,还有国际演出交易会、首个嘉宾省文化周活动——“感受云南”演展系列活动等。群众文化活动有百余万人次参与。

10月19日　中共上海市委、市政府原则同意闵行区、宝山区的功能定位。闵行区建成以航天产业与事业发展为引领的具有新型辅城功能的现代化新城区。宝山区建成世界级精品钢制造以及物流等相关产业集聚辐射区。

10月19—22日　第十四届上海全国消费品交易会在上海光大会展中心举行。

10月20—21日　中国国民党荣誉主席连战访问上海。

10月22—24日　赤道几内亚总统特奥多罗・奥比昂・恩圭马・姆巴索戈访问上海。

10月23日　经上海市历史文化风貌区和优秀历史建筑保护专家委员会的评审,评出上海市郊区及浦东新区历史文化风貌区32片,涉及10个区县,总面积约14平方公里。

同日　上海市与日本大阪府结为友好城市25周年,《上海市和大阪府(日本)关于加强友好交流合作的共同声明》在上海签署。

同日　上海市与波兰滨海省结为友好城市20周年,《上海市与滨海省(波兰)合作协议》签字仪式在波兰滨海省举行。

10月25日　“我为你自豪”——上海人民慰问国防科技工业战线职工文艺晚会暨“神舟六号”搭载物“2010年上海世博会会旗”移交仪式在上海举行。

10月26日—11月12日　第八届上海亚洲音乐节举行,活动有第八届亚洲新人歌手大赛、2005中国流行音乐原创作品大赛和2005反盗版演唱会。

10月27日　鉴于10月21日以来分别在内蒙古呼和浩特市、安徽天长市、湖南湘潭市发生的高致病性禽流感疫情,中共上海市委、市政府在全市采取5项防控高致病性禽流感的措施,为上海市民织起“安全防范网”。

10月28日　首届中国与欧洲金融服务与监管圆桌会议在上海举行。

10月28日—11月6日　2005上海时装周・上海国际时尚周举行。

10月30日　以“加快发展现代服务业”为主题的第十七次上海市市长国际企业家咨询会议召开。

11月1日　以“中国因素——挑战与机遇”为主题的第二届国际海运(中国)年会在上海举行。

11月1—10日　上海市进行人口小普查,调查涉及19个区县,231个乡、镇、街道,在963个村

(居)委会中抽 2 151 个调查小区,人口调查样本约 52 万人,占全市人口的 3%。

11 月 3 日　全国人大常委会副委员长李铁映率全国人大常委会劳动法执法检查组到沪,听取上海贯彻实施劳动法情况专题汇报。

11 月 4—9 日　由国家发展改革委、商务部、科学技术部、信息产业部、教育部、中国科学院、中国国际贸易促进委员会和市政府共同主办的以"信息化与工业化(现代装备)"为主题的第七届上海国际工业博览会在上海新国际博览中心举行。有 1 298 家企业参展,其中境外企业 240 家。国务院正式批准上海国际工业博览会自 2006 年起更名为"中国国际工业博览会"。

11 月 5 日　国家科学技术部和市政府共同发布《世博科技行动计划》。

同日　国家统计局首次发布《中国企业自主创新能力分析报告》和《中国城市品牌经济状况报告》,首次推出中国品牌经济城市排名,上海市位列品牌经济城市榜首。

11 月 7 日　市统计局发布科教兴市指标体系,指标总数 180 个,其中 40%左右指标属上海创新。

11 月 8 日　松江区在西班牙拉科鲁尼亚 2005 年第九届全球国际花园城市大赛中,获全球国际花园城市竞赛 C 级组金奖第一名,为上海首个"国际花园城市"。

同日　上海平板显示产业基地成立暨上海广电 NEC(日本电气株式会社)液晶显示器有限公司揭牌仪式在闵行莘庄工业区举行。

同日　由宝山钢铁股份有限公司、新日本制铁株式会社和阿赛洛公司共同投资组建的宝钢新日铁汽车板有限公司正式投产,年生产规模达到 170 万吨汽车板。

11 月 9 日　第十届全国运动会上海代表团总结表彰会举行。市政府为获冠军的上海男子水球队和上海男子排球队记集体一等功,为获金牌的刘翔等 31 名运动员、孙海平等 14 名教练员记一等功,并分别为获银、铜牌的集体、运动员、教练员记二、三等功。市总工会、团市委、市妇联也分别表彰十运会上获得优异成绩的运动员、教练员。

11 月 11 日　位于淮海西路 570 号的上海城市雕塑中心开馆,"雕塑百年"邀请展同时开幕。

11 月 13—20 日　2005 年上海网球大师杯赛在上海旗忠网球中心举行,这是上海 2002 年首次成功承办大师杯后,再次承办该赛事,并将连续承办 3 年。

11 月 15 日　2004—2005 年度国家舞台艺术精品工程十大精品剧目揭晓,上海昆剧团排演的新编历史剧《班昭》榜上有名。

11 月 17 日　国际特殊奥林匹克运动委员会主席蒂姆・施莱佛访问上海。

11 月 18—19 日　世界中文报业协会第三十八届年会在上海展览中心举行,同时举行第三届中国(上海)传媒业博览会、世界中文报业协会女记者论坛等活动。

11 月 19 日　上海国际城市雕塑双年展举行,这是上海首次举办集创作、展示、交易为一体的大规模国际性雕塑展。

11 月 19—22 日　第九届"挑战杯"全国大学生课外学术科技作品竞赛在复旦大学举行。参赛作品 1 175 件,22 个项目获特等奖。复旦大学以 420 分的最高分第四次捧得"挑战杯"。

11 月 20 日　由市爱卫会、世界卫生组织神户中心、市卫生局联合主办的上海健康城市国际论坛举行。同日,上海市健康促进委员会成立。

同日　中共中央宣传部公布第三批全国爱国主义教育示范基地,上海市江南造船博物馆榜上有名。

11 月 21 日　上海市精神文明建设工作表彰大会举行。中共上海市委、市政府领导为获得首届全国文明城区称号的浦东新区揭牌,为 143 个获得中央文明委表彰的先进集体和个人颁奖。

11 月 22 日　国家发展改革委、国家环保总局等有关部门开展循环经济试点工作,上海市成为国家循环经济首批 10 个试点省市之一。

11 月 23—24 日　韩正赴江苏盐城大丰地区的上海三大农场——上海农场、川东农场、海丰农场考察。

11 月 25 日　全长约 2.67 公里的西藏南路越江隧道开工。2009 年 7 月 11 日,西藏南路越江隧道(东线)工程竣工,对公交线路开放。2010 年 4 月 20 日,西藏南路越江隧道东西两线双向通车。西藏南路隧道起自西藏南路中山南路口,沿东南方向穿越黄浦江至浦东南路滨州路路口,是黄浦江隧道中唯一设置匝道的隧道,分别通往浦西、浦东两岸上海世博园区。全长 2 670 米。上海世博会期间,为上海世博会专用越江公路通道。

11 月 26 日　上海世纪出版集团转企改制暨上海世纪出版股份有限公司成立大会在上海展览中心举行。

同日　“2005 东丽杯上海国际马拉松赛”开赛。

11 月 27 日　浦东新区创建国家环保模范城区通过国家环保总局验收。

11 月 29 日　上海市推进实施品牌战略工作会议召开,授予上海宝钢集团公司、上海汽车工业(集团)总公司、上海电气集团股份有限公司、江南造船(集团)有限责任公司、振华港机(集团)股份有限公司、上海广电集团有限公司、中芯国际集成电路制造(上海)有限公司、上海海立(集团)股份有限公司、上海化工区、张江高科技园区为上海先进制造业十大品牌。

11 月 30 日　由上海新黄浦集团与美国洛克菲勒国际集团合作组建的上海洛克菲勒集团外滩源综合开发有限公司揭牌成立。外滩源一期项目启动,对占地面积 1.68 万平方米的光陆大戏院、真光大楼等 7 幢优秀历史建筑实行保护性开发。

同日　市政府印发《关于上海加速发展现代服务业若干政策意见》。

同日　上海市和旧金山市结为友好城市 25 周年,《上海市和旧金山市(美国)合作交流备忘录》在上海签署。

同日　以“构建可持续发展的全球经济联盟”为主题的全球契约中国峰会在上海举行。

同日　上海国际创意产业活动周在“海上海”创意产业集聚区举行,活动有上海国际创意产业博览会、上海第二批 18 家创意产业集聚区集体授牌等(上海第一批 18 家创意产业集聚区于 4 月挂牌)。

11—12 月　首届“上海国际当代戏剧季”举办。此后,每年举办 1 届。2012 年,“上海国际当代戏剧季”更名为“上海国际当代戏剧节”。

12 月 1 日　国际展览局第一三八次大会在法国巴黎召开。大会听取中国代表团关于 2010 年上海世博会筹备进展情况的报告,审议并通过上海世博会注册报告。

12 月 1—3 日　蒙古国总统那木巴尔·恩赫巴亚尔访问上海。

12 月 2 日　沪芦高速公路(S2)南段工程通车,从市中心到洋山深水港的车程可缩短到 1 小时左右。

12 月 3 日　中共上海市委、市政府召开全市党政负责干部会议,传达学习和贯彻落实中央经济工作会议精神,谋划上海“十一五”规划。

12 月 5 日　上海市保持共产党员先进性教育活动第二批总结暨第三批动员大会举行。第三批先进性教育活动的主要对象是农村党员。

同日　上海市志愿者活动表彰暨上海青年志愿者协会成立 10 周年大会举行。全市共有志愿者 100 余万人、服务总队 700 多个、服务队 4.8 万多个。市文明办、市志愿者协会表彰志愿者活动先进集体 154 个、优秀志愿者 257 人，志愿者活动优秀组织者 152 人和杰出青年志愿者 10 人，并命名上海科技馆、上海博物馆、中共一大会址纪念馆、上海禁毒教育馆、市民(青少年)信息服务平台 12355 维权服务热线 5 家单位为第一批上海市志愿者服务基地。

12 月 6 日　上海市精神文明建设委员会在洋山深水港区现场举行全体会议。中共上海市委、市精神文明建设委员会领导在讲话中强调学习和弘扬“洋山精神”。

12 月 6—9 日　第十三届中国国际海事会展在上海新国际博览中心开展。

12 月 7—9 日　中共上海市第八届委员会第八次全体会议举行。全会审议通过《中共上海市委关于制定上海市国民经济和社会发展第十一个五年规划的建议》，审议肯定《中共上海市委常委会 2005 年工作报告》，讨论并原则同意《中共上海市委常委会 2006 年工作要点》和《中共上海市委关于 2006 年经济工作的意见》。

12 月 9 日　总投资 19.51 亿元、全长 42.87 公里的浦东铁路一期工程建成通车。铁路从阮巷至芦潮港站，经金山、奉贤区至南汇区。

12 月 9—12 日　黄菊在上海视察。

12 月 10 日　上海国际航运中心洋山深水港一期工程全面建成，洋山深水港区开港暨洋山保税港区启用仪式举行。黄菊出席开港仪式并宣布洋山港正式开港。该工程为市政府 2005 年重大工程建设项目一号工程。12 月 15 日，洋山深水港正式举行开港仪式。

同日　由市地方志编纂委员会历时 10 多年编纂，并由上海人民出版社和上海社会科学院出版社联合出版的《上海通志》首发式在上海展览中心友谊会堂举行。《上海通志》共 10 册、46 卷、247 章，近 1 100 万字。《上海通志》的出版标志着上海首轮社会主义新方志编纂工作的全面完成。

12 月 11—14 日　中央保持共产党员先进性教育活动巡回检查组在上海检查第三批保持共产党员先进性教育活动。

12 月 13 日　中国工程院 2005 年院士增选揭晓，上海有 4 名工程科技人员为新增院士。

12 月 16 日　上海优秀博士后表彰大会举行，表彰优秀博士后研究人员 15 人、优秀博士后管理工作者 6 人、优秀博士后科研流动站 11 个和博士后科研工作站 5 个。全市在 30 所高校、科研院所设有 132 个博士后科研流动站，在 57 家企业建立博士后科研工作站，在区县创建 7 个博士后创新实践基地。

同日　2005 年中国科学院院士增选揭晓，上海有 11 名科技工作者为中科院新增院士。

12 月 17 日　由安全部政治部和市国家安全局合办的上海国家安全教育馆在东方绿舟国防园区开馆。

12 月 19 日　上海国际港务(集团)股份有限公司、香港和记黄埔集团、A. P. 穆勒・马士基集团、中远集团和中海集团共同投资经营洋山深水港区二期项目，项目合资合同签约仪式在上海举行。

12 月 20 日　上海国利货币经纪有限公司在浦东正式开业。该公司由上海国际集团所属的上海国际信托投资有限公司和英国国惠集团所属的德利万邦有限公司共同出资组建。

12 月 21 日　中共上海市委、市政府召开上海市现代服务业集聚区专题会议，确定在“十一五”期间上海建设 20 个现代服务业集聚区。同日，漕河泾现代服务业集聚区建设启动仪式举行。

12月22日　中国电影发祥地上海市纪念中国电影诞生100周年大型座谈会在上海展览中心举行。上海电影系统的24名电影工作者受到国家人事部、国家广电总局的表彰;28名表演艺术家受到中国表演学会的表彰;1 122名从影50年以上的电影工作者受到国家广电总局、文化部的表彰。

同日　洋山建设者先进事迹报告会在上海展览中心友谊会堂举行,市总工会授予洋山同盛港口建设有限公司等3个集体"上海市五一劳动奖状",授予归墨等7名建设者"上海市五一劳动奖章"。

12月23日　上海郊环高速公路南段、新卫高速公路、亭枫高速公路建成通车仪式举行。新卫高速公路(S19)北起G1501(上海绕城高速公路)新农枢纽,南至金山卫出入口与G15(沈海高速公路)上海市境段相交,全长约21.09公里。亭枫高速公路(S36)东起G1501(上海绕城高速公路)新农枢纽,往西经新农、朱泾、兴塔、枫泾4个镇,至G60(沪昆高速公路)上海市境段枫泾立交出市境与浙江段相接。全长18.5公里。至此,上海高速公路通车里程已达到560公里,"十五"规划上海高速公路网建设基本完成。

同日　第七届上海读书节闭幕式暨上海读书活动表彰会举行。5—12月,第七届上海读书节活动有百万市民"科教兴市"知识竞赛、上海市"创建学习型组织,争做知识型职工"系列活动、上海书展等12项大型活动,一批先进单位和个人受到表彰。

12月24日　海峡两岸关系协会会长,原中顾委委员,中共上海市委原书记、上海市原市长汪道涵在上海逝世,享年90岁。12月30日,原国家主席江泽民、中共中央政治局常委、国家副主席曾庆红及上海市领导到上海龙华殡仪馆出席汪道涵遗体送别仪式。

同日　上海市公安局特警总队成立揭牌仪式举行,这是一支提高公安机关反恐、防暴和处置突发事件能力的队伍。

12月25日　长江三角洲两省一市主要领导座谈会在浙江省杭州市举行,交流两省一市"十一五"规划和长江三角洲地区合作与交流的总体思路。此后每年1次。2008年该会议在宁波召开,首次邀请安徽省领导出席,2009年起为会议正式成员。

同日　经国务院第一次全国经济普查领导小组办公室、国家统计局正式核定,2004年上海按经济普查口径核算的上海市生产总值为8 072.8亿元,比年快报数增加622.5亿元,增长8.4%。增加的生产总值主要来自第三产业,为531.8亿元,占新增总额的85.4%。

同日　轨道交通1、2、3、5号线实现"一票换乘",乘客只需一次购买从起点站到目的地车站的车票,就可以在所需要乘坐的各条线路间换乘。

12月26日　上海市行业博物馆工作会议举行。至年底,上海有博物馆、纪念馆100家,其中行业博物馆42家,完成"十五"规划建设目标。

12月27日　2010年上海世博会组委会第三次会议在北京召开,吴仪和中共上海市委、2010年上海世博会组委会主要领导出席会议并讲话。会议通过《上海世博会2006年筹办工作要点》等5个文件。

同日　上海市第二轮环保三年行动计划顺利完成。上海空气质量优良率连续3年稳定在85%以上,中心城区河道水质改善达16.5%,绿化覆盖率达37%。

同日　上海市举行首次经济普查总结表彰暨统计工作先进表彰会,有63个单位获"第一次全国经济普查先进集体"称号,350人获"第一次全国经济普查先进个人"称号,185个单位获"上海市第一次经济普查先进集体"称号,775人获"上海市第一次经济普查先进个人"称号。

12 月 28 日　中国电影百年纪念大会在人民大会堂举行，孙道临、张瑞芳、秦怡、谢晋等一批上海著名电影艺术家与会，吴贻弓作为第四代导演代表在大会上致辞。

12 月 29 日　中国金融信息数据库在上海建立，上海成为全国信用信息中心。

12 月 31 日　轨道交通 4 号线蓝村路站至大木桥路站（C 字形）开通运营，运营里程 26.598 公里，运营车站数为 13 座。

同日　翔殷路隧道建成通车。该隧道开工于 2003 年 6 月 21 日，西起杨浦区翔殷路军工路，向东穿越黄浦江后止于五洲大道杨高北路，南线全长 2 606.32 米，北线 2 597 米，其中盾构推进段南线为 1 242.09 米，北线为 1 231 米。两条单向双车道的隧道，设计时速为 80 公里。建成时为中国直径最大的过江公路隧道。

同年　上海港货物吞吐量累计完成 4.43 亿吨，比 2004 年增长 16.9%，超越新加坡港约 2 100 万吨，成为世界第一大货运港。

同年　上海医药（集团）有限公司与瑞士罗氏制药有限公司达成协议，成为中国大陆地区第一个获得专利生产和销售磷酸奥司他韦（达菲）的制药企业。

2006年

1月6日　中共上海市委、市政府召开纪念上海市重点工程实事立功竞赛20周年暨2005年度表彰大会，会上宣读《关于上海市重点工程实事立功竞赛20周年特别表彰暨2005年度立功竞赛先进集体和先进个人的表彰决定》《上海市总工会关于授予在重大工程建设中作出突出贡献的先进个人上海市"五一劳动奖章"的决定》，市领导为受到特别表彰的杰出贡献人物和重大贡献人物颁奖。

1月6—11日　洋山精神主题展在上海展览中心展出。

1月7日　由市委组织部、杨浦区联手建造的上海院士风采馆在杨浦区落成开馆。

同日　由华东理工大学和泰山体育产业集团共建的"华理泰山"体育新材料研究开发中心在上海正式成立，并举行签约仪式。是为全国首家体育新材料研发中心。

1月8日　中船江南造船(集团)长兴造船基地一期工程开工建设，工程岸线长4.5公里，有4个大型船坞和11座码头，2008年建成投产，造船能力达300万吨。

1月9日　在全国科学技术大会上，上海获2005年度国家最高科学技术奖、国家自然科学奖、国家技术发明奖、国家科学技术进步奖和国际科学技术合作奖五大奖项，首次实现获奖项目全覆盖。46个项目(人)占全国321个获奖项目(人)的14.33%，获奖比例创历史新高。中科院院士、第二军医大学东方肝胆外科医院院长吴孟超获2005年度国家最高科学技术奖。

1月10日　位于杨浦区的上海共青森林公园被国家林业局正式批准为国家级森林公园，并定名为"上海共青国家森林公园"。上海另有崇明东平国家森林公园、松江佘山国家森林公园和位于奉贤区的上海海湾国家森林公园。

1月12日　中共上海市委召开区县委和大口党委书记会议，动员全市广大干部群众，全面推动上海"十一五"开局之年的发展。

同日　市政府召开第二轮环保总结表彰暨第三轮环保动员大会。第三轮环保三年行动计划总投资约400亿元，总项目256个，项目突出环境基础设施建设、重点领域污染治理和管理体制机制完善。

同日　国家统计局最新公布中国综合实力百强城市(国内地级市以上)榜，上海获总分317.6分，名列首位。

1月13日　市政府印发《上海中长期科学和技术发展规划纲要(2006—2020年)》。

1月14—19日　市政协十届四次会议举行。

1月15—20日　市十二届人大四次会议举行。上海市长韩正作《关于上海市国民经济和社会发展第十一个五年总体规划纲要(草案)的报告》。

1月20—21日　希腊共和国总理康斯坦丁·卡拉曼利斯访问上海。

1月22日　市政府与中国航天科技集团公司签署战略合作框架协议并召开战略合作座谈会。上海航天科技产业基地建设同时启动，总投资约33亿元的太阳能光伏、稀土永磁电机和复合材料等3个航天民用产业项目和总投资22亿元的航天科普园在闵行区浦江镇启动。

同日　"2006蓝天下的至爱"——大型慈善文艺晚会举行。新年慈善系列活动有"慈善之星桥"揭幕仪式、慈善手术、"万人捐，帮万家，让特困家庭过好年""点亮心愿"第七次慈善义拍等。

1 月 24 日　中共上海市委、市政府召开加强党风廉政建设干部大会，传达贯彻中纪委第六次全会精神，研究部署 2006 年上海市党风廉政建设和反腐败工作。

2 月 5—8 日　中共中央政治局常委李长春就加强和改进未成年人思想道德建设和大学生思想政治教育在上海考察工作。

2 月 7 日　苏州河环境综合整治工作会议召开，总投资 31.4 亿元的苏州河环境综合整治三期工程启动。2007 年 11 月 7 日，苏州河环境综合整治三期暨防汛墙改造工程举行开工典礼。工程有四大项目：苏州河市区段防汛墙加固改造和底泥疏浚工程；苏州河水系截污治污工程；苏州河青浦地区污水处理厂配套管网工程；苏州河长宁区环卫码头搬迁工程，至 2011 年全部完成。至此历时 10 年的苏州河整治工程全面恢复了苏州河生态系统。

2 月 13—15 日　国际展览局秘书长文森特·冈萨雷斯·洛塞泰斯访问上海。7 月 5—10 日，洛塞泰斯再次访问上海。

2 月 16 日　上海外高桥电厂三期工程开工暨二期工程竣工仪式举行。总投资 106 亿元建设的二期工程 2 台 90 万千瓦超临界机组竣工。总投资约 93 亿元的三期工程建设 2 台 100 万千瓦超超临界燃煤发电机组开工，建成后，外高桥电厂设计总装机容量达 500 万千瓦。

2 月 16—18 日　多哥共和国总统福雷·埃索齐姆纳·纳辛贝访问上海。

2 月 19 日　民航总局、市政府批准《上海虹桥国际机场总体规划》。

2 月 20 日　中国航空工业第一集团公司所属上海飞机制造厂与欧洲空中客车飞机公司签署了 A320 飞机系列前货舱门门框转包生产合同。本次项目总架份为 1 000 架，价值 1 600 万美元，最高交付速率为每月 16 架份。是为上海航空企业与空客公司的首次工业生产合作。

同日　市卫生工作会议召开，会上宣布，2005 年上海市人口平均期望寿命为 80.13 岁，孕产妇死亡率、婴儿死亡率继续保持世界发达国家和地区的平均水平。

2 月 21 日　上海市第四批优秀历史建筑 234 处正式挂牌。其中有上海展览中心等新中国成立以后建成的建筑和解放前虹口区工部局宰牲场等产业建筑。至此，全市共有 632 处（2 138 幢）优秀历史建筑。

2 月 22 日　中共上海市委、市政府召开上海平安建设动员大会。大会还表彰 2004—2005 年度上海市社会治安综合治理优秀单位、先进集体和先进工作者。

2 月 25 日　上海市"百万家庭学礼仪"活动在浦东新区花木社区文化活动中心正式启动。从 2006—2010 年，上海将对 100 万上海市民进行各类礼仪培训，其中 2006 年完成 20 万市民培训。

2 月 28 日　中国科学院发布的《2006 中国可持续发展战略报告》中公布全国 31 个省、自治区、直辖市可持续发展能力和节约指数的最新排名，上海的可持续发展能力为全国最高。

3 月 1—6 日　第十六届中国华东进出口商品交易会在上海举行，有 142 个国家和地区的客商 23 660 人参加交易会，比上届增长 15.08%，出口成交额 33.21 亿美元，比上届增长 11.68%。

3 月 6 日　中共中央总书记国家主席、中央军委主席胡锦涛在参加十届全国人大四次会议上海代表团审议时，对上海提出实现率先转变经济增长方式，率先提高自主创新能力，率先推进改革开放，率先构建社会主义和谐社会等"四个率先"的要求。

3 月 14 日　上海世博会市场开发启动暨"世博"号起航仪式举行。

3 月 15 日—4 月 15 日　第十二届上海国际服装文化节举行。其间，举办上海国际服装纺织品博览会、第十二届上海国际时装模特大赛等活动。

3 月 18 日　由上海市静安寺出资设立、面向社会慈善事业的佛教福慧基金正式成立。并同时举行捐款仪式,向上海市慈善基金会捐款500万元。佛教福慧基金将用于帮助贫困学生、孤寡老人、残疾人等社会公益慈善事业。

3月21—22日　由中国西班牙论坛中国委员会、市政府和中国人民对外友好协会主办,以“全面合作、互利共赢”为主题的中国—西班牙论坛第三次会议在上海举行。

3月22日　中国政府向各国驻华使馆递交由国务院总理温家宝签署的2010年上海世博会官方邀请函,邀请与中国建交国家参加2010年上海世博会。

3月23日　中共上海市委、市政府召开上海市科学技术大会,韩正作关于《上海市中长期科学和技术发展规划纲要(2006—2020年)》的说明。3月31日,该《发展规划纲要》由市政府发布。

同日　市政府和国家电网公司在上海签署《上海电网“十一五”发展会谈纪要》。上海500千伏静安(世博)变电站举行奠基仪式,标志着上海电网“十一五”规划全面启动。该站是进入上海市区的首座500千伏变电站。

同日　“上海纪念越剧百年系列活动”正式启动,上海越剧院、文新集团、文广集团宣布整合的活动计划。期间推出一系列丰富多彩的活动以展示越剧的百年历程与风采。3月27日,上海市与浙江省共同举办的纪念中国越剧百年大会在浙江人民大会堂举行。

3月25日　中共上海市委、市政府召开浦东综合配套改革试点推进工作会议。

3月27—28日　罗马尼亚总统特拉扬·伯塞斯库访问上海。

3月29日　市政府、国家林业局、中国林业科学研究院在上海签订合作协议。三方将围绕上海世博生态环境建设、植物引种驯化、湿地保护研究等方面加强配合,协调联动。

3月31日　松江区成为“全国绿化模范城市”,人均公共绿地面积24平方米,城区绿化覆盖率44.2%。

4月3日　京沪高速铁路项目获国务院批准。2007年11月1日,国务院成立京沪高速铁路建设领导小组。2008年4月18日,中共中央政治局常委、国务院总理温家宝在北京出席京沪高速铁路开工典礼,并宣布京沪高速铁路全线开工。7月20日,京沪高速铁路上海虹桥站及相关工程全面开工建设。2011年6月30日,正式开通运营。京沪高速铁路是中华人民共和国成立以来投资规模最大的建设项目,也是当时世界上建设规模最大,一次建成里程最长的高速铁路。全线自北京南站至上海虹桥站,新建双线铁路全长1 318公里,贯穿北京、天津、河北、山东、安徽、江苏和上海等7个省、直辖市,设计时速350公里,总投资2 209.4亿元。建成后,乘坐火车从北京至上海只需要5个小时。

同日　总投资约20亿元的上海港国际客运中心投入试运行。已建成3个7万—8万吨级国际大型邮轮泊位,并拥有880米长的国际客运码头,2008年全面建成。该中心位于东大名路以南的黄浦江边区域,东起高阳路,西至虹口港,总建筑面积约40万平方米。

4月3—16日　由上海科技馆主办,上海科普教育发展基金会协办的“神舟六号”飞船实物展在上海科技馆举行。航天员费俊龙和聂海胜出席展览会,展览实物有:“神舟六号”返回舱、飞船返回降落伞主伞,航天员在训练、登上太空时的照片等。影片《神舟,载着梦想飞翔》在展览现场首次公开放映。

4月4日　上海轨道交通6号、7号、8号(一期)、9号(一期)线建设全面展开。

4月5—7日　土库曼斯坦共和国总统尼亚佐夫·萨帕尔穆拉特·阿塔耶维奇在上海访问。

4月7日　城市管理网格化工作会议召开,韩正强调加快推进符合上海城市特点的城市管理网格化。

4月8日　上海交通大学举行建校110周年庆祝大会。

同日　中共中央保持共产党员先进性教育巡回检查组在上海检查指导上海市第三批先进性教育活动，肯定上海第三批先进性教育活动取得明显成效。6月2日，市委先进性教育活动领导小组召开第三批先进性教育活动总结大会。2005年12月以来，全市7 200多个基层党组织、28万名党员参加第三批先进性教育活动，涉及对象主要是郊区农村党员。

4月9日　中共上海市委下发《关于认真学习贯彻胡锦涛同志重要论述，广泛深入开展社会主义荣辱观教育活动的通知》。

4月10日　上海市2006年精神文明建设大会举行，中共上海市委、市政府命名上海市文明城区、2004—2005年度上海市文明社区、2004—2005年度上海市文明镇，市文明委命名表彰2005年度上海市精神文明十佳好人好事、精神文明建设优秀组织者。

4月11日　《上海市和蒙特利尔市(加拿大)合作交流项目备忘录》签字仪式在上海举行。

4月13日　《上海市与伦敦市(英国)友好交流协议》签署仪式在上海举行。

4月13—14日　格鲁吉亚共和国总统米哈伊尔·萨卡什维利访问上海。

4月15—27日　市政协主席蒋以任率领上海市代表团赴阿拉伯联合酋长国迪拜市、埃及亚历山大省和法国考察。

4月16—19日　由中华全国青年联合会与中国香港青年协会共同举办的“龙耀浦江”青年大型交流活动在上海举行，有两岸四地——祖国大陆和港、澳、台青年3 600余名青少年参加。

4月17—21日　上海“圣彼得堡周”在上海举行。其间，有280多名俄罗斯企业家、学者、艺术家、运动员组团参加，活动内容涉及经济、文化、体育、教育四大板块20个项目。

4月17—29日　应古巴圣地亚哥省省长和省政府、墨西哥哈利斯科州州长和州政府的邀请，韩正率领市政府代表团对圣地亚哥省和哈利斯科州进行友好访问。

4月18—22日　中共中央政治局常委、全国人大常委会委员长吴邦国在上海考察工作。

4月20日　市教委宣布，从2006年9月起，上海义务教育阶段公办学校全部免除学杂费。

4月24—25日　中国国民党荣誉主席连战访问上海。

4月24—26日　斯里兰卡民主社会主义共和国总理拉特纳西里·维克拉马纳亚克访问上海。

4月25日　上海国际金融人才服务中心和国际航运物流人才服务中心正式成立，并分别与花旗银行、平安集团和中海运、法国BV船级社等单位签订人事人才服务协议。上海国际金融人才服务网和上海国际航运物流人才服务网同时开通。

4月26日　第六个“世界知识产权日”。上海企业自主创新与知识产权保护大会暨首批上海市知识产权示范企业命名授牌仪式举行。被首批命名的上海知识产权示范企业有20家。

4月28日　上海总部经济促进中心发布上海首张总部经济地图，刊有陆家嘴金融贸易区、静安区南京西路跨国公司总部楼宇区等16家予以重点扶持的总部经济基地。

5月1日　全球第六座“杜莎夫人蜡像馆”展馆在上海新世界商厦十楼开放，展馆共分7个主题展区，第一期展示75个中外名人蜡像。上海杜莎夫人蜡像新世界馆是继伦敦、阿姆斯特丹、拉斯维加斯、纽约、中国香港后的第六座蜡像馆，占地面积近1万平方米。

5月1—6日　2 006中国首届“金麒麟杯”国际音乐烟花大赛在大宁灵石公园举行。中、英、美、法、意、西班牙6个国家的代表队参赛，法国、中国和西班牙分别获得前三名。

5月2—6日　国际手风琴艺术周在上海举行。该艺术周期间，有包括9个国家的17名世界顶级手风琴演奏家和中国音乐家协会的国际评委会坐镇，世界各地500多名选手一较高下，同期还举行国际论坛和7场专场演出。

5月5—16日　2006年“上海之春”国际音乐节在上海举行,其间共上演5台新作品音乐会、34台经典音乐演出,举行9项音乐比赛和30余场群众性音乐活动

5月7日　中国发明协会代表团在巴黎国际发明展览会上获5个金奖、4个银奖、6个铜奖。上海包起帆和他领衔的团队发明的“集装箱电子标签装置”“集装箱自动化堆场新工艺”等项目获4个金奖,包起帆已累计获得21个国际发明金奖。

5月10日　国家知识产权局与市政府签署《部市合作会商制度议定书》。

同日　市政府作出《关于大力发展职业教育的决定》。

5月11日　上海市首个“国家知识产权试点园区”在上海张江高科技园区成立。为应对IT、生物医药等行业创新节奏快、技术更新周期短的特点,相关部门在张江建立专利审查的绿色通道。

5月12日　2010年上海世博会执行委员会召开第三次会议,要求做好2006年的筹办工作:设计策划中国馆和主题馆,国际国内招展,宣传推介上海世博会,并健全有关政策法规等。

同日　上海交通大学向有关媒体通报表示,“汉芯”事件当事人陈进被撤销各项职务和学术头衔,国家有关部委与其解除科研合同,并追缴各项费用。是年1月,因内部人员举报,“汉芯”造假事件东窗事发。

5月13—21日　举行纪念越剧百年诞辰暨进沪90年活动,主要有市领导会见越剧工作者代表,并进行座谈;为越剧艺术作出杰出贡献的上海越剧艺术家颁发荣誉证书;举办越剧演唱会;举办上海越剧北京演出周等。

5月14日　上海市调整社区党组织体制,由传统的街道党工委调整为政府派出机构的党组织代表、社区内法人单位的党组织代表和居民区党组织代表等组成社区(街道)党工委。全市已有33个街道成立社区(街道)党工委。

5月16日　国家统计局测评,上海农村全面小康程度为87.8%,居全国之首。“十五”期间,上海市对农业投入达100多亿元,已形成420家农业产业化企业,510家农民专业合作社,农业科技贡献率达56%。

同日　新加坡内阁资政李光耀访问上海。

5月17日　由联合国开发计划署南南合作特设局、上海联合产权交易所和国际技术研究院等单位共同主办的“2006联合国全球南南技术创新和资本市场峰会”在上海举行,“联合国全球技术产权交易系统”也在上海全面开通。

5月18日　国际博物馆日,上海百余家博物馆、纪念馆向公众免费开放1天。

5月19日　宝钢加入世界可持续发展工商理事会(WBCSD)。成为全球钢铁行业的首批WBCSD成员,也是继中石化之后国内第二家加入WBCSD的企业。

5月19—30日　首届上海市职工科技节举行。其间,举办职工科技创新成果推介会、职工科技创新与自主知识产权讲座等系列活动。

5月20日　以“携手建设创新型国家”为主题的2006上海科技活动周在上海科技馆开幕。包括展览、论坛、音乐会等多种形式的300多项科普活动在一周内举行。

5月22—23日　德意志联邦共和国总理安格拉·默克尔访问上海。

5月24日　以“中国软件工程和谐融入世界”为主题的第二十八届世界软件工程大会(ICSE)在上海举行,54个国家和地区的代表与会。

同日　全国人大常委会副委员长路甬祥率全国人大常委会专利法执法检查组到沪检查。韩正

出席人全国人大常委会专利法执法检查组专题汇报会。

5 月 27 日　由市政协主办、香港沪港经济发展协会协办的沪港现代服务业发展研讨会在深圳举行，蒋以任出席研讨会并致辞。

同日　上海宋庆龄基金会成立 20 周年大会在中国福利会少年宫举行。

5 月 28 日　以“金属与能源”为主题的第三届上海衍生品市场论坛在上海举行。

5 月 30 日　《上海市和鹿特丹市(荷兰)友好合作交流备忘录(2006—2008 年)》在上海签署。

5 月 31 日　国际博物馆协会在法国巴黎联合国教科文组织总部召开的大会上，中国上海获得 2010 年国际博物馆协会第二十二届会员代表大会举办权。

6 月 1 日　市房地资源局会同市规划局、市财政局、市地税局、中国人民银行上海总部、上海银行监督管理局(以下简称市银监局)、上海金融服务办公室(以下简称市金融办)等部门贯彻执行国家建设部等九部委联合制定《关于调整住房供应结构稳定住房价格的意见》的房地产调控 15 条措施。

6 月 5 日　闵行区获“国家生态区”称号，成为国内唯一获此称号的地级行政区。

同日　上海博物馆举行“上海市首届中国文化遗产日活动”。并宣布上海的马勒住宅、国际饭店和龙华塔被国务院批准为第 6 批全国重点文物保护单位。

6 月 7 日　第三届全国体育大会上海市代表团举行总结表彰大会。在该届体育大会上，上海代表团获得 27 枚金牌、25 枚银牌、25 枚铜牌，金牌数名列第三，奖牌总数名列第二。上海代表团，上海技巧、轮滑、台球等 14 支运动队和胡荣华等 34 名运动员分别获代表团、集体、个人“体育道德风尚奖”。

6 月 8 日　比利时王国国王阿尔贝二世访问上海。

6 月 10 日　中国首个“文化遗产日”，2006 年中国文化遗产日暨上海民族民间艺术博览会在上海东亚展览馆开幕。龙华塔、马勒别墅和国际饭店 3 处被国务院批准为第六批全国文物保护单位。上海的嘉定竹刻、顾绣、江南丝竹、乌泥泾手工棉纺织技艺、沪剧、锣鼓书、昆曲、京剧和越剧等被列为国家级非物质文化遗产保护名录项目。市文管委组织 60 处历史文物建筑向公众免费开放 1 天。

6 月 12—13 日　胡锦涛在上海考察工作。

6 月 13 日　中环线(浦西段)最后两条地道——仙霞路地道和金沙江路地道建成通车，标志着全长 38 公里的中环线(浦西段)主线道路 34 公里建成通车。

6 月 14—16 日　中国国家主席胡锦涛在上海出席上海合作组织成员国元首理事会第六次会议。6 月 14 日，胡锦涛分别会见前来出席上海合作组织成员国元首理事会第六次会议的哈萨克斯坦共和国总统努尔苏丹・纳扎尔巴耶夫、塔吉克斯坦共和国总统埃莫马利・拉赫莫诺夫和乌兹别克斯坦共和国总统伊斯兰・卡里莫夫。6 月 15 日会议召开，胡锦涛主持会议，发表题为《共创上海合作组织更加美好的明天》的重要讲话。会议结束后 6 国元首签署《上海合作组织五周年宣言》等文件，发表《上海合作组织成员国元首理事会第六次会议联合公报》。胡锦涛还会见出席上海合作组织成员国元首会议的俄罗斯联邦总统弗拉基米尔・普京，并出席两国有关合作文件的签字仪式。6 月 16 日，胡锦涛分别会见出席上海合作组织成员国元首会议的巴基斯坦伊斯兰共和国总统佩尔韦兹・穆沙拉夫、蒙古国总统木巴尔・恩赫巴亚尔、伊朗伊斯兰共和国总统马哈茂德・艾哈迈迪-内贾德，印度共和国政府代表、石油和天然气部长穆利・德奥拉。

6 月 15 日　上海合作组织成立 5 周年文艺晚会暨成员国第二届艺术节开幕式在上海大剧院举行，成员国元首和观察员国元首等共同出席。峰会期间，各个国家的艺术团还到全市 8 个区的剧场和社区服务成功演出16场。

6月15—16日　“环太湖地区新石器时代末期文化暨广富林遗存研讨会”召开,会上专家提出将“广富林遗存”命名为“广富林文化”。广富林遗址于1958年在开挖沟通施家浜与辰山塘的河道时发现。1961年9月,开始进行试掘。1999—2005年,市文管委考古队对遗址进行了比较全面的勘探和小规模的发掘。2008年3月27日起,广富林遗址进行抢救性发掘,至6月已发掘面积5 000平方米,开探方196个,是上海市有史以来规模最大的田野考古发掘。2013年,广富林文化遗址被核定为第七批全国文物保护单位。

6月16日　公安部签发嘉奖令,对上海市公安局圆满完成上海合作组织峰会安全保卫工作予以通令嘉奖。

6月17—21日　第十二届上海电视节举行。活动有国际影视节目市场交易、国际影视设备展、“白玉兰”国际论坛、评选“白玉兰”奖等。

6月17—25日　第九届上海国际电影节举行。活动有“金爵奖”国际影片评选、国际影视节目市场、国际影片展、“金爵”国际电影论坛、“亚洲新人奖”评选等。

6月20日　上海苏州河环境综合整治一期工程获得国家环保总局授予的首批国家环境友好工程奖,这是中国建设项目环境保护的最高奖项。

6月21日　浦东新区获得全国妇联、民政部、文化部、环保总局、广电总局等授予的“全国学习型家庭创建示范城市(城区)”称号。

6月22日—7月5日　由市委宣传部、市委党史研究室、市红色旅游协调小组办公室联合举办的《丰碑——纪念中国共产党诞辰85周年,上海市爱国主义教育基地大联展》在上海展览中心开展,展示上海在1921—1949年载有中国共产党光辉历程的42个各级爱国主义教育基地和革命遗址遗迹,有9万余名观众参观。

6月24—26日　塞内加尔共和国总统阿卜杜拉耶・瓦德访问上海。

6月24日—12月23日　以“读书,我选择的生活方式”为主题、历时6个月的第八届上海读书节举行。其间举办上海市十大明星评选、书香人生流动书吧等20项活动。

6月28日　上海市纪念中国共产党成立85周年暨总结保持共产党员先进性教育活动大会举行。会上表彰上海市先进基层党组织50个、优秀共产党员100人、优秀党务工作者100人。

6月29—30日　老挝人民革命党中央委员会总书记、国家主席朱马里在上海访问。

6月29日—7月3日　第二届中国国际动漫游戏博览会在上海展览中心举行。其间,文化部还在上海举办了电子游戏产业发展的相关研讨会。

7月1日　在庆祝中国共产党成立85周年暨总结保持共产党员先进性教育活动大会上,中共中央表彰全国先进基层党组织、优秀共产党员和优秀党务工作者,其中上海有15个全国先进基层党组织、2名优秀共产党员和5名优秀党务工作者受到表彰。

7月4日　联合国所属的联合国全球公共行政网上公布的2005世界政府网站评比结果,“中国上海”政府门户网站在被评的全球81个互联网用户比例较高的城市中综合排名第三。

7月6日　“上海国际信息服务外包产业园”正式揭牌成立。该产业园以淮海中路柳林大厦为服务平台主体,以淮海中路东段、太平桥地区为核心区,通过吸引一批外包服务项目和机构集聚,建成融外包服务平台和外包投资平台于一体的产业聚集园。

7月7—8日　中共上海市第八届委员会第九次全体会议在上海展览中心举行。全会审议并通过《中国共产党上海市第八届委员会第九次全体会议关于推进社会主义新郊区新农村建设的决议》。

7 月 9—15 日　由国家发展改革委、中宣部、中国科协主办，上海市发展和改革委员会(以下简称市发展改革委)、市委宣传部、市经委、市科协等承办的全国建设节约型社会科普巡回展暨上海市参加全国 2005 建设节约型社会展览会汇报展举行，有近 2 万名观众观展。

7 月 10 日　蕰川路(北段)新改建工程和沪太公路拓宽改建工程开工。蕰川路(北段)新改建工程全长 10.89 公里，全线设机动车双向 4 车道，工程总投资 10.08 亿元。沪太路拓宽改建工程全长 19.97 公里，工程总投资 5.5 亿元。

7 月 12 日　《上海城市创意指数》编制完成。创意指数五大指标体系：产业规模、科技研发、文化环境、人力资源和社会环境。上海城市创意指数 109.1，比 2004 年增长 9.1%，其中科技研发指数增幅最大，达 25.2%。

同日　雅典奥运会冠军、上海籍运动员刘翔以 12 秒 88 的成绩于洛桑田径超级大奖赛上获得男子 110 米栏项目金牌，同时打破了尘封 13 年之久、由英国名将科林·杰克逊创造的 12 秒 91 世界纪录。8 月 10 日，刘翔勇破 110 米栏世界纪录表彰大会在上海举行。市政府授予刘翔"上海体育功臣运动员"称号，授予孙海平"上海体育功臣教练员"称号。市体育局授予刘翔和孙海平"上海市体育运动荣誉奖章"。

同日　美国《财富》杂志 2006 年度全球财富 500 强排名公布，宝钢集团公司以销售收入 215.014 亿美元的总收入，排名 296 位，上升 13 位。上海汽车工业集团销售收入 143.65 亿美元，排名 475 位，继 2004 年度上榜后第二次跻身财富 500 强行列。

7 月 12—19 日　由教育部主办，市政府承办的以"大学创新与服务"为主题的第三届中外大学校长论坛在上海举行，美国、英国、加拿大等 11 个国家以及中国内地和香港特区的 143 所中外大学校长参加，围绕"21 世纪创新型人才培养的模式与经验"与"大学科技创新、理论创新如何服务于经济建设和社会发展"这两个主要议题展开交流与讨论。

7 月 13 日　由上海市建设和交通委员会(以下简称市建交委)主办的"京沪穗深四城市交通研讨会"在上海召开。来自北京、上海、广州、深圳四个城市交通主管部门和研究院所的有关领导及专家学者围绕"城市可持续发展与交通科学决策管理"的主题，就交通发展战略与规划、城市交通与城市布局协调关系、城市在缓解交通拥挤方面的对策措施、交通综合治理的方法和成效等共同关注的问题进行了研讨。

同日　全国最大的人造海滩——奉贤"碧海金沙"水上乐园正式开放营业。该项目包括总面积为 79 万平方米的海滨泳场、东西长 1.3 公里的沙滩区、68 万平方米的深水区和 151 万平方米的海上运动区。

7 月 14—16 日　2006 年体操世界杯中国站的比赛在上海国际体操中心举行，中国队获 8 枚金牌。

7 月 15 日　旨在培养京昆青年人才的"上海青年京昆剧团"建团仪式在逸夫舞台举行。

7 月 18 日　位于江苏省大丰市经济开发区的上海纺织产业园区一期工程举行开工奠基仪式。该项目成为上海时尚纺织链腹地，将江苏大丰的纺织产业水准提升至新高度。

7 月 19—22 日　上海国际广告展在上海新国际博览中心举行。此次展会标准展位首次突破 3 000 个，共有来自 20 多个国家和地区的 600 多家国内外知名企业将会参加展览。上海国际广告展已成为全球最大的广告展，亦是全球唯一通过 UFI(国际展览业协会)认证的广告展。

7 月 25 日　根据中共上海市委、市政府关于"试点先行、政策聚集"的要求，上海推进新农村建设确定9个试点先行区：金山(廊下)现代农业园区、青浦区金泽镇商榻地区、嘉定(华亭)现代农业园区、奉贤庄行镇现代农业发展区、浦东新区张江合庆地区、松江区新浜镇、南汇区书院都市现代农业发展区、崇明县陈家镇现代农业园区和崇明县绿华镇。

7月28日　总投资近10亿元、由中国石化股份有限公司与日本三井化学株式会社合作投资的第一个项目、年产12万吨双酚A装置在上海化学工业区开工。

同日　长7.65公里的A7(亭枫高速)公路兴塔立交——上海市界段正式建成通车。

8月2日　市政府下发《关于将本市城镇高龄无保障老人纳入社会保障的通知》,自9月1日起实施。

8月4日　上海首份投资指南地图出版,印数2万份。其中,中、英文版本各1万份。主要向投资外商宣传介绍浦东新区、14个国家级开发区和15个市级开发区。

同日　国际特奥会主席蒂姆・施莱佛率国际特奥会代表团访问上海。

8月5—6日　萨摩亚国家元首图伊・阿图阿・图普阿・马塞塞・埃菲访问上海。

8月5—11日　2006年上海书展在上海展览中心举行,展出10万图书品种,20多万人次参加,销售额2 800万元。

8月6日　由体育总局、教育部联合举办的全国学校体育场馆向社会开放试点区工作会议在上海举行,全国12个区、市被命名为第一批"全国学校体育场馆向社会开放试点区",上海市有长宁区和杨浦区。

8月8日　由上海益民食品一厂(集团)有限公司、上海农工商(集团)有限公司、上海市糖业烟酒(集团)有限公司和锦江国际(集团)有限公司四大集团相关资产集中组建的光明食品(集团)有限公司成立,公司资产规模为458亿元。

同日　上海领军人才工作推进会举行,颁布《上海领军人才队伍建设实施办法》,并为首批108名领军人才代表颁发证书。

8月9日　市政府印发《关于加强海洋管理工作的实施意见》。

8月10日　市政府印发《关于促进服务外包发展的若干意见》。

8月11日　市政府和广西壮族自治区政府签署《中国—东盟博览会的合作备忘录》。

8月13—14日　斐济群岛共和国总理乔塞亚・白尼马拉马访问上海。

8月14—16日　由中国电工技术学会、国际电气与电子工程师协会电力电子学会(IEEE)联合主办,上海交通大学和上海大学承办的第五届"国际电力电子与运动控制大会"在上海世博会议大酒店举行,来自全球39个国家和地区的300多位代表与会。

8月15日　中共上海市委、市政府召开上海市加强党风廉政建设干部大会,学习贯彻胡锦涛在庆祝中国共产党成立85周年大会上重要讲话精神。

同日　经卫生部批准,由上海市红十字会、上海市血液中心等有关单位共同创建的"上海市脐带血造血干细胞库"正式成立。

8月16日　市统计局发布2006年度上海集团100强名单,宝钢集团公司营业收入1 768亿元,比上年增长82.7%,连续第三年蝉联上海集团100强榜首。

8月18日　由德国巴斯夫、美国亨斯迈、上海华谊(集团)公司、中石化上海高桥石化公司和上海氯碱化工股份有限公司共同投资的总投资11.2亿美元的上海联合异氰酸酯项目在上海化工区投入商业运行。

8月19日　上海世博会园区内浦东区域的浦明路等11条道路同时开工,标志着世博会园区工程建设启动。道路总长度约 11 公里，占地面积约 39 万平方米。

同日　比利时王国首相伊夫·莱特姆访问上海。

8 月 26 日　洋山石油储运项目一期工程开工，2009 年 5 月完工，建成成品油码头 2 座，设计年吞吐能力 750 万。

8 月 27 日　上海首批 10 个校外科普教育基地首次排入中小学课程表，黄浦、卢湾、徐汇等 11 个区 10 多万学生成为第一批学员。10 个科普教育基地为：上海隧道科技馆、江南造船博物馆、上海公安博物馆、上海昆虫博物馆、上海动物园、上海铁路博物馆、上海邮政博物馆、航海医学科技馆、上海科技馆、上海天文博物馆。

同日　由上海电气为上海轨道交通 8 号线生产的首列国产化车辆交车，国产化率达 70%。

8 月 28 日　会展业"旗舰"——上海展览中心（集团）有限公司在上海展览中心揭牌成立。该集团在原上海展览中心架构基础上改制而成，注册资本总额达 41 亿元，由世博集团参股 49%，市国资委控股 51%，成为全国会展行业资产规模最大的企业。

8 月 29 日—10 月 28 日　瑞典仿古帆船"哥德堡"号沿着 18 世纪的海上航线，经过 330 多天约 3.5 万公里的海上航行后，抵达其全球航行的最后一站——上海吴淞客运中心码头，并在上海停留 2 个月进行友好访问。在上海期间，登船参观者达 8.3 万人次。

8 月 30 日　上海与印度尼西亚东爪哇省在上海签署协议，两地结为友好省市。

8 月 31 日　由上海制造、安装、调试和建设的第一座燃机电厂——华能上海燃机电厂举行上海电气重型燃机国产化示范工程投产仪式。

9 月 1 日　上海实行城镇高龄无保障老人社会保障办法。上海城镇户籍中年满 70 周岁，在上海居住、生活满 30 年，且未纳入基本养老、医疗保险制度以及未享受征地养老待遇的老人，给予享受新制度规定的养老、医疗保障待遇。这项制度将惠及近 10 万高龄无保障老人。9 月 28 日，首批 26 788 名老人已通过审核手续，每人从邮局或银行网点领到平生第一笔养老金 460 元。

同日　《上海市中小学生和婴幼儿住院、门诊大病基本医疗保障试行办法》实施，解决上海近 200 万中小学生和婴幼儿医疗保障。

9 月 4 日　由国家海洋局与市政府共同建设的"数字海洋"上海示范区建设启动。上海示范区重点区域包括长江口和洋山深水港附近水域，并延伸至东海上部分中国管辖的专属经济区，已率先启动空间地理基础信息库建设。

9 月 5 日　上海拜耳一体化生产基地三大生产项目在上海化学工业区正式投产。三大生产项目为年产 10 万吨的聚碳酸酯工厂、年产 8 万吨的聚氨酯原材料生产项目、年产 3 万吨的涂料原材料项目等聚合物产品，计划 2009 年全面投产。

同日　全国首家整合社会科学文献资源并提供相应信息服务的专门机构——"上海市社会科学文献中心"揭牌成立。该中心由上海社会科学院和上海图书馆率先联合组建，上海各高等院校、党政研究机构、社会团体等有关社会科学研究机构将陆续加盟共建。

9 月 5—6 日　由国务院侨务办公室、人事部、商务部和上海市、江苏省、浙江省政府联合主办的以"世博机遇、创新共赢"为主题的第三届华商企业科技创新合作交流会在上海举行，签订各类合资、合作项目 76 个，总投资 23.5 亿美元。

9 月 5 日—11 月 5 日　2006 年上海双年展在上海美术馆举行开幕式，9 月 6 日起对社会公众开放，11 月 5 日闭幕。其间，分别在上海城市雕塑中心、中信泰富广场举行利物浦双年展国际学生展和双年展国际学术研讨会等。

9月7—9日　卢森堡大公国大公亨利访问上海。

9月8日　由上海期货交易所、郑州商品交易所、大连商品交易所、上海证券交易所和深圳证券交易所共同发起的中国金融期货交易所在上海挂牌成立。这是国内首家金融衍生品交易所，也是首家采用公司制组织形式的交易所。

9月12—15日　亚洲审计组织第十届大会暨第三次研讨会在上海举行。亚洲审计组织的40个成员国以及世界审计组织国际政府审计杂志、世界审计组织秘书处，美国、英国等国家、地区和国际审计组织的近200名代表和观察员参加。中国当选为新一届亚洲审计组织主席国，国家审计署审计长李金华当选为新一届亚洲审计组织主席。

9月14日　上海市和德国汉堡市结为友好城市20周年，两市在汉堡市举行20周年系列庆祝活动，并签订《上海市和汉堡市合作备忘录(2007—2008年)》。

同日　华东师范大学出版社推出国内第一套互联网多媒体教学辅导书《名师课堂》，并同时开通了"名师课堂"网站。

9月15日　国内第一家以黄酒酿造发展技术和当代趋势为主体的行业博物馆——金枫酒事馆正式开馆。该馆位于金山区枫泾镇工业区环西二路18号。

9月15—16日　意大利共和国总理罗马诺·普罗迪访问上海。

9月15日—11月30日　首次在中国举办的以"地球家园"为主题的2006第三届国际立体花坛大赛在浦东世纪公园举行，来自加拿大、法国、美国、希腊、韩国、中国等15个国家55个城市的82件立体花坛作品参赛，吸引海内外游客85万人次。国内外76家单位分别获金、银、铜奖，以及五大特色奖项。

9月16日—10月6日　第十二届上海旅游节举行。旅游节系列活动有花车巡游、音乐烟花、世界美食、城市风情、都市游园、民俗休闲等120多项活动，有800余万人参与。

9月16日—11月16日　上海市第十三届运动会举行，67个代表团、33 193人参加，其中参赛运动员28 794人。

9月17—18日　上海与法国罗阿大区建立友好关系20周年系列庆祝活动在法国罗阿大区举行，并签署《上海和法国罗阿大区合作交流备忘录(2006—2009年)》。

9月18日　上海市首家"农家书屋"在嘉定区华亭镇毛桥村挂牌成立。"农家书屋"工程是一项由中宣部、中央文明办、新闻出版总署等部门牵头，面向全国农村、面向最基层农民的公益性工程，上海市首批"农家书屋"将建成50家，以后逐步覆盖全市郊区农村。

同日　体育总局公布由体育总局、教育部、科技部等10个部门联合进行的全国第二次国民体质监测的公报。在监测的31个省、自治区、直辖市中，上海国民体质综合指数为106.24，居榜首。

9月18—21日　国际货运代理协会联合会(FIATA)2006年年会在上海国际会议中心举行，这是FIATA成立80年来首次在中国举办年会。年会有附属展览会，85个国家和地区参会参展人数1 038人，其中境外人员722人。全球十大物流企业和五十大船公司已全部入驻上海。

9月20日　中共中央政治局常委、中央政法委书记罗干在上海视察。

9月21—22日　上海合作组织成员国最高法院院长会议在上海召开。罗干出席开幕式并致辞。来自上海合作组织6个成员国的最高法院院长和大法官50多人出席，并签署《上海合作组织成员国最高法院院长会议联合声明》。

9月21—22日　以"中国与世界：和谐、和平"为主题的第二届世界中国学论坛在上海举行。31个国家和地区的100余名中国研究专家和300余名中国学者出席。

9 月 22 日　由中国商业联合会和市政府共同主办的第十五届上海全国消费品交易会暨 2006 年中国零售商大会在上海举行。

同日　“回顾历史、创造历史”的演出，“光荣·梦想——上海歌剧院建院五十周年庆典晚会”于上海东方艺术中心上演。

9 月 24 日　中共中央政治局召开会议，审议中纪委《关于陈良宇同志有关问题初核情况的报告》。中央决定，依据《中国共产党章程》和《中国共产党纪律检查机关案件检查工作条例》的有关规定，由中共中央纪律检查委员会对陈良宇的问题立案检查，免去陈良宇上海市委书记、常委、委员职务，停止其担任的中央政治局委员、中央委员职务。中共中央决定由韩正代理中共上海市委书记职务。

9 月 24—25 日　立陶宛共和国总统瓦尔达斯·阿达姆库斯访问上海。

9 月 25 日　上海市召开党员领导干部大会，宣布中央关于中共上海市委主要领导调整的决定，通报陈良宇严重违纪问题。受中央委派，中共中央政治局委员、中央书记处书记、中央组织部部长贺国强出席会议并作重要讲话。

9 月 25—28 日　由商务部、市政府和人民日报社共同主办的首届中国（上海）国际跨国采购大会暨跨国采购高峰论坛在上海举行。

9 月 27 日　以“城市，让生活更美好——生动而隽永”为主题的第四届中国 2010 年上海世博会国际论坛在上海举行，韩正出席并致开幕词。

9 月 27 日—10 月 7 日　由文化部中外文化交流中心、文汇新民联合报业集团主办的 2006 上海国际少年儿童文化艺术博览在浦东世纪广场举行。

9 月 28 日　中共上海市委、市政府召开党政负责干部大会，中共上海市委代理书记、市长韩正出席并讲话，强调中共上海市委、市政府坚决拥护中央的决定；上海要按照胡锦涛总书记的要求，坚定不移反对腐败，坚定不移推进发展，全力以赴促稳定，确保团体、和谐、稳定的良好局面，确保上海经济社会发展良好势头，以优异成绩为党中央放心，让市民群众满意。

9 月 29 日—10 月 1 日　2006 年中国石化 F1 世界锦标赛中国大奖赛决赛在上海国际赛车场举行，法拉利车队的迈克尔·舒马赫获冠军，有 24 万人次的观众观看比赛。

9 月 29 日—10 月 8 日　海峡两岸航空运输交流委员会与台北市航空运输商业同业公会就两岸客运包机作出安排：两岸客运包机从原来的春节包机扩大到清明、端午、中秋。飞行航点上海、北京、广州、厦门；台北、高雄。此次中秋包机有上海与中国台湾 6 家航空公司共飞行 12 个航班，有 6 091 人次乘坐包机。

9 月 30 日　全长约 14 公里的沪青平高速公路西段（东起朱枫公路立交，西至金泽立交）工程竣工通车。沪青平高速公路西段的建成，使佘山森林公园、朱家角古镇、东方绿舟、陈云故居、大观园、金泽古镇等上海著名风景区串成一线，因而被称为“旅游走廊”。

10 月 1 日　上海开往西藏拉萨的首班列车从上海火车站启程，全程运行时间约 52 个小时。

10 月 8 日　中国船舶工业集团公司与奉贤区政府在北京签订合作开发建设上海中船游艇制造基地框架协议。该制造基地位于奉贤区南部，杭州湾北岸，首期开发面积 1 平方公里。

10 月 10—11 日　巴布亚新几内亚独立国总督保莱阿斯·马塔内访问上海。

10 月 12 日　中共上海市委分别召开常委会和全市党员负责干部会议，传达学习和贯彻落实中共中央十六届六中全会精神。

10 月 13 日　市政府印发关于《上海市残疾人事业“十一五”发展纲要》。

10月14日　2007年世界夏季特殊奥运会代表团团长会议在上海召开,国际特奥会官员、近100个国家和地区的代表团听取上海特奥会执委会的筹备情况介绍。

10月15—20日　“奔向2007精彩特奥——2006年特殊奥运会上海国际邀请赛”举行。来自20个国家和地区的2 000多名特奥运动员,进行2007年第十二届世界夏季特殊奥运会中全部21个正式项目和4个非体育项目的比赛。10月15日,中共中央政治局委员、国务院副总理、2007年上海世界特殊奥运会组委会名誉主席回良玉出席开幕式并宣布开幕。2007年世界特殊奥运会组委会主席韩正,国际特奥会主席蒂姆·施莱佛,国际特奥会首席执行官布鲁斯·帕斯特纳克,中国特奥会名誉主席阎明复出席开幕式。

10月17日　上海新华传媒股份有限公司揭牌仪式举行,标志着上海新华发行集团有限公司整体改制工作完成,成为国内出版发行企业中第一家A股上市公司。

10月17日—11月18日　由文化部主办,市政府承办的第八届中国上海国际艺术节举行。有50个国家和地区的71台舞台优秀剧(节)目演出,12项展览博览、艺术节国际演出交易会、109项群众文化活动和艺术节的系列节庆等六大特色板块。

10月18日　浦东新区市民中心在合欢路启用,是全市首个。

10月18—19日　以“消除数字鸿沟:创新、和谐、发展”为主题的亚太地区城市信息化论坛第六届年会在上海举行,34个国家55个城市及45个联合国组织与国际机构约400名代表与会。

10月18—21日　被誉为“亚洲乐器第一展”的中国(上海)国际乐器展览会在上海新国际博览中心举办。共有来自23个国家和地区的近1 200多家企业参加本次展会。

10月19日　经国台办、商务部、农业部批准,“海峡两岸(上海郊区)农业合作试验区”揭牌成立。该试验区设在上海郊区(含市郊农场),包括南汇书院、奉贤庄行、金山廊下、松江新浜、青浦金泽、嘉定华亭、崇明绿华和陈家镇等,其中以崇明岛为重点。

同日　首家国家级服务外包人才培训基地——上海张江创新学院正式成立。

10月20—23日　第二十七届世界乳业大会在上海光大会展中心召开,这是该大会第一次移师亚洲,60多个国家和地区的1 500名代表参加。

10月21日　浦东新区创业风险投资引导基金启动,这是中国首个由地方政府设立的政策性扶持资金。

10月22日　中国工农红军长征胜利70周年纪念日,上海市纪念红军长征胜利70周年系列活动有文艺晚会、学术研讨会、报告会等。12月1—7日,由中共中央组织部、中共中央宣传部、中共中央文献研究室、中共中央党史研究室、解放军总政治部等单位联合举办的《伟大壮举光辉历程——纪念中国工农红军长征胜利70周年展览》在上海展览中心展出,共展出500余张照片,30多件文物。

10月23日　由商务部、信息产业部、科技部联合举办首批“全国服务外包基地城市”授牌仪式,上海市成为首批全国5个服务外包基地城市之一。

10月25日　2006年市政府实事项目之一的838条同名道路整治工作全部完成。共更换路牌1 667块、门弄牌10 726块,交通指示牌106块,调整17条公交线路的972块公交站牌,同名道路更名后沿线居民更换户口簿4 765本、更换身份证9 807人。

同日　市政府印发《关于本市做好农民工工作的实施意见》。

10月26日　上海交大附属第一人民医院南部新院在松江正式运行。该院坐落于松江大学园区东侧的新松江路,占地408亩,投资5.6亿元,建筑面积9.6万平方米,一期核定床位600张。

10 月 27—28 日　印度尼西亚共和国总统苏希洛·班邦·尤多约诺访问上海。

10 月 28 日　中国—印度尼西亚第二次能源论坛在上海举行。中共中央政治局常委、国务院副总理黄菊，印度尼西亚共和国总统苏希洛·班邦·尤多约诺，中共上海市委代理书记、市长韩正出席开幕式。

同日　上海理工大学举行建校 100 周年庆祝大会。作为百年校庆十大工程之一的上海理工大学科技园昨天正式挂牌开园，成为国家级大学科技园。

同日　位于浦东新区的上海城市轨道枢纽站——“世纪大道”站正式启用，站体结构分为地下三层，总建筑面积超过 4.2 万平方米，上海轨道交通 2 号、4 号、6 号、9 号线在此交汇。

10 月 29—30 日　几内亚比绍共和国总统若奥·贝尔纳多·维埃拉访问上海。

10 月 30—31 日　加蓬共和国总统哈吉·奥马尔·邦戈·翁丁巴访问上海。

10 月 31 日　第三届中国—东盟博览会在广西南宁举行，中国和东盟 10 国的 11 个城市分别代表各自国家的“魅力之城”参加展览。上海首次作为中国“魅力之城”参展。上海展馆分为“历史底蕴”“今日风采”“未来展望”3 个主题区，分别由“石库门”“影像丛林”“时空廊桥”“2010 年上海世博会规划演示”“白玉兰广场”等 5 个部分组成。

10 月 31 日—11 月 2 日　安哥拉共和国总理费尔南多·多斯桑托斯访问上海。

11 月 1 日　上海黄金交易所大厦在黄浦区河南中路、延安东路口竣工，由黄浦区国有资产总公司建设，是全国唯一的黄金交易场所。

11 月 1—2 日　刚果共和国总统德尼·萨苏—恩格索访问上海。

11 月 1—5 日　由国家发展改革委、商务部、科学技术部、信息产业部、教育部、中国科学院、中国国际贸易促进委员会和市政府共同主办的以“科技创新与装备制造业”为主题的 2006 中国国际工业博览会在上海举行。黄菊出席开幕式并宣布开幕。

11 月 5 日　以“提升城市创新能力”为主题的第十八次上海市市长国际企业家咨询会议召开。

11 月 5—30 日　由文化部和市政府主办的第四届全国歌剧、舞剧、音乐剧优秀剧目展演举行，全国的 18 台优秀剧目演出 31 场。

11 月 7—8 日　阿尔及利亚民主人民共和国总统阿卜杜勒—阿齐兹·布特弗利卡访问上海。

11 月 8 日　黄菊在上海会见出席中非合作论坛北京峰会并对中国进行国事访问的阿尔及利亚民主人民共和国总统阿卜杜勒—阿齐兹·布特弗利卡。11 月 15 日，黄菊在上海会见由中国香港金融管理局总裁任志刚率领的香港银行公会代表团。11 月 21 日，黄菊在上海会见澳大利亚澳新银行董事会主席古德。

同日　2006 年上海软件外包国际峰会举行，上海命名 4 个服务外包示范区：浦东新区、卢湾区、长宁区和漕河泾新兴技术开发区。

11 月 10 日　由 2007 年上海世界特殊奥运会组委会、上海市政府、中国常驻联合国代表团、联合国体育促进发展与和平组约办公室和国际特奥会共同主办的“特奥运动与社会和谐发展”主题论坛在联合国大厦举行。同时，“特奥运动与社会和谐发展”图片展在联合国大厦举行，联合国秘书长安南在开幕式上按动图片展启动开关并致辞。

11 月 11—19 日　2006 年网球大师杯赛在上海举行。世界排名第一的费德勒获单打冠军，双打世界排名第二的比约克曼、米尔尼获双打冠军。

11 月 12 日　孙中山诞辰 140 周年纪念日，上海市各界人士纪念孙中山先生诞辰 140 周年大会举行，蒋以任主持会议，韩正出席会议并讲话。市政协在孙中山故居举行瞻仰孙中山先生活动暨孙中山文物馆开馆仪式。

11月15—16日　中国2010年上海世博会第一次参展方会议在上海召开，来自115个国家和12个国际组织代表的300余名代表出席会议，共商上海世博会筹备工作。

11月16—19日　2006年中国国际旅游交易会在上海举行。有91个国家与地区参展，参展团280个，参展单位4 100余家，参观者7.5万人次。

11月20日　“上海超级计算中心同济大学分中心”在同济嘉定校区成立，分中心将实现上海超级计算中心和同济大学在超级计算机设施和技术上的优势互补，力争建设成为华东地区乃至全国海量数据处理的重要平台和超级计算机应用服务研究的基地。

同日　市工商联召开第十一届六次执委会议，选举王新奎为会长。

11月21—23日　保加利亚共和国总理塞尔盖伊·斯塔尼舍夫访问上海。

11月22—23日　上海市科学技术协会第八次代表大会举行。

11月22—28日　以“创意设计，创造生活”为主题的2006上海国际创意产业活动周举行，活动周有上海国际创意产业博览会、上海国际城市创意产业论坛、上海国际创意产业设计大奖赛等三大板块共50项活动。

11月26日　“2006东丽杯上海国际马拉松赛”开赛，参赛人数17 000余人。

11月27日　上海国际金融中心建设“十一五”规划正式公布。

11月28日　上海京剧院创作演出的京剧《廉吏于成龙》和上海城市舞蹈有限公司、广州军区政治部战士杂技团创作演出的杂技剧《天鹅湖》获2005—2006年度国家舞台艺术“十大精品剧目”。

同日　国土资源部成立国家土地督察上海局，督察范围为上海市、浙江省、福建省及宁波市、厦门市。

11月30日　市委宣传部和杨浦区委、区政府联合举办“国歌纪念广场”奠基仪式。经市文管委确认，杨浦区荆州路原405号(即“国歌纪念广场”所在地)，是原电通影片公司的旧址，该公司拍摄电影《风云儿女》的主题歌就是国歌《义勇军进行曲》。

12月1日　苏浙沪三省市领导在江苏扬州举行座谈会。韩正和江苏省委书记李源潮、省长梁保华，浙江省委书记习近平、省长吕祖善出席会议，共商长江三角洲合作与交流，促进联动与和谐发展。

12月2日　2010年上海世博会执行委员会第四次会议在上海举行，上海世博局有关负责人分别对《2010年上海世博会企业招展工作方案》《2010年上海世博会城市最佳实践区方案》《2010年上海世博会规定保险方案》《2010年上海世博会知识产权保护纲要》《2010年上海世博会沟通推介计划》作说明。

12月4—6日　塞浦路斯共和国总统塔索斯·帕帕佐普洛斯访问上海。

12月5日　在建设部召开的“全国优先发展城市公共交通工作会议”上，上海被评为“优先发展城市公共交通示范城市”。

12月6日　在全国质量协会2006年“全国追求卓越大会”上，上海市电力公司市区供电公司荣获“全国质量奖”，成为全国电力行业首家获此殊荣的企业。

同日　以“加强城市规划工作，促进和谐社会建设”为主题的“全国五城市规划工作会议”在上海兴国宾馆召开。

12月7日　致公党市委举行五届十次全体会议，同意俞云波辞去主委，选举吴幼英为主委。

12月8日　东航上海往返纽约航线的首个航班MU587正式通航，结束了两地没有直达航线的历史。上海成为继北京之后，有航班直飞纽约的第二座中国内地城市。

12月10日　洋山深水港区二期工程竣工启用仪式举行。洋山深水港二期工程拥有4个7万—10万吨级集装箱专用泊位，设计年吞吐量210万标准箱。洋山深水港区码头岸线从一期工程时的1 600米延伸至3 000米，拥有9个深水泊位。

12月12日　由胡锦涛签署的中央军委追授上海警备区司令部通信站原副教导员王庆平"真诚爱兵科学带兵的模范基层干部"荣誉称号命名大会在上海举行。共青团中央为王庆平烈士先进事迹陈列馆颁发"全国青少年教育基地"匾牌。6月26日，由中共中央宣传部、解放军总政治部、共青团中央和中共上海市委联合举办的学习王庆平先进事迹座谈会在北京人民大会堂上海厅举行。6月12日，中共上海市委发出向王庆平学习的通知。2005年2月22日，王庆平在部队手榴弹实弹投掷训练时，为救战士壮烈牺牲。

12月15日　有百年历史的十六铺果市至宝山区大场农副产品批发市场搬迁工程完工，并正式对外营业。十六铺果市是在140多年前就有的马路市场，其水果年集散量约50万吨，约占其时全市销量三分之一。

12月18日　轨道交通3号线北延伸段通车试运行，轨道交通3号线一期北延伸段南起江湾镇站，北至江杨北路站，为连接宝钢与上海市中心的交通大动脉。随着全长15.4公里的北延伸线与3号线一期贯通，3号线全长40.3公里并设有29座车站。

同日　中环线两座越江隧道之一的军工路越江隧道正式开工。军工路隧道北起杨浦区军工路、黎平路，穿越黄浦江底，至浦东新区下穿浦东大道后接地，终点为金桥路、栖山路交叉口。主线全长3 050米。东线、西线均为双管双层双向，共计8车道。设计时速为80公里。是中环线的组成部分，与上中路越江隧道组成中环线快速路南、北两个重要越江节点。也是除复兴东路越江隧道、上中路越江隧道外穿越浦江上底的第三条上、下层均能通车的公路越江隧道。

12月18—20日　中共上海市第八届委员会第十次全体会议举行。全会审议并通过《中共上海市委关于贯彻〈中共中央关于构建社会主义和谐社会若干重大问题的决定〉的意见》。

12月20日　上海被列为全国信息专业人才知识更新工程重点示范城市，这标志着"653工程"在上海市信息领域率先启动。"653工程"是从2005—2010年6年间，国家在现代农业、现代制造、信息技术、能源技术、现代管理5个领域，重点培训300万名紧跟科技发展前沿、创新能力强的中高级专业技术人才。

12月21日　由上海社会科学院港澳研究中心与市政协港澳台侨委员会联合主办的"经济转型与沪港互动发展"高层研讨会在上海举行。

12月24日　首批9家外资银行已获中国银监会批准，将其在中国境内分行改制筹建为法人银行，可以经营全面外汇和人民币业务，注册地均在上海市。这9家外资银行是渣打银行、东亚银行、汇丰银行、恒生银行、日本瑞穗实业银行、日本三菱东京日联银行、新加坡星展银行、花旗银行、荷兰银行。

12月26日　上海市居住证信息系统全面建成开通，该系统具有可容纳1 000万人信息的数据存储能力，日均卡证制作可达4.5万张。能够为居住证、临时居住证的申领发放和补换等，居住证信息的交换共享，以及为基于居住证的社会管理和公共服务提供良好的信息技术支撑。

同日　市政府印发《上海海洋经济发展"十一五"规划》。

12月27日　市政府召开例行新闻发布会，2006年度市政府为民办的10件实事全部完成，市民总体满意度为81.07分。

12 月 28 日　工程总投资约 20 亿元,全长 7.09 公里的五洲大道竣工通车,标志着上海"三环十射"中"十射"基本建成。"三环"中,内环、外环已经建成,中环在建。"十射"指内外环之间的十条放射线,按逆时针方向依次为:逸仙路高架、共和新路高架、沪嘉高速公路入城段、沪宁高速公路入城段、沪青平高速入城段、沪闵高架、济阳路、罗南大道、龙东大道、五洲大道。五洲大道全长 7.09 公里,采用全封闭、全立交式的城市快速路标准建设,设有双向 8 车道,主线设计时速为 80 公里,总投资约 20 亿元。建成后,从市中心经五洲大道到崇明只需 45 分钟左右。

同日　松浦二桥合龙,曾名上海嘉金高速公路黄浦江大桥、A5 高速公路大桥。长约 1 公里,双向 6 车道,设计时速为 100 公里。2004 年 4 月动工兴建。2007 年与嘉金高速公路一同通车。

同日　经市政府同意,由市发展改革委组织编制的《上海能源白皮书》对外公布。《白皮书》以节能降耗和能源安全保障为主线,重点阐述到 2010 年能源发展目标、行动计划和政策措施。是为上海市首次制订发布能源领域的白皮书。

12 月 30 日　轨道交通 2 号线中山公园站至淞虹路站开通运营,开通后全线(淞虹路站至张江高科站)运营里程 24.223 公里,运营车站数为 17 座。至此,上海形成 5 条线、95 个车站和 145 公里的轨道交通网。

同日　市政府下发《贯彻国务院关于加强土地调控有关问题的通知》。

12 月 31 日　上海 5 个工程师研修基地及 5 个高校毕业生就业见习示范基地揭牌。由上汽集团、电气集团、华谊集团、纺织集团和张江高科技园区,设立汽车、装备制造业、化工、纺织、生物医药和信息技术工程师研修基地和高校毕业生就业见习示范基地。

2007年

1月1日　全国第二次农业普查工作启动。上海市3.5万多名普查指导员和普查员对2.1万个农村普查小区中近150万家农村住户进行入户现场登记。

1月2日　宝山区集约化供水工程率先改造完成，标志着上海作为全国首家建立城乡集约化供水体制的城市已经取得实质性成果。

1月5日　浦东新区政府投入引导基金200万美元，在吸引7 400万美元的社会投资后以400万美元退出，实现投资收益200万美元，这是浦东新区创业风险投资引导基金首次实现风险投资项目后成功退出。

1月9日　国际展览局秘书长文森特·冈萨雷斯·洛塞泰斯访问上海。3月23日、4月26日、8月3—5日、9月19日、11月14—15日洛塞泰斯多次访问上海。

1月10日　市政府批准《上海市综合客运交通枢纽布局规划》。按照该规划，在市域范围内有145个枢纽站点，根据承担的交通功能和规模大小，分为A、B、C、D四类。其中A类枢纽5处：虹桥综合交通枢纽、浦东国际机场、铁路上海站、铁路上海南站和铁路浦东客站。

1月12日　2010年上海世博会组织委员会第四次会议在北京召开，中共中央政治局委员、国务院副总理、组委会主任委员吴仪出席。会议审议通过《2010年上海世博会主题演绎工作计划》《省、自治区、直辖市参与2010年上海世博会方案》等7个文件。

同日　位于闸北区浙江北路118号的中共"三大后"中央局机关历史纪念馆对外开放。纪念馆三层楼面6个展厅，有照片、实物、复制件500多件。

1月16日　上海首个由慈善机构发起的面向社会弱势困难群体的"安济著名医学专家中心"成立。

同日　宝钢集团与八一钢铁集团签署资产重组协议，正式增资控股八钢，宝钢国内并购迈出成功第一步。

1月17日　中共上海市第八届委员会第十一次全体会议举行。会议审议通过《中共上海市委八届十一次全会关于召开中共上海市第九次代表大会的决议》。

1月19日　"上海银行间同业拆放利率"(Libor)迈出实质性交易的第一步，报价团中的花旗银行和兴业银行完成了第一笔利率互换交易。这也是中国利率市场开始尝试新的生成机制的第一笔交易。

1月22日　上海液化天然气(LNG)项目一期工程在洋山深水港区正式开工。一期工程规模为每年进口液化天然气300万吨(折合天然气约40亿立方米)，2009年建成投产。

1月22—24日　市纪委第七次全体会议暨全市加强党风廉政建设干部大会召开。会议学习领会、坚决贯彻落实中共中央总书记、国家主席、中央军委主席胡锦涛在中纪委第七次全会上的重要讲话精神，部署2007年市党风廉政建设和反腐败工作。

1月25日　上海市振兴老字号品牌工作会议召开。2006年，商务部重新认定"中华老字号"，上海的老凤祥、恒源祥、吴良材、冠生园、王宝和、立丰食品和古今内衣等51家企业获首批"中华老字号"企业称号。

1月26日　世界上第一个采用特殊结构加宽工艺改建而成的大型浮船坞——20万吨级“中海九华山”浮船坞，在长兴岛竣工投产，成为当时国内三个最大的浮船坞之一。

同日　市政府印发《上海市突发公共事件总体应急预案》。

1月27日—2月1日　市政协举行十届五次全体会议。

1月28日—2月3日　市人大第十二届五次会议举行，上海市长韩正作《政府工作报告》。

1月　中国品牌研究院首次举办的全国各省市“城市经济名片”选评揭晓，被认定为“上海经济名片”的上海十大标志性品牌的是：中华、光明(食品产业)；双钱、白猫(化工产业)；东风(机械设备产业)；恒源祥、三枪(服装纺织产业)；老凤祥、锦江(商贸服务业)；宝钢(冶金及材料产业)。

2月1日　上海首批公共设施专业化管理员亮相上海南站。一支由40名协管员组成的管理队伍，是日起在上海南站站区实施24小时全天候服务。这是上海第一支由政府出资组建的大型公共服务配套设施的专业化管理队伍，也是上海首次尝试“政府出钱购买公共服务”。

同日　上海市服务外包网正式开通，这是上海市首个发布服务外包信息的门户网站。与此同时，上海现代服务业联合会服务外包专业委员会揭牌。

2月1—2日　葡萄牙共和国总理若泽·苏格拉底访问上海。

2月4日　以“携手慈善，共建和谐”为主题的“蓝天下的至爱——上海2007爱心全天大放送”举行。中共上海市委代理书记、市长韩正发表以慈善为主题的电视讲话。慈善系列活动有“慈善大乐园”、慈善手术、“万人捐，帮万家，让特困家庭过好年”活动和大型慈善文艺晚会等。

2月6日　建造在南汇区老港垃圾填埋场上的上海华港风力发电一期工程签字仪式举行，该工程由上海华港风力发电有限公司总投资2亿元，是亚洲首个建造于垃圾填埋场上的风力发电项目，2011年一期工程并网发电。

2月7日　上海市第二批8个现代服务业集聚区公布，具体为：世博花木国际会展集聚区、张江高科技创意文化和信息服务业集聚区、江湾—五角场科教商务区、虹桥涉外商务区、宝山钢铁物流商务区、上海国际汽车城现代服务业集聚区、七宝生态商务区和奉贤南桥中小企业总部商务区。

2月8日　市政府印发《上海市在沪外国人集体宗教活动临时地点指定试行办法》《上海市固定宗教活动处所设立审批和登记试行办法》。

2月9日　位于奉贤区海滨杭州湾的上海海湾国家森林公园被林业部命名为“全国十大风景森林公园”。

2月13—16日　伦敦“上海周”活动在英国伦敦举行，活动有特拉法加广场表演、莱斯特广场传统烟火燃放，以及“上海360度图片展”等。

2月15日　市重点工程实事立功竞赛表彰大会举行，表彰2006年度上海市建设功臣268名。

2月26日　上海市邮政公司成立，并与先期成立的行使政府行业监管职能的上海市邮政管理局共同举行揭牌仪式，这标志着邮政政企分开基本完成。

2月27日　2006年度国家科学技术奖励大会举行，上海有42个项目分获国家自然科学奖、国家技术发明奖和国家科技进步奖三类大奖，占全国326个获奖项目的12.88%，获奖比例连续5年保持两位数。

2月28日　市政府印发《上海市土地交易市场管理办法》。

3月1—2日　斯里兰卡民主社会主义共和国总统马欣达·拉贾帕克萨访问上海。

3月1—6日　第十七届中国华东进出口商品交易会在上海举行，美国、加拿大、英国等15个国家和地区的144家企业参展。出口总成交额35.53亿美元，比上届增长6.96%。

3 月 5—30 日　上海 11 所高校博物馆联展活动举行，联展期间免费向市民和中小学生开放。11 所高校博物馆为：复旦大学台湾高山族博物馆、上海交通大学董浩云航运博物馆、华东师范大学古钱币博物馆、东华大学中华服饰博物馆、上海音乐学院东方乐器博物馆、上海戏剧学院戏曲艺术博物馆、上海水产大学中国鱼文化博物馆、上海中医药大学中医药博物馆、上海师范大学陶瓷艺术博物馆、上海理工大学印刷博物馆和上海体育学院武术博物馆。

3 月 15 日　上海召开保持共产党员先进性长效机制督查工作暨培训会议，中共上海市委派出 4 个督查组对各区(县)委、大口党委贯彻落实中央文件的情况进行专项督查。

3 月 15 日—5 月 12 日　第三届上海国际服装文化节举行。活动有原创品牌服装秀、国际模特大赛、纺织品博览会和中华老字号非物质文化遗产展等。

3 月 17 日　由上海京剧院、上海昆剧团和天蟾逸夫舞台 3 个独立法人单位组建的国有文化事业单位——上海京昆艺术中心成立。

3 月 18 日　由上海申办的第十二届世界夏季特殊奥林匹克运动会组委会全体会议在北京举行。中共中央政治局委员、国务院副总理、特奥会组委会名誉主席回良玉出席会议并讲话。

3 月 18—21 日　民建上海市第十一次代表大会举行，周汉民当选为主委。

3 月 20 日　以“世界博览会：从爱知到上海”为主题的日本“上海周”世博推介说明会在日本东京举行。活动有在“世博”号京急列车上介绍上海风情的摄影照片；有“迎世博・流动的上海”图片摄影展、世博推介说明会、上海电视周等。

3 月 23—27 日　萨摩亚独立国人权保护党领袖、政府总理图伊拉埃帕・卢佩索利艾・萨伊莱莱・马利埃莱额奥伊访问上海。

3 月 24 日　上海市召开党政负责干部大会，会上宣布中共中央关于习近平任中共上海市委书记的决定。

3 月 26 日　2010 年上海世博会国际推介会在联合国总部举行。

3 月 29 日　国家高新技术产业标准化示范区(试点)在浦东新区上海市张江高科技园区揭牌，是国内首家试点示范区。

3 月 29—31 日　致公党上海市第六次代表大会举行，吴幼英当选为主委。

3 月 30 日　中共上海市委书记习近平、市长韩正等瞻仰中共一大会址和中共二大会址，习近平在瞻仰时说，中国共产党诞生在上海，这是上海的骄傲。我们有幸在上海工作，即感到十分光荣，更倍感责任重大。瞻仰中共一大和二大会址，目的是接受革命传统教育，重温党的光辉历程，缅怀党的丰功伟绩，学习革命先辈的崇高精神，进一步激发为党和人民的事业不懈奋斗的豪情和斗志，把上海建设得更美好。

4 月 1 日　上海市《关于完善本市普通高等院校学生医疗保障制度的若干意见》实施，实现全市 51 万普通高等教育大学生医保制度全覆盖。

同日　上海生物产业基地获准建立国家级生物产业基地。基地有 1 个核心区：张江高科技园区；4 个扩展区：徐汇枫林地区、青浦工业园区、南汇周康地区和奉贤星火地区。

4 月 2 日　国内首批可以受理个人人民币业务的 4 家外资法人银行——东亚银行(中国)有限公司、汇丰银行(中国)有限公司、花旗银行(中国)有限公司和渣打银行(中国)有限公司在上海开业。

4 月 6 日　上海首家“创业诊所”在浦东张家浜开业园区 A 区挂牌，6 位开业专家志愿者受聘前来担任“诊断医生”，为创业者把脉。

4月7日　以“和谐社会,共享自然”为主题的2007全国“爱鸟周”暨上海市第二十六届“爱鸟周”启动仪式举行,仪式上,市绿化局首次发布上海十佳观鸟点,分别为:崇明东滩、崇明北湖、南汇滨海、松江天马山、宝山宝钢水库、奉贤世纪森林公园、共青森林公园、世纪公园、上海植物园、九段沙国家级湿地自然保护区。1981年国务院提出每年4月至5月初的一个星期定为“爱鸟周”宣传日,1992年,《中华人民共和国陆生野生动物保护实施条例》,明确将“爱鸟周”以法规的形式确定下来。上海市在1982—2006年共举办25届爱鸟周活动,全市中小学生的参与人数累计达30多万人次,并有85家中小学校成为“野生动物保护特色学校”。

4月12日　2007年度上海市公共卫生工作联席会议召开,印发《上海市加强公共卫生体系建设三年行动计划(2007—2009年)》。

4月16日　市政府办公厅发出《关于开展市政府规章清理工作的通知》。

4月18日　2006年度上海科学技术奖励大会召开,韩正主持会议,习近平发表讲话,指出要把推动科学自主创新放在科技工作的突出位置,把提高自主创新能力作为调整经济结构和转变经济增长方式的中心环节,聚焦国家战略、重大产业项目和创新基地,积极探索具有中国特色、时代特征、上海特点的自主创新之路。

同日　上海科学技术奖励大会举行,连续颁发20年的“上海市科技进步奖”正式更名为“上海市科学技术奖”,下设五大奖项,即科技功臣奖、自然科学奖、技术发明奖、科技进步奖和国际科技合作奖。除科技功臣奖两年一度外,其余四大奖项每年一评。2006年度上海市科学技术奖共评出各类奖项309项。另授予2位外籍专家市首届国际科技合作奖。

同日　上海市浦东新区劳动争议仲裁院成立,是全市首家劳动争议仲裁院。

4月19—21日　九三学社上海市第十次代表大会举行,赵雯当选为主委。

4月23—25日　民进上海市第十次代表大会举行,蔡达峰当选为主委。

4月24日　上海市推进学习型社会建设大会举行,“上海市学习型社会建设网”开通。

4月25日　上海市2007年精神文明建设工作会议举行。表彰2个文明城区、11个文明行业、4个规范服务达标行业,1 965个文明小区、369个文明村、2 218个市文明单位,369对军民共建先进集体和60个文明示范标志区域以及2006年度市精神文明“十佳好人好事”。

4月26日　习近平与本市各界优秀青年代表座谈,勉励广大青年坚实信念,志存高远,始终勇往直前,勇攀高峰,要求大家发扬艰苦奋斗的优良作风,不断增长才干,争做自主创新的排头兵。

同日　习近平、韩正等市领导在上海话剧艺术中心,与张瑞芳等话剧艺术家共庆中国话剧诞生百年,并一同观看了话剧《秀才与刽子手》。4月29日,上海召开纪念中国话剧百年华诞大型座谈会。5月24日—6月21日,举行纪念中国话剧百年中外系列演出。

同日　吴淞炮台湾湿地森林公园一期工程在宝山区吴淞口对外开放,该工程东濒长江,西倚炮台山,陆地面积53.46万平方米,原生湿地面积约50万平方米,沿江岸线长1 974.13米。2005年11月动工,2006年竣工。“炮台湾”因清政府曾建造水师炮台而得名。2008年11月二期工程动工,面积19.6公顷。

4月27日　上海市劳动模范表彰大会召开,796名劳动模范和350个劳模集体获得表彰。

4月28日　第二届上海市优秀中国特色社会主义事业建设者表彰大会举行,50名获上海市优秀中国特色社会主义事业建设者称号。

4月28日—5月13日　2007“上海之春”国际音乐节举行,其间举行9台新作品音乐会、三大类音乐比赛、25台经典音乐演出以及数十场群众性音乐活动。

4 月 29 日　卫生部、国家中医药管理局追授陈海新“人民健康好卫士”荣誉称号。陈海新生前是浦东新区周家渡社区卫生服务中心中医科主治医师，身患先天性残疾，大半身瘫痪，14 年如一日，用唯一能动的右手切脉诊病，诊治病人 20 余万人次。陈海新还获 2006 年度市精神文明“十佳好人好事”特别奖。

4 月 30 日　由中国海洋石油总公司、中国船舶工业集团公司与美国康菲石油公司出资，总价为 2.4 亿美元的 30 万吨海上浮式生产储油轮（FPSO）——“海洋石油 117”号命名仪式在上海外高桥造船公司举行。该轮为中国建造的吨位最大、造价最高、技术最新的同类型储油轮，标志着中国在该类船舶的设计与建造领域跻身世界先进行列。

5 月 1—13 日　市政协主席蒋以任率市政协代表团访问美国、日本。

5 月 10—11 日　中共中央政治局常委、国家副主席曾庆红在上海考察工作。

5 月 10—11 日　市工商联第十二次会员代表大会举行，王新奎再次当选会长。

5 月 12—13 日　中共上海市第八届委员会第十二次全体会议召开，讨论通过八届市委向市第九次党代会的报告。

5 月 14 日　市政府印发《上海市服务全国和对口帮扶“十一五”规划》，规划提出十大主要任务：完成中央下达的对口支援任务；共同推进长江三角洲及沿江地区综合经济带建设；积极参与西部大开发，继续推动上海产业、技术、管理优势与西部地区资源等优势的结合等任务。

5 月 14—16 日　中共中央政治局常委、国务院总理温家宝在上海考察工作。15 日，主持召开长江三角洲经济社会发展座谈会。

5 月 16 日　以“人生，因读书而精彩”为主题的第九届上海读书节举行。历时 5 个月，有上海职工“迎世博，学双语”系列活动、推进上海社会主义新农村读书系列活动等 22 个活动项目。

5 月 16—17 日　2007 年非洲开发银行集团理事会年会在上海国际会议中心召开。温家宝出席开幕式并致辞，卢旺达共和国总统保罗·卡加梅、佛得角共和国总统佩德罗·皮雷斯、马达加斯加共和国总统马克·拉瓦卢马纳纳和非洲开发银行行长卡贝鲁卡等出席会议。

5 月 18 日　国际博物馆日，上海 61 家博物馆、纪念馆分别在 18 日前后向社会公众免费开放。

同日　复旦大学附属华山医院建院 100 周年庆典大会举行。

5 月 19 日　以“携手建设创新型国家”为主题的 2007 年全国科技活动周暨第九届上海科技节举行，市、区县各相关部门组织 400 多项活动。

5 月 20 日　同济大学建校 100 周年庆典大会举行，胡锦涛发贺电，国务委员陈至立代表国务院出席庆典大会并讲话。

5 月 21 日　四川—上海±800 千伏特高压直流输电示范工程开工仪式在上海举行，工程起点在四川复龙换流站，落点在上海奉贤区四团镇横桥村的奉贤换流站，途经四川、重庆、湖南、湖北、安徽、浙江、江苏和上海 8 省（直辖市），全长约 2 000 公里。2010 年 7 月 8 日投入运行。

同日　位于长兴岛的中船江南长兴造船基地 1 号线建造的 29.7 万吨 VLCC（超大型油轮）开工建造，这是上海造船工业有史以来建造的最大吨位、拥有自主知识产权的油轮。2008 年 4 月 25 日油轮建成下水。

5 月 24 日　国际特奥会主席蒂姆·施莱佛访问上海。

5 月 24—28 日　中共上海市第九次代表大会举行。习近平代表中共上海市第八届委员会向大会作报告，提出“与时俱进地培育城市精神”，并对上海城市精神新增了“开明睿智”“大气谦和”的表述。全会选出上海出席党的十七大代表 73 名，选举习近平为市委书记。

5月25—26日　德意志联邦共和国总统霍斯特·克勒访问上海。

5月28日　中国拥有完全自主知识产权的第一艘8 530箱超大型集装箱船在上海出坞。这是国内生产的最大一艘集装箱船,可一次性装载8 530个标准箱。它标志着中国在高新技术船舶建造领域取得重大突破,成为继韩国、日本、丹麦后第四个能自主设计建造大型集装箱船的国家。

5月30日　长三角区域大通关协作第一次联席会议暨签约仪式在上海举行,苏浙沪两省一市签署长三角区域大通关协作备忘录。

6月2日　中共中央政治局常委、国务院副总理,中共上海市委原书记、上海市原市长黄菊在京逝世,享年69岁。

6月5日　青草沙水源地原水工程正式启动。2016年9月1日,在中国工程院的建议下,上海市政府决定将长兴岛青草沙建设为上海的水源地,该工程由青草沙水库及取输水泵闸工程、长江原水过江管工程、陆域输水管线及增压泵站工程等三大主体工程组成。青草沙水库总面积约70平方公里,有效库容4.35亿立方米。2019年1月2日,长江口青草沙水源地原水工程标志性项目——青草沙水库环库大堤800米龙口抛石截流成功。2020年2月4日,青草沙水源地原水过江工程输水隧道全线贯通仪式在崇明县长兴岛举行。12月1日,青草沙水源地工程原水供水切换启动。2011年6月,青草沙水源地项目全面投入运行。

同日　市政府下发《关于公布第一批上海市非物质文化遗产名录的通知》。

6月5—6日　纽埃总理米提塔伊昂伊梅尼·扬·维维安访问上海。

6月6日　经教育部批准,上海海关学院在浦东新区举行揭牌仪式。该学院的前身为上海海关高等专科学校。

6月7日　2010年上海世博会园区内首座永久性核心功能场馆——世博中心开工建设,该中心承担世博会运营指挥中心、庆典会议中心、新闻中心、论坛活动中心等功能。11月10日世博会主题馆动工,12月18日中国国家馆动工,12月28日世博文化中心动工。另外世博会园区内其他场馆中,世博村于2月8日动工,上海世博会园区样板组团项目于5月21日动工。

6月8—22日　中共上海市委召开常委会,传达学习《中共中央纪委关于严格禁止利用职务上的便利谋取不正当利益的若干规定》精神,审议通过《中共上海市委常委会议事决策规则》《中共上海市委书记、副书记、常委分工》《中共上海市委常委会关于加强自身建设的若干意见》等规章制度。

6月9日　华东政法学院正式更名为华东政法大学揭牌庆典活动举行。

6月9—12日　韩正率上海市代表团访问俄罗斯,出席圣彼得堡"上海周"活动。

6月9—13日　以"中国元素,海上聚宝"为主题的2007上海民族民俗民间文化博览会举行。汇聚海内外80多个参展单位的上千件展品,有首批市级非物质文化遗产名录成果展,"都市创艺馆"和"沪上城乡风俗廊"等,参观者5万余人次。

6月9—18日　俄罗斯"中国年·上海周"开幕暨"波罗的海明珠"商务中心落成仪式在圣彼得堡举行。圣彼得堡"上海周"活动主要包括政府高层交流、世博经贸旅游推广与合作、文化交流、体教卫交流以及民间交往等五大版块20多个项目。

6月10日　第二个中国"文化遗产日"。9—10日,上海市90处历史文化遗产向市民免费开放,其中包括中国共产党第一次全国代表大会会址、国泰大戏院旧址、百代小红楼、三山会馆和端午民俗馆等。

6月10—16日　以"节能减排、科学发展"为主题的2007年上海市全国节能宣传周活动举行。市第一批节能监察员接受聘书。6家专门从事合同能源管理的节能服务公司揭牌,市电力公司等

11 家企业与节能服务公司签署合作协议。

6 月 11—15 日　第十三届上海电视节举行，该届上海电视节首次与上海国际电影节错开连办。有“白玉兰”奖国际电视节目评选、“白玉兰”论坛、国际影视节目市场、国际新媒体与广播影视设备市场四大主体活动。

6 月 14—15 日　市政协主席蒋以任率部分政协委员赴江苏省学习考察；18—19 日，赴浙江省学习考察。

6 月 16 日　韩正会见日中青年世代友好代表团。

6 月 16—24 日　第十届上海国际电影节举行，有“金爵奖”国际影片评选、国际影片展、“金爵”国际电影论坛暨“亚洲新人奖”评选等活动。

6 月 18 日　国际展览局第一四一次全体大会在巴黎召开。会议审议通过中国政府提交的 2010 年上海世博会第三号至六号和第八号至十一号“特殊规章”。

6 月 20 日　特殊奥运会执法人员火炬跑火炬、徽标在北京发布，中共中央政治局委员、国务院副总理、特奥会组委会名誉主席回良玉出席仪式并揭晓特殊奥运会火炬“腾龙”。特奥会组委会名誉副主席习近平揭晓特殊奥运会执法人员火炬跑活动徽标“希望之火”。

6 月 23 日　苏州河上已有百年历史、被誉为艺术之桥的河南路桥封闭并拆除。重建 1 座南起北京东路、北至天潼路的加宽新桥，原有艺术图案将在新桥再现。

6 月 24 日　习近平、韩正出席“迎特奥——倒计时 100 天”系列活动启动暨“倒计时钟”揭幕仪式。

6 月 24—26 日　西班牙王国国王胡安·卡洛斯一世访问上海。

6 月 28 日　由文化部、市政府主办，市文广局、国家动漫游戏产业振兴基地承办的第三届中国国际动漫游戏博览会在上海举行。国家动漫游戏产业振兴基地和上海联合产权交易所联手成立国内首家动漫游戏产业产权交易中心揭牌仪式举行。

6 月 29 日　特殊奥运会“希望之火”点火仪式和执法人员火炬跑活动在希腊雅典举行。这是中国第一次到奥林匹克运动的发源地采集圣火。国际段的火炬跑：6 月 29 日—7 月 4 日在希腊雅典，埃及亚历山大和开罗，英国伦敦；7 月 26 日在美国华盛顿；8 月 17 日在韩国首尔、8 月 22 日在日本东京；9 月 18 日在澳大利亚悉尼。

7 月 1 日　上海城镇重残无保障人员享受基本医疗保障制度实施。全市重残无业人员约 3.5 万人受益。

同日　上海交通中最后一张“纸质月票”——已使用 49 年的轮渡纸质月票被电子月票取代。

7 月 2 日　市工商局举行上海市首批农民专业合作社营业执照颁发仪式，取得营业执照的有金山区上海珠丰甜瓜专业合作社、奉贤区上海富民蜂业专业合作社和崇明县上海三星柑橘专业合作社。

同日　《上海市和利物浦市(英国)合作交流备忘录(2007—2010 年)》在上海签署。

7 月 3 日　市教委召开以委托管理推进农村义务教育学校内涵发展工作会议，徐汇、卢湾等 19 所中心城区学校、教育机构与金山、松江等郊区 19 所农村学校举行对口办学签约仪式。这是城区优质教育资源辐射农村义务教育的一项重要举措。

7 月 5 日　市政府与中国华能集团公司签署战略合作协议，双方在节能减排、环境保护方面深化合作。

7 月 7 日　市政府印发《关于进一步加强国内合作交流工作若干政策意见》。13 日，中共上海市委、市政府召开全市合作交流与对口支援工作会议。

7月11日　习近平在青浦调研时指出，要以对人民群众、对子孙后代高度负责的精神，把环境保护和生态治理放在各项工作的重要位置，下大力气解决一些在环境保护方面的突出问题，坚持奋发有为，乘势而上，切实做到经济持续增长，污染持续改善，努力形成人与自然和谐相处的宜居环境。

7月11—12日　毛里求斯共和国总理纳文钱德拉·拉姆古兰访问上海。

7月12—15日　由新闻出版总署、科学技术部、体育总局、国务院信息化工作办公室、中国国际贸易促进委员会、国家版权局和市政府主办的第五届中国国际数码互动娱乐产品及技术应用展览会在上海举行。中国、美国、日本、德国等国内外参展公司逾170家。

7月13日　上海市第三次全国文物普查工作动员部署大会举行。全市对已登记的4 000余处不可移动文物进行全面复查，对地上、地下文物再次进行全方位检查。

7月16日　市农科院畜牧研究所研制的市首例体重1 153克的巴马小型猪克隆猪在南汇瓦屑的上海白猪原种场诞生。

7月17日　中共上海市第九届委员会第二次全体会议举行。会议学习贯彻胡锦涛在中央党校的重要讲话和市第九次党代会精神，审议并通过《中共上海市第九届委员会工作规则》。

7月19日　特奥会组委会在上海召开全体会议，回良玉出席会议并讲话。回良玉还出席中国特奥代表团成立仪式和上海特奥竞赛训练中心揭牌仪式。

7月22日　由市委宣传部为顾问单位，市文明办、市关心下一代工作委员会、上海公安博物馆等12家单位联合举办的大型爱国主义教育展“军魂颂”开展，展览由珍贵历史图片、红色文物收藏、书画作品三大部分组成，展出历时2个月。

7月22—26日　由习近平、韩正率领的上海市代表团赴浙江省杭州、宁波、嘉兴、义乌，江苏省南京、无锡、苏州、昆山等市学习考察。

7月26日　中共中央政治局会议审议中共中央纪律检查委员会《关于陈良宇严重违纪问题的审查报告》，决定给予陈良宇开除党籍、开除公职处分，对其涉嫌犯罪问题移送司法机关依法处理。中共上海市委、市政府、上海各界干部群众坚决拥护中共中央作出对陈良宇处理的决定。8月10日，中共上海市委、市政府召开全市党政负责干部大会，指出要进一步总结反思陈良宇严重违纪案件和社保资金案的深刻教训，深入开展警示教育，以案明纪，以案说法，查找问题，堵塞漏洞，全面推进上海反腐倡廉建设。2008年4月11日，天津市第二中级人民法院以受贿罪、滥用职权罪判处陈良宇有期徒刑18年，没收个人财产人民币30万元。

7月28日　由中国人民解放军档案馆与上海市档案馆联合举办的“光荣历史的见证——纪念中国人民解放军建军80周年档案实物展”开展。

7月29日　“百位共和国将军书法展”在上海开幕，《百位共和国将军书法集》同时发行。

7月29日—8月2日　2007年上海国际少年儿童文化艺术节举行，有23个国家和地区的54个儿童艺术团体开展少儿文化艺术展示、交流活动。

7月31日　由中共中央宣传部，解放军总参谋部、总政治部、总后勤部和总装备部联合主办的“我们的队伍向太阳——新中国成立以来国防和军队建设成就图片展”在上海开幕，展览共分“战略决策辉煌历程”“军事过硬钢铁长城”“铸牢军魂永葆本色”“勤俭建军保障有力”“自主创新跨越发展”“牢记宗旨建设祖国”和“面向世界维护和平”七大专题。

8月1日　中国科学院与英国石油公司(BP集团)在上海建立清洁能源商业化中心(CECC)，

并签署合作备忘录。

同日　新加坡华侨银行(中国)在上海开业。

8 月 3 日　《上海市全科医师规范化培养试行办法(2006—2010 年)》实施,计划到 2010 年,面向全国招生、培养 1 000 名全科医师。这一全新的全科医生培养模式在全国属首创。

8 月 4 日　2010 年上海世博会全球旅游推广计划启动仪式举行,国家旅游局、市政府联合授予国家旅游局 18 个海外办事处"中国 2010 年上海世博会旅游推广海外工作站"的铭牌。苏浙沪三省市旅游部门授予 25 个长江三角洲城市和上海 19 个区县的旅游局"中国 2010 年上海世博会旅游推广长江三角洲工作站"的铭牌。

8 月 5 日　2010 年上海世博会开幕倒计时 1 000 天。上海世博会宣传月(周)和"走进世博会——中国 2010 年上海世博会暨世博会历史回顾展览"大型巡展揭幕。巡展下半年相继在南京、北京、杭州、重庆和广州 5 个城市举行。中国 2010 年上海世博会宣讲团成立,前往全国各主要城市宣传。

同日　中共上海市委办公厅印发《关于进一步加强对局级领导班子主要负责人监督的若干意见(试行)》《关于党委(党组)实施"三重一大"制度的若干意见(试行)》,强调要发扬党内民主,推行集体决策,主要领导带头执行制度,自觉接受监督。

8 月 6 日　市政协举行"长江三角洲地区经济联动发展"专题研讨会,习近平出席听取 14 个调研课题的汇报并讲话。

8 月 7 日　市政府印发《上海市节能减排工作实施方案》。

8 月 8 日　市政府印发《上海市土地资源节约集约利用"十一五"规划》。

8 月 10—12 日　由体育总局、国家旅游局和市政府共同主办的 2007 中国体育旅游博览会在上海举行。美国、英国、韩国,以及中国宁夏、青海、黑龙江等 18 个省、自治区、直辖市的体育旅游企业、体育运动协会、体育俱乐部等 200 多家单位参展。

8 月 11 日　全国首个省级兵役工作管理信息系统在市政府征兵办建成启用,依靠网络实施"兵役登记""兵员征集""跟踪教育""执法检查"和"决策支持"等兵役工作全过程的信息化管理。

8 月 13 日　上海市纪念志愿者协会成立 10 周年暨志愿者先进表彰大会举行,表彰十大杰出志愿者,15 个优秀志愿者服务品牌,十大志愿服务基地和 168 个志愿服务先进集体、202 名优秀志愿者、94 名志愿者活动优秀组织者。

8 月 15—21 日　以"我爱读书,我爱生活"为主题的 2007 年上海书展举行。参展图书 10 万余种,有 250 项文化活动,19 万读者参与,销售额 2 500 万元。

8 月 18 日　外滩综合改造工程开工。自外白渡桥到中山南路、东门路止,涉及外滩通道建设、滨水区改造、截渗墙建造、新延东排水系统改建、公交枢纽和地下空间开发六大工程项目。2008 年 3 月 5 日,黄浦区延安东路高架外滩下匝道,俗称"亚洲第一弯"开始拆除,6 月 10 日完成。2010 年 3 月 18 日,上海外滩综合改造工程竣工仪式在黄浦区外滩滨水平台举行。

8 月 20 日　习近平在上海世贸商城参观正在举办的 2007 年上海书展,指出要按照市第九次党代会提出的努力建设文化大都市的奋斗目标,认真打造上海书展这张文化名片,增强上海文化的吸引力和影响力,提高上海城市软实力。

8 月 21—25 日　由韩正率领的上海市代表团对内蒙古自治区呼和浩特、呼伦贝尔、满洲里、鄂尔多斯、包头等市学习考察。内蒙古自治区政府与市政府签署《进一步加强合作交流协议》;举行市政府驻内蒙古办事处揭牌仪式。

8月22日　市政府与国家开发银行在上海签署《上海市人民政府和国家开发银行金融发展合作备忘录》。双方在推进上海国际金融中心建设、浦东综合配套改革试点以及长江三角洲区域协调发展方面进一步加强合作。

8月23日　国家旅游局颁发全国首批5A级旅游景区证书,上海市有东方明珠广播电视塔、上海野生动物园。

8月27日　国家(上海)平板显示器件产业园在莘庄工业区揭牌成立。经信息产业部批准,该产业园被列为国家电子信息产业园。

同日　市统计局发布2007年度上海集团100强名单,上海宝钢集团公司以1 833.95亿元的营业收入,连续第四年蝉联集团100强榜首。

8月28日　中共上海市委发出通知,号召全市党员干部向曹道云学习。曹道云是普陀区民政局党委书记、局长。9月19日,曹道云获中央文明办、全国总工会、共青团中央、全国妇联组织评选的"全国道德模范"称号。

9月2日　市政府和吉林省政府在吉林省长春市签署《上海市人民政府与吉林省人民政府进一步加强交流合作协议》。

9月3日　在中纪委办公厅、全国政务公开领导小组召开的全国政务公开工作先进单位表彰暨全国政务公开示范点命名电视电话会议上,上海市杨浦区政府、黄浦区南京东路社区(街道)办事处、宝山区大场镇政府受到表彰,浦东新区政府、市教育委员会被命名为政务公开示范点。

9月4日　"中国共产党在虹口"史料陈列馆在多伦路215号对外开放,展出140多幅历史照片和近百件珍贵实物及仿真件。

9月4—5日　匈牙利共和国总理久尔恰尼·费兰茨访沪,并出席2010年上海世博参展合同签字仪式。

9月5日　中共上海市委、市政府召开全市信访工作会议。

9月7日　在中共中央宣传部第十届精神文明建设"五个一工程"评选中,上海10部文化精品获奖。电视剧《亮剑》获特等奖,影片《邓小平·1928》、京剧《廉吏于成龙》等10部作品获奖。上海市委宣传部获得组织工作奖。12月1日,上海举行表彰大会,对获奖作品进行表彰。

9月9—13日　市政协主席蒋以任率市政协代表团赴吉林省学习考察。

9月10日　上海国际航运中心洋山深水港区二期工程竣工,正式通过国家验收。洋山港区一、二期码头已形成3 000米岸线、9个集装箱泊位的规模。

9月10—30日　"FIFA2007年中国女足世界杯"比赛在上海、天津、杭州(含义乌)、武汉和成都5个城市进行。上海作为主赛场,承担开幕式、闭幕式及包括揭幕战在内的部分小组赛和决赛。来自五大洲的16支球队参赛,德国队、巴西队、美国队为前三名。

9月15日—10月6日　第十三届上海旅游节举行。有国际音乐烟花节、浦江彩船巡游、旅游纪念品博览会、玫瑰婚典、首届2007年上海购物节等旅游节庆活动。

9月16日　由农业部和市政府联合主办的以"养护生物资源,共建和谐长江"为主题的长江生物资源养护论坛在上海举行。位于长江流域的云南、贵州、四川、重庆、湖北、湖南、江西、安徽、江苏和上海十省市政府和农业部、水利部、交通部、国家环保总局、国家林业局,中国长江三峡工程开发总公司,世界自然基金会(WWF)等国内外组织共同发表《长江生物资源养护论坛上海宣言》。

9月18日　韩正出席市推进国际金融中心建设领导小组第一次会议。

同日　位于浦东张江高科技园区张江药谷的和记黄埔医药(上海)有限公司和美国礼来公司签

订战略合作协议，共同研发抗癌及炎症性疾病新药，是中国药物研究史上，国外制药公司第一次将其全新药物交由中国公司研发，也是国内首试知识产权共享研发模式。

9 月 19 日　由市委宣传部、市文明办为指导单位，上海文广新闻传媒集团主办，青海、山西、山东等省级电视台以及上海杨浦区区政府联合承办的《伟大的史诗——〈黄河大合唱〉诞生 70 周年纪念特别节目》在上海江湾体育场举行，并通过东方卫视等多家电视媒体向全球现场直播。其中，由 3 万人共同演唱创下《黄河大合唱》演唱人数之最。指挥家曹鹏、表演艺术家焦晃分别担纲此台歌会的总指挥和朗诵，廖昌永、张建一、佟铁鑫和于冠群等分别领唱《黄河大合唱》的不同篇章。著名歌唱家周小燕、作曲家黄准、冼星海的女儿冼妮娜，以及光未然的女儿张安迪作为嘉宾出席此次活动。

同日　由市政府和国际展览局联合主办，以"城市最佳实践"为主题的第五届中国 2010 年上海世博会国际论坛在上海举行。

9 月 20 日　市政府办公厅发出《关于本市行政机关带头参与"公共交通周及无车日活动"的通知》。9 月 22 日，首届上海公共交通周及无车日活动启动。

9 月 22 日　中国第一列具有自主知识产权 A 型地铁列车在上海下线，国产化率达 85%。

9 月 24 日　吴仪在上海主持 2010 年上海世博会组委会第五次会议。9 月 25 日，吴仪出席 2010 年上海世博会国内参展动员会议并讲话。2010 年上海世博会国内参展工作正式启动，世博会组委会在中国馆内设立省、自治区、直辖市联合馆，展出面积平均各为 600 平方米。中国香港、中国澳门特别行政区单独建馆参展，面积各为 800 平方米。

9 月 25 日　特殊奥运会执法人员火炬跑中国迎圣火和起跑仪式在北京居庸关长城举行。中共中央政治局常委吴官正出席仪式，点燃圣火坛并宣布起跑。中共中央政治局委员、国务院副总理、特奥会组委会名誉主席回良玉代表中国政府致辞。国务委员陈至立，中共上海市委书记、特奥会组委会名誉副主席习近平，体育总局局长、特奥会组委会执行主席刘鹏，中国残联主席、特奥会组委会执行主席邓朴方等分别从圣火坛引燃火炬并授予北京、上海等 12 个城市及中国香港特别行政区、中国澳门特别行政区的代表。9 月 27 日起在北京、哈尔滨、大连、西安、杭州、苏州、无锡、广州、嘉兴、温州、南京等城市和中国香港、中国澳门地区同时传递。9 月 29 日，各路火炬在上海汇合后传递到各区县，10 月 2 日，传递至特殊奥运会开幕式会场——上海体育场，点燃特殊奥运会主火炬。

同日　上海首个野生动物禁猎区在南汇东滩成立。该区域占地面积 122.5 平方公里，主要以保护白鹤、小滨鹬等野生鸟类为主。

同日　《上海市无障碍出租汽车管理规定》正式实施。首批 30 辆专门为残疾人设计的无障碍出租车辆改造完毕，9 月 29 日起正式受理乘客电话预订业务。

9 月 25—27 日　由商务部和市政府主办，北京、河北、江苏等 23 个省、自治区、直辖市商务厅（外经贸委）协办的 2007 中国（上海）跨国采购大会举行，260 家国内外采购商参加。

9 月 28 日　上海首条由市区通往郊区的高速快线"沪朱高速快线"开通。沪朱高速快线连接市区普安路公交枢纽站与青浦区朱家角镇，全程为 48 公里。

9 月 28—30 日　库克群岛总理吉姆·马鲁雷访问上海。

9 月 29 日　徐汇区徐家汇人行桥竣工通行。该桥位于华山路、虹桥路、肇嘉浜路及漕溪北路交汇点，是全国首座铝合金轻便型天桥。

9 月 30 日—10 月 3 日　国际特奥会主席蒂姆·施莱佛访问上海，出席特殊奥运会开幕式。

10 月 1—2 日　胡锦涛在上海考察工作。对上海工作提出"四个着力"要求：着力转变经济发展方式，着力推进改革开放，着力促进社会和谐，着力加强党的领导。

10月2—11日　2007年世界夏季特殊奥林匹克运动会(第12届世界夏季特殊奥林匹克运动会)在上海举行。这是世界夏季特殊奥运会第一次走进发展中国家、走进亚洲、走进中国。10月2日,胡锦涛出席在上海体育场举行的开幕式并宣布特殊奥运会开幕。出席开幕式的有冰岛共和国总统奥拉维尔・拉格纳・格里姆松、菲律宾共和国总统格洛丽娅・马卡帕加尔・阿罗约、国际特奥会主席蒂姆・施莱佛和国际特奥会名誉主席尤尼斯・肯尼迪・施莱佛,回良玉,陈至立和中国澳门特别行政区行政长官何厚铧等。有165个国家和地区(含观察团朝鲜)的7 450名特奥运动员参加21个比赛项目和4个表演项目,参赛规模创历史之最。10月11日,回良玉出席在江湾体育中心举行的闭幕式并宣布特殊奥运会闭幕。特殊奥运会举办期间,共颁发奖牌9 334枚(其中金牌3 306枚、银牌3 143枚、铜牌2 885枚),发出绶带4 245条,发出机能活动"挑战奖"159枚,参赛奖424个,上述各类奖项共计14 162件。中国代表团由1 713人组成,其中运动员1 274名,参加全部比赛项目和表演项目,获得金牌459枚、银牌333枚和铜牌258枚,其中上海特奥运动员获得金牌170枚、银牌131枚和铜牌72枚。上海籍特奥运动员王江淮在体操比赛中独得7枚金牌,成为中国代表团中获金牌最多的运动员。

10月3日　国际特奥会、中国残联和上海特奥会组委会共同主办的以"全情投入、改变人生"为主题的智障人士福利全球政策高峰论坛在上海举行。

10月4—16日　以"城市让生活更美好、汽车让生活更精彩"为主题的2007年上海汽车文化节在嘉定区举行。有"文明方向盘・靓车亮我"特色彩绘车展示评选、汽车模特大赛、青少年汽车动漫设计大赛、"青春汽车"评选等活动。

10月5日　国家统计局发布城市化方面的统计数据,2006年东、中、西部城市化水平分别为54.6%、40.4%和35.7%。城市化水平最高的是上海,为88.7%。

10月5—7日　2007年F1中国石化中国大奖赛在上海国际赛车场举行。法拉利车队车手莱库宁夺得分站冠军。

10月12日　投资9.8亿元的上海港机长兴基地在长兴岛沿岸建成。

10月13日　上海市出席中国共产党第十七次全国代表大会的72名代表(选出代表73名)赴京。

同日　上海交通大学医学院附属瑞金医院举行建院100周年庆典大会。

10月18日　市政府新闻发布会公布"公交优先"三大新举措:从10月19日起,上海市持有红色社保卡的70岁以上老年人在工作日非高峰时段和节假日可免费乘坐轨道交通和公共交通;10月27日起,公共交通换乘优惠幅度由原来的每次0.5元提高至1元;同日,实施轨道交通与公共交通换乘优惠,优惠幅度为每次1元。

同日　《上海市与伦敦市(英国)新一轮友好合作备忘录》在上海签署。

同日　中国海洋石油总公司、中国船舶工业集团公司与上海外高桥造船有限公司在北京举行中国海油3 000米深水半潜式钻井平台船体建造总包合同签字仪式,习近平出席并致辞。中国海油3 000米深水半潜式钻井平台是国家中长期科技发展规划以及国家"863"高科技发展规划的重点项目,并作为拥有自主知识产权的重大装备项目纳入国家重大科技专项。

10月18日—11月18日　由文化部主办、市政府承办的第九届中国上海国际艺术节举行。40余个国家和地区的演出团体上演92台剧目(其中参演剧目55台),演出176场,另有18项22个展览博览、国际演出交易会、群众文化活动3 000余场、系列研讨论坛、节中节等六大板块的活动。

10月19日　上海第二十个敬老日。市政府新闻发布会公布低保家庭老年人的低保标准:城镇由每月 320 元提高到 350 元，农村由每年 2 560 元提高到 2 800 元。

10 月 20 日—11 月 25 日　上海市第六届农民运动会举行。有浦东新区、宝山、闵行、嘉定、金山、松江、青浦、南汇、奉贤和崇明 10 个区县的 1 500 余名运动员参加钓鱼、门球、龙舟、毽球、舞龙、自行车载重、风筝等 13 个竞赛项目，1 个自选展示项目。

10 月 22 日　在中国共产党第十七届一次全会上，习近平当选中央政治局常委、中央书记处书记。

10 月 24 日　18 时 05 分，在西昌卫星发射中心用“长征三号甲”运载火箭成功发射中国自主研制的第一颗月球探测卫星“嫦娥一号”，标志着中国的深太空探测正式启动。中科院上海技术物理所、上海光机所共同承担“嫦娥一号”卫星有效载荷激光高度计研制任务。

10 月 26 日　中共上海市委发出通知，要求全市党员、干部和群众深入学习宣传贯彻党的十七大精神。

10 月 26—28 日　哥斯达黎加共和国总统奥斯卡・阿里亚斯访问上海。

10 月 27 日　上海市召开党政负责干部大会。会上宣布中共中央决定：中共中央政治局常委、中央书记处书记习近平不再兼任中共上海市委书记、常委、委员职务；中共中央政治局委员俞正声兼任中共上海市委委员、常委、书记。

10 月 28 日　以“构建资源节约型、环境友好型城市”为主题的第十九次上海市市长国际企业家咨询会议召开。

10 月 28—29 日　新加坡共和国国务资政、前总理吴作栋访问上海。11 月 15 日，吴作栋再次访问上海。

10 月 28 日—11 月 6 日　由市政府主办的以“汇聚融合，引领潮流，时尚让生活更精彩”的 2007 年上海时装周举行。有 2007 年东方国际模特大赛国际总决赛等活动。

10 月 29 日　“罗氏药品开发中国中心（PDCC）”在浦东新区张江高科技园区成立。这是除日本之外的亚太地区第一个全功能临床药品开发中心。

同日　上海财经大学首次发布上海社会经济指数，这是中国内地第一个由高校发布的城市指数，也是全国第一个城市指数系列。

10 月 31 日　市经委、市商业联合会召开 2007 年上海零售商大会，命名北京东路生产资料街、福州路文化用品街等 20 条商业街为 2007 年上海商业特色街，碧云社区商业、农工商打浦社区商业等 20 个社区为 2007 年上海社区商业示范社区。

10 月 31 日—11 月 1 日　约旦哈希姆王国国王阿卜杜拉二世・本・侯赛因访问上海。

11 月 3 日　长江中下游湿地保护网络在上海崇明东滩成立。湖北、湖南、安徽、江西、江苏和上海的 20 个湿地保护区作为首批成员加入网络，总面积达 1.2 万平方公里。

11 月 5 日　科技部和市政府 2007 年部市合作会商会议在上海召开。会议确定 2007 年度部市合作商讨的六大主题，包括参与国家重大任务、推进科技世博专项、推进崇明生态岛建设、推进战略产品研发应用、推进张江高新区建设和完善科技创新体制机制。

11 月 6 日　学习党的十七大精神中央宣讲团在上海市委党校举行首场报告会。11 月 6—9 日，中央宣讲团与上海基层群众举行座谈，并举行大学生专场报告会。

11 月 6—10 日　由国家发展改革委、商务部、科学技术部、信息产业部、教育部、国防科工委、中国科学院、中国工程院、中国国际贸易促进委员会和市政府共同主办，以“科技创新和装备制造业”为主题的 2007 年中国国际工业博览会在上海举行。有重大技术装备展、信息技术与装备展、数控机床与金属加工展、工业自动化展、能源展、环保技术与设备展和科技创新展七大专业展。成交总额48.8亿元。

11月7日　总投资31.4亿元的上海市苏州河环境综合整治三期暨防汛墙改造工程举行开工典礼。工程有四大项目：苏州河市区段防汛墙加固改造和底泥疏浚工程；苏州河水系截污治污工程；苏州河青浦地区污水处理厂配套管网工程；苏州河长宁区环卫码头搬迁工程。

11月8日　由市委宣传部会同市有关部门组成的上海市学习党的十七大精神宣讲团成立，12日起宣讲。

11月10—11日　斯洛文尼亚共和国总理雅奈兹·扬沙访问上海。

11月10—18日　2007年网球大师杯赛在上海举行，瑞士运动员费德勒获男单冠军。

11月14日　上海市民“迎世博、学双语”新三年学习活动计划启动。到2010年，市“窗口”行业从业人员以熟练的普通话和简单的英语会话进行规范化服务；50%的市民能用“达标”的普通话和英语与中外人士交流。

11月15日　由中国政府、全球环境基金和联合国开发计划署共同支持，科技部、北京市和上海市共同组织实施的中国燃料电池公共汽车商业化示范项目二期在上海启动，示范线路初步确定上海安亭国际汽车城附近。该项目旨在降低燃料电池公共汽车成本，加快其技术转化和推广应用。一期项目于2003年在北京启动，二期从2007年起在上海实施。

11月15—16日　2010年上海世博会第二次参展方会议举行，来自149个国家和11个国际组织的近400名代表参加。

11月15—21日　2007年上海国际创意产业活动周举行，新增地域创意展区、园区风采展区、品牌企业展区和动感活力展区4个特色展区；新增荷兰创意日、澳大利亚创意日、英国创意日、中国香港创意日、长江三角洲创意日和虹口创意日六大主题节日活动。

11月16日　2007年是歌剧诞生400年。由上海大剧院艺术中心和上海歌剧院联合主办的“歌剧高校巡回展演”活动启动，华东师范大学成为巡回展演的第一站。

11月19日　《上海市和巴塞尔州(瑞士)建立友好城市关系的协议》在上海签署。

11月20日　徐汇数字娱乐中心、闸北上海多媒体谷、杨浦复旦科技园以及虹口空间188号创意产业园成为市第二批国家数字媒体技术产业化基地。加上首批的张江高科技园区和长宁上海市多媒体产业园，上海已拥有6个国家级基地。

11月21日　市总工会首次设立上海市“五一文化奖”，表彰在文艺创作、艺术表演和群众性文化工作等方面的优秀作品和优秀项目。评选出美术、书法(含篆刻)、摄影3个类别的金、银、铜奖。以后每年在音乐、舞蹈、戏剧(戏曲)、影视等9个门类中选择2—3个门类开展评选。

同日　经国家统计局批准，上海地区国家统计局直属区县调查队将实施管理体制改革，撤销国家统计局在上海地区直属的6个区县农村社会经济调查队，在上海郊区9个区县和浦东新区组建10个国家统计局区县调查队。

11月22日　由市政府、中国驻欧盟使团和中国驻比利时大使馆共同主办的2010年上海世博会推介活动在比利时首都布鲁塞尔举行。

11月23—25日　厄瓜多尔共和国总统拉斐尔·科雷亚·德尔加多访问上海。

11月24日—12月2日　“魅力上海、精彩世博”——法国“上海周”举行。有面向法国各界人士和各国驻国际展览局代表的世博推介说明会、“上海与上海世博会”图片展以及“世博之夜——中国非物质文化遗产”法国巡游及旅游公众推广活动等。

11 月 25 日　“2007 东丽杯上海国际马拉松赛”开赛。

11 月 27 日　法兰西共和国总统尼古拉·萨科齐访问上海。

同日　首届中国服务贸易大会在上海举行，中国服务贸易协会同时成立。“中国服务贸易指南”网站正式开通。

同日　国际展览局第一四二次全体大会在法国巴黎举行，中国代表团就 2010 年上海世博会最新筹备进展情况向大会作陈述。

11 月 30 日　上海市、江苏省、浙江省主要领导座谈会在上海举行。中共上海市委书记俞正声、市长韩正，江苏省委书记、省长梁保华，浙江省委书记赵洪祝、省长吕祖善出席会议，共商推进长江三角洲地区协调发展大计。

同日　上海市、江苏省、浙江省政府与中国人民银行在上海签署推进长江三角洲地区金融协调发展支持区域经济一体化框架协议，标志着长江三角洲地区金融协调发展工作正式启动。两省一市主要领导出席签约仪式。

12 月 1 日　由上海、江苏、浙江共同主办的以“提升长江三角洲地区整体国际竞争力”为主题的长江三角洲地区发展国际研讨会在上海举行。两省一市主要领导出席并致辞。国家发展改革委、铁道部、中国人民银行等国家有关部委领导，安徽省、江西省、湖南省、重庆市等省（直辖市）有关领导出席研讨会。

12 月 3 日　国际残疾人日。上海市专用于残疾人艺术训练、培训服务、展示交流、文艺创新的艺术场所——上海市阳光艺术中心正式揭牌。

12 月 6 日　科技部授予上海无线通讯研究中心、上海纳米国家工程研究中心和中科院上海光学精密机械研究所 3 家科研机构为首批国家国际科技合作基地。

12 月 7 日　全球首家“海上大学”邮轮抵达上海，在上海展开为期 1 周的学习和考察。35 个国家和地区的 200 多名大学生，其中有 7 名复旦大学学生，在 16 周里边航行边学习。

12 月 8 日　市政府印发《上海市城镇居民基本医疗保险试行办法》。

12 月 8—9 日　马其顿共和国总统布兰科·茨尔文科夫斯基访问上海。

12 月 9 日　2007 学年上海 16 个科普教育基地列入中小学课程，分别是：上海公安博物馆、上海昆虫博物馆、上海动物园、上海铁路博物馆、上海邮政博物馆、航海医学科技馆、上海科技馆、上海天文博物馆、上海地震科普馆、上海风电科普馆、上海中医药博物馆、上海眼镜博物馆、上海青少年科技探索馆、上海石油化工科技馆、前卫村科普教育基地和金罗店生态农业园。

同日　由市政协主席蒋以任为团长的市政协代表团访问中国香港和中国澳门。

12 月 10 日　上海市科教兴市重大工程项目——由中芯国际集成电路制造（上海）有限公司总投资 12 亿美元的 12 英寸芯片生产线项目投产仪式在浦东张江高科技园区举行，俞正声出席并启动生产线正式投产按钮。

12 月 12 日　《上海市和纽约市（美国）两市合作交流意向书》在上海签署。

12 月 13 日　在上海交通大学医学院附属新华医院 9 月 14 日诞生的 1 只转基因克隆兔存活满 3 个月，体重达到 1 400 克。由于这只转基因克隆兔携带绿色荧光蛋白基因，为今后大规模建立转基因兔动物模型、定向研究人类疑难杂症奠定基础。

12 月 14—19 日　由市政协主席蒋以任率领的市政协代表团访问俄罗斯，出席上海在圣彼得堡投资的“波罗的海明珠”项目新年庆祝活动。

12 月 17 日　韩正主持召开市政府常务会议，决定在已全面取消义务教育阶段学生的学杂费基础上，从2008年春季起，免除全市义务教育阶段学生的课本费和作业本费。

12月18日　吉祥中国——中国2010年上海世博会吉祥物揭晓晚会举行，以汉字“人”为核心创意的中国2010年上海世博会吉祥物“海宝”正式揭晓。

同日　世界卫生组织认可的国际安全社区命名仪式举行，上海被命名的有浦东新区花木街道、静安区、闵行区虹桥镇和徐汇区康健街道。

同日　可同时停放54列8节编组地铁车辆的1号线富锦路停车场工程通过专家评审。该工程建成，使轨道交通1号线每年可减少列车空驶耗电130万度。

12月18—19日　密克罗尼西亚联邦总统伊曼纽尔·莫里访问上海。

12月19日　由上海、江苏、浙江共同主办的长江三角洲现代服务业合作与发展论坛暨首届服务业产品展示会在上海举行。

12月19—20日　中共上海市第九届委员会第三次全体会议举行，会议审议《中共上海市委常委会2007年工作报告》，审议通过《中共上海市委九届三次全会关于深入学习贯彻党的十七大精神切实做好2008年工作的决议》。

12月20日　国务院长江三峡三期输变电工程验收组在上海完成对三峡三期交流、二次系统工程的总体验收考核以及三峡—上海±500千伏直流输电工程的最终验收。这标志着历经10余年的三峡输变电主体工程全面建成。

12月21日　中国首架具有自主知识产权的喷气式支线客机ARJ21在上海飞机制造厂完成总装。国务院副总理曾培炎，俞正声共同启动新飞机总装下线装置。

同日　总投资23.6亿元的东海大桥10万千瓦海上风电场的投资方上海东海风力发电有限公司，与供货方华锐风电科技有限公司签订海上风电场主设备合同。这标志着大型海上风电场项目实质性启动。

12月22日　上海国家民用航天产业基地揭牌仪式在闵行区举行。中国航天科技集团和闵行区政府签订《合作共建上海航天博物馆暨航天科普园框架协议》。

12月23日　上海首条张江有轨电车项目一期工程启动，工程位于张江高科技园区范围内，线路全长约10公里，总投资6亿元，起点站与轨道交通2号线张江高科站“零换乘”，终点为张江集电港的金秋路，设有15个站点。

12月26日　市政府新闻发布会宣布，2007年度市政府为民办的11件实事项目全部完成。全市新增就业岗位70.3万个，完成计划的141%，其中农村富余劳动力非农就业岗位15.1万个。对11件实事项目实施情况评议，市民总体满意度达82.81分，比上年高1.74分。

同日　由国家发展改革委、市政府、江苏省政府共同主办，上海汽车工业(集团)总公司与南京跃进汽车集团公司全面合作协议签字仪式在北京人民大会堂举行，国务院副总理曾培炎出席签约仪式、会见参加代表并讲话。国家发展改革委、上海市、江苏省，南京市领导出席仪式并分别致辞。

12月27日　中国科学院宣布2007年度新当选中科院院士名单，上海有3名科技工作者当选。

12月28日　有着140多年历史的江南造船公司在黄浦江畔高雄路现址建造的最后一艘船舶下水，意味着江南造船公司正式结束黄浦江畔的造船历史。

同日　上海市与美国芝加哥市在上海签署协议，双方由友好交流关系升格为友好城市。

12月29日　上海轨道交通6、8、9号线和4号线环通段、1号线北延伸段同时建成通车。俞正声出席通车仪式并启动发车信号装置，韩正致辞。轨道交通6号线全线位于浦东新区，南起灵岩南路，北至港城路，全长33公里，设27座车站。轨道交通8号线(一期)北起市光路站，南至耀华路站，全长 21.87 公里，共设 20 座车站。轨道交通 9 号线（一期）南起松江新城站，北至桂林路站，全长 29 公里，共设 13 座车站。轨道交通 4 号线环通段长 7.2 公里，共 4 座车站，与 4 号线既有段实现“O”字形环通，全线运营里程 33.84 公里，共设 26 座车站，是上海轨道交通网络中唯一的城市环线，其中虹桥路站至宝山路站的 9 座车站与 3 号线共线运营，首创了国内轨道交通线路共线运营的模式。轨道交通 1 号线北延伸段南起 1 号线共富新村站，北至富锦路南侧，全长 4.2 公里，设 3 座高架车站。轨道交通 1 号线线路总长增至 37 公里，共设 28 座车站。至此，上海轨道交通线路总数达 8 条线（不含磁浮线），共 160 座车站，运营线路 234 公里。形成了“一条环线、七条射线、八个换乘站”的网络化运营格局，标志着上海轨道交通步入世界先进城市行列。

同日　外白渡桥百岁诞辰日，上海市市政工程管理局（以下简称市市政局）举行纪念活动。外白渡桥位于苏州河下游河口与黄浦江汇合处，是上海第一座全部用钢材筑成的桥。设计使用寿命为 50 年，2007 年外白渡桥桥梁状况指数达 89 分。

2008 年

1 月 1 日　上海市内资外资企业统一实施《中华人民共和国企业所得税法》，取消原分别征收企业所得税制度。

1 月 4 日　全国双拥模范城（县）命名暨双拥模范单位和个人表彰大会举行，上海市浦东新区、徐汇区、长宁区、虹口区、杨浦区、黄浦区、静安区、宝山区、闵行区、嘉定区、松江区、奉贤区 12 个区被命名为“全国双拥模范城（县）”。

1 月 8 日　2007 年度国家科学技术奖励大会举行，由上海市牵头并合作完成的 54 个项目（包括个人）分获国家自然科学奖、国家技术发明奖、国家科学技术进步奖和国际科学技术合作奖四大奖项，获奖总数占全国的 15.4%，为历年最高。这也是上海连续第六年获奖比例保持在 10%以上。

1 月 12 日　沪青平高速公路出省段（金泽立交—市界）与江苏沪苏浙高速同步通车。成为继沪宁高速公路、沪杭高速公路、嘉浏高速公路、亭枫高速公路之后，第五条连接江浙地区的高速公路，又为 G50（沪渝高速公路）上海市境段。全线按全封闭、全立交的高速公路标准设计。双向 6 车道。设计时速为 120 公里，设嘉松、同三、外青松、朱枫等 4 座互通式立交。

1 月 15 日　市重点工程实事立功竞赛表彰大会举行，市领导向在市重点工程实事立功竞赛中获得先进称号的先进集体和个人颁奖。

同日　2006—2007 年度国家舞台艺术精品工程 10 台剧目评审结果揭晓，由上海文广新闻传媒集团、中国对外演出公司、上海杂技团上海马戏城联合投资的杂技剧《时空之旅》，获国家舞台艺术精品工程。

1 月 18 日　上海市科学技术奖励大会举行，上海市委书记俞正声、上海市长韩正出席。

1 月 19 日　上海实业集团、同济大学、英国奥雅纳公司、汇丰银行和 SDCL 五方共同签署《中国可持续发展生态城市项目设计、实施和融资谅解备忘录》。备忘录中，中英两国将合作把崇明东滩开发为全球首个可持续发展生态城市。

1 月 19—20 日　大不列颠及北爱尔兰联合王国首相戈登·布朗访问上海。

1 月 21 日　市政府印发《上海市解决城市低收入家庭住房困难发展规划（2008—2012 年）》的通知。

1 月 23—28 日　市政协第十一届一次全体会议举行，冯国勤当选为政协主席。

1 月 24—31 日　市人大第十三届一次会议举行，韩正作《政府工作报告》，刘云耕当选为市十三届人大常委会主任，韩正当选为上海市长。

1 月 25 日　黄浦区人民大道路面大修工程竣工通车。2007 年 11 月开工。采用铸铜工艺精密制作的上海新“零公里”标志，迁移到人民广场旗杆与上海博物馆的中轴线位置上，首度与市民见面。

1 月 26 日　以“携手慈善，博爱申城”为主题的“蓝天下的至爱——爱心全天大放送”活动举行，有“慈善大乐园”、慈善义演、“点亮心愿”慈善义拍和大型慈善文艺晚会等 20 多个慈善项目、近百个爱心活动。

1 月 28 日　全球性保护组织世界自然基金会（WWF）在北京正式启动“中国低碳城市发展项

目”，上海市和河北省保定市入选首批试点城市。低碳城市是指城市在经济高速发展的前提下，保持能源消耗和二氧化碳排放处于较低的水平。

同日　上海市普降大雪。从 1 月中下旬至 2 月初，上海遭受低温雨雪冰冻天气袭击，平均气温和平均最高气温分别较常年同期偏低 2.6℃和 3.9℃。积雪深度达 22—23 厘米，为上海近 136 年来第二极值，对城市交通、春节运输、农业生产、人民生活等有一定影响。

1 月 29 日　沪金高速公路（S4，即原莘奉金高速公路）1.3 公里出省段与浙江省杭浦高速公路相衔接并同时通车。

2 月 2 日　中国又有 6 块湿地加入国际重要湿地名录，其中有上海市长江口中华鲟自然保护区。该湿地北起八滧港，南起奚家港，由崇明岛东滩已围垦的外围大堤与吴淞标高负 5 米等深线围成，总面积 576 平方公里。至此，上海有崇明东滩湿地在内的 2 块国际重要湿地。

2 月 13 日　上海市向明中学在泰国国际发明展上获得热泵高效节能烘衣机、零排放烟囱、分体式节能无油烟锅和高速公路防撞安全栏杆 4 项金奖；发明者协会国际联合会决定在向明中学设立首个青少年创新实验基地，以加强学生和发明专家的互动沟通。

2 月 20 日　《上海市与维多利亚州（澳大利亚）友好合作意向书》在上海签署。

2 月 22 日　静安区石门二路街道办事处青年党员崔兼明为挽救韩国白血病患者林顺英的生命，捐献 120 毫升造血干细胞，是全市首例跨国成功配对捐献者。

2 月 25 日　市十三届人大常委会第一次会议经审议、表决通过，决定任命新一届市政府 23 名组成人员。

2 月 28 日　国家发展改革委举行国家高技术产业基地授牌大会，上海获批准成为首批 6 个综合性国家高技术产业基地之一，重点发展信息、生物、民用航空航天、新材料、新能源等高技术产业领域。

3 月 1 日　建成逾百年的外白渡桥正式封桥，并接受移桥修缮。

同日　上海市土地交易市场在位于浦东陆家嘴金融贸易区的房地大厦正式开张，全市所有的经营性用地和工业用地等土地交易活动都将通过这一集中的交易平台进行，实现统一交易场所、统一信息发布、统一交易规则、统一运作监管。

同日　尼日利亚联邦共和国总统奥马鲁・穆萨・亚拉杜瓦访问上海。

3 月 1—5 日　第十八届中国华东进出口商品交易会在上海举行，有 145 个国家和地区的 19 263 名客商参加，客商人数比上届增长 3.8%；出口成交额 36.78 亿美元，比上届增长 3.52%。

3 月 3 日　市政府办公厅印发《上海市市长质量奖管理办法（试行）》。2009 年 10 月 30 日，首届上海市市长质量奖颁奖，宝山钢铁股份有限公司宝钢分公司获组织奖、上海三菱电梯有限公司董事长范秉勋获个人奖。

3 月 10 日　根据中宣部、财政部、文化部和国家文物局《关于全国博物馆、纪念馆免费开放的通知》要求，上海博物馆、中共“一大”会址纪念馆、上海鲁迅纪念馆和陈云故居暨青浦革命历史纪念馆 4 家全国爱国主义教育示范基地，即日起全年向社会免费开放。

同日　上海联合产权交易所、北京产权交易所、天津产权交易中心和重庆联合产权交易所 4 家产权交易机构在上海签署合作协议，共同约定建设统一的交易制度体系，这标志着全国产权市场统一交易规则系统工程正式启动。

3 月 12 日　中国 2010 年上海世博会组委会在北京举行世博会筹办情况通气会，近 160 个国家的驻华使节、国际机构驻华代表和中外企业代表约 300 人出席，上海世博会组委会第一副主任委员、上海市长韩正致辞。

3月17日　上海市与丹麦中部大区在上海签署《上海市与丹麦中部大区建立友好市区关系协议书》。

3月18—20日　2008上海国际信息化博览会举行，有国际半导体设备与材料展、中国国际电子电路展览会、慕尼黑上海激光光电展等，境内展商有819家，境外展商有1 176家。展会期间，举办研讨会、论坛、技术交流等39项活动。

3月20日　中国2010年上海世博会创新项目——城市最佳实践区项目奠基仪式在世博会浦西园区举行。城市最佳实践区由南至北形成主题区域、系列展馆和模拟街区3个功能区域，分别展示宜居家园、可持续的城市化、历史遗产保护与利用和建成环境的科技创新。国际展览局秘书长洛塞泰斯和城市最佳实践区国际遴选委员会委员出席奠基仪式。

3月24日—4月29日　第十四届上海国际服装文化节在上海举行。该届服装文化节以“中国原创设计的崛起，海派服饰文化的传承”为主题，共计有100多项活动，51个国家和地区的3 000多名专业人士和选手参与各类展演、比赛、交流、商贸活动。

3月29—30日　马拉维共和国总统宾古·瓦·穆塔里卡访问上海。

3月30日　上海市民族宗教工作系统首次表彰大会举行，大会授予5个集体“上海市民族宗教工作系统先进集体”称号、20人“上海市民族宗教工作系统先进工作者”称号、15个集体“上海市民族团结进步模范社区(镇)”称号、85个集体“上海市民族团结进步优秀社区”称号、29人“上海市民族团结先进个人”称号，并向从事宗教工作30年、20年的干部颁发荣誉证书和纪念奖章。

4月1—3日　阿拉伯联合酋长国副总统兼总理马克图姆·本·穆罕默德·本·拉希德·阿勒马克图姆访问上海。

4月2日　《上海市和昆士兰州(澳大利亚)友好合作交流备忘录(2008—2010年)》在上海签署。

4月3日　在全国绿化模范城市表彰大会上，上海市闵行区获“全国绿化模范城市(区)”称号。

同日　由沪东中华造船(集团)有限公司建造的液化天然气运输船简称“LNG船”“大鹏昊”号正式交付使用，标志着上海已经能够建造世界上技术难度高的船舶。该船能够一次运输14.7万立方米的液化天然气，并保证其在零下163℃的超级低温下跨洋过海。

4月5日　《上海市和巴塞尔州(瑞士)交流合作备忘录》在瑞士巴塞尔州签署。

4月6—8日　卡塔尔国首相兼外交大臣哈马德·本·贾西姆·本·贾布尔·阿勒萨尼访问上海。

4月7日　北京奥运火炬接力境外第五站的传递在法国巴黎举行。在奥运火炬传递中，面对“藏独”分子抢夺火炬，坐在轮椅上的火炬手——上海残疾人击剑运动员金晶奋力保护火炬，捍卫奥运精神。

4月8—11日　共青团上海市第十三次代表大会举行，潘敏当选为团市委书记，选出36名上海出席共青团第十六次全国代表大会的代表。

4月9日　市政府公布支农惠农的10项政策：增加市级财政农资综合直补资金5 618万元；市级财政在已有基础上，再增加水稻、麦子补贴资金1 859万元；提高粮食最低收购价等。市民政局公布2008年10条养老服务扶持政策：提高养老服务补贴标准；扩大养老服务补贴受益面；调整养老服务专项护理补贴经费渠道等。

4月14—15日　智利共和国总统米歇尔·巴切莱特·赫里亚访问上海。

4 月 15—19 日　以市政协主席冯国勤为团长的市政协代表团访问中国香港和中国澳门，出席十一届市政协港澳地区委员首次学习座谈会，宣布市政协港澳委员召集人。

4 月 17—20 日　波斯尼亚和黑塞哥维那部长会议主席（总理）尼科拉·什皮里奇访问上海。

4 月 18 日　2008 年上海市精神文明建设工作会议举行，会上，中共上海市委、市政府表彰 3 个文明城区、84 个文明社区、57 个文明镇、15 个文明网站、470 名精神文明建设优秀组织者和社会主义精神文明十佳好人好事。

4 月 21—23 日　市第十三次妇女代表大会举行，张丽丽当选为十三届市妇联主席，选出 51 名出席全国妇联第十次代表大会的代表。

4 月 24 日　市残联第五次代表大会举行。大会选举胡延照为市残联第五届主席团主席，通过上海市出席全国残联第五次代表大会代表名单。

4 月 25—26 日　由俞正声，韩正率领的上海市代表团到北京市学习考察。

4 月 27 日　崇明岛国家地质公园在西沙湿地揭牌开园。该河口类型地质公园以五区为中心：西沙地质科学景区、东滩湿地生态景观区、东滩国际候鸟生态景观区、东滩河口中华鲟生态景观区和世界级大河三角洲主题公园区，被列入国家地质公园名录。

4 月 28 日　上海市农科院与上海市科技开发交流中心联手组建上海现代农业技术转移中心，这是全国首家由技术经纪人参与的农业科技成果转化服务平台。

同日　国内首座 3 000 米深水半潜式钻井平台在上海外高桥造船厂开工兴建。该钻井最大作业水深 3 050 米，钻井深度 12 000 米，设计寿命 30 年，2010 年 10 月建成下水。

4 月 28 日—5 月 16 日　2008 年“上海之春”国际音乐节举行。

4 月 29 日　国家土地督察上海局揭牌，该局负责对上海市、浙江省、福建省和宁波市、厦门市政府的土地利用和管理情况进行监督检查，并在上海率先开展共建保障科学发展土地管理新机制的试点。国家土地督察上海局是经国务院授权，由国土资源部向地方派驻的国家土地督察机构，代表国家土地总督察履行监督检查职责。

5 月 1 日　上海世博会开幕倒计时 2 周年，由上海世博局和卢湾区合作设立的“中国 2010 年上海世博会展示中心”在淮海中路 300 号香港新世界大厦三楼开馆，这个浓缩世博会 150 多年历史精华的展示中心展示到 2010 年 4 月 30 日，累计接待国内外 70 个国家和地区的观众 134.87 万人次，团队 14 997 个，媒体 807 家，记者 1 512 人次。

5 月 6 日　为适应国家海洋事业发展需要，上海水产大学更名为上海海洋大学。江泽民为学校题写校名。

同日　国家知识产权局与市政府部市合作会商会议在上海举行，双方将继续在 6 个领域深化合作：强化 2010 年上海世博会知识产权保护；全面提升上海专利信息平台的服务功能；完善自主知识产权的扶持与援助制度；提升国家知识产权试点园区的试点、示范功能；合作开展知识产权专门人才培养工作；共建知识产权国际交流合作平台。

同日　由市政府和闸北区政府联合投资 41.36 亿元的铁路上海站北广场综合交通枢纽工程启动，枢纽工程东起大统路，西临普善路和上海长途汽车客运总站，南起交通路和铁路站厅，北至中兴路，占地面积 7.6 公顷，主要包括路局区域改建、站前中心广场建设、公交枢纽点建设等。

5 月 7—9 日　巴巴多斯共和国总理戴维·汤普森访问上海。

5 月 9—10 日　经国务院批准，由中国人民银行、中国银监会、中国证监会、中国保监会和市政府共同主办的以“世界格局中的中国金融”为主题的首届 2008 年陆家嘴论坛在上海召开。中共中央政治局委员、国务院副总理王岐山在开幕仪式上作主题演讲,有澳大利亚、新加坡、中国香港、世界银行及国内金融机构高管和专家学者约300人参加。

5月10日　王岐山考察中国2010年上海世博会筹办情况。

5月11日　中国商用飞机有限责任公司成立大会在上海举行,国务院副总理张德江,上海市委书记俞正声出席成立大会并为公司揭牌。该公司是经国务院批准成立,由6家股东单位组成、国家控股的有限责任公司,主要从事民用飞机及相关产品的设计、研制、生产等业务,将研制150座级的大型客机。公司注册资金190亿元,总部设在上海。在国产"大飞机"梦想两次搁浅("运10"、MD90-30项目半途而废)之后,中国航空人第三次踏上征途。2017年5月5日,中国商飞研制的国产民用干线飞机C919首飞成功,国产"大飞机"梦想终告实现。

5月12日　14时28分,四川省汶川县发生8级特大地震。地震发生后,5月18日,上海在市委党校举办"血脉相连众志成城——上海各界赈灾文艺晚会",俞正声、韩正参加赈灾晚会并捐款。上海市民政局、红十字会、慈善基金会联合宣布,共募集善款5.09亿元。到6月底,上海先后向灾区派出各类专业救援人员1.5万人次,携带6万件套先进救援装备服务灾区。收治来沪灾区伤员300多人。上海人民捐款逾27亿元。此后,上海还为灾区群众援建8万套过渡安置房。按照党中央、国务院的总体部署,上海对口支援都江堰市,19个区县结对都江堰各乡镇。

同日　国务院召开全国第二次经济普查电视电话会议。会后,上海分会场召开会议,部署上海市第二次经济普查工作。普查的对象是市行政区域内从事第二产业和第三产业的全部法人单位、产业活动单位和个体经营户。

5月13日　上海市双拥模范(先进)命名表彰大会举行,表彰上海市拥军优属拥政爱民模范(先进)集体和个人。

5月17—18日　市文管委组织全市60家博物馆、纪念馆向社会公众免费开放。

5月17—23日　以"携手建设创新型国家"为主题的2008年上海科技活动周举行。因5月12日四川省汶川县发生8级特大地震,上海科技活动周首次增设地震科普展。

5月18日　第十八个"全国助残日",由市残联和市体育局等联合主办的上海市第七届残疾人运动会开幕。5月7日—6月17日,全市19个区县的1 852名残疾人运动员参加肢残人健身操、乒乓球、田径和残奥轮椅与聋奥飞镖等9个大项的比赛。徐汇区、南汇区和浦东新区获团体前三名。

5月18—19日　由科学技术部和市政府主办的以"创新型国家之路"为主题的首届浦江创新论坛在上海举行。

5月21日　上海市与法国罗纳—阿尔卑斯大区在上海签署《上海市与法国罗纳—阿尔卑斯大区升格为友好市区关系协议书》。

5月23—24日　北京奥运会火炬接力上海市传递活动起跑仪式在人民广场举行。5月23日,传递路线是:火炬传递起跑点为上海博物馆北广场,结束仪式在浦东陆家嘴滨江公园,途经黄浦区、卢湾区、杨浦区和浦东新区,总路程约62.84公里。5月24日,火炬传递在上海体育场起跑,在嘉定安亭汽车博览公园广场结束,途经徐汇区、闵行区、青浦区和嘉定区,总路程约136.55公里。

5月27—29日　市工会第十二次代表大会举行,陈豪当选为市总工会主席。

5月29日　中国国民党主席吴伯雄率领的中国国民党大陆访问团访问上海。上海是该访问团访问行程的第三站。

同日　长兴岛开发建设管委会揭牌仪式暨管委会第一次会议举行。9月23日,市政府发布《上海长兴岛开发建设管理办法》。

5 月 30—31 日　中国香港特别行政区行政长官曾荫权访问上海，5 月 30 日，出席中国 2010 年上海世博会香港参展协议的签署仪式。

5 月 30 日—6 月 1 日　刚果共和国总统德尼・萨苏・恩格索访问上海。

5 月 30 日—6 月 3 日　摩洛哥王国国王穆罕默德六世访问上海。

5 月 31 日　佛得角共和国总统佩德罗・维罗纳・罗德里格斯・皮雷斯访问上海。

6 月 4 日　市政府下发《关于公布本市取消和停止征收 148 项行政事业性收费项目的通知》。

6 月 6 日　上海市推进浦东综合配套改革试点领导小组第一次会议召开，韩正出席会议并讲话。

6 月 7 日　外高桥第三发电厂第二台 100 万千瓦超超临界发电机组正式投产（第一台 3 月 26 日投产）。至此，整个外高桥发电基地总装机容量达到 500 万千瓦，相当于上海本地发电容量的三分之一。与全国平均煤耗相比，2 台机组每年可节约原煤 80 万吨。

同日　吴歌、草龙舞、滚灯、剪纸、黄杨木雕、灯彩、宝山端午节、中医正骨疗法，以及苏州评弹和上海书画出版社的木版水印技艺共 10 项，被国务院列入第一批国家级非物质文化遗产扩展项目名录。

6 月 7—8 日　俞正声到四川省都江堰市和绵阳市考察灾情。

6 月 9—13 日　第十四届上海电视节举行，该届电视节新增“聚焦动漫谷”上海动画项目创投、“真实中国・导演计划”和“上海大学生电视节”3 个特色项目。其中“聚焦动漫谷”上海动画项目创投是国内首个专为动画创意、作品和项目设置的专业选拔平台。

6 月 14 日　中国第三个“文化遗产日”，市文管委组织 90 处历史文化遗产免费开放，有中国共产党第一次全国代表大会会址、中国社会主义青年团中央机关旧址、茂名路毛泽东旧居等。

6 月 14—22 日　第十一届上海国际电影节举行，有“金爵奖”国际影片评选、国际影片展等活动。面对“5・12”四川汶川特大地震，电影节组委会提出“汇聚影人力量，点燃生命之光”的主题，在电影节期间增设多项赈灾环节。

6 月 17 日　《上海市和鹿特丹市（荷兰）合作备忘录（2008—2010 年）》在上海签署。

6 月 19 日　市十三届人大常委会第四次会议通过《关于本市促进和保障世博会筹备和举办工作的决定》，要求全体市民和全市各机关、企事业单位、社会团体、基层群众自治组织支持和参与筹博办博工作，允许市政府在筹博办博期间在相关领域采取临时性行政管理措施，制定政府规章或者发布决定。

6 月 19—29 日　中共中央宣传部、国务院新闻办、国家广播电影电视总局、国家新闻出版总署、解放军总政治部、新华通讯社联合北京中国人民革命军事博物馆展出的“抗震救灾，众志成城——2008 中国抗震救灾大型新闻图片展”上海巡展，由市委宣传部和新华社上海分社联合举办，在上海展览中心展出。

6 月 20 日　由中共中央宣传部、中共中央组织部、解放军总政治部和中共四川省委联合组织的“抗震救灾英模事迹报告团”在上海举行全国抗震救灾英模事迹报告会，6 位抗震救灾英模讲述抗震救灾中感人事迹。

同日　由全国人大常委会副委员长陈至立带队的全国人大《环境影响评价法》执法检查组在沪听取上海执行情况汇报，韩正出席。

6 月 23 日　韩正到四川省都江堰市出席上海市对口支援都江堰市灾后重建首批启动项目签定仪式，项目包括建设和修复永久性安置房、学校、医院、基础设施在内 23 个硬件项目和一批软件服务项目。

6月25—27日　希腊共和国总统卡罗洛斯·帕普利亚斯访问上海。

6月27日—7月1日　由文化部、上海市政府共同主办的第四届中国国际动漫游戏博览会在上海展览中心举行，本届博览会正式启用Fantasy China为英文名。

7月1日　由铁道部、江苏省和上海市投资394.5亿元建设的沪宁城际铁路动工建设动员大会在南京召开。该铁路从上海到南京全长300公里，其中上海市境内32公里，设4个车站。2010年7月1日竣工通车，从此上海直达南京只要1个多小时。

同日　上海发生一起恶性袭警案件，致6名公安民警牺牲，2名公安民警轻伤、1名公安民警和1名保安人员轻微伤。

7月3日—12月10日　以"读书，让生活更美好"为主题的历时5个月的第十届上海读书节举行，有职工学双语、市民换书周、创建职工书屋、老年人读书、外来建设者读书论坛以及书展、征文、社区读书活动特色成果展示等16项大型活动。上海市民向四川省都江堰市捐书近百万册。

7月5日　《商务部和上海市人民政府关于共同推进上海市服务贸易发展的合作协议》签字仪式在上海举行，并联合发布《关于促进上海市服务贸易全面发展的若干意见》，探索制定有关新政策在上海先行先试。

7月5—6日　中共中央政治局常委、国务院总理温家宝在上海考察工作。

7月6日　由上海燃料电池汽车动力系统有限公司、同济大学、上汽集团等提供动力系统，上海大众汽车有限公司制造的20辆氢燃料电池轿车从上海直发北京，在奥运中心区、周边地区及示范线路上投入运营。该电池轿车最大输出功率高达60千瓦，燃料消耗仅为每百公里1.2千克氢气，车载储气罐加满氢气可连续行驶300公里。

7月8日—12月28日　由市教委和市体育局首次共同举办的2008年上海市学生运动会举行，运动会分高校组、高中组、初中组、小学组和中职组5个组别，将全市各级各类学校全部纳入。比赛项目有田径类、游泳类、球类、棋类、赛艇类等38个大项共940个小项，参赛学生22 206人，有近5 000场次比赛。自2008年起，每四年举办1届。

7月9—10日　墨西哥合众国总统费利佩·卡尔德龙·伊诺霍萨访问上海。

7月10日　美国《财富》杂志公布2008年度世界500强企业排名，上海宝钢集团公司位列259位，比上年度排名上升48位；上海汽车工业集团位列373位，比上年度排名上升29位。

7月16日　国家新闻出版总署与市政府部市合作首次联席会议在上海举行，双方签署《国家新闻出版总署和上海市人民政府部市合作框架协议》，确定数字出版部市合作六大重点领域，实现新闻出版总署与上海市数字出版和版权的全面战略合作。

同日　张江国家数字出版基地正式挂牌成立，这是第一个国家级数字出版基地。上海版权产权交易中心正式开通，并入驻张江。

7月17—19日　由国家新闻出版总署、科学技术部、体育总局、工业和信息化部、中国国际贸易促进委员会、国家版权局和市政府共同主办的第六届中国国际数码互动娱乐展览会在上海举行，中国、美国、日本、法国、加拿大、澳大利亚等国内外170多家游戏企业参展。

7月18—19日　中共上海市第九届委员会第四次全体会议举行，审议通过《中国共产党上海市第九届委员会第四次全体会议关于递补市委委员的决定》和《中国共产党上海市第九届委员会第四次全体会议决议》。

7月20日　虹桥综合交通枢纽工程开工建设。该工程集航空、轨道交通、客运等功能为一体，

2010年7月1日建成使用。

7月22日　国际展览局秘书长文特森·冈萨雷斯·洛塞泰斯访问上海。

7月23日　工程总投资近2亿元，由上海老港再生能源有限公司运营的填埋气体发电项目在上海老港生活垃圾填埋场启动，建设规模为12台发电机组，每年发电1.1亿千瓦时。

同日　市新闻办授予市11个单位"上海市对外文化交流基地"称号并举行授牌仪式。首批入选的单位有：上海博物馆、上海城市规划展示馆、东方明珠广播电视塔、上海大剧院、上海豫园、豫园商城、上海外滩风景区、上海新天地娱乐休闲街、陆家嘴金融贸易区、朱家角旅游风景区和8号桥创意产业园区。

7月27—28日　韩正到四川省都江堰市，看望、慰问坚守在对口支援灾后重建第一线的上海建设者，并出席上海对口支援都江堰灾后重建首批11个项目开工仪式。

7月28日　2008年全国职业院校技能大赛上海代表团工作总结座谈会举行。大赛由教育部、人力资源和社会保障部、住房和城乡建设部、交通运输部、工业和信息化部等部门共同主办，有计算机应用技术、数控技术、电工电子等7个项目，上海中职校代表队的团体总分和一等奖获奖数均列全国第一。

7月30日　俞正声、韩正率团专程到南京军区，向南京军区官兵致以节日的祝贺。

8月1日　崇启大桥（起自上海市崇明，终至江苏省启东市）奠基仪式举行。12月25日，崇启大桥上海段正式开工建设。2009年2月28日，江苏段开工建成。2011年12月24日，崇启大桥建成通车。

8月4—7日　由国际翻译家联盟和中国翻译协会主办的以"翻译与多元文化"为主题的第十八届世界翻译大会在上海举行，全球70多个国家和地区的约1 500名翻译界专家和学者参加。这是国际翻译家联盟首次在中国乃至亚洲地区举办的国际翻译界大会。

8月5日　中共上海市委印发《中共上海市委关于贯彻〈中国共产党全国代表大会和地方各级代表大会任期制暂行条例〉的实施办法（试行）》。

同日　上海环境能源交易所成立，首批55个项目同时挂牌上市，有节能减排和环保项目融资、技术转让、专利转让等，标的内容涉及污水处理、净化技术、生活垃圾处置、太阳能、再生能源以及环保工程、能源工程等领域，挂牌金额10.72亿元。

8月5—6日　萨摩亚独立国国家元首图伊·阿图阿·图普阿·塔马塞塞·埃菲访问上海。

8月7日　瓦努阿图共和国总理汉姆·利尼访问上海。

8月7—22日　由上海承办的北京奥运会京外赛区12场奥运会足球赛在上海体育场举行。在8月8—24日举行的北京奥运会上，上海运动员获4.5枚金牌、3枚银牌、10枚铜牌。

8月8日　汤加王国首相费莱蒂·塞韦莱访问上海。

8月13—14日　斐济群岛共和国总理乔塞亚·白尼马拉马访问上海。

8月13—19日　以"我爱读书，我爱生活"为主题的2008年上海书展举行，其间，有10万余种图书参展、举行260多项文化活动，总销售额2 600万元，22万读者参加。上海书展读者满意度98%。

8月15—17日　关岛总督卡马科访问上海。

8月18日　联合国及其系统内国际组织共同签署《联合国参加上海世博会谅解备忘录》和《联合国参展合同》。总建筑面积达3 000平方米的联合国展馆在世博园区内开工建设。

8月19日　比利时王国首相伊夫·莱特姆访问上海。

8月20日　上海市召开第二次农业普查总结表彰会，表彰在上海市第二次农业普查工作中的35个先进单位和118名先进个人。

同日　浦东新区正式启动个人本外币兑换业务，是国内首批个人本外币兑换特许业务的试点地区。

8月24日—9月4日　韩正率上海市代表团访问阿拉伯联合酋长国、土耳其共和国伊斯坦布尔市和安卡拉市、西班牙巴塞罗那市和萨拉戈萨市。其间，与土耳其安卡拉市签署《上海市和安卡拉市(土耳其)友好交流备忘录(2008—2013年)》。

8月25日　上海部分地区遭遇百余年以来最强雷暴雨，徐家汇气象站7—8时1个小时雨量达117.5毫米，为该站有气象记录130余年来所未见，造成全市150余条段马路积水10厘米～40厘米，11 000余户民居进水5厘米～10厘米。

8月28日　位于浦东新区世纪大道100号的上海环球金融中心落成竣工，并于8月30日开放中心观光厅，正式开门营业。1997年8月27日，上海环球金融中心，在浦东陆家嘴中央商务区正式开工建设。后受亚洲金融危机影响而停工。2003年2月23日，举行复工仪式。2007年9月14日，中心结构封顶。设计方案几经修改，最终占地面积14 400平方米，总建筑面积381 600平方米，拥有地上101层、地下3层，楼高492米。外观为正方形柱体。裙房为地上4层，高度约为15.8米。

9月1日　北京2008年残奥会火炬接力上海市传递活动起跑仪式在上海松江大学园区举行。俞正声出席起跑仪式，点燃上海市传递活动第一支火炬，火炬传递活动途径松江新城、东华大学，最后进入上海阳光康复中心。

同日　铁路上海南站直达南汇芦潮港站的铁路客运列车开通，全程94公里，单程客车行驶1小时10分。

9月8日　2010年上海世博会倒计时600天。上海市迎世博600天行动计划动员大会举行，俞正声出席会议并讲话，韩正就全市迎世博600天行动计划作具体部署。600天行动计划分为3个阶段：第一阶段2008年4—8月底，制定计划、分解任务；第二阶段2008年9月—2009年12月，实施推进、落实；第三阶段2010年1月—4月底，深化提高、投入试运行。

同日　第二十四个教师节，“教育奠基未来——2008年上海庆祝教师节主题晚会”举行，市领导为第二届“上海市教育功臣”颁奖。

9月8日—11月16日　以“快城快客”为主题的2008年第七届上海双年展举行，21个国家和地区的59名(组)艺术家参展。

9月10日　上海市举行欢迎上海奥运健儿凯旋表彰大会。会上，宣读市政府关于表彰刘子歌等52名运动员、教练员、科研人员的决定，市总工会授予刘子歌、吴敏霞等39名运动员，金炜、张传良等7名教练员上海市“五一劳动奖章”荣誉称号，团市委授予刘子歌等5位上海市“新长征突击手标兵”、程晖等33位上海市“新长征突击手”荣誉称号，市妇联授予刘子歌、吴敏霞上海市“三八红旗手标兵”、庞佳颖等上海市“三八红旗手”荣誉称号。

9月11—16日　以“花好月圆”为主题的2008年上海民族民俗民间文化博览会举行，展示上海及各地的民间艺术精品和非物质文化遗产保护工作成果。

9月13日—10月6日　以“世界的节日，花的乐章”为主题的第十四届上海旅游节举行。有花车大巡游、上海国际音乐烟花节、上海购物节、浦江彩船大巡游、玫瑰婚典等近百项旅游节庆活动，近900万上海市民和海内外旅游者参与。

9 月 14—15 日　市人大常委会主任刘云耕率上海市代表团访问新西兰达尼丁市、萨摩亚独立国、越南胡志明市。其间，与新西兰达尼丁市签署《上海市和达尼丁市（新西兰）友好合作交流谅解备忘录（2008—2010 年）》；参加由上海建工（集团）总公司负责承建的萨摩亚独立国政府大楼设计模型揭幕仪式；与越南胡志明市互换友好交往备忘录。

9 月 16 日　萨摩亚独立国总理图伊拉埃帕・萨伊莱莱・马利埃莱额奥伊访问上海。

9 月 20 日　2008 年上海国际田径黄金大奖赛举行，有 181 名中外选手参加 16 个项目的比赛，决出 16 枚金牌。

9 月 22—25 日　由商务部和市政府联合主办的 2008 中国（上海）国际跨国采购大会开幕，有 27 个国家和地区的 260 家国内外采购商、服务贸易商，2 000 多家国内外注册参会供应商参加，采购额超过 200 亿美元。

9 月 24 日　中共上海市委召开党员负责干部会议，传达全党深入学习实践科学发展观活动动员大会暨省部级主要领导干部专题研讨班精神。9 月 25 日，中共上海市委决定成立学习贯彻实践科学发展观活动领导小组，俞正声任组长。

9 月 25 日　市政协主席冯国勤到四川省都江堰市，参加由市政协援建的有着百年历史的重点学校都江堰市北街小学奠基仪式。

9 月 25—28 日　中国自行研制的“神舟七号”载人飞船在太空绕地球飞行 45 圈后成功着陆。在“神舟七号”载人飞船发射的任务中，上海航天技术研究院承担飞船推进舱、电源分系统、推进分系统和测控通信分系统的图像、话音等 9 个子系统研制任务，还承担飞船上的一些关键技术和设备的研制任务，特别是针对航天员出舱活动，新研制舱外摄像机等设备。

9 月 26 日　中国科学院和市政府进一步深化院市合作协议签字仪式在上海举行。俞正声，全国人大常委会副委员长、中国科学院院长路甬祥出席仪式，并为中国科学院上海浦东科技园揭牌。

9 月 27 日　中共上海市第九届委员会第五次全体会议举行，会议审议并通过《上海市人民政府机构改革方案》和《中共上海市委工作党委体制调整方案》。10 月 14 日，中共上海市委举行机构改革工作会议。10 月 20 日，中共中央办公厅（以下简称中央办公厅）、国务院办公厅下发通知，中共中央、国务院批准上海市机构改革方案，这也是中共中央、国务院批准的第一个地方机构改革方案。经过调整，市政府设置工作部门 44 个，其中办公厅和组成部门 23 个，直属机构 21 个；另设部门管理机构 6 个。

10 月 4 日　中国自主设计制造的 1.65 万吨自由锻造油压机在上海重型机器厂有限公司正式投产。此前，自由锻造油压机为 1 万吨。

10 月 6 日　中共上海市委举行深入学习实践科学发展观活动动员大会暨第一批参加单位党政主要领导干部专题研讨班开班仪式。10 月 8 日，中共上海市委深入学习实践科学发展观活动领导小组向市第一批参加单位派出 12 个指导检查组。市第一批参加学习实践科学发展观活动的单位主要是市级机关，市级人民团体和市直属事业单位以及试点单位等，共 129 个单位。整个学习实践活动分 3 个阶段：第一阶段学习调研，第二阶段分析检查，第三阶段整改落实。全市总的学习实践活动计划用 1 年半左右时间，自上而下分 3 批进行，每批时间半年左右。

10 月 7—14 日　由中国文联、教育部和市政府共同主办的以“和谐校园・青春风采”为主题的首届中国校园戏剧节在上海举行。全国各地高校的 23 台参演剧目中，有 10 台剧目获首届“中国戏剧奖・校园戏剧奖”优秀剧目奖，参与演出和观摩的高校学生达 3 万人次。

10 月 7—18 日　市政协主席冯国勤率上海市代表团访问毛里求斯共和国、柬埔寨王国金边市、南非共和国夸祖鲁—纳塔尔省。其间,与柬埔寨王国金边市签署《上海市和金边市(柬埔寨)缔结友好城市关系协议书》;与南非夸祖鲁—纳塔尔省签署《上海市和夸祖鲁—纳塔尔省(南非)友好合作交流备忘录(2008—2010 年)》。

10 月 8 日　在全国抗震救灾总结表彰大会上,上海市援建汶川地震灾区绵阳、陇南过渡安置房现场指挥部,复旦大学附属华山医院中德红十字会野战医院,上海市公安消防总队赴四川抗震救灾救援大队等获"全国抗震救灾英雄集体"荣誉称号;上海市公安局消防总队奉贤支队支队长、上海消防部队赴四川抗震救灾特勤支队救援分队队长姜亦山,上海市第六人民医院院长助理、主任医师、上海市第六人民医院抗震救灾医疗队队长范存义,上海文广新闻传媒集团电视新闻中心记者何晓等获"全国抗震救灾模范"荣誉称号。

同日　占地 120 公顷的白龙港污水处理厂升级扩容工程建成,处理污水规模达到每日,200 万吨,污水处理能力约占整个上海中心城区污水处理能力的三分之一。2008 年,白龙港污水处理厂化学需氧量削减能力可达 1.26 万吨以上。

10 月 9 日　上海首批 4 家知识产权试点园区获得授牌。分别是漕河泾新兴技术开发区、浦东新区金桥功能区、莘庄工业园区和虹桥临空经济园区。

10 月 10 日　上海江南长兴造船有限责任公司为中国长航南京油运股份有限公司建造的 29.7 万吨超级原油轮(VLCC)"长江之珠"号完工交付,这是上海开埠以来建造的最大吨位原油轮。

10 月 11 日　市政府与中国石油化工集团公司在北京签署战略合作框架协议。双方就中国石化在上海炼化企业的进一步发展、能源供应等方面达成进一步合作共识。

10 月 13 日　上海市参与北京奥运会、残奥会总结表彰大会举行,市领导为直接参与奥运会、残奥会的单位代表颁发"贡献奖"纪念杯,市总工会、团市委、市妇联负责人分别宣读表彰决定。

10 月 13—18 日　由中央纪委、文化部和监察部联合举办的全国廉政文化大型绘画书法展在上海巡展。展览邀请全国 200 余位知名艺术家进行专题创作,共分为"神圣使命""时代风范""古韵正声""高远境界"四部分,展览期间观众逾 9 万人次。

10 月 15—21 日　以"创意上海・设计未来"为主题的 2008 上海国际创意产业活动周举行,活动有上海国际创意产业博览会、上海国际城市创意产业论坛、上海"创意盛典"颁奖仪式三大版块,逾 20 万人参观。

10 月 16 日　中共上海市委、市政府印发《关于加快促进上海非公有制经济发展的若干意见》,提出到 2012 年,非公经济占全市生产总值的比例提高到 25%。

10 月 16—22 日　应印度国大党主席、执政的团结进步联盟主席索尼娅・甘地的邀请,俞正声率中国共产党代表团赴印度进行友好访问。

10 月 17—19 日　2008 年 F1 世界锦标赛中国大奖赛在上海国际赛车场举行,迈凯轮车队车手汉密尔顿夺冠。

10 月 18 日—11 月 18 日　由文化部主办、市政府承办的第十届中国上海国际艺术节举行,该届艺术节确定以"艺术,城市的礼赞,生活的盛典"为主题,有 40 个国家和地区的艺术家献演 52 台精彩剧目,还举办国际演出交易会、展博览、群众文化活动、系列研讨论坛和节中节等六大板块的活动。

10 月 19 日　上海首批廉租住房实物配租试点区——徐汇区斜土、田林、长桥和虹梅 4 个试点街道的 21 户廉租住房申请家庭通过摇号,确定实物配租轮候选房顺序,分别通过增租住房、套租住房和套购租赁 3 种方式,获得廉租住房。

同日　第六届中国国际发明展颁奖大会举行，上港集团副总裁包起帆和他的创新团队获得“集装箱物流全程在线信息和安全系统”“集装箱起重机实时在线安全监测系统”“散货自动化装船和卸船系统”和“激光对多通道集卡自动对位装置”4 个项目金奖。其中，“集装箱物流全程在线信息和安全系统”项目获得由日内瓦国际新发明新技术展览会特设的“最新发明创造大奖”。

10 月 20 日　新华社和市政府战略合作备忘录签字暨新华社金融信息平台上海总部落户揭牌仪式在上海举行。

10 月 20—22 日　丹麦王国首相安诺斯·福格·拉斯穆森访问上海。

10 月 21—22 日　波兰共和国总理多纳德·图斯克访问上海。

10 月 22—25 日　俞正声、韩正率领的上海市党政代表团到新疆维吾尔自治区乌鲁木齐市、阿克苏、新疆生产建设兵团学习考察。

10 月 23 日　市十三届人大常委会第六次会议经审议和表决，决定任命市政府机构改革后 11 位市政府组成人员。

10 月 26 日　《上海市和横滨市(日本)友好交流协议书》在上海签署。

10 月 26—27 日　比利时王国首相伊夫·莱特姆访问上海。

10 月 27 日　新加坡共和国总理李显龙访问上海。

10 月 27—29 日　荷兰王国首相杨·比特·鲍肯内德访问上海。

10 月 28 日　由外高桥造船公司建造的载重 31.8 万吨的超级原油轮(VLCC)“华山”号提前 5 个月命名交船。这是世界上首艘全面满足国际船级社协会(IACS)最新《共同结构规范》的载重量最大、款式最新的绿色环保型超级油轮。

10 月 29 日　斯里兰卡民主社会主义共和国总理拉特纳西里·维克拉马纳亚克访问上海。

同日　以“创意、国际、先锋”为主题的 2008 年上海时装周举行，有品牌论坛、设计峰会和国际品牌时装发布会等活动。

10 月 31 日　按照《中共上海市委关于部分工作党委调整的通知》，中共上海市委部分工作党委作调整。

同日　青浦区“练塘茭白”获国家质检总局批准，成为全市首个获得地理标志产品保护的蔬菜品种。

11 月 2 日　以“回顾与展望——全球化进程中的上海”为主题的第二十次上海市市长国际企业家咨询会议召开。

11 月 3 日　科技部和市政府在上海举行 2008 年度部市会商工作会议，双方就全面推动科技让世博更精彩、全力实施国家重大专项任务、加快推动产业结构调整升级、营造自主创新良好环境 4 个方面进行高层次的交流和沟通，达成共识，并形成具体推动和落实的方案。

同日　由联合国开发计划署南南合作特设局、中国商务部国际经济技术交流中心及上海联合产权交易所共同发起的南南全球技术产权交易所在上海揭牌并投入运营，首批项目签约。

同日　《上海市和忠清南道(韩国)友好交流协议书》在上海签署。

11 月 4—8 日　由国家发展改革委、商务部、工业和信息化部、科技部、教育部、中国科学院、中国工程院、中国贸促会和市政府主办的 2008 中国国际工业博览会在上海举行。2 000 余家国内外企业参展，并举行 63 场次现场论坛活动。观众 9.35 万人次，业务成交总额 18.39 亿元。上海重型机器厂有限公司等单位研制的 1.65 万吨自由锻造油压机、上海振华港口机械(集团)股份有限公司研制的 7 500 吨全回转浮吊等 4 项展品获金奖。

11月5日　市政府与中国航空工业集团公司在珠海航展国际会议中心签署《双方加强战略合作的框架协议》。双方将按照国家有关民机产业及大型飞机研制重大科技专项的总体要求，围绕民机产业的规划布局，在上海临港开发区建设上海国家级民用航空产业配套基地。

11月6日　俞正声到东方网与广大网友在线互动，围绕科学发展听取意见和建议。2个多小时的现场交流，现场15名代表与20多万网友共提出问题和建议7 964条。

11月9—16日　2008年上海网球大师杯赛举行，塞尔维亚选手德约科维奇获上海网球大师杯赛男单冠军，内斯特(加拿大)和泽蒙季奇(塞尔维亚)组合获上海网球大师杯赛男双冠军。2008年网球“大师杯”赛是上海最后一次举办“大师杯”赛，2009年起，上海“大师杯”赛改为上海大师系列赛，成为国际职业网球联合会(ATP)8站大师系列赛中的一站。

11月10日　《上海市和圣保罗市(巴西)友好交流项目备忘录(2008—2012年)》在圣保罗市签署。

同日　由联合国环境规划署认可、国际公园协会主办的2008年第十二届全球国际花园城市总决赛揭晓，青浦区朱家角镇获“国际花园城市”称号。

11月11日　大成律师事务所、中华工商联(台湾)“两岸法律服务中心”在上海成立，这是全国首家由海峡两岸民间机构合作成立的法律服务平台。

11月13日　浦东新区人民法院设立金融法庭，是国内首家。

11月13—14日　中国2010年上海世博会第三次参展方会议举行，国际展览局主席蓝峰和秘书长洛塞泰斯，各参展国和国际组织以及企业和城市的近700名代表参加。11月14日，上海世博会组织者与澳大利亚、德国、法国、卢森堡、荷兰和西班牙6个自建馆国家签署《土地移交备忘录》，取得地块的国家于年内或2009年初开工建设国家馆。11月15日，在世博园区卢浦大桥黄浦江南岸，世博德国馆开工建设。

11月15日　注册资本5 000万元的上海宝山宝莲小额贷款有限公司在宝山宝莲城中央商务区对外开始营业。这是上海首家小额贷款公司。开业仪式上，宝莲小额贷款有限公司与上海宝农联合经营体、上海枫泉通信电子设备有限公司分别签订首批30万元和50万元的贷款协议。上海市首批获准成立8家小额贷款公司。

11月20—23日　2008年中国国际旅游交易会在上海举行，有106个国家和地区参展，比上届增长15%；有2 648个参展展位，比上届增长21%；有4 112个旅游单位参展，比上届增长6%。参观者9万余人次，签订合同2.6万余份，意向组团近1.8万个。

11月22—23日　温家宝在上海考察工作。

11月28日　ARJ21－700在上海首飞成功，这是中国自主研制的首架中短航程新型涡扇支线飞机，填补中国航空工业空白，该飞机完成首飞后进入适航论证阶段。

11月29日　上海中心大厦项目在浦东新区陆家嘴金融贸易区正式开工，层高121层，建筑高度达632米，主体建筑结构高度580米，总建筑面积57.6万平方米，工程总投资约148亿元。当时为世界第二、中国第一高建筑。后于2016年3月15日完工，4月27日开始试营业。

同日　由中船集团上海船舶研究设计院负责设计，中海工业自行建造的“中海峨眉山”号浮船坞在上海中海长兴修船基地投产，标志着上海从此有能力承接全球各类船舶的维修、改装工程，上海国际航运中心配套修船能力也迈上新台阶。

11月30日　2008东丽杯上海国际马拉松赛开赛。

12月2日　国际展览局在法国巴黎召开第一四四次全体大会，大会审议通过中国政府提交的

2010 年上海世博会第十二号至第十四号“特殊规章”。

12 月 3—9 日　由市科委、上海航天局和市科协主办，上海科学技术开发交流中心、宇航学会和上海科技馆承办的上海 2008 航天科技展在上海科技馆开展，“神舟七号”载人飞船的展品有：降落伞实物、返回舱 1∶1 模型、轨道舱样机和推进舱正样件，共 15.17 万人次参观。

12 月 4 日　上海市第十五批跨国公司地区总部颁证暨中心城区外资重大项目集中签约仪式举行，有上海交运日红国际物流有限公司等 24 家企业签约，共 24 个项目，总投资 21.68 亿美元。采埃孚（中国）投资有限公司等 20 家跨国公司地区总部代表获得颁发的认定证书。

12 月 5 日　由上海机场集团投资兴建的上海虹桥国际机场公务机基地破土动工，这是国内第一个提供全方位公务机服务的专用基地。

12 月 6 日　洋山深水港北港区主体工程全面建成启用仪式举行，中共上海市委书记俞正声启动启用按钮，市长韩正致辞。洋山深水港区北港区建成集装箱专用泊位 16 个，岸线全长 5.6 公里，设计年吞吐能力为 930 万标准箱。港区三期工程第一阶段 2007 年 12 月竣工投产，第二阶段 2008 年 12 月竣工投产。

12 月 9 日　全球四大物流供应商之一的美国联合包裹运输公司（简称 UPS）在浦东国际机场正式启用耗资 1.25 亿美元建设的国际转运中心。该中心每小时货物分拣能力达到 1.7 万件。上海机场首次引进国际物流集成商，标志着国际航空货运枢纽地位在上海率先确立。

12 月 11 日　中共上海市委召开市委常委会，中共上海市委、市政府召开党政负责干部会议，传达学习和贯彻落实中央经济工作会议精神。中共上海市委、市政府坚决贯彻落实中央决策，提出“四个确保”：确保经济平稳较快发展，确保民生持续得到改善，确保社会和谐稳定，确保世博会筹办有序进行。

12 月 12—13 日　中共中央政治局常委、国务院副总理李克强在上海考察工作。

12 月 15 日　海峡两岸空中双向直达航路开通仪式在民航上海区域管制中心举行，国家民航局局长李家祥宣布启航，并与中国国民党副主席蒋孝严等共同按动直达航路启动按钮，首架直航班机东航 MU2075 航班由浦东机场飞往台北桃园机场，中国台湾复兴航空 323 航班由松山机场飞往浦东机场。

同日　两岸海上直接通航首航仪式在洋山深水港举行，韩正宣布启航，并与中国国民党副主席蒋孝严等共同推动洋山至高雄启航船舶车钟，标志着两岸正式迎来“三通”（空运直航、海运直航、直接通邮）时代。

12 月 15—16 日　长江三角洲地区主要领导座谈会在浙江省宁波市举行。俞正声、韩正和江苏、浙江、安徽三省的省委书记、省长出席会议。会议讨论通过《长三角地区贯彻国务院〈指导意见〉共同推进若干重要事项的意见》，商议区域合作机制框架和新一轮重点合作专题，以加快推进长江三角洲地区一体化发展，保持长江三角洲地区经济平稳较快发展势头。

12 月 17 日　中国 2010 年上海世博会倒计时 500 天。市政府召开“上海市迎世博 600 天行动”领导小组工作扩大会议，公布首个“上海市迎世博 600 天文明指数”：全市文明指数测评得分为 78.95，其中环境文明指数测评得分为 77.64，秩序文明指数测评得分为 78.75，服务文明指数测评得分为 80.69。“上海市迎世博 600 天文明指数”每 100 天发布 1 次，到 2010 年世博会召开，大致发布 5 次。

同日　上海市各界人士纪念改革开放 30 周年大会举行，俞正声出席会议并讲话，总结上海改革开放 30 周年 7 条经验：坚持服从、服务国家战略，自觉把上海发展放在全国发展的大环境中来思考和谋划;坚持解放思想、实事求是、与时俱进,积极探索具有中国特色、时代特征、上海特色的发展新路;坚持高起点、全方位的对外开放,抓住重大历史机遇推动改革和发展等。

12月17—25日　由市委宣传部、市委党史研究室和市发展改革委联合举办的“上海市纪念改革开放30周年成就展”在上海展览中心展出,分“序言”“经济建设平稳健康发展”“改革开放不断深入”和“科学发展、再创辉煌”等9个部分,生动展示上海改革开放30年来各领域的巨大变化和辉煌成就。参观者达25万人次。

12月18日　上海电气风电设备有限公司临港基地开工,该基地是上海最大的风电设备产业基地,面积4万平方米,项目总投资1.43亿元,最大起重能力100吨。2009年第四季度完工,形成年生产2兆瓦风机600台能力。

12月19日　轨道交通11号线北段二期工程开工,起点为江苏路,终点为罗山路站,全长为21公里,共设13座车站,2013年建成。

12月19—21日　中共中央政治局常委、全国政协主席贾庆林在上海考察工作。12月19日,贾庆林在沪分别会见中国国民党主席吴伯雄、荣誉主席连战。

12月20日　吴淞口国际邮轮港码头开工典礼在宝山区宝杨路长航栈桥举行,工程总投资12.6亿元。建成后该码头可停靠3艘7万吨级以上的大型邮轮,综合通过能力达每年80万人次,2011年10月建成投入使用。

12月20—21日　由中共中央台湾工作办公室所属海峡两岸关系研究中心与中国国民党国政研究基金会共同举办、以“扩大和深化两岸经济交流与合作”为主题的第四届两岸经贸文化论坛在上海举行,贾庆林和中国国民党主席吴伯雄、荣誉主席连战等海峡两岸各界人士400余人出席。论坛形成海峡两岸新的共识,提出9条“共同建议”;大陆有关方面就加强两岸合作、共同应对国际金融危机制定10项政策措施。

12月25日　上海世博会交通配套工程——沪杭公路莘松段拓宽改建工程启动。2010年1月1日,长18.07公里的莘松段主线拓宽改建工程竣工通车。双向4车道拓宽为双向8车道,设计时速为120公里。新建8公里双向6车道高架道路为G60(沪昆高速公路)上海市境段的入城段。

12月26日　崇明至启东长江公路通道工程(上海段)在崇明县四通港大堤开工,崇启通道全长51.2公里,其中上海段30.7公里。同时,长江西路越江隧道在浦东新区高桥镇开工,隧道全长4 912米,设双管双向6车道。

同日　上海动漫衍生产业园在大场镇上大路668号开园,由上海数字娱乐中心和上海宝山科技园联合建造,是国内首家专业动漫衍生产业主体园区。

12月28日　9号线桂林路至宜山路开通运营,开通后全线(宜山路站至松江新城站)运营里程30.48公里,运营车站数为13座。同日,轨道交通13号线一期工程开工,起点为华江路站,终点为南京西路站,全长16.4公里,共设14座车站,途经嘉定、普陀、闸北、静安4个区,计划2012年建成。

同日　高27.7米、建筑面积约12.9万平方米的中国2010年上海世博会主题馆完成结构封顶。主题馆是由国内自行设计和建造的具有完全自主知识产权的标准场馆。世博会期间,预计日,均有12.5万人次参观主题馆,在馆人数最多可达1.8万人。

同日　市文广播局宣布:全市行政村全部接通有线电视信号,标志着上海市农村有线电视村村通工程建成。全市农村有线电视新增用户18万户,农村用户数达64万,入户率达64%。

12月28—30日　中共上海市第九届委员会第六次全体会议举行,会议审议《市委常委会2008

年工作报告》《市委常委会贯彻落实科学发展观情况分析检查报告》，通过《中国共产党上海市第九届委员会第六次全体会议决议》。

12月30日　轨道交通12号线工程开工，起点七莘路，终点金海路，全长40.4公里，共设31座车站。2013年12月29日开通运营东段（金海路站至天潼路站），2015年12月19日开始运营西段（曲阜路站至七莘路站）。

同日　上海东方体育中心工程开工，这是上海承办2011年第十四届国际游泳世界锦标赛而兴建的体育场馆。项目总投资约20亿元，位于浦东新区川杨河以南黄浦江南延伸段，总用地面积34.75万平方米，总建筑面积15.29万平方米。2010年底竣工，2011年7月投入使用。

同日　中国科学院上海浦东科技园暨新技术基地建设开工仪式举行。中国科学院上海浦东科技园一期建设项目有新药创制平台、新技术基地以及国家蛋白质科学研究南方设施等，总投资13亿元。

同日　市政府新闻发布会宣布，2008年度市政府为上海市民办的9件实事全部完成。市民总体满意度达83.85分，比上年高1.04分；总体认同度达98.25%，比上年高2个百分点。

2009年

1月1日　中共二大会址纪念馆改扩建工程于老成都北路7弄30号竣工并正式对社会免费开放。工程于2008年5月设计施工，纪念馆面积由150平方米增至2 300平方米，展出珍贵史料300余件。同年5月，该馆被中宣部列为第四批全国爱国主义教育示范基地。

1月8日　市重点工程实事立功竞赛表彰大会举行，4个优秀创新团队、8名杰出人物、10家金杯公司、12个金杯集体，223家优秀公司、681个优秀集体，以及353名建设功臣、1 486名记功个人、271名优秀组织者受到表彰。市领导向先进集体和个人颁奖。

1月9日　2008年度国家科学技术奖励大会在北京举行。上海市57个项目（含合作项目）获奖，占全国总数的16.4%，涵盖国家自然科学奖、技术发明奖和科技进步奖三大奖项。

同日　上海金融交易广场奠基。该项目于2011年开始建设，位于浦东竹园商贸区，规划用地5公顷，建筑面积22万平方米，后更名为上海国际金融中心。

1月12日　工业和信息化部在上海召开"部分省市促进工业产品研发设计信息化经验交流会"。上海率先成为中国工业化和信息化融合试验区。

1月12—16日　市政协第十一届二次会议举行。

1月13—17日　市第十三届人大第二次会议举行，上海市长韩正作《政府工作报告》。

1月18日　"蓝天下的至爱——2009大型慈善文艺晚会"在东视剧场举行。

同日　中航商用飞机发动机有限责任公司在沪揭牌。市长韩正出席公司成立仪式。

1月21日　上海港外高桥六期工程全面开工建设。该工程码头岸线长1 538米，陆域面积193.7公顷，将建设5个大船泊位。2010年12月6日，外高桥港区六期码头建成开港，这是上海港首个具备汽车滚装和集装箱运输两大主题功能的综合性港区。上海外贸集装箱船舶全部由黄浦江沿线码头移至外高桥港区和洋山港区。

1月31日　美国当地时间1月30日下午4时，在距离美国亚利桑那州胡佛水库大坝27公里附近的高速公路上发生车祸，造成上海赴美旅游团一行7人死亡（其中1人为当地导游）、10人受伤。

2月4日　市政府印发《关于进一步推进本市旧区改造工作的若干意见》。

2月5日　环淀山湖水环境综合治理工程启动，为期12年，总投资31.7亿元，共分7个大类、30个项目。

2月6日　中共上海市委举行常委会，讨论通过《中共上海市委常委会深入学习实践科学发展观整改落实方案》。

2月9日　上海在义务教育阶段开始实行"民办中小学生免学杂费，在沪借读的外省市学生免借读费"两项免费政策。

2月9日、10日、12日　中共上海市委分别举行中心城区、工作党委和郊区（县）主要负责人座谈会，研究当前经济社会发展情况，听取应对挑战的措施、建议和工作思路汇报。

2月11日　市政府印发实施《上海市2009年—2011年环境保护和建设三年行动计划》。

2月13日　上海市公共卫生应急指挥中心建成启用，突发公共卫生事件应急信息系统投入使用。

2 月 17 日　中共上海市委召开党外人士座谈会，就《中共上海市委关于贯彻落实〈中共中央关于推进农村改革发展若干重大问题的决定〉的实施意见（征求意见稿）》，征求民主党派、工商联和无党派人士的意见和建议。

2 月 18 日　长江村镇银行在崇明正式营业，为上海第一家村镇银行。

2 月 22—24 日　巴基斯坦伊斯兰共和国总统阿西夫·阿里·扎尔达里访问上海。

2 月 23 日　市政府发布实施《持有〈上海市居住证〉人员申办本市常住户口试行办法》。

2 月 24—25 日　中共上海市第九届委员会第七次全体会议举行，审议通过《中共上海市委关于贯彻落实〈中共中央关于推进农村改革发展若干重大问题的决定〉的实施意见》，全面研究新形势下推进上海农村改革发展的若干重大问题。

2 月 25 日　上海郊区新建三级综合医院项目举行启动仪式。各三甲医院分别到各郊区开办新医院，以推进上海优质医疗资源的均衡分布。

2 月 26 日　沪杭高速城际铁路客运专线开工，2010 年 10 月 26 日，正式开通运营。沪杭铁路由上海虹桥站至杭州东站，全长 158 公里，设 9 个车站，设计的最高速度为 350 公里。

2 月 26—27 日　“万国禁烟会”百年纪念活动在上海国际会议中心举行，通过《上海宣言》。

2 月 27 日　由上海市慈善基金会、上海市精神文明建设委员会、上海文广新闻传媒集团共同主办的“新娱乐慈善群星会·中华慈善高峰论坛”在上海东方电视台举行，论坛发布《中国平民慈善报告》，这是中国首份平民慈善白皮书。

3 月 1 日　中共上海市委举行深入学习实践科学发展观活动第一批总结暨第二批动员会议。

同日　人民路越江隧道南线贯通。人民路隧道 2007 年动工兴建，长 2 325 米。主线为南线、北线双管。单层双向 4 车道。设计时速为 40 公里，是上海世博会交通配套工程，外滩“井字形”交通枢纽中穿越黄浦江底的一座公路隧道。

3 月 1—5 日　第十九届中国华东进出口商品交易会在上海新国际博览中心举行。

3 月 5 日　“周恩来同志在沪早期革命活动旧址”于四川北路 1593 弄（永安里）44 号挂牌。

3 月 10 日—4 月 29 日　市政府主办的第十五届上海国际服装文化节在上海举行，共开展商贸营销、纪念庆典、大赛论坛、时装发布四大板块，8 个大类 100 多项活动。

3 月 12 日　中国人民解放军总后勤部与市政府合作建设第二军医大学协议在京签署。

同日　卫生部与市政府共建共管在沪卫生部管理医院协议在京签署，部市共建共管复旦大学附属的中山医院、华山医院、肿瘤医院、妇产科医院、儿科医院和眼耳鼻喉科医院。

3 月 19 日　上海市人力资源和社会保障局（以下简称市人社局）发布《关于 2009 年实施职业培训特别计划稳定就业局势的通知》，为经济复苏储备技能人才。

3 月 20 日　上海市把农村村庄改造工作列入市政府实事项目，实行“一事一议”财政奖补政策，开展村庄改造。

3 月 21 日　上海国际航运服务中心在北外滩航运服务集聚区开工，2012 年 3 月落成启用。

3 月 24 日　市政府宣布加入“地球一小时”活动，这是世界自然基金会（WWF）应对全球气候变化所提出的一项全球性节能活动，市、区县两级政府机关大楼于 3 月 28 日 20 时 30 分关闭景观灯光 1 小时。

3 月 24 日　宋庆龄医学教育基金首次颁发，复旦大学、上海交通大学和同济大学的 60 名医学专业学生获得每人 3 000 元的助学金。

3月24—26日　乌拉圭东岸共和国总统塔瓦雷·巴斯克斯访问上海。

3月25日　国务院常务会议审议通过《关于推进上海加快发展现代服务业和先进制造业建设国际金融中心和国际航运中心的意见》,提出到2020年,将上海基本建成与中国经济实力和人民币国际地位相适应的国际金融中心和具有全球航运资源配置能力的国际航运中心。5月8日,市政府印发《贯彻国务院关于推进上海加快发展现代服务业和先进制造业建设国际金融中心和国际航运中心的意见的实施意见》。6月25日,市十三届人大常委会第十二次会议通过《上海市推进国际金融中心建设条例》。

同日　由中国新闻摄影学会举办的第五届中国国际新闻摄影比赛(简称华赛)在松江新城揭晓,共评出8个大类16项金、银、铜奖和优秀奖。

3月26日　上海世博会媒体服务中心启用,在上海世博会筹办阶段运行。

3月27日　经中国证监会批准,线材和螺纹钢两大钢材期货合约正式在上海期货交易所挂牌上市。

同日　上海世博会志愿者标志、口号和歌曲揭晓。并确定每月5日、15日、25日分别开展窗口服务日、环境卫生日、公共秩序日“三五”志愿服务大行动。

同日　上海世博局向全球公开发布上海世博会两大类9种门票标准票样,上海世博会门票首期团购销售启动。7月1日,个人门票预售启动。

同日　《上海和科克2009—2014年合作交流备忘录》在上海签署。

3月28日　长崎·上海友好馆在东方绿舟落成。

3月31日　张江生物医药产业基金成立,这是全市首个生物医药产业基金。

同日　上海市与英国大伦敦市通过邮寄方式签署协议,两市结为友好城市。

4月1日　小额贷款担保新政策实施,政策扶持由“创业后”前移到“创业前”,扶持对象放宽到创业3年内。

4月2日　上海巴士公交有限公司绿色车身公交车投入营运,标志浦西公交公司整合重组正式展开。

4月8日　中共上海市委、市政府召开上海市国资国企改革发展工作会议。

同日　国务院决定在上海市和广东省广州、深圳、珠海、东莞4个城市开展跨境贸易人民币结算试点。

同日　经过1年整修的外白渡桥向公众开放,11日凌晨起恢复车辆通行。

4月11—16日　市政协主席冯国勤率驻上海全国政协委员在贵州省考察交流。

4月13—17日　韩正率市政府代表团在湖南省学习考察。

4月16—17日　新西兰总理约翰·基访问上海。

4月16—17日　韩正率市政府代表团在安徽省学习考察。

4月17日　首批15家上海市文化产业园区名单公布。

4月17—19日　2009年F1中国大奖赛在上海国际赛车场举行,德国车手维泰尔获分站赛冠军。

4月17—21日　2009年环崇明岛女子国际公路自行车赛在崇明岛举行。

4月18日　上海水务公共信息平台建成,这是全国第一家集气象、海洋、海事、水文、水利、供水、排水等业务于一体的水务公共信息平台。

4月18—20日　卫生部、科技部、中国科协和市政府联合主办的“2009国际健康生活方式博览会”，在上海国际展览中心举行。

4 月 20—21 日　由长江水利委员会、中国环境与发展国际合作委员会、世界自然基金会举办的以“长江·河口·城市”为主题的第三届长江论坛在上海召开。

4 月 24 日　中国 2010 年上海世界博览会组织委员会第七次会议暨国内参展工作会议在京召开。

同日　国务院批复市政府，同意撤销南汇区建制，将原南汇区行政区域划入浦东新区。5 月 13 日，中共上海市委、市政府召开浦东新区、南汇区党政负责干部大会，宣布相关决定。6 月 18 日，中共上海市委到浦东新区宣布新的区委常委会成员名单。7 月 22 日中共浦东新区代表大会召开，8 月 5 日新区政协第四届第一次会议召开，8 月 6—8 日新区第四届人大会第一次会议召开，分别选举产生新的区人大、区政府、区政协领导班子，完成浦东新区区划调整。

同日　苏浙沪三省市在上海签署《长江三角洲地区知识产权发展与保护合作框架协议》。

同日　市政府与国家开发银行金融发展合作备忘录签字仪式在上海举行。

同日　上海芦潮港车客渡码头改造工程竣工通航。2008 年 1 月开工建设。全长 290 米，宽 30 米，连接海岸引桥长 950 米、宽 14 米，可靠泊 5 000 吨车、客渡轮船，总投资 2.84 亿元。

4 月 28 日—5 月 16 日　2009 年“上海之春”国际音乐节在上海举行。来自中国、美国、德国、西班牙、芬兰、奥地利、爱尔兰、韩国、马来西亚、泰国 10 个国家和地区的音乐家参加 30 余台、40 余场音乐演出，并参与百余场群众文化活动。

5 月 1 日　上海世博会倒计时 1 周年暨计时牌启动仪式在天安门广场举行。中共中央政治局常委、全国人大常委会委员长吴邦国出席并启动计时牌。

同日　上海首个慈善主题公园“博爱园”在延中绿地开园。

5 月 4 日　上海市纪念五四运动 90 周年大会在上海展览中心举行，并为“上海市新长征突击手（标兵）”和“上海市新长征突击队（标兵）”颁奖。

5 月 10 日—12 月 23 日　2009 年中国上海国际大众体育节举行。这是中国首次以“体育节”形式举行的大型国际群众体育交流盛会，以“体育，让生活更精彩”为主题，以“更快乐、更健康、更和谐”为口号。之后每年举行。

5 月 11 日　中共上海市委、市政府举行贯彻国务院文件精神，加快推进上海国际金融中心国际航运中心建设工作会议。

5 月 15 日　市政府与中国保监会关于推进上海保险业发展的合作备忘录在上海签署。

5 月 15—16 日　“2009 陆家嘴论坛”举行。论坛主题为“全球化时代的金融发展与经济增长”。

5 月 15—21 日　2009 科技活动周暨第十届上海科技节举行，本次科技节以“科技·人·城市——与世博同行”为主题。

5 月 18 日　上中路越江隧道北线下层、南线上层通车。上中路隧道是连接上海中环线的浦西段和浦东段的越江交通枢纽，长约 2.8 公里。分平行的南线和北线 2 条公路隧道。设计时速为 80 公里，为上海世博会交通配套工程，建成时为世界上第一条双层双向 4 车道越江公路隧道。2004 年 1 月 9 日动工兴建。2008 年 4 月 20 日全线贯通。2009 年 1 月 22 日，南线试通车。

5 月 20 日　市政府飞行队、市公安局警务航空队成立。

同日　上海商报社正式改制成为上海商报传媒有限公司，这是经国家新闻出版总署正式批准的全国第一个改制成为企业的日报社。

5 月 25 日　上海国际航运仲裁院成立。这是上海仲裁委员会特设的仲裁审理航运交通、物流运输、海事海商、港口建设等纠纷争议的专业分支机构,落户上海北外滩航运服务集聚区。

5月25日—6月3日　由市委宣传部“城市魂・群英谱——纪念上海解放60周年主题展”在上海展览中心展出。

5月27日　纪念上海解放60周年座谈会举行,市委书记俞正声出席会议并讲话。

5月27—28日　广西壮族自治区主席马飚率自治区代表团在上海考察。

5月28—30日　塞拉利昂共和国总统欧内斯特・巴伊・科罗马访问上海。

5月31日　市委、市政府在上海展览中心召开推进高新技术产业工作会议,会上印发《关于加快推进上海高新技术产业化的实施意见》。

5月　复兴中路、重庆南路路口思南公馆项目基本建成并试运营。该修缮项目于1999年启动项目,占地5万余平方米,保留保护老建筑51幢(包括周公馆2幢),其中39幢被确定为市优秀历史建筑,确定为“中国2010上海世博会VIP接待会所”。

6月1日　《上海市志愿服务条例》《上海市实施〈中华人民共和国义务教育法〉办法》(2009年修订)实施。

同日　在国家《食品安全法》实施首日,上海萨莉娅餐饮有限公司领到了“001”号《餐饮服务许可证》。这家公司和杨浦区的另6家企业成为全国首批领到《餐饮服务许可证》的餐饮企业。

6月2日　国际展览局第145次会议在法国巴黎召开。韩正率上海市代表团出席大会,并就上海世博会筹备情况作陈述发言。

6月3日　中国电信集团公司启动上海“城市光网”行动计划。

6月4日　市民政局下发《关于调整本市城乡居民最低生活保障标准的通知》。从2009年4月1日起,上海市城镇居民最低生活保障标准由每人每月400元调整为每人每月425元,农村最低生活保障标准由每人每年3 200元调整为每人每年3 400元。

6月7日　新加坡共和国总理李显龙访问上海。

6月8—12日　第十五届上海电视节举行。该届电视节共举办“白玉兰”奖国际电视节目评选、国际影视节目市场、国际新媒体与广播影视设备市场和“白玉兰”国际电视论坛四大主体活动,吸引40多个国家和地区的近2万名来宾参与。

6月9日　市交通港口局发布《关于加强本市公交车辆安全运营管理工作的紧急通知》,要求公交企业为公交车辆配备逃生锤,为在岗司售人员随身增配救生锤等应急救生工具,6月后更新的公交车辆必须安装视频监控设施。

6月12日　商务部和市政府《关于共同推进上海市商务工作全面发展的合作协议》在上海签署。

6月13—21日　第十二届上海国际电影节举行。该届电影节以“促进文化与资本融合,推动国际合作,体现新人孵化器”为主旨,以评奖单元、电影市场、电影论坛和国际影片展映四大板块为载体,组织开展一系列活动。

6月15日　中国科学院计算技术研究所国家智能计算机研究开发中心、曙光信息产业(北京)有限公司、上海超级计算中心联合研制的百万亿次超级计算机“魔方”在上海超级计算中心开通运转。中国成为全球第二个能研发百万亿次超级计算机的国家。

同日　上海文化产权交易所在外高桥保税区成立。

6月15—19日　中共中央政治局常委李长春在上海调研。

6月16日　上海海事仲裁院在北外滩航运服务集聚区成立。

6月17日　市人社局、市发展改革委等17个部门联合印发《持有〈上海市居住证〉人员申办本市常住户口试行办法实施细则》。

6月18日　上海临港燃气电厂一期工程开工。该工程将建设4台35万千瓦级燃气—蒸汽联合循环机组，总出电力约160万千瓦。2012年3月21日竣工投产。

6月20日　上海市居民用户供排水价格上调。

6月24日—30日　由市文联、市文广影视局、市美协举办的"庆祝中华人民共和国成立60周年上海美术作品展暨第五届上海美术大展"在上海美术馆展出。

6月25日　《上海市经济适用住房管理试行办法》颁布。

6月26日　上海自然博物馆新馆开工建设。新馆位于静安雕塑公园内，总建筑面积4.5万平方米。2015年，新馆正式建成开馆。

6月27日　闵行区的"莲花河畔景苑"工地发生在建13层楼房楼体向南整体倒覆事故，造成1人死亡。事故发生后，市政府即组成事故调查组针对全过程进行详细调查。7月3日，市建设交通委通报造成事故的主要原因。28日，市政府召开新闻发布会，通报处理情况，对相关责任人分别给予行政拘留、行政处分，对相关责任单位给予吊销资质证书等。

6月29日　市发展改革委、市财政局、市经济信息化委、市商务委、市质量技监局等部门联合发布上海市节能空调地方补贴政策。

6月30日　上海市居民经济状况核对中心在杨浦区江浦路2100号成立，该中心为市民政局所属的事业单位，为民生政策实施提供经济状况权威核对信息。

7月3日　《上海市人民政府与交通银行股份有限公司全面合作备忘录》在上海签署。

同日　浦东机场综合保税区获国务院批准，是为中国首个实际运作的空港保税区。2010年4月2日，通过正式验收，于9月28日正式运营。

7月3—6日　第五届中国国际动漫游戏博览会在上海展览中心举行。

7月4日　上海动漫公共技术服务平台开始运营，该平台由国家扶持动漫产业发展部际联席会议、财政部、文化部和市政府共同投资建设，面向动漫产业提供公共服务。

7月5日　轨道交通8号线耀华路站至航天博物馆站投入试运营。开通后全线(市光路站至航天博物馆站)投入运营车站共28座，线路长度达37公里。

7月5—25日　上海世博会组委会主办的"走进世博会——中国2010年上海世博会暨世博会历史回顾展览"在北京首都博物馆展出。

7月6日　首笔境外人民币结算款项由中国银行(香港)有限公司汇入中国银行上海市分行指定账户，跨境贸易人民币结算试点在上海率先启动。交通银行上海市分行、中国银行上海市分行取得首批试点业务。

同日　中国商用飞机有限责任公司设计研发中心在浦东张江奠基。11月30日揭牌。占地80公顷，建筑面积约60万平方米。12月28日，中国商用飞机有限责任公司总装制造中心浦东基地在浦东新区祝桥镇奠基，占地267公顷，建设面积115万平方米。2010年1月12日，中国大型客机发动机项目责任主体和总承制单位——中航商用飞机发动机有限责任公司研发基地在上海市闵行区动工。

7月6日　市政府印发《贯彻国务院关于进一步推进长江三角洲地区改革开放和经济社会发展指导意见的实施意见》。

7月10日　南市水厂改造(一期)工程建成投产供水。

7月13—14日　中共上海市第九届委员会第八次全体会议举行,会议审议并通过《中国共产党上海市第九届委员会第八次全体会议关于递补市委委员的决定》《中国共产党上海市第九届委员会第八次全体会议决议》。

7月18日　上海电气临港核电制造基地二期工程开工建设。

同日　市经济信息化委、嘉定区和上海汽车工业(集团)总公司共同建设的上海市新能源汽车及关键零部件产业基地(嘉定)揭牌。

7月21日　"P+R"(停车换乘)试点启动。首批试点的"P+R"停车场库是轨道交通2号线淞虹路站停车楼和轨道交通1号线锦江乐园站虹梅路停车楼。

7月22日　俞正声出席中共上海市浦东新区代表会议第一次大会,要求按照中央要求,坚定不移地高举浦东开发开放的旗帜,举全市之力推进浦东综合配套改革试点,更好地发挥浦东的示范带动作用、核心功能作用。

7月24—30日　俞正声、韩正率上海市党政代表团在四川、西藏、重庆、湖北等省、自治区、直辖市学习考察。

7月30日　上海中心气象台更新暴雨橙色为暴雨红色预警信号,是2003年上海市建立异常天气预警制度以来第二次发布暴雨红色预警。暴雨造成70多条段马路积水10—30厘米,约3 000户民居进水5—10厘米。

8月1日　《上海市推进国际金融中心建设条例》颁布实施。

同日　上海男子足球U20队夺得第十一届全运会男足甲组冠军。上海足球时隔26年后再获男足全运会冠军。

同日　市委、市政府在上海展览中心举行纪念曹荻秋同志诞辰100周年座谈会。

同日　上海铁路闵行货运场建成运营。

同日　《上海市和哥德堡市2009—2012年友好合作交流备忘录》在上海签署。

8月2—7日　第二十一届国际生物化学与分子生物学联盟学术大会暨第十二届亚洲大洋洲生物化学家与分子生物学家学术大会在上海国际会议中心举行。

8月6日　松江泗泾基地开工建设,这是以保障性住房为主的大型居住区。

8月8日　首个全国"全民健身日"活动上海市启动仪式暨市民健康跑活动在江湾体育场举行。

8月10日　上海市旅游局(简称市旅游局)和中国银联携手26家境内外金融机构联合发行银联标准"上海旅游卡"。

8月12日　外高桥国际贸易示范区挂牌,外高桥保税区成为上海首个国际贸易示范区。

同日　铁路金山支线改建工程启动。2012年9月28日通车运营,由上海南站至金山卫站,全长56.4公里,最短行车时间32分钟,是全国首条市郊铁路客运线。

同日　上海世博会军队、武警部队安保任务部署会举行。

8月13—19日　2009年上海书展在上海展览中心举行。

8月15日　1.65万吨自由锻造油压机、250吨/630吨·米锻造操作机和450吨电渣重熔炉在上海重型机器厂有限公司全面投运。

8月22—25日　俞正声、韩正率上海市党政代表团在江苏、浙江两省学习考察。

8月22—25日　塞尔维亚共和国总统鲍里斯·塔迪奇访问上海。

8月23日　市住房保障房屋管理局等六部门联合下发《关于单位租赁房建设和使用管理的试行意见》,试行期3年。

8 月 26 日　军工路越江隧道二程东线贯通。

同日　彭浦实业公司商务楼在闸北区灵石路 680 号奠基开工，是全国首个农村集体土地留用地试点开发项目。2013 年 1 月 15 日建成。

8 月 28 日　上海市对口支援都江堰市灾后重建项目的 22 所中小学完工，整体移交给都江堰市。

8 月 31 日　海峡两岸定期航班开航，海峡两岸航班由过去的包机航班转为定期航班（桃园、高雄以外的航点继续采用包机方式执飞），沪台航班由一周 46 个增至 56 个。

8 月　中国航天科技集团公司上海航天技术研究院抓总研制的“长征六号”运载火箭批复立项。2015 年 9 月 20 日上午 7 时 01 分，“长征六号”火箭在太原卫星发射中心，成功将 20 颗卫星发射升空，卫星顺利进入预定轨道，开创中国一箭多星发射的新纪录。

9 月 1 日　市政府颁布实施《上海市居民经济状况核对办法》，为上海市居民家庭经济状况的核对工作提供了明确的法律依据。

同日　美国硅谷银行上海代表处在杨浦区挂牌。

9 月 2 日　中共上海市委、市政府印发《关于加快上海市文化产业发展的若干意见》，明确 2009—2014 年上海文化产业的发展目标。

同日　上海市第三批深入学习实践科学发展观活动工作会议举行。

同日　《国家质量监督检验检疫总局与上海市人民政府进一步加强合作备忘录》在上海签署。

9 月 3—13 日　市人大常委会主任刘云耕率上海市代表团访问奥地利萨尔茨堡市，并签署《上海市和萨尔茨堡市建立友好城市关系协议书》。

9 月 4 日　上海东海大桥 100 兆瓦海上风电示范项目首批 3 台风机正式并网发电，这是中国首个海上风力发电工程。

9 月 5 日　国土资源部与市政府《关于共建保障和促进上海科学发展国土资源管理新机制的合作备忘录》在上海签署。

9 月 9 日　新建的打浦路隧道复线全线贯通。2009 年 7 月 11 日起，打浦路隧道实施封闭改造。原线车行道总宽度由 7.07 米拓宽至 7.25 米，改为只通行浦东往浦西方向的车辆。同时新建复线，通行浦西向浦东方向的车辆。复线长约 2 971 米，设计时速为 40 公里。2010 年 2 月 11 日，改造后的原线和新建的复线通车。

同日　中国工商银行贵金属业务部在上海成立，这是国内商业银行首家从事黄金等贵金属业务的专业化经营机构。

9 月 10 日　上海市海洋局揭牌成立。市海洋局从挂靠国家海洋局东海分局调整为与市水务局合署办公。

同日　市政府与国家开发银行《推进上海市文化产业发展合作备忘录》在上海签署。

9 月 12 日—10 月 6 日　第十五届上海旅游节举行。

9 月 12 日—10 月 8 日　2009 年上海购物节举行。

9 月 14—16 日　市政协主席冯国勤率市政协代表团在江苏省苏州市和无锡市学习考察。

9 月 16 日　中华人民共和国第十一届运动会火炬上海市传递活动举行。

9 月 17 日　市政府在北京分别与中国工商银行、中国银行、中国建设银行、中国进出口银行签署战略合作备忘录。

9 月 18 日　上海农村产权交易所在奉贤区南桥镇揭牌成立。

9月19日　上海地面交通工具风洞中心在同济大学嘉定校区落成启用,为国内首个“汽车风洞”。

9月20日　第五届上海国际田径黄金大奖赛在上海体育场举行。

9月20—26日　俞正声率中共代表团访问乌克兰、哈萨克斯坦,并出席在哈萨克斯坦首都阿斯塔纳召开的第五届亚洲政党国际会议。

9月21日　中共中央宣传部公布第十一届精神文明建设“五个一工程”(2007—2009)获奖名单。上海选送的电影《高考1977》、电视剧《我的青春谁做主》、动画片《大耳朵图图》、京剧《成败萧何》、歌曲《中国,站立成树》及长篇小说《长街行》6部作品入选。

9月24日　由东航与美国普惠公司合资设立的上海普惠飞机发动机维修基地在上海青浦工业加工区启用,这是国内最大的飞机发动机大修中心。

同日　国内首家集聚完整产业链的“上海基础软件产业基地”在闸北挂牌成立。

9月25日　韩正与韩国济州道知事金泰焕共同签署《中国上海市、韩国济州特别自治道友好交流协议书》。

同日　上海天文博物馆二期改造工程通过验收,该工程于2009年3月开工,7月15日建成并试运行。

同日　国歌纪念广场在大连路绿地落成,同时,国歌展示馆在纪念广场开馆。

9月27日　上海交响乐团成立130周年庆典音乐会在上海大剧院举行。

9月27—28日　中共上海市委召开庆祝人民政协成立60周年暨上海市政协工作会议,俞正声作主题讲话,韩正主持会议,市政协主席冯国勤就贯彻会议精神讲话。

9月28日　第三次中日韩外长会谈在上海举行。

同日　上海有线数字电视网播出12套数字高清晰度电视节目,东方明珠广播电视塔同步播出2套高清数字电视节目,上海开始进入高清电视时代。

同日　上海世博会主题馆竣工。这是中国2010年上海世博会永久建筑——一轴四馆(世博轴、中国国家馆、世博会主题馆、世博中心和世博文化中心)中率先竣工的展馆。

9月29日　2009年度“上海市荣誉市民”和“白玉兰荣誉奖”颁授仪式在市政府贵宾厅举行。

9月30日　上海市各界人士庆祝中华人民共和国成立60周年大会在上海展览中心举行。

9月　上海张江医疗器械公共服务平台在张江东区现代医疗器械园运行,这是中国首个大动物模型医疗器械研发平台,填补国内医疗器械创新研发方面的空白。

10月1日　上海研制的世博会吉祥物机器人“海宝”亮相国庆60周年彩车方阵。

10月10—18日　2009年ATP世界巡回赛1000大师赛在上海举行。从本年起,网球大师杯赛移至伦敦举办,上海转办上海ATP1000大师赛。

10月11日　全市实施出租汽车运价油价联动机制,调整出租汽车运价。

同日　中国第二十六次南极考察队从上海外高桥中国极地考察国内基地码头启程。

10月11—15日　中共中央政治局常委、中央纪委书记贺国强在上海视察。

10月13日　“走进世博会——中国2010年上海世博会暨世博会历史回顾展览”在上海展览中心展出。

同日　上海世博会志愿者工作推进大会在上海展览中心友谊会堂召开,277人成为首批上海世博会注册志愿者。

10月15日　位于松江区的天马深坑酒店开工建设,2018年开业。共21层,位于水下的2层建筑通过先进的水族馆建造技术，使游客犹如置身海底世界，是国内唯一的下沉式酒店。

10 月 18—20 日　科特迪瓦共和国总理纪尧姆·基格巴福里·索罗访问上海。

10 月 18 日—11 月 18 日　第十一届中国上海国际艺术节举行。来自世界 40 多个国家和国内 26 个省、自治区和直辖市以及港、澳、台地区的 100 多个演出团体、200 多个演艺机构参加各类演出和交易活动。共上演中外剧目 55 台，演出总场次 218 场，观众人数逾 20 万人次。

10 月 19 日　有线电视数字化整体转换工作启动。

10 月 20—27 日　"风华上海·情系世博"——2009 上海时装周举行。

10 月 21 日　上海广播电视台、上海东方传媒集团有限公司成立，上海整体实施广播电视制播分离。

10 月 23 日—11 月 5 日　第十一届全国美术作品展览中国画展在上海展览中心举行。

10 月 28 日　国家发展改革委正式批复核准上海迪士尼乐园项目。项目选址浦东新区川沙新镇，占地 116 公顷。2010 年 11 月 5 日，上海申迪(集团)有限公司与华特·迪士尼公司签署上海迪士尼乐园项目合作协议。2011 年 4 月 8 日开工，2016 年 6 月 16 日开园。

10 月 30 日　上海绕城高速公路(原郊环线 G1501)东段，即浦东段建成通车，长 24.34 公里。双向 6 车道，设计时速为 100 公里。其中，外环隧道—五洲大道立交段、五洲大道立交—外环隧道浦东入口段与外环高速公路并线。至此，上海绕城高速公路全线通车，为上海市最长的高速公路，全长 190 公里。

10 月 31 日—11 月 13 日　"国家重大历史题材美术创作工程作品巡回展"在上海美术馆举行。

11 月 1 日　以"积极应对国际金融危机挑战，加快落实上海经济转型"为主题的第二十一次上海市市长国际企业家咨询会议召开。

同日　执行上海市车用汽油和车用柴油地方标准(简称"沪Ⅳ"标准)，全市加油站供应符合新标准的油品。

11 月 3 日　上海元代水闸遗址博物馆在拥有 700 余年历史的志丹苑水闸遗址上开工建设，该馆为上海首座遗址类博物馆。2012 年 12 月 31 日，建成对外开放。

11 月 3—5 日　冯国勤率市政协考察团在浙江省学习考察。

11 月 3—7 日　2009 年中国国际工业博览会在上海新国际博览中心举行。

11 月 4 日　上海文广演艺(集团)有限公司成立，下属上海话剧艺术中心、上海歌舞团、上海滑稽剧团、上海木偶剧团、上海轻音乐团分别转企改制，成立有限责任公司。

11 月 5—8 日　2009 年高尔夫世界锦标赛——汇丰冠军赛在上海佘山国际高尔夫俱乐部举行。

11 月 5—9 日　由中国上海国际艺术节组委会、市文广影视局、市文联、黄浦区政府、上海文广影视集团、联合国教科文组织国际木偶联合会中国中心、中国木偶皮影艺术学会联合主办的首届上海国际木偶艺术节暨邀请赛举行。

11 月 9 日　沪金高速公路上海方向 52.2 公里处发生 5 车相撞事故，造成 8 人死亡、6 人受伤。

11 月 10 日　位于杨浦区的中国(上海)创业者公共实训基地举行揭牌仪式，是国内首个由政府搭建的创业者公共实训平台。

11 月 11 日　上海市"十二五"规划编制工作会议召开，启动上海"十二五"规划编制。

11 月 12 日　第七届中国 2010 年上海世博会国际论坛在北京举行，国务院总理温家宝出席论坛开幕式并发表演讲。

11月12—13日　智利共和国总统米歇尔・巴切莱特・赫里亚访问上海。

11月13日　市林业总站宣布：黄浦江上游两岸建成200—500米宽的水源涵养林，总面积3 899公顷，黄浦江上游实现森林全覆盖。

11月14日　《中华人民共和国上海市与南非共和国约翰内斯堡市友好交流备忘录》在上海签署。

11月15—16日　美利坚合众国总统巴拉克・侯赛因・奥巴马访问上海。

11月17日　市社会建设推进大会举行，对进一步加强社会建设作出部署，成立上海市社会建设工作领导小组，俞正声任组长。

同日　《中国进出口银行与上海市人民政府关于推进上海建设国际金融中心和国际航运中心金融发展合作备忘录》在上海签署。

11月17—22日　李宁・2009中国羽毛球公开赛在源深体育馆举行。

11月18日　上海综合保税区管理委员会成立，统一管理洋山保税港区、外高桥保税区(含外高桥保税物流园区)和浦东机场综合保税区行政事务。

同日　第十一届全国运动会上海代表团表彰大会在上海国际会议中心举行。市政府授予刘子歌"上海体育功臣运动员"称号，授予其教练金炜"上海体育功臣教练员"称号。

11月26日　《上海市与以色列海法市2009—2011年友好交流合作备忘录》在海法市签署。

同日　由中国青年创业国际计划上海办公室与冠生园集团联手打造的国内首个大学生创业研发平台——YBC・冠生园大学生创业研发中心在上海启动。

11月28日　中共中央政治局常委、国务院总理温家宝在上海考察上海世博会园区、中国商用飞机有限责任公司和保障性住房工程等，并听取中共上海市委、市政府工作汇报。

同日　经财政部、中国人民银行批准，银行间市场清算所股份有限公司在上海成立。

同日　航班号为SMJ324的津巴布韦AVIENT航空公司麦道—11货机在浦东机场起飞时冲出跑道，飞机解体起火。机上7名外籍机组成员4人获救、3人死亡。

同日　沪苏皖高速公路电子不停车收费系统正式联网，两省一市在安徽合肥签署《长三角高速公路电子不停车收费系统清算协议》。

11月29日　2009年"东丽杯"上海国际马拉松赛举行。

12月1日　《上海市和萨尔茨堡市2010年至2012年合作备忘录》在上海签署。

12月2日　中国工程院2009年院士增选名单公布，上海有4人当选。

12月4日　中国科学院2009年院士增选名单公布，上海有2人当选。

12月4—5日　加拿大总理斯蒂芬・哈珀访问上海。

12月5日　轨道交通7号线上海大学站至花木路站开通运营，运营里程32.17公里，运营车站数为26座。

同日　上海戏剧博物馆在上海戏剧学院莲花路校区建成开馆。

12月8日　大型保障性住房项目——上海晶城在闵行区梅陇镇开工，由徐汇区上海城开(集团)有限公司开发建设，属大型保障性住房项目，被列为2009年市重大工程，2013年基本建成。

12月10日　市十三届人大常委会第十五次会议通过《上海市公共场所控制吸烟条例》和《上海市饮用水水源保护条例》。

12月16日　上海市纪念地方人大设立常委会30周年暨人大工作会议举行，俞正声出席会议并讲话。

12 月 18 日　市教委和市教育发展基金会 2009 年度“曙光计划”项目资助公布，56 名学者获资助，资助总额 620 万元。

12 月 21—22 日　中共上海市委召开全市经济工作会议，这是上海首次召开全市经济工作会议。

12 月 22 日　轨道交通 1 号线发生电路跳闸和两车碰撞 2 起突发事故，造成 6 小时左右运行瘫痪。

12 月 25 日　中环线主线高架路浦东南段、内环主线高架路浦东段、华夏高架路（浦东国际机场北通道）“两环一道”主线通车，上海内环快速路网实现整体贯通。

同日　上海世博会永久性建筑—世博中心竣工。

12 月 29 日　上海 65 米射电望远镜又称天马望远镜在松江区佘山镇奠基。2012 年 10 月落成。反射面积达到 3 780 平方米，由 14 圈共 1 008 块高精度实面板组成，综合性能亚洲第一、世界第四。

12 月 30—31 日　尼泊尔联邦民主共和国总理马达夫·库马尔·尼帕尔访问上海。

12 月 31 日　上海 S32（申嘉湖高速上海段）公路通车，S32 公路跨越黄浦江的闵浦大桥上层高速公路段同时建成开通。S32 公路原名 A15 公路，2003 年开始前期工作，2006 年 1 月动工，为 2010 年上海世博会交通配套工程，也是上海是一次性建成的最长的一条高速公路。全线长 185.1 公里，分为 S32（申嘉湖高速公路）上海市境段和浙江段。其中，上海市境段长 83.5 公里，由浦东段、闵浦大桥和浦西段三部分组成。2010 年 4 月 20 日下层普通机动车车道通车。

同日　虹桥机场扩建工程竣工，上海地区民用机场跑道增至 5 条。

同日　轨道交通 9 号线宜山路至杨高中路站投入试运营。9 号线开通后全线（杨高中路站至松江新城站）运营里程 44.67 公里，运营车站数为 23 座。

同日　苏申外港线（上海段）航道整治工程竣工。

同日　虹梅南路—金海路越江工程启动建设，2015 年 12 月 30 日全线通车，这是目前黄浦江底最长、埋得最深的隧道，最大埋深达 59 米，也是当前国内最深的城市越江隧道。

2010年

1月1日　上海世博会第三期门票预售启动，新推出多次票和优惠票2种。网上世博会英文版开通，并新增48个网上展馆三维外观。

同日　中国世博旅游年启动仪式暨“2010走进世博”大型旅游主题晚会在闵行区体育馆举行。

1月5日　10只来自四川卧龙中国保护大熊猫研究中心雅安碧峰峡基地的“世博熊猫”入住上海市动物园熊猫馆，开始为期近1年的“世博之旅”。

1月6日　市政府印发《上海市虹桥商务区管理办法》。

1月9日　中共上海市第九届委员会第十次全体会议举行，审议同意市委常委会2009年工作报告，审议通过市委常委会2010年工作要点。

1月11日　2009年度国家科学技术奖励大会在北京举行。上海共有56项(人)分别获得国家最高科学技术奖、国际科学技术合作奖、国家自然科学奖、国家技术发明奖和国家科技进步奖。著名数学家、中国科学院院士、复旦大学教授谷超豪荣获国家最高科学技术奖。

同日　上海国际航运研究中心首次发布中国航运景气指数(CSPI)、中国航运信心指数(CSFI)、中国航运预警指数(CSAI)和中国航运景气变动指数(CSCI)。

1月12日　中航商用飞机发动机研发基地在闵行区紫竹科技园区奠基，是集总部、研发、适航、工程、国际交流、专家公寓、客户服务等中心于一体的大型基地。

1月14—17日　中共中央总书记、国家主席、中央军委主席胡锦涛在上海考察工作，15日，专程前往上海世博园区，实地考察上海世博会筹办工作情况，并发表重要讲话。

1月16日　位于杨浦区境内的上海高校技术市场揭牌，是全国首家高校技术市场。

1月19日　2009年度重点工程实事立功竞赛表彰大会举行。5个优秀创新团队、10名杰出人物、9家金杯公司、11个金杯集体、202家优秀公司(单位)、652个优秀集体、345位建设功臣、1 380位记功个人、245位优秀组织者受到表彰。

同日　12英寸集成电路生产线项目举行启动仪式。该项目由上海华力微电子有限公司建设运营。

1月21日　上海世博会倒计时100天誓师动员大会在上海大舞台举行。中共中央政治局常委、全国政协主席贾庆林出席大会并讲话。

同日　长兴岛横沙渔港开工建设。该港是农业部批准建设的国家一级渔港，位于长兴岛东端、横沙小港西岸。2014年9月建成启用。

同日　上海世博会“一轴四馆”永久性建筑之一的世博轴工程整体竣工。

1月22日　贾庆林在上海考察工作。

同日　奥地利共和国总统海因茨·菲舍尔访问上海。

1月23日　上海世博会联合国联合馆移交仪式暨移交备忘录签字仪式在世博园区举行。

同日　洋山保税港区通过世界卫生组织考核验收，成为国际卫生港口。

1月24日　中华医学科技奖(2009)颁奖大会在上海举行，这是中国医药卫生行业最高科技奖项。

1月25—30日　市政协举行十一届三次全体会议。

1月26—31日　市十三届人大第三次会议举行，上海市长韩正作《政府工作报告》。会议执行主席、市委书记俞正声在大会闭幕时作"让世博成为上海发展新动力"的重要讲话，会议一致通过全体代表向全市人民发出"当好东道主，全力办好世博会"的倡议书。

1月28日　交通运输部、市政府加快推进国际航运中心合作备忘录在上海签署。

同日　交通银行控股的交银康联人寿保险有限公司在上海揭牌，这是全国首家由商业银行试点入股的保险公司。

1月28日—2月1日　中共中央政治局常委、全国人大常委会委员长吴邦国在上海调研。

1月29日　上海航空股份有限公司台湾分公司，通过商务部核准并正式宣告成立，这是上海第一个对中国台湾投资项目。

2月1日　浦东白莲泾长途客运站启用，与长途总站、长途南站、长途西站组成上海四大长途客运主站。

2月2日　在国家新型工业化产业示范基地创建工作会议暨首批示范基地授牌仪式上，上海化学工业区成为首批"国家新型工业化产业示范基地"。

同日　全国首个船舶油污损害赔偿基金落户上海。

2月4日　海关总署与市政府在京签署合作备忘录。

2月6日　耀龙路桥建成。该桥是上海世博会期间连接世博园区后滩出入口与中环线(浦东段)的世博专用通道。

同日　宝山区大场镇汶水路动漫街举行开街仪式。由50个独立的商铺组成，面积约5 000平方米，是全国首条以体验动漫生活为主导的动漫街，也是国内首个动漫产业品牌"动漫大场"的实体性标志。

2月8日　上海世博会"一轴四馆"永久性建筑之一的中国馆竣工。

同日　中国东方航空股份有限公司和上海航空股份有限公司联合重组成新的中国东方航空股份有限公司。

2月11日　泸定路桥建成通车，这是苏州河上第三十座桥。

2月12日　市政府印发《关于贯彻国务院推进城市和国有工矿棚户区改造会议精神，加快旧区改造工作的意见》。

2月15日　外高桥四期滚装码头迎来英国冠达邮轮公司的"玛丽女王2"号邮轮，标志着上海港有能力接待10万吨级以上的豪华邮轮。

2月21日—3月1日　教育部和市政府共同主办的全国第三届中小学生艺术展演活动在东方艺术中心举行。

2月22日　市长、上海世博会主运行指挥部总指挥韩正召开世博会主运行指挥部第一次全体会议，至上海世博会闭幕，共召开9次全体会议。

2月23日　市政府印发《上海市主要饮用水水源保护区边界划定和调整专项规划》。

2月24日　《华东地区公安机关信息资源共享应用章程》签约仪式在上海举行。上海、江苏、浙江、安徽、福建、江西、山东六省一市公安机关实行警务信息资源共享。

同日　轨道交通2号线东延伸段一期工程(张江高科站—广兰路站)投入试运营。3月16日，西延伸段工程(淞虹路站—徐泾东站)投入试运营，这是虹桥综合交通枢纽的配套工程。4月8日，东延伸段二期工程(广兰路站—浦东国际机场站)投入试运营。7月1日，轨道交通2号线虹桥火车站投入运营。至此,全长60.34公里、运营车站30个、东西向横贯上海市域、连接浦东机场和虹桥机场的轨道交通2号线,全线建成投入运营。

2月25日　市政府印发《上海市主要饮用水水源保护区边界划定和调整专项规划》。

2月26日　第六代3 000米深水半潜式钻井平台在上海外高桥造船有限公司出坞,成为中国深水海洋工程装备制造史上新里程碑。

同日　市政府批准实施《2010年上海世博会环境空气质量保障措施》。

2月27日　全市深入学习实践科学发展观活动总结大会举行。

同日　东海大桥10万千瓦海上风电示范项目34台风机全部安装成功。

2月　市人大常委会主任刘云耕率上海市代表团访问加拿大温哥华市、墨西哥首都墨西哥城和哈利斯科州首府瓜达拉哈拉市以及美国旧金山市,并在旧金山庆祝上海和美国旧金山市缔结友好城市30周年。

3月1日　《上海市公共场所控制吸烟条例》《上海市饮用水水源保护条例》施行,《上海市黄浦江上游水源保护条例》同时废止。

3月3日　教育部和市政府共建国家教育综合改革试验区战略合作协议在北京签署。

3月4日　市总工会举行纪念"三八"国际劳动妇女节100周年大会暨第三届上海市五一巾帼奖颁奖典礼。

同日　上海19家大医院对口支援云南省19家县级医院项目在昆明签约。

3月9日　上海"一村一网"平台开通,全市9个郊区县的1 546个行政村全部建起网页。

3月10日　市政府办公厅函告各省、自治区、直辖市政府办公厅,上海市实行蔬菜生猪及生猪产品市场准入制度。

3月10日—4月20日　市政府主办的第十六届上海国际服装文化节举行。该届服装文化节秉承"汇聚融合,引领潮流,时尚让生活更精彩"宗旨,以"与世博同行,秀时尚经典"为主题,共安排八大类100多项活动。

3月13日　上海常州高速公路上海段(S26沪常高速)通车。沪常高速公路全线起自G1501(上海绕城高速公路),向西至苏州尹山立交与苏州绕城高速公路和苏嘉杭高速公路相接,经无锡,终于常州,全长45.3公里。分为S26(沪常高速公路)上海市境段和江苏段。上海市境段全长约7.8公里,双向6车道,设计时速为100公里。

3月14日　上海市世博会接待服务指挥部成立。

3月16日　虹桥机场2号航站楼正式启用。虹桥枢纽东交通中心同步启用,设有地铁2号线车站、公交巴士车站、停车场、商业餐饮等服务设施。

3月18日　市政协主席冯国勤率上海市代表团访问越南河内市和胡志明市。

同日　洋山保税港区进口保税汽车展厅揭牌,这是上海综合保税区管委会推出的首个功能性拓展项目。

3月21日　中共上海市委办公厅印发《上海市党员教育培训工作实施意见》,明确2009年至2013年在切实加强经常性教育的基础上,对未纳入各级党委干部教育培训范围的150多万名基层党员普遍进行全员培训。

同日　市政府发布《关于加强烟花爆竹安全管理的通告》。其后,市政府先后发布《关于加强养犬管理的通告》《关于加强食品安全的通告》等26个上海世博会期间加强管理的文件。

3月23日　上海世博会组委会第九次(扩大)会议在北京召开。会议强调,办好世博会不仅是上海的责任，也是全国的责任。各地区、各部门、各单位要以强烈的政治责任感和紧迫感，密切联系自身实际，全力以赴做好世博会筹办举办工作。

3 月 23—25 日　冯国勤率上海市代表团访问菲律宾大马尼拉市和新西兰达尼丁市。

3 月 24 日　上海市政府确定建设崇明生态岛、临港新城和虹桥商务区 3 个低碳示范区，通过加大对以服务经济为特色的低碳实践区建设的推广和支持力度，强化科技、人才、资金、政策等各项资源支撑，形成上海低碳经济的发展特色。

3 月 25 日　平面媒体、广播电视、新闻网站、移动视频等统一增设“世博服务信息专递”栏目。

3 月 26 日　中国澳门特区政府行政长官崔世安在上海访问。

同日　新建路越江隧道主线段开通。新建路越江隧道北起上海港国际客运中心所在地浦西北外滩的海伦路、海拉尔路，穿越黄浦江底，在浦东新区陆家嘴金融贸易区接地连接银城东路。全长约 2 355 米。主线为双管单层。双向 4 车道。设计时速为 40 公里。是外滩“井字形”交通枢纽中穿越黄浦江底的一座公路隧道。2006 年 9 月 26 日动工兴建。

3 月 28 日　沪、苏、浙两省一市与中国人民银行在上海签署《共同推进长三角地区金融服务一体化发展合作备忘录》。

3 月 31 日　上海国有资本管理有限公司成立。

同日　上海世博会“一轴四馆”永久性建筑之一的上海世博文化中心竣工。

同日　上海市创业投资引导基金设立暨首批高新技术产业化创业投资基金揭牌。

同日　连续两年列入市政府重大工程项目的上海西郊国际农产品交易中心（一期）在青浦区华新镇建成试营业。工程于 2007 年 10 月 29 日动工，由批发交易中心、展示直销中心和检测服务中心组成，占地 133.33 公顷，建筑面积 45 万平方米。2010 年 9 月 27 日，展示直销中心竣工试营业，设 50 个场馆，是国内最大农产品交易中心。

同日　市政府与中国社会科学院战略合作协议在上海签署，韩正出席仪式并为中国社会科学院陆家嘴研究基地揭牌。

4 月 1 日　上海召开首次优秀农民工、农民工先进个人表彰大会。姚玉萍、郭志刚、蔡传秀等 43 名上海市优秀农民工根据“居转户”政策，申办上海市常住户口。

4 月 2 日　上海和江苏、浙江、安徽、福建、江西、山东六省签署《上海世博会环沪“护城河”工程工作协议》。

4 月 3 日　市政府出台《贯彻国务院关于进一步促进中小企业发展若干意见的实施意见》。5 月 12 日，市政府召开促进中小企业发展工作会议。

4 月 6—9 日　韩正率市政府访问团访问中国台湾。上海与台北合作备忘录在台北市签署。

4 月 7 日　上海在世博园区召开“上海世博会重大工程建设建功立业劳动竞赛总结表彰暨运行保障立功竞赛誓师动员大会”，世博运行保障立功竞赛（包括世博园区运行保障、平安卫士、交通安全保畅、市政设施保障、水电气能源供应、市容环境整治、综合服务七大赛区）全面启动。

4 月 7—10 日　首届沃特金融峰会在上海举行，该峰会是聚首全球金融界人士的高端年度盛会，由沃特财务集团发起并主办。

4 月 8 日　股指期货在上海启动，这是中国资本市场改革发展的重大举措。

4 月 10 日　轨道交通 10 号线新江湾城站至航中路站（龙溪路站至航中路站为支线段）投入试运营；11 月 30 日，主线段（龙溪路站至虹桥火车站）投入试运行，轨道交通 10 号线一期工程基本建成。10 号线一期工程线路全长 35.2 公里，运营车站 31 个，是国内首条按照全自动无人驾驶运营管理模式设计和建设的线路,全线全日开行“Y”形交路,分别为航中路至新江湾城交路和虹桥火车站至新江湾城交路。主线与支线列车采取“一隔一”运营方式。

4月12日　上海市版权局首次发布《上海版权产业报告》。

4月14日　青海玉树发生7.1级地震。当日,中共上海市委、市政府致电青海省委、省政府,对地震灾区人民表示深切慰问,并捐款1 000万元,支援灾区抗震救灾。

4月15日　中共上海市委、市政府在上海展览中心举行上海市迎世博600天行动总结大会。

同日　浦东开发开放20周年纪念大会举行。

同日　龙耀路越江隧道通车。龙耀路隧道为上海世博会交通配套工程,是上海浦西西南地区连接浦东的东、西向公路交通节点,起自浦西石龙路龙吴路交叉口,在浦东成山路接地。全长4.04公里,2008年3月10日动工兴建。至此,上海共建成黄浦江越江隧道12条,除延安东路越江隧道外,分别为打浦桥路隧道、外环隧道、大连路隧道、复兴东路隧道、翔殷路隧道、上中路隧道、人民路隧道、新建路隧道、龙耀路隧道、外滩观光隧道、西藏路隧道。

4月17日　“世界·我们——中国2010年上海世博会志愿者上岗宣誓仪式”在外滩亲水平台举行。

4月17—19日　2010年F1中国大奖赛举行。迈凯轮车队的英国车手巴顿夺得冠军。

4月26日　上海辰山植物园试开园。该园位于松江区辰花公路3888号,占地面积约207公顷,是上海市政府与中国科学院、国家林业局、中国林业科学研究院合作共建项目,为华东地区规模最大的植物园。

同日　中国香港特别行政区行政长官曾荫权到上海访问。

同日　交通银行人民币新台币双向兑换业务试点率先在上海启动,这是大陆首次在福建省以外的地区试点新台币兑换。

4月27日　上海世博会组委会第十次会议在上海召开。会议强调,要进一步完善工作措施,确保上海世博会顺利开幕、开园和正式运行。

同日　上海世博会新闻中心、世博会国际广播电视中心启用。

同日　上海华谊集团宣布:旗下双钱公司生产的双钱轮胎FT105产品通过美国环保总署(EPA)认证,成为继美国、法国、日本、德国、韩国之后,代表中国进入“绿色轮胎”领域的首款产品。

4月28日　上海海湾国家森林公园建成开放。

同日　崇明岛东滩国际湿地公园对外开放。占地8.6平方公里。

同日　曹路基地项目获得国家开发银行上海市分行、中国工商银行上海市分行、上海浦东发展银行上海分行总额近30亿元的资金支持,这是上海首批启动的六大保障性居住社区之一,也是迄今为止保障性住房建设获得的最大单笔贷款。

同日　“外滩皇冠上的明珠”外滩源一期建成。外滩源公共绿地和圆明园路特色景观街对公众开放。同时,完成修缮的原英国领事馆(后定名为外滩源壹号)也投入试运营。

4月28日—5月3日　马耳他共和国总统乔治·阿贝拉访问上海。

4月28日—5月18日　2010年“上海之春”国际音乐节举行。该届音乐节围绕“上海之春”创办50周年、2010上海世博会举办。共上演新作品58部,来自中国、英国、法国、丹麦、加拿大、瑞士、新加坡等国,以及中国香港、中国台湾等地区的音乐家参加28台、36场音乐演出,并参与16场群众文化活动。

4月29日　胡锦涛在上海会见中国国民党荣誉主席连战、吴伯雄和亲民党主席宋楚瑜等应邀出席上海世博会开幕式的中国台湾各界人士。

4 月 29 日—5 月 1 日　越南社会主义共和国总理阮晋勇、荷兰王国首相杨·彼德·鲍肯内德、朝鲜民主主义人民共和国最高人民会议常任委员会委员长金永南分别访问上海并出席上海世博会开幕式。

4 月 29 日—5 月 2 日　柬埔寨王国首相洪森、马里共和国总统阿马杜·图马尼·杜尔、刚果共和国总统德尼·萨苏—恩格索、加蓬共和国总统阿里·邦戈、马拉维共和国总统宾古·瓦·穆塔里卡分别访问上海并出席上海世博会开幕式。

4 月 29 日—5 月 3 日　肯尼亚共和国总统姆瓦伊·齐贝吉、亚美尼亚总统谢尔日·阿扎多维奇·萨尔基相分别访问上海并出席上海世博会开幕式。

4 月 30 日　上海世博会旗林升旗仪式举行。20 时 10 分，上海世博会开幕式在上海世博文化中心举行。胡锦涛出席开幕式并宣布上海世博会开幕。

同日　法兰西共和国总统尼古拉·萨科奇、哈萨克斯坦共和国总理卡里姆·马西莫夫分别访问上海并出席上海世博会开幕式。

4 月 30 日—5 月 1 日　大韩民国总统李明博、蒙古国总统里·额勒贝格道尔吉、巴勒斯坦伊斯兰共和国总统马哈茂德·阿巴斯、欧盟委员会主席若泽·曼努埃尔·巴罗佐分别访问上海并出席上海世博会开幕式。

4 月 30 日—5 月 2 日　塞舌尔共和国总统詹姆斯·米歇尔、土库曼斯坦总统库尔班古力·别尔德穆哈梅多夫分别访问上海并出席上海世博会开幕式。

4 月 30 日—5 月 4 日　密克罗尼西亚联邦总统伊曼纽尔·莫里访问上海并出席上海世博会开幕式。

5 月 1 日　8 时 20 分，上海世博会开园仪式在上海世博中心举行。贾庆林与国际展览局主席让—皮埃尔·蓝峰共同为上海世博会开园。

同日　黄浦江徐汇段的徐汇滨江公共区域正式开放，沿江而建的龙腾大道同时通车。

5 月 1 日—10 月 31 日　2010 年世界博览会在上海市举行。此次世博会是由发展中国家举办的首届综合性(注册类)世界博览会。累计参观者达 7 308.44 万人次，平均每天约 39.7 万人次，境外参观者约占入园参观者总人次的 5.8%。园区单日最大客流出现在 10 月 16 日，为 103.28 万人，超越 1970 年日本大阪世博会，创下世博会参观总人数和单日客流的历史纪录。网上世博会累计入“园”参观者为 8 234 万人次，页读数(PV)累计超过 8.73 亿。其中中国内地来访人次占 84.4%，海外来访人次占 15.6%。上海世博会参展主体数量创历史之最，多达 300 多个，包括 190 个国家、56 个国际组织、47 个城市或地区、25 个企业参展。文化演艺活动场次为历届之最，世界各国的文艺演出终日不断，整个世博会期间，举办各类文化演艺活动超过 2 万场次，平均每天演出 100 多场次，观众人次多达 3 000 多万。其间，先后在宁波、苏州、无锡、南京、绍兴、杭州举办了信息化与城市发展、城市更新与文化传承、科技创新与城市未来、环境变化与城市责任、经济转型与城乡互动、和谐城市与宜居生活等 6 个主题论坛。10 月 31 日，上海世博会高峰论坛举行，围绕“城市创新与可持续发展”主题，开展讨论，并发表《上海宣言》，形成对全球城市创新与可持续发展的共识。

5 月 1—2 日　马尔代夫共和国总统穆罕默德·纳希德访问上海并出席上海世博会马尔代夫国家馆开馆仪式。

5 月 4 日　北京市、上海市领导出席世博会北京活动周启动仪式。在上海世博会期间，全国各省、市、自治区及港、澳、台代表团先后在上海举行世博会活动周。

5月6日　国务委员、公安部部长孟建柱签发嘉奖令，嘉奖上海市公安局圆满完成上海世博会开幕式、开园仪式及运行首周安全保卫任务。

5月6—10日　塞拉利昂共和国总统欧内斯特·巴伊·科罗马访问上海，并出席上海世博会塞拉利昂国家馆日活动。

5月7日　上海中绿环保科技有限公司领到营业执照，这是全市首家境内自然人投资设立的中外合资企业，标志着“中国公民也能设立中外合资公司”政策率先在浦东落地。

5月8—10日　波黑部长会议主席尼古拉·什皮里奇访问上海，并出席上海世博会波黑国家馆日活动。

5月10日　“华人华侨回家看世博”系列活动启动仪式举行。

5月11日　市政府批准《虹桥商务区核心区控制性详细规划(2010年)(核心区一期暨城市设计)》。

5月12日　市政府召开上海市促进中小企业发展工作会议，出台一系列政策措施，包括建立市、区(县)中小企业服务机构，加大财政资金和政府采购支持力度等，努力提升服务中小企业创新发展水平。

5月14—17日　克罗地亚共和国总统伊沃·约西波维奇出席上海世博会克罗地亚国家馆日活动并访问上海。

5月18—21日　德意志联邦共和国总统霍斯特·克勒出席上海世博会德国国家馆日活动。

5月20日　《上海市和鹿特丹市2010—2012年友好交流备忘录》在上海签署。

5月20—22日　比利时首相伊夫·莱特姆访问上海，并出席上海世博会比利时国家馆日活动。

5月20—22日　奥地利共和国总理维尔纳·菲曼访问上海，并出席上海世博会奥地利国家馆日活动。

5月21日　俄罗斯联邦共产党主席根纳季·安德列耶维奇·久加诺夫率代表团访问上海。

同日　闵浦二桥公路层正式通车，闵浦二桥又名上海西渡大桥，长约5.8公里。主桥总长436.65米。上层为二级公路，双向4车道。设计时速为60公里。下层为电气化复线城市轨道交通预留线位(上海轨道交通5号线南延伸闵奉段使用)。轨道交通与公路的叠合段长度为3.2公里。2007年1月8日动工兴建。

5月22日　美利坚合众国国务卿希拉里·克林顿访问上海，并参观上海世博会美国馆、中国馆等。

5月22—24日　瑞典王国国王卡尔十六世·古斯塔夫访问上海，并出席上海世博会瑞典国家馆日活动。

5月23日　2010年国际田联钻石联赛上海站在上海体育场举行。

5月23—25日　坦桑尼亚联合共和国总统阿马尼·阿贝德·卡鲁姆访问上海，并出席上海世博会坦桑尼亚国家馆日活动。

5月24—27日　黑山共和国总统菲利普·武亚诺维奇访问上海，并出席上海世博会黑山国家馆日活动。

5月25日　第九届中国艺术节在广东省广州市闭幕，上海昆剧团《长生殿》精华版和上海京剧院《成败萧何》获得文华大奖。

5月25—27日　中国佛教协会副会长、第十一世班禅额尔德尼·确吉杰布参观上海世博会。

5月26—27日　拉脱维亚共和国总统瓦尔迪斯·托姆布洛访问上海，并出席上海世博会拉脱维亚国家馆日活动。

5 月 26—31 日　芬兰共和国总统塔里娅・哈洛宁访问上海，并出席上海世博会芬兰国家馆日活动。

5 月 27 日　市重大项目江杨北路交道枢纽建成交付使用。

5 月 28 日　市政府印发《上海浦东机场综合保税区管理办法》。

5 月 29 日　铁路上海站北广场综合交通枢纽主体工程竣工，北广场实现铁路、长途客运、轨道交通、公交车、出租车“零换乘”。

同日　市政府印发《上海市临港产业区管理办法》。

5 月 29—31 日　印度共和国总统普拉蒂巴・德维辛格・帕蒂尔访问上海并参观上海世博会。

5 月 29 日—6 月 1 日　卢森堡大公国大公储纪尧姆・让・约瑟夫・马里访问上海并参观上海世博会。

5 月　十六铺码头改建工程竣工，交付使用。改建工程范围为新开河路东延长线以南，东门路轮渡码头以北，东起黄浦江，西至中山东二路，占地面积 3.04 公顷。改建工程于 2007 年 9 月开工建设。将原单一功能的客运码头改造为集观光、游览、休闲为一体的水上旅游码头。

6 月 1 日　财政部、科技部、工业和信息化部、国家发展改革委启动私人购买新能源汽车补贴试点工作，上海成为试点城市之一。

6 月 4 日　韩正会见世界自然基金会总干事詹姆斯・利普一行，并接受“自然保护领导者卓越贡献奖”。

6 月 5 日　中国第一艘太阳能混合动力游船“尚德国盛”号在上海黄浦江畔起航，俞正声启动游船首航按钮。上海建设“千兆瓦级太阳能产业基地”项目签约仪式同时举行。

6 月 6—9 日　澳大利亚总督昆廷・布赖斯访问上海，并出席上海世博会澳大利亚国家馆日活动。

6 月 7 日　市政府印发《关于进一步规范和加强行政执法工作的意见》。同日，市政府办公厅印发《上海市行政执法人员执法行为规范》。

6 月 7—11 日　第十六届上海电视节举行。电视节举办“白玉兰”奖国际电视节目评选、国际影视节目市场、国际新媒体与广播影视设备市场和“白玉兰”国际电视论坛四大主体活动，评选电视电影、电视连续剧、纪录片和动画片 4 个类别共 23 个奖项。

6 月 8 日　上海启动东海区上海海域范围内无居民海岛检查，收集海岛影像、地理坐标、地貌特征、岛上植被、开发利用情况等本底资料。同时，开展执法巡视检查，打击各种违法违规用岛行为。

6 月 8—9 日　菲律宾共和国总统玛丽亚・格洛丽亚・马卡帕加尔・阿罗约访问上海，并出席上海世博会菲律宾国家馆日活动。

6 月 10—11 日　伊朗伊斯兰共和国总统马哈茂德・艾哈迈迪—内贾德访问上海，并出席上海世博会伊朗国家馆日活动。

6 月 12 日　中银消费金融有限公司在浦东新区挂牌，是为上海首家无抵押、无担保的消费金融公司。

6 月 12—20 日　第十三届上海国际电影节举行，设立“金爵奖”“亚洲新人奖”、国际学生短片大赛 3 个评奖单元，共有来自 81 个国家和地区 2 327 部影片参展。

6 月 16—18 日　爱尔兰共和国总统玛丽・麦卡利斯访问上海，并出席上海世博会爱尔兰国家馆日活动。

6月20—22日　莫桑比克共和国总理艾雷斯·博尼法西奥·巴普蒂斯塔·阿里访问上海，并参观上海世博会。

6月21日　根据中共上海市委常委会的决定，建立市、区县党代表、人大代表联系社区制度，代表通过走访、座谈、调研等形式与社区干部和居民面对面了解情况，听取意见和建议，实现代表和居(村)委会联系的全覆盖。

6月23—24日　斯洛文尼亚共和国总理帕鲁特·帕霍尔访问上海并出席上海世博会斯洛文尼亚国家馆日活动。

6月23—27日　2010年上海国际摄影周暨上海第十届国际摄影艺术展览在上海展览中心举行。

6月25日　由渤海石油交易所和上海石油交易所共同授权的中泉长宁营业部开业，是国内首次在全国范围内向个人投资者开放现货连续交易产品，也是首次在全国范围内开设网点式营业部。

6月26日　上海金融发展投资基金成功募集资金超过110亿元，成为全国首家以金融产业为主要投资对象的产业基金。

6月26—27日　以“危机之后的经济结构调整与金融变革”为主题的“2010陆家嘴论坛”举行。

6月26—28日　塞尔维亚共和国总理米尔科·茨韦特科维奇访问上海，并出席上海世博会塞尔维亚国家馆日活动。

6月27日—7月2日　韩正率上海市代表团到新疆维吾尔自治区喀什地区，开展对口支援工作实地调研。

6月29日　《上海市住房公积金个人购买经济适用住房贷款实施细则(试行)》公布。购买经济适用房家庭可通过公积金贷款筹资。

6月29日—7月2日　加拿大总督米夏埃尔·让访问上海，并出席上海世博会加拿大国家馆日活动。

6月30日　松浦三桥建成通车。松浦三桥曾名松卫大桥、松卫公路跨黄浦江大桥，是松江区和金山区的重要交通枢纽，长1.65公里。双向4车道，设计时速为80公里。2008年9月2日动工兴建。

7月1日　非居民用户天然气销售价格每立方米上调0.39元、人工煤气销售价格每立方米上调0.25元。

同日　国务院公布“三网融合试点城市方案”首批12个试点城市(地区)名单，上海为其中之一。

同日　3.6兆瓦大型海上风机在上海电气临港重装备基地成功下线。这台机组风轮直径116米，为国内自主研发的技术最先进、容量最大的风力发电机组，填补国产海上风机独立研制的空白。

7月2日　商务部中国国际电子商务中心与市商务委在上海签署《关于推进上海电子商务发展及网上国际贸易中心建设的合作备忘录》，共同推动上海电子商务发展，努力把上海建设成为国家电子商务示范城市。

7月2—5日　卢旺达共和国总理贝尔纳·马库扎访问上海，并出席上海世博会卢旺达国家馆日活动。

7月3日　国务院批复市政府，批准《上海市土地利用总体规划(2006—2020年)》，明确到2020年，上海市耕地保有量不少于24.93万公顷；基本农田保护面积不少于21.87万公顷，城市建设用地规模控制在26万公顷以内；中心城区建设用地规模控制在800平方公里以内。

7 月 4 日　民政部和市政府共同建设国家现代民政示范区合作协议在上海签署。

7 月 5 日　“上海中国航海博物馆”在浦东新区临港新城滴水湖畔开馆。该馆 2006 年 1 月 20 日工程奠基，为中国首个经国务院批准设立的国家级航海博物馆，占地面积 24 830 平方米、建筑总面积 46 434 平方米。

7 月 6 日　上海东海大桥 100 兆瓦海上风电场 34 台风机全部正式并网发电。该项目为中国自行设计建造，总装机容量 10.2 万千瓦，是中国第一座大型海上风电场。

7 月 8 日　第六届中国国际动漫游戏博览会暨 2010 卡通总动员，在上海展览中心举行。“中国国际动漫游戏博览会”和“卡通总动员”自 2005 年起在上海推出，本年首次实现两展合一，是全国唯一的动漫网游大型综合会展。

同日　新华社联手芝加哥商业交易所集团指数服务公司（道琼斯指数公司），在上海推出“新华—道琼斯国际金融中心发展指数”（简称 IFCD　IN—DEX）。

7 月 8—10 日　新西兰总理约翰·基访问上海，并出席上海世博会新西兰国家馆日活动。

7 月 9—10 日　中共上海市第九届委员会第十二次全体会议举行，审议通过《中国共产党上海市第九届委员会第十二次全体会议决议》，书面报告 2009 年度市委开展干部选拔任用工作“一报告两评议”的情况，票决有关干部推荐人选。

7 月 9—10 日　巴基斯坦伊斯兰共和国总统阿西夫·阿里·扎尔达里访问上海，并参观上海世博会。

7 月 10 日　洋山石油储运项目二期工程建成，投入试运行。一、二期工程合并运营后，洋山石油储运项目已形成 10 万吨级、5 000 吨级的主副两座码头，101 万立方米的成品油仓储规模，成为中国最大的成品油仓储中转基地之一。

7 月 11—16 日　东帝汶民主共和国总统若泽·拉莫斯·奥尔塔访问上海，并出席上海世博会东帝汶国家馆日活动。

7 月 14 日　市政府与中国投资有限责任公司《推进上海国际金融中心建设战略合作框架协议》在上海签署。

7 月 14—15 日　阿根廷共和国总统克里斯蒂娜·费尔南德斯·德基什内尔访问上海，并参观上海世博会。

7 月 14—18 日　圭亚那合作共和国总统巴拉特·贾格迪奥访问上海，并出席上海世博会加勒比共同体日活动。

7 月 16—20 日　格林纳达总理蒂尔曼·托马斯访问上海，并出席上海世博会加勒比共同体日活动。

7 月 17—18 日　斯里兰卡民主社会主义共和国总理萨纳亚克·贾亚拉特纳访问上海，并出席上海世博会斯里兰卡国家馆日活动。

7 月 19 日　韩正出席加强金融服务促进经济转型和结构调整工作会议，并为上海股权托管交易中心揭牌。

7 月 20 日　市工商局向 135 名通过航运经纪人执业资格考试的人员颁发航运经纪人执业证书，这是中国大陆诞生的首批航运经纪人，标志着上海航运经纪人正式走向市场。

7 月 23 日　上海开放大学成立，是全国第一家以“开放大学”命名的现代大学。

7 月 25 日　市政府与国家电网公司智能电网建设战略合作协议在上海签署。

7 月 28 日　上海推进高新技术产业化工作会议召开，俞正声、韩正出席会议并讲话。

7 月 29—31 日　加蓬共和国总理保罗·比约格·姆巴访问上海，并出席上海世博会加蓬国家馆日活动。

7 月 29 日—8 月 1 日　萨摩亚独立国总理图伊拉埃帕·萨伊莱莱·马利埃莱额奥伊访问上海，并出席上海世博会萨摩亚国家馆日活动。

7 月 30 日　上海大学校长钱伟长在上海逝世，享年 98 岁。8 月 7 日，受中共中央委托，贾庆林等专程前往上海龙华殡仪馆出席钱伟长遗体送别仪式。

同日　国家技术创新工程上海试点工作推进大会在上海展览中心举行，俞正声、全国政协副主席、科技部部长万钢出席会议并讲话。

7 月 31 日—8 月 12 日　斐济共和国总理萨亚·沃伦盖·姆拜尼马拉马访问上海，并出席上海世博会斐济国家馆日活动。

8 月 3 日　经济适用住房、公共租赁住房工作在全市推开。经济适用住房准入标准作出调整，着重放宽收入限额；公租房按"略低于市场水平"的租赁价格，向符合条件的对象供应。

同日　上海市新一轮医院评价评审工作启动。

8 月 8 日　国内首条全封闭自动化城市污泥固化生产线，在上海老港生活垃圾填埋场投产使用。

8 月 9 日　上海国际港务集团副总裁包起帆领衔制定的《集装箱 RFID 货运标签系统》正式成为国际标准化组织(ISO)认可的国际公共规范，是交通运输和物联网领域首项由中国提出并负责制定的国际公共规范。

8 月 11—12 日　津巴布韦共和国总统罗伯特·加布里埃尔·穆加贝访问上海，并出席上海世博会津巴布韦国家馆日活动。

8 月 11—13 日　瑞士联邦主席多丽斯·洛伊特哈德访问上海并出席上海世博会瑞士国家馆日活动。

8 月 11—17 日　以"我爱读书，我爱生活——与世博同行"为主题的 2010 年上海书展在上海展览中心举行。

8 月 13 日　市气象局测得徐家汇最高气温达到 40℃，成为全市 76 年来极端最高气温(1934 年为 40.2℃)，最低气温为 32.1℃，也是全市 137 年来最低气温最高的一天。

8 月 13—15 日　韩正率领上海市代表团在四川省成都市、都江堰市，就上海对口支援都江堰市灾后重建"三年目标任务，两年基本完成"情况听取当地意见。

8 月 14 日　117 个上海市对口支援都江堰市灾后重建项目全部竣工，竣工仪式在都江堰市"壹街区"同心广场举行。

8 月 14—17 日　赤道几内亚共和国总统奥比昂·恩圭马·姆巴索戈访问上海并出席上海世博会赤道几内亚国家馆日活动。

8 月 16 日　上海电气风电设备有限公司独立研发的国内最大容量的 3.6 兆瓦海上风电机组在临港新城试验风场成功并网发电。

8 月 17 日　《上海市推进云计算产业发展行动方案(2010—2012)》公布，"云海计划"开始实施。

8 月 17—21 日　第十届世界计量经济学大会在上海国际会议中心举行。

8 月 19—22 日　多哥共和国总统福雷·埃索齐姆纳·纳辛贝访问上海并出席上海世博会多哥国家馆日活动。

8 月 20—23 日　新加坡共和国总统塞拉潘·纳丹访问上海并参观上海世博会。

8 月 25 日　中共上海市委、市政府发布《上海市中长期人才发展规划纲要(2010—2020 年)》。

同日　中共上海市委印发《中共上海市委关于贯彻〈中国共产党巡视工作条例(试行)〉的实施办法》。

同日　市政府举行 2009 年度上海市市长质量奖颁奖仪式。

8 月 25—26 日　南非共和国总统雅各布·祖马访问上海并参观上海世博会。

8 月 28 日　上海电气临港基地制造成功国内首台自主设计和制造的第二代改进型核电百万千瓦级蒸汽发生器。

8 月 29 日　上海中国现代国之宝艺术馆在杨浦区长阳路 368 号开馆。

同日　国际奥委会主席雅克·罗格访问上海,并参观上海世博会。

8 月 29—31 日　西班牙王国首相何塞·路易斯·罗德里格斯·萨帕特罗访问上海,并出席上海世博会西班牙国家馆日活动。

8 月 30 日—9 月 2 日　毛里求斯共和国总统阿内罗德·贾格纳特访问上海,并出席上海世博会毛里求斯国家馆日活动。

8 月 31 日—9 月 3 日　列支敦士登公国代理国家元首、摄政王储阿洛伊斯·列支敦士登访问上海,并出席上海世博会列支敦士登公国国家馆日活动。

9 月 2 日　全国海关税费电子支付系统在上海启动运行。上海、南京、杭州、宁波海关管辖范围内的进出口企业,将使用同一个海关税费电子支付系统,完成海关税费支付业务。

9 月 2—5 日　斯洛伐克共和国总统伊万·加什帕罗维奇访问上海并出席上海世博会斯洛伐克国家馆日活动。

9 月 3 日　市党政军领导、各民主党派和工商联、各人民团体负责人等各界代表在上海淞沪抗战纪念馆祭悼英烈,纪念中国人民抗日战争胜利 65 周年。

9 月 4 日　市政府印发《关于本市发展公共租赁住房的实施意见》。

9 月 4—5 日　乌克兰共和国总统维克多·亚努科维奇访问上海并参观上海世博会。

9 月 4—5 日　泰王国总理阿披实·威差奇瓦访问上海,并出席上海世博会泰国国家馆日活动。

9 月 5—7 日　韩正出席深圳经济特区建立 30 周年庆祝大会,并在广州市学习考察。

9 月 6 日　中共上海市委、市政府发布《上海市中长期教育改革和发展规划纲要(2010—2020 年)》。9 月 8—9 日,中共上海市委、市政府召开教育工作会议。

同日　模拟 480 米氦氧饱和潜水实验在上海某海军驻沪医学研究所取得成功。俞正声,中共中央军委委员、海军司令员吴胜利在实验现场迎接潜水员出舱,为 4 名潜水员佩戴绶带。

9 月 6—12 日　2010 年斯诺克上海荣威大师赛在上海体育馆举行。

9 月 8 日　上海吴泾第二发电有限公司首台 60 万千瓦机组烟气脱硝示范工程启动,标志上海市燃煤电厂开始烟气脱硝行动。

9 月 8—10 日　由中国人民对外友好协会和中国国际友好城市联合会主办的 2010 中国国际友好城市大会在上海国际会议中心举行。

9 月 8—12 日　冰岛共和国总统奥拉尔维尔·拉格纳·格里姆松访问上海,并出席上海世博会泰国国家馆日活动。

9 月 9 日　贾庆林在上海会见中国国民党荣誉主席连战和夫人以及出席台胞社团论坛的部分代表。

9 月 9—10 日　缅甸联邦国家和平与发展委员会主席丹瑞访问上海并参加上海世博会有关

活动。

9月10日　贾庆林在上海会见出席2010中国国际友好城市大会的中外嘉宾。

9月10—11日　首届台胞社团论坛在上海举行，贾庆林出席开幕式并讲话。

9月10日—10月7日　2010上海购物节举办。

9月11—12日　摩尔多瓦共和国总理弗拉基米尔·菲拉特松访问上海，并出席上海世博会摩尔多瓦国家馆日活动。

9月11—13日　新加坡共和国总理李显龙访问上海，出席上海世博会“新加坡美食节”启动仪式。

9月12日—10月6日　第十六届上海旅游节举行，共吸引游客900万人次，其中花车巡游活动观众近400万人次，国际音乐烟花节单场观众3万人。

9月14—17日　市人大常委会十三届二十一次会议听取市政府关于建立世博后城市管理长效机制的报告，结合人大城建环保委的调研报告，进行审议并首次开展专题询问，市政府相关部门负责人列席会议，回答询问。

9月15日　《上海市和卡萨布兰卡市2010—2012年友好交流备忘录》在上海签署。

同日　新华社金融信息平台(新华08)建设推进大会在上海召开。作为上海国际金融中心建设的重大基础工程，新华08子项目之一的新华金融信息交易所开始试运行，这也是全球金融信息领域首创的公司制交易所。

9月15—17日　特立尼达和多巴哥共和国总统乔治·理查兹访问上海，并参观上海世博会。

9月16—18日　国家商务部和市政府共同主办的2010中国(上海)国际跨国采购大会举行。

9月17日　国家体育总局与市政府签约共建中国乒乓球学院，中国乒乓球学院在上海体育学院内揭牌，这是中国第一所以一个运动单项成立的普通高等学院，也是世界上唯一的一所以乒乓球为专业的高等学府。

9月17—18日　由全国妇联主办、上海市妇联承办的妇女与城市发展暨纪念第四次世界妇女大会十五周年论坛在上海举行，俞正声和全国人大常委会副委员长、全国妇联主席陈至立出席会议并致辞。

9月20日　韩正与美国芝加哥市长理查德·戴利共同签署《上海市与芝加哥市关于将两市关系升格为友好城市关系协议书》《上海市和芝加哥市关于建立能源和环境合作伙伴关系谅解备忘录》。

9月20—23日　亚美尼亚共和国总理季格兰·萨尔基相、塔吉克斯坦共和国总理阿基尔·阿基洛夫分别访问上海，并出席上海世博会该国国家馆日活动。

9月23日　加纳共和国总统约翰·埃文斯·阿塔·米尔斯访问上海，并参观上海世博会。

9月23—25日　几内亚比绍共和国总理卡洛斯·戈梅斯·儒尼奥尔访问上海并出席上海世博会几内亚比绍国家馆日活动。

9月25日　《贷款转让交易主协议》签署暨全国银行间市场贷款转让交易启动仪式在上海举行。俞正声与中国人民银行行长周小川共同启动全国银行间市场贷款转让交易系统。

同日　首个“国家电子商务综合创新实践区”落户浦东新区唐镇，同时获批成为“国家电子商务创新试点镇”。

9月25—28日　中共中央政治局常委、中央书记处书记、国家副主席习近平在上海就加快转变经济发展方式，以改革创新精神推动党建工作进行调研。

9 月 26 日　上海西北物流园区保税物流中心封关运行。上海西北物流园区保税物流中心是报请国务院批准的 17 个全国保税物流中心项目之一。

9 月 27—28 日　俄罗斯联邦总统德米特里·阿纳托利耶维奇·梅德韦杰夫访问上海，与习近平共同出席上海世博会俄罗斯国家馆日活动。

9 月 27 日—10 月 2 日　柬埔寨王国国王诺罗敦·西哈莫尼访问上海并出席上海世博会中国国家馆日活动。

9 月 27 日—10 月 27 日　第十二届中国上海国际艺术节举行。来自五大洲 40 多个国家和国内 30 个省、自治区、直辖市以及港、澳、台地区 100 多个演出团体、150 多个演艺机构参加。共上演中外剧目 45 台，演出总场次 200 场，观众人数逾 15 万人次。

9 月 28 日　上海地产普陀公共租赁住房项目（即馨越公寓）在千阳南路奠基开工，是全市首个公共租赁住房建设项目，2012 年建成。

9 月 29 日—10 月 2 日　阿尔巴尼亚共和国总统巴米尔·托皮访问上海并出席上海世博会中国国家馆日活动。

9 月 30 日—10 月 3 日　斐济共和国总统埃佩利·奈拉蒂考访问上海并出席上海世博会中国国家馆日活动。

10 月 1 日　上海世博会中华人民共和国国家馆日仪式在上海世博中心举行，吴邦国出席并致辞。

同日　《关于本市企业各类人才柔性延迟办理申领基本养老金手续的试行意见》颁布施行。

10 月 1—2 日　吴邦国在上海分别会见 8 位外国领导人。

10 月 2—5 日　莱索托王国国王莱齐耶三世访问上海并出席上海世博会莱索托国家馆日活动。

10 月 4—9 日　摩纳哥公国国家元首阿尔贝二世亲王访问上海并出席上海世博会摩纳哥国家馆日活动。

10 月 6—8 日　佛得角共和国总统佩德罗·维罗纳·罗德里格斯·皮雷斯访问上海并出席上海世博会佛得角国家馆日活动。

10 月 7 日　市政府批转市住房保障房屋管理局等五部门《关于进一步加强本市房地产市场调控加快推进住房保障工作的若干意见》，落实国务院关于加强房地产市场调控的各项政策措施。

10 月 7—9 日　瓦努阿图共和国总统尤路·约翰逊·阿比尔访问上海，并出席上海世博会瓦努阿图国家馆日活动。

10 月 8—12 日　上海世博会上海活动周以“海上风韵”为主题，在世博园区举行。

10 月 9—11 日　卢森堡大公国大公亨利访问上海并出席上海世博会卢森堡国家馆日活动。

10 月 10 日　市政府召开第二十二次上海市市长国际企业家咨询会议召开。会议主题为“建设最具活力的创新城市”，韩正发表题为《建设充满活力的创新城市》的演讲。

同日　白俄罗斯共和国总统亚历山大·卢卡申科访问上海并出席上海世博会白俄罗斯国家馆日活动。

10 月 11—12 日　老挝人民民主共和国政府总理波松·布帕万访问上海，并出席上海世博会老挝国家馆日活动。

10 月 12 日—11 月 13 日　上海市第十四届运动会举行。

10 月 16 日　上海宝山国际民间艺术博览馆开馆。该馆坐落于沪太路和外环线交界处的顾村公园 1 号门旁，建筑面积 14 600 平方米。是为国内规模最大的世界非物质文化遗产展示馆。

10月17日　由北京国际音乐节、上海歌剧院以及上海交响乐团联合推出的四幕原创歌剧《咏·别》全球首演在上海大剧院举行。

10月18—20日　纽埃总理托克·塔拉吉访问上海并出席上海世博会纽埃国家馆日活动。

10月20—21日　拉脱维亚共和国总统瓦尔蒂斯·扎特列尔斯访问上海并出席上海世博会拉脱维亚国家馆日活动。

10月23—25日　立陶宛共和国总统达利娅·格里鲍斯凯婕访问上海并出席上海世博会立陶宛国家馆日活动。

10月23日—2011年1月23日　第八届上海双年展举行。

10月25—26日　印度尼西亚共和国总统苏希洛·班邦·尤多约诺访问上海并参观上海世博会。

10月26日　全国首条跨省轨道交通——上海轨道交通11号线北段工程(安亭站—花桥站)在江苏省昆山市花桥镇奠基。2009年12月31日,11号线主线段嘉定北站至江苏路站开通运营,运营里程29.31公里。2010年3月29日,11号线支线段的安亭站至嘉定新城站开通运营,开通后11号线主线段与支线段在嘉定新城站形成"Y"形。全线运营里程43.75公里,运营车站数为19座。

同日　上海市云计算创新基地成立,这是上海落实"云海计划",打造云计算产业集聚区的平台与载体。

10月27—30日　格鲁吉亚共和国总理尼卡·吉拉乌利出席上海世博会格鲁吉亚国家馆日活动。

10月28日　上海电气(集团)股份有限公司与印度信诚电力公司在上海举行超大电厂项目合同签字仪式。上海电气(集团)股份有限公司制造的36台660兆瓦超临界火力发电机组将出口印度,合同金额82.9亿美元。这是印度历史上最大的进口合同,也是上海电气集团承接的最大火电机组合同。

10月28—29日　意大利共和国总统乔治·纳波利塔诺访问上海并参观上海世博会。

10月29日—11月1日　东帝汶民主共和国总理夏纳纳·古斯芒、尼泊尔联邦民主共和国总统拉姆·巴兰·亚达夫、巴哈马国总理休伯特·英格拉哈姆、莱索托王国首相帕卡利塔·莫西西利分别访问上海,并出席上海世博会闭幕式。

10月30日　上海世博会颁奖晚会在世博园举行。德国馆等33个展馆分别获得上海世博会主题演绎奖、创意展示奖、展馆设计奖的金、银、铜奖。

10月30日—11月1日　斯里兰卡民主社会主义共和国总统马欣达·拉贾帕克萨、芬兰共和国总理玛丽·基维涅米、匈牙利共和国总理欧尔班·维克多分别访问上海,并出席上海世博会闭幕式。

10月31日　上海世博会高峰论坛在上海世博中心举行。中共中央政治局常委、国务院总理温家宝出席开幕式并发表演讲。论坛发布《上海宣言》和《中国2010年上海世博会青年倡议》。《上海宣言》倡议将每年的10月31日定为"世界城市日"。2013年12月28日,"世界城市日"获得第68届联合国大会决议通过,这也是中国首次在联合国推动设立的国际日。

同日　上海世博会闭幕式在上海世博文化中心举行。温家宝出席闭幕式并宣布上海世博会闭幕。国际展览局主席让-皮埃尔·蓝峰以及来自世界各地的领导人和贵宾出席闭幕式。24时整,上海世博会旗林举行降旗仪式。

同日　温家宝在上海分别会见7位外国领导人。

同日　国务委员、公安部部长孟建柱签署命令，给圆满完成上海世博会安全保卫任务的上海市公安局记集体一等功。

11月1日　《上海市公共汽车和电车客运管理条例》(第三次修正)施行。

同日　《苏浙皖沪公安机关区域警务合作协议》在上海签署。

同日　第六次全国人口普查时点为2010年11月1日零时，根据国务院部署，上海开展第六次人口普查，普查结果，全市常住人口为2 301.91万人。

11月4—9日　第25届世界纯电动车、混合动力车和燃料电池车大会暨展览会在深圳召开。科技部部长万钢在会上代表中国宣布，上海嘉定成为中国首个电动汽车国际示范城市，上海国际汽车城是电动汽车国际示范城市的率先启动区域。

11月5日　《科技部与上海市人民政府部市工作会商制度议定书》签字仪式暨2010年部市工作会商会议在上海举行。

11月7—12日　国际博物馆协会第二十二届大会在上海举行。该会议第一次由中国承办。全球122个国家3 600名博物馆工作人员参会。

11月8日　世界上唯一的海上作业浮式起重船，在上海长兴岛成功交付韩国三星重工。这艘8 000吨浮式起重船由上海振华重工集团设计研发，标志着上海振华重工向大型海洋重工装备领域又迈进一大步。

11月8—9日　中共上海九届市委十三次全会举行，审议通过《中共上海市委关于制定上海市国民经济和社会发展第十二个五年规划的建议》。

11月9日　人力资源社会保障部与上海市共建的中国上海人力资源服务产业园区在闸北区梅园路77号上海人才大厦揭牌运营。这是中国人力资源服务产业第一个国家级集聚区，入驻园区的各类人力资源服务企业达到47家。

11月9—13日　2010年中国国际工业博览会在上海新国际博览中心举行。到会专业观众10.29万人，产品和技术成交总额14.61亿元。

11月10—15日　俞正声率上海市党政代表团在新疆维吾尔自治区学习考察。

11月11日　市发展改革委编纂的《2009—2010年上海国际经济、金融、贸易、航运中心发展报告(白皮书)》首发。自2010年起，该白皮书每年发布并公开出版。

11月11—13日　瑞典王国国王卡尔十六世·古斯塔夫率瑞典皇家工程科学院皇家技术考察团访问上海。

11月15日　14时15分许，静安区胶州路728号一幢28层居民住宅楼发生特别重大火灾事故，造成58人死亡、71人受伤。是日，孟建柱率国务院工作组抵沪，成立国务院上海“11·15”特别重大火灾事故调查组。上海市成立“11·15”火灾事故善后处置领导小组。2011年6月，国务院调查组公布对“11·15”特别重大火灾事故调查情况及处理决定，对26名责任人依法追究刑事责任，28名责任人受到党纪、政纪处分。

11月23日　市政府与国际展览局在巴黎签署《世博会博物馆合作备忘录》。上海在上海世博园区内设立长期性的世博会博物馆，全面展示中国2010年上海世博会盛况、1851年以来世博会历史和2010年以后各届世博会情况，并作为国际展览局官方博物馆和国际展览局官方文献中心。

11月24日　上海市质量技术监督局发布国内首个残疾人养护服务标准——《残疾人养护机构服务规范》，对上海残疾人社会化养护机构服务的基本内容和要求、服务管理要求及服务质量评价方法等作出规定。

11月26—28日　2010中国国际房车街道赛在浦东新区世纪广场地区举行。该赛事是2010德国房车大师赛(DTM)总决赛,也是该项赛事首次在亚太地区举行的正式比赛。

11月29日　市政府发布《贯彻国务院关于稳定价格总水平保障群众基本生活通知的实施意见》。

11月30日　上海“三网(电信网、广播电视网、互联网)融合”试点工作全面启动。

11月30日—12月5日　李宁·2010中国羽毛球公开赛在源深体育中心体育馆举行。

11月　上海捷能汽车技术有限公司和上汽乘用车技术中心共同研发的荣威E50纯电动轿车在深圳—香港EVS25电动车大会展示,该车是国内首款量产的紧凑型纯电动汽车。

12月1日　中共中央宣讲团党的十七届五中全会精神报告会在上海展览中心举行。全市各区县设立视频分会场直播宣讲团的报告。

同日　上海世博会后永久性保留的中国馆经过整修和重新布置再次开馆。

12月2—3日　全国中等职业教育教学改革创新工作会议在上海召开。

12月5日　2010年“东丽杯”上海国际马拉松赛举行,53个国家和地区的2.2万余名选手参与。赛程为南京路步行街至东方体育中心,赛道首次延伸至浦东。

同日　上海世博会志愿者工作总结表彰大会在上海展览中心举行。世博会志愿者标志“七彩之心”经修改,沿用为上海志愿者标志。

12月8日　由教育部主持的全国基础教育课程与教学领域最高奖——首届课程改革教学研究成果评选揭晓,上海有21项研究成果获奖,其中一等奖8项,占全国一等奖总数的18.6%。

12月15日　市政府举行2010年上海市“白玉兰荣誉奖”授奖仪式,韩正向博宁(德国籍)、奕乐(瑞士籍)、永友秀明(日本籍)等10名获奖外籍人士颁授证章、证书。

12月20日　2010年长三角地区主要领导座谈会在上海举行,上海、江苏、浙江、安徽三省一市主要领导出席。

12月20—21日　中共上海市第九届委员会第十四次全体会议举行。

12月22—30日　“法治与责任——全国检察机关惩治和预防渎职侵权犯罪展览”上海巡展在上海展览中心举办。这是最高人民检察院首次举办以惩治和预防渎职侵权犯罪为主要内容的全国性展览。

12月23日　京津沪京剧流派对口交流演唱会在上海大剧院举行,以祝贺京剧被列入联合国教科文组织人类非物质文化遗产代表作名录。

12月24日　中共上海市委召开全市经济工作会议。会议要求2011年全市经济工作围绕创新驱动、转型发展,抓改革、促开放、稳增长、保民生,加快转变经济发展方式,促进经济平稳较快发展。

同日　洋山保税港区成为全国首个业务试点区,正式启动期货保税交割业务试点。

12月26日　中国科学院上海高等研究院驻浦东科技园仪式、国家蛋白质学研究(上海)设计开工仪式在张江高科技园区举行。

12月27日　上海世博会总结表彰大会在北京人民大会堂举行。中共中央、国务院表彰“上海世博会先进集体”377个、“上海世博会先进个人”515人,并追授吴毅强等4人为“上海世博会先进个人”。胡锦涛在会上发表重要讲话。

12月28日　上海东方体育中心落成。该中心为承办第十四届国际泳联世界锦标赛而兴建,是一座以水上项目为主的综合性体育场馆,紧邻上海世博会园区。总用地面积34.75万平方米,总建筑面积18.8万平方米。

同日　轨道交通 7 号线上海大学站至美兰湖站开通运营，开通后全线运营里程 43.933 公里，运营车站数为 30 座（潘广路站、刘行站、祁华路站暂未开放）。

同日　商用航空发动机基础技术研究中心在上海挂牌，中国大型客机发动机关键技术攻关工作实质性启动。

12 月 29 日　上海市上海世博会总结表彰大会在世博中心举行，表彰优秀集体 493 个、优秀个人 793 人。市领导为受表彰的优秀集体和优秀个人代表颁奖。

同日　教育部、市政府就新一轮“985”工程继续重点共建复旦大学、上海交通大学、同济大学、华东师范大学在上海签署协议。

12 月　上海通用汽车有限公司 2010 年销量超过 100 万辆，成为中国汽车工业史上第一个年产销跃上百万辆级的乘用车公司。

同年　临港重型装备制造基地全面投产。该基地具有国内领先的 1 400 吨起吊能力、5 000 吨级码头、350 吨动平衡试验能力，配备内部铁轨，成为上海电气集团核电、风电、绿色火电、特高压输配电等重点产业生产制造基地。

同年　根据《上海统计年鉴》，上海户籍人口 2 302.66 万人，国民生产总值 17 915.41 亿元，全社会固定资产投资总额 5 317.67 亿元，全市财政收入 2 873.58 亿元，社会消费品零售总额 6 901.39 亿元，进出口总额 6 846.45 亿美元，外商直接投资合同金额 153.07 亿美元，城市居民人均可支配收入 31 838 元，城市居民人均消费支出 23 200 元，农村居民人均可支配 13 746 元，农村居民人均生活消费支出 10 225 元，储蓄存款 16 249.29 亿元。

党政机关、主要事业单位全称、简称对照表

全　　称	简　　称
中国共产党中央委员会	中共中央
中共中央政治局常务委员会	中共中央政治局常委会
中国共产党中央纪律检查委员会	中纪委
中共中央办公厅	中央办公厅
中华人民共和国全国人民代表大会	全国人大
中华人民共和国全国人民代表大会常务委员会	全国人大常委会
中国人民政治协商会议全国委员会	全国政协
中华人民共和国国务院	国务院
中华人民共和国国务院办公厅	国务院办公厅
中华人民共和国外交部	外交部
中华人民共和国公安部	公安部
中华人民共和国国家安全部	安全部
中华人民共和国民政部	民政部
国家体育运动委员会	国家体委
国家体育总局	体育总局
中央精神文明建设指导委员会办公室	中央文明办
中华人民共和国国家计划委员会	国家计委
中华人民共和国国家发展和改革委员会	国家发展改革委
中华人民共和国教育部	教育部
中华人民共和国财政部	财政部
中华人民共和国建设部	建设部
中华人民共和国铁道部	铁道部
中华人民共和国交通部	交通部
中华人民共和国信息产业部	信息产业部
中华人民共和国文化部	文化部
中华人民共和国卫生部	卫生部
国家质量监督检验检疫总局	国家质检总局

（续表）

全　　称	简　　称
国家广播电影电视总局	国家广电总局
中国共产主义青年团中央委员会	共青团中央
中华全国总工会	全国总工会
中华全国妇女联合会	全国妇联
中国残疾人联合会	中国残联
新华通讯社	新华社
中国共产党上海市委员会	中共上海市委/上海市委
中共上海市委办公厅	市委办公厅
中共上海市委组织部	市委组织部
中共上海市委宣传部	市委宣传部
中共上海市委政法委员会	市委政法委
上海市人民代表大会	市人大
上海市人民代表大会常务委员会	市大人常委会
中国人民政治协商会议上海市委员会	市政协
上海市人民政府	市政府
上海市人民政府办公厅	市政府办公厅
上海市经济委员会	市经委
上海市计划委员会	市计委
上海市发展和改革委员会	市发展改革委
上海市物价局	市物价局
上海市国有资产监督管理委员会	市国资委
上海市精神文明建设委员会办公室	市文明办
上海市人民政府侨务办公室	市政府侨办
上海市人民政府法制办公室	市政府法制办
上海市人民政府研究室	市政府研究室
上海金融服务办公室	市金融办
上海市人民政府发展研究中心	市政府发展研究中心
上海市教育委员会	市教委
上海市科学技术委员会	市科委
上海市信息化委员会	市信息委
上海市农业委员会	市农委
上海市对外经济贸易委员会	市外经贸委

(续表)

全　称	简　称
上海市外国投资工作委员会	市外资委
上海市公安局	市公安局
上海市医疗保险局	市医保局
上海市国家安全局	市安全局
上海市城市交通管理局	市交通局
上海市卫生局	市卫生局
上海市卫生和计划生育委员会	市卫计委
上海市人口和计划生育委员会	市人口计生委
上海市财政局	市财政局
上海市统计局	市统计局
上海市国家税务局、上海市地方税务局	市税务局
上海市司法局	市司法局
上海市人事局	市人事局
上海市劳动和社会保障局	市劳动保障局
上海市人力资源和社会保障局	市人社局
上海市体育运动委员会	市体委
上海市体育局	市体育局
上海市人民政府新闻办公室	市新闻办
上海市人民政府外事办公室	市政府外办
上海市人民政府合作交流办公室	市合作交流办
上海市旅游事业管理委员会	市旅游委
上海市旅游局	市旅游局
上海市民族和宗教事务委员会	市民宗委
上海市建设和管理委员会	市建委
上海市建设和交通委员会	市建交委
上海市交通运输局	市交通局
上海市交通委员会	市交通委
上海市港口管理局	市港口局
上海市文化局	市文化局
上海市文化广播影视管理局	市文广局
上海市工商行政管理局	市工商局
上海市审计局	市审计局

（续表）

全　　称	简　　称
上海市档案局	市档案局
上海市水务局	市水务局
上海市新闻出版局	市新闻出版局
上海市版权局	市版权局
上海市知识产权局	市知识产权局
上海市城市规划管理局	市规划局
上海市房屋土地资源管理局	市房地局
上海出入境检验检疫局	上海检验检疫局
上海市食品药品监督管理局	市食药监局
上海市质量技术监督局	市质监局
上海市安全生产监督管理局	市安全生产监管局
上海市环境保护局	市环保局
上海市粮食局	市粮食局
上海市市政工程管理局	市市政局
上海市绿化管理局	市绿化局
上海市市容环境卫生管理局	市市容环卫局
上海市农林局	市农林局
上海市绿化和市容管理局	市绿化市容局
上海市总工会	市总工会
上海市妇女联合会	市妇联
中国共产主义青年团上海市委员会	团市委

说明：上海市各区（县）党政机关、主要事业单位名称，比照市级机关、市级事业单位名称的简称来进行简化处理。如“中国共产党上海市宝山区委员会”简称为“宝山区委’。

编 后 记

《上海市志·大事记(1978—2010)》(简称《大事记》),是《上海市志(1978—2010)》中的一本,由上海市地方志办公室承编。

2019 年 4 月,上海市地方志办公室将《上海市志·大事记(1978—2010)》项目以政府采购形式向社会公开招标,上海江南书院参与投标并中标,5 月获得上海市地方志办公室正式委托。《大事记》编纂工作随即展开。

《大事记》主编由上海社会科学院研究员、复旦大学特聘教授、上海江南书院院长熊月之担任,副主编由上海社会科学院副研究员叶舟担任,团队成员均为上海社会科学院历史研究所、复旦大学历史系专业人员。团队专业基础扎实,大多长期从事上海历史研究工作,积累丰厚,治学严谨,经验丰富,具有良好的合力攻关的素质。上海江南书院是经上海市民政部门正式批准的非营利性社会组织,主要从事包括上海在内的有关江南文化的项目研究。为了完成本项目,上海江南书院专设《大事记》办公室,由上海江南书院理事长羊国荣负责,协调相关工作,保证了项目开展所需的专项经费、办公设备和办公场地。

2019 年 6 月,编纂工作正式启动。编纂总体思路,是将 1978—2010 年间的上海,置于中国改革开放宏大背景之下,全面、系统、简明而有重点地梳理在上海发生或与上海直接关联的大事、要事、新事、特事,做到前期调研充分,征引文献丰富,逻辑清晰,叙事准确,文字简洁。在市地方志办公室直接领导、市志工作处的指导下,团队多次召开专门会议,就收录范围、收录标准、资料来源、文字表述等方面问题,进行详细讨论和研究。2019 年 10 月,《大事记》初稿完成。2020 年 4 月 20 日提交市方志办进行内部专家审议。9 月 29 日通过专家组评议;2021 年 1 月 29 日通过专家组审定;2021 年 4 月 23 日通过市地方志办公室验收。

本大事记内容主要涉及与上海有关的政治、经济、军事、外交、科技、教育、文化、卫生、体育、社会生活、风土人情、城市建设、自然变迁等各方面,重点记载 1978 以来,在上海创新或率先实行,在全国具有领先示范作用,或在全国或国际上产生重大影响的事件、活动以及新事物、新变革、新气象等,或属全国、上海之"最""第一"等的事件,努力做到"大事不漏、要事不缺、特事不遗、新事不丢、常事不书"。收录内容包括但不限于:行政区划的变动;主要机构的设置和体制改革;重大会议;重大工程、项目建设;重要法令、政策、文件的颁布;重要活动;主要干部任免和著名人物活动;重大发明创造和重大科研成果;重大经济、文化、教育建设成就及其变化;严重自然灾害和重大事故;重要文物的收藏与发掘;奇人奇事及奇异的自然现象;国内外、市内外大事在本地的独特反映等。在志稿撰写过程中,全体编纂人员齐心协力,始终保持敬畏之心,力求编纂一部全面性、科学性、客观性兼备,富有时代特征、上海特色的志书,真实地反映上海在这 33 年间方方面面不平凡的发展历程。编纂团队在广泛查阅相关档案、报刊的基础上,充分利用第一轮志书的坚实基础和第二轮志书的最新成果，注重借鉴吸收各领域事业发展研究的有益成果，反复验别、考证和核实所引资料，确保真实准确。同时严格执行入选标准，坚持统筹协调，薄古厚今，强调新发展、新变化、新辉煌，对一些时间跨度较长、影响较大的事件集中记述，力争做到丰富完整。

《大事记》编纂是众人合力的成果。由地方志办公室负责人组成的编纂委员会发挥领导、决策作用；由课题组编纂办公室负责方案设计、整体构思、修改定稿。具体分工如下：熊月之任主编、叶舟任副主编。由史越、薛雄戈、羊国荣、袁家刚、褚晓琦进行初稿的编纂，叶舟对全稿进行修订，熊月之统筹定稿，全稿格式由余璐改定（同时帮助复核内容，修正史实错误）。

作为统筹全局的大事记，要做到面面俱到，实属不易，平衡各方面内容更是一个难点。虽然编纂组成员具备上海史研究背景，始终抱有高度的责任感与使命感，但也难免存在体悟不深、周而不全、把握不当的情况。在编纂过程中，市地方志办公室密切关注编纂进展情况，特别是市志处黄晓明处长、余璐同志在体例规范、资料提供、内容编写、史实核定等诸多方面，及时给予指导与支持。相关评审专家不辞辛劳，认真审阅，查漏补缺，提出了众多宝贵意见，是提升志书质量的关键。还有不少同志在编纂进程中给予各种帮助，在此一并予以感谢。

上海是中国共产党的诞生地，今年是中国共产党的百年华诞。恰值此时，记录改革开放以来上海历史的《大事记》正式出版，我们备感荣幸。如果此书的问世，能给广大读者了解上海、研究上海一些裨益，能在存史、资政、教化方面，能在理解上海这座伟大城市的文化底蕴方面，提供一些有价值的资料方面，我们将感到无比的欣慰。至于书中存在的缺漏、讹谬之处，恳望方家指正。

《上海市志·大事记（1978—2010）》编者
2021 年 6 月

图书在版编目(CIP)数据

上海市志. 大事记：1978—2010 / 上海市地方志编纂委员会编. —上海：上海人民出版社，2021
ISBN 978-7-208-17526-6

Ⅰ.①上… Ⅱ.①上… Ⅲ.①上海—地方志②上海—地方史—大事记—1978-2010 Ⅳ.①K295.1

中国版本图书馆CIP数据核字(2021)第262489号

责任编辑 马瑞瑞 杨 清
封面设计 严克勤

上海市志·大事记(1978—2010)
上海市地方志编纂委员会 编

出 版 上海人民出版社
(201101 上海市闵行区号景路159弄C座)
发 行 上海人民出版社发行中心
印 刷 上海中华商务联合印刷有限公司
开 本 889×1194 1/16
印 张 26.5
插 页 5
字 数 680,000
版 次 2021年12月第1版
印 次 2021年12月第1次印刷
ISBN 978-7-208-17526-6/K·3181
定 价 180.00元